汽车电控技术与维修

主　编

舒　华　舒　展

主　审

郑召才　赵劲松

金盾出版社

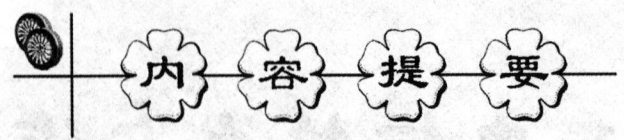

内容提要

本书内容包括汽车电控技术概述、汽油机电控喷油技术、汽油机排放与微机控制点火技术、汽车电控自动变速技术、柴油机电控喷油技术、汽车行驶安全电控技术、汽车电控悬架与辅助驾驶技术、汽车电控系统故障自诊断技术、汽车电控系统故障诊断与维修技术等。主要介绍电子控制系统的结构组成、分类方法、控制功能、控制原理、控制过程、故障自诊断测试原理与操作方法、控制部件的结构原理与维修方法等,旨在帮助读者掌握汽车电控技术的相关知识,使其具备相关岗位所需的专业技能。

本书可作为高等职业技术学院和高等专科学校汽车类专业教材,也可供从事汽车维修、汽车营销的工程技术人员参考。

图书在版编目(CIP)数据

汽车电控技术与维修/舒华,舒展主编. —北京:金盾出版社,2019.6
ISBN 978-7-5186-1632-9

Ⅰ.①汽… Ⅱ.①舒…②舒… Ⅲ.①汽车—电子系统—控制系统—高等职业教育—教材②汽车—电子系统—控制系统—维修—高等职业教育—教材 Ⅳ.①U463.6

中国版本图书馆 CIP 数据核字(2019)第 058652 号

金盾出版社出版、总发行
北京太平路5号(地铁万寿路站往南)
邮政编码:100036 电话:68214039 83219215
传真:68276683 网址:www.jdcbs.cn
三河市双峰印刷装订有限公司印刷、装订
各地新华书店经销

开本:787×1092 1/16 印张:23.5 字数:600千字
2019年6月第1版第1次印刷
印数:1~5 000册 定价:75.00元

(凡购买金盾出版社的图书,如有缺页、
倒页、脱页者,本社发行部负责调换)

前言

汽车是当今人们快捷出行的交通工具之一。随着国民经济快速发展,国民购车刚性需求持续旺盛,汽车保有量继续呈现快速增长趋势,汽车服务市场前景广阔、大有可为。为使选择汽车维修作为创业的人员系统地了解汽车电控技术与维修知识,增强基础理论知识和专业维修技能,特编写此书。

本书以通俗易懂的语言,围绕汽车维修人员对汽车电控系统维修所关心的问题,从初学者的角度出发,介绍了汽车电控技术的应用与发展、汽油机电控喷油系统、怠速控制系统、断油控制系统、空燃比反馈控制系统、废气再循环系统、微机控制点火系统、汽油机爆燃控制系统、汽车电控自动变速系统、柴油机电控喷油系统、防抱死制动系统、制动力分配系统、制动辅助系统、驱动轮防滑转调节系统、车身稳定性控制系统、安全气囊系统、安全带收紧系统、电控悬架系统、巡航控制系统、动力转向电控系统、行驶车道偏离预警系统、自动制动系统、故障自诊断系统的结构组成、分类方法、控制功能、控制原理与控制过程,还介绍了汽车电控系统的故障自诊断测试原理与操作方法、控制部件维修等方面的基础知识及其操作程序与方法。

本书基础知识讲述浅显易懂,针对性、指导性、实用性强,每章后面附有思考题和选择判断题参考答案,可供准备从事汽车维修行业的战士、学徒工学习使用,也可供广大汽车爱好者、驾驶人员及大中专院校相关专业师生阅读和参考。

本书由舒华教授、舒展工程师主编,郑召才高级工程师和赵劲松副教授主审。参加编写的还有王聪聪、姚良军、张大鹏、陈建勤、张宪、黄玮、董宏国、刘金华、姚向军、姚榕、杨英杰、李家惠、杨华、门君、姚建军、朱峰、童敏勇、张英锋、何松柏、朱愿、王松、李超、陈煜、张旭涛、姚应芳、姚远、凌莉、李严。

本书在编写过程中，参考了大量文献资料，在此向原作者表示诚挚谢意。由于作者知识水平有限，书中疏漏之处在所难免，敬请读者批评指正。

编　者

第一章 汽车电控技术概述

第一节 汽车电控技术的应用……………………………………………………(1)
第二节 汽车电控技术的发展……………………………………………………(2)
  一、汽车电控技术发展的动因…………………………………………………(3)
  二、汽车电控技术的发展趋势…………………………………………………(3)
第三节 汽车电控系统的组成……………………………………………………(5)
  一、汽车电控系统的基本组成…………………………………………………(5)
  二、汽车发动机电控系统组成…………………………………………………(6)
第四节 汽车电控系统的分类……………………………………………………(10)
  一、按控制目标分类……………………………………………………………(11)
  二、按控制对象分类……………………………………………………………(12)
思考题与参考答案…………………………………………………………………(14)

第二章 汽油机电控喷油技术

第一节 汽油机电控喷油系统的组成……………………………………………(15)
  一、空气供给系统………………………………………………………………(15)
  二、燃油供给系统………………………………………………………………(17)
  三、燃油喷射电子控制系统……………………………………………………(17)
第二节 汽油机电控喷油系统的分类……………………………………………(18)
  一、按喷油控制方式分类………………………………………………………(19)
  二、按喷油器喷油部位分类……………………………………………………(20)
  三、按喷油器喷油方式分类……………………………………………………(23)
第三节 电控喷油系统传感器的结构原理………………………………………(24)
  一、空气流量传感器……………………………………………………………(25)
  二、压力传感器…………………………………………………………………(34)

三、曲轴与凸轮轴位置传感器 …………………………………………………（37）
　　四、节气门位置传感器 ……………………………………………………………（47）
　　五、温度传感器 ……………………………………………………………………（50）
　　六、开关控制信号 …………………………………………………………………（52）
第四节　汽车电控单元的结构原理 ……………………………………………………（55）
　　一、输入回路 ………………………………………………………………………（56）
　　二、单片机 …………………………………………………………………………（57）
　　三、输出回路 ………………………………………………………………………（60）
第五节　电控喷油系统执行器的结构原理 ……………………………………………（60）
　　一、电动燃油泵 ……………………………………………………………………（61）
　　二、燃油分配管 ……………………………………………………………………（63）
　　三、油压调节器 ……………………………………………………………………（64）
　　四、电磁喷油器 ……………………………………………………………………（65）
第六节　汽油机电控喷油系统的控制 …………………………………………………（67）
　　一、燃油喷射控制原理 ……………………………………………………………（67）
　　二、喷油器的控制 …………………………………………………………………（69）
　　三、喷油正时的控制 ………………………………………………………………（69）
　　四、发动机起动时喷油量的控制 …………………………………………………（72）
　　五、发动机起动后喷油量的控制 …………………………………………………（73）
　　六、基本喷油量的确定 ……………………………………………………………（75）
　　七、喷油修正量的确定 ……………………………………………………………（77）
　　八、喷油增量的确定 ………………………………………………………………（78）
　　九、喷油提前角与喷油持续时间的控制 …………………………………………（80）
第七节　汽油机怠速控制技术 …………………………………………………………（82）
　　一、怠速控制系统组成 ……………………………………………………………（82）
　　二、怠速控制阀的功用与类型 ……………………………………………………（82）
　　三、步进电机式怠速控制阀 ………………………………………………………（83）
　　四、怠速转速的控制过程 …………………………………………………………（84）
　　五、步进电机式ISCV的控制过程 ………………………………………………（85）
思考题与参考答案 ………………………………………………………………………（86）

第三章　汽油机排放与微机控制点火技术

第一节　发动机断油控制技术 …………………………………………………………（88）
　　一、超速断油控制 …………………………………………………………………（88）
　　二、减速断油控制 …………………………………………………………………（89）
　　三、清除溢流控制 …………………………………………………………………（89）
第二节　空燃比反馈控制技术 …………………………………………………………（90）
　　一、空燃比反馈控制系统的组成 …………………………………………………（90）
　　二、氧化锆式氧传感器的结构原理 ………………………………………………（91）

三、氧化钛式氧传感器的结构原理 …………………………………………………… (93)
　　四、空燃比反馈控制过程 …………………………………………………………… (95)
　　五、空燃比反馈控制条件 …………………………………………………………… (96)
第三节　废气再循环控制技术 …………………………………………………………… (96)
　　一、废气再循环率(EGR率) ……………………………………………………… (96)
　　二、EGR电控系统的结构组成 …………………………………………………… (97)
　　三、EGR电控系统的控制原理 …………………………………………………… (98)
　　四、EGR的实施条件 ……………………………………………………………… (98)
第四节　微机控制点火技术 ……………………………………………………………… (98)
　　一、微机控制点火系统的组成 …………………………………………………… (99)
　　二、微机控制点火的控制原理 …………………………………………………… (100)
　　三、微机控制点火提前角的确定 ………………………………………………… (101)
　　四、微机控制点火的控制过程 …………………………………………………… (102)
　　五、微机控制点火高压的分配方式 ……………………………………………… (104)
第五节　汽油机爆燃控制技术 …………………………………………………………… (107)
　　一、爆燃控制系统的组成 ………………………………………………………… (107)
　　二、爆燃的检测方法 ……………………………………………………………… (108)
　　三、爆燃传感器的结构原理 ……………………………………………………… (108)
　　四、爆燃的判别方法 ……………………………………………………………… (111)
　　五、爆燃的控制过程 ……………………………………………………………… (111)
思考题与参考答案 ………………………………………………………………………… (112)

第四章　汽车电控自动变速技术

第一节　电控自动变速系统的组成 ……………………………………………………… (114)
　　一、齿轮变速系统 ………………………………………………………………… (115)
　　二、液压控制系统 ………………………………………………………………… (115)
　　三、电子控制系统 ………………………………………………………………… (115)
第二节　自动变速系统的控制原理 ……………………………………………………… (115)
　　一、电控自动变速原理 …………………………………………………………… (116)
　　二、换挡时机控制原理 …………………………………………………………… (117)
　　三、锁止时机控制原理 …………………………………………………………… (117)
第三节　齿轮变速系统的结构原理 ……………………………………………………… (118)
　　一、锁止式液力变矩器 …………………………………………………………… (118)
　　二、行星齿轮机构的运动规律 …………………………………………………… (120)
　　三、行星齿轮机构的变速原理 …………………………………………………… (121)
　　四、换挡执行机构 ………………………………………………………………… (124)
　　五、停车锁止机构 ………………………………………………………………… (128)
第四节　液压控制系统的结构原理 ……………………………………………………… (129)
　　一、液压传动装置 ………………………………………………………………… (129)

二、液压控制装置 (131)
第五节 电子控制系统的结构原理 (140)
　一、传感器的结构原理 (140)
　二、控制开关 (142)
　三、执行机构 (144)
第六节 自动变速器的控制 (144)
　一、自动变速器的控制电路 (144)
　二、自动变速器的换挡规律 (146)
　三、变速器自动换挡控制过程 (148)
　四、变矩器自动锁止控制过程 (149)
　五、变矩器解除锁止控制过程 (150)
　六、控制部件失效的保护控制 (151)
第七节 电控无级变速技术 (152)
　一、电控无级变速器的优点 (152)
　二、电控无级变速系统的组成 (153)
　三、变速系统的结构原理 (153)
　四、变速传动机构无级变速原理 (155)
　五、电控无级变速系统控制原理 (156)
思考题与参考答案 (157)

第五章 柴油机电控喷油技术

第一节 柴油机喷油技术基础 (159)
　一、柴油机电控喷油系统的分类 (159)
　二、柴油机喷油系统的控制策略 (160)
　三、柴油机喷油量的计算方法 (161)
第二节 高压共轨式柴油喷射系统 (162)
　一、高压共轨式柴油喷射系统的组成 (162)
　二、高压共轨式柴油喷射系统的优点 (164)
　三、高压共轨式柴油喷射的关键技术 (164)
第三节 高压共轨式柴油喷射系统的控制 (175)
　一、喷油量的控制 (175)
　二、喷油压力控制 (177)
　三、多段喷油控制 (179)
　四、起动喷油控制 (180)
思考题与参考答案 (181)

第六章 汽车行驶安全电控技术

第一节 防抱死制动技术 (183)

一、防抱死制动系统的功用 …………………………………………………………… (183)
　　二、防抱死制动的基本原理 …………………………………………………………… (184)
　　三、防抱死制动系统的组成 …………………………………………………………… (185)
　　四、防抱死制动系统的分类 …………………………………………………………… (187)
　　五、防抱死制动装置的结构原理 ……………………………………………………… (189)
　　六、防抱死制动控制原理 ……………………………………………………………… (195)
　　七、防抱死制动控制过程 ……………………………………………………………… (197)
　第二节　制动力分配技术 ………………………………………………………………… (201)
　　一、制动力分配系统的功用 …………………………………………………………… (201)
　　二、制动力分配系统的组成 …………………………………………………………… (201)
　　三、制动力分配的控制 ………………………………………………………………… (202)
　第三节　制动辅助技术 …………………………………………………………………… (202)
　　一、制动辅助系统的功用 ……………………………………………………………… (203)
　　二、制动辅助系统的组成 ……………………………………………………………… (203)
　　三、制动辅助的控制过程 ……………………………………………………………… (203)
　　四、制动辅助控制的效果 ……………………………………………………………… (203)
　第四节　驱动轮防滑转调节技术 ………………………………………………………… (204)
　　一、驱动轮防滑转调节系统的功用 …………………………………………………… (204)
　　二、驱动轮防滑转的基本原理 ………………………………………………………… (205)
　　三、驱动轮防滑转的控制方法 ………………………………………………………… (206)
　第五节　车身稳定性控制技术 …………………………………………………………… (208)
　　一、车身稳定性控制系统的功用 ……………………………………………………… (208)
　　二、车身稳定性控制系统的组成 ……………………………………………………… (208)
　　三、车身稳定性的控制原理 …………………………………………………………… (210)
　　四、车身稳定性的控制过程 …………………………………………………………… (210)
　第六节　安全气囊控制技术 ……………………………………………………………… (212)
　　一、安全气囊系统的功用 ……………………………………………………………… (212)
　　二、安全气囊系统的组成 ……………………………………………………………… (213)
　　三、安全气囊系统的分类 ……………………………………………………………… (213)
　　四、安全气囊的控制过程 ……………………………………………………………… (214)
　　五、安全气囊的动作时序 ……………………………………………………………… (215)
　　六、安全气囊的有效范围 ……………………………………………………………… (216)
　　七、安全气囊控制装置的结构原理 …………………………………………………… (216)
　　八、安全气囊系统的保险机构 ………………………………………………………… (220)
　第七节　安全带收紧技术 ………………………………………………………………… (224)
　　一、安全带收紧系统的结构组成 ……………………………………………………… (224)
　　二、安全带收紧的控制过程 …………………………………………………………… (226)
　思考题与参考答案 ………………………………………………………………………… (226)

第七章 汽车电控悬架与辅助驾驶技术

第一节 电子控制悬架系统 (229)
  一、电子控制悬架系统的功用 (229)
  二、电子控制悬架系统的组成 (229)
  三、电子控制悬架系统的分类 (230)

第二节 车身高度调节系统 (231)
  一、车身高度调节系统的组成 (231)
  二、车身高度传感器 (231)
  三、车身高度的调节 (234)

第三节 悬架刚度调节系统 (235)
  一、悬架刚度调节系统的组成 (235)
  二、空气调节阀的结构原理 (236)
  三、悬架刚度的调节 (236)

第四节 减振器阻尼调节系统 (237)
  一、减振器阻尼调节系统的组成 (237)
  二、减振器阻尼调节元件的结构原理 (238)
  三、减振器阻尼的调节 (240)

第五节 汽车巡航控制技术 (242)
  一、汽车巡航的控制原理 (242)
  二、汽车巡航控制系统的结构原理 (244)
  三、汽车巡航控制系统的控制过程 (250)
  四、取消巡航控制的条件 (253)

第六节 汽车动力转向电控技术 (254)
  一、电子控制动力转向系统的功用 (254)
  二、液压式电子控制动力转向系统 (255)
  三、电液混合式电子控制动力转向系统 (257)
  四、电动式电子控制动力转向系统 (258)
  五、电动式电子控制四轮转向系统 (263)

第七节 行驶车道偏离预警技术 (266)
  一、行驶车道偏离预警系统的功能 (266)
  二、行驶车道偏离预警系统的结构原理 (266)

第八节 汽车自动制动技术 (267)
  一、汽车自动制动系统的组成 (267)
  二、汽车自动制动系统的控制原理 (267)

思考题与参考答案 (268)

第八章 汽车电控系统故障自诊断技术

第一节 故障自诊断系统的组成与功能 ………………………………………………… (271)
 一、故障自诊断系统的组成 ………………………………………………………… (271)
 二、故障自诊断系统的功能 ………………………………………………………… (272)
第二节 汽车电控系统故障自诊断监测原理 …………………………………………… (274)
 一、监测点位于被监测部件正极的自诊断原理 ………………………………… (274)
 二、监测点位于被监测部件负极的自诊断原理 ………………………………… (275)
第三节 电控系统故障自诊断测试 ……………………………………………………… (277)
 一、故障自诊断测试方式 …………………………………………………………… (277)
 二、故障自诊断测试内容 …………………………………………………………… (278)
 三、故障自诊断测试工具 …………………………………………………………… (279)
 四、故障自诊断测试方法 …………………………………………………………… (281)
思考题与参考答案 ………………………………………………………………………… (286)

第九章 汽车电控系统故障诊断与维修技术

第一节 电控系统故障诊断程序与检修方法 …………………………………………… (288)
 一、汽车电控系统故障诊断与检查程序 ………………………………………… (288)
 二、发动机电子控制系统故障诊断与检修方法 ………………………………… (289)
 三、汽车电子控制系统故障征兆表 ……………………………………………… (290)
第二节 发动机控制系统传感器的检修 ………………………………………………… (295)
 一、涡流式空气流量传感器的检修 ……………………………………………… (295)
 二、热丝式与热膜式流量传感器的检修 ………………………………………… (296)
 三、磁感应式曲轴与凸轮轴位置传感器的检修 ………………………………… (296)
 四、霍尔式曲轴与凸轮轴位置传感器的检修 …………………………………… (298)
 五、支管压力传感器的检修 ……………………………………………………… (299)
 六、节气门位置传感器的检修 …………………………………………………… (300)
 七、氧传感器的使用与检修 ……………………………………………………… (301)
 八、温度传感器的检修 …………………………………………………………… (303)
第三节 发动机控制系统执行器的检修 ………………………………………………… (305)
 一、电动燃油泵的使用与检修 …………………………………………………… (305)
 二、电磁喷油器的检修 …………………………………………………………… (306)
 三、怠速控制阀的检修 …………………………………………………………… (306)
 四、节气门控制组件 J338 的检修 ………………………………………………… (308)
第四节 发动机电控单元 ECU 的检修 …………………………………………………… (311)
 一、大众轿车发动机 ECU 的结构特点 …………………………………………… (311)
 二、大众轿车发动机 ECU 线路的检修 …………………………………………… (313)
第五节 电控发动机供油系统的检修 …………………………………………………… (317)

一、供油系统的检测条件 …………………………………………………………………(317)
　　二、供油压力和密封能力的检测 …………………………………………………………(317)
　　三、喷油器喷油量和喷雾形状的检测 ……………………………………………………(319)
第六节　微机控制点火系统的检修………………………………………………………(320)
　　一、爆燃传感器的正确使用 ………………………………………………………………(320)
　　二、爆燃传感器的检修 ……………………………………………………………………(320)
　　三、点火执行元件的检修 …………………………………………………………………(321)
第七节　防抱死制动系统故障诊断与检修………………………………………………(323)
　　一、防抱死制动系统使用注意事项 ………………………………………………………(323)
　　二、防抱死制动系统故障自诊断测试 ……………………………………………………(324)
　　三、防抱死制动系统故障的排除 …………………………………………………………(328)
　　四、防抱死制动电子控制系统的检修 ……………………………………………………(329)
第八节　安全气囊系统故障诊断与检修…………………………………………………(333)
　　一、安全气囊系统自诊断测试 ……………………………………………………………(333)
　　二、安全气囊系统故障检查 ………………………………………………………………(338)
　　三、安全气囊系统故障排除 ………………………………………………………………(340)
　　四、气囊组件报废处理方法 ………………………………………………………………(345)
第九节　自动变速系统故障诊断与检修…………………………………………………(346)
　　一、自动变速系统故障自诊断测试 ………………………………………………………(346)
　　二、自动变速系统的初步检查 ……………………………………………………………(349)
　　三、利用自动变速系统的故障征兆表排除故障 …………………………………………(351)
　　四、自动变速系统控制部件的检修 ………………………………………………………(355)
第十节　汽车巡航控制系统故障诊断与检修……………………………………………(357)
　　一、巡航控制系统的正确使用 ……………………………………………………………(357)
　　二、巡航控制系统自诊断测试 ……………………………………………………………(358)
　　三、巡航控制系统的检修 …………………………………………………………………(359)
思考题与参考答案……………………………………………………………………………(361)
参考文献……………………………………………………………………………………(363)

第一章　汽车电控技术概述

汽车电子控制技术简称汽车电控技术,是以电器技术、微电子技术、计算机技术、自动控制技术、智能控制技术、液压传动技术、新材料和新工艺等技术为基础,以解决汽车能源紧缺、环境保护和交通安全等社会问题为目的,旨在提高整车性能的技术。汽车工业是我国经济的支柱产业之一,汽车电控技术是汽车技术的组成部分,也是衡量一个国家科研实力和工业水平的重要标志。

第一节　汽车电控技术的应用

汽车电控技术是提高汽车动力性、经济性、排放性、安全性、舒适性、操纵性、通过性等整车性能的技术。所谓技术,是指人类在利用自然和改造自然的过程中,积累起来并在生产劳动中体现出来的经验和知识,也泛指其他操作方面的技巧。如汽车电器技术、汽车电控技术和汽车维修技术等。知识是指人类在社会实践中积累起来的经验的总和。是人类认识自然、认识社会和认识自身的产物。如社会知识、生活知识、汽车电控知识和汽车维修知识等。

汽车技术、建筑技术和环境保护技术是衡量一个国家工业化水平高低的三大标志。汽车技术不仅代表着社会物质生活发展水平,而且代表着科学技术发展水平。20世纪80年代以来,提高汽车性能,节约能源和保护环境,主要取决于电控技术。汽车电控技术已广泛应用于汽油发动机控制、柴油发动机控制、汽车底盘控制、汽车车身控制、汽车故障诊断和无人驾驶等技术领域。20世纪90年代,电控技术在轿车上的应用概况如图1-1所示。

当今世界衡量汽车先进水平和档次高低的重要标志主要是汽车品牌、汽车外观和汽车电子化程度的高低。汽车制造商普遍认为:增加汽车电子装置的数量,促进汽车电子化是夺取未来汽车市场的有效手段。汽车设计人员普遍认为:电子技术在汽车上的应用,已经成为汽车设计研究部门考虑汽车结构革新的重要手段。汽油机应用电控喷油技术,能够精确控制空燃比和实现闭环控制,如果再加装三元催化转化器,就可使汽油发动机的有害排放物降低95%以上;柴油机应用高压共轨式电控喷油技术,能够精确控制喷油量和高达160~200MPa的喷油压力,不仅能够降低油耗和减少排放,而且还能提高动力性;汽车应用防抱死制动技术,可使在湿滑或冰雪路面上的事故发生率降低24%~28%。

21世纪以来,发动机电控喷油技术、微机控制点火技术、防抱死制动技术和安全气囊技术等国内外轿车都已普遍应用。在国内生产的中高档轿车上,每辆轿车电子装置的平均成本已占整车成本的30%~35%,在一些豪华轿车上,电子产品的成本已占整车成本的50%以上,并始终保持逐年增长的趋势。

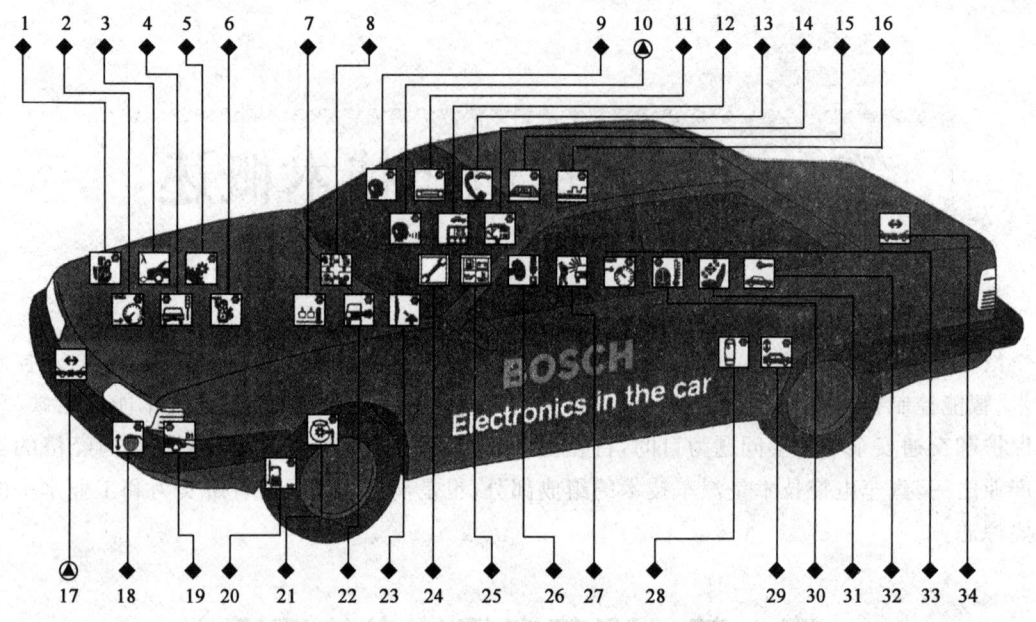

图 1-1　电控技术在汽车上的应用概况

1. 燃油喷射控制　2. 急速控制　3. 空燃比反馈控制　4. 发动机故障诊断　5. 自动变速　6. 微机控制点火　7. 加速踏板控制　8. 控制器区域网络　9. 声音复制　10. 声控操作　11. 音响系统　12. 车载计算机　13. 车载电话　14. 交通控制与通信　15. 信息显示　16. 总线控制　17. 雷达车距控制与报警　18. 前照灯控制与清洗　19. 车灯控制　20. 轮胎气压控制　21. 防抱死与防滑转调节　22. 底盘故障诊断　23. 刮水器与清洗器控制　24. 维修周期显示　25. 液面与磨损监控　26. 安全气囊与安全带控制　27. 车辆保安　28. 前/后轮转向控制　29. 电子悬架　30. 自动空调　31. 座椅调节　32. 中央门锁　33. 巡航控制　34. 车距报警

第二节　汽车电控技术的发展

　　汽车技术的发展主要是汽车电器技术、电控技术和车身技术的发展,汽车电子化(即自动化、智能化和网络化)是 21 世纪汽车发展的必由之路。

　　20 世纪 60 年代以来,随着汽车结构不断改进和性能不断提高,汽车装备的传统电器设备面临着巨大的冲击与挑战。随着电子工业的发展,电控技术在汽车上的应用越来越广泛,新型车用电子装置犹如雨后春笋般的涌现,特别是大规模集成电路和微电子技术的应用,给汽车控制装置带来了划时代的变革。在解决汽车油耗、排放和安全等问题方面,汽车电控技术具有举足轻重的作用。例如:采用电控燃油喷射技术和微机控制点火技术,不仅能够节油 5%～10%,而且还能大大提高动力性和排气净化性能;采用电子控制防抱死制动技术,不仅可使汽车在泥泞路面上安全行驶,而且可以在紧急制动时防止车轮抱死滑移,保证汽车安全制动;采用安全气囊技术,每年可以挽救成千上万人的生命。在实现汽车操纵自动化,提高舒适性和通过性等方面,电控技术也扮演着重要角色。

一、汽车电控技术发展的动因

汽车电控技术是汽车技术与电子技术结合的产物。近半个世纪以来,汽车电控技术飞速发展的动力和原因包括两个方面:一方面是全球能源紧缺、环境保护和交通安全问题,促使汽车油耗法规、排放法规和安全法规的要求不断提高;另一方面是电子技术水平不断提高。汽车油耗法规和排放法规促进了汽车发动机电控技术的发展,汽车安全法规促进了汽车底盘和车身电控技术的发展。随着汽车油耗法规、排放法规和安全法规要求的不断提高,汽车发动机燃油喷射电控系统、防抱死制动系统和安全气囊系统已经成为国内外轿车的标准装备。

二、汽车电控技术的发展趋势

汽车已为人类交通运输做出了不可磨灭的贡献,未来汽车已不仅仅是一个代步工具,而且具有交通、办公、通信和娱乐等多种功能。毋庸置疑,汽车在造福人类的同时,也带来了能源紧张、环境污染和交通安全等一系列社会问题。就人类目前拥有的科学技术而言,解决这些问题的有效途径依然是继续开发利用汽车电控技术、研究新能源汽车技术和开发汽车轻量化技术,这也是我国汽车工业科技的发展战略。

(一)汽车电控技术

汽车电控技术的发展趋势是网络化和智能化。其主要研究智能传感器技术、微处理器技术、智能交通技术、光导纤维技术、模块化设计技术、电压倍增技术、主动安全技术、网络通信和无人驾驶等技术。汽车电控技术发展的终极目标是使汽车发展成为能够自动筛选最佳行驶路线的智能汽车。

(1)智能传感器技术。全球汽车传感器市场的年均增长率达20%。智能传感器不仅能够提供汽车的状态信息,而且还能对信号进行放大和处理,对温度漂移、时间漂移和非线性数据进行自动校正,具有较强的抗电磁干扰能力,在恶劣条件下仍能保持较高的测量精度。

(2)微处理器技术。微处理器已广泛用于汽车发动机、底盘、车身和故障诊断控制系统,车载各类控制系统目前使用的微处理器累计已达30~60个。汽车智能化发展的一个重要趋势就是大量使用微处理器,用以改善汽车的整体性能。

(3)智能交通技术。智能交通系统(ITS,Intelligent Traffic System)是将机器视觉、环境感知、卫星定位、信息融合、决策与控制等相关技术相互融合,使汽车自动筛选最佳行驶路线的系统。

(4)光导纤维技术。光导纤维不仅具有柔软性好、易于连接、质量小、成本低、弯曲半径小、数值孔径大、耦合效率高等优点,而且还具有电气绝缘性能好、抗电磁干扰和抗辐射能力强等优异的传输特性。随着光导纤维的成本不断降低和在汽车上的应用量逐年增大,必将大大降低汽车电控系统乃至汽车整车的制造成本和减轻整车整备质量,同时还可为汽车轻量化开辟一条新的技术途径。

(5)模块化设计技术。所谓模块化设计,是指为开发具有多种功能的不同产品,不需要对每种产品实施单独设计,而是精心设计出多种模块,将其经过不同方式的组合来构成不同的产品,以解决产品品种、规格、制造周期和成本之间的矛盾。汽车整车电控系统的零部件用量越来越大,采用模块化设计技术,能够减小体积、减轻质量、缩短装配工时,提高汽车电控系统乃至汽车整车的可靠性。

(6)电压倍增技术。2008年,欧盟国家已经开始实车应用48V电源电压技术。理论与实验证明:在电器负载功率不变的情况下,电源电压提高2倍,负载电流可以减小2/3。因此,提高汽车电源电压,就可大大减小汽车电器或电子控制部件的电流,汽车导线、电缆、电动机、驱动线圈等就可减小尺寸、减小质量。同理,在负载电流大小不变的情况下,提高汽车电源电压,可以增大汽车电器或电子控制部件的功率,电控螺线管驱动可变气门定时、电控电动转向、电控气动阀机构、飞轮内装起动机/发电机一体式结构、电控电动制动器等就能得以实现,电控系统就能驱动大功率执行器来实现自动控制功能。

(7)主动安全技术。汽车主动安全系统包括车身动态综合管理系统、速度与车距自动调节系统、车辆碰撞预警系统、红外夜视系统、轮胎压力预警系统和驾驶环境控制系统等。

车身动态综合管理系统(VDIM,Vehicle Dynamics Integrated Management System)将防抱死制动系统(ABS)、电子控制制动力分配系统(EBD)、电子控制辅助制动系统(EBA)、驱动轮防滑转调节系统(ASR)和车身稳定性控制系统(VSC)等控制制动力和驱动力的主动安全系统,以及电子控制动力转向系统(EPS)和电子调节悬架系统(EMS)等进行综合集成,对车身姿态进行综合控制,使汽车在各种行驶条件下,特别是在转向、制动或打滑时,都能保持方向稳定、行驶安全和乘坐舒适。事实上,VDIM 是一个采用智能识别与判断技术来控制车辆行驶稳定性的主动安全体系。汽车速度与车距自动调节系统是利用安装在车内的雷达探测装置准确探测汽车行进过程中的障碍物信息,由发动机控制系统、自动变速系统和防抱死制动系统等自动采取相应控制策略的集成控制系统。当雷达装置探测到障碍物信息时,系统将采取减速措施,一旦障碍物消失,就会取消制动并控制油门开度增大而加速。车辆碰撞预警系统是一个由前部探测、后部探测和侧部探测装置组成的监控系统,其功能是提醒驾驶员避免车辆发生碰撞。红外夜视系统是一个利用红外探测技术,能在夜间探测到距车 650~750m 发热物体(人、动物和有余热的故障车辆等)的监测与报警系统。汽车前照灯一般能够照射到距车前方 150m 的物体,最远只能照射到距车前方 300~400m 的物体。红外夜视系统的功能与车辆碰撞预警系统相似,主要是提醒驾驶员躲避障碍物。轮胎压力预警系统是一个集中央轮胎充放气系统为一体的监控与报警系统。该系统利用安装在每一只轮胎中的压力与温度传感器直接监测胎内气压和温度,并用无线射频装置将气压和温度信号发送到驾驶室内的接收与监控器,再由监控器显示与控制每一只轮胎的气压和温度。系统的功能是有效避免轮胎温度和气压过高而导致爆胎事故,或轮胎漏气导致气压过低而加速磨损,使轮胎始终保持在正常气压和温度状态下行驶,延长轮胎使用寿命、降低汽车燃油消耗。驾驶环境控制系统是一个舒适性控制系统。该系统集自动空调系统于一体,可依据驾驶室内外温度、行驶速度、空气流量、气流方向进行换气通风,给驾驶员营造一个舒适的驾驶环境,减轻驾驶疲劳,保证车辆行驶安全。

(8)网络通信技术。汽车电子化发展的趋势是利用网络通信技术来传输海量的实时数据。网络通信技术将集成通信系统与车载信息系统,提供实时的交通信息、气象数据、满足个性化要求的信息以及详细的道路指南等信息。网络通信技术被视为汽车工业继高压缩比发动机电控技术之后的又一次革命。作为引领汽车产业向另一发展阶段迈进的新技术领域,网络通信技术必将进一步整合移动通信技术与无线网络技术,使汽车与人类活动紧密相连。

(9)无人驾驶技术。集自动控制、人工智能、视觉计算等众多技术于一体,是计算机科学、模式识别和智能控制技术高度发展的产物,也是衡量一个国家科研实力和工业水平的一个重要标志,在国防和国民经济领域具有广阔的应用前景。

无人驾驶汽车是通过车载传感系统感知道路环境,自动规划行车路线并控制车辆到达预定目标的智能汽车。利用车载传感器感知车辆周围环境,并根据感知所得道路、车辆位置和障碍物信息,控制车辆的转向和速度,从而使车辆在道路上安全、可靠地行驶。

（二）新能源汽车技术

新能源汽车技术是指具有新型动力系统或燃用新型燃料的汽车技术。具有新型动力系统的汽车包括纯电动汽车、混合动力汽车、燃料电池汽车等；燃用新型燃料的汽车包括天然气汽车、液化石油气汽车、醇醚类燃料汽车、生物燃料汽车与合成燃料汽车等。

（三）汽车轻量化技术

汽车轻量化技术是指在使用要求和成本控制的前提条件约束下，能够减小汽车自身质量的材料、设计和制造技术。轻量化材料包括高强度材料（高强度钢）和低密度材料（铝、镁、塑料、复合材料等）。众所周知的奥迪A8轿车就是全铝车身的杰出代表，捷豹汽车则是全铝发动机的开路先锋。轻量化设计包括减少汽车零部件数量、优化汽车结构设计，如基于载荷和强度特性的结构设计、底盘与车身结构的拓扑优化设计等。轻量化制造包括激光拼焊、液压成型、热压成型、铝合金半固态成型以及异种材料之间的连接等。汽车综合运用轻量化技术的根本目的是降低燃油消耗、减少尾气的排放量。

第三节　汽车电控系统的组成

汽车电子控制系统简称汽车电控系统，是指由传感器、电控单元和执行元件组成的、能够提高汽车性能的机电一体化控制系统。

汽车电控系统的主要功能是提高汽车的整体性能，包括动力性、经济性、排放性、安全性、舒适性、操纵性及通过性等。

一、汽车电控系统的基本组成

在同一辆汽车上，配装有若干个电控系统。每一个电控系统，都能实现不同的控制功能。汽车车型不同、档次不同，采用电控系统的多少也不尽相同。但是，汽车上每一个电控系统的基本结构都是由传感器（传感元件）与开关信号、电控单元（ECU，Electronic Control Unit）和执行器（执行元件）三部分组成，如图1-2所示，这是汽车电子控制系统的共同特点。

图1-2　汽车电控系统的基本组成

（一）传感器

传感器是将各种非电量（物理量、化学量、生物量等）按一定规律转换成便于传输和处理的另一种物理量（一般为电量）的装置。

传感器相当于人的眼、耳、鼻、舌、身等五官。在汽车电控系统中，传感器的功用是将汽车各部件运行的状态参数（各种非电量信号）转换成电量信号并输送到各种电控单元。

车用传感器安装在汽车的不同部位。汽车型号和档次不同，装备传感器的多少也不相同。有的汽车只有几只传感器（如仅装备发动机电控系统的汽车就只有6~8只），有的汽车装备有50多只传感器。一般来说，汽车装备传感器越多，则其档次就越高。

按检测项目不同,汽车电控系统采用的传感器可分为以下几种类型。

(1)流量传感器。如发动机燃油喷射系统采用的翼片式、量芯式、涡流式、热丝式与热膜式空气流量传感器等。

(2)位置传感器。如发动机燃油喷射和微机控制点火系统采用的曲轴位置传感器(又称为发动机转速与曲轴转角传感器)、凸轮轴位置传感器、节气门位置传感器;电子调节悬架系统采用的车身位置(又称为车身高度)传感器;信息显示系统和液面监控系统采用的各种液面位置(或高度)传感器;自动变速系统采用的选挡操纵手柄位置传感器;巡航控制系统采用的加速踏板位置传感器;电子控制动力转向系统采用的方向盘转角传感器等。

(3)压力传感器。如发动机控制系统采用的进气支管压力传感器、大气压力传感器、排气压力传感器、气缸压力传感器;自动变速系统采用的燃油压力传感器;发动机爆燃控制系统采用的爆燃传感器等。

(4)温度传感器。如发动机冷却液温度传感器、进气温度传感器、排气温度传感器、燃油温度传感器;自动变速系统采用的自动传动液温度传感器;空调控制系统采用的车内温度传感器等。

(5)浓度传感器。如发动机控制系统采用的氧传感器;安全控制系统采用的酒精浓度传感器等。

(6)速度传感器。如防抱死制动系统采用的车轮速度传感器、车身纵向和横向加(减)速度传感器;发动机控制系统采用的转速传感器;发动机、自动变速以及巡航控制系统采用的车速传感器;变速器输入轴转速传感器以及输出轴转速传感器等。

(7)碰撞传感器。如辅助防护系统采用的滚球式、滚轴式、偏心锤式、压电式和水银式碰撞传感器等。

(二)电控单元(ECU)

汽车电子控制单元简称电控单元,又称为电子控制器或电子控制组件,俗称"汽车电脑"。

电控单元是以单片微型计算机(即单片机)为核心所组成的电子控制装置,具有强大的数学运算、逻辑判断、数据处理与数据管理等功能。

电控单元是汽车电控系统的控制中心,其主要功用是分析处理传感器采集的各种信息,并向受控装置(即执行器或执行元件)发出控制指令。

(三)执行器

执行器又称为执行元件,是电控系统的执行机构。执行器的功用是接收电控单元(ECU)发出的指令,完成具体的执行动作。

汽车电控系统不同,采用执行器的数量和种类也不相同。发动机燃油喷射系统的执行器有电动燃油泵和电磁喷油器;发动机怠速控制系统的执行器是怠速控制阀;燃油蒸汽回收系统的执行器是活性炭罐电磁阀;微机控制点火系统的执行器有点火控制器和点火线圈;防抱死制动系统的执行器有两位两通电磁阀或三位三通电磁阀、制动液回液泵电动机;安全气囊系统的执行器是气囊点火器;座椅安全带收紧系统的执行器是收紧器的点火器;自动变速系统的执行器有自动传动液液压油泵、换挡电磁阀和锁止电磁阀;汽车巡航控制系统的执行器有巡航控制电动机或巡航控制电磁阀等。

二、汽车发动机电控系统组成

发动机电控系统(EEC 或 EECS,Engine Electronic Control System)又称为发动机管理系

统(EMS,Engine Management System),其主要功能是提高汽车的动力性、经济性和排放性能。随着汽车电控技术的发展,世界各大汽车公司或电子技术公司开发研制的发动机电控系统千差万别。控制系统的功能、控制参数和控制精度不同,采用控制部件(传感器、电控单元和执行器)的类型或数量也不尽相同。通过对各种控制部件进行不同的组合,便可组成若干个子控制系统。

大众 M 型发动机电控系统的组成如图 1-3 所示,结构原理如图 1-4 所示,控制部件的安装位置如图 1-5 所示。

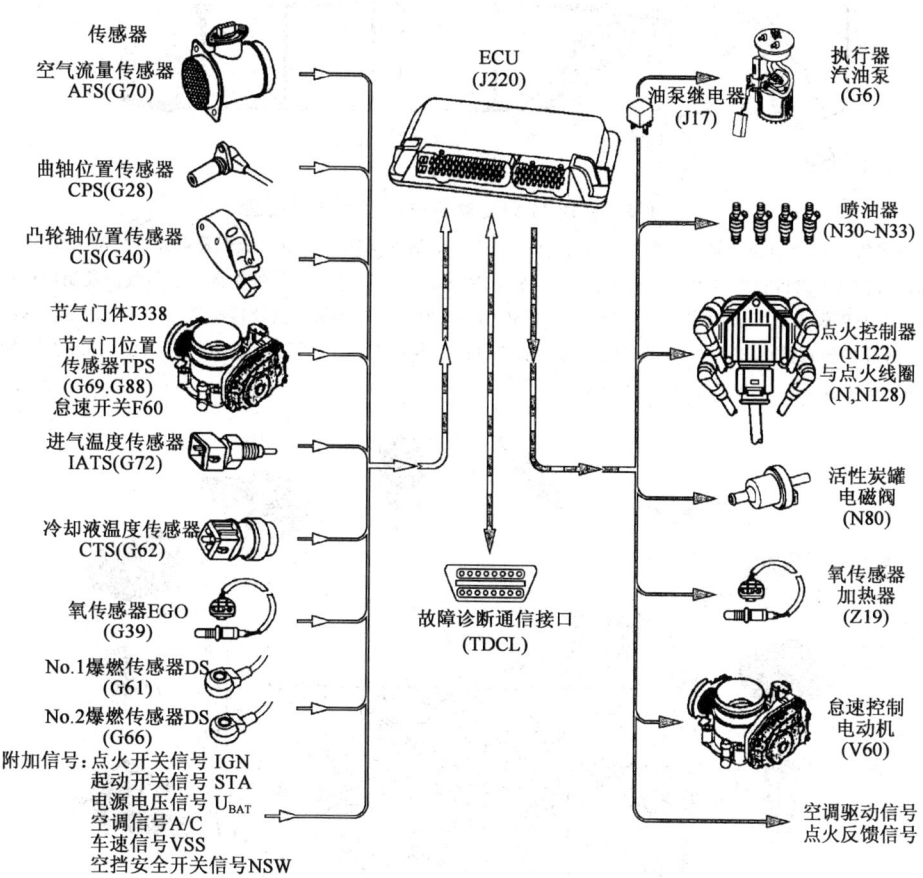

图 1-3　大众 M 型发动机电控系统的组成
(图中括号内代号 G70、G28 等为原厂维修资料代号)

(一)发动机传感器与开关信号

大众 M 型发动机电控系统采用的传感器有空气流量传感器、曲轴位置传感器、凸轮轴位置传感器、怠速节气门位置传感器和节气门位置传感器(两只传感器与节气门控制组件 J338 制作成一体)、冷却液温度传感器、进气温度传感器、氧传感器、爆燃传感器和车速传感器。节气门控制组件 J338 又称为节流阀体,由怠速节气门位置传感器 G88、节气门位置传感器 G69、怠速控制电动机 V60 和怠速开关 F60 组成。怠速节气门位置传感器 G88 安装在节流阀体内并与怠速控制电动机 V60 连接在一起;节气门位置传感器 G69 安装在节气门轴上。两只节气

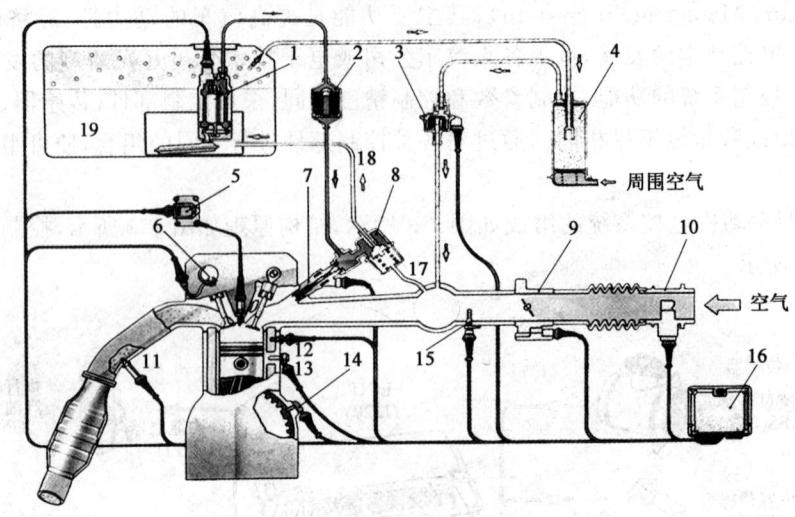

图 1-4　大众 M 型发动机电控系统结构简图

1. 电动燃油泵　2. 燃油滤清器　3. 活性炭罐电磁阀 N80　4. 活性炭罐　5. 点火线圈及点火控制器总成 N152　6. 霍尔式凸轮轴位置传感器 G40　7. 喷油器 N30、N31、N32、N33　8. 燃油压力调节器　9. 节气门控制组件(节流阀体)J338　10. 热膜式空气流量传感器 G70　11. 氧传感器 G39　12. 冷却液温度传感器 G62　13. 1 号爆燃传感器 G61 及 2 号爆燃传感器 G66　14. 发动机转速与曲轴转角传感器 G28　15. 进气温度传感器 G72　16. 多点喷射电控单元 J220　17. 真空管　18. 回油管　19. 燃油箱

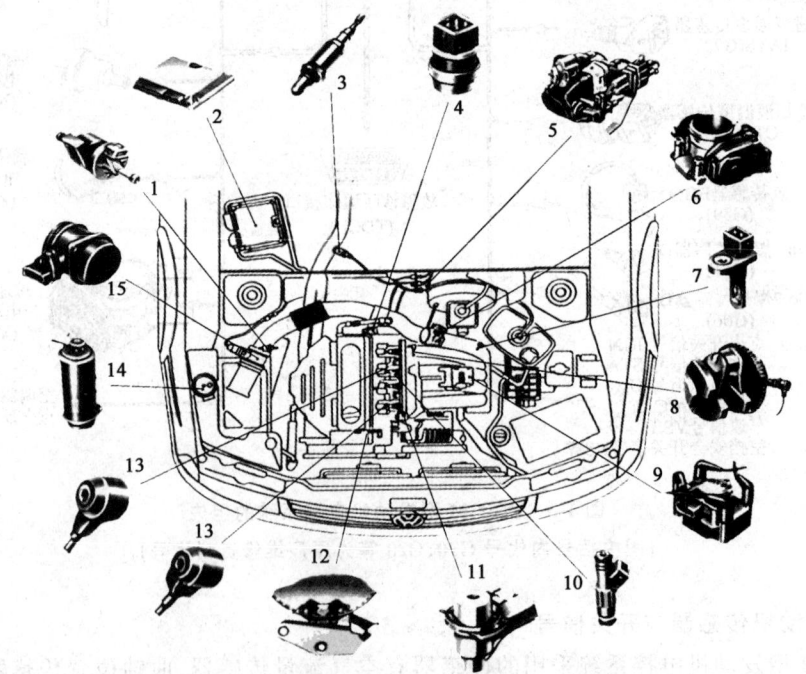

图 1-5　大众 M 型发动机电控系统控制部件安装位置

1. 活性炭罐电磁阀 N80　2. 多点喷射电控单元 J220　3. 氧传感器 G39　4. 发动机控制用冷却液温度传感器 G62 与组合仪表用冷却液温度传感器 G2　5. 传感器线束支架　6. 节气门控制组件(节流阀体)J338　7. 进气温度传感器 G72　8. 发动机转速与曲轴转角传感器 G28　9. 点火线圈及点火控制器总成 N152　10. 喷油器 N30、N31、N32、N33　11. 燃油压力调节器　12. 霍尔式凸轮轴位置传感器 G40　13. 1 号爆燃传感器 G61 及 2 号爆燃传感器 G66　14. 活性炭罐　15. 热膜式空气流量传感器 G70

门位置传感器的功用都是检测节气门开度信号并输入电控单元J220。在M3.8.2型发动机电控系统中,发动机怠速时的进气量采用了直接控制节气门开度的方式进行控制,所以当发动机在怠速范围内工作时,电控单元J220将根据怠速节气门位置传感器G88提供的信号调节怠速时的节气门开度;当发动机工作在怠速以外的工况时,电控单元J220将根据节气门位置传感器G69提供的信号进行控制。

(1)热膜式空气流量传感器(AFS,Air Flow Sensor)安装在发动机空气滤清器与节气门之间的进气道上,直接检测吸入发动机气缸的进气量,以便计算确定喷油量的大小。

(2)磁感应式曲轴位置传感器(CPS,Crankshaft Position Sensor)安装在发动机缸体侧面,直接检测发动机曲轴的转速和转角,以便控制喷油提前角和点火提前角的大小。

(3)霍尔式凸轮轴位置传感器(CPS,Camshaft Position Sensor)安装在发动机凸轮轴的前端,直接检测第一缸活塞相对于压缩冲程上止点和排气冲程上止点的位置,以便确定开始喷油和开始点火时刻,又称为气缸判别传感器(CIS,Cylinder Identification Sensor)。需要特别说明的是,曲轴位置和凸轮轴位置传感器的英文缩写字母均为CPS,为了便于区分,本书一律采用CIS来表示凸轮轴位置传感器。此外,在部分汽车发动机电控系统中,曲轴位置传感器与凸轮轴位置传感器制作成一体,统称为曲轴位置传感器,并用CPS表示。

(4)节气门位置传感器(TPS,Throttle Position Sensor)安装在发动机进气道上节气门轴的一端,检测节气门开度(发动机负荷)的大小。如节气门关闭、部分开启和全开等。此外,ECU通过计算节气门位置传感器信号的变化率,便可得到汽车加速度或减速度信号。

(5)热敏电阻式冷却液温度传感器(CTS,Coolant Temperature Sensor)安装在发动机缸体上,检测发动机水套内的冷却液温度,用于修正喷油量和点火提前时间。

(6)热敏电阻式进气温度传感器(IATS,Intake Air Temperature Sensor)安装在发动机进气支管上,直接检测吸入发动机气缸空气的温度,用于修正喷油量。

(7)氧化钛式氧传感器(O_2或EGO,Exhaust Gas Oxygen Sensor)安装在发动机排气管上距离排气支管不超过1m的位置,通过检测排气管排出废气中氧离子的含量来反映可燃混合气空燃比的大小,以便修正喷油量并实现空燃比闭环控制。

(8)压电式发动机爆燃传感器(EDS,Engine Detonation Sensor),两只传感器均安装在发动机排气管一侧的缸体上,第1缸与第2缸之间安装一只,第3缸与第4缸之间安装一只,分别检测各气缸是否产生爆燃现象,以便修正点火提前角并实现点火提前角闭环控制。

(9)舌簧开关式车速传感器(VSS,Vehicle Speed Sensor)安装在变速器输出轴上,检测汽车行驶速度,用于判定汽车的状态,以便实现怠速控制等。

在上述传感器中,空气流量传感器G70、曲轴位置传感器G28、凸轮轴位置传感器G40和节气门位置传感器G69四种传感器是控制燃油喷射与点火时刻最重要的传感器,其结构性能与工作状况直接影响控制系统的控制精度和控制效果。

发动机电控单元(ECU)除了采集上述传感器的信号之外,还要采集点火起动开关、空调开关、怠速开关F60、电源电压以及空挡安全开关(对自动变速汽车而言)信号,以便判断汽车运行状态并采取相应的控制措施。

在汽车电控系统中,不仅采用了传感器信号,而且采用了开关信号。大众M型发动机电控系统采用的开关信号有以下几种。

1)点火开关信号(IGN,Ignition Switch),当点火开关接通"点火(IG)"挡位时,向电控单元(ECU)输入一个高电平信号。

2)起动开关信号(STA,Start Switch),当点火开关接通"起动(ST)"挡位时,向电控单元(ECU)输入一个高电平信号。

3)空调开关信号(A/C,Air Conditioning),当空调开关接通时,向电控单元(ECU)提供接通空调系统的信号。

4)电源电压信号 UBAT,向电控单元提供蓄电池端电压信号。

5)空挡安全开关信号(NSW,Neutral Security Switch),在装备自动变速器的汽车上,用于检测自动变速器的挡位选择开关是否处于空挡位置。

(二)发动机执行器

大众 M 型发动机电控系统采用的执行器有电动燃油泵、电磁喷油器、怠速控制电动机(在节气门控制组件 J338 内)、活性炭罐电磁阀、点火控制器和点火线圈。

(1)电动燃油泵用于供给发动机电控系统规定压力的燃油。

(2)电磁喷油器用于接收 ECU 发出的喷油脉冲信号,计量燃油喷射量。

(3)怠速控制电动机用于调节发动机的怠速转速。控制内容包括两个方面,一方面是在发动机正常怠速运转时稳定怠速转速,达到防止发动机熄火和降低燃油消耗之目的;另一方面是在发动机怠速运转状态下,当发动机负载增加(如接通空调器、动力转向器或液力变扭器等)时,自动提高怠速转速,防止发动机熄火。

(4)活性炭罐电磁阀用于控制回收发动机内部(曲轴箱、气门室、燃油箱等)的燃油蒸汽,减少碳氢化合物的排放量,从而减少排气污染。

(5)点火控制器和点火线圈用于接收电控单元发出的控制指令,适时接通或切断点火线圈初级电流,并产生高压电点着可燃混合气。

汽车发动机电控系统是一个综合控制系统,并具有多种控制功能。将发动机电控系统的传感器和执行器进行不同的组合,就可组成燃油喷射控制系统、微机控制点火系统、空燃比反馈控制系统、发动机爆燃控制系统、超速断油控制系统、减速断油控制系统、清除溢流控制系统、怠速控制系统、燃油蒸汽回收系统和故障自诊断系统等,从而实现燃油喷射控制、点火提前闭环控制、空燃比反馈控制、发动机爆燃控制、超速断油控制、减速断油控制、清除溢流控制、怠速控制、燃油蒸汽回收和故障自诊断等功能。其中,控制燃油喷射和点火是发动机电控系统的主要功能,其余均为辅助控制功能。此外,某一控制系统也可能同时具有多种控制功能。例如,电子控制燃油喷射系统能够精确控制喷油量,且喷射的燃油雾化良好、燃烧完全。因此,不仅能够提高汽车的动力性,而且还能提高汽车的经济性和排放性能。

在汽车电控系统中,发动机电控系统的控制部件最多、控制参数最多、控制功能最强、控制过程最复杂。因此,只要熟悉发动机电控系统的结构原理与控制过程,掌握该系统的故障诊断与检修方法,其他电控系统的学习问题就能迎刃而解。

第四节 汽车电控系统的分类

汽车电控系统种类繁多、型式各异,分类方法也不相同。一般可按控制系统的控制目标和控制对象进行分类。

一、按控制目标分类

根据控制目标不同,汽车电控系统可分为动力性、经济性与排放性、安全性、舒适性、操纵性和通过性6种类型的控制系统,主要控制项目和控制功能见表1-1。其中,经济性与排放性控制系统具有双重功能,既能降低燃油消耗量,又能减小有害物质的排放量。

表1-1 汽车电控系统的控制目标与控制项目

类型	控制目标	系统名称	主要控制项目
汽车电子控制系统	动力性	发动机燃油喷射系统(EFI)	喷油时刻(喷油提前角);喷油量(喷油持续时间);喷油顺序;喷油器;燃油泵
		微机控制点火系统(MCI)	点火时刻(点火提前角);点火导通角
		爆燃控制系统(EDCS)	点火提前角
		怠速控制系统(ISCS)	怠速转速
		电子控制自动变速系统(ECT)	发动机输出转矩;液力变矩器锁止时机
		发动机进气控制系统(IACS)	切换进气通路提高充气效率;可变气门定时
		涡轮增压控制系统(ETC)	泄压阀控制;废气涡轮增压器控制
		控制器局域网(CAN)	发动机电控单元ECU、自动变速电控单元ECT ECU、防抱死制动电控单元ABS ECU等
	经济性与排放性	空燃比反馈控制系统(AFC)	空燃比
		断油控制系统(SFIS)	超速断油;减速断油;清除溢流
		电控废气再循环系统(EGR)	排气再循环率
		燃油蒸汽回收系统(FECS)	活性炭罐电磁阀控制
	安全性	防抱死制动系统(ABS)	车轮滑移率;车轮制动力
		电子控制制动力分配系统(EBD)	车轮制动力
		电子控制制动辅助系统(EBA)	车轮制动力
		车身稳定性控制系统(VSC)	车轮制动力;车身偏转角度
		驱动轮防滑转调节系统(ASR)	发动机输出转矩;驱动轮制动力;防滑转差速器锁止程度
		安全气囊控制系统(SRS)	气囊点火器点火时机;系统故障报警控制
		座椅安全带收紧系统(SRTS)	安全带收紧器点火时机
		雷达车距报警系统(RPW)	车辆距离;报警;制动
		前照灯光束控制系统(HBAC)	焦距;光线角度
		安全驾驶监控系统	驾驶时间;方向盘状态;驾驶员脑电图、体温和心率
		防盗报警系统(GATA)	报警;遥控门锁;数字密码点火开关;数字编码门锁;方向盘自锁
		电子仪表系统	汽车状态信息显示与报警
		故障自诊断测试系统(OBD)	故障报警;故障代码存储;部件失效保护;故障应急运行
	舒适性	电子调节悬架系统(EMS)	车身高度;悬架刚度;悬架阻力;车身姿态(点头、侧倾、俯仰)
		座椅位置调节系统(SAMS)	向前、向后方向控制;向上、向下高低控制
		自动空调系统(AHVC)	通风;制冷;取暖
		CD音响、DVD播放机	娱乐欣赏
		信息显示系统(IDS)	交通信息;电子地图
		车载电话(CT)	通信联络
		车载计算机(OBC)	车内办公

续表

类型	控制目标	系统名称	主要控制项目
汽车电子控制系统	操纵性	电子控制动力转向系统(EPS)	助力油压、气压或电动机电流控制
		巡航控制系统(CCS)	恒定车速设定;安全(解除巡航状态)
		中央门锁控制系统(CLCS)	门锁遥控;门锁自锁;玻璃升降
	通过性	驱动防滑控制系统(ASR)	发动机输出转矩;驱动轮制动力;防滑转差速器锁止程度
		中央轮胎充放气系统(CTIS)	轮胎气压
		自动驱动管理系统(ADM)	驱动轮驱动力控制
		差速器锁止控制系统(VDLS)	防滑转差速器锁止程度控制

二、按控制对象分类

根据控制对象不同,汽车电控系统可分为发动机电控系统、底盘电控系统和车身电控系统三大类。

(一)汽车发动机电控系统

汽车发动机电控系统的主要功用是提高汽车的动力性、经济性和排放性能。主要有以下电控系统。

(1)电子控制发动机燃油喷射系统(EFI,Engine Fuel Injection System)。

(2)微机控制发动机点火系统(MCI,Microcomputer Control Ignition System)。

(3)发动机空燃比反馈控制系统(AFC,Air Fuel Ratio Feedback Control System)。

(4)发动机怠速控制系统(ISC,Idle Speed Control System)。

(5)发动机断油控制系统(SFI,Sever Fuel Injection System)。

(6)发动机爆燃控制系统(EDC,Engine Detonation Control System)。

(7)加速踏板控制系统(EAP,Electronic Control Accelerator Pedal System)。

(8)发动机进气控制系统(IAC,Engine Intake Air Control System)。

(9)燃油蒸汽回收系统(FEC,Fuel Evaporative Emission Control System)。

(10)电控废气再循环系统(EGR,Electronic Control Exhaust Gas Recirculation System)。

(11)可变气门定时控制系统(VVT-i,Volatile Valve Timing Control System)。

(12)汽车巡航控制系统(CCS,Vehicle Cruise Control System)。

(13)车载故障自诊断系统(OBD,On Board Self-Diagnosis System)。

(二)汽车底盘电控系统

汽车底盘电控系统的主要功用是提高安全性、操纵性和通过性,主要有以下控制系统。

(1)电子控制自动变速系统(ECT,Electronic Controlled Automatic Transmission System)。

(2)电子控制无级变速系统(CVT,Electronic Controlled Continuously Variable Transmission System)。

(3)电子控制手动—自动一体变速系统(Activematic ECT,Electronic Controlled Activematic Transmission System)。

(4)防抱死制动系统(ABS,Anti-lock Braking System 或 Anti-Skid Braking System)。

(5)电子控制制动力分配系统(EBD,Electronic Brakeforce Distributing System)。
(6)电子控制制动辅助系统(EBA,Electronic Brake Assist System)。
(7)车身稳定性控制系统(VSC,Vehicle Stability Control)或车身动态稳定性控制系统(DSC,Dynamic Stability Control System)或电子控制稳定性程序(ESP,Electronically Controlled Stability Program)。
(8)驱动轮防滑转调节系统(ASR,Acceleration Slip Regulation System)或牵引力控制系统 TCS/TRC(Traction Force Control System)。
(9)电子调节悬架系统(EMS,Electronic Modulated Suspension System)。
(10)电子控制动力转向系统(EPS,Electronically Controlled Power Steering System)。
(11)电子控制四轮转向系统(4WS,Electronically Controlled 4-Wheel Steering System)。
(12)中央轮胎充放气系统(CTIS,Central Tyre Inflate and Deflate System)。
(13)自动驱动管理系统(ADM,Automatic Drive-train Management System)。
(14)差速器锁止控制系统(VDLS,Vehicle Differential Lock Control System)。

(三)汽车车身电控系统

汽车车身电控系统的主要功用是提高安全性和舒适性,主要有以下控制系统。
(1)辅助防护安全气囊系统(SRS,Supplemental Restraint System Air Bag)。
(2)安全带紧急收缩触发系统(SRTS,Seat-Belt Emergency Retracting Triggering System)。
(3)座椅位置调节系统(SAM,Seat Adjustment Position Memory System)。
(4)雷达车距报警系统(RPW,Radar Proximity Warning System)。
(5)倒车报警系统(RVAS,Reverse Vehicle Alarm System)。
(6)防盗报警系统(GATA,Guard Against Theft and Alarm System)。
(7)中央门锁控制系统(CLC,Central Locking Control System)。
(8)前照灯控制与清洗系统(HAW,Headlamp Adjustment and Wash System)。
(9)风窗玻璃刮水与清洗控制系统(WWC,Wash/Wipe Control System)。
(10)自动采暖通风与空气调节系统(AHVC,Automatic Heating Ventilating Air-Conditioning System)。
(11)车载局域网(LAN,Local Area Network)。
(12)车载计算机(OBC,On-Board Computer)。
(13)车载电话(CT,Car Telephone)。
(14)交通控制与通信系统(TCIS,Traffic Control and Information System)。
(15)信息显示系统(IDS,Information Display System)。
(16)声音复制系统(ESR,Electronic Speech Reproduction System)。
(17)液面与磨损监控系统(FWMS,Fluids and Wear Parts Monitoring Systems)。
(18)维修周期显示系统(LSID,Load-Dependent Service Interval Display System)。

思考题与参考答案

一、单选题

1. 汽车发动机电子控制系统的主要功用是提高汽车的（　）。
   A. 经济性　　　　B. 安全性　　　　C. 舒适性　　　　D. 操作性
2. 汽车底盘电子控制系统的主要功用是提高汽车的（　）。
   A. 经济性　　　　B. 安全性　　　　C. 舒适性　　　　D. 耐用性
3. 汽车防抱死制动系统的主要功能是提高下述何种性能（　）。
   A. 排放性　　　　B. 通过性　　　　C. 安全性　　　　D. 舒适性
4. 20世纪80年代以来，汽车技术的发展主要是下述哪一种技术的发展（　）。
   A. 电工技术　　　B. 制造技术　　　C. 化学技术　　　D. 电控技术
5. 近半个世纪以来，汽车发展的标志性技术是下述哪一种（　）。
   A. 发动机技术　　B. 底盘技术　　　C. 电控技术　　　D. 交管技术

二、多选题

1. 汽车电子控制技术能够协助人类解决下述哪些社会问题（　）。
   A. 能源紧缺　　　B. 环境保护　　　C. 交通安全　　　D. 反恐维稳
2. 汽车电子控制技术能够提高汽车的下述哪些性能（　）。
   A. 动力性　　　　B. 经济性　　　　C. 排放性　　　　D. 通过性
3. 汽车上每一个电子控制系统的基本结构都是由下述哪几部分组成的（　）。
   A. 传感器　　　　B. 电控单元　　　C. 点火控制器　　D. 执行器

三、判断题

1. 汽车发动机电控系统不仅能够降低燃油消耗量，而且还能减少有害物质的排放。（　）
2. 汽车电控技术是衡量一个国家科研实力和工业水平的重要标志。（　）
3. 汽车电控技术是汽车技术与电子技术结合的产物。（　）
4. 汽车电器系统的主要功用是提高汽车的整体性能。（　）

四、简答题

1. 汽车采用电子控制技术的主要目的是什么？
2. 汽车发动机电控系统常用的传感器和执行器有哪些？
3. 汽车电控系统的分类方法有哪些？各分为哪些类型？
4. 汽车电控技术的发展趋势是什么？主要研究哪些技术？
5. 汽车电子控制技术飞速发展的动力和原因是什么？
6. 何谓新能源汽车？哪些类型的汽车属于新能源汽车？

参考答案

一、单选题：1. A　2. B　3. C　4. D　5. C

二、多选题：1. ABC　2. ABCD　3. ABD

三、判断题：1. √　2. √　3. √　4. ×

第二章　汽油机电控喷油技术

汽油机电控喷油技术简称汽油电喷技术，是借鉴飞机发动机喷油技术而诞生，并伴随着汽车油耗法规、排放法规和电子技术的进步而逐步发展到当今水平。因为电子控制燃油喷射式发动机(简称电控发动机或电喷发动机)具有卓越的动力性、经济性和排放性能，所以在20世纪末完全取代了化油器式发动机。

第一节　汽油机电控喷油系统的组成

汽油发动机电子控制燃油喷射系统又称为发动机电控喷油系统或燃油喷射系统，英文名称为 Engine Fuel Injection System，缩写为 EFI。汽油机采用电控喷油技术的目的是：降低燃油消耗和减少有害气体排放。

燃油喷射系统(EFI)是发动机电控系统(EEC)的重要组成部分，主要由空气供给系统(供气系统)、燃油供给系统(供油系统)和燃油喷射电控系统3个子系统组成。

一、空气供给系统

空气供给系统简称为供气系统。燃油在发动机气缸内燃烧时，需要一定数量的空气。空气供给系统的功用就是向发动机提供混合气燃烧所需的空气，并测量出进入气缸的空气量。

根据燃油喷射式发动机怠速进气量的控制方式不同，空气供给系统分为旁通式和直供式两种型式。

(一)旁通式供气系统

设置有旁通空气道、发动机怠速进气量由怠速控制阀控制的空气供给系统，称为旁通式供给系统，结构如图2-1a所示。主要由空气滤清器、空气流量传感器、进气软管、旁通空气道、怠速控制阀、进气支管、动力腔、节气门位置传感器、进气温度传感器等组成。

当发动机正常工作时，其空气通道为：进气口→空气滤清器→空气流量传感器→进气软管→节气门→动力腔→进气支管→发动机进气门→发动机气缸。

当发动机怠速运转时，其空气通道为：进气口→空气滤清器→空气流量传感器→进气软管→节气门前端的旁通空气道入口→怠速转速控制阀→节气门后端的旁通空气道出口→动力腔→进气支管→发动机进气门→发动机气缸。

(二)直供式供气系统

没有设置旁通空气道、发动机怠速进气量由节气门直接控制的空气供给系统，称为直供式供气系统，结构如图2-1b所示。主要由空气滤清器、空气流量传感器、进气软管、进气支管、动

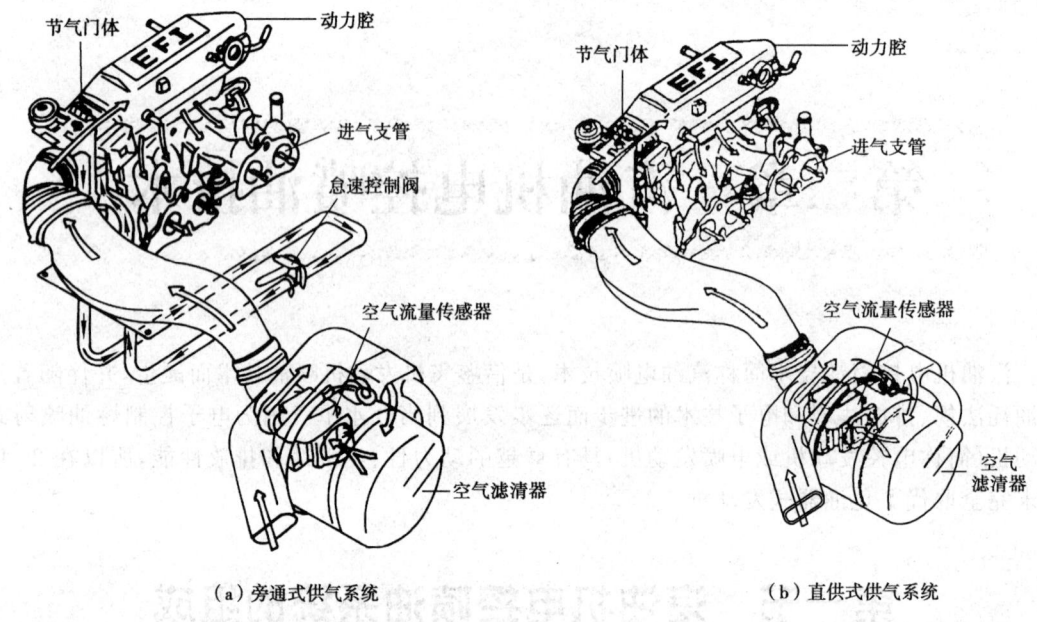

图 2-1 燃油喷射式发动机供气系统的结构

力腔、节气门位置传感器、进气温度传感器等组成。

发动机正常工作和怠速运转时的空气通道完全相同,其空气通道为:进气口→空气滤清器→空气流量传感器→进气软管→节流阀体→动力腔→进气支管→发动机进气门→气缸。

空气经滤清器滤清后,经节流阀体流入动力腔,再分配给各缸进气支管。进入气缸空气量的多少,由电控单元(ECU)根据安装在进气道上的空气流量传感器检测的进气量信号求得。发动机怠速运转时,捷达 AT、GTX 与桑塔纳 2000GSi、3000 型轿车发动机直接供气系统的标准进气量为 2.0g/s～5.0g/s。

(三)供气系统的结构特点

燃油喷射式发动机供气系统的显著特点是:进气道较长且设有动力腔(或谐振腔),其目的是:充分利用空气动力效应,增大进气管的进气量(即增大充气量),提高发动机的动力性(输出转矩)。空气动力效应是一种十分复杂的物理现象。为了便于说明,可将其视为气流惯性效应与气流压力波动效应共同作用的结果。

气流惯性效应是指在进气管内高速流动的气流在活塞到达进气行程的下止点之后,仍可利用进气气流的惯性继续充气一段时间,从而增加充气量。因为适当增加进气管的长度,能够充分利用气流的惯性效应来增加充气量,所以燃油喷射式发动机都采用了较长的进气管,并将进气支管设置成具有较大弧度,以便充分利用气流的惯性效应来提高充气量。

气流压力波动效应是指各个气缸周期性、间歇性的进气而导致进气管内产生一定幅度的气流压力波动。气流压力波动会沿着进气管以音速传播并往复反射。如果进气管的形状有利于压力波反射并产生一定的共振,就能利用共振后的压力波动提高充气量。为此,大多数电喷发动机都在进气管道上设有一个谐振腔,又称为动力腔。

谐振进气系统的优点是没有运动部件,因此,工作可靠且成本低廉。其不足之处在于只能增加特定转速下的进气量和输出转矩。

二、燃油供给系统

燃油供给系统简称供油系统,其功用是向发动机提供混合气燃烧所需燃油。燃油喷射式发动机供油系统的结构如图 2-2 所示,主要由燃油箱、电动燃油泵、输油管、燃油滤清器、油压调节器、燃油分配管、喷油器和回油管等组成。

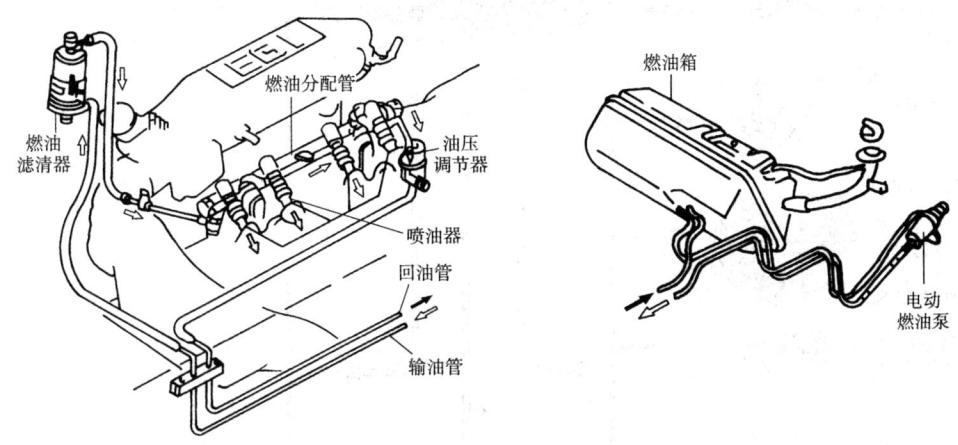

图 2-2 燃油供给系统的结构

发动机工作时,电动燃油泵将汽油从油箱里泵出,先经燃油滤清器过滤,再经油压调节器调节油压,使油路中的油压高于进气管压力 300kPa 左右,最后经燃油分配管分配到各缸喷油器。当喷油器接收到电控单元 ECU 发出的喷油指令时,再将汽油喷射在进气门附近,并与供气系统提供的空气混合形成雾化良好的可燃混合气。当进气门打开时,混合气被吸入气缸燃烧做功。进入发动机气缸的燃油流过的路径为:燃油箱→燃油泵→输油管→燃油滤清器→燃油分配管→喷油器。喷油器将燃油喷射在进气门附近(缸内喷射系统则直接喷入气缸)。

当燃油泵泵入供油系统的燃油增多、油路中的油压升高时,油压调节器将自动调节燃油压力,保证供给喷油器的油压基本不变。

供油系统过剩的燃油由回油管流回燃油箱,回油路径为:燃油箱→燃油泵→输油管→燃油滤清器→燃油分配管→油压调节器→回油管→燃油箱。

三、燃油喷射电子控制系统

燃油喷射电子控制系统是由传感器、电控单元(ECU)和执行器三部分组成,典型轿车发动机燃油喷射电子控制系统的组成如图 2-3 所示。

发动机燃油喷射电子控制系统采用的传感器主要有空气流量传感器(或支管压力传感器)、曲轴位置传感器、凸轮轴位置传感器、节气门位置传感器、冷却液温度传感器、进气温度传感器、氧传感器和车速传感器;开关信号主要有点火开关信号、起动开关信号、电源电压信号;执行器主要有电动燃油泵和电磁喷油器等。将这些传感器和执行器进行不同组合,即可组成若干个子控制系统。如喷油控制系统、断油控制系统和空燃比反馈控制系统等。

在燃油喷射电子控制系统的控制部件中,空气流量传感器(或支管压力传感器)、曲轴位置传感器、凸轮轴位置传感器和节气门位置传感器是决定控制系统档次的4种传感器,其信号是计算和控制燃油喷射量必不可少的信号。冷却液温度传感器、进气温度传感器、氧传感器、车

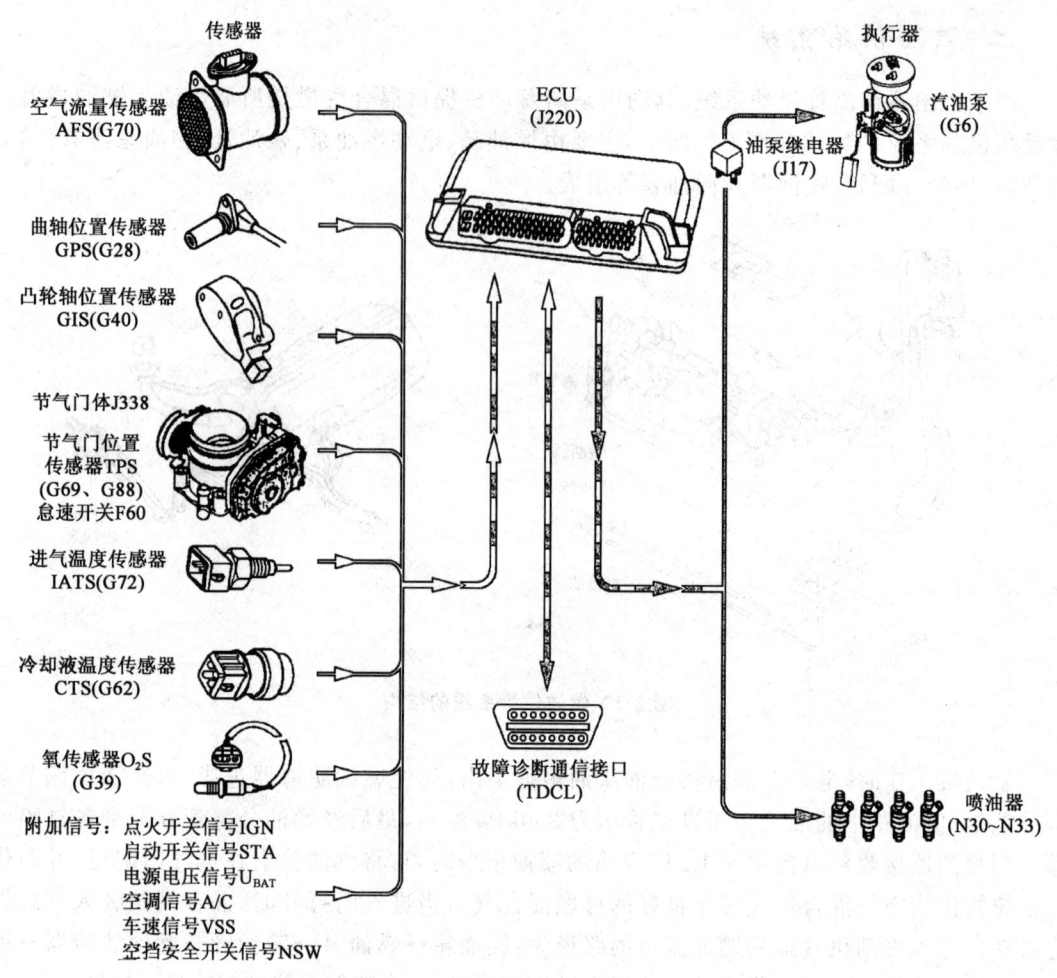

图 2-3 典型轿车发动机燃油喷射电子控制系统组成

速传感器的信号以及各种开关信号主要用于判定发动机运行状态、修正燃油喷射量,提高系统的控制精度。

第二节 汽油机电控喷油系统的分类

20世纪60年代以来,美国、德国和日本等工业发达国家相继开发研制了多种类型、档次各异的汽车发动机控制系统。20世纪90年代以后,国内一汽大众和上海大众集团公司、奇瑞和长城集团公司等也开发研制了多种类型的汽车发动机燃油喷射系统。

汽车发动机燃油喷射技术经历了机械控制、机电结合控制和电子控制等发展过程。其分类方法各不相同,常用分类方法是按控制方式、燃油喷射部位和喷油方式进行分类,如图 2-4 所示。

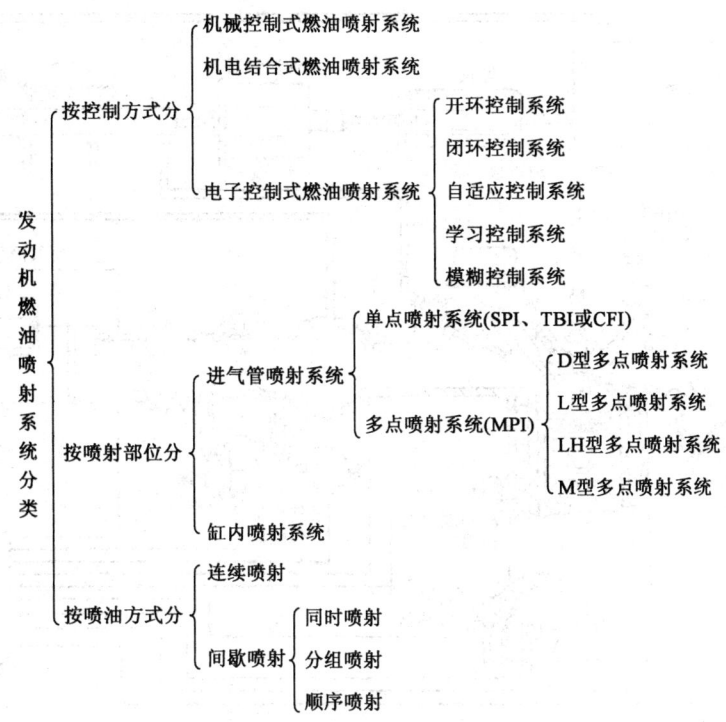

图 2-4 发动机燃油喷射系统的分类方法

一、按喷油控制方式分类

按控制方式不同,发动机燃油喷射系统可分为机械控制式、机电结合式和电子控制式燃油喷射系统 3 种类型。

机械控制式燃油喷射系统是指利用机械机构实现燃油连续喷射的机械控制系统。早期(1967～1982 年)奔驰(Benz)、奥迪(Audi)轿车采用的 K 型汽油喷射系统 K-Jetronic 即为机械控制式燃油喷射系统。喷油器将汽油喷射在进气门附近,喷油压力为 360kPa。

机电结合式燃油喷射系统是指由机械机构与电子控制装置相结合,从而实现燃油喷射的系统,主要是指 1993 年以前奔驰和奥迪轿车装备的、在 K 型机械控制系统基础上改进而成的 KE 型汽油喷射系统 KE-Jetronic。KE-Jetronic 仍为连续喷射系统,喷油器将汽油喷射在进气门附近,喷油压力为 430～460kPa。

电子控制式燃油喷射系统是指由电控单元(ECU)根据各种传感器信号,经过数学计算和逻辑判断处理后,直接控制执行器(喷油器)喷射燃油的系统,如图 2-5 所示。随着汽车电子技术的飞速发展,到 20 世纪 90 年代末期,机械控制式和机电结合式燃油喷射系统已经退出历史舞台,汽车普遍装备电控喷油系统。进入 21 世纪以来,国产汽油发动机汽车都已装备以单片微型计算机为控制核心的电子控制式燃油喷射系统。

电子控制式燃油喷射系统又称为电控喷油系统,其显著特点是:发动机供油系统供给一定压力(一般高于进气支管压力 300kPa 左右)的燃油,燃油由喷油器喷在节气门附近(单点喷射)或进气门附近(多点喷射)的进气内或直接喷入气缸与空气混合,喷油器受电控单元(ECU)控制,ECU 通过控制每次喷油持续时间的长短来控制喷油量。喷油持续时间一般为

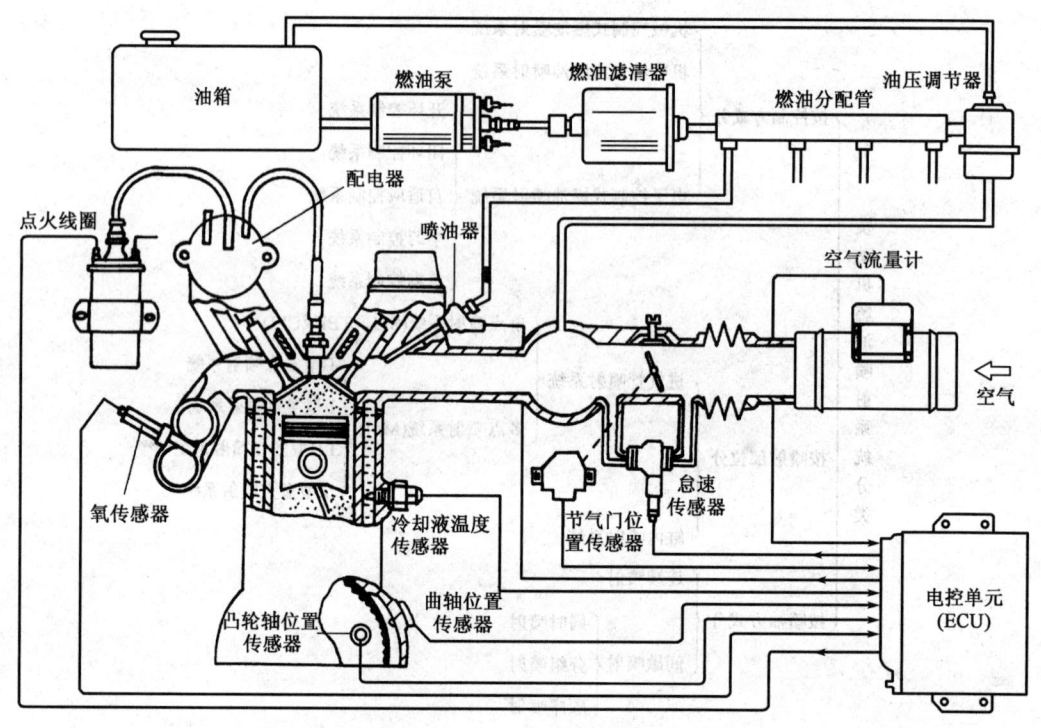

图 2-5 电子控制式燃油喷射系统

2～12ms,喷油持续时间越长,喷油量就越大。

空气流量计(空气流量传感器)检测进气量并转变为电信号输入 ECU,曲轴位置传感器检测曲轴转速和转角并转变为电信号输入 ECU 用以计算发动机转速,ECU 根据进气量信号和转速信号计算基本喷油量,再根据冷却液温度传感器和其他传感器信号对基本喷油量进行修正,并确定实际喷油量。除此之外,ECU 还要根据节气门位置传感器信号,在发动机不同工况下按不同的控制模式来控制喷油量。在节气门关闭、发动机处于怠速工况时,ECU 将增加喷油持续时间,提供较浓的混合气,保证发动机怠速稳定;在节气门中小开度、发动机处于部分负荷工况时,ECU 将控制提供经济空燃比的稀混合气,以便节约燃油和减少排放;在节气门接近全开或全开、发动机处于大负荷或满负荷工况时,ECU 将控制提供较浓的功率空燃比混合气,保证发动机具有足够的动力。

根据控制方式不同,电子控制式燃油喷射系统可分为开环控制系统、闭环控制系统、自适应控制系统、学习控制系统和模糊控制系统等。

二、按喷油器喷油部位分类

按喷油器喷射燃油的部位不同,发动机燃油喷射系统可分为缸内喷射系统和进气管喷射(即缸外喷射)系统两种类型。进气管喷射系统又可分为单点喷射(SPI、TBI 或 CFI)和多点喷射(MPI)两种类型。多点喷射系统按进气量的检测方式不同,又可分为压力型(D 型)和流量型(L 型)燃油喷射系统两种类型。

(一)缸内喷射系统

缸内喷射是燃料分层喷射(FSI,Fuel Stratified Injection)的简称,是指喷油器将燃油直接喷射到气缸内部的喷射，如图 2-6a 所示。

缸内直喷技术是柴油机分层燃烧技术衍生而来的汽油喷射技术。缸内直喷系统均为多点喷射系统，这种喷射系统将喷油器安装在火花塞附近的气缸盖上，并以较高的燃油压力（10mPa 左右）将燃油直接喷入气缸燃烧。因为汽油黏度低而喷射压力较高，且缸内工作条件恶劣（温度高、压力高），所以对喷油器的技术条件和加工精度要求较高。试验证明：缸内喷射的优越性在于喷油压力高、燃油雾化好，并能实现稀薄混合气（空燃比 40∶1）燃烧。因此，能够显著降低油耗、减少排放和提高动力性。缸内直喷技术是汽油机电控喷油技术的发展方向，国内外汽车都已采用缸内直喷技术，如奔驰 E200、E300L、宝马 X6 系列、宝马 7 系列、速腾（SAGITAR）1.4L TSI 和 1.8L TSI、迈腾（MAGOTAN）、辉腾（PHAETON）、奥迪（Audi）RS4、Audi R8、丰田雷克萨斯（Lexus）GS300 等轿车都已装备缸内直喷系统。

（二）进气管（缸外）喷射系统

进气管喷射又称为缸外喷射，是指喷油器将燃油喷射在节气门或进气门附近进气管内的喷射，如图 2-6b 所示。与缸内喷射相比，进气管喷射系统对发动机机体的改动量较小，喷油器不受燃烧高温、高压的直接影响，设计喷油器时受到的制约较少，且喷油器工作条件大大改善。2010 年以前，国内外生产的汽车大都采用了进气管喷射系统。

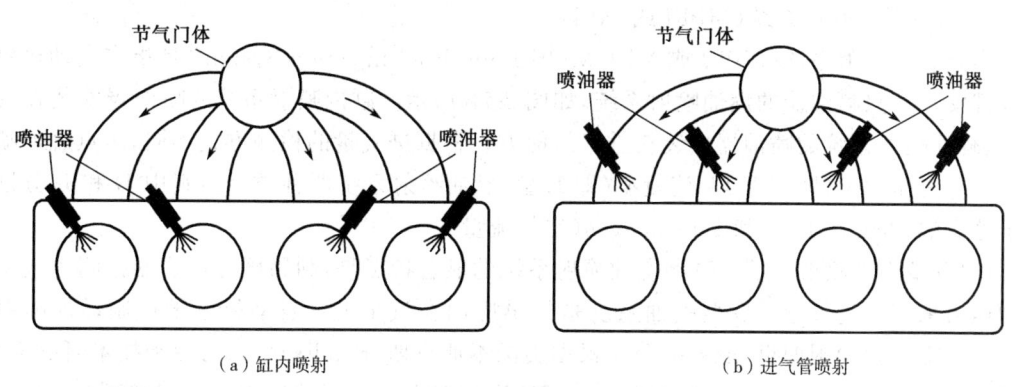

（a）缸内喷射　　　　　　　　　　　　（b）进气管喷射

图 2-6　喷油器喷油位置示意图

1. 单点燃油喷射系统（SPFI 或 SPI）

单点燃油喷射系统（SPFI 或 SPI，Single Point Fuel Injection System）是指在多缸发动机节气门的上方，安装一只或并列安装两只喷油器同时喷油的燃油喷射系统，如图 2-7a 所示。

在单点燃油喷射系统中，燃油喷射在节气门上方的进气管中与进气气流混合形成可燃混合气，通过进气支管分配到各个气缸。因为喷油器安装在节流阀体（即节气门体）中央集中喷射燃油，所以又称为节流阀体喷射系统（TBI，Throttle Body Injection System）或集中喷射系统（CFI，Concentrate Fuel Injection System）。如美国通用（General）汽车公司的 TBI 系统、福特（Ford）汽车公司的 CFI 系统以及德国博世（Bosch）公司的 Mono-Motronic 系统等。

单点喷射系统的工作原理与多点喷射系统相似，也是由电控单元根据空气量传感器、曲轴位置传感器、节气门位置传感器、冷却液温度传感器等检测的发动机工况信号计算喷油时间，在发动机每个气缸进气行程开始之前喷油一次，喷油量由每次喷油持续时间的长短来控制，喷射所需的压力燃油由电动燃油泵提供。由于单点喷射系统的喷油器距离进气门较远，喷入进气管的燃油具有足够的时间与进气气流混合形成均匀的可燃混合气，因此，对燃油雾化质量的

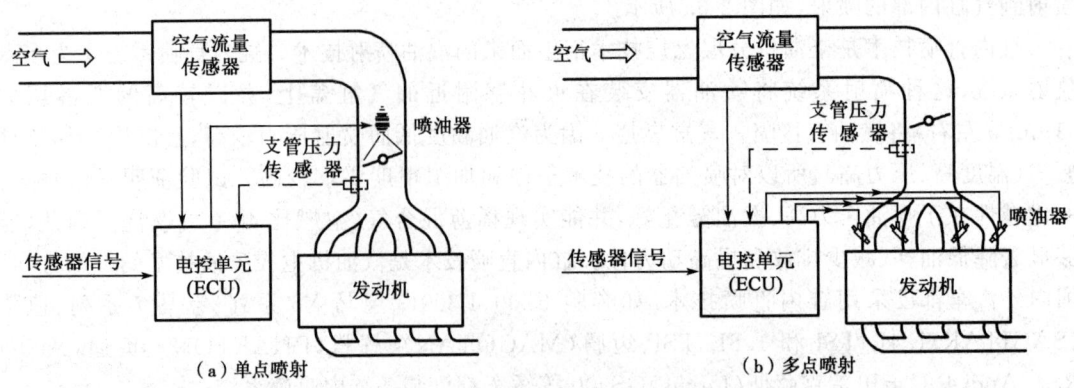

图 2-7 喷油器安装部位示意图

要求不高,可以采用较低的喷油压力(一般为 100kPa,早期高尔夫轿车 SPI 系统怠速时的燃油压力为 80~120kPa)。这样可以降低对电动燃油泵、燃油滤清器等供油系统零部件的要求,从而降低系统的制造成本。

2. 多点燃油喷射系统(MPFI 或 MPI)

多点燃油喷射系统(MPFI 或 MPI,Multi-Point Fuel Injection System)是指在发动机每个气缸都安装一只喷油器的燃油喷射系统,如图 2-7b 所示。缸内喷射系统的喷油器安装在气缸盖上,缸外喷射系统的喷油器安装在进气门前方。根据进气量的检测方式不同,多点燃油喷射系统又分为压力型(即 D 型)和流量型(即 L 型)燃油喷射系统两种类型。其中 D 和 L 分别来源于德文的 Druck(压力)和 Luftmengen(空气流量)。

(1)D 型燃油喷射系统。D 型燃油喷射系统的显著特点是:利用压力传感器检测进气支管内的压力来测量进气量。D 型喷油系统是最早应用在汽车上的发动机电子控制燃油喷射系统,于 1967 年由德国博世(Bosch)公司根据美国本迪克斯(Bendix)公司的专利技术研制而成,应用在当时的大众 VW1600 型和奔驰 280SE 型轿车上。国产桑塔纳 GLi、2000GLi 型,天津夏利 2000 型,威乐 Vela,威驰 VIOS,东风雪铁龙爱丽舍 Elysee,吉利自由舰等轿车和切诺基 BJ2021 型、北京 2020VJ 型吉普车均采用 D 型多点燃油喷射系统,但其控制系统较传统的博世 D 型燃油喷射系统已有较大改进。如博世 D 型喷射系统空燃比和点火提前角采用开环控制,上述轿车的空燃比和点火提前角都采用了闭环控制燃油喷射系统。

(2)L 型燃油喷射系统。L 型由 D 型多点燃油喷射系统改进设计而成,其显著特点是:用空气流量传感器取代 D 型电控喷油系统的压力传感器来直接测量进气量,从而提高了喷油量的控制精度。典型的 L 型燃油喷射系统有博世(Bosch)公司研制的 L-Jetronic、LH-Jetronic 和 Motronic 电子控制燃油喷射系统。LH-Jetronic 和 Motronic 系统是在 L-Jetronic 系统的基础上改进而成的多点燃油喷射系统。

L-Jetronic 燃油喷射系统的显著特点是:采用翼片式空气流量传感器来检测进气量。丰田大霸王(子弹头 PREVIA)小客车、丰田凯美瑞(CAMRY)轿车与马自达 MPV 多用途汽车都采用过改进型 L-Jetronic 燃油喷射系统,空燃比和点火提前角都采用了闭环控制。由于翼片式空气流量传感器测量空气量的部件容易磨损,因此,这种燃油喷射系统已很少采用。

LH-Jetronic(即 LH 型)燃油喷射系统的显著特点是:采用热丝式空气流量传感器来检测进气量,如图 2-8 所示。热丝式空气流量传感器没有运动部件,进气量用电子电路检测,因此,进气阻力减小,检测精度提高。同时还采用了大规模集成电路组成电控单元,运算速度提高、控制范围扩大、控制功能增强。装备 LH 型电控燃油喷射系统的车型很多,如别克(BUICK)世纪(CENTURY)、丰田雷克萨斯(LEXUS)LS400、尼桑风度(CEFIRO)、尼桑千里马(MAXIMA)、马自达 626 和 1991 年后出厂的奔驰 600SE 型轿车等。

Motronic(即 M 型)燃油喷射系统的显著特点是:将点火提前角和喷油时间的控制组合在一个电控单元中进行控制。Motronic 系统的 ECU 采用数字式单片机,集成电路采用大规模集成电路,具有结构简单、体积小、控制精度高、响应速度快、控制功能强等优点。因为组合控制点火与喷油,所以在发动机起动、怠速、加减速、全负荷等工况下,不仅能够自动调节喷油量,而且还能自动控制点火提前角,实现喷油量与点火提前角最佳匹配控制,使发动机的起动性能、加速性能、怠速稳定性、动力性、经济性以及排放性能得以大大提高。

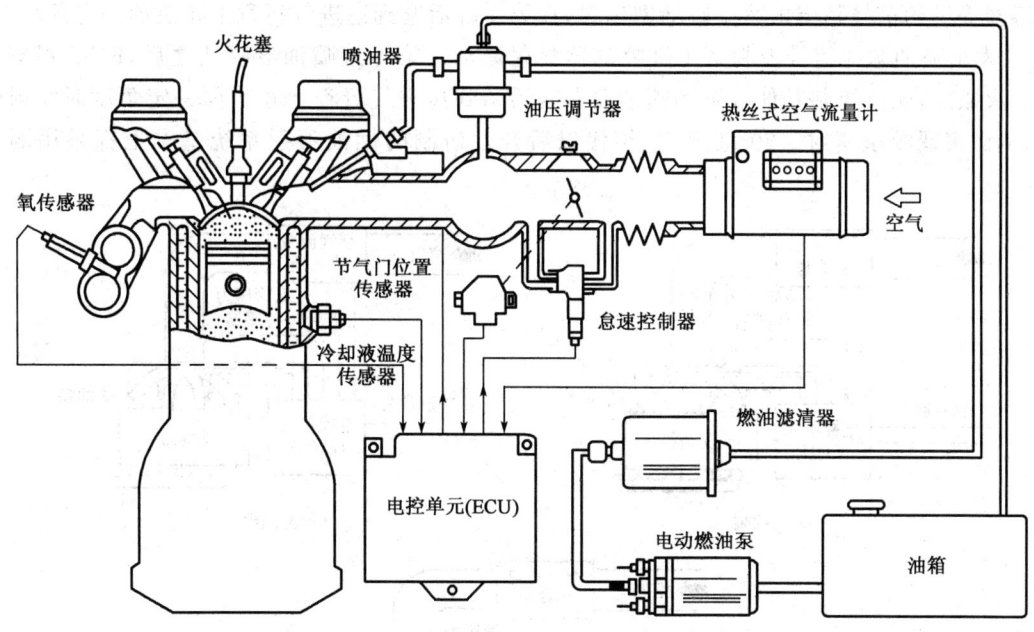

图 2-8 博世 LH-Jetronic 电控多点燃油喷射系统

三、按喷油器喷油方式分类

按喷油方式不同,燃油喷射系统可分为连续喷射和间歇喷射两大类。

1. 连续喷射系统

连续喷射系统是指在发动机运转期间,喷油器连续不断地喷射燃油的控制系统。连续喷射方式主要用于机械控制式、机电结合式和单点喷射系统,如博世公司的 K 型和 KE 型喷射系统,其喷油量的大小取决于燃油分配器中燃油计量槽开度的大小和喷油器进出油口之间燃油的压差。连续喷油技术的控制精度很低,20 世纪 90 年代末已被淘汰。

2. 间歇喷射系统

间歇喷射系统是指在发动机运转期间,喷油器间歇喷射燃油的控制系统。目前,绝大多数电子控制燃油喷射系统都属于间歇喷射系统,其喷油量大小取决于喷油器阀门的开启时间(即由 ECU 决定的喷油脉冲宽度)。间歇喷射系统根据喷射时序不同,又可分为同时喷射、分组喷射和顺序喷射,如图 2-9 所示。

(1)同时喷射。同时喷射是指在发动机运转期间,由ECU的同一个指令控制所有喷油器同时开启或同时关闭的喷油控制方式,如图2-9a所示。采用此种喷射方式的有丰田海艾斯(HIACE)小客车用2RZ-E型发动机。此外,当采用分组喷射或顺序喷射的燃油喷射系统发生故障、控制系统处于应急状态运行时,ECU将自动转换为同时喷射,其目的是供给充足的燃油维持发动机运转,以便将汽车开回家或行驶到维修厂修理。

(2)分组喷射。分组喷射是将喷油器分组,由ECU分别发出喷油指令控制各组喷油器喷油的控制方式,如图2-9b所示,同一组喷油器同时喷油。部分中、低档轿车采用了分组喷射方式,如丰田皇冠(CROWN)3.0、尼桑千里马(MAXIMA)等轿车。

(3)顺序喷射。顺序喷射又称为次序喷射,是指在发动机运转期间,由ECU控制喷油器按进气行程的顺序轮流喷油的控制方式,如图2-9c所示。喷油正时由ECU根据凸轮轴位置传感器提供的信号判定出第1缸活塞位置,在第1缸活塞到达进气行程上止点前一定角度时,ECU发出喷油脉冲信号控制第1缸喷油器喷射燃油。第1缸喷油器喷油之后,ECU根据气缸点火顺序,轮流控制其他气缸的喷油器在其活塞到达进气行程上止点前一定角度时喷射燃油,从而实现顺序喷射。20世纪90年代以后开发研制的燃油喷射系统基本上都采用顺序喷射。

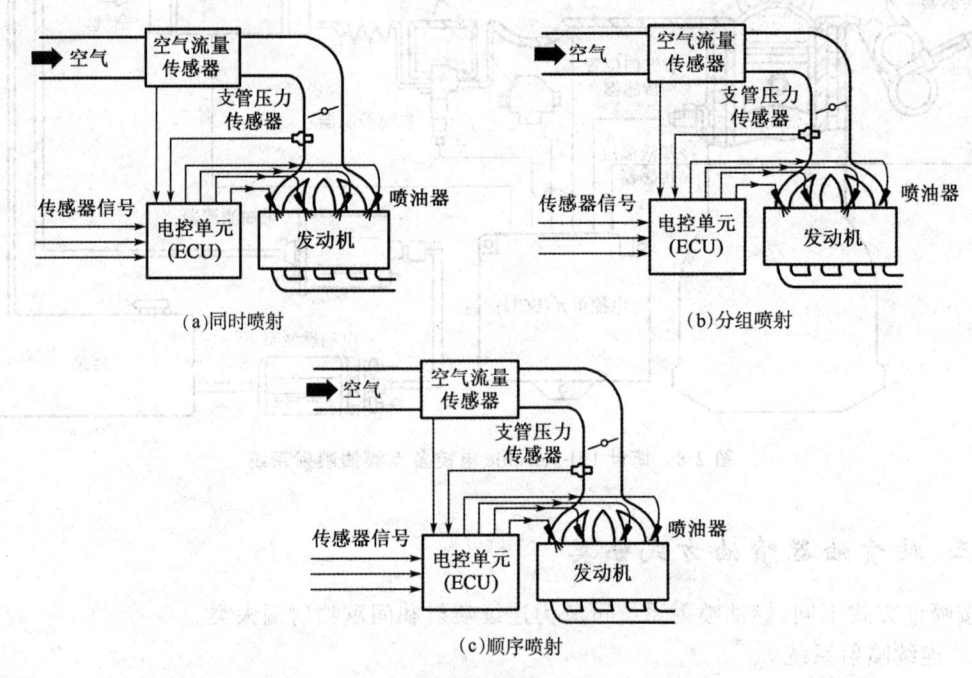

图2-9 喷油器的喷射时序

第三节 电控喷油系统传感器的结构原理

车用传感器是将各种非电量(空气流量、油液温度和压力、转速与转角、位置和位移等)按一定规律转换成为电量的装置。电控喷油系统采用的传感器有空气流量传感器(或支管压力传感器)、曲轴位置传感器、凸轮轴位置传感器、节气门位置传感器、冷却液温度传感器、进气温度传感器、氧传感器和车速传感器;开关信号主要有点火开关信号、起动开关信号、电源电压信号等。

一、空气流量传感器

空气流量传感器(AFS,Air Flow Sensor)又称为空气流量计(AFM,Air Flow Meter),是进气支管空气流量传感器(MAFS,Manifold Air Flow Sensor)的简称,其功用是检测发动机进气量的大小,并将空气流量信息转换成电信号输入电控单元(ECU),以供 ECU 计算确定喷油时间(即喷油量)和点火时间(即点火提前角)。进气量信号是 ECU 计算喷油时间和点火时间的主要依据。

(一)空气流量传感器分类

根据检测进气量的方式不同,空气流量传感器分为 D 型(即压力型)和 L 型(即空气流量型)两种类型。D 型来源于德文 Druck(压力)的第一个字母。L 型来源于德文 Luftmengen(空气流量)的第一个字母。

D 型传感器是利用压力传感器检测进气支管内的绝对压力,间接测量发动机的进气量。传感器可安装在汽车的任何部位,只需用导压管将进气支管内的进气压力引入传感器即可。装备 D 型流量传感器的系统称为 D 型燃油喷射系统,电控系统利用该绝对压力和发动机转速来计算吸入气缸的空气量,故又称为"速度-密度"型燃油喷射控制系统。由于空气在进气支管内流动时会产生压力波动,发动机怠速(节气门关闭)时的进气量与汽车加速(节气门全开)时的进气量之差可达 40 倍以上,进气气流的最大流速可达 80m/s,因此,D 型燃油喷射系统的测量精度不高,但系统成本较低,适合于低档轿车采用。

L 型传感器是利用流量传感器直接测量吸入进气管的空气流量。因为采用直接测量法,所以进气流量的测量精度较高,控制效果优于 D 型燃油喷射系统。汽车采用的 L 型流量传感器分为体积流量型(如翼片式、量芯式、涡流式)和质量流量型(如热丝式和热膜式)传感器。质量流量型传感器内部没有运动部件,气流流动阻力很小,工作性能稳定,测量精度较高,但成本较高。热膜式流量传感器的使用寿命远远长于热丝式流量传感器,其安装在空气滤清器与进气管之间。

在上述传感器中,目前采用较多的有 D 型、涡流式和热膜式流量传感器。

(二)涡流式空气流量传感器

涡流式空气流量传感器是根据卡尔曼涡流理论,利用超声波或光电信号检测旋涡频率来测量空气流量的一种传感器。根据检测旋涡频率的方式不同,汽车用涡流式流量传感器分为超声波检测式和光电检测式两种。如丰田雷克萨斯 LS400 型、皇冠 3.0 型轿车采用了光电检测涡流式流量传感器,三菱(Mitsubishi)吉普车、长风猎豹(Cheetah)吉普车和现代(Hyundai)轿车采用了超声波检测涡流式流量传感器。

1. 涡流式流量传感器的测量原理

众所周知,当野外架空的电线被风吹动时,就会发出"嗡、嗡"的响声,风速越快声音频率越高,这是气流流过电线后形成旋涡(即涡流)所致。液体、气体等流体均会发生这种现象。在流体中放置一个柱状物体(称为涡流发生器)后,在其下游流体中就会形成两列平行状旋涡,且左右交替出现,如图 2-10 所示。因此,根据旋涡出现的频率,就可测量出流体的流量。由于旋涡与街道两旁的路灯类似,故称其为"涡街"。因为这种现象首先被卡尔曼发现,所以称为卡尔曼涡街或卡尔曼涡流。

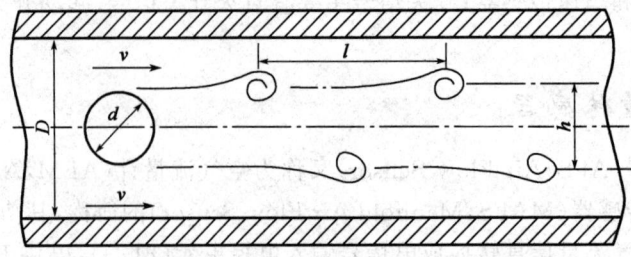

图 2-10 卡尔曼涡流的产生原理

设两列平行涡流之间的距离为 h，同一列涡流中先后产生的两个旋涡之间的距离为 l，当比值 h/l 为 0.281 时，产生的涡流将是稳定地，并且周期性的产生。根据卡尔曼涡流理论，单侧涡流产生的频率 f 与流体流速 v 之间具有如下关系：

$$f = S_t \frac{v}{d}$$

式中：v——涡流发生器两侧流体的流速（m/s）；

$\quad\quad d$——涡流发生器迎流面的最大宽度（m）；

$\quad\quad S_t$——斯特罗巴尔系数（圆柱形柱体 $S_t=0.21$，三角形柱体 $S_t=0.16$，长方形柱体 $S_t=0.12$，矩形柱体 $S_t=0.17$）。当流体管道的直径为 D 时，流体的体积流量 Q_A 为：

$$Q_A = \frac{\pi}{4} D^2 \cdot v_1 = \frac{\pi}{4} D^2 \frac{dS_1}{S_t S} f = C \cdot f$$

式中：v_1——管道内流体的平均流速（m/s）；

$\quad\quad S_1$——涡流发生器两侧流通面积（m²）；

$\quad\quad S$——管道内总流通面积（m²）；

$\quad\quad C$——系数，$C = \pi d S_1 D^2/(4 S_t S)$。当管道与涡流发生器尺寸确定后，$C$ 为常数。

由此可见，通过测量涡流的频率 f，即可计算流体的体积流量。

卡尔曼旋涡是一种物理现象，涡流的测量精度由空气通道面积与涡流发生器的尺寸决定，与检测方法无关。涡流式传感器的输出信号是与旋涡频率对应的脉冲数字信号，其响应速度是汽车常用几种空气流量传感器中最快的一种，几乎能同步反映空气流速的变化，因此，特别适用于数字式计算机处理。除此之外，还具有测量精度高、进气阻力小、无磨损（无运动部件）等优点，长期使用时，性能不会发生变化。其缺点，一是制造成本较高，因此只有少数中高档轿车采用；二是检测的流量为体积流量，需要对空气温度和大气压进行修正。

2. 光电检测涡流式空气流量传感器的结构原理

（1）传感器的结构特点。丰田雷克萨斯 LS400 和皇冠 3.0 型轿车装备的光电检测涡流式流量传感器的结构如图 2-11 所示，主要由涡流发生器、发光二极管 LED、光敏三极管、反光镜、张紧带、集成控制电路和进气温度传感器组成。

在传感器气流入口处设有蜂窝状整流网栅，其作用是使吸入的空气在涡流发生器上游形成比较稳定地气流，从而保证涡流发生器产生与流速成正比的旋涡。涡流发生器用合成树脂与厚膜集成电路封装成一体，内部结构如图 2-12 所示。

涡流发生器的形状如剖面 A-A 所示，前面为三角形，中间为稳流槽，后面为梯形。实验证明，在比值 h/l 为 0.281 的条件下，无论柱状物体为圆柱形或三角形，还是长方形或矩形，都能

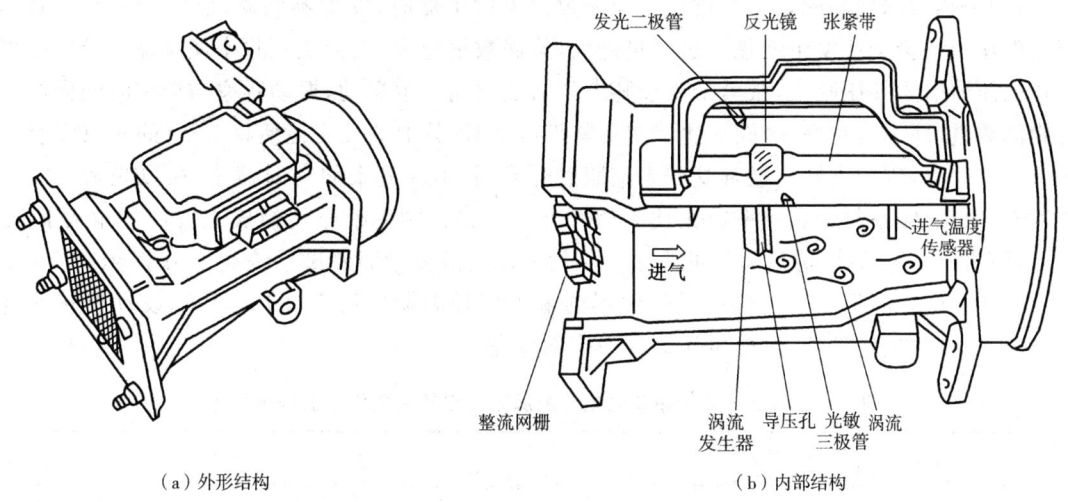

(a) 外形结构　　(b) 内部结构

图 2-11　光电检测涡流式流量传感器的结构

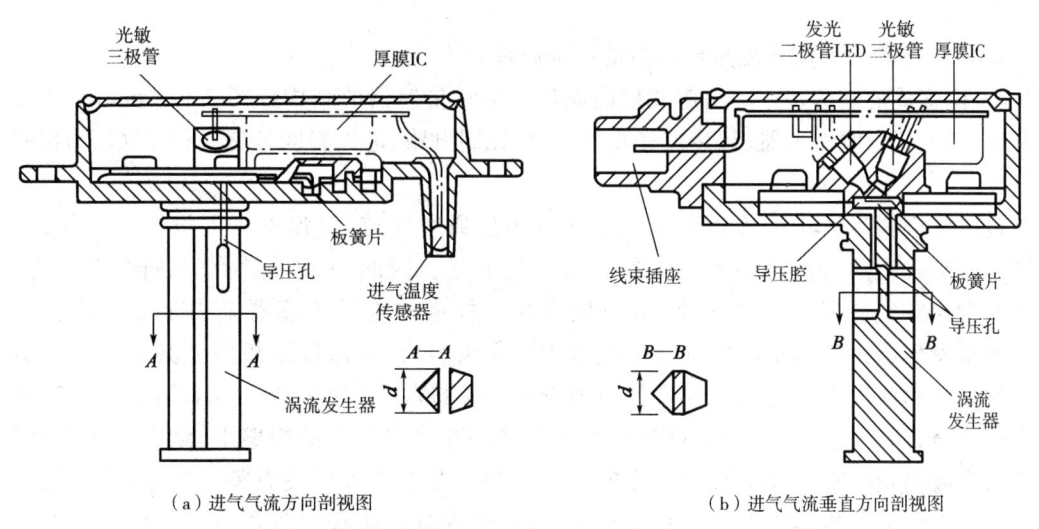

(a) 进气气流方向剖视图　　(b) 进气气流垂直方向剖视图

图 2-12　光电检测涡流式传感器剖视图

周期性的产生稳定地卡尔曼旋涡。在涡流发生器上设有一个稳流槽和两个导压孔,如剖面 A-A 和 B-B 所示。稳流槽使涡流发生器下游产生稳定地涡流,导压孔将涡流发生器两侧的压力引导到导压腔中。反光镜采用反光能力较强的金属箔片制成,并用细薄的张紧带张紧在导压腔的外表面上,镜面上部设有一只发光二极管(LED)和一只光敏三极管,发光二极管发出的光束由反光镜反射到光敏三极管上。板簧片设在导压腔内,并紧贴张紧带,其作用是给张紧带施加适当的预紧力,防止张紧带和反光镜振幅过大而变形损坏。涡流频率的检测任务由发光二极管、反光镜和光敏三极管完成,传感器内部的信号处理电路将频率信号转换成数字信号(方波信号)后,再输入电控单元(ECU)进行运算处理。涡流式流量传感器检测的是进气气流的体积流量,为了避免环境温度变化给流量检测带来误差,因此,采用了进气温度传感器进行修正。

(2)传感器的检测原理。当进气气流流过涡流发生器时,发生器两侧就会交替产生涡流,两侧的压力就会交替发生变化。进气量越大,旋涡数量越多,压力变化频率就越高。导压孔将变化的压力引入导压腔中,张紧带就会随着压力变化而产生振动,振动频率与单位时间内产生的旋涡数量(即涡流频率 f)成正比。在张紧带振动时,其上的反光镜便将 LED 的光束反射到光敏三极管上,因为光敏三极管受到光束照射时导通,不受光束照射时截止,所以光敏三极管导通与截止的频率与旋涡频率成正比。信号处理电路将频率信号转换成方波信号输入 ECU 之后,ECU 便可计算出进气流量的大小。利用发动机故障诊断测试系统在丰田皇冠 3.0 型轿车上实测光电检测涡流式空气流量传感器的输出信号周期值见表 2-1。可见,发动机转速越高,吸入气缸的进气量越大,产生涡流的频率就越高。

表 2-1 皇冠 3.0 型轿车光电检测涡流式空气流量传感器输出信号

发动机转速/(r/min)	700(怠速)	1000	2000	3000	4000	5000	6000
信号周期/ms	35.445	23.970	13.770	7.650	4.59	3.825	2.295
信号频率/Hz	28	42	72	130	218	261	436

3. 超声波检测涡流式流量传感器的结构原理

(1)传感器的结构特点。超声波检测涡流式流量传感器的结构如图 2-13 所示,其主要由涡流发生器、超声波发生器、超声波接收器、集成控制电路、进气温度传感器和大气压力传感器等组成。

超声波检测流量式传感器设有主空气道和旁通空气道,涡流发生器设在主空气道上。设置旁通空气道的目的是调节主空气道的空气流量。因此,对于排气量不同的发动机,通过改变旁通空气道截面积的大小,就可使用同一规格的流量传感器来满足流量检测的要求。涡流发生器由三角形柱体和若干块涡流稳定板组成,涡流稳定板能使其下游产生稳定地涡流。在涡流发生器的两侧设有超声波发生器和接收器,超声波发生器用于产生和发射超声波信号,超声波接收器用于接收超声波信号。在主空气道的内壁上,粘贴有吸音材料,防止超声波出现不规则反射现象而影响正常检测。在空气入口设有整流网栅,其作用是使吸入空气在涡流发生器上游形成稳定地气流,从而保证产生稳定地涡流。集成控制电路对信号进行整形处理后向 ECU 输入方波信号,以便 ECU 运算处理。进气温度和大气压力传感器信号用于修正进气量。

(2)传感器的检测原理。流量检测原理电路如图 2-14 所示。超声波是指频率超过人能听到的最高频率(20kHz)的机械波。当发动机运转时,超声波发生器发出的超声波通过发射器不断向接收器发出一定频率(40kHz)的超声波。当超声波通过进气气流到达接收器时,由于受到气流移动速度及压力变化的影响,因此,从接收器接收到的超声波信号的相位(时间间隔)以及相位差(时间间隔之差)就会发生变化,控制电路根据相位或相位差的变化情况就可计量出涡流的频率。旋涡频率信号输入 ECU 后,ECU 就可计算出进气量。

在日常生活中,常常会遇到这种现象:当顺着风向喊人时,对方很容易听到;而逆风向喊人时,对方就不容易听到。这是因为前者的空气流动方向与声波前进方向相同,声波被"加速"的结果,而后者是声波受阻而"减速"的结果。在超声波检测式空气流量传感器中,同样存在这种现象,如图 2-15 所示。

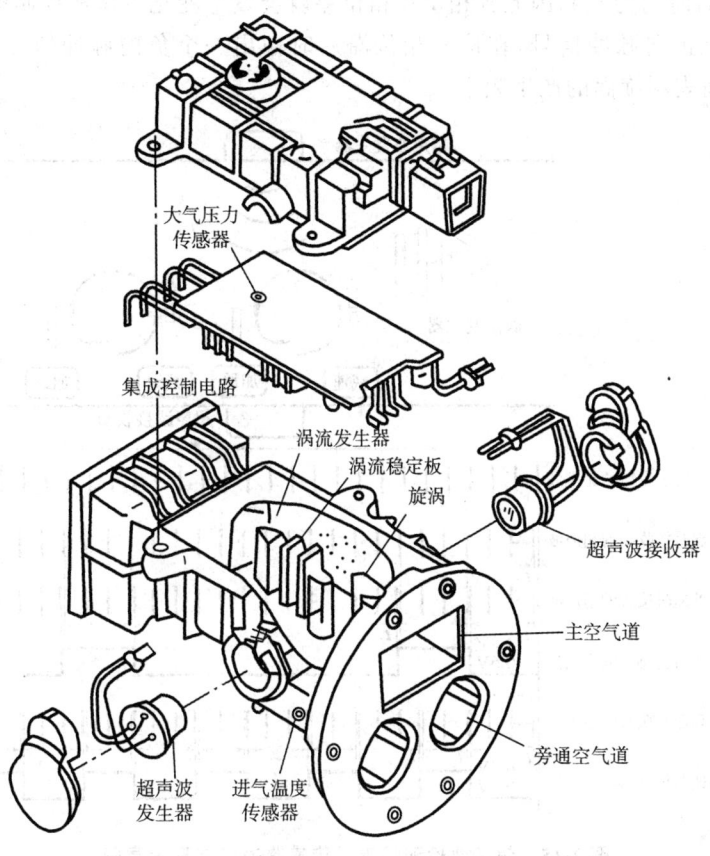

图 2-13 超声波检测涡流式流量传感器的结构

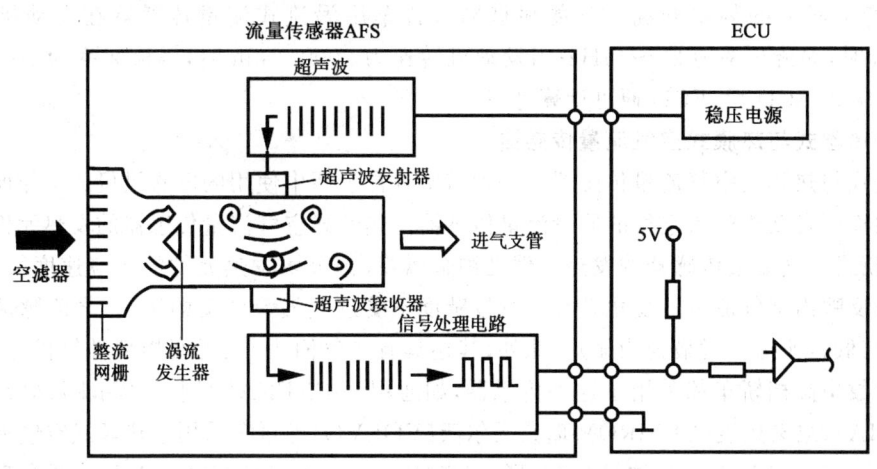

图 2-14 超声波检测涡流式流量传感器原理电路

超声波发生器之所以设定 40kHz 的超声波,这是因为在没有旋涡的通道上,发送的超声波与接收到的超声波信号相位和相位差完全相同,如图 2-15b 所示。当进气通道上有旋涡时,在接收器接收到的超声波信号中,有的受加速作用而超前(设超前时间为 t_1),有的受减速作用而滞后(设滞后时间为 t_2),因此其相位和相位差就会发生变化。集成控制电路在信号相位超前时输出一个正向脉冲信号,在信号相位滞后时输出一个负向脉冲信号,如图 2-15d、图 2-15f 所示,从而表明旋涡的产生频率。

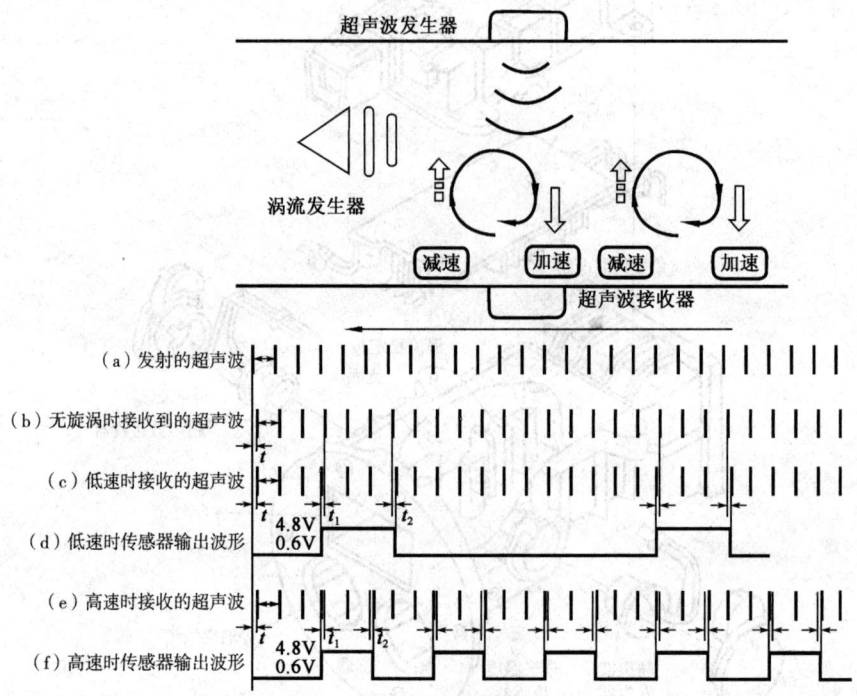

图 2-15 超声波检测涡流式传感器输出波形示意图

当发动机转速低时,进气量小,因此产生涡流的频率较低;反之,当发动机转速高时,进气量增大,产生涡流的频率升高。三菱和猎豹吉普车用涡流式流量传感器在发动机转速为 700r/min 时,涡流频率为 25～45Hz;当发动机转速为 2000r/min 时,涡流频率为 70～90Hz。频率信号输入 ECU 后,ECU 便可计算进气量。

(三)热丝式与热膜式空气流量传感器

热丝式与热膜式空气流量传感器是一种借鉴日常生活中使用的电吹风机的工作原理而开发研制的检测发动机吸入空气的质量流量传感器。热丝式空气流量传感器的发热元件是铂金属丝,热膜式空气流量传感器的发热元件是铂金属膜,铂金属发热元件的响应速度很快,能在几毫秒内反映出空气流量的变化,因此,测量精度不受进气气流脉动的影响(气流脉动在发动机大负荷、低转速运转时最为明显)。此外,其还具有进气阻力小、无磨损部件等优点。因此,目前大多数中高档轿车都采用了这种传感器,如通用(GENERAL)别克(Buick)、尼桑千里马(MAXIMA)、尼桑风度(CEFIRO)、瑞典沃尔沃(VOLVO)等轿车采用了热丝式空气流量传感器;马自达(MAZDA)626、奥迪 A4、A6 型、宝来(BORA)、帕萨特(PASSAT)等轿车都采用了热膜式空气流量传感。

1. 热丝式与热膜式空气流量传感器的结构特点

(1)热丝式空气流量传感器的结构特点。热丝式空气流量传感器的结构如图 2-16 所示,传感器壳体两端设置有与进气道相连接的圆形连接接头,空气入口和出口都设有防止传感器受到机械损伤的防护网。传感器入口与空气滤清器一端的进气管连接,出口与节流阀体一端的进气管连接。

传感器内部套装有一个取样管,取样管中设有一根直径很小(约70μm)的铂金属丝作为发热元件,并制作成"Π"形张紧在取样管内。传感器工作时,铂金属丝将被控制电路提供的电流加热到高于进气温度120℃,因此称之为热丝。由于进气温度变化会使热丝的温度发生变化而影响进气量的测量精度,因此,在热丝附近的气流上游设有一只温度补偿电阻。

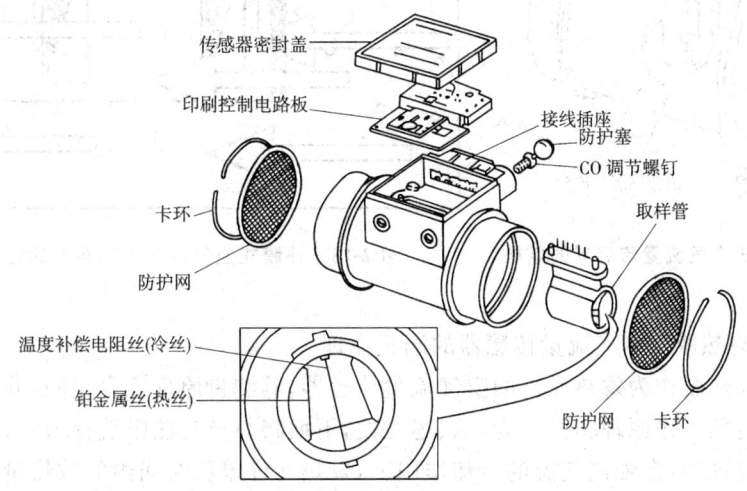

图 2-16　热丝式空气流量传感器的结构

早期制作的流量传感器采用铂金属丝制作温度补偿电阻,该电阻丝靠近进气口一侧,称之为冷丝,由于电阻丝在使用中容易折断而导致传感器报废,因此目前普遍采用在氧化铝陶瓷基片上印刷制作铂膜电阻。该温度补偿电阻相当于一只进气温度传感器,其电阻值随进气温度的变化而变化。当传感器工作时,控制电路提供的电流将使温度补偿电阻的温度始终低于发热元件的温度120℃。这样温度补偿电阻的温度起到一个参照标准的作用,使进气温度的变化不至于影响发热元件测量进气量的精度。

(2)热膜式空气流量传感器的结构特点。热膜式空气流量传感器是热丝式传感器的改进产品,其发热元件采用平面形铂金属薄膜(厚约200nm)电阻器,故称为热膜电阻。热膜电阻的制作方法是:首先在氧化铝陶瓷基片上采用蒸发工艺淀积铂金属薄膜,然后通过光刻工艺制作成梳状图形电阻,将电阻值调节到设计要求的阻值后,在其表面覆盖一层绝缘保护膜,再引出电极引线而制成。宝来(BORA),奥迪 A4、A6 型,帕萨特等轿车用热膜式空气流量传感器的结构如图 2-17 所示。

在传感器内部的进气通道上设有一个矩形护套(相当于取样管),热膜电阻设在护套中。为了防止污物沉积到热膜电阻上影响测量精度,在护套的空气入口一侧设有空气过滤层,用以过滤空气中的污物。为了防止进气温度变化使测量精度受到影响,在热膜电阻附近的气流上游设有铂金属膜式温度补偿电阻,如图 2-18 所示。

温度补偿电阻和热膜电阻与传感器内部控制电路连接,控制电路与线束连接器插座连接,线束插座设在传感器壳体中部。与热丝式相比,热膜电阻的阻值较大,所以消耗电流较小,使用寿命较长。但是,由于其发热元件表面制作有一层绝缘保护膜,存在辐射热传导作用,因此,响应特性略低于热丝式流量传感器。

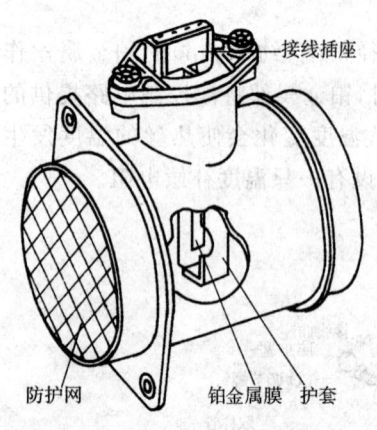
图 2-17 热膜式空气流量传感器的结构

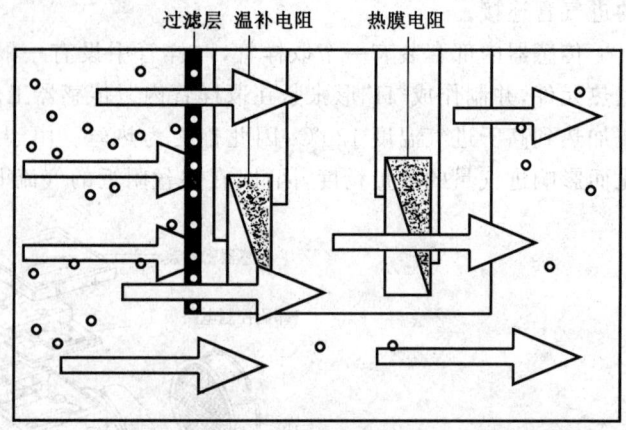
图 2-18 热膜式空气流量传感器内部元件示意图

2. 热丝式与热膜式空气流量传感器的测量原理

利用热丝或热膜作为发热元件的空气流量传感器,其测量原理完全相同,并与日常生活中使用的电吹风机的工作原理相似。为了叙述方便,下面将热丝与热膜统称为发热元件。

理论与实验证明:在强制气流的冷却作用下,发热元件单位时间内的散热量跟发热元件的温度和气流温度之差成正比。为此,在热丝式与热膜式流量传感器中,采用了恒温差控制电路来实现流量检测,如图 2-19 所示。

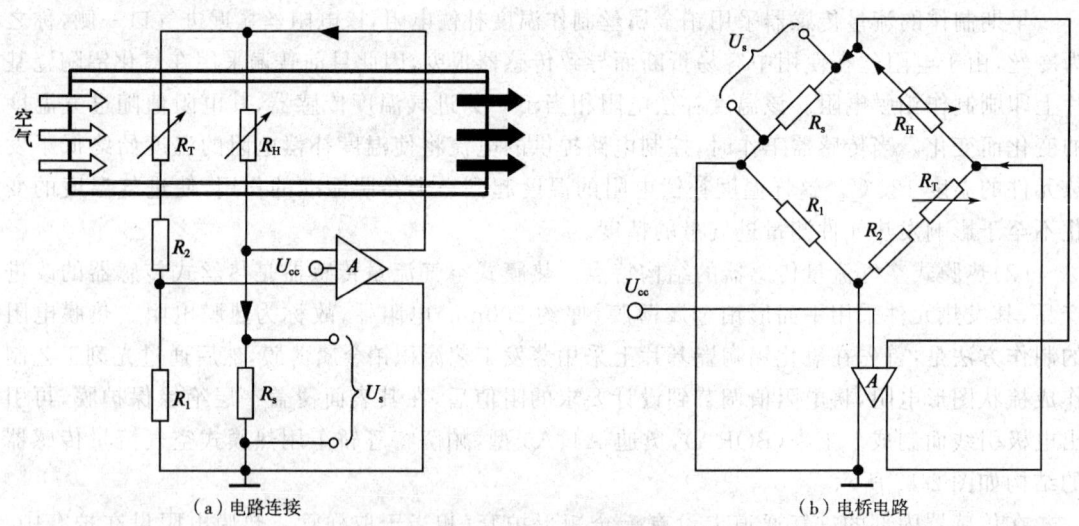

(a) 电路连接　　　　　　　　　　　(b) 电桥电路

图 2-19 热丝式与热膜式空气流量传感器原理电路
R_T. 温度补偿电阻(进气温度传感器)　R_H. 发热元件(热丝或热膜)电阻
R_S. 信号取样电阻　R_1, R_2. 精密电阻　U_{CC}. 电源电压　U_S. 信号电压　A. 控制电路

在恒温差控制电路中,发热元件电阻 R_H 和温度补偿电阻(热敏电阻式进气温度传感器) R_T 分别连接在惠斯登电桥电路的两个臂上。当发热元件的温度高于进气温度时,电桥电压才能达到平衡。加热电流(50～120mA)由具有电流放大作用的控制电路 A 进行控制,其目的是使发热元件的温度 T_H 与温度补偿电阻的温度 T_T 之差保持恒定,即 $\Delta T = T_H - T_T =$

120(℃)。

当空气气流流经发热元件使其受到冷却时,发热元件温度降低,阻值减小,电桥电压失去平衡,控制电路将增大供给发热元件的电流,使其温度高于温度补偿电阻120℃。电流增量的大小,取决于发热元件受到冷却的程度,即取决于流过传感器的空气量。

当电桥电流增大时,取样电阻 R_S 上的电压就会升高,从而将空气流量的变化转换为电压信号 U_s 的变化。输出电压与空气流量之间近似于4次方根的关系,特性曲线如图2-20所示。信号电压输入ECU后,ECU便可根据信号电压的高低计算出空气质量流量 Q_M 的大小。

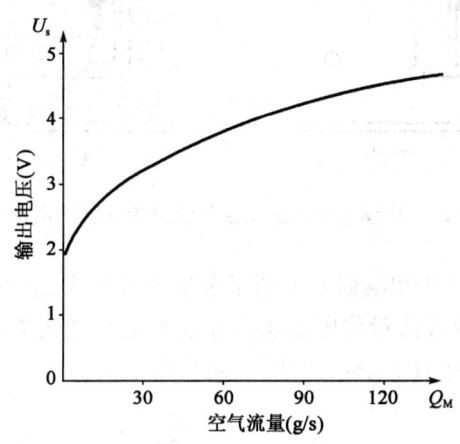

图2-20 热丝式与热膜式空气流量传感器输出特性

当发动机怠速或空气为热空气(如夏季行车)时,因为怠速时节气门全闭或接近全闭,所以空气流速低,空气量小;又因空气温度越高,空气密度越小,所以在体积相同的情况下,热空气的质量小,因此发热元件受到冷却的程度小,阻值减小幅度小,保持电桥平衡需要的加热电流小,如图2-21a所示,故取样电阻上的信号电压低。ECU根据信号电压即可计算出空气量,捷达轿车怠速时的空气流量标准值为2.0~5.0g/s。

当发动机负荷增大或空气为冷空气时,因为节气门开度增大空气流速加快使空气流量增大;而冷空气密度大,在体积相同的情况下冷空气质量大,所以发热元件受到冷却的程度增大,阻值减小幅度大,保持电桥平衡需要的加热电流增大,如图2-21b所示。因此,当发动机负荷增大时,信号电压升高。

热丝式空气流量传感器在使用一段时间后,由于热丝表面受空气尘埃玷污,其热辐射能力降低会将影响传感器的测量精度。因此,在控制电路中,设计有"自洁电路"来实现自洁功能。每当ECU接收到发动机熄火的信号时,ECU将控制自洁电路接通,将热丝加热到1 000℃并持续1s左右,使沾附在热丝上的尘埃烧掉。另一种防止热丝沾污的方法是提高热丝的保持温度,一般将保持温度设定在200℃以上,以便烧掉沾附的污物。热膜式传感器铂金属膜的面积比热丝的表面积大得多,且覆盖有一层绝缘保护膜,故不受污物影响。

(四)空气流量传感器性能比较

汽车用空气流量传感器(包括间接测量空气流量的支管压力传感器)的性能比较如表2-2所示。翼片式空气流量传感器具有结构简单、价格便宜,而且具有一定的可靠性。因此,在20世纪70年代研制的电子控制汽油喷射系统中广泛采用。但是,翼片式空气流量传感器体积大、安装不便、急加速时响应特性差、进气阻力较大、需要进行大气压力和进气温度修正。为了

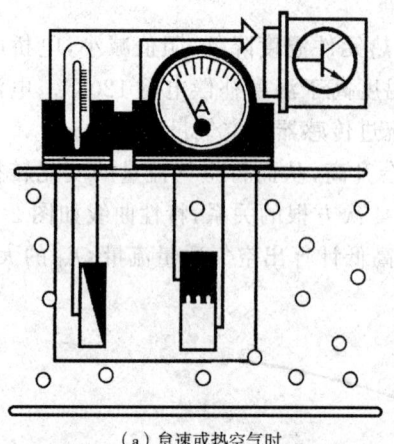 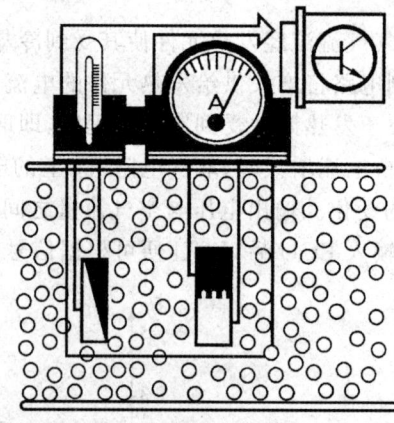

(a) 怠速或热空气时　　　　　　　(b) 负荷增大或冷空气时

图 2-21　热膜式与热丝式空气流量传感器的测量原理

克服这些缺点，20 世纪 80 年代相继研制成功了卡尔曼涡流式、热丝式和热膜式等空气流量传感器。特别是热丝式和热膜式流量传感器能够直接测量空气气流的质量流量，避免了海拔高度变化引起测量误差，此外还具有响应速度快、测量精度高等优点，所以倍受汽油机电控喷油系统设计者的青睐。

表 2-2　空气流量传感器性能比较

性能 类型	翼片式	涡流式	热丝式与热膜式	支管压力式
输出方式	模拟输出：信号电压 U_s 与进气容积 Q_A 成反比，即 $Q_A \propto 1/U_s$	数字输出：信号频率 f 与进气容积 Q_A 成正比，即 $Q_A \propto f$	模拟输出：信号电压 U_s 与进气质量 Q_M 的 4 次方根成正比，即 $U_s \propto \sqrt[4]{Q_M}$	模拟输出：信号电压 U_s 与进气支管压力 p 成正比，即 $U_s \propto p$
测量精度	±3%	±3%	±3%	±3%
响应特性	差	优	优	良
通道阻力	大	小	很小	很小
怠速稳定性	好	好	好	好
有无移动部件	有	无	无	无
进气温度修正	需要	需要	不需要	需要
大气压力修正	需要	需要	不需要	需要
系统控制精度	中等	高	高	低
成本	中等	高	中等	低
综合评价	良	优	优	良

注：间接测量空气流量的支管压力传感器将在下面的"压力传感器"内容中进行介绍。

二、压力传感器

在汽车行驶过程中，需要实时监测发动机的进气压力、大气压力、燃油压力、润滑油压力、制动油液压力以及变速传动油液压力等，压力传感器的功用就是将气体或液体的压力信号转换为电信号，并输入 ECU 进行处理，从而保证汽车正常行驶。

(一)压力传感器分类

压力传感器检测压力的方法大都是测定压差,检测原理都是将压力的变化转换为电阻值的变化。现代汽车用压力传感器按结构不同,可分为半导体压阻效应式和电阻应变计式两种类型。前者利用硅半导体的压阻效应和微电子技术制成,后者利用弹性敏感元件和电阻应变片制成(即弹性敏感元件将被测压力转换为弹性体的应变值,电阻应变片将应变转换为电阻值的变化。应变是指物体的相对变化量)。

在汽车电控系统中,检测压力较低的进气支管压力和大气压力时,一般采用硅半导体压阻效应式传感器;检测压力较高的制动油液、变速传动油液和柴油机共轨管内高压燃油的压力时,一般采用电阻应变计式压力传感器。中低档轿车大都采用压阻效应式支管压力传感器。

(二)压阻效应式支管压力传感器

单晶硅材料受到应力作用后,其电阻率发生明显变化的现象,称为压阻效应。利用半导体硅的压阻效应和微电子技术制成的压阻式传感器,具有灵敏度高、动态响应好、易于微型化和集成化等优点。因此,汽车电控系统广泛应用。

1. 支管压力传感器的功用

进气支管绝对压力传感器(MAP,Manifold Absolutely Pressure Sensor)简称支管压力传感器,按流量传感器的分类方法又称为 D 型流量传感器。MAP 是一种间接测量发动机进气量的传感器,其功用是通过检测节气门至进气支管之间的进气压力来反映发动机的负荷状况,并将负荷状况(压力信号)转换为电信号输入发动机 ECU,供 ECU 计算确定喷油时间(即喷油量)和点火时间(即点火提前角)。

2. 支管压力传感器的结构

各型汽车用压阻效应式支管压力传感器结构大同小异,外形与结构如图 2-22 所示,主要由硅膜片、真空室、混合集成电路、真空管接头、线束插头和壳体组成。支管压力传感器的安装位置比较灵活,只要能将进气支管内的进气压力引入传感器的真空管内,传感器就可安放在任何位置。

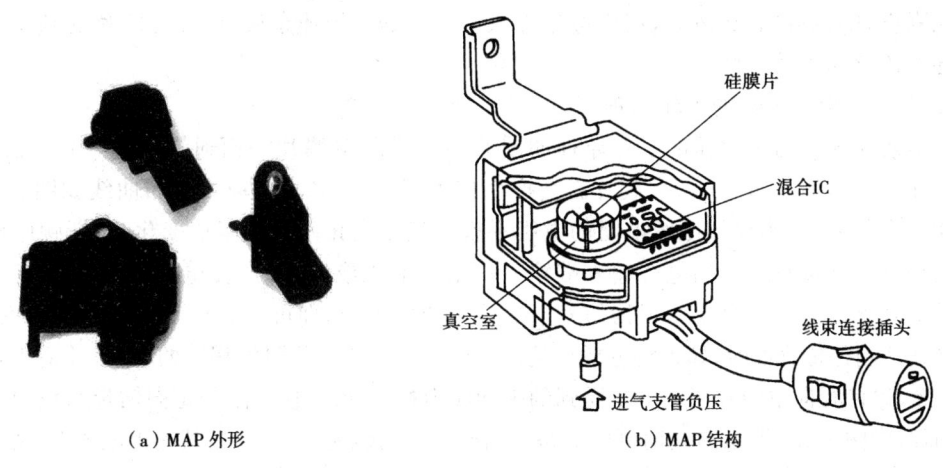

(a)MAP 外形　　　　　(b)MAP 结构

图 2-22　支管压力传感器的外形与结构

压阻效应式支管压力传感器的内部结构如图 2-23 所示,主要由硅膜片、真空室、硅杯、半导体压敏电阻、底座、真空管和电极引线等组成。

硅膜片是压力转换元件,用单晶硅制成。硅膜片的长和宽约为 3mm、厚度约为 160μm,在硅膜片的中央部位采用腐蚀方法制作有一个直径为 2mm、厚度约为 50μm 的薄膜片。在薄硅膜片表面上,采用集成电路加工技术与台面扩散技术(扩散硼)制作 4 只梳状阻值相等的半导体压敏电阻,又称为固态压阻器件或固态电阻,如图 2-23b 所示,并利用低阻扩散层(P 型扩散层)将 4 只电阻连接成惠斯顿电桥电路,如图 2-23c 所示,然后再与传感器内部的信号放大电路和温度补偿电路等混合集成电路连接。

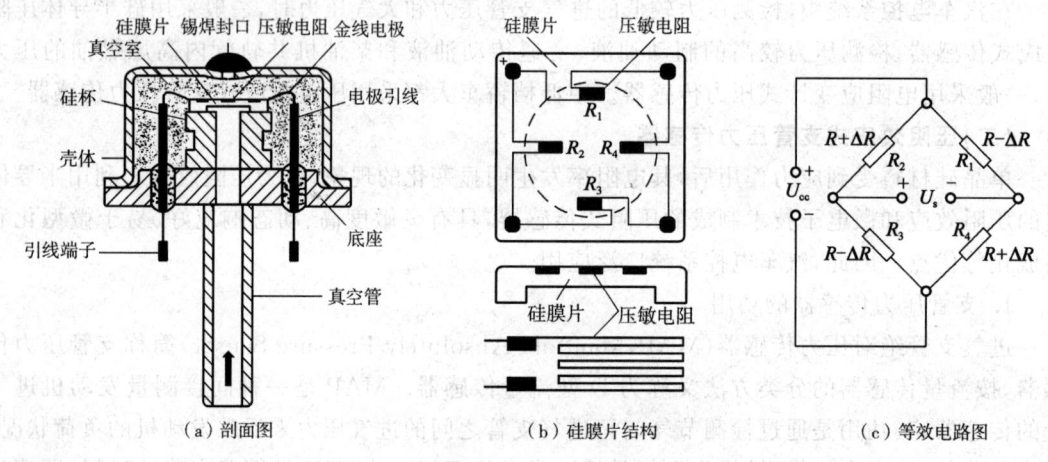

图 2-23 支管压力传感器内部结构

硅杯一般用线性膨胀系数接近于单晶硅(线性膨胀系数为 $32\times10^{-7}/℃$)的铁镍锆合金(线性膨胀系数为 $47\times10^{-7}/℃$)制成,设置在硅膜片与传感器底座之间,用于吸收底座材质与硅膜片热膨胀系数不同而加到硅膜片上的热应力,从而提高传感器的测量精度。硅杯与壳体以及底座之间形成的腔室为真空室。壳体顶部设有排气孔,利用排气孔将该腔室抽成真空后,再用锡焊密封排气孔,从而形成真空室。真空室为基准压力室,基准压力为 0。

在真空管入口设有滤清器,用于过滤导入空气中的尘埃或杂质,以免硅膜片受到腐蚀和脏污而导致传感器失效。

3. 支管压力传感器的工作原理

压阻效应式压力传感器的工作原理如图 2-24a 所示,硅膜片一面通真空室,另一面通进气支管。在支管压力 p 作用下,硅膜片就会产生应力,膜片上各点的应力分布曲线如图 2-24b 所示。在应力作用下,半导体压敏电阻的电阻率就会发生变化而引起阻值变化,惠斯顿电桥上电阻值的平衡就会被打破。当电桥输入端输入一定的电压或电流时,在电桥的输出端就可得到变化的信号电压或信号电流。根据信号电压或电流的大小,即可计算出支管压力的高低。

在设计制作传感器时,如果将电桥上的压敏电阻制作成 4 只阻值相等的电阻,并适当安排电阻的位置,以使径向电阻和切向电阻受到的平均应力相等,就可使电阻的正向增量与负向增量相等,从而组成图 2-23c 所示的差动电桥电路。当电桥采用恒流源供电时,其输出电压 U_s 为:

$$U_s=\frac{3\pi_{44}IR}{16h^2}[(1+\mu)r^2-(1+3\mu)x^2]p$$

式中:U_s——电桥输出电压,V;

r、x、h——圆形膜片的有效半径、计算点半径(即压敏电阻中心至膜片圆心的距离)、膜片厚度,m;

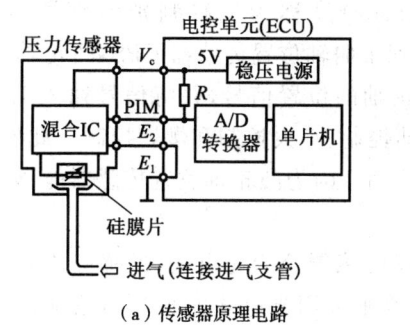 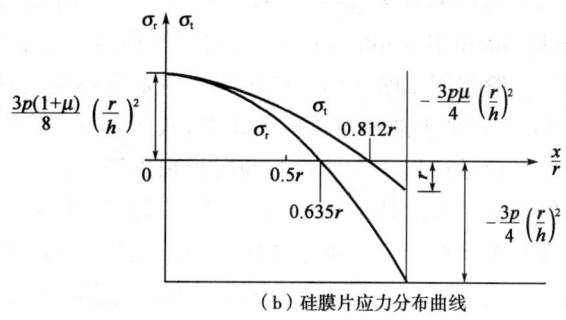

(a) 传感器原理电路　　　　　　　　(b) 硅膜片应力分布曲线

图 2-24　支管压力传感器原理电路及应力分布

μ——泊松比(硅取 $\mu=0.35$)；

π_{44}——剪切压阻系数，可由实验测得；

I——恒流源供给的电流，A；

R——每只压敏电阻的阻值，Ω；

P——平均分布压力，Pa。

上式可见，当传感器结构一定并采用恒流源供电时，电桥输出电压与硅膜片上作用的压力成正比。压力越高，输出电压越高。

发动机工作时，进气支管内部的压力随进气流量的变化而变化。当节气门开度增大(即进气流量增大)时，空气流通截面增大，气流速度降低，进气支管压力升高，膜片应力增大，压敏电阻阻值的变化量增大，电桥输出的电压升高，经集成电路进行比例放大后，传感器输入电控单元(ECU)的信号电压升高。反之，当节气门开度由大变小(即进气流量减小)时，进气流通截面减小，气流速度升高，进气支管压力降低，膜片应力减小，压敏电阻阻值的变化量减小，电桥输出电压降低，经过比例放大后，传感器输入 ECU 的信号电压降低。实测支管压力传感器输出电压 U_s 与支管压力 p 的关系见表 2-3。

表 2-3　支管压力传感器输出电压与支管压力的关系

支管压力 p/kPa	13	27	40	54	67
传感器信号电压 U_s/V	0.3~0.5	0.7~0.9	1.1~1.3	1.5~1.7	1.9~2.1

三、曲轴与凸轮轴位置传感器

在多点燃油顺序喷射系统中，当电控单元 ECU 控制喷油器喷油时，首先必须知道是哪一个气缸的活塞即将到达排气上止点；当 ECU 控制火花塞跳火时，首先也必须知道是哪一个气缸的活塞即将到达压缩上止点，然后再根据曲轴转角信号控制喷油与点火。由此可见，曲轴位置传感器和凸轮轴位置传感器是多点燃油顺序喷射系统必不可少的传感器。

(一) 曲轴与凸轮轴位置传感器的功用与分类

曲轴位置传感器(CPS，Crankshaft Position Sensor)又称为发动机转速与曲轴转角传感器，其功用是采集发动机曲轴转动角度和发动机转速信号，并将信号输入 ECU，以便确定和控制喷油时刻与点火时刻。

凸轮轴位置传感器（CPS，Camshaft Position Sensor）又称为气缸判别传感器（CIS，Cylinder Identification Sensor）和相位传感器。为了区别于曲轴位置传感器 CPS，凸轮轴位置传感器一般都用 CIS 表示。CIS 的功用是采集配气凸轮轴的位置信号，并将信号输入 ECU，以便 ECU 识别 1 缸活塞压缩上止点，从而进行顺序喷油控制、点火控制和爆燃控制。此外，凸轮轴位置信号还用于发动机起动时识别出第一次点火时刻。因为凸轮轴位置传感器能够识别哪一缸活塞即将到达上止点，故又称为判缸传感器。

电控发动机燃油喷射系统常用的曲轴与凸轮轴位置传感器分为光电式、磁感应式和霍尔式三种类型。日产公爵王（Cedric）轿车、三菱与猎豹吉普车采用光电式曲轴与凸轮轴位置传感器；丰田系列轿车采用磁感应式曲轴与凸轮轴位置传感器；大众公司轿车采用磁感应式曲轴位置传感器和霍尔式凸轮轴位置传感器；红旗 CA7220E 型轿车和切诺基吉普车采用了霍尔式曲轴与凸轮轴位置传感器，且其曲轴位置传感器为差动霍尔式传感器。因为有的汽车将曲轴与凸轮轴位置两种传感器制作成一体，且类型相同的传感器其结构原理完全相同，所以将这两种传感器组合在一起进行介绍。

（二）光电式曲轴与凸轮轴位置传感器

1. 光电式曲轴与凸轮轴位置传感器的结构特点

日产公司采用的光电式曲轴与凸轮轴位置传感器是由分电器改进而成，结构如图 2-25 所示，主要由信号发生器、信号盘（即信号转子）、配电器、传感器壳体和线束插头等组成。

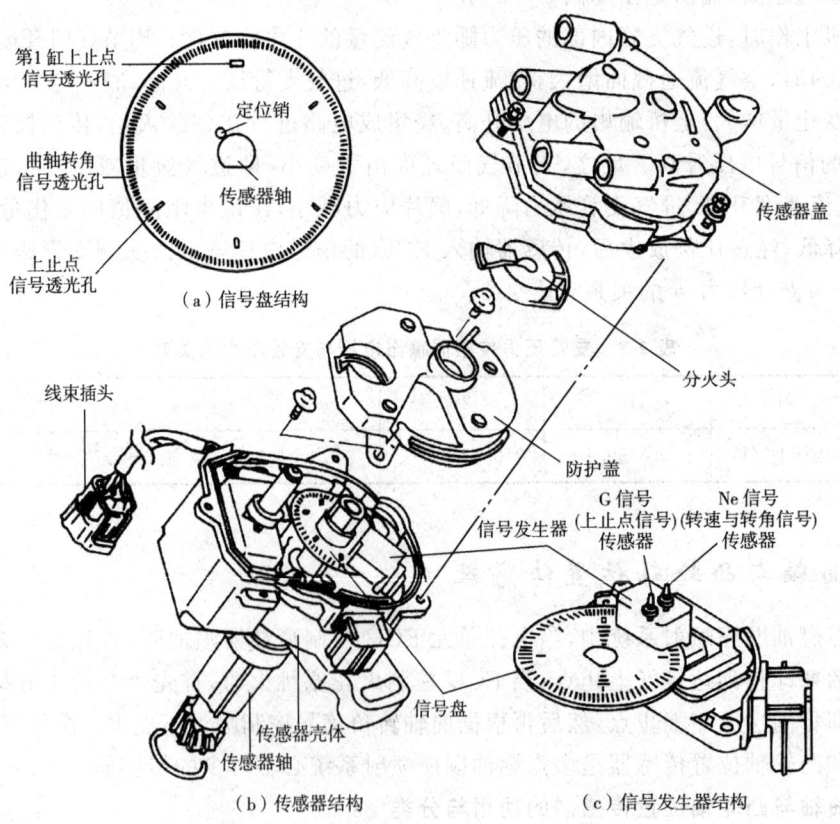

图 2-25 光电式曲轴与凸轮轴位置传感器结构

信号盘是传感器的信号转子,压装在传感器轴上,结构如图2-25a所示。在靠近信号盘的边缘位置制作有间隔弧度均匀的内、外两圈透光孔。其中,外圈制作有360个长方形透光孔(缝隙),间隔弧度为1°(透光孔占0.5°,遮光部分占0.5°),用于产生曲轴转角与转速信号;内圈制作有6个透光孔(长方形),间隔弧度为60°,用于产生各个气缸的上止点信号,其中有一个长方形的宽边稍长,用于产生第一缸上止点信号。

信号发生器固定在传感器壳体上,由Ne信号(转速与转角信号)发生器、G信号(上止点信号)发生器以及信号处理电路组成,如图2-25c所示。Ne信号与G信号发生器均由一只发光二极管LED和一只光敏三极管组成,两只LED分别正对着两只光敏三极管。

2. 曲轴转速、转角信号和气缸识别信号的产生原理

光电式传感器的工作原理如图2-26所示。因为传感器轴上的斜齿轮与发动机配气凸轮轴上的斜齿轮啮合,所以当发动机带动传感器轴转动时,信号盘上的透光孔便从信号发生器的发光二极管LED与光敏三极管之间转过。当信号盘上的透光孔旋转到LED与光敏三极管之间时,如图2-26a所示,LED发出的光线就会照射到光敏三极管上,此时光敏三极管导通,其集电极输出低电平(0.1~0.3V);当信号盘上的遮光部分旋转到LED与光敏三极管之间时,如图2-26b所示,LED发出的光线就不能照射到光敏三极管上,此时光敏三极管截止,其集电极输出高电平(4.8~5.2V)。信号盘连续旋转,透光孔和遮光部分就会交替地转过LED而透光或遮光,光敏三极管集电极就会交替地输出高电平和低电平。

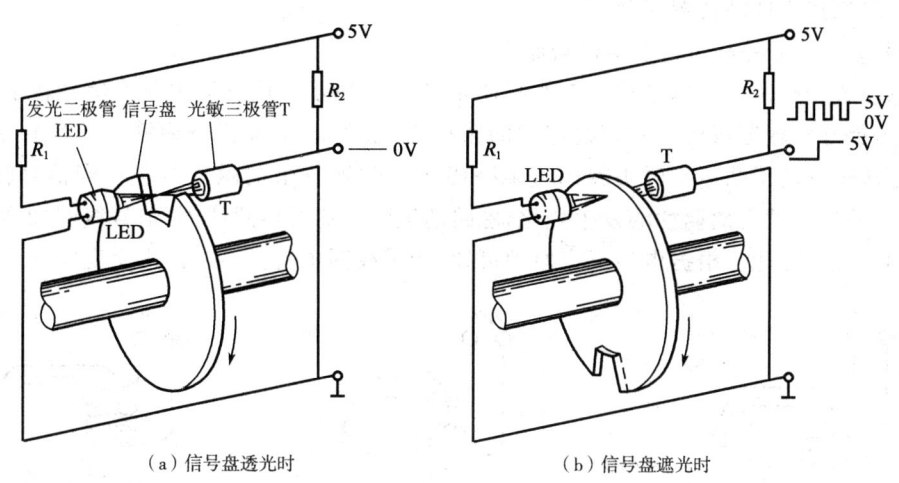

(a)信号盘透光时　　　　　　　　(b)信号盘遮光时

图2-26 光电式传感器工作原理

当传感器轴随曲轴和配气凸轮轴转动时,信号盘上的透光孔和遮光部分便从LED与光敏三极管之间转过,LED发出的光线受信号盘透光和遮光作用就会交替照射到信号发生器的光敏三极管上,传感器中就会产生与曲轴位置和凸轮轴位置对应的脉冲信号。日产公司采用的光电式曲轴与凸轮轴位置传感器输出信号如图2-27所示。

由于曲轴旋转两转,传感器轴带动信号盘旋转一圈。因此,G信号传感器将产生6个脉冲信号,Ne信号传感器将产生360个脉冲信号。因为G信号透光孔间隔弧度为60°,曲轴每旋转120°就产生一个脉冲信号,所以G信号又称为120°信号。设计安装保证120°信号在上止点前70°(BTDC70°)时产生,且长方形宽边稍长的透光孔产生的信号对应于发动机第1缸活塞上止点前70°,以便ECU控制喷油提前角与点火提前角。因为Ne信号透光孔间隔弧度为1°(透

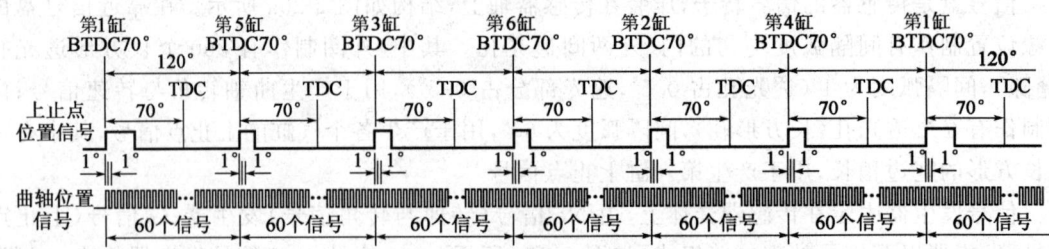

图 2-27 光电式曲轴与凸轮轴位置传感器输出波形

光孔占 0.5°,遮光部分占 0.5°),所以在每一个脉冲周期中,高、低电平各占 1°曲轴转角,360 个信号表示曲轴旋转 720°。由图 2-27 可见,曲轴每旋转 120°,G 信号传感器产生一个信号,Ne 信号传感器产生 60 个信号。

当 ECU 接收到 G 信号发生器输入的宽脉冲信号时,便可确定第 1 缸活塞处于压缩上止点前 70°位置;ECU 接收到下一个 G 信号时,则判定第 5 缸活塞处于压缩上止点前 70°位置。ECU 接收到每一个上止点位置信号(G 信号)后,再根据曲轴转角信号(Ne 信号)控制喷油提前角和点火提前角。这种传感器可将喷油提前角和点火提前角的精度控制在 1°(曲轴转角)范围内。

(三)磁感应式曲轴位置传感器

1. 磁感应式传感器的基本结构与原理

磁感应式传感器的基本结构与工作原理如图 2-28 所示。传感器主要由信号转子、传感线圈、永久磁铁和磁轭等组成。磁感线穿过的路径为:永久磁铁 N 极→磁铁与信号转子间的气隙→信号转子→转子凸齿与磁头间的气隙→磁头→磁轭→永久磁铁 S 极。当信号转子旋转时,磁路中的气隙就会周期性的发生变化,磁路的磁阻和穿过传感线圈(信号线圈)的磁通量随之发生周期性的变化。根据电磁感应原理可知,传感线圈中就会感应产生交变电动势。

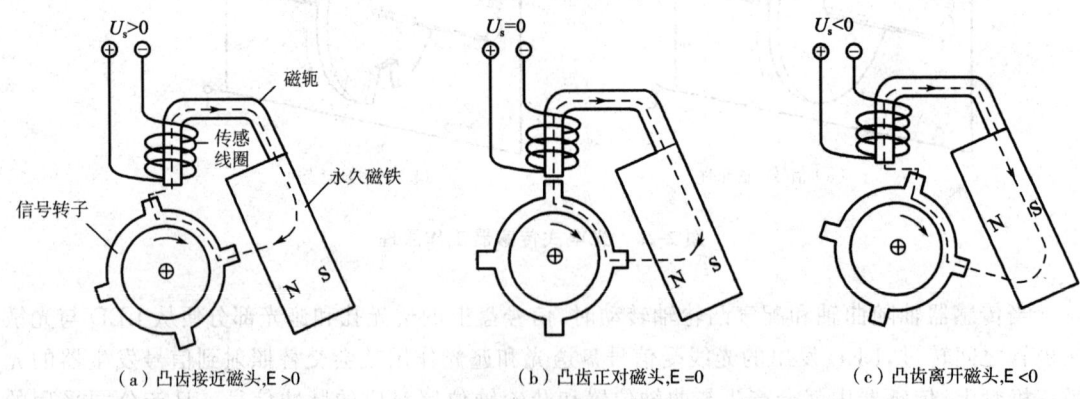

(a)凸齿接近磁头,E>0　　(b)凸齿正对磁头,E=0　　(c)凸齿离开磁头,E<0

图 2-28 磁感应式传感器的基本结构与工作原理示意图

当信号转子按顺时针方向旋转时,转子凸齿与磁头间的气隙减小,磁路磁阻减小,磁通量 Φ 增多,磁通变化率增大($\frac{d\Phi}{dt} > 0$),感应电动势 E 为正(即 $E > 0$),如图 2-29 中曲线 abc 所示。在转子凸齿接近磁头边缘时,磁通量 Φ 急剧增多,磁通变化率最大$\left[\frac{d\Phi}{dt} = \left(\frac{d\Phi}{dt}\right)max\right]$,感应电

动势 E 最大($E=E_{max}$),如图 2-29 中曲线 b 点所示。转子转过曲线 b 点对应的位置后,虽然磁通量 Φ 仍在增多,但磁通变化率减小,因此感应电动势 E 降低。

当信号转子旋转到凸齿的中心线与磁头的中心线对齐时,如图 2-28b 所示,虽然转子凸齿与磁头间的气隙最小,磁路的磁阻最小,磁通量 Φ 最大。但是,由于磁通量不可能继续增加,磁通变化率为零,因此感应电动势 E 为零(即 $E=0$),如图 2-29 中曲线 c 点所示。

当转子沿顺时针方向继续旋转,凸齿离开磁头时,如图 2-28c 所示,凸齿与磁头间的气隙增大,磁路磁阻增大,磁通量 Φ 减少($\frac{d\Phi}{dt}<0$),所以感应电动势 E 为负值(即 $E<0$),如图2-29 中曲线 cda' 所示。当凸齿即将离开磁头边缘时,磁通量 Φ 急剧减少,磁通变化率达到负向最大值 $[\frac{d\Phi}{dt}=(\frac{d\Phi}{dt})max]$,感应电动势 E 也达到负向最大值($E=-E_{max}$),如图 2-29 中曲线上 d 点所示。

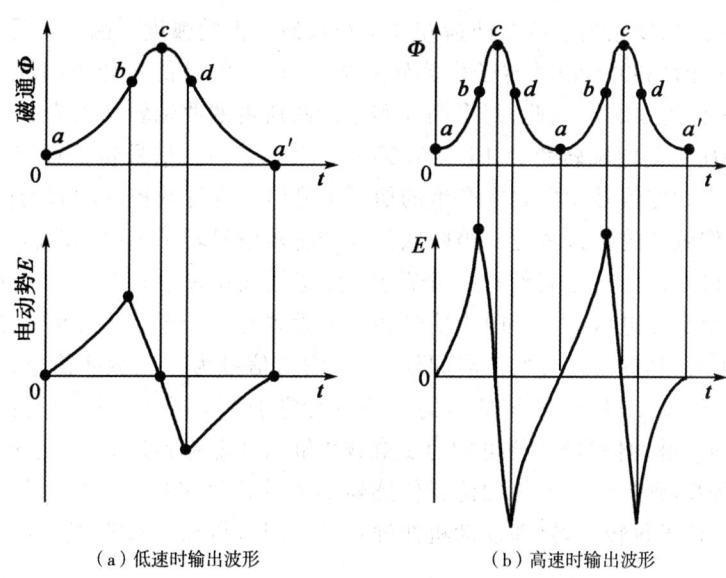

(a) 低速时输出波形 (b) 高速时输出波形

图 2-29 传感线圈中的磁通 Φ 和电动势 E 波形

由此可见,信号转子每转过一个凸齿,就会在传感线圈中产生一个周期的交变电动势,即电动势出现一次最大值和一次最小值,传感线圈输出端相应地输出一个交变电压信号。

磁感应式传感器的突出优点是不需要外加电源,永久磁铁起着将机械能变换为电能的作用,其磁能不会损失。当发动机转速变化时,转子凸齿转动的速度将发生变化,铁芯中的磁通变化率也将随之发生变化。转速越高,磁通变化率就越大,传感线圈中的感应电动势也就越高。转速不同时,磁通和感应电动势的变化情况如图 2-29b 所示。由于转子凸齿与磁头间的气隙直接影响磁路的磁阻和传感线圈输出电压的高低,因此在使用中,转子凸齿与磁头间的气隙不能随意变动。气隙如有变化,必须进行调整。该气隙一般为 2.0mm 左右。

2. 大众轿车磁感应式曲轴位置传感器

(1)曲轴位置传感器的结构特点。大众轿车的磁感应式曲轴位置传感器由信号发生器和信号转子组成。信号发生器用螺钉固定在曲轴箱内靠近离合器一侧的发动机缸体上,信号转子安装在曲轴上,如图 2-30 所示。安装时,传感器磁头与信号转子必须对正。

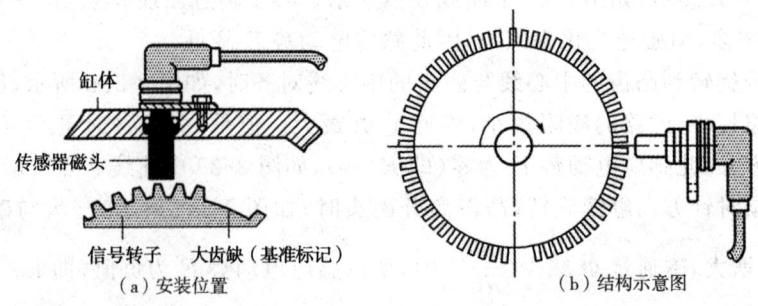

图 2-30　大众(桑塔纳与捷达)轿车曲轴位置传感器的结构与安装位置

信号发生器由传感器磁头、传感线圈(信号线圈)、永久磁铁和磁轭等组成。

信号转子为齿盘式转子,在其圆周上间隔均匀地制作有 58 个凸齿、57 个小齿缺和 1 个大齿缺。大齿缺所占的弧度相当于两个凸齿和 3 个小齿缺所占的弧度。因为信号转子随曲轴一同旋转,曲轴旋转一圈(360°),信号转子也旋转一圈(360°),所以信号转子圆周上的凸齿和齿缺所占的曲轴转角也为 360°。因此,每个凸齿和小齿缺所占的曲轴转角均为 3°(58×3°+57×3°=345°),大齿缺所占的曲轴转角为 15°(2×3°+3×3°=15°)。信号转子设置大齿缺的目的是:将转子转过磁头时在信号发生器中产生的信号上升沿作为计数控制的起始信号。

(2)曲轴位置传感器的工作情况。当曲轴位置传感器信号转子随曲轴旋转时,由磁感应式传感器工作原理可知,信号转子每转过一个凸齿,传感线圈中就会产生一个周期的交变电动势,相应地输出一个交变电压信号。因为信号转子上设置有一个产生基准信号的大齿缺,所以当大齿缺转过磁头时,其输出信号所占时间较长,即输出信号为一宽脉冲信号,经整形和放大处理后输出的波形如图 2-31 所示,该信号的上升沿对应于 1 缸或 4 缸压缩上止点 81°。电控单元(ECU)接收到宽脉冲信号时,便可知道 1 缸或 4 缸活塞即将到达上止点,至于即将到达的是 1 缸还是 4 缸活塞,则需根据凸轮轴位置传感器输入的信号来确定。因为信号转子上设置有 58 个凸齿,所以转子每转一转(即发动机曲轴每转一圈),传感线圈就会产生 58 交变电压信号并输入 ECU。

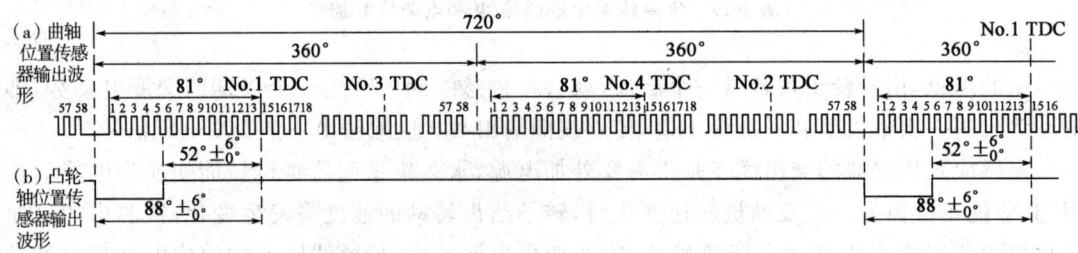

图 2-31　大众(桑塔纳与捷达)轿车曲轴和凸轮轴位置传感器输出信号

每当曲轴位置传感器的信号转子随发动机曲轴转动一圈,传感线圈就会向 ECU 输入 58 个脉冲信号。因此,ECU 每接收到 58 个信号,就可知道发动机曲轴旋转了一转。如果在一分钟内,ECU 接收到曲轴位置传感器 116 000 个信号,ECU 便可计算出曲轴转速 n 为 2 000(n=116 3000/58=2 000)r/min;如果 ECU 每分钟接收到曲轴位置传感器 290 000 个信号,ECU 便可计算出曲轴转速为 5 000(n=290 000/58=5 000)r/min。依此类推,ECU 根据单位时间内接收曲轴位置传感器脉冲信号的数量,便能计算出发动机曲轴的转速。

在发动机电控喷油系统和微机控制点火系统中,磁感应式曲轴位置传感器信号转子上大齿缺对应产生的信号为基准信号,ECU控制喷油时间和点火时间是以大齿缺产生的信号进行控制。当ECU接收到大齿缺产生的信号(宽脉冲)后,再根据小齿缺产生的信号来控制喷油提前角、点火提前角以及点火线圈初级电流的接通时间(导通角)。为了保证系统的控制精度达到1°,小齿缺产生的信号还须由ECU内部电路将其转换为1°信号

发动机转速信号和进气流量信号是汽车电子控制系统最重要、也是最基本的信号,ECU根据这两个信号就能计算确定基本喷油提前角(喷油时间)、点火提前角(点火时间)和点火导通角(点火线圈初级电流接通时间)三个基本控制参数。

(四)霍尔式曲轴与凸轮轴位置传感器

霍尔式曲轴与凸轮轴位置传感器以及其他形式的霍尔式传感器,都是根据霍尔效应制成的传感器。

1. 霍尔式传感器的基本原理

霍尔效应(Hall effect)是美国约翰·霍普金斯大学物理学家爱德华·霍尔博士(Dr. Edward H·Hall)于1879年首先发现的。他发现把一个通有电流I的长方体形白金导体垂直于磁感线放入磁感应强度为B的磁场中时,如图2-32所示,在白金导体的两个横向侧面上就会产生一个垂直于电流方向和磁场方向的电压U_H,当取消磁场时电压立即消失。该电压后来称为霍尔电压,用字母U_H表示,霍尔电压U_H与通过白金导体的电流I和磁感应强度B成正比,即

$$U_H = \frac{R_H}{d} I \cdot B$$

式中:R_H——霍尔系数;

d——白金导体的厚度。

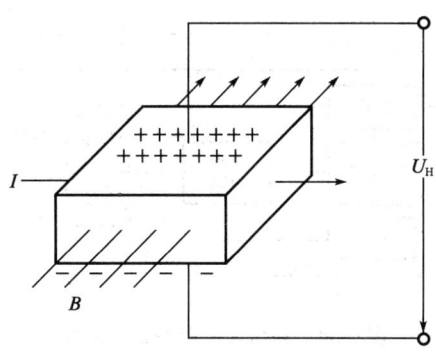

图2-32 霍尔效应原理图

利用霍尔效应制成的元件称为霍尔元件,利用霍尔元件制成的传感器称为霍尔效应式传感器,简称霍尔式传感器或霍尔传感器。实验证明,半导体材料也存在霍尔效应,且霍尔系数远远大于金属材料的霍尔系数,因此,霍尔元件一般都用半导体材料制作。利用霍尔效应不仅可以通过接通和切断磁场来检测电压,而且可以检测导线中流过的电流,因为导线周围的磁场强弱与流过导线的电流成正比关系。

汽车电控系统广泛采用霍尔式传感器的原因是其具有两个突出优点:一是输出电压信号

近似于方波信号;二是输出电压高低与被测物体的转速无关。霍尔效应式传感器与磁感应式传感器不同的是需要外加电源。

2. 霍尔式传感器的基本结构

霍尔式传感器的基本结构如图 2-33 所示,主要由触发叶轮、霍尔集成电路、导磁钢片(磁轭)与永久磁铁等组成。

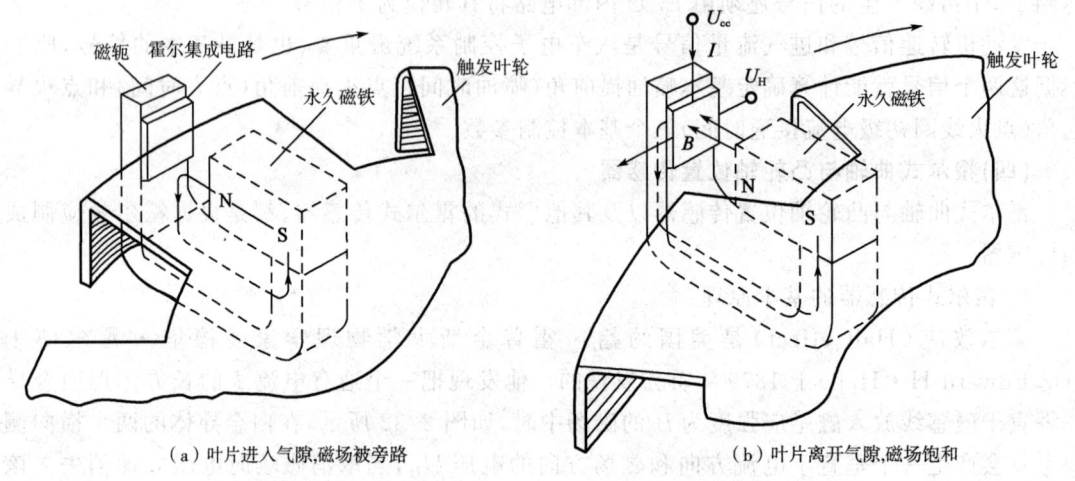

(a) 叶片进入气隙,磁场被旁路　　　　(b) 叶片离开气隙,磁场饱和

图 2-33　霍尔信号发生器工作原理

触发叶轮安装在转子轴上,叶轮上制有叶片(在霍尔式点火系统中,叶片数与发动机气缸数相等)。当触发叶轮随转子轴一同转动时,叶片便在霍尔集成电路与永久磁铁之间转动。霍尔集成电路由霍尔元件、放大电路、稳压电路、温度补偿电路、信号变换电路和输出电路等组成,如图 2-34 所示。

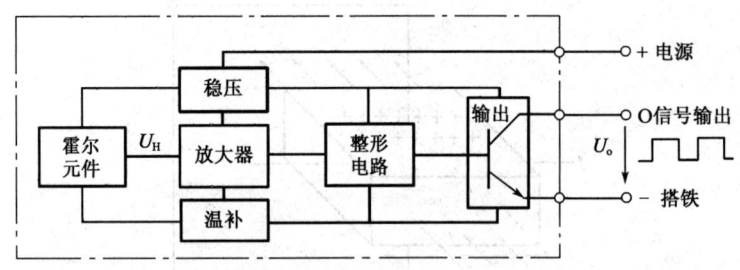

图 2-34　霍尔集成电路组成框图

3. 霍尔式传感器的工作原理

当传感器轴转动时,触发叶轮的叶片便从霍尔集成电路与永久磁铁之间的气隙中转过。当叶片进入气隙时,如图 2-33a 所示,霍尔集成电路的磁场被叶片旁路,霍尔电压 U_H 为零,霍尔集成电路输出级的三极管截止,信号发生器输出的信号电压 U_o 为高电平(实测表明:当电源电压 $U_{cc}=14.4V$ 时,信号电压 $U_o=9.8V$;当电源电压 $U_{cc}=5V$ 时,信号电压 $U_o=4.8V$)。

当叶片离开气隙时,如图 2-33b 所示,永久磁铁的磁通便经霍尔集成电路和导磁钢片构成回路,霍尔元件产生电压($U_H=1.9\sim2.0V$),霍尔集成电路输出级的三极管导通,传感器输出

的信号电压 U_o 为低电平(实测表明:当电源电压 $U_{cc}=14.4V$ 或 $5V$ 时,信号电压均为 $U_o=0.1\sim0.3V$)。

4. 桑塔纳与捷达轿车霍尔式凸轮轴位置传感器

(1)凸轮轴位置传感器的结构特点。大众公司轿车采用的霍尔式凸轮轴位置传感器安装在发动机配气凸轮轴的一端,结构与连接电路如图2-35所示,主要由霍尔信号发生器和信号转子组成。

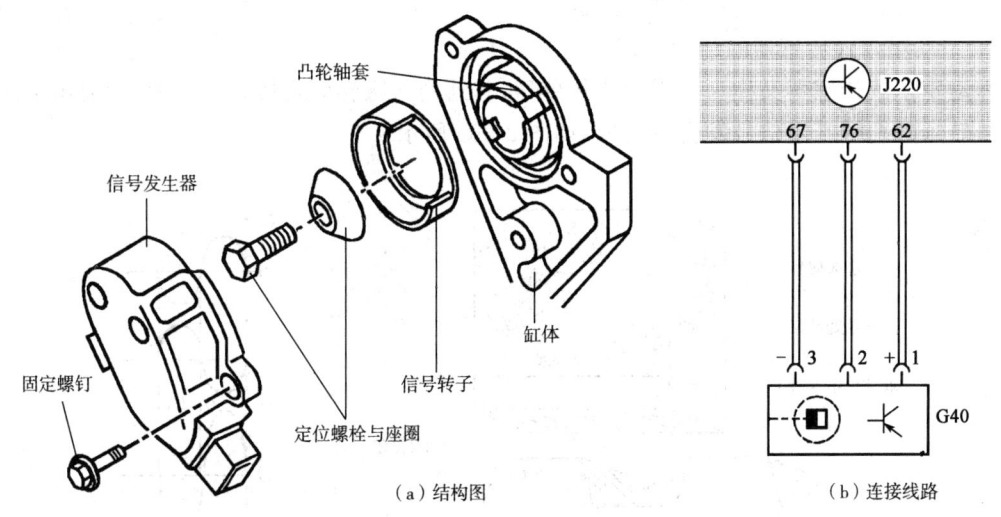

图 2-35 霍尔式凸轮轴位置传感器的结构与连接线路

信号转子又称为触发叶轮,安装在配气凸轮轴的一端,用定位螺栓和座圈定位固定。信号转子的隔板又称为叶片,在隔板上制有一个窗口,窗口对应产生的信号为低电平信号,隔板(叶片)对应产生的信号为高电平信号。霍尔式信号发生器主要由霍尔集成电路、永久磁铁和导磁钢片等组成。霍尔集成电路由霍尔元件、放大电路、稳压电路、温度补偿电路、信号变换电路和输出电路等组成。霍尔元件用硅半导体材料制成,与永久磁铁之间留有 $0.2\sim0.4mm$ 的间隙。当信号转子随配气凸轮轴一同转动时,隔板和窗口便从霍尔集成电路与永久磁铁之间的气隙中转过。

该传感器接线插座上有三个引线端子,端子"1"为传感器电源正极端子,与电控单元62端子连接;端子2为传感器信号输出端子,与电控单元76端子连接;端子3为传感器电源负极端子,与电控单元67端子连接。

(2)凸轮轴位置传感器的工作情况。由霍尔式传感器工作原理可知,当隔板(叶片)进入气隙(即在气隙内)时,霍尔元件不产生电压,传感器输出高电平(5V)信号;当隔板(叶片)离开气隙(即窗口进入气隙)时,霍尔元件产生电压,传感器输出低电平信号(0.1V)。凸轮轴位置传感器输出的信号与曲轴位置传感器输出的信号之间的关系如图2-31所示。发动机曲轴每转两转(720°),霍尔传感器信号转子就转一圈(360°),对应产生一个低电平信号和一个高电平信号,其中低电平信号下降沿对应于1缸压缩上止点前约88°。

发动机工作时,磁感应式曲轴位置传感器(CPS)和霍尔式凸轮轴位置传感器(CIS)产生的信号电压不断输入 ECU。当 ECU 同时接收到曲轴位置传感器大齿缺对应的低电平(15°)信号和凸轮轴位置传感器窗口对应的低电平信号时,便可识别此时为1缸活塞处于压缩行程、

4缸活塞处于排气行程,从而进行顺序喷油控制和各缸点火时刻控制,并可根据曲轴位置传感器小齿缺对应输出的信号控制点火提前角和喷油提前角。ECU 根据 CIS 信号判别出第一缸活塞位置之后,再根据 CPS 信号,即可按照四缸发动机 1-3-4-2(六缸发动机 1-5-3-6-2-4)的工作顺序,对各缸喷油器进行喷油提前控制和对各缸火花塞进行点火提前控制。

(五)差动霍尔式曲轴位置传感器

切诺基(Cherokee)吉普车与红旗 CA7220E 型轿车采用了差动霍尔式曲轴位置传感器,其凸轮轴位置传感器均为普通霍尔式传感器。

1. 差动霍尔式传感器的结构原理

差动霍尔式传感器又称为双霍尔式传感器,其结构与磁感应式传感器相似,主要由带凸齿的信号转子和两个霍尔信号发生器组成,如图 2-36a 所示。

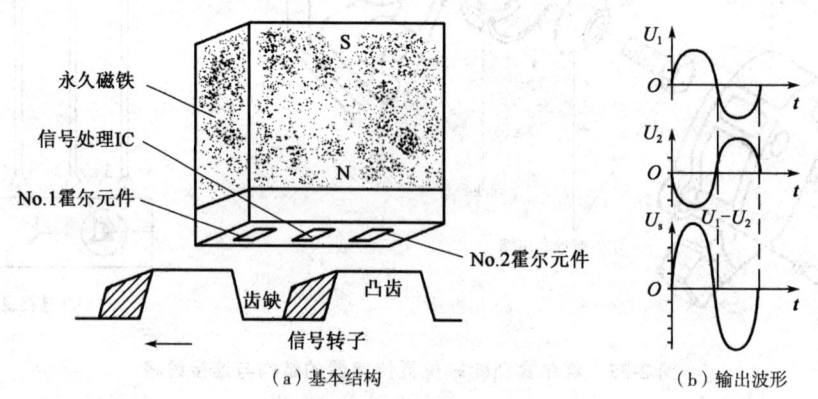

图 2-36 差动霍尔式传感器结构原理

差动霍尔式传感器的工作原理与普通霍尔式传感器相同。当信号转子上的齿缺与凸齿转过差动霍尔电路的两个探头(信号发生器)时,齿缺或凸齿与霍尔探头之间的气隙就会发生变化,磁通量随之变化,在传感器的霍尔元件中就会产生交变电压信号,如图 2-36b 所示,其输出电压由两个霍尔信号电压叠加而成。因为输出信号为叠加信号,所以转子凸齿与信号发生器之间的气隙可以增大(一般增大到 1mm±0.5mm,普通霍尔式传感器仅为 0.2~0.4mm),从而可将信号转子设置成象磁感应式传感器转子一样的齿盘式结构,其突出优点是信号转子便于安装。在汽车上,一般将凸齿转子设置在发动机曲轴上或将发动机飞轮作为传感器的信号转子。

2. 切诺基吉普车差动霍尔式传感器的结构特点

切诺基吉普车 2.5L(四缸)和 4.0L(六缸)燃油喷射式发动机用差动霍尔式曲轴位置传感器安装在变速器壳体上,如图 2-37 所示,该传感器向 ECU 提供发动机转速与曲轴位置(转角)信号,作为计算喷油时间和点火时刻的重要依据之一。

传感器的信号转子安装在曲轴上,并与发动机飞轮紧贴在一起。2.5L 四缸电控发动机的飞轮上制有 8 个齿缺,如图 2-38a 所示。8 个齿缺分成两组,每 4 个齿缺为一组,两组之间相隔角度为 180°,同一组中相邻两个齿缺之间间隔角度为 20°。4.0L 六缸电控发动机的飞轮上制有 12 个齿缺,如图 2-38b 所示。12 个齿缺分成三组,每 4 个齿缺为一组,相邻两组齿缺之间相隔角度为 120°,同一组中相邻两个齿缺之间间隔角度也为 20°。

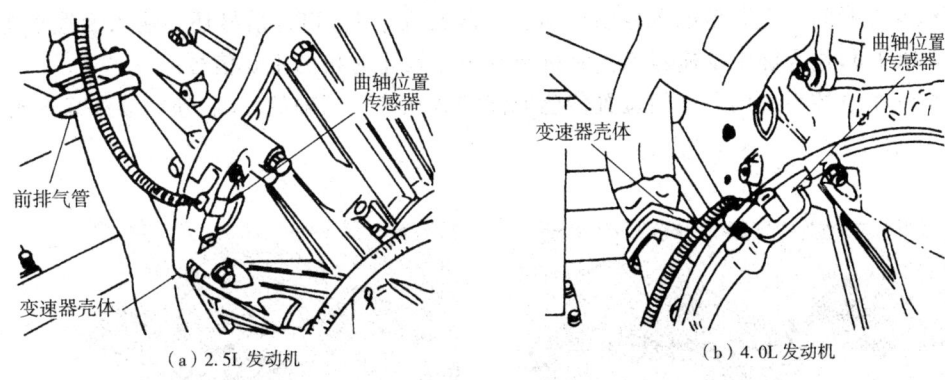

(a) 2.5L 发动机　　　　　　　　　　(b) 4.0L 发动机

图 2-37　切诺基吉普车曲轴位置传感器的安装位置

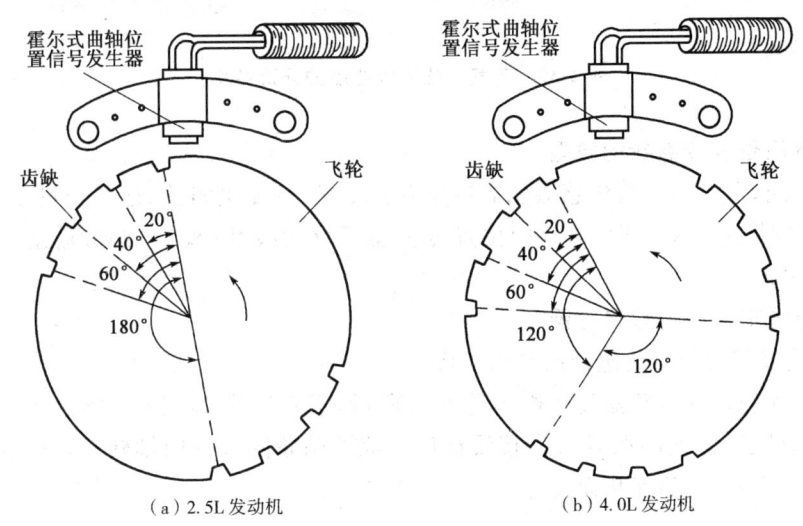

(a) 2.5L 发动机　　　　　　　　　　(b) 4.0L 发动机

图 2-38　切诺基吉普车曲轴位置传感器的结构

3. 切诺基吉普车差动霍尔式传感器的工作情况

当信号转子上的每一组齿缺转过霍尔信号发生器时,传感器就会产生一组共 4 个脉冲信号。其中,四缸发动机每转一圈产生两组共 8 个脉冲信号;六缸发动机每转一圈产生三组共 12 个脉冲信号。对于四缸发动机,ECU 每接收到 8 个信号,即可知道曲轴旋转了一转,再根据接收 8 个信号所占用的时间,就可计算出曲轴转速。由于第 4 个齿缺产生的脉冲下降沿对应于压缩上止点前 4°(BTDC4°),因此,第 1 个齿缺产生的脉冲信号下降沿对应于 1 缸压缩(4 缸排气)上止点前 64°(BTDC64°)。对于六缸发动机,ECU 每接收到 12 个信号,即可知道曲轴旋转了一转,再根据接收 12 个信号所占用的时间,就可计算出曲轴转速。

四、节气门位置传感器

节气门位置传感器(TPS,Throttle Position Sensor)的功用是将节气门开度(即发动机负荷)大小转变为电信号输入发动机 ECU,以便 ECU 判别发动机工况,如急速工况、加速工况、减速工况、小负荷工况和大负荷工况等,并根据发动机不同工况对混合气浓度的需求来控制喷油时间和点火时间。在装备电子控制自动变速器的汽车上,TPS 信号还要输入变速器电控单元(ECT ECU),作为确定变速器换挡时机和变矩器锁止时机的主要信号之一。

各型汽车电控系统的节气门位置传感器都安装在节气门轴的一端,外形结构基本相同,如图 2-39 所示。

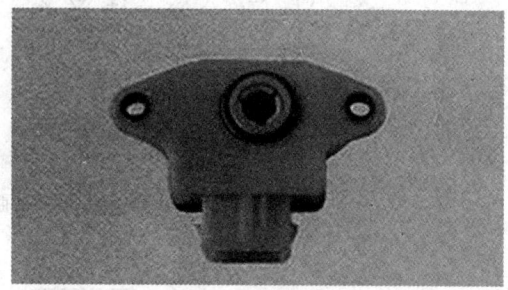

图 2-39　节气门位置传感器的外形结构

(一)节气门位置传感器的类型

按结构不同,节气门位置传感器(TPS)分为触点式、可变电阻式、触点与可变电阻组合式 3 种。按输出信号的类型不同,节气门位置传感器可分为线性(模拟)信号输出型和开关(数字)信号输出型两种。

(二)触点式节气门位置传感器

1. 触点式节气门位置传感器的结构组成

触点式节气门位置传感器的结构如图 2-40 所示,主要由节气门轴、大负荷触点(又称为功率触点)PSW、凸轮、怠速触点 IDL 和接线插座组成。凸轮随节气门轴转动,节气门轴随油门开度(发动机负荷)大小的变化而变化。

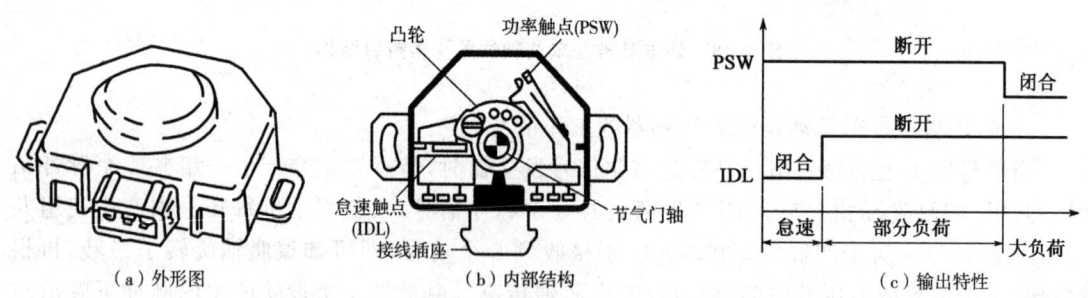

(a)外形图　　　　　(b)内部结构　　　　　(c)输出特性

图 2-40　触点式节气门位置传感器的结构组成与输出特性

2. 触点式节气门位置传感器的输出特性

触点式节气门位置传感器的输出特性如图 2-40c 所示。当节气门关闭时,怠速触点 IDL 闭合,功率触点 PSW 断开,怠速触点 IDL 输出端子输出的信号为低电平 0,功率触点 PSW 输出的信号为高电平 1。ECU 接收到 TPS 输入的这两个信号时,如果车速传感器输入 ECU 的信号表示车速为零,那么 ECU 将判定发动机处于为怠速状态,并控制喷油器增加喷油量,保证发动机怠速转速稳定而不致熄火。如果车速传感器输入 ECU 的信号表示车速不为零，那么 ECU 将判定发动机处于减速状态运行，并控制喷油器停止喷油，以降低排放和提高经济性。

当节气门开度增大时，凸轮随节气门轴转动并将怠速触点 IDL 顶开，如果功率触点 PSW 保持断开状态，那么，IDL 端子和 PSW 端子都将输出高电平 1。ECU 接收到这两个高电平信号时，将判定发动机处于部分负荷状态，此时 ECU 将根据空气流量传感器信号和曲轴转速信号计算确定喷油量，保证发动机的经济性和排放性能。

当节气门接近全部开启（80% 以上负荷）时，凸轮转动使功率触点 PSW 闭合，PSW 端子输出低电平 0，IDL 端子保持断开而输出为高电平 1。ECU 接收到这两个信号时，将判定发动机处于大负荷状态运行，并控制喷油器增加喷油量，保证发动机输出足够的功率，故大负荷触点称为功率触点。在此状态下，控制系统将进入开环控制模式，ECU 将不采用氧传感器信号。如果此时空调器系统仍在工作，那么，ECU 将使空调主继电器信号中断约 15 s，以便切断空调电磁离合器线圈电流，使空调压缩机停止工作，增大发动机的输出功率，提高汽车的动力性。

（三）组合式节气门位置传感器

1. 组合式节气门位置传感器的结构组成

丰田轿车用组合式节气门位置传感器的基本结构与原理电路如图 2-41 所示，主要由可变电阻、滑动触点、节气门轴、怠速触点和壳体组成。可变电阻为镀膜电阻，制作在传感器底板上，可变电阻的滑臂随节气门轴一同转动，滑臂与输出端子 VTA 连接。

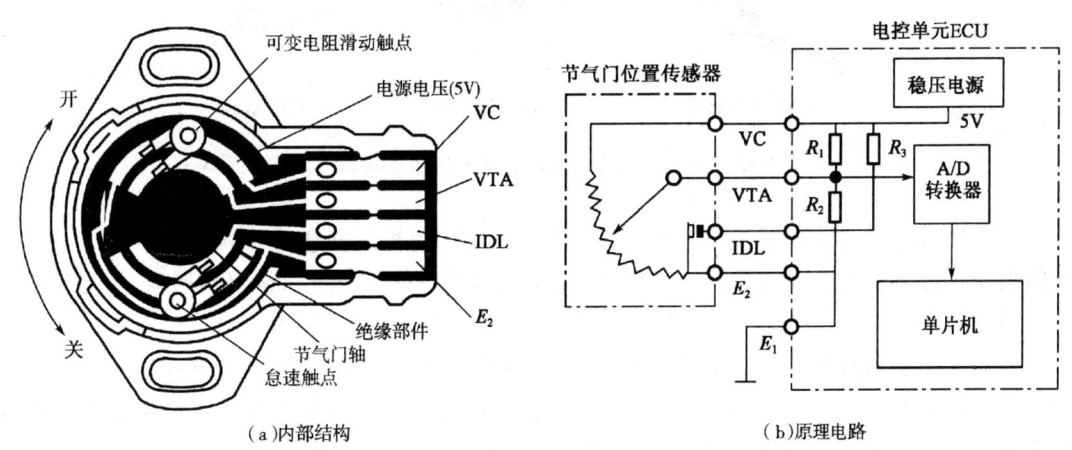

图 2-41 组合式节气门位置传感器的结构原理

2. 组合式节气门位置传感器的输出特性

组合式 TPS 的输出特性如图 2-42 所示。当节气门关闭或开度小于 1.2° 时，怠速触点闭合，其输出端 IDL 输出低电平（0V），如图 2-42a 所示；当节气门开度大于 1.2° 时，怠速触点断开，其输出端 IDL 输出高电平（5V）。

当节气门开度变化时，可变电阻的滑臂便随节气门轴转动，滑臂上的触点便在镀膜电阻上滑动，传感器的输出端子 VTA 与 E_2 之间的信号电压随之发生变化，如图 2-42b 所示，节气门开度越大，输出电压越高。传感器输出的线性信号经过模/数转换器（A/D）转换成数字信号后再输入 ECU。

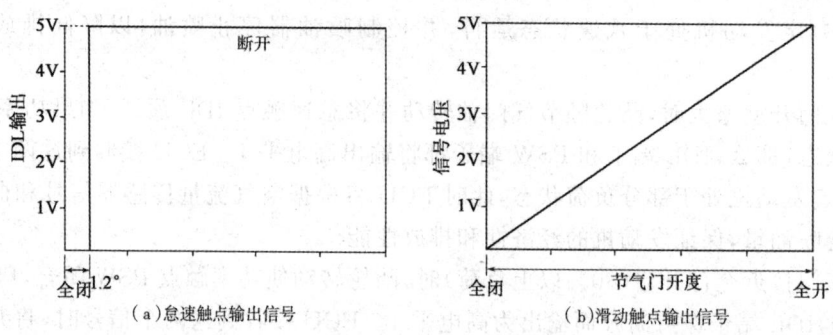

图 2-42 组合式节气门位置传感器的输出特性

(四)电子控制进气量调节系统

触点式和可变电阻式 TPS 都有机械传动(移动)部件,长期使用就会出现磨损现象,影响传感器及控制系统的工作性能。为了解决这一问题,大众公司部分轿车采用了电子控制进气量调节系统,其组成如图 2-43 所示。

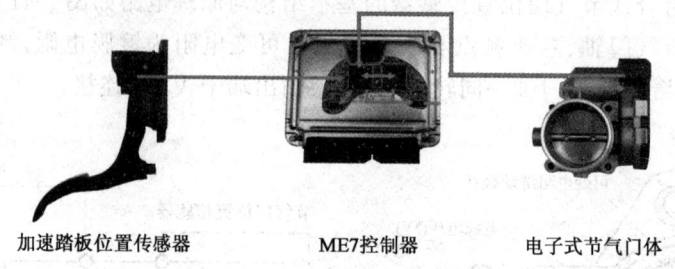

图 2-43 电子控制进气量调节系统的组成与调节原理

该系统由电子式加速踏板位置传感器、ME7 型节气门控制器和电子式节气门体组成。加速踏板位置传感器安装在加速踏板的一端,电子式节气门体由节气门位置传感器、执行机构和节气门组成。

电子式加速踏板传感器将加速踏板的位置信号传送到 ME7 型节气门控制器,控制器内部程序计算出节气门开度大小之后,再驱动电子式节气门体内的直流电动机调整节气门进气通道的开启面积来控制进气量,从而满足发动机不同工况对进气量的需求。进气调节系统不仅具有进气量控制精度高,能够减少排放的优点,而且还能通过控制模块驱动节气门来调节发动机怠速时的进气量,因此不需设置旁通进气道和怠速调节器。

五、温度传感器

温度是反映汽车零部件、吸入空气和各种油液热负荷状态的重要参数。在汽车行驶过程中,必须进行实时监测,以便采取相应措施,包括改变控制参数、发出报警信号等。温度传感器的功用就是将被测对象的温度信号转变为电信号输入 ECU,以便 ECU 修正控制参数或判断被测对象的热负荷状态。测量对象不同,传感器信号反映的热负荷状态也不相同。安装在发动机冷却液管道上的冷却液温度传感器(CTS)的功用是:将发动机冷却液温度变换为电信号输入发动机 ECU,以便修正喷油时间和点火时间;安装在进气管道中的进气温度传感器

(IATS)的功用就是:将进气温度信号变换为电信号输入发动机 ECU,以便修正进气量。

(一)温度传感器的分类

温度传感器种类繁多、型式各异,目前尚无统一的分类方法,常用分类方法有以下两种。

1. 按检测对象分类

检测对象为冷却液温度、进气温度、排气温度、燃油温度、空调温度,则将传感器相应的称为冷却液温度传感器、进气温度传感器、排气温度传感器、燃油温度传感器、空调温度传感器(或空调温控开关)。这种分类方法简单实用,使用者根据测量对象即可方便的选择所需传感器。

2. 按结构与物理性能分类

汽车上采用的温度传感器按结构与物理性能不同,可分为热敏电阻式、热敏铁氧体式、双金属片式、石蜡式等。双金属片式和石蜡式温度传感器属于结构型传感器,热敏电阻式和热敏铁氧体式温度传感器属于物性(物理性能)型传感器。其中,热敏电阻式温度传感器结构简单、成本低廉、灵敏度高、工作可靠,现代汽车普遍采用。

(二)热敏电阻式温度传感器

热敏电阻可分为正温度系数(PTC)型热敏电阻、负温度系数(NTC)型热敏电阻、临界温度型热敏电阻(CTR)和线性热敏电阻。汽车普遍采用负温度系数(NTC,Negative Temperature Coefficient)型热敏电阻式传感器,如冷却液温度传感器(CTS)、进气温度传感器(IATS)、排气温度传感器(EATS,Exhaust Air Temperature Sensor)和燃油温度传感器(FTS,Fuel Temperature Sensor)等。

1. 热敏电阻式温度传感器的结构组成

热敏电阻式温度传感器的结构型式如图 2-44 所示,主要由热敏电阻、金属引线、接线插座和壳体等组成。

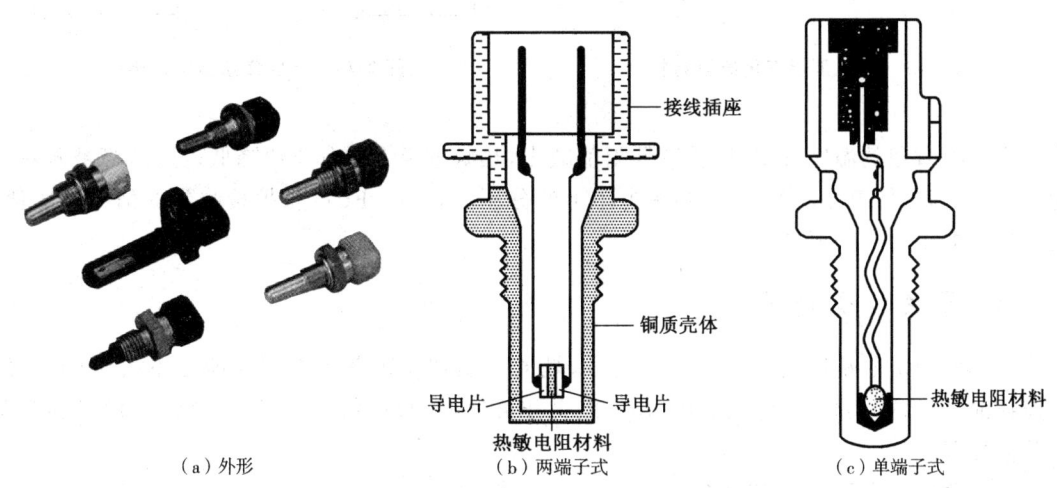

图 2-44 热敏电阻式温度传感器的结构

热敏电阻是温度传感器的关键部件,其外形制作成珍珠形、圆盘形(药片形)、垫圈形、厚膜形和梳状芯片等形状,将其放置在金属管壳内,并在其两极引出一个或两个电极连接到传感器插座上。

车用温度传感器的热敏电阻是在陶瓷半导体材料中掺入适量金属氧化物,并在 1000℃以上的高温条件下烧结而成。控制掺入氧化物的比例和烧结温度，即可得到不同特性的热敏电阻，从而满足使用要求。如果测量发动机冷却液温度，则热敏电阻的工作温度为-30～130℃；如果测量发动机的排气温度，热敏电阻的工作温度则为600～1000℃。

传感器壳体上制作有螺纹，以便安装与拆卸。接线插座分为单端子式和两端子式两种，两端子式用于电控燃油喷射系统，以便可靠传递信号，单端子式用于汽车信息显示系统。

2. 车用温度传感器的特性与电路

负温度系数 NTC 型热敏电阻具有温度升高阻值减小，温度降低阻值增大的特性，而且呈明显的非线性关系。对于结构一定的 NTC 型传感器，其阻值与温度的关系如图 2-45 所示。

在汽车控制电路中，温度传感器的工作电路如图 2-46 所示，传感器的两个电极用导线与 ECU 插座连接。ECU 内部串联一只分压电阻，ECU 向热敏电阻和分压电阻组成的分压电路提供一个稳定的电压（一般为 5V），传感器输入 ECU 的信号电压等于热敏电阻上的分压值。

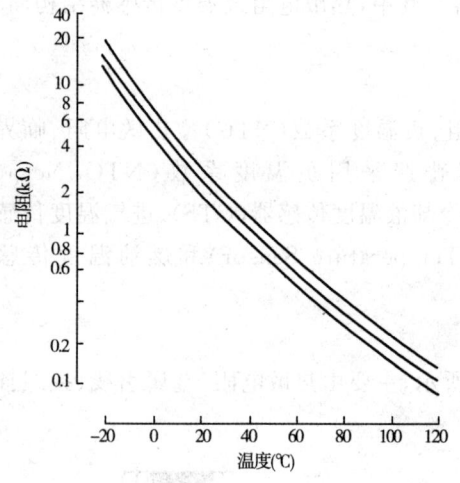

图 2-45 NTC 型温度传感器特性

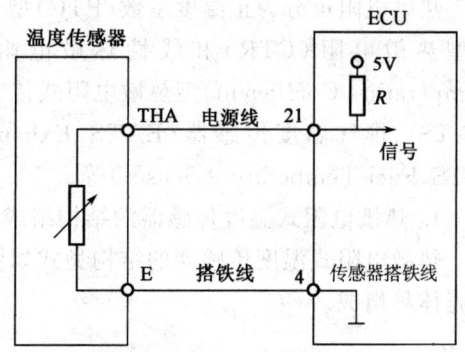

图 2-46 温度传感器工作电路

当被测对象的温度升高时，传感器阻值减小，热敏电阻上的分压值降低；反之，当被测对象的温度降低时，传感器阻值增大，热敏电阻上的分压值升高。ECU 根据接收到的信号电压值，便可计算求得对应的温度值。

六、开关控制信号

开关控制信号是反映开关状态的信号，是电控系统实现各种控制功能必不可少的信号。电控喷油系统常用的有蓄电池电压信号、点火开关信号、起动信号、空挡安全开关信号和空调开关信号等。

(一) 蓄电池电压信号 UBAT

蓄电池电压信号 UBAT 表示电源电压高低。在各型汽车上，蓄电池正极都直接与 ECU 连接，不受任何开关控制，如图 2-47a 所示。图中数字 3 和 9 是 ECU 的接线端子代号。蓄电池既是整车电器设备的电源，也是各种电控单元（ECU）的电源。蓄电池电压信号输入 ECU 的主要目的包括以下几个方面。

(1) 当蓄电池电压变化时，ECU 将对喷油持续时间进行修正。电压升高时，减少喷油时间;电压降低时,增加喷油时间。

(2)当蓄电池电压变化时,ECU 将对点火线圈初级电路接通时间进行修正。电压升高时,减少接通时间;电压降低时,增加接通时间。

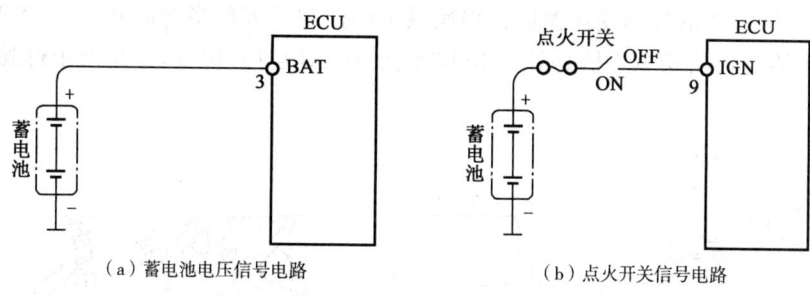

图 2-47　蓄电池电压信号与点火开关信号电路

(3)保存存储器中的故障代码。在汽车上,各种电控系统的故障代码都存储在随机存储器(RAM,Random Access Memory)中,因为一旦 RAM 断电,其内部存储的信息就会丢失,所以需要蓄电池持续供电。发动机停机时,RAM 消耗电流很小,仅为 5～20mA。

(二)点火开关信号 IGN

点火开关信号是表示点火开关接通的信号。在控制线路中,点火开关与 ECU 的连接关系如图 2-47b 所示。当点火钥匙旋转到 ON(接通)位置时,点火开关将 ECU 的电源(12V)接通,此时 ECU 将控制执行以下动作。

(1)怠速控制步进电动机进入预先设定位置;

(2)根据空气流量或支管压力、大气压力和进气温度传感器信号,确定基本喷油时间;

(3)根据冷却液温度传感器信号,计算修正喷油时间和点火时刻;

(4)监测节气门位置传感器信号;

(5)接通燃油泵电路使燃油泵运转。如果不起动发动机(即 ECU 未接收到起动信号STA),那么 ECU 控制燃油泵运转 1～2s 后再断开燃油泵电路;

(6)接通氧传感器加热元件电路,对传感元件进行加热;

(7)在装备自动变速器的汽车上,控制升挡指示灯发亮显示挡位转换开关位置。

(三)起动信号 STA

起动信号 STA(START)是向 ECU 提供起动机电路接通工作的信号。起动信号来自起动继电器或点火起动开关(无起动继电器的电气系统)。

起动信号电路如图 2-48a 中实线箭头方向所示。当起动开关接通时,起动信号从起动继电器触点输入 ECU,ECU 接收到起动信号 STA 后,执行以下控制动作。

(1)除了监视点火开关接通时输入的信号之外,开始监测曲轴位置传感器和凸轮轴位置传感器的输入信号,并根据这些信号确定点火时刻和喷油时刻。首先判别即将到达上止点的是哪一缸气缸,然后输出喷油和点火控制信号。如果在发动机转动 3s 内未接收到曲轴位置传感器信号,ECU 将切断燃油喷射系统电路,同时将曲轴位置传感器故障的代码存入随机存储器中,以便维修检测时调用。

(2)控制燃油泵继电器接通燃油泵电路使燃油泵运转。

(3)如果节气门处于全开状态,ECU 将中断燃油喷射(即进入清除溢流状态)。

部分电控系统已经取消专用起动信号线,由 ECU 根据发动机转速信号确定起动状态。

(四)空挡安全开关信号 NSW

空挡安全开关信号 NSW(Neutral Safe Switch)是表示自动变速器挡位选择开关所处位置的信号,又称为空挡起动开关信号或停车/空挡开关信号。空挡开关安装在变速器壳体上,如图 2-48b 所示,是一个由自动变速器的选挡操纵手柄控制的多位多功能开关。NSW 信号用来区别自动变速器的选挡操纵手柄是处于 P(停车挡)或 N(空挡)位置,还是处于行驶挡 2、L、D、R 位置。

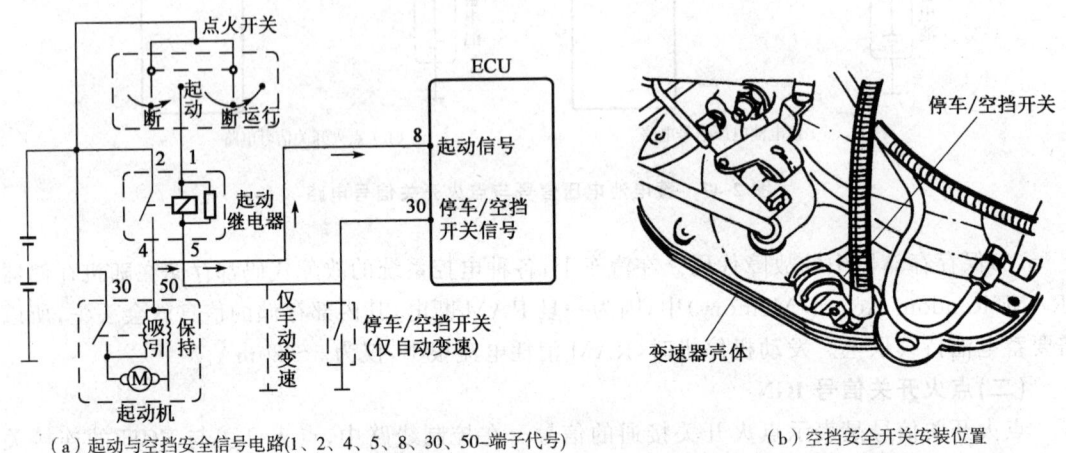

图 2-48 起动信号与空挡安全开关信号电路

当自动变速器的选挡操纵手柄处于 P 或 N 位置时,停车/空挡开关接通,如图 2-48a 所示,此时起动继电器线圈电路才能接通,并向 ECU 输入一个低电平(0V)信号。仅在此时,发动机才能起动。当选挡操纵手柄处于 D、2、L、R 位置时,停车/空挡开关断开,即使点火开关拨到起动位置,起动继电器线圈电路也不能接通,ECU 的"停车/空挡开关信号"端子将接收到一个高电平(12V)信号,此时发动机不能起动。

(五)空调 A/C 开关信号

空调 A/C 开关信号包括空调选择与请求信号。空调开关信号电路如图 2-49 所示。

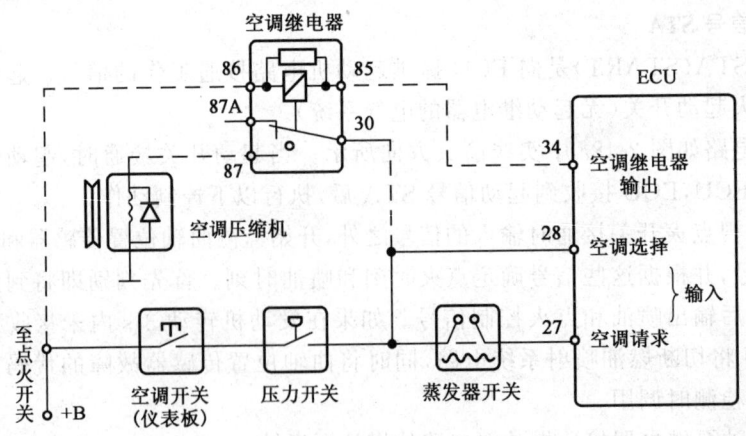

图 2-49 空调 A/C 开关信号电路(27、28、30、34、85、86、87、87A-端子代号)

1. 空调 A/C 选择信号

空调选择信号是通知 ECU 空调被选用而预告发动机负荷增加的信号。在发动机怠速运转的情况下将空调开关接通时,如空调系统的低压开关闭合,电源电压(12V)便经空调开关、低压开关加到 ECU 的空调选择端子上。ECU 接收到这个空调选择信号(高电平信号)后,就会控制怠速控制阀或步进电动机动作,提高发动机转速,防止发动机负荷增大而熄火。

2. 空调 A/C 请求信号

空调请求信号表示空调接通时,蒸发器温度在允许范围内。当空调接通后,如蒸发器开关接通,电源电压(12V)便经空调开关、低压开关和蒸发器开关加到 ECU 的空调请求端子。ECU 接收到这个空调请求信号(高电平信号)后,就会接通空调继电器线圈电路,使电磁离合器线圈电路接通,使空调压缩机投入工作。

当空调系统制冷剂不足时,低压开关就会断开,输入 ECU 空调请求端子的电压为 0V,此时 ECU 将切断空调继电器线圈电路,使空调压缩机停止工作。

当蒸发器温度过高时,蒸发器开关断开,ECU 空调请求端子的输入电压为 0V,此时 ECU 将切断空调继电器线圈电路,使空调压缩机停止工作,防止蒸发器温度过高而损坏。

第四节 汽车电控单元的结构原理

电控单元(ECU)的全称是电子控制单元,又称为电子控制器或电子控制组件,俗称"汽车电脑",是以单片微型计算机为核心,具有强大的数学运算、逻辑判断、数据处理与数据管理等功能的电子控制装置。

电控单元(ECU)是汽车电控系统的控制中心,其功用是分析处理传感器采集到的各种信息,并向受控装置(即执行器或执行元件)发出控制指令。

汽车电控系统各种 ECU 的组成大同小异,都是由硬件、软件、壳体和线束插座四部分组成。硬件为系统正常工作提供基础条件,软件主要包括监控程序和应用程序两部分。虽然各种 ECU 的电路都十分复杂,车型不同、控制系统不同,ECU 的电路亦各有不同,但其都是由输入回路、输出回路和单片微型计算机(即单片机)三部分组成,如图 2-50a 所示。

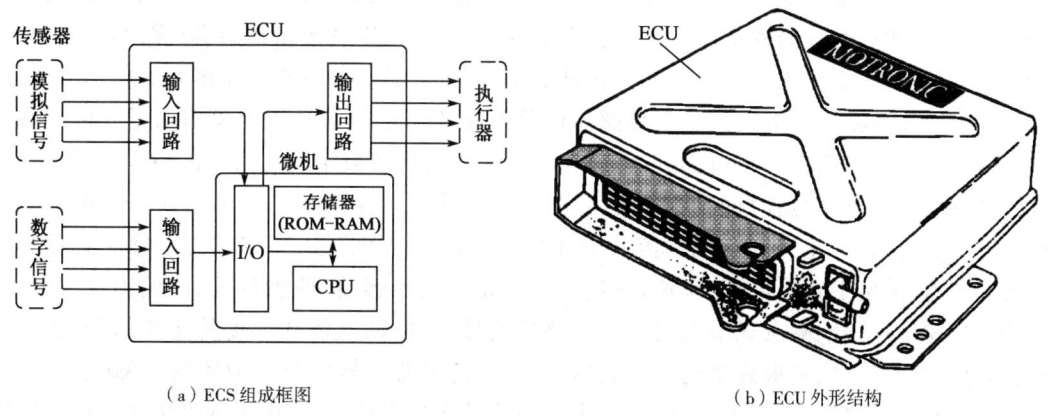

(a) ECS 组成框图 (b) ECU 外形结构

图 2-50 汽车电控系统 ECS 的组成与 ECU 外形结构

汽车 ECU 的硬件一般都封装在铝质金属壳体内部,并通过线束插座与整车电器线路连接,外形如图 2-50b 所示。ECU 安装在车内不易受到碰撞的部位,如仪表盘下面、后备厢内部或座椅下面等,具体安装位置依车而异。为了节约导线,发动机 ECU 目前趋向于安装在发动机舱内。

汽车 ECU 的硬件都是由不同种类的专用集成电路、电阻器、电容器、二极管、稳压管、三极管等电子元件和印刷电路板构成,内部电路结构框图如图 2-51 所示。

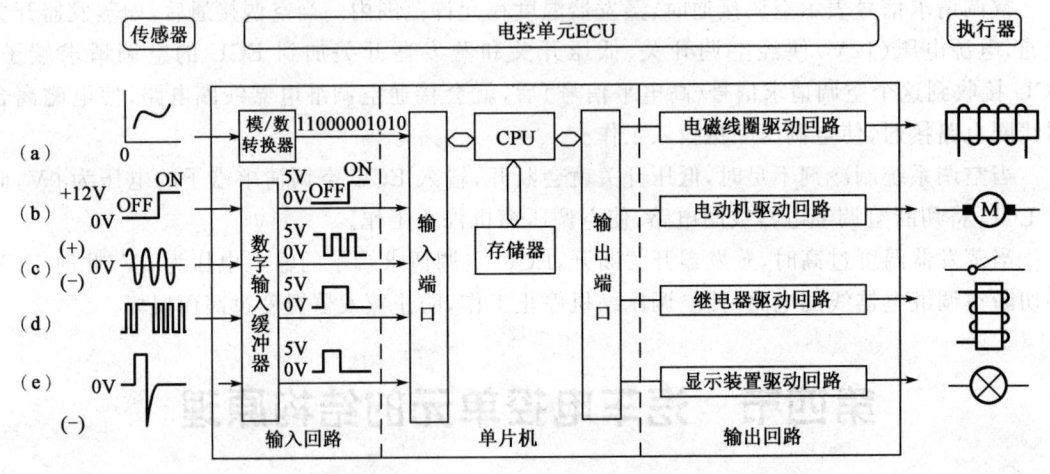

图 2-51 电控单元 ECU 内部结构框图

一、输入回路

输入回路又称为输入接口,其功用是将传感器输入信号和各种开关信号变换成单片机能够识别与处理的数字信号。输入回路主要由 A/D 转换器和数字输入缓冲器两部分组成。

(一) A/D 转换器

A/D 是模拟 (Analogue)/数字 (Data) 的简写。A/D 转换器的功用是将模拟信号转换为数字信号,或将数字信号转换为模拟信号,如图 2-51a 所示。

各种传感器采集的信号可分为模拟信号和数字信号两大类。信号电压(或电流)随时间变化而连续变化的信号称为模拟信号。在汽车电控系统中,如空气流量传感器(翼片式、热丝式、热膜式)信号、进气支管压力与大气压力传感器信号、进气温度和冷却液温度传感器信号、爆燃传感器信号、线性输出型节气门位置传感器信号等连续变化的信号均为模拟信号。由于数字计算机不能识别,因此需要经过 A/D 转换器将模拟量转换成数字量之后才能输入单片机。

信号电压(或电流)随时间变化而不是连续变化的信号称为数字信号。在汽车电控系统中,空气流量传感器(超声波检测涡流式与光电检测涡流式)信号、霍尔式与磁感应式传感器(发动机转速、活塞上止点位置、车速、轮速)信号、光电式传感器(曲轴位置、凸轮轴位置、转向盘位置、减速度)信号、触点式节气门位置传感器信号、热敏铁氧体式温度传感器信号、笛簧开关式车速传感器信号、水银式减速度传感器信号、氧传感器信号以及各种控制开关(空调 A/C 开关、起动开关、空挡起动开关等)信号均为脉冲信号或数字信号(高电平或低电平),因此需要通过输入回路的数字缓冲器进行限幅、整形处理后,才能传输到单片机进行运算处理。

(二)缓冲器

缓冲器电路主要由整形电路、波形变换电路、限幅电路和滤波电路等组成。某些传感器的输出信号虽为数字信号,但在输入单片机之前必须进行波形变换或滤波处理之后单片机才能接收。数字输入缓冲器的功用是对单片机不能接收的数字信号进行预处理,以便单片机能够接收和运算处理。例如,点火开关、空挡起动开关等输出的开关信号均为电源电压(12~14V)信号,如图2-51b所示,而单片机能够接收的信号电压为0V或5V,因此需要缓冲器的限幅电路将高于5V的电压信号转换成5V信号;磁感应式传感器输出的信号为正弦波信号,如图2-51c所示,单片机不能直接处理,必须经过缓冲器的波形变换电路转换成数字信号之后才能输入单片机;触点开关式传感器或继电器输出的数字信号含有干扰信号,如图2-51d所示。此外,汽车上设有各种控制开关,在电器系统工作过程中,当控制开关接通或断开、电器负载电流变化、电压变化或磁场变化时,都可能产生高频干扰信号,如图2-51e所示,这些干扰信号必须经缓冲器的滤波电路将干扰消除之后单片机才能接收,否则控制系统就不能正常工作。

二、单片机

单片机是指将中央处理器(CPU)、存储器(M,Memory)、定时器/计数器、输入/输出(I/O)接口电路等计算机主要部件集成在一块芯片上的微型计算机。虽然单片机只是一块芯片,但其"麻雀虽小,五脏俱全",不仅具有微型计算机的所有部分,而且具有微型计算机的功能,故称之为单片微型计算机,简称单片机或微机,芯片外形如图2-52a所示,结构框图如图2-52b所示。20世纪80年代以后,汽车电控系统均采用数字式单片机。

(一)中央处理器(CPU)

中央处理器CPU又称为微处理器,是具有译码指令和数据处理能力的电子部件,是汽车电子控制单元的核心,基本结构框图如图2-52c所示,主要由运算器CLU、寄存器和控制器组成。

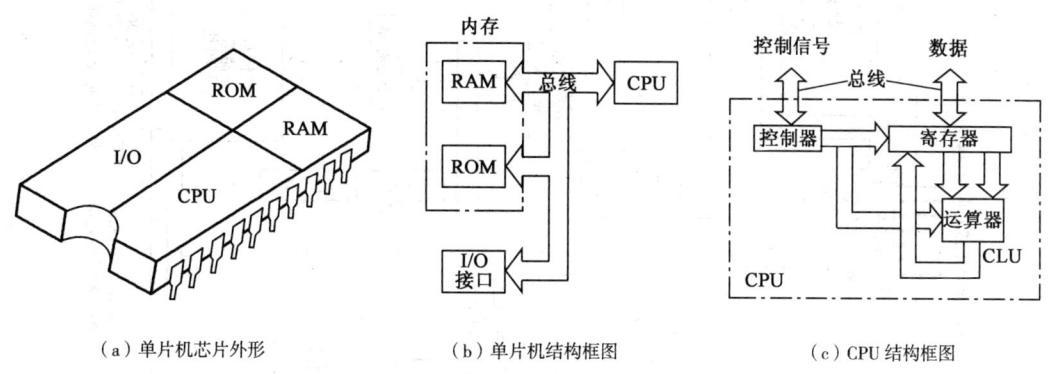

(a)单片机芯片外形　　(b)单片机结构框图　　(c)CPU结构框图

图2-52　单片机基本结构框图

(1)运算器。运算器是计算机的运算部件,用于实现数学运算和逻辑运算。汽车上各种电子控制系统(如电子控制燃油喷射系统EFI、防抱死制动系统ABS、安全气囊系统SRS、电子控制自动变速系统ECT)ECU内部的数据运算与逻辑判断都在这里进行。

(2)寄存器。寄存器用于暂时存储数据或程序指令。

(3)控制器。控制器是计算机的指挥控制部件,其功用是按照监控程序和应用程序使计算机各部分电路协调工作。

随着电控技术的发展，特别是控制器局域网络 CAN 技术的应用，汽车 ECU 不仅可以采用单片机进行控制，而且可以将单片机与 CAN 控制器集成组合在一起进行控制，图 2-53 所示即为内置两只 CAN 控制器（CAN0 控制模块和 CAN1 控制模块）的 DS80C390 型微处理器 CPU 的内部结构框图。

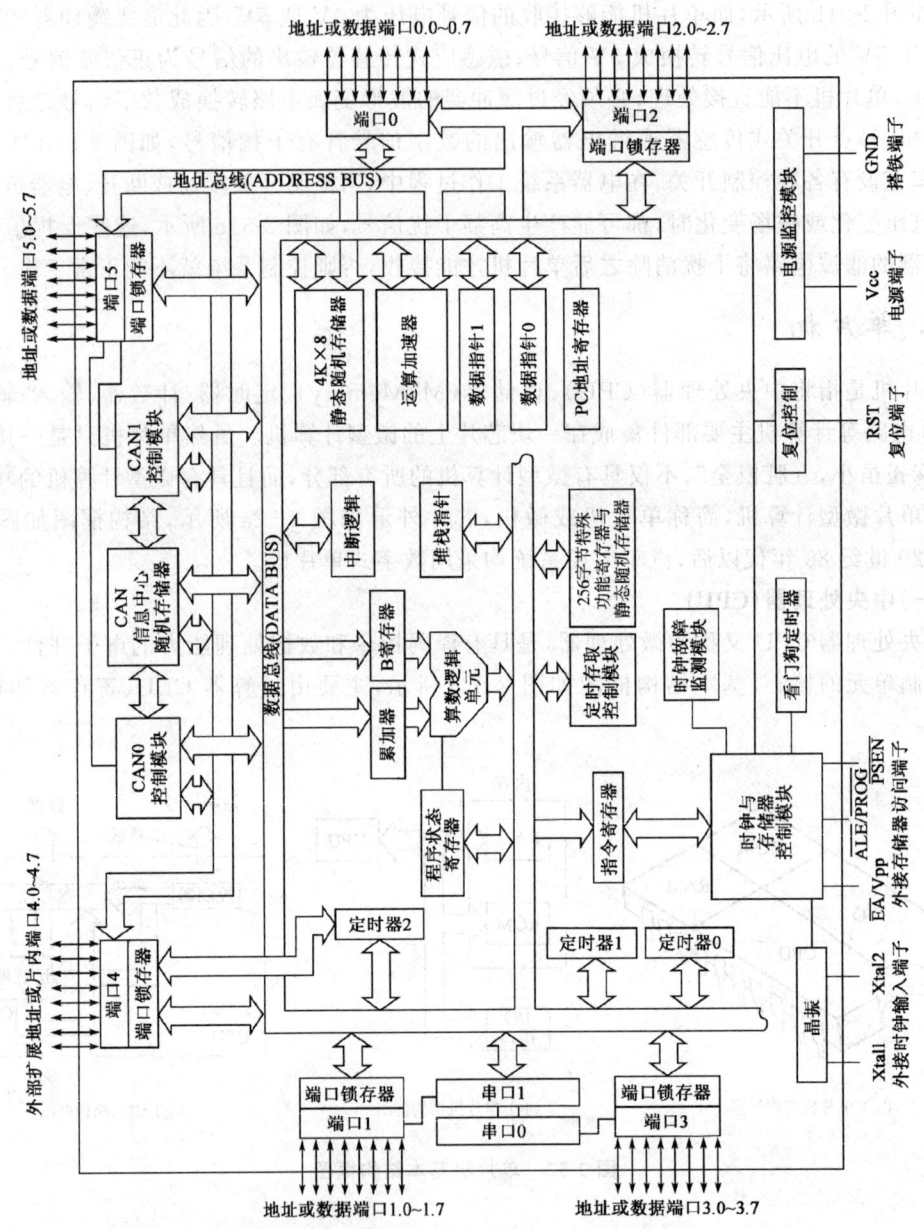

图 2-53　内置两路 CAN 控制器的 DS80C390 型高速 CPU 内部结构框图

DS80C390 型微处理器 CPU 不仅适用于汽车电控网络系统，而且可用于专用医疗设备、工厂过程控制、工业设备控制系统等众多的嵌入式控制网络系统。该型微处理器是一款双路 CAN 总线的高速微处理器。由于内部集成了两个 CAN 控制器，因此，能够较好地满足嵌入式系统日益增长的许多要求,如简化布线,可靠的数据传输等。CAN 信息的增强过滤措施(两个独立的 8 位介质屏蔽和介质仲裁区)允许 DS80C390 型微处理器实现设备之间更高效率的数据通信,无须增加微处理器的负担。除了支持标准的 11 位标志之外,还支持扩展的 29 位 CAN 协议。因此,DS80C390 能够高效地处理更多的 CAN 节点之间的高速数据通信。

DS80C390 型微处理器 CPU 具备 4MB 的寻址能力,较大的地址空间允许采用高级语言开发程序代码(支持更大、更复杂的数据结构,具有更多的编程方式),以便网络能够管理更多的设备。此外,该 CPU 还包含一个 40 位累加器的算术协处理器,通过专门的硬件完成 16 位和 32 位运算功能,包括乘法、除法、移位、归一化和累加等。

(二)存储器(Memory)

在单片机或微型计算机中,存储器是用来存储程序指令和数据的部件。存储器是由许多具有记忆功能的存储电路构成的,每个记忆存储电路存储 1 个二进位信息(0 或 1),称为存储器的存储位(Bit),每 8 个记忆存储电路构成存储器的一个基本单元,存储 8 位二进制信息,称为存储字节(Byte)。

存储器有多种分类方法,按读写操作原理可分为:只读存储器 ROM(Read Only Memory)和随机存取存储器(RAM)。按功能可分为程序存储器和数据存储器。按构成材料可分为半导体存储器和磁质存储器。随着半导体技术的发展,半导体存储器的功能和性能得到了大幅度提高,读写操作方式更简便实用,20 世纪 90 年代初期推出的快速擦写型存储器充分体现了体积小、功耗低、价格便宜、操作简便的优点。

(1)只读存储器(ROM)。ROM 是一种一旦信息写入就不可更改,而只能读出的存储器。实质上,ROM 是一次性写入、可随机读出的存储器。在汽车电控系统中,ROM 主要用于存储制造厂家编制的控制程序和原始试验数据,即使点火开关断开切断电源,ROM 中存储的这些信息也不会丢失。

(2)随机存储器(RAM)。随机存储器 RAM 与只读存储器 ROM 相比有两点不同:一是 RAM 中的信息既可随时写入或读出,也可随时改写,改写时不必先擦除原有内容;二是半导体 RAM 中的信息会因突然断电而丢失。因此在汽车上,RAM 通常用来存储单片机工作时暂时需要存储的数据(如输入/输出数据、单片机运算得出的结果、故障代码、空燃比修正数据等等),这些数据根据需要可随时调用或被新的数据改写。

由此可见,RAM 起到一个寄存器的作用。为了保证故障代码、空燃比修正数据等能够较长时间保存,汽车电控系统都将 RAM 的电源与专用的后备电源电路或蓄电池直接连接,不受点火开关控制。但是,当后备电源电路中断、蓄电池正极或负极端子断开时,存入 RAM 中的数据仍会丢失。因此在检修或更换蓄电池之前,必须事先调取故障代码或采取必要的防断电措施。

(三)输入/输出(I/O)接口

I/O(Input/Output)接口是 CPU 与传感器或执行器之间进行数据交换和下达控制指令的通道。由于传感器和执行器种类繁多,它们产生信号的速度、频率、电平、功率和工作时序等都不可能与 CPU 完全匹配,因此必须根据 CPU 的指令,通过 I/O 接口进行协调和控制。

(四)总线(BUS)

总线是微型计算机内部传递信息的连线电路。在单片机内部,CPU、ROM、RAM 与 I/O 接口之间的信息交换都是通过总线来实现。按传递信息不同,总线可分为数据总线、地址总线和控制总线三种。

(1)数据总线。主要用于传送数据与指令。数据总线的导线数与数据的位数一一对应。例如 16 位微机,其数据总线就有 16 根导线。

(2)地址总线。用来传递地址数码。在微机内,各器件之间的通信主要是靠地址数码进行联系。例如,当需要存入或读出存储器中某个单元的数据时,必须先将该单元的地址数码送到地址总线上,然后才能送出读取指令或写入指令完成读出或写入操作。地址总线的导线数与地址数码的位数及地址数码的传送方式(并行或串行传送)有关。

(3)控制总线。控制总线与微型计算机中的元器件连接,CPU 可通过控制总线随时掌握各个器件的状态,并根据需要随时向某个器件发出控制指令。

总线技术是提高微型计算机运算速度的关键技术。为了满足汽车上各种电控单元 ECU 之间实现快速通信的要求,汽车都已采用控制器局域网络通讯总线(即 CAN 总线)技术。

三、输出回路

输出回路是单片机与执行器之间的中继站,其功用是根据单片微型计算机发出的指令,驱动执行器完成具体的控制任务。

单片机对采样信号进行数学计算和逻辑判断后,由预定程序形成控制指令发给执行器。由于微机只能输出电压为 4.5~4.8V 的弱电信号,不能直接驱动执行器动作。因此,必须通过输出回路对控制指令进行功率放大、译码或 D/A 转换,变成可以驱动各种执行器动作的强电信号。此外,当执行器(如 EFI 的旁通电磁阀、ECT 的锁止继动阀、ECT 的蓄压器背压调节阀等)需要线性电流量驱动时,单片机将控制占空比(如图 2-54 所示)来控制输出回路导通与截止,使流过执行器电磁线圈的平均电流逐渐增大或逐渐减小。因为占空比频率较高(一般为 1kHz),所以流过执行器电磁线圈的平均电流不会脉动变化。

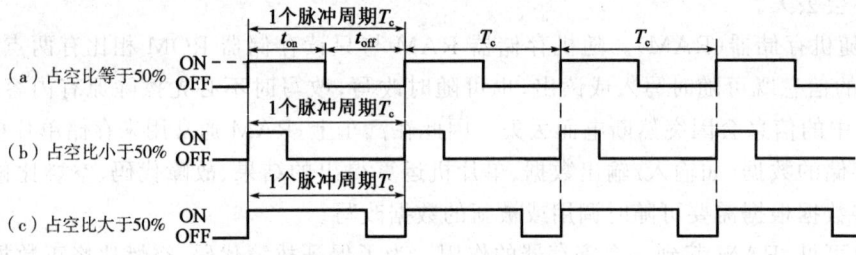

图 2-54 占空比示意图

占空比 R_c 是指在一个信号周期 T_c 内,高电平时间 t_{on} 所占的比率,如图 2-54a 所示,图中 t_{off} 为低电平所占时间。占空比 R_c 的表达式为:

$$R_c = \frac{t_{on}}{T} = \frac{t_{on}}{t_{on} + t_{off}} \times 100\%$$

第五节 电控喷油系统执行器的结构原理

执行器又称为执行元件,是电控系统的执行机构。执行器的功用是接收 ECU 发出的控制指令,完成具体的执行动作。汽车发电机电子控制燃油喷射系统采用的执行器主要有电动燃油泵和电磁喷油器等。

一、电动燃油泵

在电子控制燃油喷射系统中,电动燃油泵的功用是向电磁喷油器提供油压高于进气进气支管压力250～300kPa的燃油。因为燃油是从油箱内泵出,经压缩或动量转换将油压提高后,再经输油管送到喷油器,所以油泵的最高输出油压需要470kPa左右,其供油量比发动机最大耗油量大得多,多余的汽油将从回油管流回油箱。燃油泵设计供油量大于发动机耗油量有两个目的:一是防止发动机供油不足;二是燃油流动量增大可以散发供油系统的热量,从而防止油路产生气阻。

(一)电动燃油泵分类

按油泵结构不同,电动燃油泵可分为滚柱式、叶片式、齿轮式、涡轮式和侧槽式。目前常用的有滚柱式、叶片式和齿轮式。按油泵安装方式不同,电动燃油泵可分为外装式和内装式。外装式安装在燃油箱外的输油管路中,内装式安装在燃油箱内。目前,大多数汽车都采用内装式燃油泵。与外装式油泵相比,内装式油泵不易产生气阻和泄漏,有利于燃油输送和电动机冷却,且噪声较小。

(二)电动燃油泵的结构原理

电动燃油泵的外形与内部结构如图 2-55 所示,主要由永磁式直流电动机、油泵、限压阀、止回阀和泵壳等组成。电动机由永久磁铁、电枢、换向器和电刷等组成。油泵由泵转子和泵体组成。泵转子固定在电动机轴上,随电动机转动而转动。

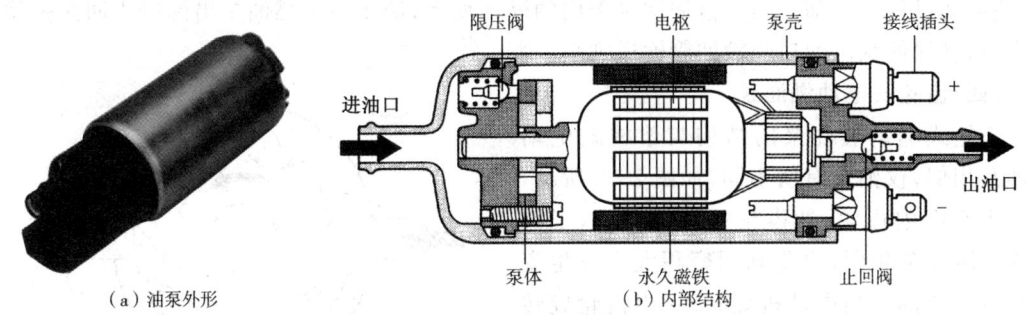

图 2-55 电动燃油泵的结构

当点火开关接通时,直流电动机电路接通,电枢受电磁力的作用而开始转动,泵转子便随电动机一同转动,将燃油从油箱经输油管和进油口泵入燃油泵。当油泵内油压超过止回阀处弹簧弹力时,燃油便从出油口经输油管泵入燃油分配管,然后再分配给每只喷油器。

当油泵停止工作时,在油泵出口处止回阀的弹簧弹力作用下,止回阀将阻止汽油回流,使供油系统中保存的燃油具有一定压力,以便于发动机再次起动。

当油泵中的燃油压力超过规定值(一般为 320kPa)时,油压克服泵体上限压阀弹簧的弹力将限压阀顶开,部分汽油返回到进油口一侧,使油压不致过高而损坏油泵。

点火开关一旦接通,电动燃油泵就会工作 1～2s。此时,如果发动机转速高于 30r/min,电动燃油泵才连续运转,如果发动机转速低于 30r/min,那么即使点火开关接通,电动燃油泵也会停止运转。

(三)滚柱式电动燃油泵

滚柱式电动燃油泵由电动机和滚柱式油泵组成。滚柱式油泵简称滚柱泵或油泵,主要由泵转子、泵体和滚柱组成,结构如图 2-56 所示。电动机的电枢轴较长,泵转子偏心地压装在电枢轴上,随电动机一同转动。泵转子周围制作有齿缺,滚柱安放在齿缺与泵体之间的空腔内。泵体用螺钉固定在一起,安放在泵壳内,泵体侧面制作有进油口和出油口。泵转子与泵体的径向和轴向都制作有很小的间隙,以便泵转子能够灵活转动。

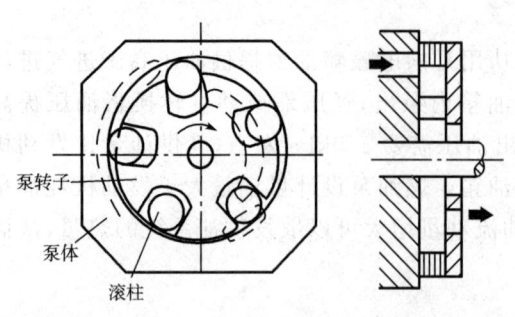

图 2-56 滚柱泵的结构与原理

滚柱式电动燃油泵的工作原理是利用容积变化来输送燃油。当电枢旋转时,泵转子随之一同旋转,泵转子齿缺内的滚柱在离心力的作用下,就会紧压在泵体内表面上并随泵转子旋转而产生滑转,在两个相邻滚柱以及泵转子和泵体之间便形成一个密封的腔室。由于泵转子偏心地安装在电枢轴上,因此当泵转子旋转时,密封腔室的容积就会发生变化(图中左侧腔室的容积增大,右侧腔室的容积减小)。

在密封腔室容积增大一侧的泵体侧面设有进油口,在容积减小一侧的泵体侧面设有出油口。这样,在泵转子旋转过程中,泵体进油口处腔室的容积不断增大,形成低压油腔,将燃油吸入泵体,而泵体出油口处腔室的容积不断减小,形成高压油腔,从而将燃油压出泵体流向电动机,使电动机得到冷却。当电枢周围泵壳内的燃油增多,油压高于燃油泵出油口止回阀弹簧的弹力时,燃油便从出油口经输油管输送到喷油器。

(四)齿轮式电动燃油泵

齿轮式电动燃油泵的结构与滚柱式电动燃油泵相似,仅油泵有所不同,如图 2-57 所示,油泵主要由内齿轮、外齿轮和泵体组成,工作原理与滚柱泵相同,也是利用容积大小发生变化来输送燃油。当电动机旋转时,内齿轮旋转并与外齿轮啮合,使泵腔容积发生变化,容积增大一侧将燃油吸入,容积减小一侧将燃油压出。

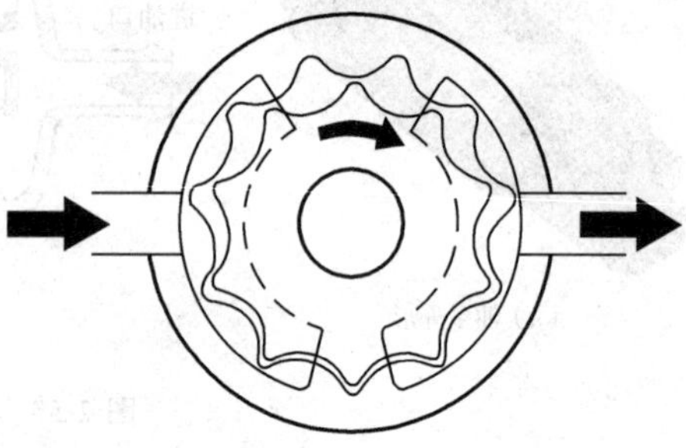

图 2-57 齿轮泵的结构与原理

(五)叶片式电动燃油泵

滚柱泵和齿轮泵泵油压力脉动大、运转噪声大、使用寿命短。因此,发动机电控燃油喷射系统普遍采用平板叶片式电动燃油泵,简称叶片泵,其结构与滚柱式电动燃油泵相似,如图 2-58 所示,其油泵主要由平板叶片转子与泵体组成。平板叶片转子是一块圆形平板,在平板的圆周上制有小槽,小槽与泵体之间的空间形成泵油腔室。

当电动机运转时,其轴带动油泵转子一同旋转。由于转子转速较高,因此在叶片小槽与泵体进油口之间就会产生真空。当叶片小槽转到进油口处时,在真空吸力的作用下,燃油被吸入泵体内;当叶片小槽转到油泵出油口处时,在离心力和燃油压力的共同作用下,燃油便从出油口压出并流向电动机。叶片泵出燃油越多,电动机壳体内的燃油压力就越高。当油压超过油泵止回阀弹簧的弹力时,止回阀阀门打开,燃油便从止回阀经输油管输送到燃油分配管和喷油器。

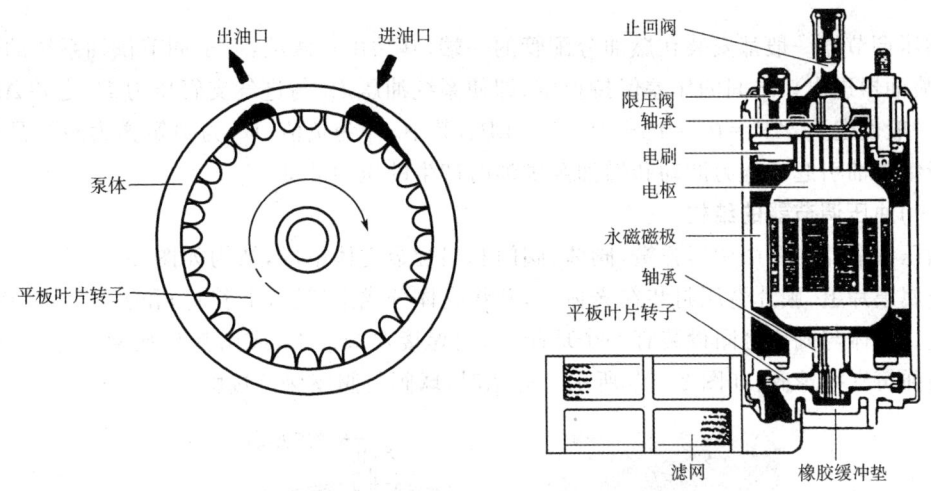

图 2-58　叶片泵的结构与原理

叶片泵的泵油原理类似于排风扇的排风原理,其突出优点是转子无磨损,因此,使用寿命长(大于 5000h,即汽车时速为 40km/h 的行驶里程可达 20 万公里)。此外,还具有质量轻(约 300g)、泵油压力高(可达 600kPa 以上)、出油压力脉动小、运转噪声小等优点。

二、燃油分配管

燃油分配管又称为供油总管或油架,安装在发动机进气支管上方,其功用是储存燃油、固定喷油器和油压调节器,并将燃油分配给每只喷油器。因为燃油液体具有可压缩性,因此,燃油分配管还有抑制油压脉动的功能。燃油分配管与油压调节器和电磁喷油器等组成燃油分配管总成,结构如图 2-59 所示。

 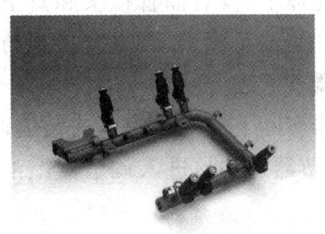

（a）三缸、四缸发动机用　　　　　（b）V6 发动机用

图 2-59　燃油分配管总成

燃油分配管一般用铝合金制成圆形管状或方形管状,其上制作有连接油压表的接口,以便检修时测量燃油压力。分配管与喷油器连接处制有小孔,以便将燃油分配到每只喷油器。虽然分配管位于发动机舱上部,所处环境温度较高,汽油容易挥发。但是,由于燃油泵的供油量远远大于发动机的最大耗油量,剩余汽油由油压调节器上的回油管流回油箱,汽油不断流动带走了分配管、喷油器和进油管中的热量及燃油蒸汽,因此,能够有效防止气阻,提高发动机的热

起动性能。

三、油压调节器

油压调节器一般都安装在燃油分配管的一端,其功用有两项:一是调节供油系统的燃油压力,使喷油器进出口之间的压差保持恒定,即使系统油压 P_f 与进气支管压力 P_i 之差 ΔP 保持恒定(一般设定为: $\Delta P=P_s=P_f-P_i=300\text{kPa}$,其中 P_i 为负值,P_s 为弹簧弹力);二是缓冲喷油器断续喷油引起的压力波动和燃油泵供油时产生的压力波动。

(一)油压调节器的结构

油压调节器主要由调压弹簧、阀体、阀门和铝合金壳体组成,结构如图 2-60 所示。阀体固定在金属膜片上,膜片卷压封装在壳体上,并将壳体分成空气腔(上腔室)和燃油腔(下腔室)两个腔室。阀体与阀座之间设装有一个球阀,球阀焊接在阀体上,或用弹片托起,再用一根弹力较小的弹簧支撑球阀,如图 2-60b 所示。静态时,球阀与阀座保持接触。

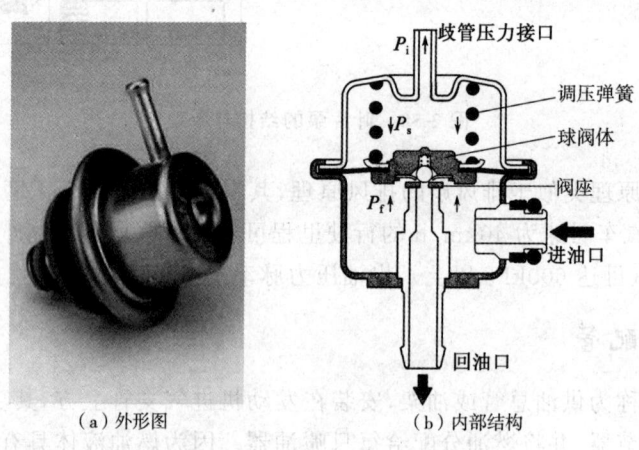

(a)外形图　　　　(b)内部结构

图 2-60　油压调节器的外形与结构

在铝合金壳体上,设有油管接头和真空管接头,进油口接头与燃油分配管连接,回油口接头连接回油管并与油箱相通,真空管接头与节气门至进气支管之间的真空管连接。

(二)油压调节原理

油压调节器实际上是一个膜片式溢流阀。当电动燃油泵运转时,燃油不断泵入燃油分配管,并从油压调节器进油口进入调节器燃油腔。燃油压力作用到金属膜片上,并随泵油量的增加而增大。

将当燃油压力 P_f 与支管压力 P_i 的合力大于弹簧预紧力 P_s 时,膜片向上拱曲,并带动球阀上移将阀门打开,部分燃油从球阀阀门经回油口和回油管流回油箱,燃油压力随之降低。

当燃油压力降低到燃油压力 P_f 与支管压力 P_i 的合力小于弹簧预紧力 P_s 时,膜片复位,并带动球阀将阀门关闭,燃油压力随泵油量增加而增大。

当油压再次升高到燃油压力 P_f 与支管压力 P_i 的合力大于弹簧预紧力 P_s 时,调节器重复上述工作过程,从而将燃油压力 P_f 与支管压力 P_i 的合力调节为弹簧预紧力 P_s 值(300kPa)。

(三)油压调节器的输出特性

油压调节器的输出特性如图 2-61 所示。在油压调节器上接有一根真空管,该真空管将发动机进气支管的真空度引入油压调节器的弹簧室(真空室)。由于进气支管的压力始终低于大气压力,因此,当进气支管的压力随节气门开度变化而变化时,进气压力将对调节器膜片产生一个吸力,从而使燃油压力发生改变。

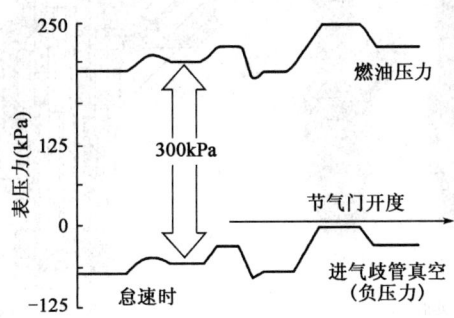

图 2-61 油压调节器输出特性

当发动机怠速运转时,进气支管的压力 P_i 约为 -54 kPa,燃油压力 P_f 为:
$$P_f = P_s + P_i = 300 + (-54) = 246 \text{kPa}$$
当发动机全负荷运转时,进气支管的压力 P_i 约为 -5 kPa,燃油压力 P_f 为:
$$P_f = P_s + P_i = 300 + (-5) = 295 \text{kPa}$$

由此可见,由于进气支管负压的作用,当发动机怠速运转,燃油压力达到 246kPa 时,油压调节器的球阀就会打开泄压;当发动机全负荷运转,燃油压力达到 295kPa 时,球阀才打开泄压。通过油压和进气负压的共同作用,使燃油分配管中的油压与进气支管中的气压之压力差保持 300kPa 不变,其目的是保证喷油器喷油量的大小只与喷油阀门的开启时间有关,而与系统油压值和进气支管的负压值无关。

四、电磁喷油器

电磁喷油器简称喷油器,俗称喷嘴,安装在燃油分配管上,其功用是计量燃油喷射系统的喷油量。喷油器是电控燃油喷射系统的关键部件之一,是一种加工精度非常高的精密器件。为了满足燃油喷射系统控制精度的要求,喷油器必须具有抗堵塞性能好、燃油雾化好和动态流量范围大等优点。

(一)电磁喷油器的分类

按总体结构不同,喷油器可分为轴针式、球阀式和片阀式三种。按喷油器电磁线圈阻值大小,喷油器可分为高阻型(13~18)和低阻型(1~3)两种。

在 20 世纪 90 年代以前生产的部分发动机电控喷油系统中,设置有冷起动喷油器来增加冷车起动时的喷油量,用以改善发动机的低温起动性能。20 世纪 90 年代以后,去掉了冷起动喷油器,并利用冷起动软件程序增大喷油量来改善低温起动性能。

(二)电磁喷油器的结构特点

1. 球阀式喷油器

球阀式喷油器的结构如图 2-62 所示。主要由带球阀的阀体、带喷孔的阀座、带线束插座的喷油器壳体、电磁线圈和复位弹簧等组成。

O 形密封圈起到密封作用,密封圈 1 防止燃油泄漏,密封圈 2 防止漏气。滤网用于过滤燃油中的杂质。喷油器阀体由球阀、导杆和弹簧座组成。阀体上端安装有一根螺旋弹簧,当喷油

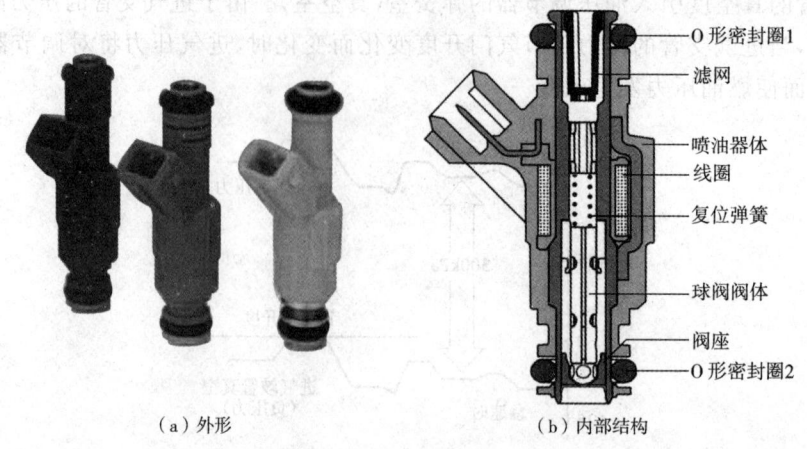

(a) 外形　　　　　　(b) 内部结构

图 2-62　球阀式喷油器的结构

器停止工作时,弹簧弹力使阀体复位,球阀关闭,钢球压靠在阀座上起到密封作用,防止燃油泄漏。导杆为空心结构,因为球阀具有自动定心的作用,所以导杆较短、质量较小,且密封性好。

在燃油分配管上,设有喷油器专用的安装支座,支座为橡胶成型件,起到隔热作用,防止喷油器中的燃油产生气泡,有助于提高发动机的热起动性能。

2. 轴针式喷油器

轴针式喷油器的结构如图 2-63 所示,主要由针阀阀体、针阀阀座、线束插座、电磁线圈和复位弹簧等组成。轴针式喷油器的结构与球阀式喷油器基本相同,主要区别在于阀体结构不同,如图 2-64 所示。

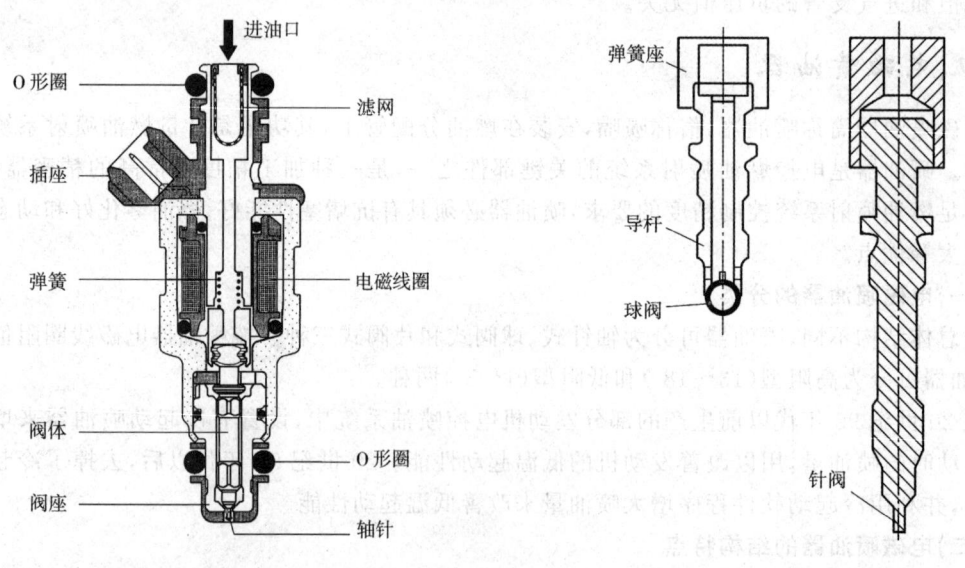

图 2-63　轴针式喷油器的结构　　　　图 2-64　阀体结构比较

轴针式喷油器阀体采用的是针阀,针阀制作在阀体上。为了保证阀体轴向移动时不发生偏移和阀门密封良好,必须具有较长的导杆,并制成实心结构,因此质量较大。

(三)电磁喷油器的工作原理

当喷油器的电磁线圈接通电流时,线圈中就会产生电磁吸力吸引阀体。当电磁吸力大于复位弹簧的弹力时,阀体压缩弹簧而向上移动(升程很小,一般为 0.1~0.2mm)。阀体上移时,球阀或针阀随阀体一同上移并离开阀座使阀门打开,阀座内燃油便从喷孔喷出。因为阀座上设置有螺旋油道和 2~4 个喷孔,所以当具有一定压力的燃油沿螺旋油道喷出时,形状呈小于 35°的圆锥雾状,并与空气混合形成雾化良好的可燃混合气。

当喷油器电磁线圈的电流切断时,电磁吸力消失,阀体在复位弹簧的弹力作用下复位,球阀或针阀回落到阀座上将阀门关闭而停止喷油。

燃油喷射式发动机大多为 16 气门、20 气门或 24 气门发动机,即每个气缸有 4 个或 5 个气门,其中进气门 2~3 个,排气门 2 个。进气门增多的目的是增大进气量,提高发动机的动力性。排气门增多的目的是减小排气阻力,从而减少功率损失。

第六节 汽油机电控喷油系统的控制

汽车发动机燃油喷射系统的控制包括喷油器的控制、喷油正时的控制和喷油量的控制,其中,喷油量的控制又分为发动机起动时喷油量的控制和发动机起动后喷油量的控制两种情况。燃油喷射电控系统通过精确控制喷油量,即可降低燃油消耗量和减小有害物质排放量,从而达到提高汽车经济性和排放性的目的。

一、燃油喷射控制原理

汽车发动机各种燃油喷射电控系统采用传感器和执行器的数量与形式各有不同,但其燃油喷射的控制原理大同小异,空气流量型(即 L 型)燃油喷射系统的控制原理如图 2-65 所示。

在发动机工作过程中,当各种传感器和开关信号输入 ECU 后,首先,由输入接口电路(即输入回路)进行信号处理,将其变换成中央处理器(CPU)能够识别和处理的数字信号;然后 CPU 根据输入信号进行数学计算和逻辑判断,运算电路以 16 位、32 位或更多位数的微处理器和内存芯片为主体,利用 ROM 中的控制软件对输入信号进行数学计算和逻辑判断,并确定出具体的控制量(如喷油开始时刻、喷油持续时间等);最后,CPU 通过输出接口电路(即输出回路)向执行器(即喷油器)发出喷油控制指令,控制信号经输出电路进行功率放大后,再驱动喷油器喷油,与此同时,CPU 还要控制喷油开始时刻、喷油持续时间等,从而实现发动机不同工况时的喷油实时控制。

在控制过程中,各种传感器的工作情况如下:

凸轮轴位置传感器(CIS)向 ECU 提供反映活塞上止点位置的信号,以便计算确定和控制喷油提前角(即提前时间)。

车速传感器(VSS)向 ECU 提供反映汽车车速的信号,以便判断发动机运行在怠速状态(节气门关闭、车速为零)还是运行在减速状态(节气门关闭、车速不为零)等。如果运行在怠速状态,就由怠速控制系统进行怠速转速控制;如果运行在减速状态,就由断油控制系统确定是否停止供油。

曲轴位置传感器(CPS)向 ECU 提供反映发动机曲轴转速和转角的信号,空气流量传感器(AFS)或进气支管绝对压力传感器(MAP)向 ECU 提供反映进气量多少的信号,ECU 根据这

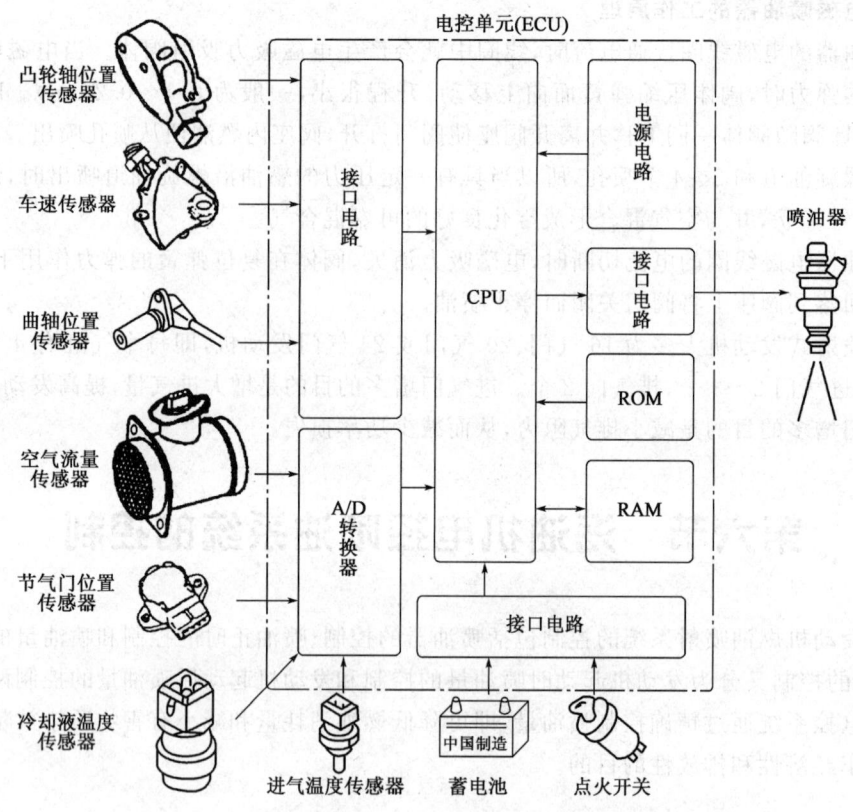

图 2-65 L型燃油喷射系统喷油控制原理简图

两个信号计算基本喷油量(即喷油持续时间),并根据曲轴转角信号控制喷油提前角和点火提前角等。

节气门位置传感器(TPS)向 ECU 提供反映发动机负荷大小的信号,ECU 根据 TPS 信号确定增加或减少喷油量。

冷却液温度传感器(CTS)向 ECU 提供发动机冷却液温度信号,以便计算确定喷油修正量、判断是否为冷机起动等。如为冷机起动,则直接运行冷起动程序,并根据温度值增大喷油量,保证发动机可靠起动。

进气温度传感器(IATS)提供吸入进气支管空气的温度信号,以便计算确定喷油修正量。因为空气质量的大小与其密度有关,空气密度与其温度有关(温度越高,密度越小),所以,对于采用压力传感器和体积流量型传感器的燃油喷射系统,其进气量必须用温度信号进行修正。对于采用热丝式或热膜式空气流量传感器的燃油喷射系统而言,虽然进气量信号可以不进行修正,但是利用计算机根据进气温度传感器信号进行修正后,能使喷油量控制更加精确,可以得到更好的燃油经济性。

点火起动开关信号包括点火开关接通信号 IGN 和起动开关接通信号 STA,用于 ECU 判定发动机工作在起动状态还是正常工作状态,并控制运行相应的控制程序。例如,当点火开关接通"点火(ON)"挡时,ECU 的 IGN 端子将从点火开关接收到一个高电平信号,此时 ECU 将自动接通电动燃油泵电路使油泵工作 1~2s,以便发动机起动时油路中具有足够的燃油;当点火开关接通"起动(START)"挡时,ECU 的 STA 端子将从点火开关接收到一个高电平信号,此时 ECU 将控制运行起动程序增大喷油量,以便起动发动机。

蓄电池电压信号是汽车电源电压信号,蓄电池正极柱经导线直接与 ECU 的电源端子连接,不受点火开关和其他开关控制。当电源电压变化时,ECU 将改变喷油脉冲宽度,修正喷油器喷油持续的时间。当发动机停止工作时,蓄电池将向 ECU 和存储器等提供 5~20mA 电流,以便存储器保存故障代码等信息而不致丢失。在点火开关断开时,对于配有步进电动机的控制系统,ECU 还将控制燃油喷射主继电器继续接通 2 s,使步进电动机恢复到初始位置。

二、喷油器的控制

在发动机工作过程中,各种传感器信号输入 ECU 处理后,ECU 经过数学计算和逻辑判断,就会发出占空比信号控制喷油器喷油。各型电子控制燃油喷射系统喷油器的控制电路大同小异,大众轿车喷油器的控制电路如图 2-66 所示。

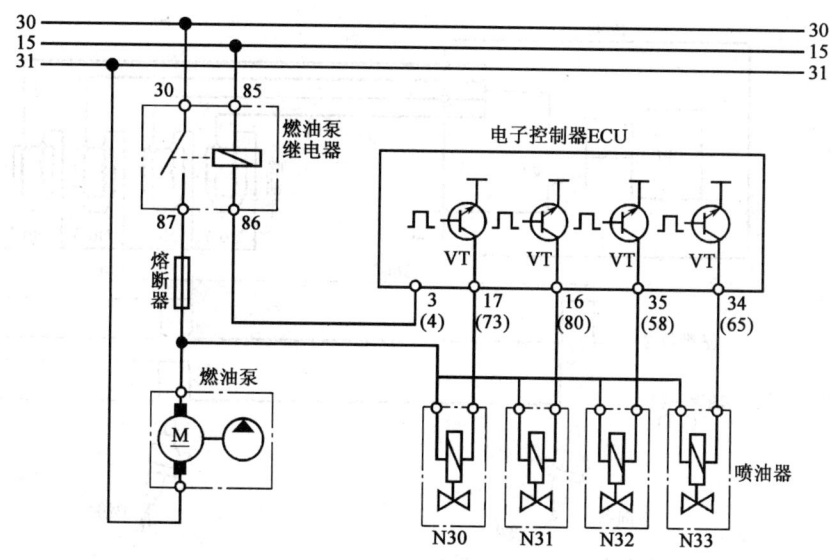

图 2-66　大众系列轿车喷油器控制电路
(括号内代号为桑塔纳 2000GSi 型轿车 ECU 插座端子序号)

当 ECU 向喷油器发出的控制信号高电平(4.5~4.8V)加到驱动三极管 VT 基极时,VT 导通,喷油器线圈电流接通,产生电磁吸力将阀门吸开,喷油器开始喷油;当控制信号的低电平(0.1~0.3V)加到驱动三极管 VT 基极时,VT 截止,喷油器线圈电流切断,阀体在复位弹簧弹力作用下将阀门关闭,喷油器停止喷油。

在进气管喷射系统中,喷油器将圆锥雾状燃油喷射在进气门(多点喷射)或节气门(单点喷射)附近,并与发动机吸入的空气混合形成可燃混合气;当进气门打开时,再将可燃混合气吸入气缸燃烧做功。在缸内直喷系统中,喷油器将高压(10mPa 以上)燃油直接喷射在火花塞附近与空气混合形成可燃混合气,从而实现分层燃烧。

三、喷油正时的控制

喷油正时是指喷油器何时开始喷油。发动机燃油喷射系统按喷油器安装部位分为单点燃油喷射系统(SPFI 或 SPI)和多点燃油喷射系统(MPFI 或 MPI)两种类型。单点喷射系统只有一只或两只喷油器,喷油器安装在节气门体上,发动机一旦工作就连续喷油。多点燃油喷射系统每个气缸配有一只喷油器,喷油器安装在燃油分配管上。根据燃油喷射时序不同,多点燃油喷射系统控制喷油正时的方式可分为同时喷射、分组喷射和顺序喷射三种。

(一)同时喷射的控制

多点燃油同时喷射就是各缸喷油器同时喷油,控制电路如图 2-67a 所示,各缸喷油器并联在一起,电磁线圈电流由一只功率管 VT 驱动控制。

发动机工作时,ECU 根据曲轴位置传感器(CPS)和凸轮轴位置传感器(CIS)输入的基准信号发出喷油指令,控制功率管 VT 导通与截止,再由功率管控制喷油器电磁线圈电流接通与切断,使各缸喷油器同时喷油和停止喷油。曲轴每转一圈(360°)或两转(720°),各缸喷油器同时喷油一次,喷油器控制信号波形如图 2-67b 所示。由于各缸同时喷油,因此喷油正时与发动机进气—压缩—膨胀—排气行程工作循环无关,如图 2-67c 所示。

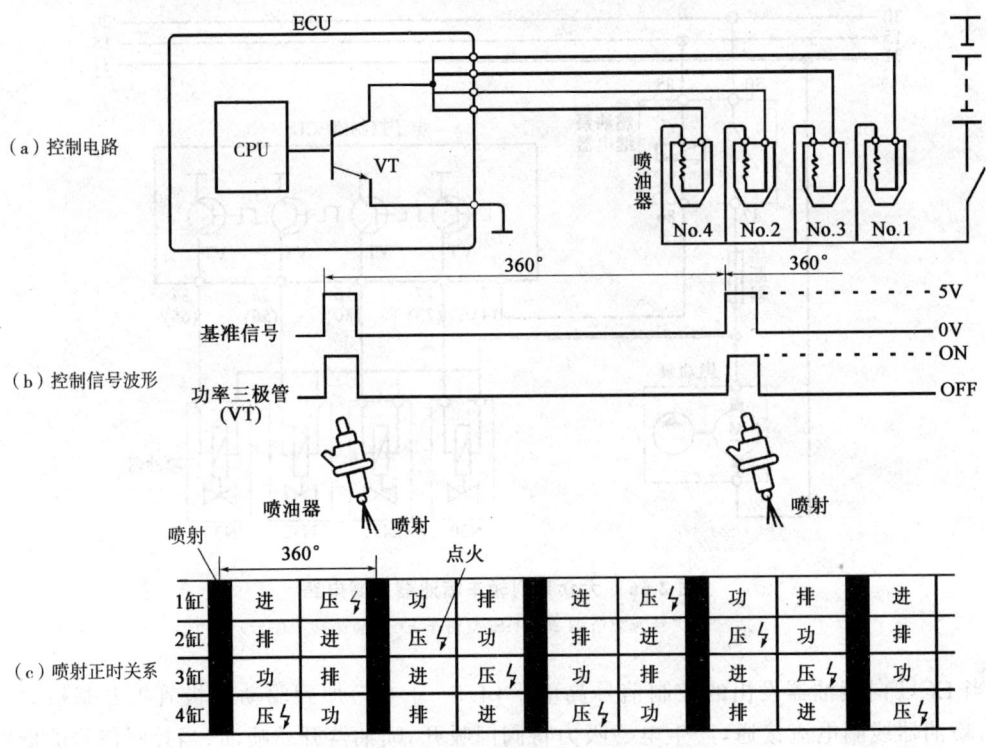

图 2-67 同时喷射控制电路与喷油正时关系

各缸喷油器同时喷油的优点是控制电路和控制程序简单,且通用性较好;缺点是各缸喷油时刻不可能最佳。在图 2-67c 中,除 1、4 缸喷油正时较好之外,2、3 缸喷射的燃油在进气门附近将要停留较长时间,其混合气雾化质量必然降低。因此,除早期研制的燃油喷射系统采用同时喷射方式喷油之外,现代汽车仅在燃油喷射系统发生故障、系统处于应急状态运行时才采用同时喷射方式喷油。

(二)分组喷射的控制

多点燃油分组喷射是指将喷油器喷油分组进行控制。一般将四缸发动机分成两组,六缸发动机分成三组,八缸发动机分成四组。四缸发动机分组喷射控制电路如图 2-68a 所示。

发动机工作时，由 ECU 控制各组喷油器轮流喷油。发动机每转一圈，只有一组喷油器喷油，每组喷油器喷油时连续喷射 1~2 次，喷油正时关系如图 2-68b 所示。分组喷射方式虽然不是最佳的喷油方式，但由正时关系可见，1、4 两缸的喷油时刻较佳，在排气行程上止点前一定角度开始喷油，燃油在进气门前停留时间较短，因此，混合气雾化质量比同时喷射大大改善。

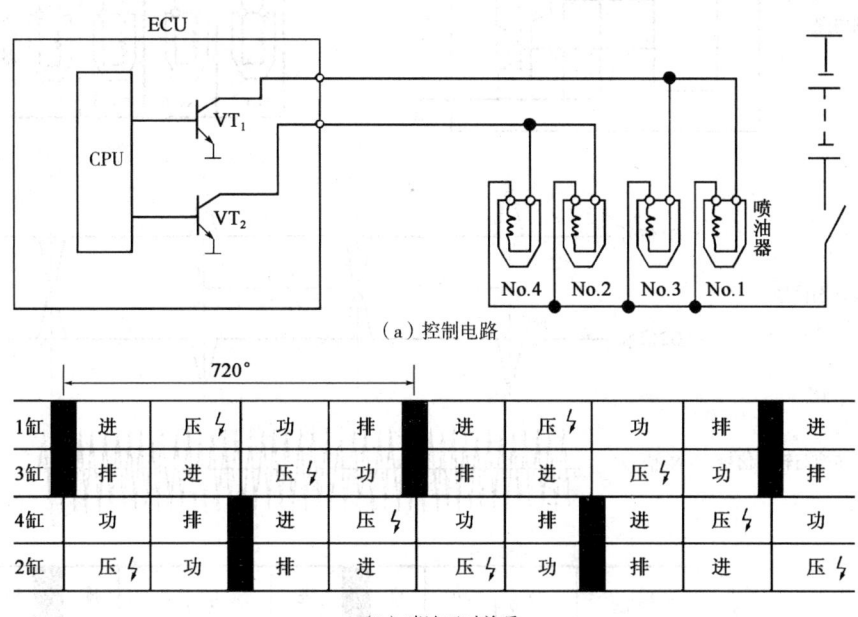

图 2-68 多点燃油分组喷射控制电路与正时关系

(三) 顺序喷射的控制

多点燃油顺序喷油是指各缸喷油器按照一定的顺序进行喷油。因为各缸喷油器独立喷油，所以又称为独立喷射，控制电路如图 2-69a 所示。

在顺序喷射系统中，发动机工作一个循环（曲轴转两转 720°），各缸喷油器轮流喷油一次，就像点火系统火花塞按照一定的气缸顺序跳火一样，各缸喷油器按照一定的顺序依次喷射燃油，喷油正时关系如图 2-69d 所示。

实现顺序喷射的关键在于需要知道即将到达排气上止点的是哪一缸的活塞。为此，在顺序喷射系统中，ECU 需要一个气缸判别信号（判缸信号），即需要配装一只凸轮轴位置传感器。根据凸轮轴位置传感器信号，ECU 即可判定是哪一个气缸的活塞即将运行至排气上止点，再根据曲轴位置传感器提供的曲轴转角信号，ECU 就可计算出该活塞位于排气上止点前的具体角度，并适时发出喷油控制指令，使各缸喷油器适时开始喷油。

凸轮轴位置传感器输入 ECU 的判缸信号一般在某一缸或每一缸的排气上止点前 60°~90°（即 BTDC60°~BTDC90°）时产生。如日产公爵王（Cedric）六缸发动机轿车用光电式凸轮轴位置传感器的判缸信号是在每一缸的排气上止点前 70°（BTDC70°）时产生；桑塔纳 2000GSi 型、3000 型和捷达 AT 型、GTX 型轿车用霍尔式凸轮轴位置传感器的判缸信号是在第四缸的排气上止点前 88°（BTDC88°）时产生。

顺序喷射的优点是各缸喷油时刻均可设计在最佳时刻，燃油雾化质量好，有利于提高燃油经济性和减小有害物质的排放量，缺点是控制电路和控制软件比较复杂。然而，对现代汽车电

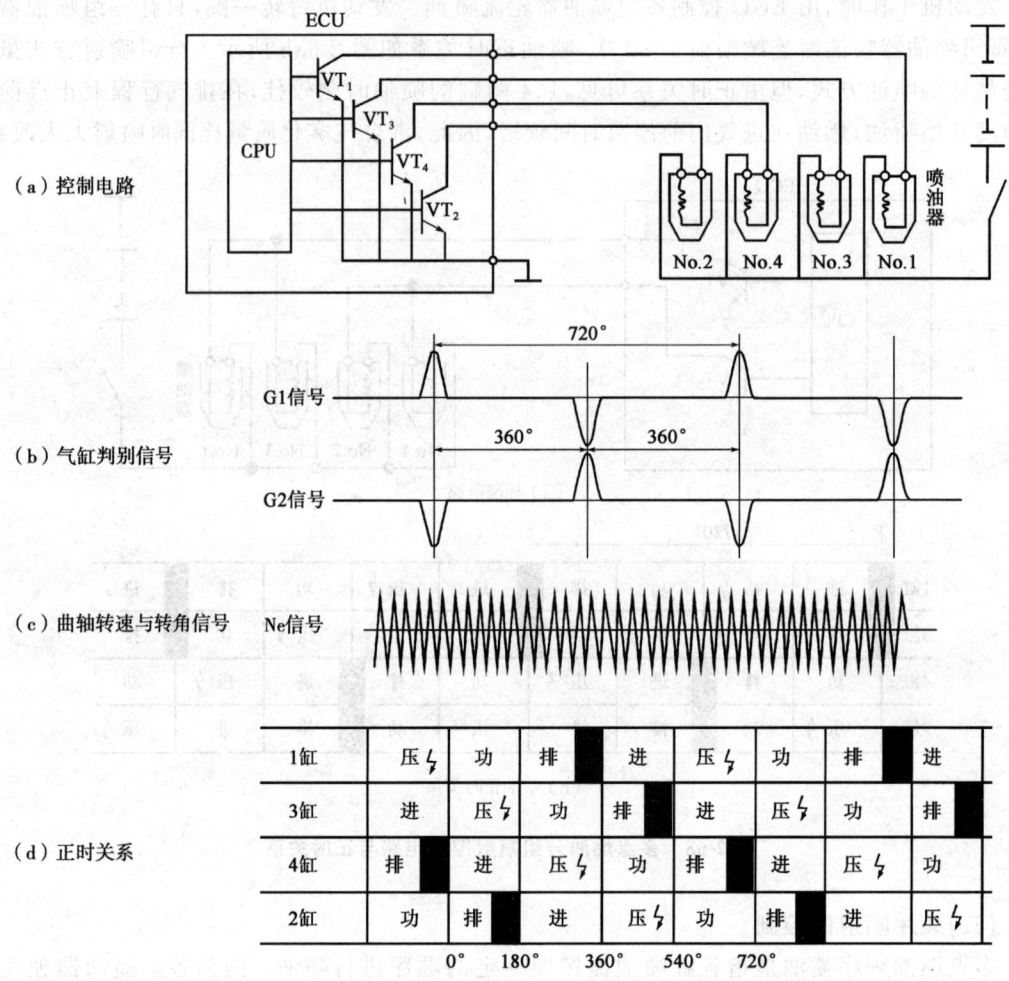

图 2-69 多点燃油顺序喷射控制电路与正时关系

子技术来说,实现顺序喷射控制十分容易,目前普遍采用。

在多点顺序喷射系统中,喷油顺序与点火顺序同步,点火时刻在压缩上止点前开始,喷油时刻在排气上止点前开始。四缸电控发动机的点火顺序为 1-3-4-2,喷油顺序也为 1-3-4-2;六缸电控发动机的点火顺序为 1-5-3-6-2-4,喷油顺序也为 1-5-3-6-2-4。各缸喷油器分别由微机进行控制,驱动回路数与气缸数相等。当发动机转动时,ECU 便按喷油器 1-3-4-2(四缸发动机)或 1-5-3-6-2-4(六缸发动机)的顺序控制功率管导通与截止。当功率管导通时,喷油器电磁线圈电路接通,喷油器阀门开启喷油。

四、发动机起动时喷油量的控制

发动机工况不同,对混合气浓度的要求也不相同。特别是冷起动、怠速、急加减速等特殊工况,对混合气浓度都有特殊要求。因此,喷油量的控制大致可分为发动机起动时喷油量的控制和发动机起动后(即运转过程中)喷油量的控制两种情况。

当起动机驱动发动机运转时,发动机转速很低(汽油发动机为 30～50r/min,柴油发动机为 150～200r/min)且波动较大,导致反映进气量的空气流量信号或进气压力信号误差较大。

因此在起动发动机时,ECU 不是以空气流量传感器信号或进气压力信号作为计算喷油量的依据,而是按照可编程只读存储器(ROM)中预先编制的起动程序和预先设定的空燃比来控制喷油,喷油量的控制方式采用开环控制,控制过程如图 2-70 所示。

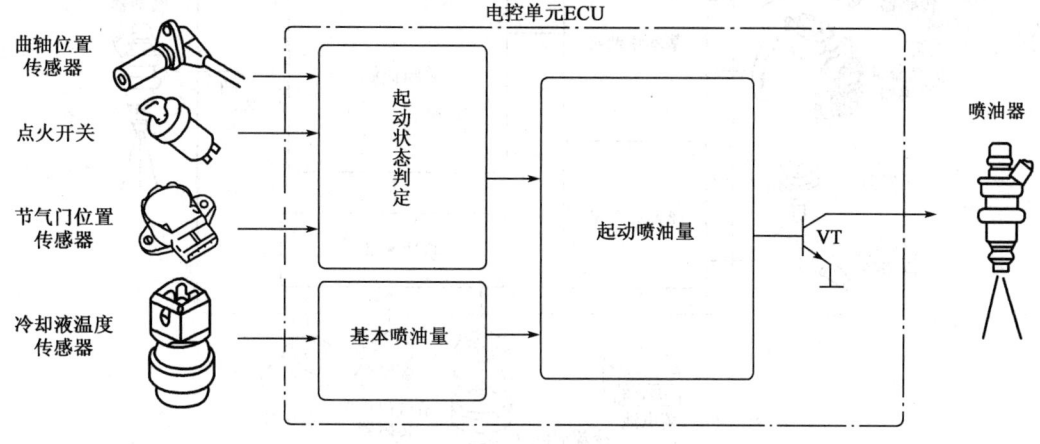

图 2-70　发动机起动时喷油量控制示意图

首先,ECU 根据曲轴位置传感器、点火开关和节气门位置传感器提供的信号,判定发动机是否处于起动状态,以便决定是否按起动程序控制喷油;然后,ECU 再根据冷却液温度传感器信号确定基本喷油量。

当点火开关接通起动挡位时,ECU 的 STA 端便接收到一个高电平信号,此时 ECU 再根据曲轴位置传感器和节气门位置传感器信号判定是否处于起动状态。如果曲轴位置传感器信号表明发动机转速低于 300r/min,且节气门位置传感器信号表明节气门处于关闭状态,则判定发动机处于起动状态,并控制运行起动程序。

在燃油喷射系统具有"清除溢流"功能的汽车上,当发动机转速低于 300r/min 时,如果节气门开度大于 80%,那么 ECU 将判定为"清除溢流"控制,喷油器将停止喷油。

当冷车起动时,发动机温度很低,喷入进气管的燃油不易蒸发,吸入气缸内的可燃混合气浓度相对减小。因此,为了保证发动机起动时具有足够浓度的可燃混合气,ECU 还要根据冷却液温度传感器信号反映的发动机温度高低控制喷油器的喷油量,以使冷态发动机能够顺利起动。冷却液温度与喷油量的关系如图

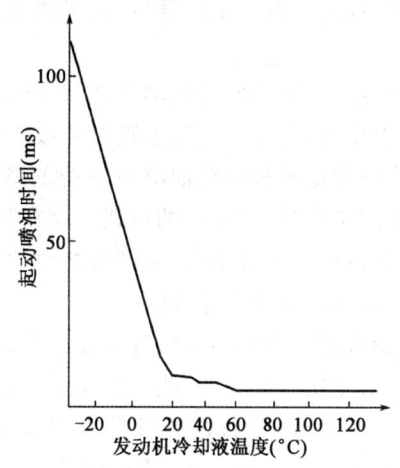

图 2-71　冷起动时的基本喷油量

2-71 所示,温度越低,喷油时间越长,喷油量则越大;反之,温度越高,喷油时间越短,喷油量则越小。

五、发动机起动后喷油量的控制

在发动机起动后的运转过程中,喷油器实际的喷油总量是由基本喷油量、喷油修正量和喷

油增量三部分决定,如图 2-72 所示。

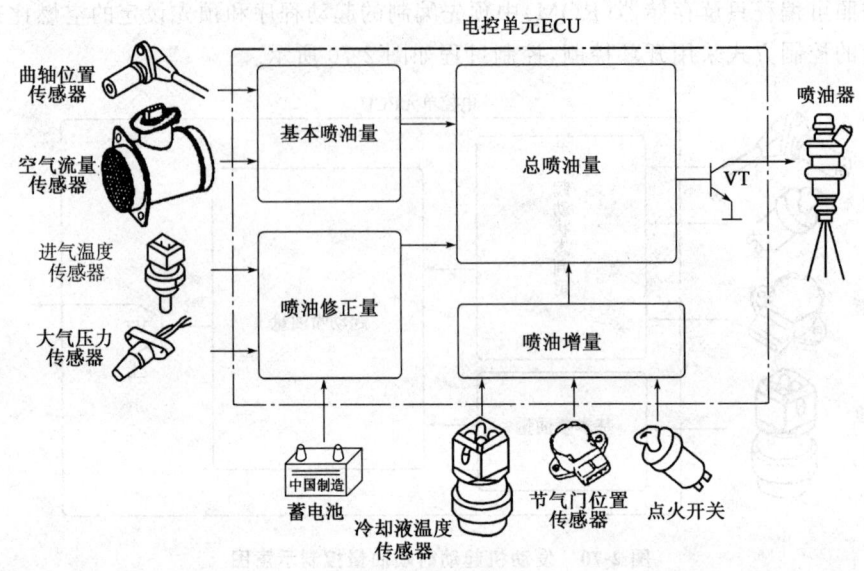

图 2-72 发动机起动后喷油量控制示意图

基本喷油量由空气流量传感器(AFS)信号或支管压力传感器(MAP)信号、曲轴位置传感器(CPS)信号或发动机转速传感器信号以及试验设定的空燃比(即目标空燃比 λ = A/F)计算确定。喷油修正量由与进气量有关的进气温度传感器(IATS)信号、大气压力传感器(APS)信号、氧传感器(EGO)信号和蓄电池电压(U_{BAT})信号计算确定。喷油增量由反映发动机工况的节气门位置传感器(TPS)信号、冷却液温度传感器(CTS)信号和点火开关信号 IGN 等计算确定。

众所周知,影响发动机动力性、经济性和排放性能的参数很多,且发动机的工况随时都有可能发生变化,电子控制燃油喷射的数学模型十分复杂,用数学推导方式难以建立其模型。为此,现代汽车电子控制燃油喷射系统的基本喷油量和喷油提前角等参数普遍采用数据 MAP(即数据图谱或数字地图)的形式存储在只读存储器(ROM)中,利用 ECU 的查询功能进行控制。汽油机的点火提前角、柴油机的喷油压力、基本喷油量和喷油提前角等参数也都普遍采用数据 MAP 的形式进行控制。

所谓数据 MAP,就是在控制系统设计制造完成之后,通过对控制对象(如发动机、变速器等)进行若干次台架试验,测定控制对象在不同工况下各种传感器和执行器的有关数据,确定出最佳控制参数,并将这些参数以两维或三维图的形式存储在 ROM 中的数据图谱。福特(Ford)轿车某型发动机在不同转速和不同负荷条件下,基本喷油量(Qb)的三维数据 MAP 如图 2-73 所示。

当电控喷油系统工作时,ECU 首先根据反映发动机负荷(L_e)大小的空气流量传感器(AFS)或支管压力传感器(MAP)信号以及曲轴位置传感器(CPS)提供的发动机转速(n)信号,利用其查询功能在只读存储器(ROM)存储的三维数据 MAP 中查寻得到基本喷油量 Q_b,然后根据进气温度和大气压力传感器信号以及电源电压信号确定喷油修正量,根据冷却液温度和节气门位置传感器信号以及点火开关信号确定喷油增量,经过数学计算和逻辑判断确定总喷油量和喷油时刻之后,再向喷油器输出接口电路发出控制指令,通过控制喷油器阀门的开启时刻和喷油器电磁线圈持续通电时间将喷油量控制在最佳值。

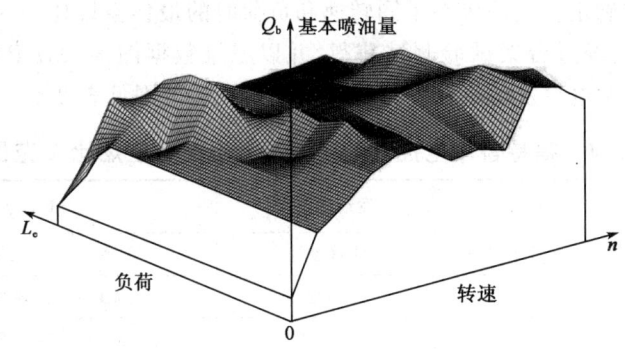

图 2-73 福特发动机不同转速和负荷时的基本喷油量三维 MAP

六、基本喷油量的确定

(一)基本喷油量 Q 与喷油时间 T 的关系

喷油器的喷油量 Q 主要取决于喷油器喷孔流量 Q_i、喷孔面积 A_i、燃油密度 ρ、燃油压力 p_f、进气压力 p_i 和喷油时间 T(即喷油器电磁线圈通电时间或阀门开启时间)。喷油量大小可用下述经验公式进行计算:

$$Q = Q_i A_i \sqrt{2gp(p_f - p_i)} \times T$$

式中:g——重力加速度,m/s^2;

T——喷油时间,ms。

在汽油机电控喷油系统中,油压调节器调节的油压为系统油压与进气支管压力之差,所以,对油压调节器结构一定的控制系统来说,燃油压力与进气支管压力之差为一定值(电控燃油喷射系统一般设定为 300kPa);对喷油器结构一定的控制系统来说,喷孔流量及其面积是固定不变的(磨损微小,可以不考虑)。由此可见,喷油量仅取决于喷油器阀门开启时间(即取决于 ECU 控制喷油器电磁线圈的占空比信号高电平的宽度)。占空比越大,喷油持续时间越长,喷油量就越大;反之,喷油量越小。汽车发动机电控燃油喷射系统的喷油时间一般为 2~10ms(实测值为 1.5~12.6ms)。喷油时间 T 可用下述经验公式进行计算:

$$T = T_B \lambda K_{FC} K_{AF} (1 + K_{PT} + K_{SA} + K_{CT} + K_{AC}) + K_{BAT}$$

式中:T_B——基本喷油时间;

λ——空燃比;

K_{FC}——断油修正系数(由断油控制系统控制。断油时 $K_{FC}=0$;不断油时:$K_{FC}=1$);

K_{AF}——空燃比反馈修正系数(由空燃比反馈控制系统控制。开环控制时:$K_{AF}=1$);

K_{PT}——进气压力与进气温度修正系数;

K_{SA}——起动后喷油增量修正系数;

K_{CT}——冷却液温度修正系数;

K_{AC}——加速时喷油增量修正系数;

K_{BAT}——电源电压修正系数。

(二)基本喷油时间 T_B(基本喷油量 Q_b)的确定

基本喷油时间 T_B(或基本喷油量)是在标准大气状态(温度为 20℃,压力为 101kPa)下,根据发动机每个工作循环的进气量、发动机转速 n 和试验设定的空燃比(即目标空燃比 λ)确定。

(1)空燃比(λ)的确定。发动机在不同转速和负荷时的最佳空燃比($\lambda = A/F$)数值是在发动机设计完毕后,预先经过台架试验测试获得,并以三维数据图谱(MAP)形式存储在 ROM 中。美国福特轿车某型电控发动机在各种工况下的空燃比范围见表 2-4。

表 2-4 福特轿车电控发动机不同工况时的空燃比 λ 范围

发动机工况	空燃比	发动机温度	氧传感器状态
起动	2:1~12:1	由冷变凉	无信号
暖机	2:1~15:1	逐渐变热	无信号,直到发动机温度正常
开环控制	2:1~15:1	冷或热	有信号但 ECU 不采用
闭环控制	14.7:1	热	有信号且 ECU 采用
急加速	取决于驾驶员操作	热	有信号但 ECU 不采用
减速	稀混合气	热	有信号但 ECU 不采用
急速	取决于急速控制系统	热	有信号,急速控制系统不工作时 ECU 采用

发动机工作时,ECU 根据曲轴位置传感器输入的发动机转速信号以及空气流量传感器和节气门位置传感器输入的发动机负荷信号,从空燃比图谱(MAP)中查询出最佳的空燃比数值进行控制。为了提高发动机动力性、经济性和降低废气排放,在工况不同时,其空燃比也不相同。

当汽油机在部分负荷工况下工作时,其喷油量是按经济空燃比供给混合气成分,即电控系统按理论空燃比($\lambda = A/F = 14.7$)或大于理论空燃比控制喷油量,控制发动机燃烧稀薄混合气,用以提高经济性和减小有害物资的排放量。

当发动机在高速、大负荷或全负荷工况下运行时,为了获得良好的动力性,要求发动机输出最大功率。因此,需要供给浓混合气,ECU 将根据节气门位置传感器信号,判定发动机是否处于大负荷以上工况运行。当节气门开度大于 70°(80% 负荷)以上时,ECU 将控制运行功率空燃比程序,增大喷油量,供给浓于理论空燃比的功率混合气,满足发动机输出最大功率的要求。

(2)涡流式流量传感器系统基本喷油时间 T_B 计算。采用卡尔曼涡流式空气流量传感器时,基本喷油时间 TB 可用下述经验公式计算:

$$T_B = \frac{Q_A/n}{K_0 \cdot \lambda} \cdot \frac{273 + 29}{T_{IAT}} \cdot \frac{P_{atm}}{101} = K \frac{f}{n} \cdot \frac{293}{T_{IAT}} \cdot \frac{P_{atm}}{101}$$

式中:Q_A——发动机每转一转进入气缸的空气量,m^3/r;

n——发动机转速,r/s;

K_0——由喷油器尺寸、喷射方式及气缸数决定的常数;

λ——目标空燃比;

T_{IAT}——空气流量传感器处的进气温度,K;

P_{atm}——大气压力,kPa;

K——常数,$K = C/(K_0\lambda)$;

f——涡流频率,Hz。

当进气量增大时,传感器信号频率升高,所以基本喷油时间 T_B(即基本喷油量 Q_b)与涡流频率成正比。进气量越大,传感器信号频率就越高,基本喷油时间就越长。

(3)热丝式与热膜式流量传感器系统基本喷油时间 T_B 计算。采用热丝式与热膜式空气流量传感器时,因为测得空气流量为质量流量,进气温度与大气压力不必修正,所以基本喷油时间 T_B 可用下式计算:

$$T_B = \frac{Q_m/n}{K_0 \cdot \lambda}$$

式中:Q_m——空气的质量流量,g/s;

n——发动机转速,r/s;

Q_m/n——发动机每转一转进入气缸的空气量,g/r;

K_0——由喷油器尺寸、喷射方式以及气缸数决定的常数;

λ——目标空燃比。

基本喷油时间 T_B(即基本喷油量)与发动机每转一转的进气量(Q_m/n)成正比。当转速 n 升高时,发动机在一个工作循环内所占的时间缩短,其进气量将减少,所以基本喷油时间 T_B 随转速升高而缩短。

由此可见,进气量传感器(空气流量传感器或支管压力传感器)和发动机转速传感器(曲轴位置传感器)是燃油喷射系统最重要的两种传感器,特别是进气量传感器,其精度高低将直接影响喷油时间的计算精度,从而影响发动机的动力性和经济性。

进气量传感器是衡量燃油喷射系统技术水平高低的重要标志。在进气量传感器中,进气支管压力传感器是间接测量进气量,其测量精度最低;翼片式、量芯式和卡尔曼旋涡式空气流量传感器是通过检测体积流量来测量进气量,其测量精度较高;热丝和热膜式空气流量传感器是通过检测进气质量来测量进气量,其测量精度最高,喷射系统性能最好。

七、喷油修正量的确定

喷油修正量由与进气量有关的信号决定。因为喷油量与进气量密切相关,所以,凡是影响进气量的信号都必须进行修正。主要包括进气温度传感器(IATS)信号、大气压力传感器(APS)信号和电源电压(U_{BAT})信号等。

(一)进气温度与大气压力的修正(修正系数 P_{PT} 的确定)

当空气温度和大气压力变化时,空气密度就会发生变化,进气量就会随之发生变化。为此,需要 ECU 根据空气温度和大气压力等信号,对喷油量(喷油时间)进行修正,使发动机在各种运行条件下,都能获得最佳的喷油量。

当温度升高时,空气密度将减小。在体积相同的情况下,热空气的质量要小于冷空气的质量。因此,对于采用进气压力传感器和体积流量型传感器的喷油系统,在传感器信号相同的情况下,进入发动机的空气质量将随空气温度升高而减小。因为基本喷油量(基本喷油时间)是以标准大气状态[温度 293K(20℃)、压力 101kPa]为基准进行计算的,所以当进气温度高于 20℃时,ECU 将确定修正系数小于 1,适当减少喷油量(缩短喷油时间)进行修正;反之,当进气温度低于 20℃时,ECU 将确定修正系数大于 1,适当增加喷油量(延长喷油时间)进行修正。

当汽车在高原地区行驶时,海拔高度增加,大气压力降低,空气密度减小,在发动机进气量体积相同的情况下,空气质量就会减小。为此,ECU 将根据大气压力传感器输入的信号,对喷油量(喷油时间)进行适当修正。当大气压力低于 101kPa 时,ECU 将减小修正系数,使喷油量减少(缩短喷油时间)进行修正,避免混合气过浓和油耗过高。反之,当大气压力高于 101kPa

时，ECU 将适当增加喷油量(延长喷油时间)进行修正。大气压力传感器通常采用压敏电阻式并安装在 ECU 内部,其结构原理与支管压力传感器相同。

空气温度和大气压力修正系数 KPT 可用下式表示：

$$K_{PT} = \sqrt{\frac{273+20}{T_{IAT}}} \cdot \sqrt{\frac{P_{atm}}{101}} = \sqrt{\frac{293}{273+t}} \cdot \sqrt{\frac{P_{atm}}{101}}$$

式中：K_{PT}——空气温度与大气压力修正系数；

T_{IAT}——进气温度传感器检测的温度,K；

P_{atm}——大气压力传感器检测的压力,kPa；

T——进气温度,℃。

在电控喷油系统中,修正系数 K_{PT} 与空气温度 t 和大气压力 P_{atm} 之间的数据图谱如图2-74所示。图谱预先存储在 ROM 中,当发动机工作时,ECU 根据进气温度传感器和大气压力传感器信号由图谱即可确定出修正系数的大小。桑塔纳 2000GSi、捷达 AT、GTX 型轿车采用热膜式空气流量传感器来检测进气量,由于热膜式和热丝式传感器是直接检测进入空气的质量流量,进气量多少与大气压力和空气温度无关,因此其喷油时间不需要修正。

(二)电源电压的修正(修正系数 K_{BAT} 的确定)

喷油器的电磁线圈为感性负载,其电流按指数规律变化,因此,当喷油脉冲到来时,喷油器阀门开启和关闭都将滞后一定时间。电源电压的高低对喷油器开启滞后时间影响较大,电压越低,开启滞后时间越长,在控制脉冲占空比相同的情况下,实际喷油量就会减小,为此必须进行修正。

修正喷油量时,ECU 以 14V 电压为基准,当电源输入 ECU 的电压低于 14V 时,ECU 将增大喷油脉冲的占空比,即增大修正系数,如图 2-75 所示,使喷油器的喷油时间增长;反之,当电源电压升高时,ECU 将减小占空比,即减小修正系数,使喷油时间缩短。

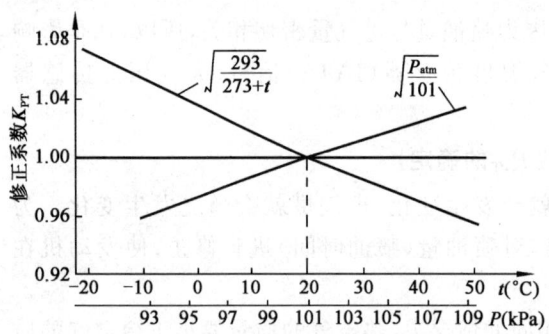

图 2-74 进气温度与大气压力修正系数

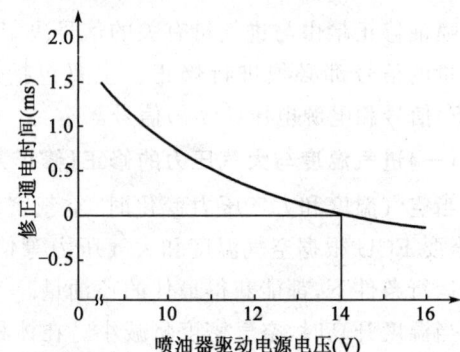

图 2-75 电源电压的修正系数

八、喷油增量的确定

喷油增量就是在冷机起动后或汽车加速等特殊工况时,增大喷油量来满足使用要求。主要由反映发动机工况的冷却液温度传感器(CTS)信号、节气门位置传感器(TPS)信号和点火开关信号 IGN 等确定喷油增量。

(一)起动后喷油增量的修正(修正系数 K_{AS} 的确定)

发动机冷机起动后喷油增量比例的大小取决于起动时发动机的温度,并随起动后时间的增长而逐渐减小至1,如图2-76所示。

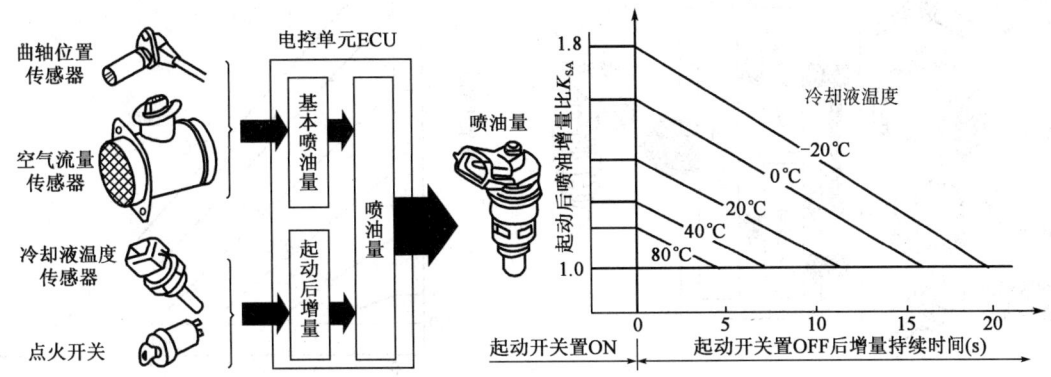

图 2-76　起动后喷油增量的修正

在发动机冷机起动后,由于低温混合气雾化不良,燃油会在进气管上沉积而导致混合气变稀,发动机运转不稳甚至熄火。为此在起动后的短时间内,必须增加喷油量,使混合气加浓,保证发动机稳定运转而不致熄火。

(二)冷却液温度的修正(修正系数 K_{CT} 的确定)

冷却液温度的修正是指暖机过程中冷却液温度的修正。在冷车起动结束后的暖机过程中,发动机温度较低,燃油雾化较差,部分燃油凝结在进气管和气缸壁上,会使混合气变稀,燃烧不稳定。因此在暖机过程中,必须增加喷油量,其燃油增量的比例取决于冷却水温度传感器测定的发动机温度,并随发动机温度升高而逐渐减小,如图2-77所示。ECU 根据水温传感器信号,通过加大喷油脉冲宽度(占空比)进行暖机加浓。随着发动机冷却水温的升高,喷油脉冲的占空比将逐渐减小,直到发动机冷却水温超过60℃后才停止加浓,喷油增量比例逐渐减小至1。

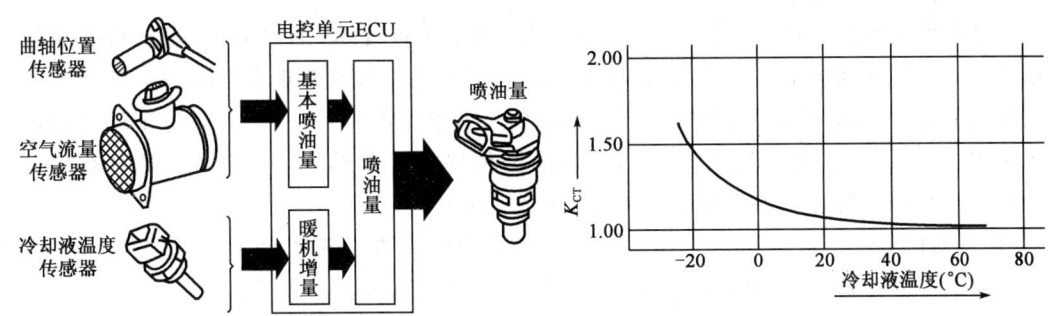

图 2-77　冷却液温度不同时喷油增量的修正

(三)加速时喷油增量的修正(修正系数 K_{AC} 的确定)

当汽车加速时,为了保证发动机能够输出足够的扭矩,改善加速性能,必须增大喷油量。加速喷油增量比例大小和混合气加浓时间,取决于加速时发动机冷却液的温度。冷却液温度越低,燃油增量比例越大,加浓持续时间越长,如图 2-78 所示。

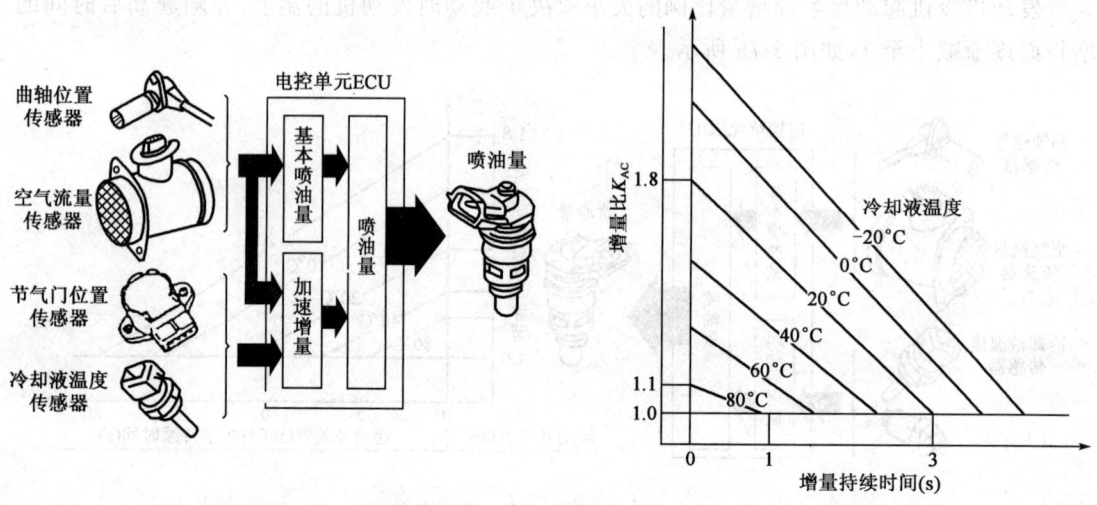

图 2-78 加速喷油增量的修正

在发动机运转过程中,ECU 将根据节气门位置传感器信号和进气量传感器信号的变化速率,判定发动机是否处于加速工况。汽车加速时,节气门开度迅速增大,节气门位置传感器信号的变化速率增大,与此同时,空气流量突然增大,进气量传感器信号电压突然升高,ECU 接收到这些信号后,立即发出增大喷油量的控制指令,使混合气加浓。

九、喷油提前角与喷油持续时间的控制

喷油提前角与喷油持续时间控制需要综合运用发动机工作循环、曲轴位置与凸轮轴位置传感器的有关知识进行分析。下面以大众轿车四缸发动机喷油提前角与喷油持续时间的控制为例说明。设发动机 1 000r/min 时,喷油提前角为 6°(BTDC6°),喷油持续时间为 2ms,其控制时序与波形如图 2-79 所示。

(一)喷油提前角的控制过程

喷油提前角是指从喷油开始至活塞运行到排气上止点 TDC 的时间内,发动机曲轴转过的角度。由四缸发动机工作循环可知:当第 1 缸活塞运行到压缩上止点 TDC 时,第 4 缸活塞位于排气上止点 TDC 位置;当第 4 缸活塞运行到压缩上止点时,第 1 缸活塞位于排气上止点 TDC 位置。由图 2-31 所示大众轿车凸轮和曲轴位置传感器输出信号波形(图中磁感应式 CPS 和 CIS 信号已经过整形电路转换为方波信号)可知:

(1)发动机每旋转两转(720°),霍尔式凸轮轴位置传感器 CIS 产生一个判缸信号,且信号下降沿在第 1 缸活塞压缩(第 4 缸排气)上止点前 88°(BTDC88°)时产生;

(2)发动机每旋转一转(360°),曲轴位置传感器 CPS 产生 58 个脉冲信号,每个凸齿和小齿缺均占 3°曲轴转角,大齿缺占 15°曲轴转角;

(3)曲轴位置传感器大齿缺信号后的首个凸齿信号如果是在判缸信号后产生,则该凸齿信号上升沿对应于第 1 缸压缩(第 4 缸排气)上止点前 81°(BTDC81°);如果不是在判缸信号后产生,则该凸齿信号上升沿对应于第 4 缸压缩(第 1 缸排气)上止点前 81°(BTDC81°)。

发动机运转时,曲轴和凸轮轴分别驱动曲轴位置传感器 CPS 和凸轮轴位置传感器 CIS 一

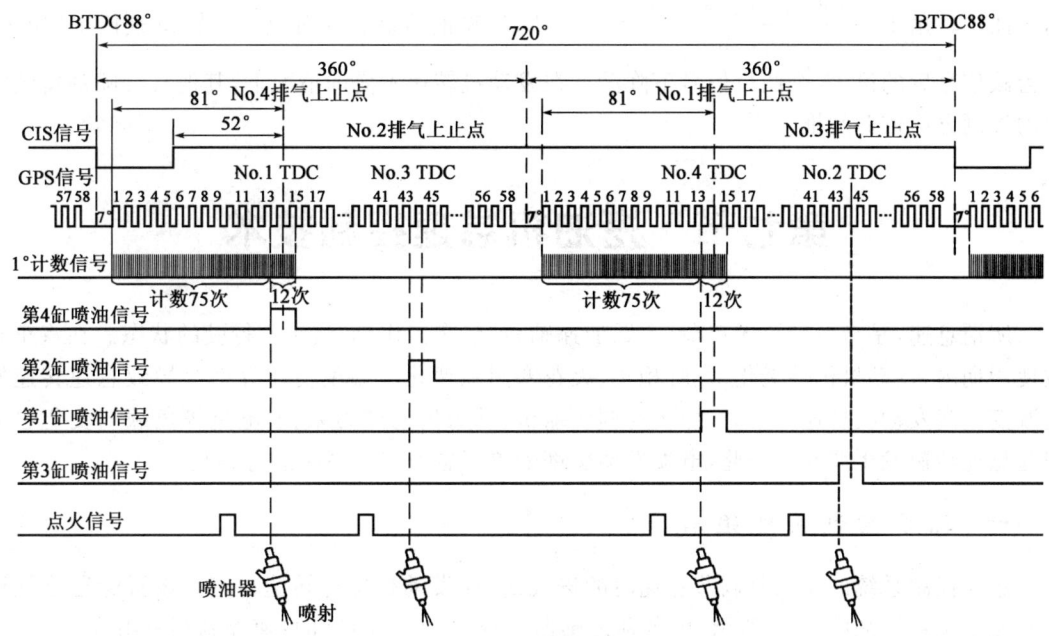

图 2-79 喷油提前角与喷油持续时间的控制时序与波形

同转动,传感器 CPS 和 CIS 产生的信号不断输入 ECU,经过输入接口电路进行信号处理后,再由 CPU 进行数学计算和逻辑判断。

当 ECU 接收到凸轮轴位置传感器 CIS 信号下降沿时,立即判定第 1 缸活塞位于压缩上止点前 88°、第 4 缸活塞位于排气上止点前 88°,并控制其内部的 1°计数电路准备对曲轴位置传感器信号进行计数。

当曲轴位置传感器 CPS 大齿缺信号后的首个凸齿信号上升沿输入 ECU 时,1°计数电路立即开始对 CPS 信号进行计数。当计数 75 次(即 ECU 接收到 CPS 第 13 个凸齿信号的下降沿,相当于曲轴转角 13 个凸齿×3°+12 个小齿缺×3°=75°)时,第 4 缸活塞正好位于排气上止点前 6°(BTDC6°=81°−75°),此时 ECU 立即向第 4 缸喷油器驱动电路(三极管)发出高电平控制信号,使第 4 缸喷油器的电磁线圈电路接通,喷油器阀门开启喷油,从而将喷油提前角控制在上止点前 6°(BTDC6°)。

为了控制下一缸(即第 2 缸)喷油,计数电路从 CPS 第 13 个凸齿信号的下降沿开始计数,当计数 180 次(即计数到 CPS 第 43 个凸齿信号下降沿,相当于曲轴转角 30 个凸齿×3°+30 个小齿缺×3°=180°)时,向第 2 缸喷油器驱动电路的三极管发出喷油脉冲,使第 2 缸喷油器开始喷油,从而将喷油提前角控制在排气上止点前 6°。

在发动机转速不变的情况下,其他气缸的喷油提前角控制方法依此类推。当转速变化时,ECU 根据上述控制方法,即可将喷油提前角精确控制在相应角度。

(二)喷油持续时间的控制过程

在喷油器开始喷油后,ECU 将控制喷油脉冲保持高电平不变,并根据内部晶振周期控制喷油时间。当喷油脉冲高电平宽度达到 2ms 时,立即将喷油脉冲转变为低电平,使三极管截止,切断喷油器电磁线圈电流而停止喷油。因为发动机 1000r/min 时,喷油持续时间 2ms 相当于曲轴转角 12°（$\frac{1000° \times 360° \times 2\text{ms}}{60000\text{ms}} = 12°$），所以，喷油结束时刻对应于曲轴位置传感器 CPS 大齿缺信号后的第 15 个凸齿信号下降沿。在发动机转速不变的情况下，其他气缸喷油持续时间的控制方法依此类推。

第七节 汽油机怠速控制技术

所谓怠速，是指发动机无负荷（不踩加速踏板）状态工作，而汽车不行驶的状态。在汽车有效使用期内，发动机机件老化、气缸积炭、火花塞间隙变化和温度变化等都会导致怠速转速发生改变。当发动机怠速运转时，由于空调压缩机、动力转向助力泵、发电机等负载的变化也会引起怠速转速发生波动。为此，电喷发动机都配置了怠速控制系统进行调整。

一、怠速控制系统组成

怠速控制系统的功用是调节怠速时的进气量，使发动机怠速转速稳定。设置旁通空气道的怠速控制系统如图 2-80 所示，由各种传感器、控制开关、ECU 和怠速控制阀等组成。

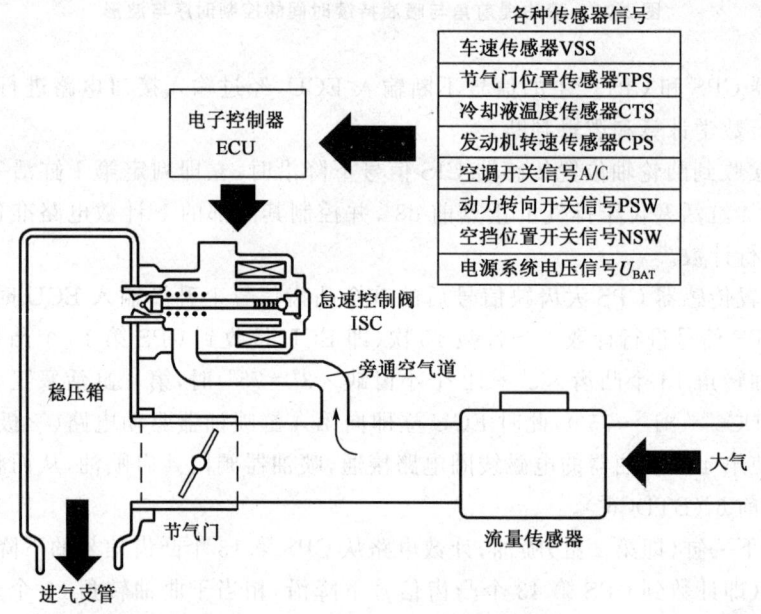

图 2-80 电喷发动机怠速控制系统组成

空调开关信号 A/C、动力转向开关信号 PSW、空挡开关信号 NSW 和电源电压信号 UBAT 等向 ECU 提供发动机负荷变化的状态信息。怠速控制阀（ISCV，Idle Speed Control Vavle）是怠速控制系统的执行器。在 ROM 中，存储有不同负荷状况下对应的最佳怠速转速。

二、怠速控制阀的功用与类型

怠速控制阀的功用是：通过调节发动机怠速时的进气量来调节怠速转速。怠速进气量的控制方式有节气门直接控制式和节气门旁通空气道控制式两种，前者是直接操纵节气门来调节进气量,简称节气门直动式;后者是通过控制节气门旁通空气道的开度来调节进气量,简称旁通空气式。

怠速控制阀安装在发动机节气门体上或节气门体附近,各型汽车采用的怠速控制阀各有不同,常用的怠速控制阀分为步进电机式、脉冲电磁阀式、旋转滑阀式和真空阀式四种。

三、步进电机式怠速控制阀

步进电机是一种利用电磁铁作用原理,将电脉冲信号转换为线位移或角位移的电机。

(一)步进电机式 ISCV 的结构特点

步进电机式怠速控制阀由步进电机、螺旋机构、阀芯、阀座等组成,如图 2-81 所示。步进电机与其他永磁式电动机一样,也是由永磁转子、定子绕组等组成,其功用是产生驱动力矩。

螺旋机构的作用是将步进电机的旋转运动变换为往复运动,由螺杆(又称为丝杠)和螺母组成。螺母与步进电机的转子制成一体,螺杆的一端制有螺纹,另一端固定有阀芯,螺杆与阀体之间为滑动花键连接,只能沿轴向作直线移动,不能做旋转运动。

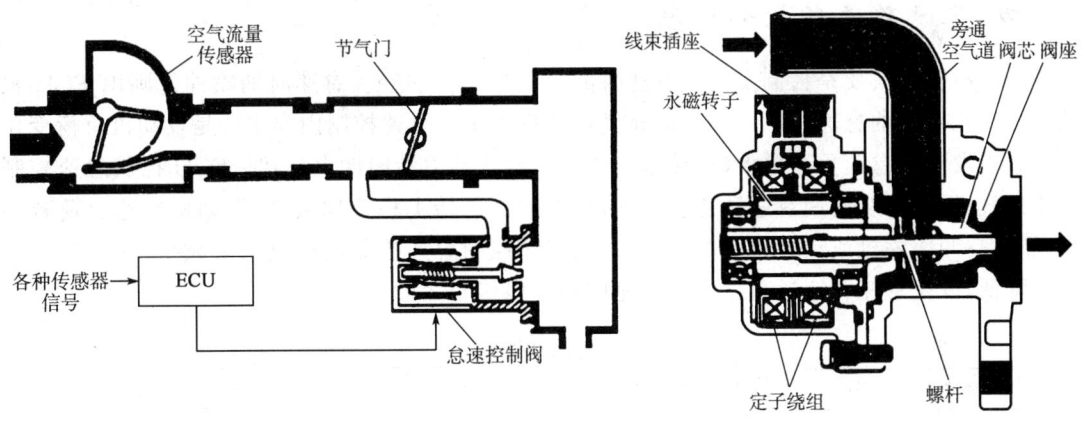

图 2-81 步进电机式怠速控制阀 ISCV 的结构

当步进电机的转子转动时,螺母将带动螺杆做轴向移动。转子转动一圈,螺杆移动一个螺距。因为阀芯与螺杆固定连接,所以螺杆将带动阀芯开大或关小阀门开度。ECU 通过控制步进电机的转动方向和转动角度来控制螺杆的移动方向和移动距离,从而达到控制怠速阀开度,调整怠速转速之目的。

(二)步进电机的控制原理

步进电机的工作方式在电工学中均有介绍,故不赘叙。步进电机式怠速控制阀 ISCV 的控制脉冲如图 2-82 所示。当依次按 B1-B、A-A1、B-B1、A1-A 的顺序向电机的定子绕组输入 4 个脉冲信号时,如图 2-82a 所示,电机就会沿逆时针方向转动一圈。同理,依次按 B1-B、A1-A、B-B1、A-A1 的顺序向电机的定子绕组输入 4 个脉冲信号,如图 2-82b 所示,电机就会沿顺时针方向转动一圈。

对应于每一个脉冲信号,电机转子转过的角度(角位移)θ,称为步进电机的步进角或步距角。以转子齿数为 50 个齿的电机为例,当以四拍运行时的步进角为 $\theta=360°/(50\times 4)=1.8°$(俗称整步),当以八拍运行时的步进角为 $\theta=360°/(50\times 8)=0.9°$(俗称半步)。常用的步进角有 30°、15°、11.25°、7.5°、3.75°、2.5°、1.8°等。如丰田皇冠 3.0 型轿车 2JZ-GE 发动机采用的

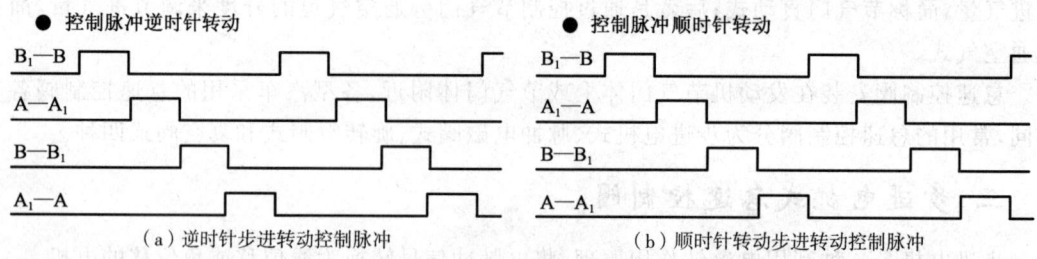

图 2-82　步进电机控制脉冲

永磁式步进电机,其转子设有 8 对磁极,定子设有 32 个爪极,转子转动一圈前进 32 步,步进角为 11.25°,该步进电机的工作范围为 0~125 步(大约转动 4 圈)。

步进电机定子爪极越多,步进角越小,转角的控制精度就越高。步进电机的转速取决于控制脉冲的频率,并与频率同步。频率越高,转速越快。

四、怠速转速的控制过程

怠速控制的实质是控制发动机怠速时的进气量(充气量)。怠速时的喷油量则由 ECU 根据预先试验设定的怠速空燃比和实际充气量计算确定。怠速控制内容主要是发动机负荷变化控制。当发动机怠速负荷增大(如接通空调压缩机或动力转向助力泵)时,ECU 控制怠速控制阀使进气量增大,从而使怠速转速提高,防止发动机运转不稳或熄火;当发动机怠速负荷减小(如断开空调压缩机或动力转向助力泵)时,ECU 控制怠速控制阀使进气量减少,从而使怠速转速降低,以免怠速转速过高。怠速转速控制过程如图 2-83 所示。

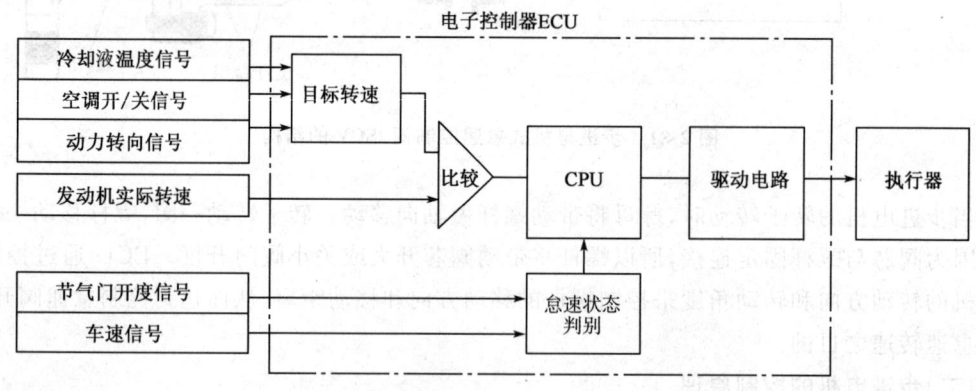

图 2-83　电喷发动机怠速转速的控制过程

发动机 ECU 首先根据怠速触点 IDL 信号和车速信号,判断发动机是否处于怠速状态。当判定为怠速工况时,再根据发动机冷却液温度传感器信号、空调开关、动力转向开关等信号,从存储器存储的怠速转速数据中查询相应的目标转速 n_g,然后将目标转速与曲轴位置传感器检测的发动机实际转速 n 进行比较。

当发动机负荷增大,需要发动机快怠速运转,目标转速高于实际转速($n_g > n$)时,ECU 将控制怠速控制阀(增大比例电磁阀式怠速控制阀的占空比,或增加步进电机步进的步数)增大旁通进气量来实现快怠速;反之,当发动机负荷减小,目标转速低于实际转速时,ECU 将控制急速控制阀减小旁通进气量来调节急速转速。例如,当接通空调(发动机负荷增大)时,需要发动机快急速运转(目标转速=快急速转速),ECU 就使急速控制阀的阀门开大,增大旁通进气量。当旁通进气量增大时,因为急速空燃比已由试验确定为一定值(一般为 12:1),所以 ECU 将控制喷油器增大喷油量,发动机转速随之增高到快急速转速运转。

当接通空调或动力转向泵时,其快急速转速约为 1000±50r/min。快急速时,转速升高 200r/min 左右。同理,当断开空调(发动机负荷减小),需要降低发动机转速,即目标转速低于实际转速($n_g<n$)时,ECU 将使急速控制阀的阀门关小,减小旁通进气量进行调节。

五、步进电机式 ISCV 的控制过程

步进电机式急速控制阀控制急速的方式包括初始位置确定、起动控制和暖机控制,控制电路如图 2-84 所示。

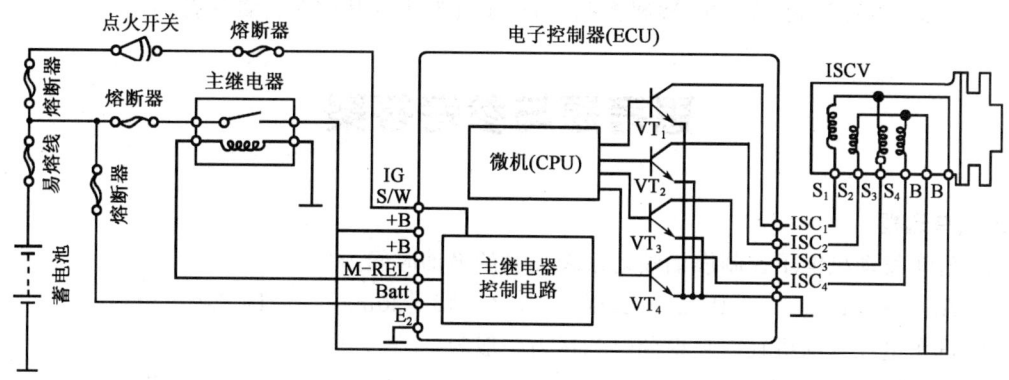

图 2-84 步进电机式急速控制阀控制电路

当发动机急速负荷变化时,在急速转速变化之前,ECU 将按照一定顺序,控制驱动电路中的晶体管 VT_1、VT_2、VT_3、VT_4 适时导通,分别接通步进电机定子绕组电流,使电机转子旋转,带动控制阀的阀芯移动,从而调节进气量,使发动机急速转速达到目标转速。

(1)初始位置确定。为了改善发动机的再次起动性能,在点火开关断开时,ECU 将控制急速控制阀处于全开状态,为再次起动做好准备。当 ECU 内部主继电器控制电路接收到点火开关拨到 OFF(断开)位置的信号时,ECU 将利用备用电源输入端(Batt 端子)提供的电压控制主继电器(燃油喷射继电器)线圈继续供电 2s,使步进电机的控制阀退回到初始位置,以便下次起动时具有较大的进气量。

(2)起动控制。起动控制特性如图 2-85a 所示。起动发动机时,因为急速控制阀预先设定在全开位置,所以进气量较大,发动机容易起动。发动机一旦被起动,如果阀门保持在全开位置,急速转速就会升得过高。因此,在起动时或起动后,当发动机转速达到规定值(该值由冷却液温度确定)时,ECU 就会控制步进电机步进的步数,使控制阀阀门关小到由冷却液温度确定的阀芯位置,使急速转速稳定。如果发动机冷却液温度在起动时为 20℃,当转速达到 500r/min 时,ECU 将控制步进电机从全开位置 A 点(125 步)步进到达 B 点(55 步)位置,使阀门关小,防止转速过高。

(3)暖机控制。暖机控制特性如图 2-85b 所示。在发动机暖机过程中,ECU 将根据冷却液温度传感器信号确定步进电机步进的位置。随着转速升高和发动机温度升高,控制阀阀门

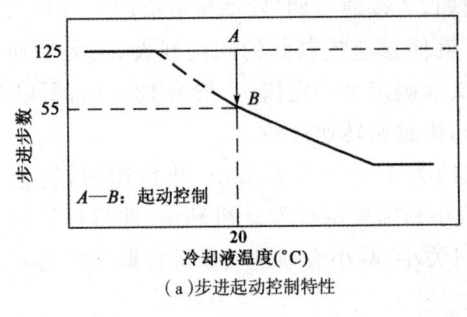
(a)步进起动控制特性

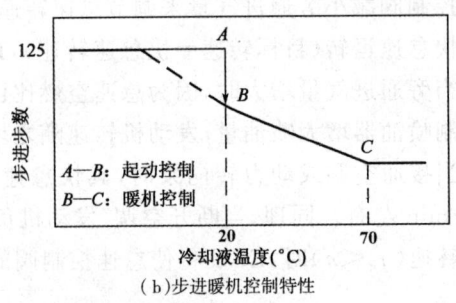
(b)步进暖机控制特性

图 2-85 步进电机式 ISCV 的起动与暖机控制特性

将逐渐关小,步进电机步进的步数逐渐减少。

当冷却液温度达到 70℃时,暖机控制结束,步进电机及其阀芯位置保持不变。

思考题与参考答案

一、单选题

1. 汽车发动机电子控制燃油喷射系统控制的喷油时间为( )。
   A. 1～2ms　　　B. 2～12ms　　　C. 12～20ms　　　D. 20～50ms
2. 汽车电控发动机缸内喷射的燃油压力一般为( )。
   A. 10mPa　　　B. 100mPa　　　C. 160mPa　　　D. 200mPa
3. 发动机怠速运转时,大众 M 型轿车发动机直接供气系统的标准进气量为( )。
   A. 50～100g/s　B. 10～50g/s　　C. 5.0～10g/s　　D. 2.0～5.0g/s
4. 磁感应式传感器转子凸齿与信号发生器之间的气隙一般为( )。
   A. 0.1～0.2mm　B. 0.2～0.4mm　C. 0.5～1.5mm　D. 2mm
5. 差动霍尔式传感器转子凸齿与信号发生器之间的气隙一般为( )。
   A. 0.1～0.2mm　B. 0.2～0.4mm　C. 0.5～1.5mm　D. 2mm
6. 测量发动机冷却液温度时,热敏电阻式传感器的工作温度应为( )。
   A. 1000℃　　　B. 600℃～1000℃　C. -30℃～130℃　D. 80℃～100℃
7. 当发动机停止工作时,随机存储器 RAM 消耗的电流约为( )。
   A. 1～2 mA　　B. 2～5 mA　　　C. 5～20mA　　　D. 1～2 A
8. 在电控汽油喷射系统中,电磁喷油器球阀或针阀的升程约为( )。
   A. 0.1～0.2mm　B. 0.2～0.4mm　C. 0.5～1.5mm　D. 2mm
9. 在电控汽油喷射系统中,高阻型电磁喷油器的线圈阻值为( )。
   A. 1～3　　　　B. 13～18　　　C. 1～3 k　　　D. 13～18 k
10. 油压调节器调节的汽油压力与进气支管的气压之差为( )。
    A. 300kPa　　　B. 100kPa　　　C. 100mPa　　　D. 300mPa
11. 当空调开关接通时,电控发动机快怠速运转,此时发动机转速升高约( )。
    A. 80r/min　　　B. 200r/min　　C. 600r/min　　D. 1000r/min
12. 电控发动机怠速控制的实质是控制发动机怠速时的( )。

A. 喷油量　　　　B. 供油量　　　　C. 排气量　　　　D. 进气量

二、多选题

1. 汽车发动机电控系统包含下述哪几个子控制系统（　　）。
   A. 燃油喷射　　　B. 怠速控制　　　C. 清除溢流　　　D. 巡航控制
2. 发动机燃油喷射系统EFI是由以下哪几个子系统组成（　　）。
   A. 供气系统　　　B. 供油系统　　　C. 电控系统　　　D. 安全系统
3. 根据燃油喷射时序不同,电控发动机多点燃油间歇喷射系统可分为（　　）。
   A. 同时喷射　　　B. 分组喷射　　　C. 进气管喷射　　D. 顺序喷射
4. 发动机电控系统采用的曲轴位置传感器有以下几种型式（　　）。
   A. 霍尔式　　　　B. 磁感应式　　　C. 光电式　　　　D. 触点式
5. 电控发动机采用的怠速控制阀有以下哪几种形式（　　）。
   A. 步进电机式　　B. 脉冲电磁阀式　C. 旋转滑阀式　　D. 真空阀式

三、判断题

1. 电控汽油机的进气道较长,其目的是提高发动机的动力性。（　）
2. 在涡流式空气流量传感器中,发动机的进气量与涡流的频率成反比。（　）
3. 支管压力传感器的输出电压U_s与支管压力p成正比。（　）
4. 点火开关一旦接通,电动燃油泵就会运转1～2s。（　）
5. 在电控汽油喷射系统中,油压调节器调节的压差取决于进气压力的高低。（　）
6. 当冷车起动发动机时,冷却液温度越低,则喷油时间越长,喷油量则越大（　）。
7. 在发动机起动后的运转过程中,其总喷油量由喷油修正量和喷油增量决定（　）。
8. 在电控汽油喷射系统中,发动机的基本喷油时间随转速升高而增长（　）。
9. 在电控汽油喷射系统中,当大气压力降低时,基本喷油时间缩短（　）。
10. 在电控汽油喷射系统中,当进气温度升高时,基本喷油时间缩短（　）。
11. 电控发动机怠速控制系统能够提高汽车的动力性（　）。
12. 怠速控制系统是通过调节点火提前角来调节发动机的怠速转速（　）。

四、问答题

1. 汽车发动机电子控制系统常用传感器和执行器分别有哪些？
2. 汽车发动机电子控制系统常用开关信号有哪些？
3. 汽油发动机燃油喷射系统常用传感器和执行器分别有哪些？
4. 为什么汽油机电控喷油系统必需设置空气流量传感器？
5. 分析说明汽油发动机起动后喷油量的控制过程。

参考答案

一、单选题：1. B　2. A　3. D　4. D　5. C　6. C　7. C　8. A　9. B　10. A　11. B　12. D

二、多选题：1. ABCD　2. ABC　3. ABD　4. ABC　5. ABCD

三、判断题：1. √　2. ×　3. √　4. √　5. ×　6. √　7. ×　8. ×　9. √　10. √　11. ×　12. ×

第三章 汽油机排放与微机控制点火技术

汽车造福人类的同时,也带来了大气污染问题,因此必须采取措施进行控制。汽车排放的有害物质主要有碳氢化合物 HC、一氧化碳 CO、氮氧化物 NO_x、光化学烟雾和炭烟等。

第一节 发动机断油控制技术

发动机断油控制是指在特殊工况下,暂时中断喷油,以满足发动机运行的特殊要求。断油控制系统的组成如图 3-1 所示。

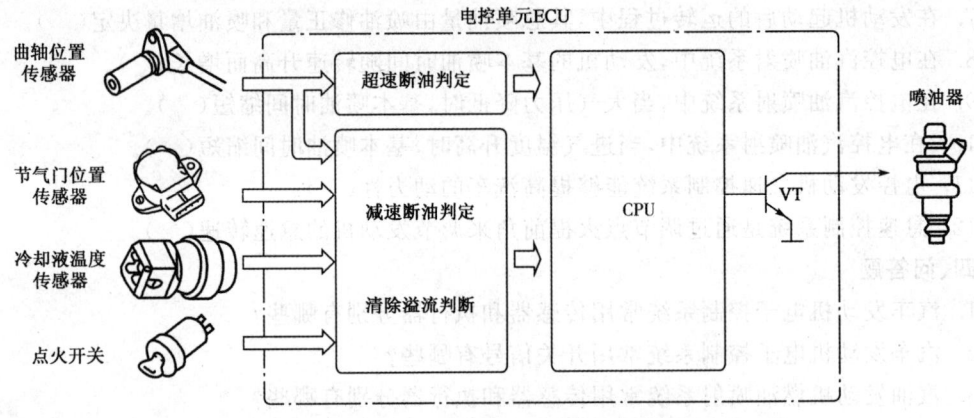

图 3-1 超速断油与减速断油控制过程

根据断油的条件不同,断油控制分为超速断油控制、减速断油控制和清除溢流控制等。

一、超速断油控制

超速断油控制是指当发动机转速超过允许的极限转速时,ECU 立即控制喷油器中断喷油的控制。发动机工作时,转速越高,曲柄连杆机构的离心力就越大。当离心力过大时,发动机就有"飞车"而损坏的危险。因此,每台发动机都有一个极限转速值,一般为 6000~7000r/min。超速断油控制的目的就是防止发动机超速运转而损坏机件。

在发动机运行过程中,ECU 随时都将曲轴位置传感器测得的发动机实际转速与存储器中预先储存的极限转速值进行比较。当实际转速超过极限转速 80r/min 时,ECU 就会发出停止喷油指令,控制喷油器停止喷油,限制发动机转速进一步升高,超速断油控制曲线如图 3-2 所示。喷油器停止喷油后,发动机转速将迅速下降。当发动机转速下降至低于极限转速 80r/min 时,ECU 将控制喷油器恢复喷油。由此可见,极限转速值实际上是一个平均转速 n_0 值。

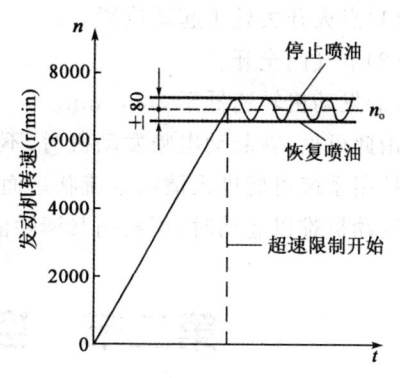

图 3-2 超速断油控制曲线

二、减速断油控制

减速断油控制是指发动机在高速运转过程中突然减速时,ECU 自动控制喷油器中断燃油喷射。当高速行驶的汽车突然松开加速踏板减速时,发动机将在汽车惯性力的作用下高速旋转,由于节气门已经关闭,进入气缸的空气很少。因此,如果不停止喷油,混合气将会很浓而导致燃烧不完全,有害气体的排放量将急剧增加。

减速断油的目的就是节约燃油,并减小有害气体的排放量。减速断油控制时,ECU 根据节气门位置、发动机转速和冷却液温度等传感器信号,判断是否满足以下三个减速断油条件。

(1)节气门位置传感器信号表示节气门关闭。
(2)发动机冷却液温度达到正常工作温度(80℃)。
(3)发动机转速高于燃油停供转速。

当以上三个条件全都满足时,ECU 立即发出停止喷油指令,控制喷油器停止喷油。当喷油停止、发动机转速降低到燃油复供转速或节气门开启(怠速触点断开)时,ECU 再发出指令控制喷油器恢复喷油,控制曲线如图 3-3 所示。如 8A-FE 型发动机在 2500r/min 正常运行时,如果节气门松开,喷油器就会停止喷油。当发动机转速降到燃油复供转速 1400r/min 时,喷油器又会恢复喷油。

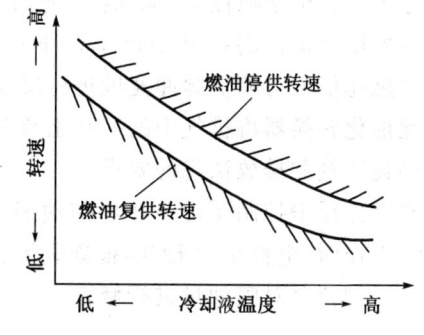

图 3-3 减速断油控制曲线

燃油停供转速和复供转速与冷却液温度和发动机负荷有关,由 ECU 根据发动机温度、负荷等参数确定。冷却液温度越低,发动机负荷越大(如空调接通),燃油停供转速和复供转速就越高。

三、清除溢流控制

在起动电喷发动机时,燃油喷射系统将向发动机供给较浓的可燃混合气,以便顺利起动。如果多次起动未能成功,那么,淤积在气缸内的浓混合气就会浸湿火花塞,使其不能跳火而导致发动机不能起动。火花塞被混合气浸湿的现象称为"溢流"或"淹缸"。

清除溢流是指当加速踏板踩到底,同时又接通起动开关起动发动机时,ECU 自动控制喷油器中断燃油喷射,以便排出气缸内的燃油蒸汽,使火花塞干燥以便能够跳火,清除溢流控制具有以下三个条件,只有三个条件同时满足时,断油控制系统才能进入清除溢流状态工作。

(1) 点火开关处于起动位置。
(2) 节气门全开。
(3) 发动机转速低于 300r/min。

由此可见,在起动电喷发动机时,不必踩下加速踏板,直接接通起动开关即可起动。否则,断油控制系统可能进入清除溢流状态而使发动机无法起动。同理,当接通起动开关起动机运转而发动机难以起动时,可利用其清除溢流功能,先将溢流清除,再进行起动。

第二节　空燃比反馈控制技术

在控制系统中,凡是系统的输出端与输入端之间存在反馈回路,即输出量对控制作用有直接影响的系统,称为闭环控制系统或反馈控制系统。"闭环"的含意是应用反馈调节作用来减小系统的误差。空燃比反馈控制就是调节电控发动机空燃比的误差。

一、空燃比反馈控制系统的组成

试验证明:当发动机混合气的空燃比($\lambda = A/F$)控制在理论空燃比(14.7)附近时,三元(HC、CO、NO_x)催化转换器才能使 HC、CO、氢气 H_2 的还原作用和 NO_x、氧气 O_2 的氧化作用同时进行,并将排气中的三种有害气体(HC、CO、NO_x)转化为二氧化碳 CO_2 和水 H_2O 等无害物质,净化率曲线如图 3-4 所示。电喷发动机是用空气流量传感器和发动机转速传感器等信号来计算确定喷油量,很难将空燃比控制在理论空燃比(14.7)附近。

空燃比反馈控制系统(AFC,Air Fuel Ratio Feedback Control)的功用是,利用氧传感器反馈的空燃比信号对喷油脉冲宽度进行反馈控制,将空燃比控制在理论空燃比(14.7)附近,再利用三元催化转换器将排气中的三种主要有害物质转化为无害成分,从而节约燃油和净化排气,满足油耗法规和排放法规的要求。

空燃比反馈控制系统是在燃油喷射系统的基础上增设氧传感器而构成,如图 3-5 所示。发动机工作时,电控单元 ECU 根据氧传感器的信号电压来判断可燃混合气是偏浓还是偏稀,再发出控制指令对喷油量进行修正。

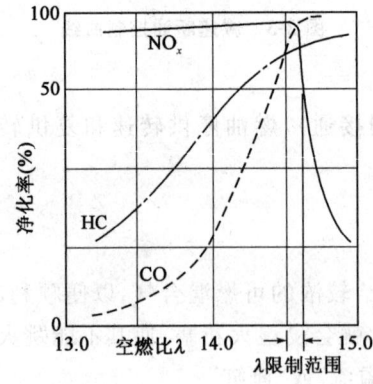

图 3-4　排气净化率曲线

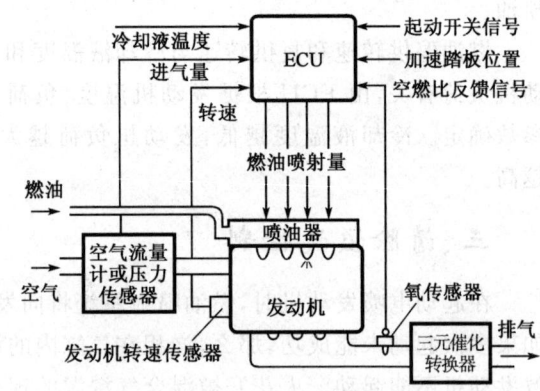

图 3-5　空燃比反馈控制系统组成

氧传感器是实现空燃比反馈控制的关键部件,安装在排气门至三元催化转换器之间的排气管上。如果在同一根排气管上安装两只氧传感器(如雷克萨斯 LS400 型和皇冠 3.0 型轿车),则在三元催化转换器的前、后端各安装一只氧传感器,两次反馈能够实现精确控制。

氧传感器是排气氧传感器(EGO,Exhaust Gas Oxygen Sensor)的简称,又称为氧量传感器(O_2S)或兰姆达λ(Lambda)传感器,其功用是通过监测排气中氧离子的含量来获得混合气的空燃比信号,并将空燃比信号转变为电信号输入发动机 ECU。ECU 根据氧传感器信号对喷油时间进行修正,实现空燃比反馈控制(闭环控制),即将空燃比控制在 14.7 左右,使发动机得到最佳浓度的混合气,从而达到减小有害气体的排放量和燃油消耗量之目的。

汽车电控发动机采用的氧传感器分为氧化锆(ZrO_2)式和氧化钛(TiO_2)式两种类型,氧化锆式氧又分为加热型与非加热型氧传感器两种,氧化钛式一般都为加热型传感器。因为氧化钛式氧传感器价格便宜,且不易受到硅离子的腐蚀,所以当今汽车普遍采用。

二、氧化锆式氧传感器的结构原理

空气中的氧离子在某些固体电解质中容易扩散,已经发现的具有多孔性的固体电解质材料有二氧化锆(ZrO_2)、氧化钍(ThO_2)、氧化铋(Bi_2O_3)、氧化铈(CeO_2)等。当这些电解质的表面与内部之间氧气的浓度不同(即存在浓度差)时,氧气浓度高处的氧离子就会向浓度低的一侧扩散,以求达到平衡状态。当固体电解质表面设置集中用多孔电极之后,在其两个表面之间就可得到电动势,因此,将其称为"氧浓差电池"。氧化锆式氧传感器就是根据这一原理制成的氧离子浓度传感器,又称为"电压型"氧离子浓度传感器。

1. 氧化锆式氧传感器的结构组成

氧化锆式氧传感器的结构如图 3-6 所示,主要由钢质护管、钢质壳体、锆管、加热元件、电极引线、防水护套和线束插头等组成。

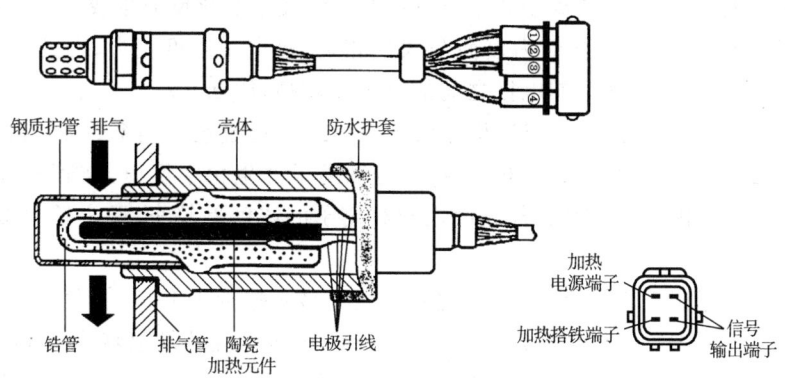

图 3-6 氧化锆式 EGO 的结构

锆管是在二氧化锆(ZrO_2)固体电解质粉末中添加少量的添加剂压制成形后,再烧结而成的陶瓷管,其加工工艺与火花塞绝缘体的成形工艺完全相同。二氧化锆晶体的体积变化量为 4%左右,其体积变化容易导致晶体老化而失效(阻止氧离子扩散),加入添加剂的目的就是防止二氧化锆晶体老化。目前常用的添加剂是氧化钇(Y_2O_3)。锆管制作成试管形状,以便氧离子能均匀扩散与渗透。锆管内表面通大气,外表面通排气。为了防止发动机排出的废气腐蚀外层铂电极,在外层铂电极表面还涂敷有一陶瓷保护层。

在锆管的内、外表面都涂覆有一层金属铂(催化剂)作为电极,并用金属线与传感器信号输出端子连接。金属铂除了起到电极作用将信号电压引出传感器之外,另一个更重要的作用是催化作用。在催化剂铂的作用下,当发动机排气中的一氧化碳(CO)有害气体与氧气(O_2)接触时,就会生成二氧化碳(CO_2)无害气体。氧化锆陶瓷管的强度很低,而且安装在排气管上承受排气压力冲击。为了防止锆管受排气压力冲击而造成陶瓷管破碎,因此将锆管封装在钢质护管内。护管上制作有若干个小孔,以便于排气流通。在钢质壳体上制作有六角螺边和螺纹,以便安装(拧紧力矩为40~60N·m)和拆卸传感器。

氧化锆式氧传感器有加热型与非加热型两种。非加热型氧传感器的线束插头只有一个或两个接线端子。中高档轿车大都采用加热型氧传感器,其线束插头有三个或四个接线端子。

2. 氧化锆式氧传感器的工作原理

二氧化锆(ZrO_2)式氧传感器的固体电解质普遍使用二氧化锆,其工作原理如图3-7所示。因为锆管内侧与氧离子浓度高的大气相通,外侧与氧离子浓度低的排气相通,且锆管外侧的氧离子随可燃混合气浓度变化而变化,所以当氧离子在锆管中扩散时,锆管内外表面之间的电位差将随可燃混合气浓度变化而变化,即锆管相当于一个氧浓差电池,传感器的信号源相当于一个可变电源。

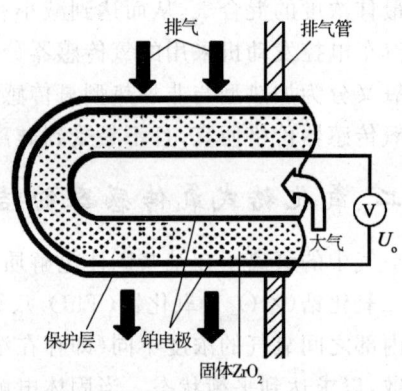

图3-7 氧化锆式EGO工作原理

氧传感器的输出特性如图3-8所示。当供给发动机的可燃混合气较浓(即空燃比λ<14.7或过量空气系数α<1)时,排气中氧离子含量较少、一氧化碳(CO)浓度较大。在锆管外表面催化剂铂的催化作用下,氧离子几乎全部都与CO发生氧化反应生成二氧化碳气体,使外表面上氧离子浓度为0。由于锆管内表面与大气相通,氧离子浓度很大,因此锆管内、外表面之间的氧离子浓度差较大,两个铂电极之间的电位差较高,约0.9V。

当供给发动机的可燃混合气较稀(即空燃比λ>14.7或过量空气系数α>1)时,排气中氧离子含量较多、CO浓度较小,即使CO全部都与氧离子产生化学反应,锆管外表面上还是有多余的氧离子存在。因此,锆管内、外表面之间氧离子的浓度差较小,两个铂电极之间的电位差较低,约0.1V。

当空燃比λ接近于理论空燃比14.7(过量空气系数α接近于1)时,排气中的氧离子和CO含量都很少。在催化剂铂的作用下,氧离子与CO的化学反应从缺氧状态(CO过剩、氧离子浓度接近于0)急剧变化为富氧状态(CO接近于0、氧离子过剩)。由于氧离子浓度差急剧变化,因此,铂电极之间的电位差急剧变化,使传感器输出电压从0.9V急剧变化为0.1V。

由图3-8a可见,当可燃混合气浓时,如果没有催化剂铂的催化作用使氧离子浓度急剧减小到接近于0,那么在混合气由浓变稀时,固体电解质两侧氧离子的浓度差将连续变化,传感器的电动势将按曲线3所示连续变化,即电动势不会出现跃变现象。

在使用过程中,铂在催化反应过程中自身会有消耗,故氧化锆式氧传感器是一种消耗型传感器。此外,汽油和润滑油硫化产生的硅酮等颗粒物质附着在铂电极表面上会导致铂电极逐渐失效,传感器内部端子处用于防水的硅橡胶也会逐渐污染内侧电极。因此,氧化锆式氧传感器必须定期更换。目前规定,汽车每行驶16万公里必须更换新品。

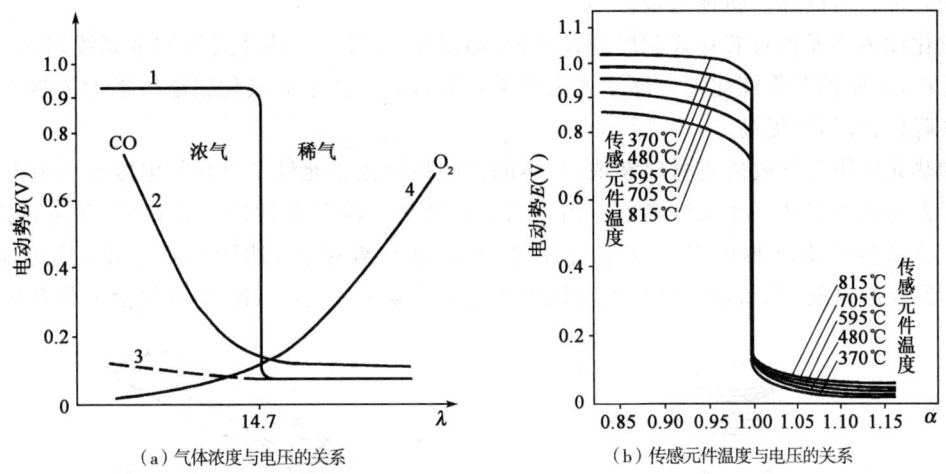

(a) 气体浓度与电压的关系　　(b) 传感元件温度与电压的关系

图 3-8　氧化锆式氧传感器输出特性

1. 传感器的电动势　2. 一氧化碳 CO 浓度　3. 无铂电极时的电动势　4. 氧离子浓度

3. 氧化锆式氧传感器的工作条件

氧化锆式氧传感器必须满足以下三个条件,才能正常调节混合气浓度:一是发动机温度高于 60℃;二是氧传感器自身温度高于 300℃;三是发动机工作在怠速工况或部分负荷工况。

三、氧化钛式氧传感器的结构原理

二氧化钛(TiO_2)属于 N 型半导体材料,其阻值大小取决于材料温度以及周围环境中氧离子的浓度。因此可用来检测排气中的氧离子浓度。氧化钛式氧传感器又称为"电阻型"氧离子浓度传感器。

1. 氧化钛式氧传感器的结构组成

氧化钛式氧传感器的外形与氧化锆式氧传感器相似,结构如图 3-9 所示,主要由二氧化钛传感元件、钢质壳体、加热元件和电极引线等组成。

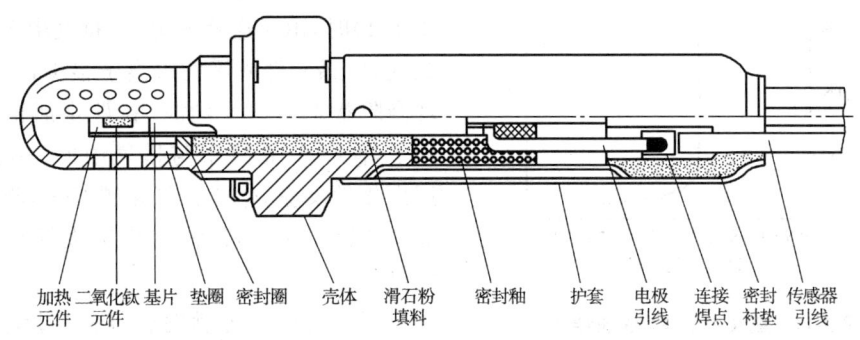

图 3-9　氧化钛式氧传感器结构

钢质壳体上制有螺纹,以便于传感器安装。与氧化锆式氧传感器不同的是,氧化钛式氧传感器不需要与大气压进行比较,因此传感元件的密封与防水十分方便,利用二氧化硅或滑石粉等密封即可达到使用要求。此外,在电极引线与护套之间设置一个硅橡胶密封衬垫,可以防止水汽浸入传感器内部而腐蚀电极。

氧化钛传感元件有芯片式和厚膜式两种,如图 3-10 所示。芯片式将铂金属线埋入二氧化钛芯片中,金属铂兼作催化剂。厚膜式采用半导体封装工艺中的氧化铝层压板工艺制成,从而使成本降低、可靠性提高。

加热元件用钨丝或陶瓷材料制成,加热的目的是使传感元件二氧化钛温度保持恒定,从而使传感器的输出特性不受温度影响。因为二氧化钛是一种多孔性的陶瓷材料,利用热传导方式对氧化钛芯片或厚膜可以直接进行加热,所以加热效率高,达到激活温度(规定温度为 600 ℃)需要的时间很短,这对减小发动机刚刚起动后碳氢化合物 HC 的排放量十分有利。

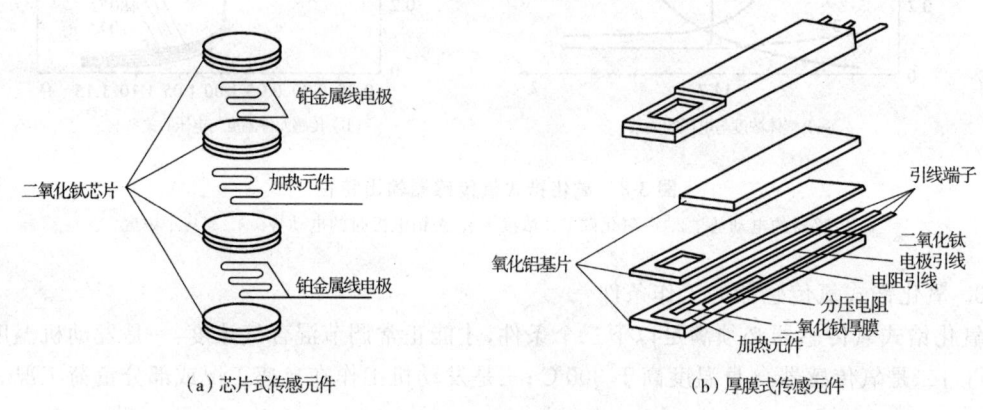

图 3-10　氧化钛式氧传感器传感元件结构

2. 氧化钛式氧传感器的工作原理

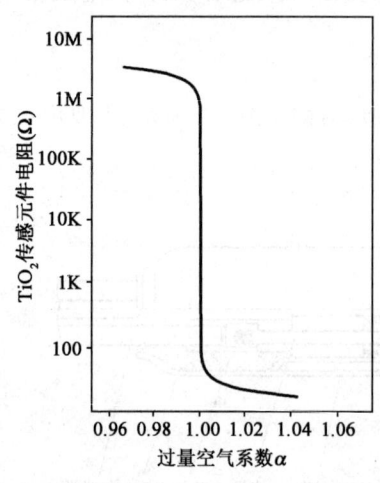

图 3-11　氧化钛式 EGO 的特性

二氧化钛半导体材料的电阻具有随氧离子浓度变化而变化的特性。因此,氧化钛式氧传感器的信号源相当于一个可变电阻,其电阻值与过量空气系数的关系如图 3-11 所示。

当发动机的可燃混合气浓(过量空气系数小于 1)时,由于燃烧不完全,排气中会剩余少量氧气,传感元件周围的氧离子很少,二氧化钛呈现高阻状态。与此同时,在催化剂铂的催化作用下,使剩余氧离子与排气中的一氧化碳 CO 产生化学反应,生成二氧化碳 CO_2,将排气中的氧离子进一步消耗掉,从而大大提高了传感器的灵敏度。

当发动机的可燃混合气稀(过量空气系数大于 1)时,排气中氧离子含量较多,传感元件周围的氧离子浓度较大,二氧化钛呈现低阻状态。

由上可见,氧化钛式氧传感器的电阻将在混合气的过量空气系数约为 1(空燃比 λ 约为 14.7)时产生突变。当给氧传感器施加稳定的电压时,电路如图 3-12 所示,在其输出端便可得到一个交替变化的信号。该稳定电压一般由 ECU 内部的稳压电源提供。

3. 氧化钛式氧传感器的工作条件

氧化钛式氧传感器必须满足三个条件,才能正常调节混合气浓度:一是发动机温度高于 60℃;二是氧传感器自身温度高于 600℃;三是发动机工作在怠速工况或部分负荷工况。

四、空燃比反馈控制过程

电喷发动机空燃比的反馈控制过程如图 3-13 所示。氧传感器输出电压的平均值称为限制电平。当 ECU 接收到氧传感器的信号电压高于限制电平(0.5V)时,表明混合气偏浓,空燃比偏小,ECU 首先发出控制指令使空燃比反馈修正系数 KAF 骤然下降一个 PR

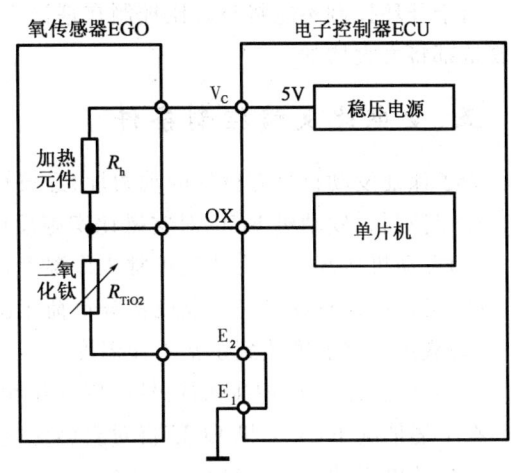

图 3-12 氧化钛式 EGO 工作电路

值,使喷油时间 TB 缩短,喷油量减少,然后逐渐减小修正系数,使混合气逐渐变稀,空燃比逐渐增大。

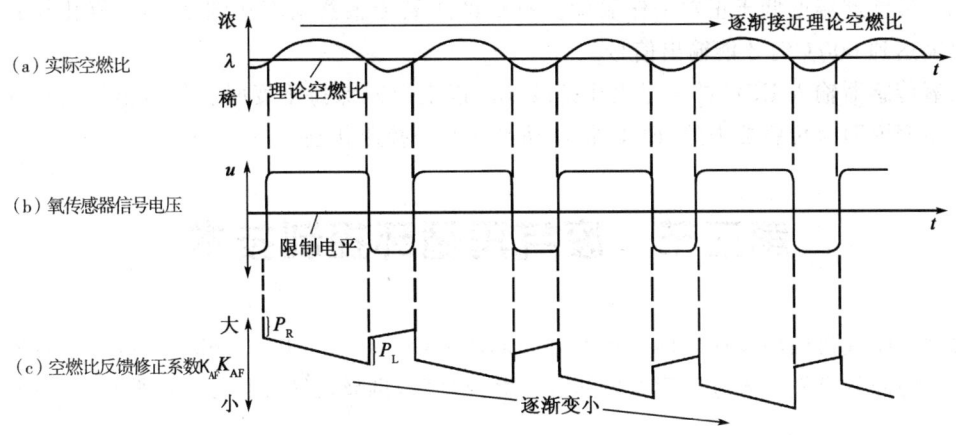

图 3-13 空燃比反馈控制特性曲线示意图

当 ECU 接收到氧传感器的信号电压低于限制电平(0.5V)时,表明混合气偏稀,空燃比偏大,ECU 首先发出控制指令使空燃比反馈修正系数 K_{AF} 急剧上升一个 P_L 值,使喷油时间增长,喷油量增大,然后逐渐增大修正系数,使喷油量逐渐增加,混合气逐渐变浓,空燃比逐渐减小。

在空燃比反馈控制过程中,由于发动机工作循环需要一定的时间(即从喷油器喷油开始到氧传感器检测出氧离子浓度为止,发动机要经过进气、压缩、做功和排气等行程)。因此,要使空燃比收敛于理论空燃比值是不可能的。实际反馈控制只能将空燃比控制在理论空燃比附近,如图 3-13a 所示。

氧传感器输入 ECU 的信号电压在低电平(0.1~0.3V)与高电平(0.7~0.9V)之间变化的频率为 10 次/min 以上。如果 ECU 接收到的氧传感器信号电压变化过慢(低于 10 次/min)或保持不变(保持高电平或低电平不变),就会判定为氧传感器故障,并对空燃比实施开环控制。由于开环控制不能将空燃比控制在理论空燃比附近,因此,发动机燃油消耗量和有害气体排放量都将大大增加。

五、空燃比反馈控制条件

为了保证发动机具有良好的动力性、经济性和排放性,空燃比并不是在发动机所有工况都进行反馈控制。发动机 ECU 对空燃比实施反馈控制的条件是:

(1)发动机冷却液温度达到正常工作温度(80℃)。

(2)发动机运行在怠速工况或部分负荷工况。

(3)氧传感器温度达到正常工作温度。

(4)氧传感器输入 ECU 的信号电压变化频率不低于 10 次/min。

在下述情况下,发动机 ECU 将对空燃比实施开环控制:

①发动机起动工况。起动需要浓混合气,以便起动发动机。

②发动机暖机工况。发动机刚起动的温度低于正常工作温度(80℃),需要迅速升温。

③发动机大负荷工况。大负荷时需要加浓混合气,使发动机输出较大转矩。

④加速工况。加速时需要发动机输出较大转矩,以便提高车速。

⑤减速工况。减速时需要停止喷油,使发动机转速迅速降低。

⑥氧传感器温度低于正常工作温度。氧化锆式氧传感器温度达到 300℃、氧化钛式氧传感器温度达到 600℃时才能输出信号。

⑦氧传感器输入 ECU 的信号电压持续 10s 以上时间保持不变时。信号电压持续 10s 以上时间不变说明氧传感器失效,ECU 将自动进入开环控制状态。

第三节 废气再循环控制技术

发动机废气再循环又称为排气再循环(EGR,Exhaust Gas Recirculation),是指将发动机排气管中的部分废气引入进气管与新鲜空气混合之后,再吸入气缸参与工作循环。

一、废气再循环率(EGR 率)

在内燃机中,当燃油在高温(高于 1370℃)条件下燃烧时,氮与氧气化合就会生成有毒并带恶臭气味的氮氧化物 NO_x 气体。在其他条件相同的情况下,发动机燃烧温度越高,产生氮氧化物也就越多。废气再循环 EGR 的目的是:利用废气中所含二氧化碳不能燃烧、却能吸热的特性来降低燃烧温度,从而减小氮氧化物 NO_x 的排放量。

二氧化碳具有吸收热量的特性。废气再循环量越大,发动机最高温度就越低,抑制氮氧化物的效果也越好。但是,废气再循环量过大,会导致混合气着火性能变差,不仅会使发动机动力性降低、油耗增加,而且还会增大碳氢化合物 HC 的排放量。因此,必须对废气再循环量进行合理控制,在保证发动机正常工作的前提下,最大限度地减少氮氧化物的排放。

发动机废气参与再循环的量,通常用废气再循环率(即 EGR 率)表示,即

$$EGR 率 = \frac{EGR 气体量}{吸入空气量 + EGR 气体量} \times 100\%$$

EGR 的控制方式分为机械控制式和电子控制式两种类型。机械控制式 EGR 系统的控制

部件为膜片阀,利用进气支管的真空度(负压)和排气压力来调节膜片阀阀门的开度,从而实现EGR。机械控制式EGR系统控制的EGR率不可改变或变化范围较小(一般为5%~15%),已很少采用。目前普遍利用ECU控制电磁阀,由电磁阀再控制EGR阀来调节EGR率。电控EGR的控制精度较高,其控制的EGR率可达25%左右。

二、EGR电控系统的结构组成

EGR电控系统由传感器和控制开关、ECU、EGR电磁阀和EGR阀组成,如图3-14所示。

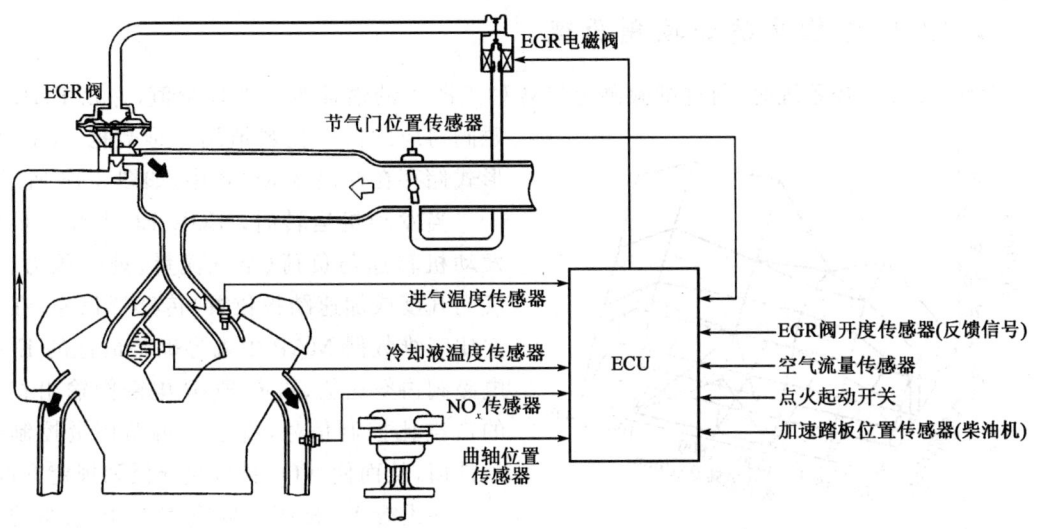

图3-14 电控废气再循环EGR系统的组成

传感器和控制开关主要有:曲轴位置传感器、空气流量传感器、进气支管压力传感器、节气门位置传感器或加速踏板位置传感器(柴油机)、冷却液温度传感器和点火起动开关等。曲轴位置传感器提供发动机转速信号,空气流量传感器(或进气支管压力传感器)、节气门位置传感器或加速踏板位置传感器(柴油机)提供发动机负荷信号,发动机冷却液温度传感器提供发动机温度信号,点火起动开关提供反映发动机状态的信号。

执行器有EGR电磁阀和EGR阀(真空阀)。在部分汽车上,还配装有NO_x传感器或EGR阀开度传感器,用于EGR的反馈控制。有的EGR电控系统则取消了EGR阀,采用EGR线性电磁阀直接控制废气循环量。

EGR线性电磁阀的结构如图3-15所示,其进气口与排气管相连,出气口与进气支管相连。在这种电磁阀上,通常都配装有阀门开度传感器提供废气循环量的反馈控制信号。发动机工作时,废气循环电控单元(EGR ECU)根据发动机转速和负荷等信号,通过调节占空比的大小来直接控制线性电磁阀开度,从而控制废气循环量。

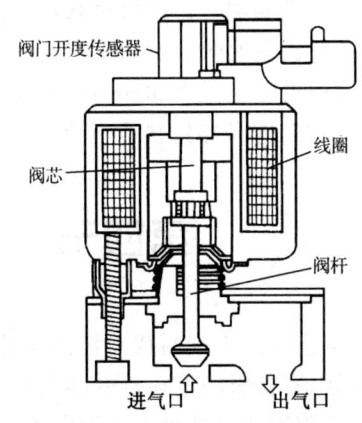

图3-15 EGR线性电磁阀

当占空比增大时,电磁阀线圈平均电流增大,阀芯产生的电磁吸力增大,克服复位弹簧预紧力向上位移量增大,并带动阀杆一同上移使阀门开度增大,废气循环量增大。同理,当占空比减小时,废气循环量减小。

当阀芯位移时,电磁阀阀门开度传感器内部的检测元件(电位计或位移量检测部件)将阀芯位移量转换为电信号,并输入 EGR ECU 作为废气循环量的反馈控制信号,从而实现废气循环量的闭环控制。因此,EGR 量的控制精度比真空阀高,且响应速度比真空阀快得多。目前,采用这种线性电磁阀的 EGR 系统应用越来越广。

三、EGR 电控系统的控制原理

设计 EGR 电控系统时,通过试验测定出各种工况下的最佳废气循环量值,并以 EGR 电磁阀对应的占空比数值用三维数据 MAP 的形式储存在存储器 ROM 中,如图 3-16 所示。

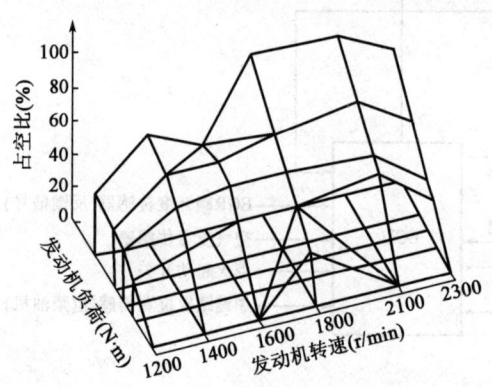

图 3-16 电控 EGR 的占空比三维数据 MAP

当发动机运转时,EGR ECU 首先根据发动机转速与负荷(空气流量、进气压力、节气门开度或加速踏板位置)传感器信号,在占空比三维数据 MAP 中查寻确定最佳的 EGR 电磁阀占空比值,再向 EGR 电磁阀输出相应的占空比控制信号,将废气再循环量控制在最佳值,从而使 NO_x 排放量降低到规定标准。

在设置 EGR 阀开度或 NO_x 传感器的控制系统中,EGR ECU 还要根据该传感器信号调整 EGR 电磁阀的占空比来调节 EGR 阀的开度,对排气再循环量实现反馈控制,使 NO_x 排放量进一步减小。

四、EGR 的实施条件

发动机 EGR 电控系统并非在所有工况下都能进行 EGR。在下述情况之一时,EGR ECU 将停止向 EGR 电磁阀发送控制指令,EGR 将停止,保证发动机正常工作。

(1)发动机起动时。发动机起动时温度低,产生 NO_x 气体较少,也为了保证可靠起动。

(2)发动机怠速时。发动机怠速时温度低,以保证迅速升温,防止怠速不稳定。

(3)发动机转速低于 900r/mn 或高于 3200r/mn(上、下限值取决于发动机型号)时,转速低时进行 EGR 容易导致转速不稳,转速高时要保证发动机输出足够动力。

第四节 微机控制点火技术

汽油机汽车点火控制技术包括微机(微型计算机)控制点火技术和爆燃控制技术,其控制水平的高低,直接影响发动机的动力性、经济性和排放性能。

微机控制汽油发动机点火的实质是控制点火提前角。在汽油机气缸内,混合气从开始点着到完全燃烧需要一定的时间(2~5ms)。为使混合气在活塞压缩终了时能充分燃烧,以使汽油机发出最大功率,点火就不应在压缩终了进行,而应适当提前。点火时刻用点火提前角来表示。从火花塞开始跳火到活塞运行至上止点的时间内曲轴转过的角度,称为点火提前角,用字母"θ"表示。当负荷一定时,发动机发出功率最大和油耗最低时的点火提前角,称为最佳点火提前角。

一、微机控制点火系统的组成

微机控制点火系统(MCI,Microcomputer Controlled Ignition System)的组成如图3-17所示,主要由凸轮轴位置(上止点位置)传感器、曲轴位置(曲轴转速与转角)传感器、空气流量(负荷)传感器、节气门位置(负荷)传感器、冷却液温度传感器、进气温度传感器、各种控制开关、电控单元、点火控制器、点火线圈以及火花塞等组成。

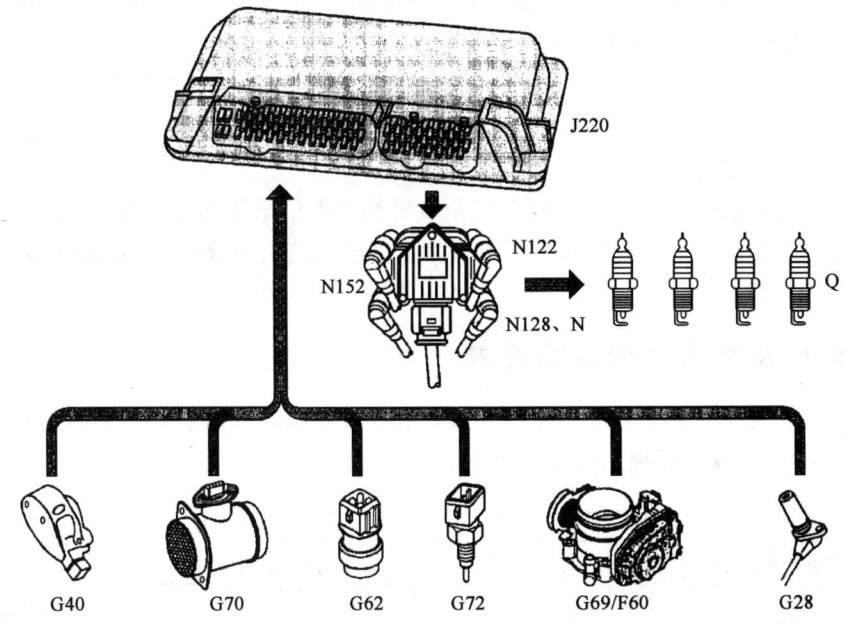

图3-17 大众车系微机控制直接点火系统的组成(部件代号为原厂代号)
G40. 凸轮轴位置(上止点位置)传感器　G70. 空气流量传感器　G62. 冷却液温度传感器　G72. 进气温度传感器　G69. 节气门位置传感器　F60. 怠速触点开关　G28. 曲轴位置(曲轴转速与转角)传感器　J220. 电控单元　N152. 点火控制组件　N122. 点火控制器　N128、N. 点火线圈　Q. 火花塞

微机控制点火系统和发动机爆燃控制系统(EDC,Engine Detonation Control System)相互配合,能将点火提前角控制在最佳值,使可燃混合气燃烧后产生的温度和压力达到最大值,在显著提高发动机动力性的同时,还能提高燃油经济性和排放性能。

传感器用来检测与点火有关的发动机工作和状态信息,并将检测结果输入电控单元,作为计算和控制点火时机的依据。虽然各型汽车采用的传感器类型、数量、结构及安装位置不尽相同,但其作用大同小异,且与燃油喷射系统和其他电子控制系统共用。

在图3-17中,凸轮轴位置(上止点位置)传感器G40是确定曲轴基准位置和点火基准的传感器。该传感器在曲轴旋转至某一特定的位置(如第1缸压缩上止点前某一确定的角度)时,输出一个脉冲信号,电控单元(J220)将这一脉冲信号作为计算曲轴位置的基准信号,再利用曲轴转角信号计算出曲轴任一时刻所处的具体位置。

曲轴位置(转角与转速)传感器 G28 将发动机曲轴转过的角度变换为电信号输入 J220,曲轴每转过一定角度就发出一个脉冲信号,J220 通过不断地检测脉冲个数,即可计算出曲轴转过的角度。与此同时,电控单元 J220 根据单位时间内接收到的脉冲个数,即可计算出发动机的转速。

在微机控制点火系统中,发动机曲轴转角信号用来计算具体的点火时刻,转速信号用来计算和读取基本点火提前角。凸轮轴位置和曲轴位置信号是保证电控单元控制电子点火系统正常工作最基本的信号。

空气流量传感器 G70 是确定进气量大小的传感器。空气流量信号输入电控单元后,除了用于计算基本喷油时间之外,还用作负荷信号来计算和确定基本点火提前角。

进气温度传感器 G72 是反映发动机吸入空气温度的传感器。在微机控制电子点火系统中,电控单元利用该信号对基本点火提前角进行修正。

冷却水温传感器 G62 是反映发动机工作温度高低的传感器。在微机控制点火系统中,电控单元除了利用该信号对基本点火提前角进行修正之外,还要利用该信号控制起动和发动机暖机期间的点火提前角。

节气门位置传感器 G69 将节气门开启角度转换为电信号输入电控单元,电控单元利用该信号和车速传感器信号来综合判断发动机所处的工况(怠速、中等负荷、大负荷、减速),并对点火提前角进行修正。

二、微机控制点火的控制原理

微机控制点火系统实际上是一种特殊的电子点火系统,其控制点火的过程比一般电子点火系统要复杂得多,控制原理如图 3-18 所示。

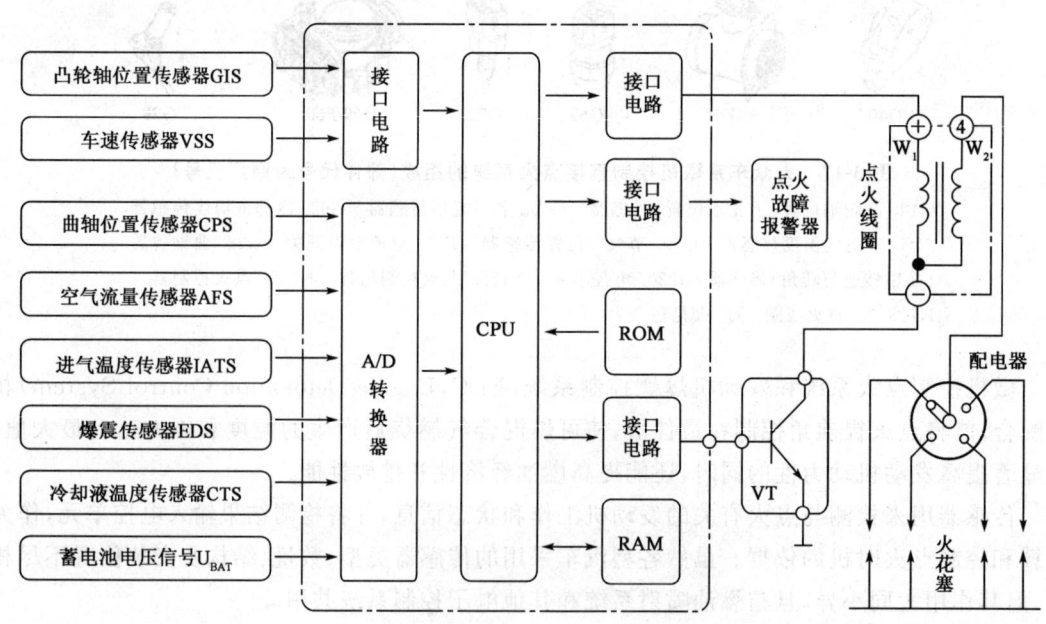

图 3-18 微机控制发动机点火的控制原理

当微机控制点火系统工作时,各种传感器输入 ECU 的信号首先经过输入接口电路或 A/D 转换器等进行数据处理,然后存储在随机存取存储器(RAM)之中备用。

当计数到曲轴转角等于最佳点火提前角时,CPU 立即向点火控制器发出控制指令,使其大功率晶体管 VT 截止,点火线圈初级电流切断,次级绕组产生高压,并按发动机的点火顺序分配到相应气缸的火花塞跳火点着可燃混合气。

上述控制过程是指发动机在正常状态下点火时刻的控制过程。当发动机起动、怠速或汽车滑行工况时,则由预先设定的控制程序进行控制。

三、微机控制点火提前角的确定

点火提前角的大小直接影响发动机的输出功率、油耗和排放。发动机工况不同,需要的最佳点火提前角也不相同,怠速时的最佳点火提前角是为了使怠速运转平稳;部分负荷时的最佳点火提前角是为了减小燃油消耗量和有害气体排放量,提高经济性和排放性能;大负荷时的最佳点火提前角是为了增大输出转矩,提高发动机的动力性。

微机控制的点火提前角 θ 由初始点火提前角 θ_i、基本点火提前角 θ_b 和修正点火提前角 θ_c 三部分组成,即

$$\theta = \theta_i + \theta_b + \theta_c$$

1. 初始点火提前角 θ_i

初始点火提前角又称为固定点火提前角,其值大小取决于发动机的结构形式,并由曲轴位置传感器的初始位置决定,一般设定为上止点前 BTDC10°左右(BTDC,Before Top Dead Center)。

当发动机起动时,或其转速低于 400r/min 时,或在检查初始点火提前角时,由于发动机转速变化大,空气流量不稳定,进气量传感器输出的流量信号就不稳定,点火提前角不能准确控制,所以采用固定的点火提前角进行控制,其实际点火提前角等于初始点火提前。

2. 基本点火提前角 θ_b

基本点火提前角是设计微机控制点火系统时确定的点火提前角,也是发动机最主要的点火提前角。由于发动机本身的结构复杂,影响点火的因素较多,理论推导基本点火提前角的数学模型比较困难,而且很难适应发动机的运行状态。所以,国内外普遍采用台架试验方法,利用发动机最佳运行状态下的试验数据来确定基本点火提前角。

台架试验方法是首先测试发动机转速与最佳点火提前角的特性曲线。试验时,节气门全开(排除真空度的影响),在每一转速下,逐渐增加点火提前角,直至得到最大功率为止,此时对应的点火提前角即为该转速下的最佳点火提前角;再用相同方法测出不同转速下的最佳点火提前角,即可绘出一组转速与最佳点火提前角的特性曲线。然后测试发动机负荷(真空度)与点火提前角的特性曲线。将发动机转速固定在某一数值,调节真空度的大小,在每一真空度下将点火提前角逐渐增加,直到测得最大功率为止。改变发动机转速,用同样方法测出不同真空度下的最佳点火提前角,即可绘出一组发动机负荷与最佳点火提前角的特性曲线。综合考虑发动机油耗、转矩、排放和爆燃等因素,对试验结果进行优化处理后,即可得到如图 3-19 所示的以转速和负荷为变量的点火提前角三维数据图谱 MAP。

发动机的点火提前角三维数据图谱 MAP 都以数据形式存储在 ECU 的 ROM 中。当发动机运行时,CPU 根据发动机转速信号(曲轴位置传感器提供)和负荷信号(空气流量和节气门位置传感器提供),从 ROM 中查询得到相应的基本点火提前角,从而对点火时刻进行控制。

3. 修正点火提前角 θ_c

为使实际点火提前角适应发动机的运行状况,以便得到良好的动力性、经济性和排放性

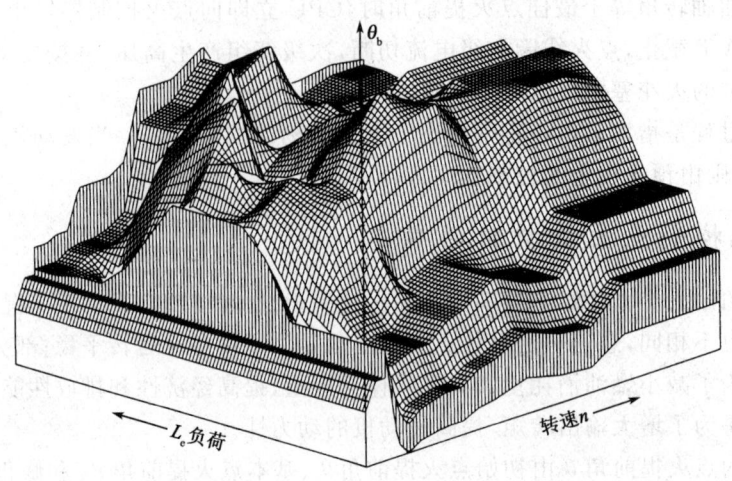

图 3-19 不同转速和负荷条件下的基本点火提前角三维数据 MAP

能,必须根据相关因素(冷却液温度、进气温度、开关信号等)适当增大或减小点火提前角。修正点火提前角的项目有多有少,主要有暖机修正和怠速修正。

(1)暖机修正。暖机修正是指节气门位置传感器(TPS)的怠速触点 IDL(Idle)闭合、发动机冷却液温度变化时,对点火提前角进行的修正。当冷却液温度低时,应当增大点火提前角,以促使发动机尽快暖机;当冷却液温度升高后,点火提前应相应减小。

(2)怠速修正。怠速修正是为了保证怠速运转稳定而对点火提前角进行的修正。发动机怠速运转时,由于负荷变化,ECU 会将怠速转速调整到设定的目标转速。如动力转向开关或空调开关接通,发动机实际转速将低于规定的目标转速时,ECU 将根据转速之差,相应地减小点火提前角,使怠速运转平稳,防止发动机怠速熄火。

发动机的实际点火提前角是上述三种点火提前角之和。发动机每转一转,ECU 计算处理后就输出一个提前角信号。因此,当传感器检测到发动机转速、负荷、水温等发生变化时,ECU 就会自动调整点火提前角。当 ECU 确定的点火提前角超过允许的最大提前角(或小于允许的最小提前角)时,发动机很难正常运行,此时 ECU 则将以最大(或最小)点火提前角允许值进行控制。

四、微机控制点火的控制过程

微机控制点火系统的控制过程分为点火提前角控制和点火导通角控制两个阶段。为了说明微机控制点火系统的控制过程,下面以大众轿车四缸发动机点火控制过程为例说明。

该发动机的气缸判别信号在第 1 缸压缩上止点前 BTDC88° 时产生,设曲轴转速 2000r/min 时最佳点火提前角为上止点前 BTDC30° 曲轴转角,其控制时序与波形如图 3-20 所示。

(一)点火提前角的控制

点火提前角的大小直接影响点火性能,提前角过大会导致发动机产生爆燃,提前角过小又会导致发动机过热,所以必须精确控制,一般精确到 1°。由发动机电控系统凸轮轴位置传感器和曲轴位置传感器的结构原理可知,当凸轮轴位置传感器 CIS 产生的判缸信号下降沿输入 ECU 时,表明第 1 缸活塞处于压缩上止点前 BTDC88° 位置,如图 3-20a 所示。当 ECU 接收到判缸信号下降沿时,将对曲轴位置传感器 CPS 输入的转速与转角信号进行计数。

计数开始时的信号称为基准信号,由 ECU 内部电路控制,曲轴每旋转 180°产生一个基准信号。因为曲轴位置传感器大齿缺后的第一个凸齿信号上升沿在判缸信号下降沿后 7°时产生,所以基准信号对应于第 1 缸活塞压缩上止点前 BTDC81°位置,如图 3-20b 所示。又因为点火提前角为上止点前 BTDC30°,所以 ECU 计数到第 51 个 1°信号(即从接收到 CIS 信号 7°+51°=58°)后,在第 52 个 1°信号时向点火控制器发出指令,使功率晶体管截止(OFF),如图 3-20d 所示,切断点火线圈的初级电流,次级绕组产生高压电并送到火花塞电极上跳火,从而将点火提前角控制在第 1 缸压缩上止点前 30°。因为基准信号每 180°产生一个,所以同理可按 1-3-4-2 的发动机气缸工作顺序将各缸点火提前角控制在压缩上止点前 30°。当点火提前角改变时,其控制过程和方法与此相同。

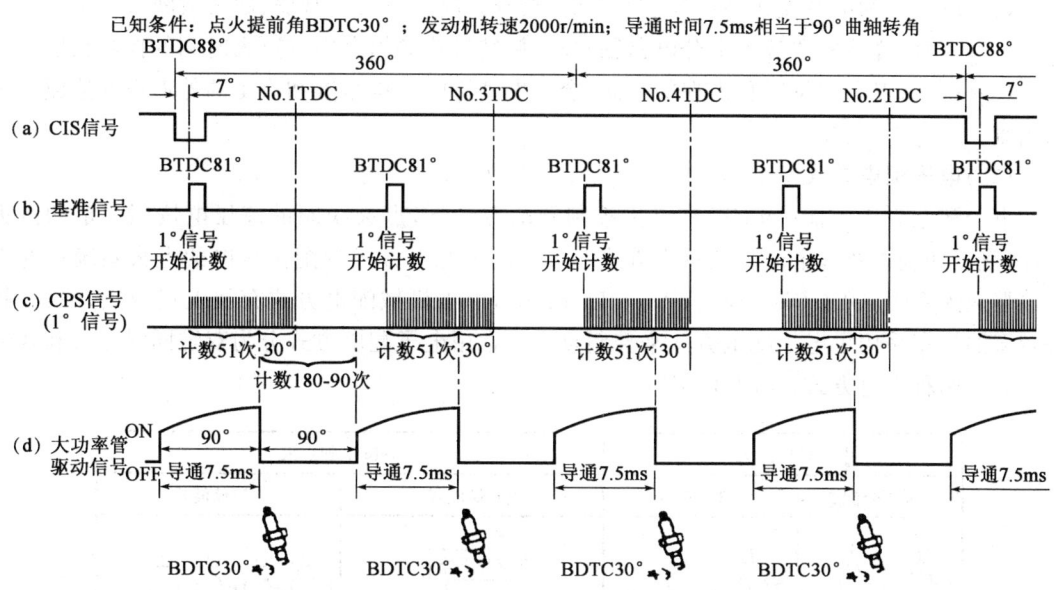

图 3-20 点火提前角与导通角的控制时序与波形

(二)点火导通角的控制

点火导通角是指点火线圈初级电路的大功率晶体管导通期间发动机曲轴转过的角度。点火导通角的控制方法是:ECU 首先根据电源电压高低,从预先试验并存储在存储器 ROM 中的导通时间数据 MAP 中查询得到导通时间,然后根据发动机转速确定点火导通角的大小。

设电源电压为 14V 时,导通时间为 7.5ms。当发动机转速为 2000r/min,7.5ms 则相当于曲轴转角为 $[7.5\text{ms} \times \dfrac{(2000 \times 360°)}{60 \times 1000\text{ms}}] = 90°$,即在上述发动机工作条件下,功率管 VT 从开始导通至截止时刻经历的这段时间内,必须保证曲轴转过 90°转角。因为四缸发动机跳火间隔角度为 180°曲轴转角,所以在功率管截止期间,需要曲轴转过的角度=跳火间隔角度-导通角=180°-90°=90°。实际控制时,1°信号从 ECU 发出功率管截止指令开始对曲轴位置传感器信号进行计数,当计数 90 次(180°-90°=90°)后,在第 91 个 1°信号上升沿到来时向点火控制器发出控制指令,使晶体管导通(ON),接通点火线圈初级电流,保证导通角具有 90°,如图 3-20d 所示。

五、微机控制点火高压的分配方式

微机控制点火系统高压电的分配方式可分为机械配电方式和电子配电方式两种。

(一)机械配电方式

机械配电方式是指由分火头将高压电分配至配电器盖旁电极,再通过高压线输送到各缸火花塞上的传统配电方式。机械配电方式存在以下缺点:

(1)分火头与配电器盖旁电极之间必须保留一定间隙才能进行高压电分配,因此,必然损失一部分火花能量,同时也是一个主要的无线电干扰源。

(2)为了抑制无线电的干扰信号,高压线采用了高阻抗电缆,也要消耗一部分能量。

(3)分火头、配电器盖或高压导线漏电时,会导致高压电火花减弱、缺火或断火。

(4)曲轴位置传感器转子由分电器轴驱动,旋转机构磨损会影响点火时刻的控制精度。

(5)分电器安装的位置和占据的空间,会给发动机的结构布置和汽车的外形设计造成一定的困难。

(二)电子配电方式

电子配电方式是指在 ECU 和点火控制器的控制下,点火线圈的高压电按照一定的点火顺序,直接加到火花塞上的直接点火方式。采用电子配电方式分配高压电的点火系统称为无分电器点火系统(DLI,Distributor-Less Ignition),由于机械配电方式存在上述缺点,因此,越来越多的汽车采用了电子配电方式来控制点火。常用电子配电方式分为双缸同时点火和各缸单独点火两种配电方式,如图 3-21 所示。

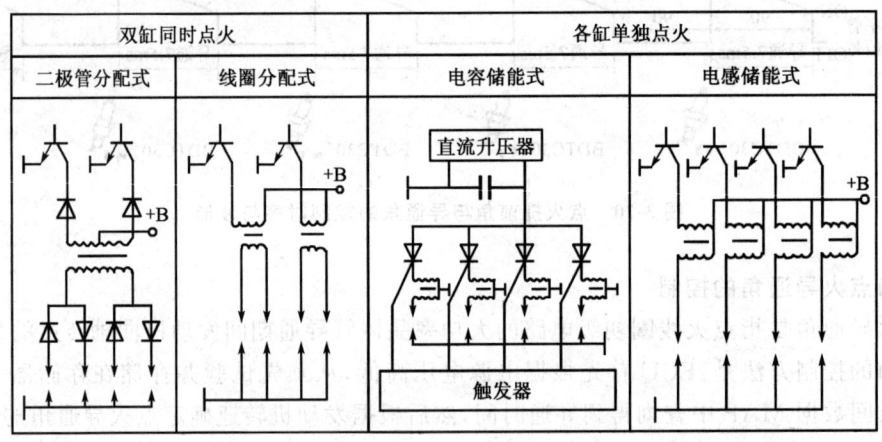

图 3-21 点火高压电子配电方式的类型

1. 双缸同时点火的控制

双缸同时点火是指点火线圈每产生一次高压电,都使两个气缸的火花塞同时跳火。次级绕组产生的高压电将直接加在两个气缸(四缸发动机的 1、4 缸或 2、3 缸;六缸发动机的 1、6 缸,2、5 缸或 3、4 缸)的火花塞电极上跳火。

在双缸同时点火时,一个气缸处于压缩行程末期,是有效点火;另一个气缸处于排气行程末期,缸内温度较高而压力很低,火花塞电极间隙的击穿电压很低,对有效点火气缸火花塞的击穿电压和火花放电能量影响很小,是无效点火。曲轴旋转一转后,两缸所处行程恰好相反。双缸同时点火时,高压电的分配方式又分为二极管分配和点火线圈分配两种形式。

(1)二极管分配式双缸同时点火的控制。利用二极管分配高压电的双缸同时点火电路原理如图 3-22 所示。点火线圈由两个初级绕组和一个次级绕组构成,次级绕组的两端通过 4 只高压二极管与火花塞构成回路。4 只二极管有内装式(安装在点火线圈内部)和外装式两种。对于点火顺序为 1-3-4-2 的发动机,1、4 缸为一组,2、3 缸为另一组。点火控制器中的两只功率晶体管分别控制一个初级绕组,两只功率晶体管由 ECU 按点火顺序交替控制其导通与截止。

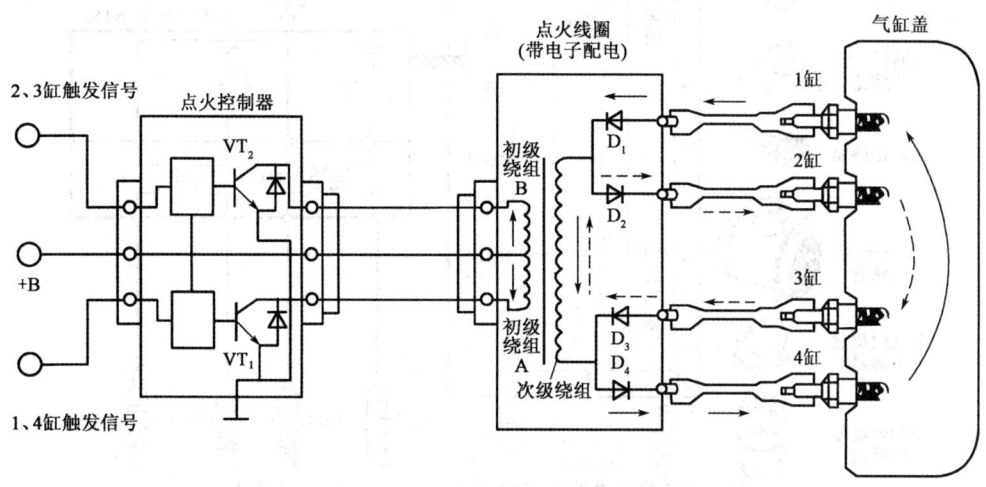

图 3-22 二极管分配高压电的双缸同时点火的电路原理

当电控单元 ECU 将 1、4 缸的点火触发信号输入点火控制器时,功率晶体管 VT1 截止,初级绕组 A 中的电流切断,次级绕组中就会产生高压电动势,方向如图 3-22 中实线箭头方向所示。在该电动势的作用下,二极管 D1、D4 正向导通,1、4 缸火花塞电极上的电压迅速升高直至跳火,高压放电电流经图中实线箭头所指方向构成回路;D2、D3 反向截止,不能构成放电回路,因此 2、3 缸火花塞电极上无高压火花放电电流而不能跳火。

当 ECU 将 2、3 缸点火触发信号输入点火控制器时,晶体管 VT2 截止,初级绕组 B 中的电流切断,次级绕组产生高压电动势,方向如图 3-22 中虚线箭头方向所示。此时二极管 D1、D4 反向截止,D2、D3 正向导通,因此,2、3 缸火花塞电极上的电压迅速升高直至跳火,高压放电电流经图 3-22 中虚线箭头所指方向构成回路。

(2)点火线圈分配式双缸同时点火的控制。利用点火线圈直接分配高压的同时点火电路原理如图 3-23 所示。

点火线圈组件由两个(4 缸发动机)或三个(6 缸发动机)独立的点火线圈组成,每个点火线圈供给成对的两个火花塞工作(4 缸发动机的 1、4 缸和 2、3 缸分别共用一个点火线圈;6 缸发动机 1、6 缸,2、5 缸和 3、4 缸分别共用一个点火线圈)。点火控制组件中设置有与点火线圈数量相等的功率晶体管,分别控制一个点火线圈工作。点火控制器根据电控单元 ECU 输出的点火控制指令,按点火顺序轮流触发功率晶体管导通与截止,从而控制每个点火线圈轮流产生高压电,再通过高压线直接输送到成对的两缸火花塞电极间隙上跳火点着可燃混合气。

(3)高压二极管的作用。在部分点火线圈分配高压电同时点火系统中,点火线圈次级回路中连接有一只高压二极管,如图 3-24 所示,该高压二极管的作用是:防止次级绕组在初级电流接通时产生的电压(约为 1000V)加到火花塞电极上而导致误跳火。

在初级绕组电流接通瞬间,次级绕组可产生 1000V 左右的感应电动势。在点火线圈分配

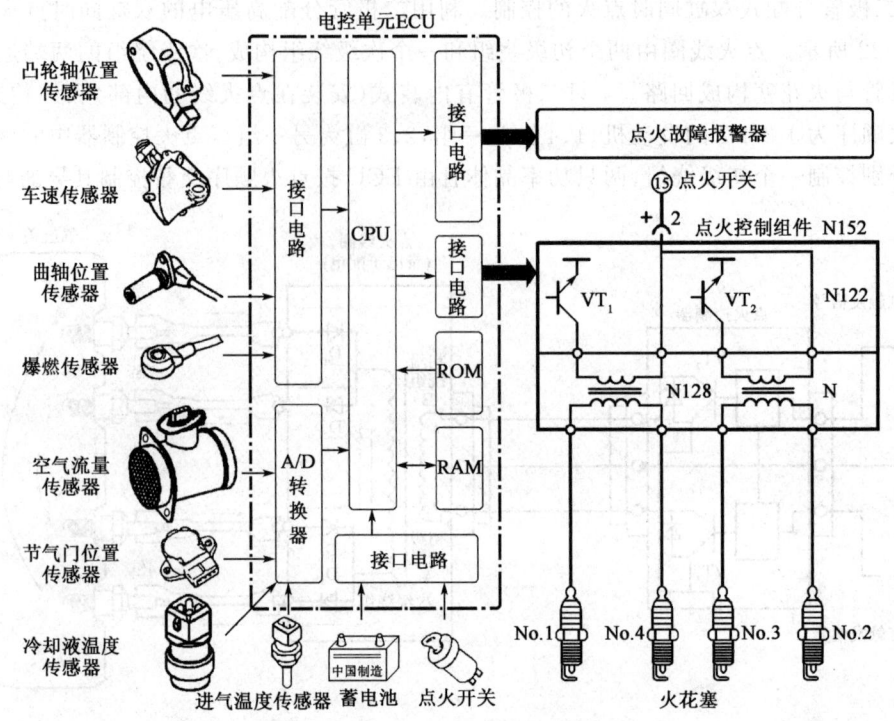

图 3-23 点火线圈直接分配高压的同时点火电路原理

高压电的直接点火系统中,除了火花塞电极间隙之外,没有其他附加间隙。因此,当初级电流接通时,次级绕组产生的 1000V 左右的电压就会直接加在火花塞电极间隙上。如果此时气缸处于进气行程接近终了时刻或压缩行程刚刚开始时刻,由于缸内压力低,又有可燃混合气体,那么,1000V 左右的电压就有可能击穿火花塞电极间隙而产生火花跳火。

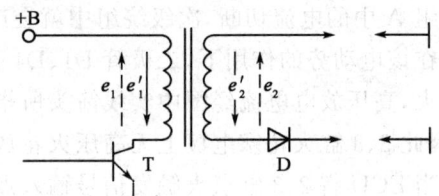

图 3-24 高压二极管的作用

上述非正常跳火现象称为误跳火,会影响发动机正常工作。为了避免这种误跳火,在点火线圈次级绕组回路中串接一只反向击穿电压较高的二极管,利用二极管的反向截止功能,使初级电流接通时次级产生的感应电动势不能形成放电回路,火花塞电极之间就不会有火花放电电流,因此就不可能引起误跳火。部分直接点火系统在点火线圈次级绕组与火花塞之间的高压回路中,设置有 3～4mm 的空气间隙,其作用与高压二极管相同。

2. 各缸单独点火的控制

点火系统采用单独点火方式时,每一个气缸都配有一个点火线圈,并安装在火花塞上方。在点火控制器中,设置有与点火线圈相同数目的大功率晶体管,分别控制每个线圈初级绕组电流的接通与切断,其工作原理与同时点火方式相同。单独点火的优点是省去了高压线,点火能量损耗进一步减少;此外,所有高压部件都可安装在发动机气缸盖上的金属屏蔽罩内,点火系统对无线电的干扰可大幅度减弱。

第五节 汽油机爆燃控制技术

汽油机获得最大功率和最佳燃油经济性的有效方法之一是增大点火提前角。但是,点火提前角过大又会引起发动机爆燃。爆燃是指气缸内的可燃混合气在火焰前锋尚未到达之前自行燃烧,导致压力急剧上升而引起缸体振动的现象。爆燃的主要危害:一是导致发动机输出功率降低;二是导致发动机使用寿命缩短甚至损坏。

理论与实践证明:剧烈地爆燃会使发动机的动力性和经济性严重恶化,而当发动机工作在爆燃的临界点或有轻微的爆燃时,发动机热效率最高,动力性和经济性最好。利用爆燃控制系统对点火提前角实施闭环控制,就能控制发动机工作在爆燃的临界状态。

一、爆燃控制系统的组成

汽油机爆燃控制系统是在点火控制系统的基础上,增设爆燃传感器、带通滤波电路、信号放大电路、整形滤波电路、基准电压形成电路、积分电路和提前角控制电路等组成的点火提前角闭环控制系统,如图 3-25 所示。

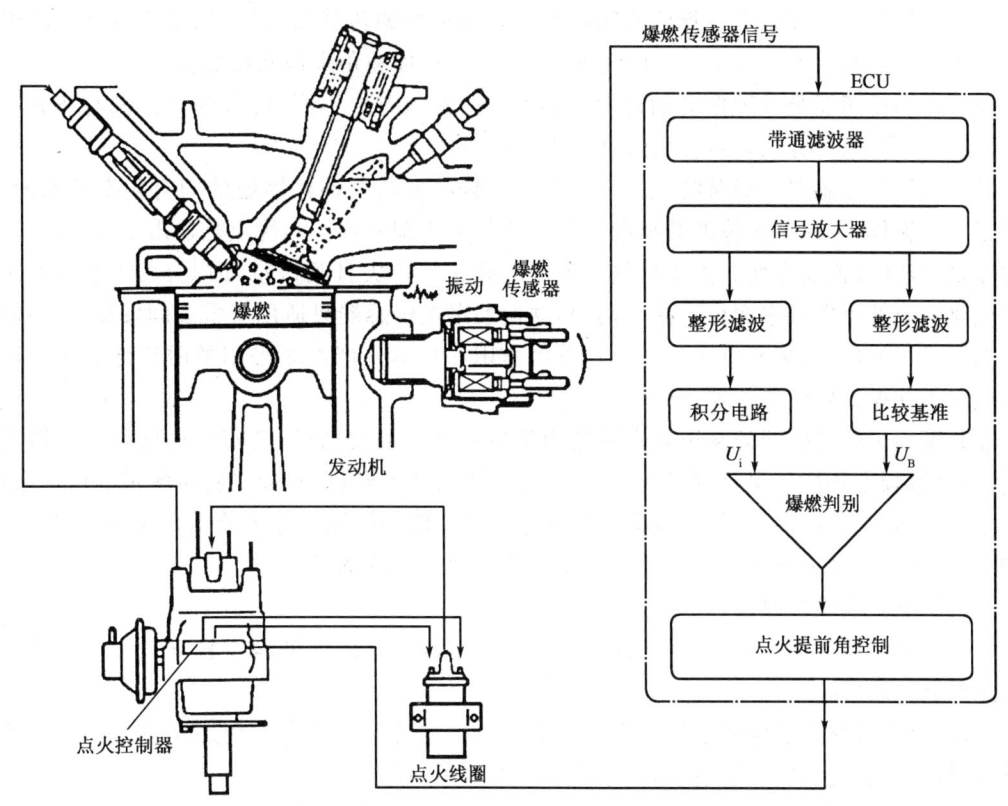

图 3-25 发动机爆燃控制系统的组成及爆燃控制过程

爆燃传感器用于检测发动机是否发生爆燃,每台发动机一般安装 1~2 只。带通滤波器只允许发动机爆燃信号(频率为 6~9 kHz 的信号)或接近爆燃的信号输入 ECU 进行处理,其他频率的信号则被衰减。信号放大器的作用是对输入 ECU 的信号进行放大，以便整形滤波电路进行处理。接近爆燃的信号经过整形滤波和比较基准电路处理后，形成判定是否发生爆燃的基准电压 U_B。爆燃信号经过整形滤波和积分电路处理后，形成的积分信号用于判定爆燃强度。

二、爆燃的检测方法

发动机爆燃的检测方法有三种：一是检测发动机缸体的振动频率；二是检测发动机燃烧室压力的变化；三是检测混合气燃烧的噪声。

检测混合气燃烧噪声为非接触式检测，其耐久性较好，但测量精度和灵敏度较低，实际应用很少。

直接检测燃烧室压力变化来检测发动机振动的测量精度较高，但传感器安装困难，且耐久性较差，一般用于测量仪器，实际应用的压力检测传感器均为间接检测式。

检测发动机缸体振动频率来检测爆燃的主要优点是测量精度较高、传感器安装方便（一般都安装在缸体侧面）且输出电压较高。因此，当今汽车广泛采用。

三、爆燃传感器的结构原理

发动机爆燃传感器是点火提前角闭环控制必不可少的传感器，其功用是将发动机爆燃信号转换为电信号输入发动机 ECU，以便 ECU 修正点火提前角来消除爆燃。

车用爆燃传感器是一种振动加速度传感器。按检测方式不同，可分为共振型与非共振型两种；按结构不同，可分为磁致伸缩式和压电式两种。

共振型爆燃传感器的显著特点是传感器的共振频率与发动机爆燃的固有频率相匹配，其内部设有共振体，并使共振体的共振频率与爆燃频率协调一致。其优点是输出电压高，不需要滤波器，信号处理比较方便。由于机械共振体的频率特性尖且频带窄，因此，无法响应发动机结构变化引起的爆燃频率变化。换句话说，共振型爆燃传感器只适用于特定的发动机，不能与其他发动机互换使用，装车自由度很小。美国通用和日本日产汽车采用的磁致伸缩式爆燃传感器就属于共振型爆燃传感器。

非共振型爆燃传感器的突出优点是适用于各种型号的发动机，装车自由度很大。但其输出电压较低，频率特性平坦且频带较宽，需要配用带通滤波器（即只允许特定频带的信号通过，对其他频率的信号进行衰减的滤波器。带通滤波器一般由线圈和电容器组合而成），信号处理比较复杂。中国、日本和欧洲汽车大都采用非共振型爆燃传感器。

（一）压电式爆燃传感器

压电式爆燃传感器利用 1880 年发现的压电效应制成。国内外轿车普遍采用了非共振型压电式爆燃传感器。

(1)压电式爆燃传感器的结构特点。压电式爆燃传感器主要由套筒底座、压电元件、惯性配重、塑料壳体和接线插座等组成，其结构如图 3-26 所示。

压电元件是爆燃传感器的主要部件，由压电材料制成垫圈形状，在其两个侧面上安放有金属垫圈作为电极，并用导线引到接线插座上。惯性配重与压电元件以及压电元件与传感器套筒之间安放有绝缘垫圈，套筒中心制作有螺孔，传感器用螺栓安装固定在发动机缸体上，调整螺栓的拧紧力矩便可调整传感器输出的信号电压（注意：传感器的输出特性出厂时已经调好，使用中拧紧力矩不得随意调整）。

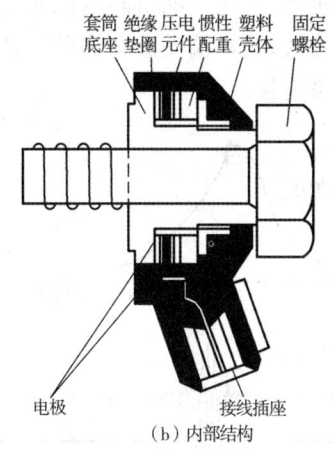

(a) 传感器外形　　　　　　　　(b) 内部结构

图 3-26　压电式爆燃传感器的结构

惯性配重用来传递发动机振动产生的惯性力。惯性配重与塑料壳体之间安装有盘形弹簧,借弹簧张力将惯性配重、压电元件和绝缘垫圈等部件压紧在一起。传感器插座上有三根引线,其中两根为信号线,一根为屏蔽线。

压电式爆燃传感器也可制作成共振型爆燃传感器,其结构与非共振型基本相同,有所不同的是在壳体内设有一个共振体。

(2) 压电式爆燃传感器的工作原理。压电效应是指某些晶体(如石英、陶瓷、酒石酸盐等)薄片受到压力或机械震动之后产生电荷的现象。当晶体受到外力作用时,在晶体的某两个表面上就会产生电荷(输出电压);当外力去掉时,晶体又恢复到不带电状态;晶体受力产生的电荷量与外力大小成正比。

当发动机缸体振动时,传感器套筒底座及惯性配重随之产生振动,套筒底座和配重的振动作用在压电元件上,由压电效应可知,压电元件的信号输出端就会输出与振动频率和振动强度有关的交变电压信号,如图 3-27 所示。试验证明:发动机爆燃产生的压力冲击波频率在 6～9kHz 时振动强度较大,所以信号电压较高。发动机转速越高,信号电压幅值越大。

发动机爆燃是在活塞运行到压缩上止点附近产生的,此时缸体振动强度最大,所以爆燃传感器在活塞运行到压缩上止点前后产生的输出电压较高。爆燃传感器输出信号与曲轴转角的对应关系如图 3-28 所示,传感器的灵敏度约为 20mV/g(g=9.8 m/s²)。

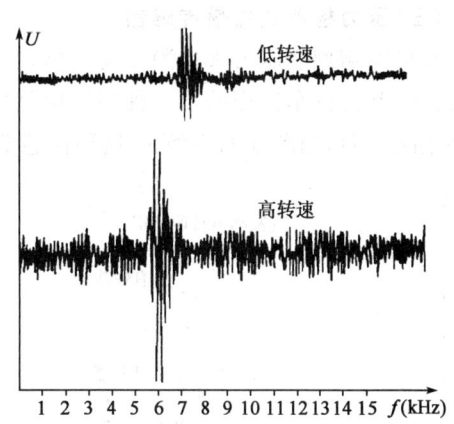

图 3-27　不同转速时压电式爆燃传感器输出波形

(二) 磁致伸缩式爆燃传感器

磁致伸缩式爆燃传感器为共振型爆燃传感器。

(1) 磁致伸缩式爆燃传感器的结构特点。磁致伸缩式爆燃传感器的结构如图 3-29 所示,主要由弹性元件、传感线圈、伸缩杆、永久磁铁和壳体组成。伸缩杆用高镍合金制成,在其一端设置有永久磁铁,另一端安放在弹性元件上。传感线圈绕制在伸缩杆的周围,线圈两端引出电极与控制线路连接。

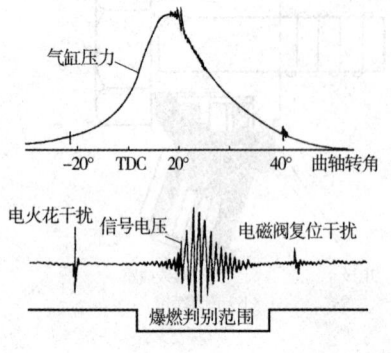

图 3-28 爆燃传感器输出信号的对应关系

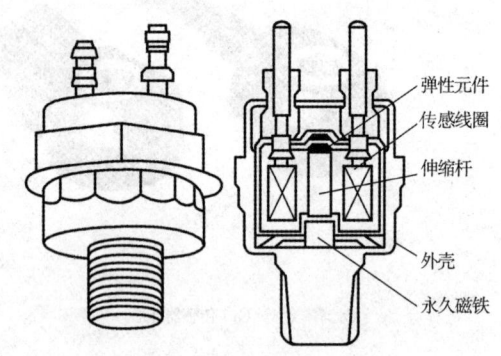

图 3-29 磁致伸缩式爆燃传感器的结构

磁致伸缩式爆燃传感器的外形结构与发动机润滑油压力传感器相似,其不同之处在于爆燃传感器旋入发动机缸体部分为实心结构,而发动机润滑油压力传感器则设计有进油孔。

(2) 磁致伸缩式爆燃传感器的工作原理。当发动机缸体振动时,传感器的伸缩杆就会随之产生振动,感应线圈中的磁通量就会发生变化。由电磁感应原理可知,线圈中就会感应产生交变电动势,即传感器就有信号电压输出,输出电压的高低取决于发动机的振动强度和振动频率。

当发动机缸体振动频率达到 6~9 kHz 时,传感器产生共振,振动强度最大,传感线圈中产生的电压最高,如图 3-30 所示。

(三)压力检测式爆燃传感器

直接检测燃烧压力来检测发动机爆燃是测量精度最高的测量方法,但传感器安装困难且耐久性较差。汽车实用的是一种间接检测燃烧压力的方法,检测燃烧压力的传感器安装在火花塞垫圈下面,如图 3-31 所示。这种传感器称为垫圈式爆燃传感器,奥迪轿车已采用。

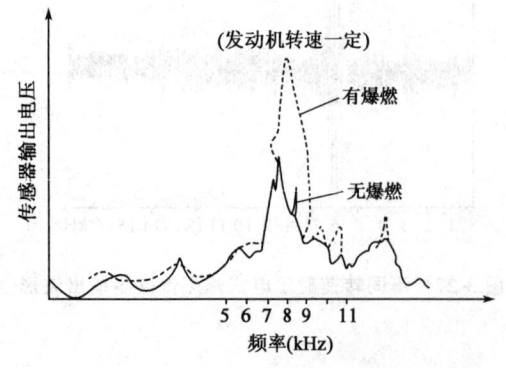

图 3-30 共振型爆燃传感器信号波形

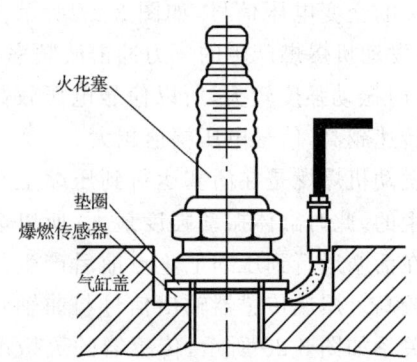

图 3-31 垫圈式爆燃传感器安装位置

垫圈式爆燃传感器实际上是一种非共振型压电效应式传感器,结构原理与前述压电式爆燃传感器相同。传感器安装在火花塞垫圈与发动机气缸盖之间,燃烧压力作用到火花塞上,经过火花塞垫圈再传递给传感器。当作用力变化时,传感器信号电压随之变化,从而间接地测量燃烧压力。

四、爆燃的判别方法

发动机爆燃一般仅在大负荷、中低转速(小于 3000r/min)时产生。由于爆燃传感器输出电压的振幅随发动机转速高低不同而有很大的变化,因此,判定发动机是否发生爆燃不能根据爆燃传感器输出信号电压的绝对值进行判别,常用方法是:将发动机无爆燃时传感器输出的电压信号与产生爆燃时输出的电压信号进行比较,从而做出判定结论。

1. 基准电压的确定

判定爆燃的基准电压通常利用发动机即将产生爆燃时的传感器输出信号电压来确定。最简单的方法如图 3-32 所示,首先对传感器输出的信号进行滤波和半波整流,利用平均电路求得信号电压的平均值,然后再乘以常数倍即可形成基准电压 U_B,平均值的倍数由设计制造时通过试验确定。因为发动机转速升高时,爆燃传感器输出电压的幅值增大,所以基准电压并不是一个固定值,而是随发动机转速升高而增大。

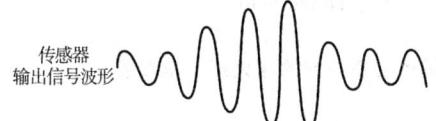
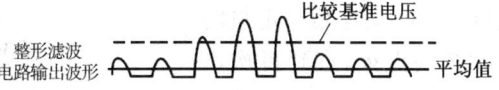

图 3-32 基准电压的确定方法

2. 爆燃强度的判别

发动机爆燃的强度取决于爆燃传感器输出信号电压的振幅和持续时间。爆燃信号电压值超过基准电压值的次数越多,爆燃强度越大;反之,超过基准电压值的次数越少,说明爆燃强度越小。确定爆燃强度常用的方法如图 3-33 所示。

首先利用基准电压值对传感器输出信号进行整形滤波处理,然后对整形后的波形进行积分处理,求得积分值 U_i。爆燃强度越大,积分值 U_i 越大;反之,爆燃强度越小,积分值 U_i 越小。当积分值 U_i 超过基准电压值 U_B 时,ECU 将判定发动机产生爆燃。

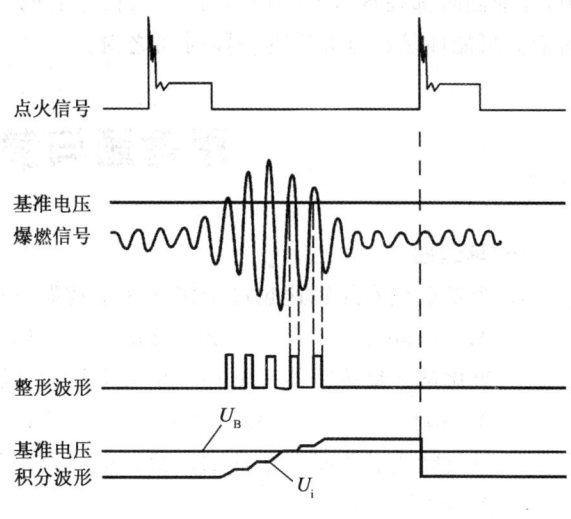

图 3-33 爆燃强度判定方法

五、爆燃的控制过程

爆燃控制系统是一个闭环控制系统。当发动机工作时,ECU 首先根据各传感器信号,从预先试验测得并存储在 ROM 中的点火提前角三维数据 MAP 中查寻得到点火提前角;然后根据凸轮轴位置传感器 CIS、曲轴位置传感器 CPS 以及其他传感器信号控制点火时刻,控制结果由爆燃传感器反馈到 ECU 输入端,再由 ECU 对点火提前角进行修正。爆燃控制系统控制的点火提前角曲线如图 3-34 所示。

爆燃传感器信号输入 ECU 后,ECU 便将积分值 U_i 与基准电压 U_B 进行比较。当积分值 U_i 高于基准电压 U_B 时,ECU 立即发出指令,控制点火时刻推迟(即减小点火提前角),每次推迟 0.5°~1.0°曲轴转角,修正速度为 0.7°/s 左右,直到爆燃消除为止。爆燃强度越大,点火时间推迟越多;爆燃强度越小,点火时间推迟越少。当积分值 U_i 低于基准电压 U_B 时,说明爆燃已经消除,ECU 又递增一定量的提前角控制点火,直到再次产生爆燃时,ECU 再重复上述控制过程。如此循环往复,便将发动机控制在爆燃的临界状态工作。

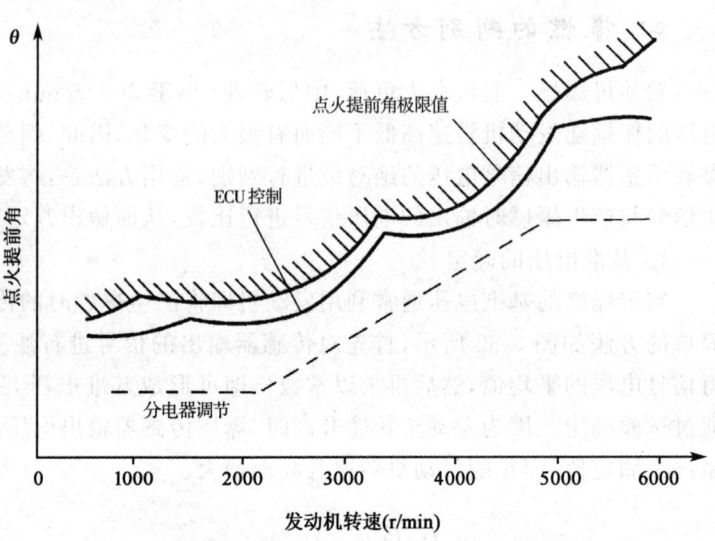

图 3-34 爆燃反馈控制的点火提前角曲线

发动机工作时,缸体振动频繁剧烈,为使监测得到的爆燃信号准确无误,在监测爆燃过程中,并非随时都在进行,而是在发出点火信号后的一定范围内进行,这是因为发动机产生爆燃的最大可能性是在点火后的一段时间之内。

思考题与参考答案

一、单选题

1. 当发动机实际转速超过极限转速下述哪一值时,ECU 就会中断喷油( )。
   A. 80r/min   B. 200r/min   C. 600r/min   D. 1000r/min
2. 氧化锆式氧传感器正常输出信号电压时,其自身温度必需高于( )。
   A. 80℃   B. 300℃   C. 600℃   D. 800℃
3. 氧化钛式氧传感器正常输出信号电压时,其自身温度必需高于( )。
   A. 80℃   B. 300℃   C. 600℃   D. 800℃
4. 当混合气浓时,锆管内、外的氧离子浓度差大,氧传感器输出电压约为( )。
   A. 0.1V   B. 0.3V   C. 0.5V   D. 0.9V
5. 对发动机实施排气再循环 EGR 控制的目的是减少下列哪一种物质的排放量( )。
   A. HC   B. CO   C. NO_x D. SO_2
6. 电控排气再循环 EGR 系统的控制精度较高,其控制的 EGR 率可达( )。
   A. 15%   B. 25%   C. 35%   D. 45%
7. 汽油发动机混合气的理论空燃比约为( )。

A. 1　　　　　B. 4.5　　　　　C. 14.3　　　　　D. 14.7

8. 当电控汽油机的转速低于下述转速时,其实际点火提前角等于初始点火提前( )。
　　A. 30r/min　　　B. 40r/min　　　C. 300r/min　　　D. 400r/min

9. 四缸电控汽油机采用双缸同时点火,火花塞同时跳火的两个气缸是( )。
　　A. 1、2缸　　　B. 1、3缸　　　C. 1、4缸　　　D. 2、4缸

10. 在微机控制点火系统初级绕组电流接通瞬间,次级绕组产生的感应电动势为( )。
　　A. 1000V　　　B. 10kV　　　C. 20kV　　　D. 30kV

11. 汽油机爆燃产生的压力冲击波的频率一般为( )。
　　A. 1~3 kHz　　　B. 4~5 kHz　　　C. 6~9 kHz　　　D. 10~12 kHz

12. 电控汽油机产生爆燃时,ECU每次推迟点火提前角的大小为( )。
　　A. 0.1°~0.5°　　　B. 0.5°~1.0°　　　C. 1.0°~1.5°　　　D. 1.5°~5.0°

二、多选题
1. 根据断油控制条件不同,电控发动机断油控制分为以下哪几种( )。
　　A. 定时断油　　　B. 超速断油　　　C. 减速断油　　　D. 清除溢流
2. 发动机断油控制系统具有下述哪些功能( )。
　　A. 保护发动机　　　B. 提高经济性　　　C. 提高动力性　　　D. 提高排放性
3. 实施空燃比反馈控制的目的是减少下列哪些有害物质的排放量( )。
　　A. HC　　　B. CO　　　C. NO_x　　　D. SO_2
4. 氧化钛式氧传感器主要由下述哪些部件组成( )。
　　A. 二氧化钛　　　B. 钢质壳体　　　C. 锆管　　　D. 加热元件
5. 微机控制点火和爆燃控制系统能够提高发动机的下述哪些性能( )。
　　A. 动力性　　　B. 经济性　　　C. 排放性　　　D. 安全性

三、判断题
1. 电喷发动机的转速一旦超过6000r/min时,断油控制系统就会中断喷油。( )
2. 发动机空燃比反馈控制的目的是减小有害物质一氧化碳CO的排放量。( )
3. 氧化锆式氧传感器是一种"电阻型"氧离子浓度传感器。( )
4. 发动机废气再循环的目的是减小氮氧化物NO_x的排放量。( )
5. 微机控制点火的实质是控制点火电压。( )

四、问答题
1. 发动机断油控制系统实施减速断油和清除溢流控制的条件各有哪些?
2. 氧化锆式与氧化钛式氧传感器能够正常输出信号的条件各有哪些?
3. 发动机ECU对空燃比实施反馈控制的条件有哪些?说明发动机空燃比反馈控制过程。
4. 微机控制的点火提前角的确定由哪几部分组成。
5. 爆燃传感器有哪些类型?压电式爆燃传感器怎样检测发动机爆燃?

参考答案
一、单选题:1. A　2. B　3. C　4. D　5. C　6. B　7. D　8. D　9. C　10. A　11. C　12. B
二、多选题:1. BCD　2. ABD　3. ABC　4. ABD　5. ABC
三、判断题:1. ×　2. √　3. ×　4. √　5. ×

第四章 汽车电控自动变速技术

汽车变速器电子控制自动变速技术,简称汽车电控自动变速技术,是在机械式变速器、液力传动技术和电子控制技术的基础上发展而成的综合控制技术,又称为电子控制液力机械自动变速技术。

第一节 电控自动变速系统的组成

汽车电控自动变速是相对于手动换挡变速而言的,是指电子控制系统根据道路条件和负载变化,自动改变驱动车轮的转速与转矩来满足汽车行驶要求的控制过程。

电控自动变速系统(ECT,Electronic Controlled Automatic Transmission System)又称为电控自动变速器(ECT,Electronic Controlled Automatic Transmission),由齿轮变速系统、液压控制系统和自动变速电控系统3个子系统组成。丰田雷克萨斯LS400型轿车装备的A341E、A342E型电控四挡自动变速器的组成如图4-1所示。

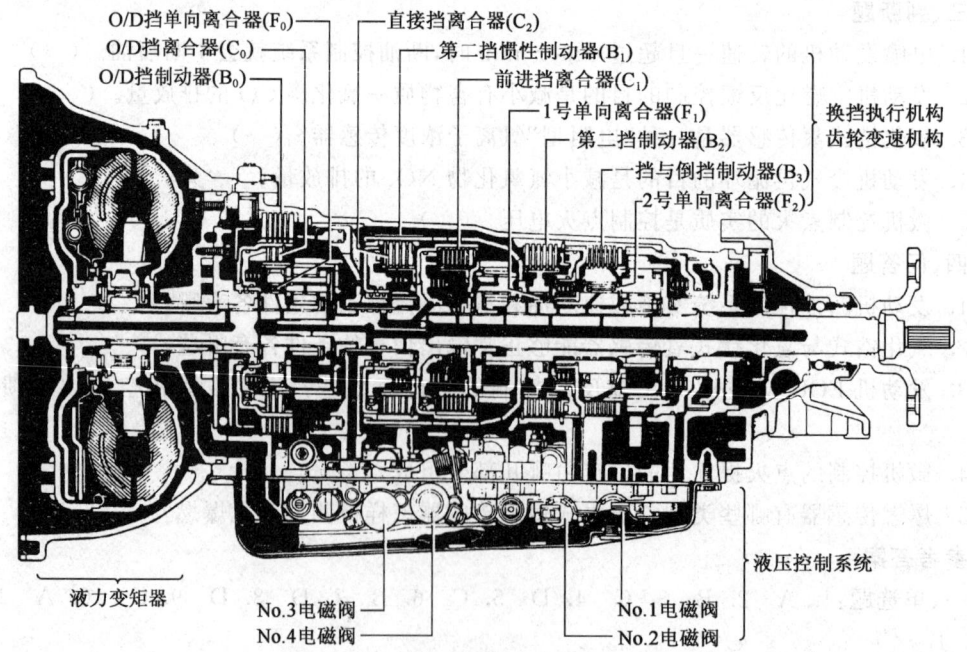

图4-1 雷克萨斯LS400型轿车A341E/A342E型电控自动变速器组成

一、齿轮变速系统

齿轮变速系统由液力变矩器、换挡执行机构和齿轮变速机构组成。

液力变矩器安装在发动机飞轮的一端,其主要功用是将发动机输出的动力传递给齿轮变速机构的输入轴。此外,液力变矩器不仅具有防止发动机过载的功能,而且还能实现无级变速(传动比在一定范围内连续变化),具有一定的减速增扭作用。

换挡执行机构包括换挡离合器和换挡制动器,其功用是改变齿轮变速机构的传动比,从而获得不同的挡位。

齿轮变速机构又称为齿轮变速器,其功用是实现由起步至最高车速范围内的传动比变化。

二、液压控制系统

液压控制系统由液压传动装置(油泵、传动液)、阀体(电磁阀、换挡阀、锁止阀和调压阀等)以及连接这些液压装置的油道组成。

液压控制系统的功用是:根据电磁阀的工作状态,控制换挡执行元件(换挡离合器和换挡制动器)和动力传递元件(锁止离合器)的油路,从而改变齿轮变速机构的传动比来实现自动换挡和改变液力变矩器的工作状态来接通或切断动力传递。

三、电子控制系统

自动变速电控系统与其他电子控制系统一样,也是由传感器与各种控制开关、自动变速电控单元(ECT ECU)和执行器三部分组成。主要功能是控制自动换挡和动力传递。

传感器包括节气门位置传感器 TPS、车速传感器 VSS、冷却液温度传感器 CTS 等;控制开关包括换挡规律选择开关(或驱动模式选择开关)、超速行驶(O/D,Over-Drive)开关、空挡起动开关、制动灯开关等。

执行器包括换挡电磁阀和锁止电磁阀。换挡电磁阀一般设有两只,即№.1 电磁阀和№.2 电磁阀;锁止电磁阀一般设有一只,即№.3 电磁阀。此外,液压控制系统的换挡阀和锁止阀、齿轮变速系统的液力变矩器、换挡离合器、换挡制动器以及齿轮变速机构都是电控系统的执行元件。

第二节 自动变速系统的控制原理

汽车电控自动变速系统的主要功能是:根据汽车车速和发动机负荷变化,自动控制换挡和动力传递(即自动控制变速机构的换挡时机和液力变矩器的锁止时机),使汽车获得良好的动力性和经济性。此外,还有失效保护功能和故障自诊断功能。

失效保护功能是指电控系统的个别重要部件(如电磁阀、车速传感器)失效或其线路发生故障时,继续控制变速机构挂入个别挡位(一般挂入抵挡或一挡),以便汽车继续行驶回家或行驶到维修站修理。故障自诊断功能是指车速传感器和电磁阀等控制部件或其线路发生故障时,控制系统能将故障类型和故障部位编成代码存储在存储器中,以便设计与维修时参考。

一、电控自动变速原理

在装备电控自动变速系统(ECT)的汽车上,变速机构自动换挡和液力变矩器自动锁止只有在汽车前进挡(D、3、2、1)时才能实现,在 N(空挡)、P(停车挡)和 R(倒挡)时,执行器将保持初始状态,变速器为纯机械与液压控制。电控自动变速包括变速器换挡时机控制和液力变矩器锁止时机控制,控制原理如图 4-2 所示。

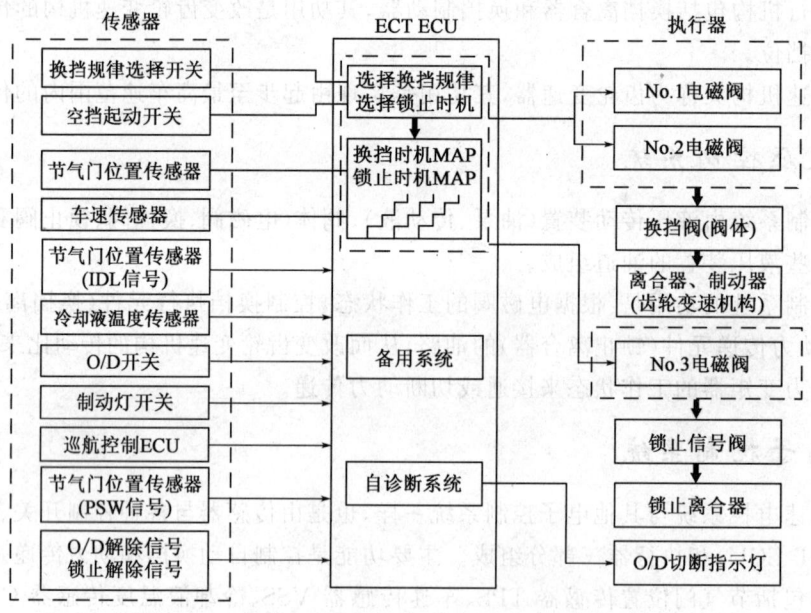

图 4-2 电控自动变速的控制原理

自动变速电控单元(ECT ECU)是电控自动变速系统的控制核心。在 ECT ECU 的只读存储器 ROM 中,除了存储有进行数学计算和逻辑判断的控制程序之外,还存储有变速器换挡时机 MAP 和变矩器锁止时机 MAP。这些数据 MAP 在电控自动变速系统设计制作完成之后,经反复试验测试获得,并预先存储在 ROM 之中,以供 ECT ECU 在汽车行驶时查寻调用。

换挡规律又称为驱动模式,是指汽车发动机节气门开度与车速(或变速器输出轴转速)之间的关系。电控自动变速系统常用的换挡规律有普通型(NORM,Normal Mode)、动力型(PWR,Power Mode)和经济型(ECON,Economy Mode)三种。如果自动变速系统只提供有普通型与动力型,那么其普通型(NORM)换挡规律就相当于经济型(ECON)换挡规律。

在自动变速电控单元(ECT ECU)的控制下,当选挡操纵手柄(俗称变速杆)处于 D、L、2、R 位置时,空挡起动开关的触点断开,起动继电器线圈不能接通,发动机不能起动。当选挡操纵手柄处于 P 或 N 位置时,空挡起动开关的触点闭合,起动继电器线圈电路才能接通,发动机才能被起动。

发动机一旦起动,各种传感器(车速传感器、节气门位置传感器等)信号和控制开关信号就不断输入 ECT ECU,经过输入回路和模数转换电路转换成 CPU 能够识别的电信号,CPU 按照一定频率对其进行采样,并将采样信号与预先存储在 ROM 中的换挡时机 MAP 和锁止时机 MAP 进行比较运算或逻辑判断,从而确定变速器是否换挡和变矩器是否锁止。

当选挡操纵手柄拨到前进挡(D、L 或 2)位置时,ECT ECU 首先根据换挡规律(驱动模式)

选择开关输入的信号选择相应的换挡规律;然后根据节气门开度信号、车速信号和控制开关信号在换挡时机 MAP 中查寻确定变速机构的换挡时机、在变矩器锁止时机 MAP 中查寻确定液力变矩器的锁止时机。当确定为换挡(或变矩器锁止)时,CPU 立即向相应的电磁阀发出控制指令,电磁阀再控制换挡阀(或锁止阀)动作,换挡阀(或锁止阀)阀芯移动改变换挡离合器和制动器(或锁止离合器)的控制油路,使离合器或制动器的工作状态(接合或分离)发生改变,从而实现自动换挡(或液力变矩器锁止)。

二、换挡时机控制原理

换挡(升挡或降挡)时机是指变速器自动切换挡位(即速比)的时机,又称为换挡点。换挡时机的控制原理如图 4-3 所示。

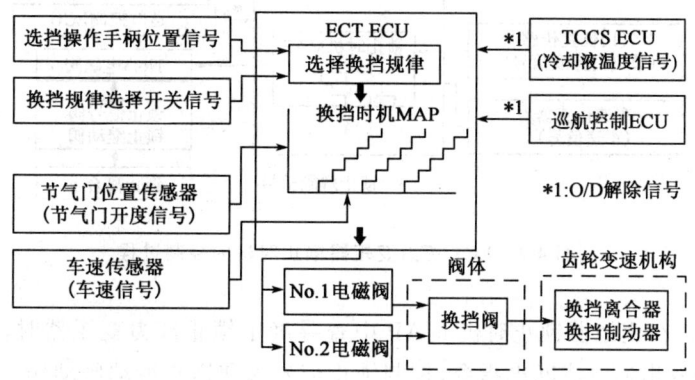

图 4-3　ECT 换挡(升挡或降挡)时机的控制过程

在汽车行驶过程中,ECT ECU 确定换挡时机的信息包括:选挡操纵手柄(俗称变速杆)提供的位置(D、2 或 L 位)信号,换挡规律选择开关提供的驾驶人选择的换挡规律(NORM、PWR 或 ECON)信号,节气门位置传感器提供的发动机节气门开度(即发动机负荷)信号,车速传感器提供的汽车行驶速度信号。此外,还有发动机 ECU 和巡航控制 ECU 提供的解除超速行驶信号。

当驾驶人将选挡操纵手柄拨到 D、2 或 L 位置时,ECT ECU 便接收到一个表示选挡手柄位置的信号。此时 ECT ECU 首先根据换挡规律选择开关信号选择相应的换挡规律;然后根据节气门位置传感器和车速传感器信号与 ROM 中的换挡时机 MAP 进行比较并确定变速机构的升挡或降挡时机。当节气门开度和车速达到选定换挡规律的最佳升挡或降挡时机时,ECT ECU 立即向换挡电磁阀(No.1 和 No.2 电磁阀)发出通电或断电指令,控制换挡阀动作。换挡阀阀芯移动时,就会接通或关闭行星齿轮变速机构中换挡离合器和制动器的控制油路,使离合器和制动器接合或分离,从而实现自动升挡或降挡,即改变速比和车速。

三、锁止时机控制原理

汽车电控自动变速系统普遍装备锁止式液力变矩器(即带有锁止离合器的液力变矩器)。当汽车在路面不好的道路上行驶时,为了发挥液力传动自动适应行驶阻力剧烈变化的优点,锁止离合器应当分离,使变矩器起作用;当汽车在路面良好的道路上行驶时,为了提高行驶速度和燃油经济性,锁止离合器应当接合,使变矩器的输入轴与输出轴连接成一体,将发动机动力直接传递到齿轮变速机构。当汽车高速行驶、变矩器速比增大到一定值(具体数值由液力变矩器结构决定,三元件变矩器一般为0.8)时,变矩器将锁止传递动力。

锁止时机控制就是何时锁止液力变矩器,将发动机动力直接传递到变速器,从而提高传动效率(即提高车速),并改善燃油经济性。在ECT ECU根据节气门位置传感器信号和车速传感器信号确定变速机构换挡时机的同时,还要在变矩器锁止时机MAP中查寻确定液力变矩器的锁止时机,锁止时机的控制原理如图4-4所示。

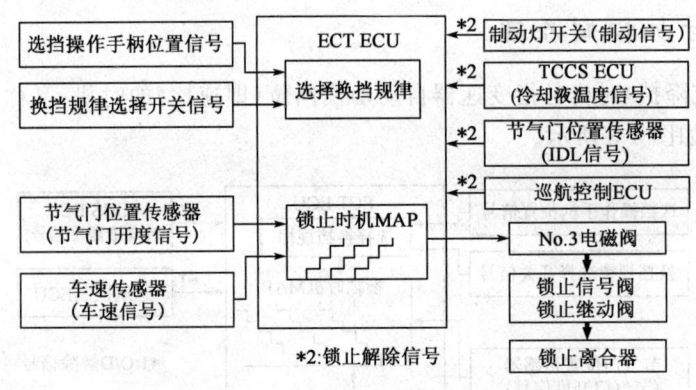

图4-4 ECT液力变矩器锁止时机的控制过程

当ECT ECU在变矩器锁止时机MAP中查寻确定锁止液力变矩器时,立即向锁止电磁阀(No.3电磁阀)发出通电或断电指令,控制锁止信号阀和锁止继动阀动作。当锁止信号阀和锁止继动阀阀芯移动时,就会改变液力变矩器内锁止离合器的控制油路使离合器接合,将液力变矩器与发动机飞轮锁成一体。液力变矩器锁止时,发动机输入变矩器的动力将直接传递到变速器输入轴,传动效率达100%。

解除锁止则由制动灯开关、巡航控制ECU、冷却液温度传感器、节气门位置传感器怠速触点IDL信号决定。

第三节 齿轮变速系统的结构原理

自动变速器的齿轮变速系统是由液力变矩器、齿轮变速机构和换挡执行机构三部分组成。

在装备电控自动变速系统的汽车上,发动机输出的动力是由液力变矩器和齿轮变速机构传递给驱动轮。

齿轮变速机构传动比的改变受控于换挡离合器和换挡制动器等换挡执行机构,换挡执行机构受控于换挡阀,换挡阀受控于电子控制系统的换挡电磁阀(No.1电磁阀和No.2电磁阀),换挡电磁阀又受控于ECT ECU;液力变矩器中的锁止离合器受控于锁止阀,锁止阀受控于锁止电磁阀(No.3电磁阀),锁止电磁阀受控于ECT ECU。

一、锁止式液力变矩器

液力变矩器是一种典型的柔性传递转矩的液力传动装置,是自动变速器必不可少的动力传递装置。液力变矩器的结构原理在《汽车构造》的"汽车传动系"部分都有介绍,故此处仅介绍锁止式液力变矩器的结构特点和控制原理。

1. 锁止式液力变矩器的结构特点

锁止式液力变矩器的结构如图 4-5 所示,由三元件液力变矩器、单向离合器(滚柱式和楔块式)和锁止离合器组成,又称为闭锁式液力变矩器。其显著优点是能够直接传递动力,即传动效率可达 100%。

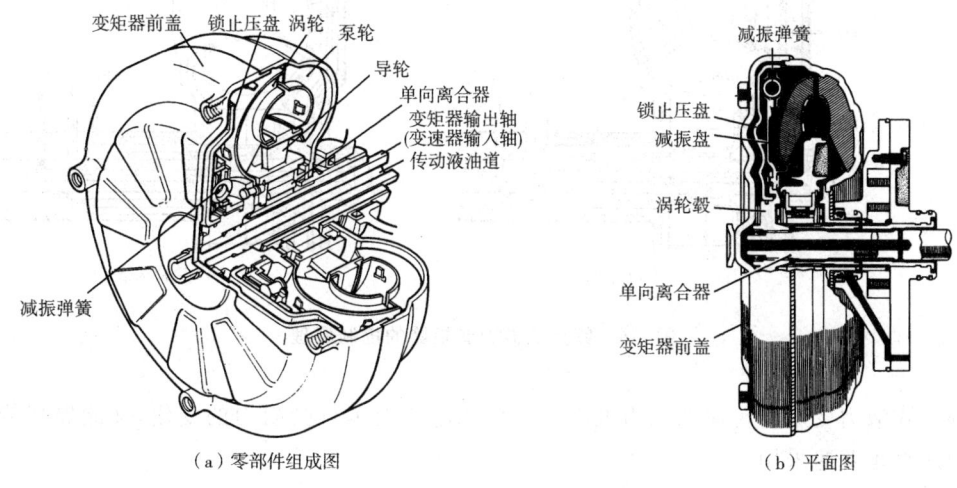

图 4-5 锁止式液力变矩器的结构

锁止离合器为湿式离合器,安装在涡轮与变矩器壳体前盖之间,由主动部件、从动部件和液压控制部件组成。液力变矩器壳体的前盖为主动部件,锁止压盘(又称为锁止活塞)与减振盘为从动部件,可沿轴向移动。变矩器前盖的后端面和锁止压盘的前端面均粘附有摩擦材料,即均有摩擦面。锁止压盘与减振盘外缘采用键与键槽连接,压盘与减振盘内缘均采用铆钉与涡轮毂铆接,减振盘和减振弹簧能够衰减离合器接合时的扭振。液压控制部件由控制油液和油道组成。

2. 锁止式液力变矩器的控制原理

锁止式液力变矩器的工作状态以及锁止离合器的接合与分离状态,由自动传动液(ATF,Automatic Transmission Fluid,简称传动液)及其流向进行控制,控制油道分为内油道 A 和外油道 B,如图 4-6 所示。

汽车低速行驶时速比比较小,变矩器处于变矩工况工作。液压控制系统控制传动液 ATF 由变速器输入轴的中心油道(内油道 A)流入锁止压盘左侧,如图 4-6a 所示,锁止压盘在油压作用下向后移动,离合器处于分离状态。传动液由变速器轴中心的油道(内油道)A 流入,经变矩器从外油道 B 流出至冷却器冷却。此时动力传递路线为:发动机→曲轴上的驱动盘→变矩器前盖→泵轮→涡轮→涡轮毂→变矩器输出轴(即变速器输入轴)。

当汽车高速行驶、速比增大到一定值($i=0.8$)时,变矩器转换成液力偶合器工况。此时液压控制系统控制传动液 ATF 流向反向,传动液由导轮固定套中的油道(外油道)流入变矩器,从变速器输入轴中心油道(内油道)A 和导轮固定套与变速器轴之间的油道(外油道)流出。由于传动液从变速器输入轴的中心油道流出,因此锁止压盘左侧油压降低,而压盘右侧仍为变矩器油压。锁止压盘在左、右两侧压力差作用下前移并压在变矩器壳体前盖上,如图 4-6b 所示,锁止离合器处于接合状态。因为锁止压盘内缘铆接在涡轮毂上,所以离合器接合便将涡轮与泵轮接合成一体,发动机输入的动力由变矩器壳体前盖、锁止压盘和涡轮毂直接传递到变速器输入轴,传动效率为100%。此时动力传递路线为:发动机→曲轴上的驱动盘→变矩器前盖→锁止压盘→涡轮毂→变矩器输出轴(即变速器输入轴)。

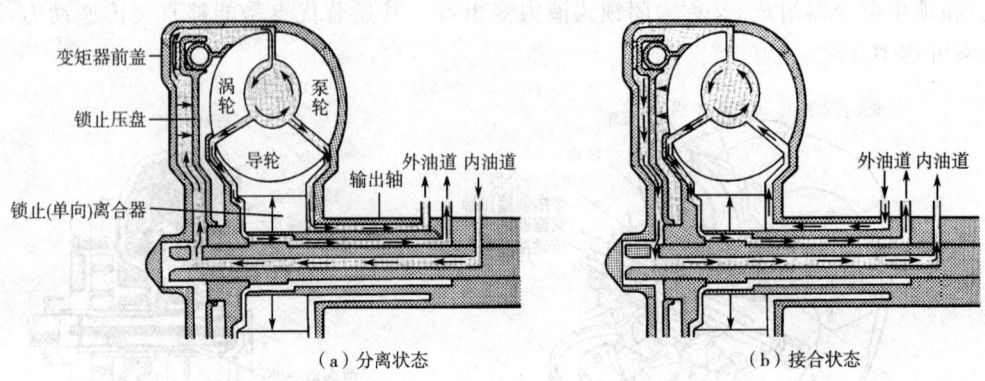

图 4-6 锁止式液力变矩器的控制原理

锁止式液力变矩器传递的动力大小既能自动适应汽车行驶阻力的变化,又能提高传动效率。因此汽车普遍采用。

二、行星齿轮机构的运动规律

汽车必须满足从停止到起步、从低速行驶到高速行驶和倒退行驶的使用要求。虽然液力变矩器能在一定范围内能够自动无级地改变输出转矩和转速,但是,其变矩系数较小(一般为2～3),难以满足使用要求。因此,汽车必须设置齿轮变速机构,且应具有速比可变(即具有变速挡)、转向可逆(即具有倒挡)和切断动力(即具有空挡)的功能。

齿轮变速机构主要有平行轴式和行星齿轮式两种。行星齿轮变速机构有辛普森(Simpson)式、拉维奈尔赫(Ravigneaux,又译为纳文脑)式和阿里森(Arnoldson)式等。汽车自动变速器采用的行星齿轮机构大都是由辛普森式双排行星齿轮机构或拉维奈尔赫式复合行星齿轮机构组成。

辛普森式行星齿轮变速机构的显著特点是:前后两个行星排的太阳轮连成一体,即"前后行星排共用一个太阳轮"。辛普森式行星齿轮变速器举世闻名,是以其设计者霍华德·辛普森(Howard Simpson)的名字命名而来,能够提供三个前进挡(即三速或三挡)和一个倒挡的行星齿轮变速器。欧、美、日等国采用的自动变速器大多数都是辛普森式行星齿轮变速器,仅美国汽车采用的就有近20个型号。

1. 行星齿轮机构的结构特点

行星齿轮机构是指:在齿轮机构中,至少有一个轴线可以绕共同的固定轴线转动的齿轮机构。自动变速器是由多个行星排组成,行星排多少取决于排挡数量。

最简单的行星齿轮机构称为单排行星齿轮机构,其结构如图 4-7 所示,由太阳轮、内齿圈、行星架、行星轮和行星轮轴组成。

太阳轮为中心齿轮;行星齿轮(简称行星轮)有 3～6 个,对称布置在太阳轮与内齿圈(环形齿圈)之间,行星轮轴上安装有滚针轴承。各行星轮用行星齿轮架(简称行星架)连接成为一个整体。因为各行星轮与太阳轮和内齿圈保持啮合,所以行星轮既能绕行星轮轴自转,又能围绕太阳轮公转,这种关系如同太阳系中地球与太阳的关系,因此,将这样的齿轮机构称为行星齿轮机构。

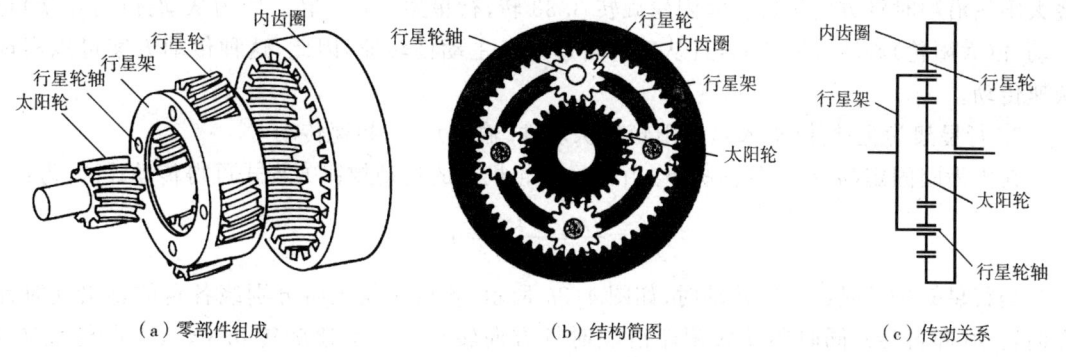

(a) 零部件组成　　　　　(b) 结构简图　　　　　(c) 传动关系

图 4-7　单排行星齿轮机构的结构

2. 行星齿轮机构的运动规律

在行星齿轮机构中,虽然将不是齿轮的行星架虚拟成一个具有明确齿数的齿轮(齿数＝太阳轮齿数＋内齿圈齿数)之后,其传动比也可按平行轴式齿轮变速机构传动比的计算公式来计算。但是,由于行星齿轮的轴线是转动的,且虚拟齿轮及其齿数来源不便于理解,因此,需要利用行星齿轮机构的运动规律方程式来计算其传动比。此外,通过分析单排行星齿轮机构的运动规律,便可了解双排、多排或其他型式组合而成的行星齿轮变速器的变速原理。

根据单排行星齿轮机构的受力情况建立力矩平衡方程式后,再根据能量守恒定律可得太阳轮、内齿圈和行星架三个部件上输入与输出功率的代数和等于零的方程式,即可得到单排行星齿轮机构的运动规律方程式,即

$$n_1 + \alpha n_2 - (1+\alpha) n_3 = 0$$

式中：n_1、n_2、n_3——分别为太阳轮、内齿圈和行星架的转速；

α——内齿圈齿数 Z_2 与太阳轮齿数 Z_1 之比。

三、行星齿轮机构的变速原理

由运动规律方程式可见,将太阳轮、内齿圈和行星架三者中的任意元件与主动轴相连作为输入主动件,第二元件与被动轴相连作为输出从动件,再将第三元件强制固定(称为制动)使其转速为零或约束其运动使其转速为某一定值,则整个轮系就能以一定的传动比传递动力,实现不同挡位和速度的变化。

在行星齿轮机构中,行星轮对传动比没有任何影响,在传递动力过程中只起过渡作用,决定传动比的仍然是主、从动齿轮的齿数或转速。为了便于定量分析变速传动速比,设太阳轮齿数 $Z_1 = 24$,内齿圈齿数 $Z_2 = 56$,则 $\alpha = \dfrac{Z_2}{Z_1} = \dfrac{56}{24} = 2.33$。

(一)内齿圈固定($n_2 = 0$)

1. 太阳轮为主动件(输入),行星架为从动件(输出)——减速传动

在内齿圈固定的前提下,由行星齿轮机构的运动规律方程式可得传动比 i_{13} 为：

$$i_{13} = \frac{n_1}{n_3} = 1 + \alpha = 1 + \frac{Z_2}{Z_1} = 3.33$$

当太阳轮按顺时针方向转动时,如图 4-8a 所示,各行星齿轮既要分别绕各自的轴沿逆时针方向转动(即自转),还要沿内齿圈并绕太阳轮沿顺时针方向滚动(即公转),同时带动行星架绕太阳轮沿顺时针方向旋转。太阳轮旋转 3.33 转,行星架旋转 1 转。因为从动件(行星架)与主动件(太阳轮)旋转方向相同,且从动件转速低于主动件转速,因此,这种传动方案可以实现减速传动。

2. 行星架为主动件(输入),太阳轮为从动件(输出)——超速传动

在内齿圈固定($n_2=0$)的前提下,由行星齿轮机构的运动规律方程式可得传动比 i_{31} 为:

$$i_{31}=\frac{n_3}{n_1}=\frac{1}{1+\alpha}=0.30$$

当行星架按顺时针方向转动时,如图 4-8b 所示,各行星轮也将分别绕各自的轴沿逆时针方向转动(即自转),同时驱动太阳轮沿顺时针方向转动。行星架旋转 0.3 转,太阳轮旋转 1 转。因为从动件(太阳轮)与主动件(行星架)旋转方向相同,且从动件转速高于主动件转速,所以此种传动方案可以实现超速传动。

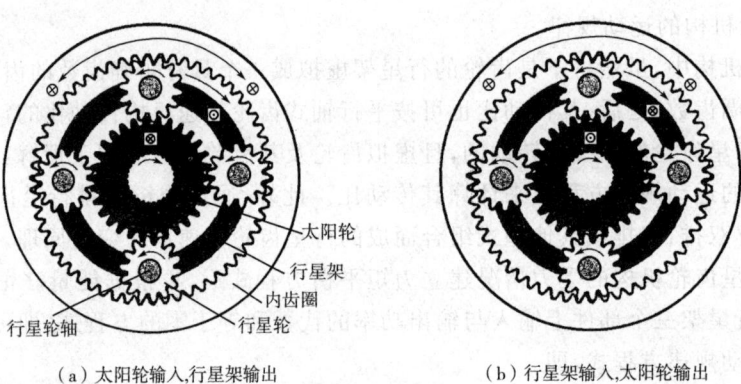

(a) 太阳轮输入,行星架输出　　　　(b) 行星架输入,太阳轮输出

图 4-8　内齿圈固定时行星齿轮机构工作情况(⊕表示输入;⊙表示输出)

(二)太阳轮固定($n_1=0$)

1. 内齿圈为主动件(输入),行星架为从动件(输出)——减速传动

在太阳轮固定的前提下,由行星齿轮机构的运动规律方程式可得传动比 i_{23} 为:

$$i_{32}=\frac{n_2}{n_3}=\frac{1+\alpha}{\alpha}=1.43$$

当内齿圈按顺时针方向转动时,如图 4-9a 所示,各行星轮既要分别绕各自的轴沿顺时针方向转动(即自转),还要绕太阳轮沿顺时针方向滚动(公转),同时带动行星架沿顺时针方向旋转。内齿圈旋转 1.43 转,行星架旋转 1 转。从动件(行星架)与主动件(内齿圈)旋转方向相同,且从动件转速低于主动件转速,因此这种方案可以实现减速传动,但其转速降低和转矩增加比上述内齿圈固定时的减速传动方案少,如将上一种方案作为减速传动低挡,此种方案则可作为减速传动高挡。

2. 行星架为主动件(输入),内齿圈为从动件(输出)——超速传动

在太阳轮固定($n_1=0$)的前提下,由行星齿轮机构的运动规律方程式可得传动比 i_{32} 为:

$$i_{32}=\frac{n_3}{n_2}=\frac{\alpha}{1+\alpha}=0.70$$

当行星架绕固定不动的太阳轮按顺时针方向转动时,如图 4-9b 所示,就会带动各行星轮

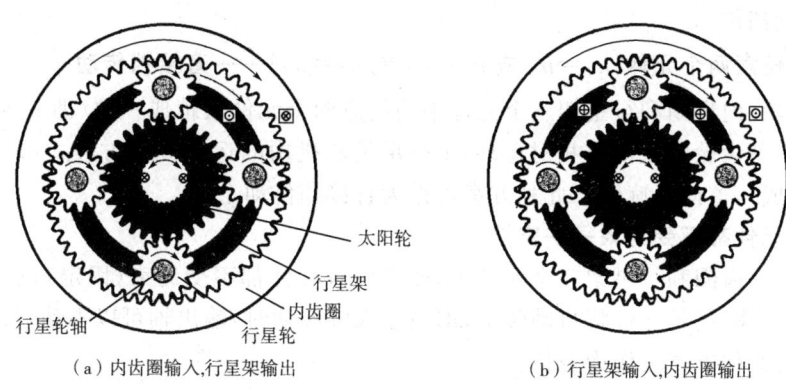

(a) 内齿圈输入,行星架输出　　　　(b) 行星架输入,内齿圈输出

图 4-9　太阳轮固定时行星齿轮机构工作情况(⊕表示输入;⊙表示输出)

绕太阳轮沿顺时针方向滚动(公转)和绕各自的轴沿顺时针方向转动(即自转),与此同时,带动内齿圈沿顺时针方向转动。行星架旋转 0.70 转,内齿圈旋转 1 转。从动件(内齿圈)与主动件(行星架)旋转方向相同,且从动件转速高于主动件转速,这种方案可以实现超速传动。

(三)行星架固定($n_3=0$)

1. 太阳轮为主动件(输入),内齿圈为从动件(输出)——倒挡减速传动

在行星架固定的前提下,由行星齿轮机构的运动规律方程式可得传动比为:

$$i_{12}=\frac{n_1}{n_2}=-\alpha=-2.33$$

式中负号表示从动件与主动件的旋转方向相反。当行星架固定不动时,如图 4-10a 所示,各行星轮只能自转而无公转。此时行星轮作为惰轮使从动轮(内齿圈)与主动轮(太阳轮)反向转动。太阳轮转动 2.33 转,内齿圈转动 1 转。此种方案可以实现减速、倒挡传动。

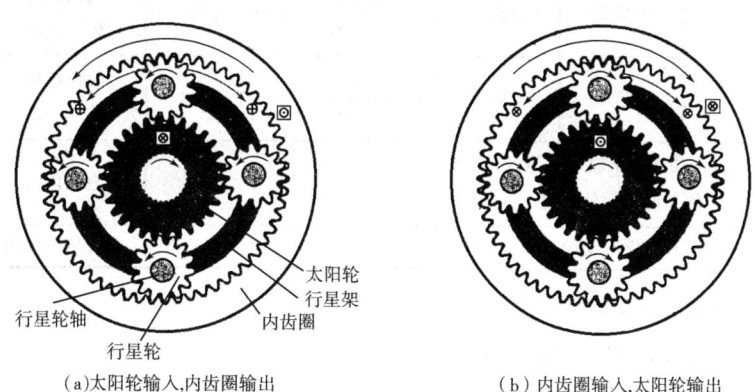

(a)太阳轮输入,内齿圈输出　　　　(b)内齿圈输入,太阳轮输出

图 4-10　行星架固定时行星齿轮机构工作情况(⊕表示输入;⊙表示输出)

2. 内齿圈为主动件(输入),太阳轮为从动件(输出)——倒挡升速传动

在行星架固定($n_3=0$)的前提下,由行星齿轮机构的运动规律方程式可得传动比 i_{21} 为:

$$i_{21}=\frac{n_2}{n_1}=-\frac{1}{\alpha}=-0.43$$

当行星架固定不动、内齿圈为主动轮时,如图 4-10b 所示。同理,行星轮作为惰轮使从动轮(太阳轮)与主动轮(内齿圈)反向转动。内齿圈转动 0.43 转,太阳轮转动 1 转。此种方案可

以实现升速、倒挡传动。

(四)联锁任意两个元件($n_1=n_2$ 或 $n_1=n_3$ 或 $n_2=n_3$)——直接挡传动

如将太阳轮、内齿圈和行星架三个元件中的任意两个元件联锁成一体(即 $n_1=n_2$ 或 $n_1=n_3$ 或 $n_2=n_3$),各齿轮间就没有相对运动,由行星齿轮机构的运动规律方程式可得,即整个行星齿轮机构将成一整体而旋转。此种方案可作为直接挡传动。

(五)所有元件都不受约束——空挡

在太阳轮、内齿圈和行星架三个元件中,如果所有元件都不受约束(固定),任何两个元件也没有联锁成一体,则各元件将自动转动,即当输入轴转动时,输出轴可以不动,行星齿轮机构将不传递动力,此种方案可作为空挡。

综上所述,单排行星齿轮机构的运动规律可归纳为五种(减速、超速、反向、直接、空挡)传动方式和八种工作状态,见表 4-1。

表 4-1 单排行星齿轮机构的运动规律

序号	固定件	主动件	从动件	传动比 i	工作状态	挡位应用
1	内齿圈	太阳轮	行星架	$i_{13}=\dfrac{n_1}{n_3}=1+\alpha=3.33$	超速传动 低 挡	一挡
2		行星架	太阳轮	$i_{31}=\dfrac{n_3}{n_1}=\dfrac{1}{1+\alpha}=0.30$	减速传动	未被采用
3	太阳轮	内齿圈	行星架	$i_{32}=\dfrac{n_2}{n_3}=\dfrac{1+\alpha}{\alpha}=1.43$	减速传动 高 挡	二挡
4		行星架	内齿圈	$i_{32}=\dfrac{n_3}{n_2}=\dfrac{\alpha}{1+\alpha}=0.70$	超速传动	超速挡
5	行星架	太阳轮	内齿圈	$i_{12}=\dfrac{n_1}{n_2}=-\alpha=-2.33$	反向减速传动	倒挡
6		内齿圈	太阳轮	$i_{21}=\dfrac{n_2}{n_1}=-\dfrac{1}{\alpha}=-0.43$	反向超速传动	不合实用未被采纳
7	三个元件中任意两个联成一体,第三元件与前两元件等速			$i=1$	直接传动	直接挡(三挡)
8	所有元件不受约束			自动转动	失去传动作用	空挡

注:(1) α 为内齿圈齿数 Z_2 与太阳轮齿数 Z_1 之比,$\alpha=\dfrac{Z_2}{Z_1}=\dfrac{56}{24}=2.33$;

(2) 负号表示从动件与主动件转动的方向相反。

单排行星齿轮机构的变速范围有限,不能满足汽车的实际需要,汽车用行星齿轮变速器是由两个或多个单排行星齿轮机构组成,其变速原理与单排行星齿轮机构相同,传动比可根据上述单排行星齿轮机构的运动规律方程式推导得出。

四、换挡执行机构

自动变速器的换挡执行机构有换挡离合器(简称离合器)和换挡制动器(简称制动器)两种。自动变速器采用的换挡离合器有单向离合器与片式离合器两种;换挡制动器有片式制动器和带式制动器两种。单向离合器的类型以及结构原理与液力变矩器以及起动系统使用的单向离合器基本相同,故不赘叙。片式离合器或片式制动器是一种利用自动传动液 ATF 压力来推动活塞移动,从而使离合器片(或制动器片)接合的离合器(或制动器),故又称为活塞式离合器(或制动器)。

(一)换挡离合器

在自动变速器中,换挡离合器的功用是将行星齿轮变速机构的输入轴与行星排的某一个元件或将行星排的某两个元件连接成一体,用以实现变速传动。

1. 片式离合器的结构特点

自动变速器采用的片式离合器的零部件组成如图 4-11 所示,主要由离合器毂、活塞、复位弹簧、离合器片、离合器毂等组成。

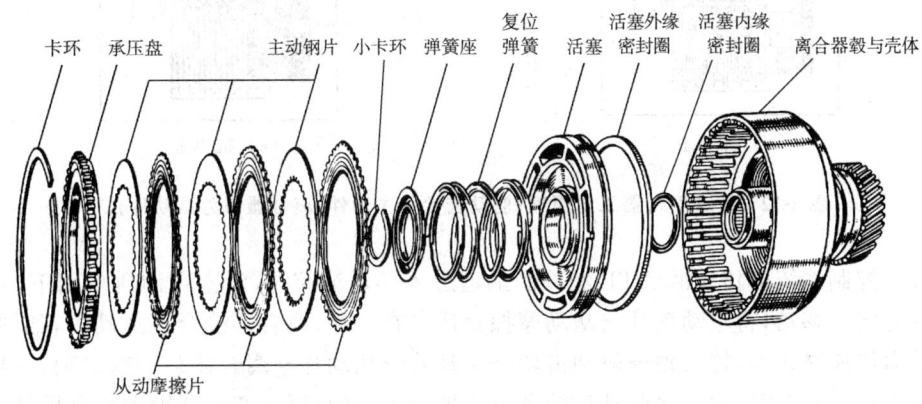

图 4-11 片式离合器零部件组成

在离合器毂的内圆制作有若干个键槽,用于安放离合器片。离合器片由若干钢片(主动片)和摩擦片(从动片)组成。主动钢片与离合器主动件相连,从动摩擦片与离合器从动件相连。在离合器片的外圆或内圆上制有若干个凸缘,以便与离合器毂或花键毂连接并传递动力。

在自动变速器中,具有离合器毂和花键毂的部件都可与变速器输入轴或行星排的某个元件连接。与输入轴相连的部件则为主动件,与行星排相连的部件则为从动件。在图 4-11 中,主动钢片的内圆制有若干个凸缘并安放在主动部件花键毂(图中未画出)外圆的键槽中,从动摩擦片的外缘制有若干个凸缘并安放在离合器毂内圆的键槽中。从动摩擦片由两个表面粘附有摩擦片的钢片制成。摩擦片由合成纤维、酚醛树脂和富有弹性的纸质材料经过硬化和浸渍处理后制成,具有很高的摩擦系数,其摩擦性能受压力和温度影响很小。因为变速器的离合器片都浸泡在传动液中,故又称为湿式摩擦片离合器。

2. 片式离合器的工作原理

片式离合器的工作过程如图 4-12 所示,输入轴为主动件,驱动齿轮与输入轴制成一体,主动钢片内圆的凸缘安放在驱动齿轮的键槽中,从而实现滑动连接。主动钢片既能随驱动齿轮转动,又能作少量轴向移动。

离合器毂为从动件,从动摩擦片外圆上的凸缘安放在离合器毂内圆的键槽中,从而实现滑动连接。摩擦片也可作少量轴向移动。离合器的活塞安装在离合器毂内,活塞与离合器毂之间形成有一个环状油腔,该油腔与液压控制油道相通。环形油腔由活塞内外圆上的 O 形密封圈保证密封。

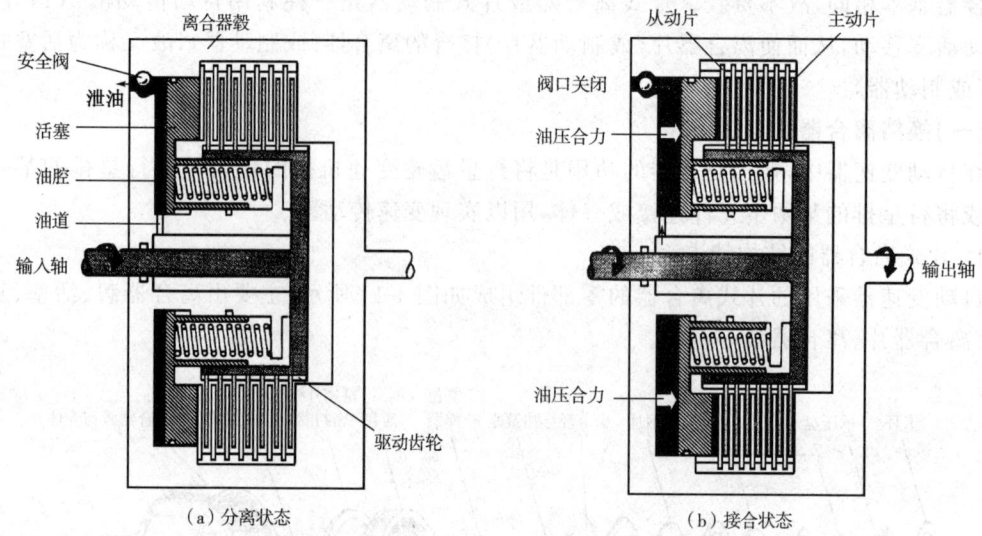

图 4-12 片式离合器工作原理(驱动齿轮为主动件,离合器毂为从动件)

当液压控制系统的传动液 ATF 经控制油道进入环形油腔时,活塞在油压作用下,克服复位弹簧弹力向右移动,将主动钢片与从动摩擦片压紧在一起,离合器接合传递动力,如图4-12b所示。动力传递路线为:输入轴→驱动齿轮→主动片→从动片→离合器毂→输出轴。因此,当离合器处于接合状态时,便可将驱动齿轮和离合器毂连接的机件(变速器轴和行星排的基本元件)连接成一体,从而实现变速传动。

当液压控制系统的油压解除后,活塞在弹簧弹力的作用下复位,离合器又处于分离状态,如图 4-12a 所示。

3. 安全阀的作用

为了保证离合器工作时能够彻底分离,必须满足以下两个条件:

(1)当离合器处于分离状态时,主动片与从动片之间必须具有足够的间隙,标准间隙为 0.25～0.38mm。间隙不当时,可选用不同厚度的止推垫圈或从动摩擦片进行调整。

(2)当液压控制系统的油压解除后,离合器环形油腔内不能残存传动液。

在离合器的油腔内,由于结构限制,因此仅设有一条控制油道,通常设在活塞旋转的中心部位。离合器接合与分离时,传动液 ATF 均从同一油道流入与流出。因此当离合器分离时,残留在油腔中的传动液在离心力的作用下就会甩向油腔外缘,使油腔外缘产生一定的油压。这一油压作用在活塞上会使离合器分离不彻底,导致离合器从动摩擦片与主动钢片磨损加剧而缩短其使用寿命。为此,在油腔周围的离合器毂外缘或活塞外缘上设有一个球阀,称为安全阀或甩油阀。

当传动液流入环形油腔时,具有一定压力的传动液将球阀压紧在阀座上,如图 4-12b 所示,安全阀阀口处于关闭状态。传动液 ATF 充入油腔使油压升高。

当需要离合器分离时,液压控制系统接通回油油道,油腔内的传动液 ATF 流出,油压降低,球阀在离心力作用下离开阀座,如图4-12a 所示,安全阀阀口处于开启状态,残留在油腔中的传动液在离心力的作用下便可从安全阀阀口流出,使离合器快速并彻底分离。

(二)换挡制动器

换挡制动器是换挡执行机构中的锁止元件,其功用是锁定行星排中的任意一个或两个元件,以便实现变速传动。换挡制动器分为片式制动器和带式制动器两种。

1. 片式制动器

片式制动器的结构原理与片式离合器基本相同,仅零部件的名称有所不同。分别称为制动器毂、制动器片(主动钢片、从动摩擦片)、活塞和复位弹簧等。当液压控制系统的传动液使活塞移动时,主动钢片与从动摩擦片压紧在一起,便将制动器连接的行星排元件与变速器壳体等部件锁定,从而实现变速传动。

2. 带式制动器的结构原理

带式制动器由制动带及其伺服装置(即控制油缸)组成。

(1)制动带。制动带是内表面镀有一层摩擦材料的开口式环形钢带。

按制动带的变形能力不同,可分为刚性制动带和挠性制动带两种。刚性制动带比挠性制动带厚,具有较高的强度和较大的然容量,其缺点是不能产生与制动毂相适应的变形。挠性制动带可与制动毂完全贴合,因此制动效果好,且价格低廉。

按制动带的结构不同,可分为单边制动带和双边制动带两种,如图4-13所示。双边制动带制动效果比单边制动带好,大多用于转矩较大的低挡和倒挡制动器。相同类型的制动带用于不同挡位时,其内表面的摩擦材料镀层不尽相同。低挡、倒挡制动带镀层大多采用金属摩擦材料,其目的是保证具有足够的制动力矩;高挡制动带镀层一般采用有机耐磨材料,其目的是防止制动毂过度磨损。

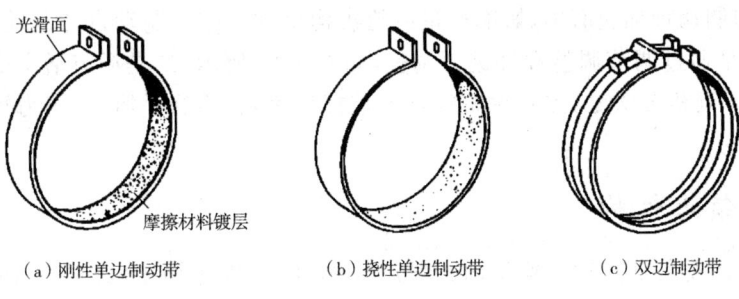

(a) 刚性单边制动带　　(b) 挠性单边制动带　　(c) 双边制动带

图4-13　带式制动器制动带的结构

(2)伺服装置。伺服装置分为直接作用式和间接作用式两种。

直接作用式制动器的结构如图4-14所示。由制动带、活塞、复位弹簧和顶杆等组成。制动带开口的一端固定在调整螺杆前端的推杆上,调整螺杆固定在与变速器壳体相连的支座上,另一端支撑在与油缸活塞相连的顶杆上。制动器不工作时,活塞在复位弹簧弹力作用下右移到极限位置。

当液压控制系统的传动液从控制油道进入活塞的工作油腔(即活塞右面无弹簧一侧油腔)时,在油压作用下,活塞克服弹簧弹力推动顶杆左移,制动带以左侧顶杆支撑点为支点收紧。在制动力矩的作用下,制动带将制动毂抱死并停止转动,此时行星齿轮机构与制动毂连接的元件便处于锁止状态,从而实现变速传动。

当工作油缸泄压时,活塞在复位弹簧弹力作用下,带动顶杆一同复位,制动解除。如果仅靠弹簧弹力,则活塞复位速度较慢,这种结构多用于早期生产的自动变速器以及换入空挡用制动器。目前,大多数制动器设置了左侧油腔进油道,当右侧油腔回油使压力降低时,活塞在左侧油腔压力和复位弹簧弹力共同作用下复位,可迅速解除制动。

间接作用式伺服装置的结构如图 4-15 所示,与直接作用式制动器的区别在于增设了一套杠杆机构,杠杆一端与活塞推杆连接,另一端与制动带顶杆连接。活塞移动时,活塞推杆通过杠杆使制动带顶杆动作,从而使制动带收紧。由于采用了杠杆机构将活塞作用力放大,因此可以增大制动力矩。

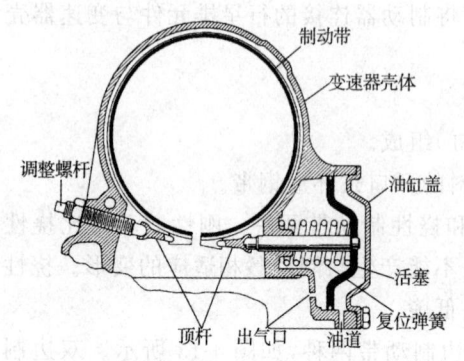

图 4-14 直接作用式带式制动器

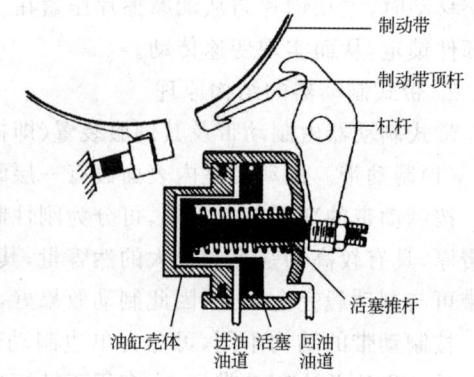

图 4-15 间接作用式制动器

3. 带式制动器间隙的调整

带式制动器在解除制动后,制动带与制动毂之间应有一定间隙,以便制动毂旋转,否则就会导致制动毂与制动带加速磨损,影响行星齿轮机构正常工作。制动带与制动毂间隙的调整方法有两种:一是通过调节调整螺杆进行调整,如图 4-14 所示;二是调节活塞推杆进行调整,如图 4-15 所示。调整方法是:先将调整螺杆或推杆拧紧到《维修手册》规定力矩,然后拧回规定圈数即可。

五、停车锁止机构

自动变速器大都是通过锁止输出轴实现驻车(停车)。停车锁止机构的结构如图 4-16a 所示,主要由停车棘爪、停车齿圈和锁止杆等组成。

停车棘爪上制作有一个锁止凸齿,一端支承在变速器壳体的支承销上,且可绕支承销转动。锁止杆的一端制作成直径大小不同的圆柱杆,如图 4-16b 所示,另一端经连杆机构与选挡操作手柄连接。

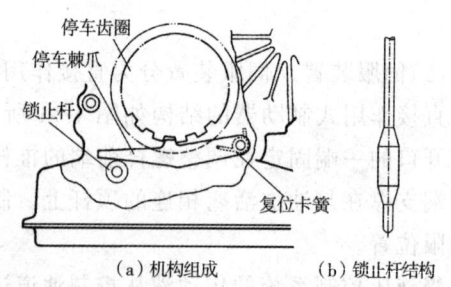

(a) 机构组成　　(b) 锁止杆结构

图 4-16 停车锁止机构

当选挡操纵手柄拨到 P 位以外的任一位置时,手柄连杆机构带动锁止杆向离开停车棘爪方向移动,使锁止杆直径较小的圆柱杆与停车棘爪接触,停车棘爪在复位卡簧弹力的作用下复位,其锁止凸齿与外齿圈分离,变速器输出轴可以自由旋转。

当选挡操纵手柄拨到 P(停车)位置时,手柄连杆机构推动锁止杆向接近停车棘爪方向移动,使锁止杆直径较大的圆柱杆部分与停车棘爪接触,将停车棘爪顶向停车齿圈。当锁止凸齿嵌入齿圈的齿槽时,便将输出轴与变速器壳体连成一体而无法转动,使汽车停止不动。

第四节　液压控制系统的结构原理

自动变速器的变速机构是由换挡执行机构(换挡离合器或换挡制动器)接合与分离来实现变速。由于换挡执行机构的接合与分离受控于液压控制系统,因此,在学习电子控制自动变速系统控制过程之前,还必须熟悉液压控制系统各种控制阀的结构原理。

各型汽车自动变速器液压控制系统的结构大同小异,丰田凯美瑞(Camry)5S-FE 燃油喷射式发动机轿车和赛利卡(Celica)轿车采用的 A140E 型电控自动变速器液压控制系统的组成如图 4-17 所示,主要由液压传动装置(油泵、传动液)、液压控制装置(包括主副调压阀、节流阀、换挡阀、手控阀、电磁阀、锁止阀)以及连接这些液压装置的油道组成。

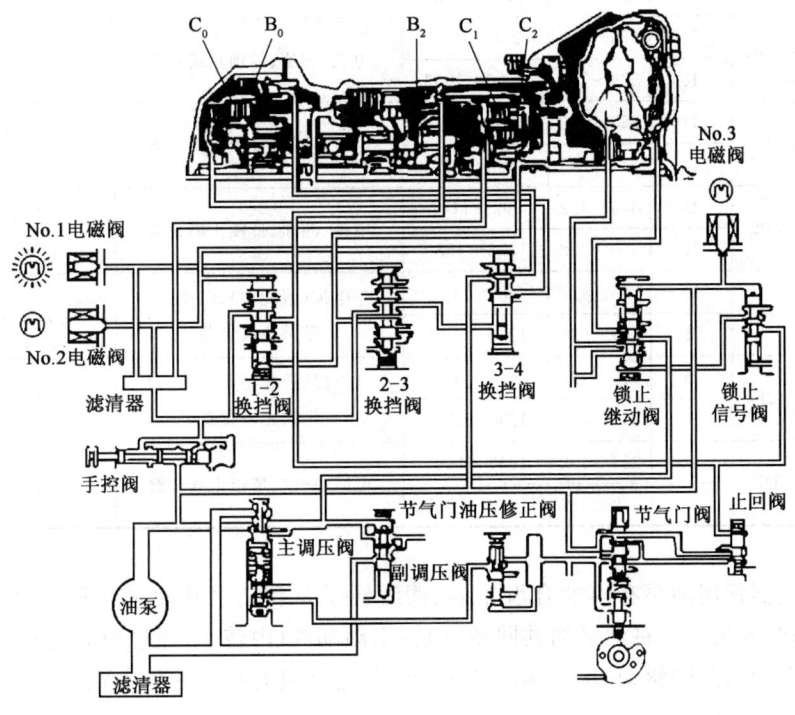

图 4-17　丰田 A140E 型电控自动变速器 ECT 前进挡液压控制油路

一、液压传动装置

自动变速器液压控制系统的液压传动装置主要包括液压油泵和传动液 ATF。

(一)液压油泵

液压油泵通常安装在液力变矩器的后面,由发动机飞轮通过液力变矩器壳体直接驱动,其功用:一是为液力变矩器和液压控制系统提供具有一定压力的传动油液;二是为齿轮变速机构和变速器运动部件提供润滑油液。油泵作为液压控制系统的动力源将油底壳中的传动液 ATF 泵出,经过调压阀将油压调节到规定值后,一部分输送到液力变矩器,其余输送到液压控制系统的控制机构、换挡执行机构和齿轮变速机构,以便实现挡位变换和润滑运动部件。

变速器传动挡位和工况不同,所需传动液压力的大小也不相同。丰田车系电控自动变速器在不同挡位和工况时,液压传动管路的压力见表 4-2。由表可见,当自动变速器工作时,需要液压油泵提供压力高达 1900kPa(约 19 个大气压)的传动液。

表 4-2　丰田车系电控自动变速器液压管路传动液的压力

变速器型号		挡位	管路压力/kPa		变速器结构特点	应用车型
			急速	失速(涡轮转速为零)		
前桥驱动的电控自动驱动桥	A140E	D	373～422	902～1049	电控、四速、带锁止离合器	凯美瑞 Camry
		R	550～707	1412～1648		赛利卡 Celica
	A240E	D	373～422	902～1049	电控、四速、带锁止离合器	花冠 Corolla
		R	550～707	1412～1648		科罗纳 Corona
	A241E	D	373～422	903～1050	电控、四速、带锁止离合器	花冠 Corolla
		R	638～795	1560～1893		科罗纳 Corona
	A540E	D	353～412	992～1040	电控、四速、带锁止离合器	雷克萨斯 ES250
		R	637～745	1608～1873		凯美瑞 Camry
后桥驱动的电控自动变速器	A340E	D	363～422	902～1147	电控、四速、带锁止离合器	皇冠 Crown3.0
		R	500～598	1236～1589		赛利卡 Celica
	A341E	D	363～422	902～1147	电控(智能型)、四速、带锁止离合器	雷克萨斯 LS400
		R	500～598	1236～1589		
	A342E	D	363～422	902～1147	电控(智能型)、四速、带锁止离合器	雷克萨斯 LS400
		R	500～598	1236～1589		
	A43DE	D	353～402	1030～1196	电控、三速、带锁止离合器	克雷西达 Cressida
		R	550～569	1422～1785		

自动变速器常用油泵有内啮合齿轮泵、摆线转子泵和变量叶片泵三种,分别简称为齿轮泵、转子泵和叶片泵。三种油泵的共同特点是:主动部件(内转子)通过液力变矩器泵轮轴套上的花键毂由发动机曲轴驱动,从动部件与主动部件之间具有一定的偏心距。因此,一旦发动机转动,就会驱动油泵泵油。

(二)传动液 ATF

传动液是自动传动液 ATF 的简称,具有传递能量、润滑、清洗和冷却等功用,是一种特殊的高级润滑油。在液力变矩器中,它是传递动力的介质;在液压控制系统中,它既是操纵油液也是润滑油液。在自动驱动桥中,传动液还用来润滑主减速器和差速器等。自动变速器使用的传动液 ATF 必须满足以下要求:

(1)适当的黏度和良好的黏度稳定性。自动变速器的工作温度变化范围较大,一般为 $-40℃\sim+170℃$,其黏度变化范围也较大。就提高液力变矩器的传动效率和控制系统动作的灵敏度以及汽车低温顺利起步而言,传动液黏度低较为有利;就满足行星齿轮变速机构的润滑要求和防止泄漏而言,传动液黏度又不能过低。为了满足自动变速器各部机件的使用要求,传动液在不同温度条件下,必须达到规定的黏度值,见表 4-3。

(2)良好的热氧化稳定性。传动液工作时的最高温度可达 170℃,若热氧化稳定性不好,就会生成高温氧化沉淀物,使各种液压控制阀和换挡元件工作失灵。

表 4-3　PTF-1 类传动液的黏度特性　(单位:mm²/s)

项目	温度(℃)	通用汽车公司 GM Dexron 型	通用汽车公司 GM DexronⅡ型	福特汽车公司 Ford M2C33-E/F 型	克莱斯勒汽车公司 Chrysler MS-4228 型
黏度	99	7.0(最小)	—	7.0(最小)	7.25(最小)
	-17.8	—	—	1400(最大)	—
	-23.3	4000(最大)	4000(最大)	—	—
	-29	—	—	—	2300(最大)
	-40	55000(最大)	50000(最大)	55000(最大)	—
黏度稳定性(耐久性试验)	90	5.5(最小)	5.5(最小)	6.2(最小)	6(最小)
	-17.8	—	—	1400(最大)	—

(3)良好的抗磨性。自动变速器齿轮变速机构的工作条件比较苛刻,且其零部件分别采用钢、铜等不同金属材料制成。因此,要求传动液能够保证不同材料制成的零部件均不易磨损。

(4)良好的抗泡性。传动液产生泡沫,不仅会降低液力变矩器的传动效率和液压控制机构动作的灵敏度,而且还会导致液压传动系统油压波动,严重时会导致供油中断。因此,要求传动液具有良好的抗泡性,机械搅拌时产生的泡沫应能迅速消失。

(5)对橡胶密封材料具有良好的适应性。自动变速器的密封件采用丁腈橡胶、丙烯橡胶和硅橡胶(合成橡胶的一种。原料是二甲基二氯硅烷。能耐高温和低温,主要用来制造飞机和宇宙飞船的密封件、薄膜、胶管和绝缘材料)等密封材料制成。传动液应不会使这些密封件产生明显地膨胀、收缩和硬化现象,否则就会导致传动液泄漏。

二、液压控制装置

电控自动变速液压控制系统的控制装置主要由调压阀、控制阀和液压控制油道等组成。液压控制系统的调压阀和控制阀以及电子控制系统的电磁阀都安装在阀体中,阀体一般都安装在变速器下部或侧面,由上阀体、下阀体、阀体板(阀板)组成。丰田雷克萨斯 LS400 型轿车装备的 A341E、A342E 型电控四速自动变速器阀体的结构如图 4-18 所示。

液压阀安装在上、下阀体之间,各种液压阀的控制油道分别制作在上、下阀体和阀板上。丰田 A341E、A342E 型电控自动变速器上阀体剖面如图 4-19 所示。下阀体结构及剖面与上阀体类似,篇幅所限不再附图。当上、下阀体和阀板组装成一体时,便形成密密麻麻、弯弯曲曲、形似"迷宫"的控制油道。

(一)调压阀

发动机一旦转动,液压油泵就在曲轴的带动下运转,将变速器油底壳中的传动

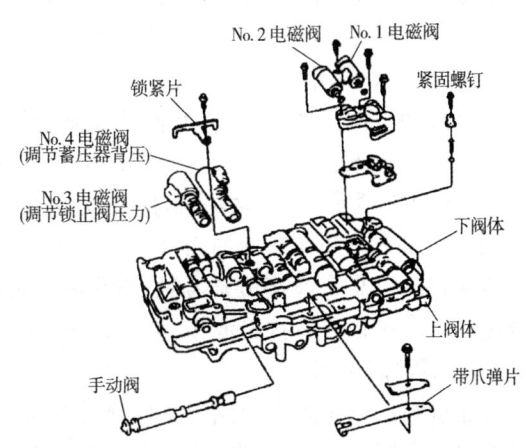

图 4-18　丰田 A341E、A342E 型自动变速器阀体总成

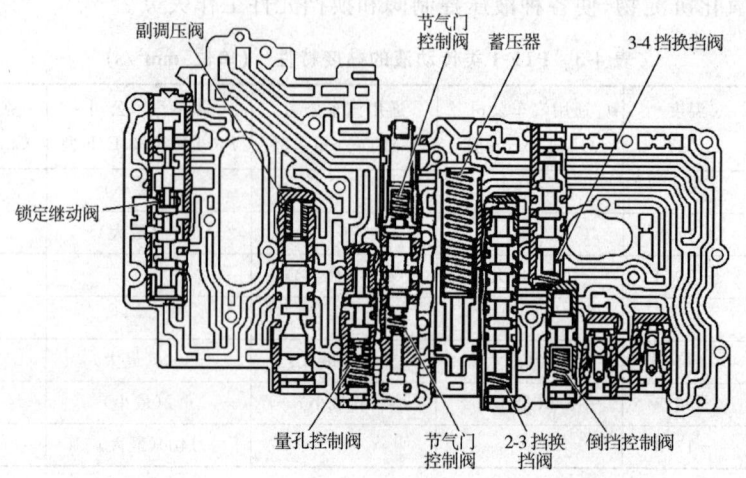

图 4-19 A341E、A342E 型变速器上阀体剖面图

液泵入主油路,使主油路油压升高。如果主油路油压过高,就会导致换挡冲击或传动液产生泡沫,影响变速器正常工作。调压阀的功用就是将主油路油压控制在一定范围内。根据总体结构不同,调压阀可分为球阀式、活塞式和滑阀式三种类型。

1. 球阀式调压阀

球阀式调压阀由球阀、弹簧和阀座组成,结构原理如图 4-20 所示。油路规定的油压由弹簧预紧力决定。当油路油压 F_1 低于弹簧预紧力 F_2 时,弹簧将球阀压紧在阀座上,如图 4-20a 所示,油路油压随油泵转速升高和油量增加而升高。

当油路压力 F_1 高于弹簧预紧力 F_2 时,弹簧被压缩,球阀打开,如图 4-20b 所示,部分传动液从球阀阀口排出,使油路压力降低到规定油压。

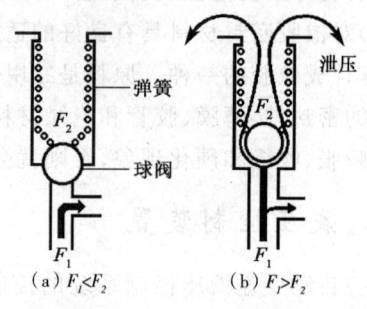

图 4-20 球阀式调压阀结构

2. 活塞式调压阀

活塞式调压阀由活塞、弹簧和阀体组成,结构原理如图 4-21 所示。油路规定的油压由弹簧预紧力决定。来自油泵的液压油液从进液口进入阀体并作用到活塞的上端面上。当油路压力 F_1 低于弹簧预紧力 F_2 时,弹簧伸长,活塞将泄压的进排液口关闭,如图 4-21a 所示,油路油压随油泵转速升高和油量增加而升高。

当油路压力高于弹簧预紧力时,弹簧被压缩,活塞移动将进排液口打开,如图 4-21b 所示,部分传动液从进排液口排出泄压,使油路压力降低到规定油压。

3. 滑阀式调压阀

普通滑阀式调压阀由滑阀、弹簧、阀体组成,结构如图 4-22 所示,其工作原理与活塞式调压阀相似。弹簧预紧力 F_2 作用在滑阀底部端面 B 上,来自油泵的液压油液从进液口进入阀体并作用到滑阀上部端面 A 上。

当油路压力对端面 A 的作用力 F_1 低于弹簧预紧力 F_2 时,弹簧伸长,滑阀上移将进排液口关闭,如图 4-22a 所示,油路油压随油泵转速升高和油量增加而升高。

图 4-21 活塞式调压阀结构原理　　图 4-22 滑阀式调压阀结构原理

当油路压力对端面 A 的作用力 F_1 高于弹簧预紧力 F_2 时,弹簧被压缩,滑阀向下移动将进排液口打开,如图 4-22b 所示,部分传动液从进排液口排出泄压,使油路压力降低到规定油压。

4. 改进滑阀式调压阀

改进滑阀式调压阀的结构如图 4-23 所示,其工作原理是根据传动液压力暂时升高或降低来调节油压,工作状态有保压、调压、降压、升压四种。在滑阀上作用有两个力,弹簧安装在滑阀底部,其预紧力 F_2 始终作用在滑阀上。来自油泵的传动液通过进排液口 1 加到滑阀端面 A 和端面 B 上,因为端面 B 的面积大于端面 A 的面积,所以在端面 B 上将作用一个力图使滑阀向下移动的力 F_1(作用力 F_1 等于端面 B 上压力减去端面 A 上的压力)。

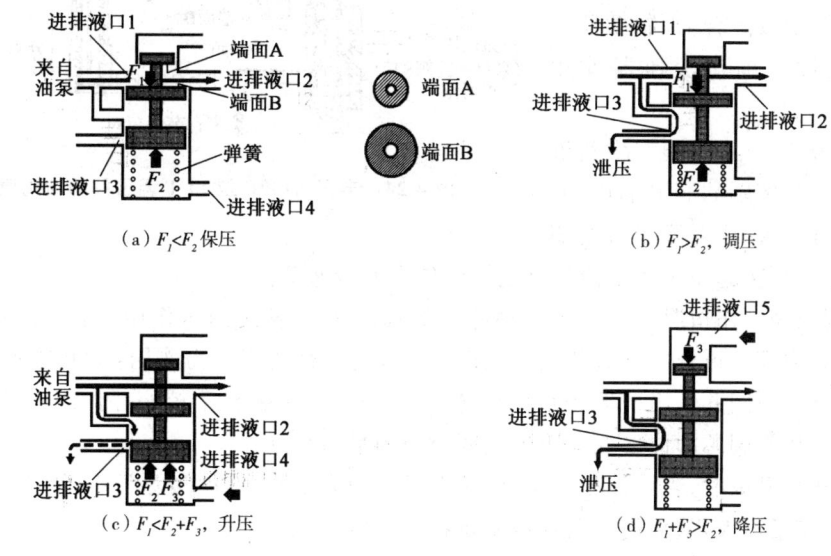

图 4-23 改进滑阀式调压阀结构原理

当传动液压力低于规定值时,作用力 F_1 小于弹簧预紧力 F_2,进排液口 3 保持关闭,如图 4-23a 所示,来自油泵的传动液经过进排液口 1 直接从进排液口 2 排出,传动液压力不会改变(实现"保压"功能)。

当传动液压力超过规定值时,作用力 F_1 就会超过弹簧预紧力 F_2 并推动滑阀向下移动,将进排液口 3 打开,如图 4-23b 所示,来自油泵的部分传动液就会从进排液口 3 排出泄压,使进排液口2排出传动液的压力降低,从而实现"调压"功能。

如果将进排液口4与具有一定压力的油路接通,使滑阀底部增加一个向上的推力F_3(相当于弹簧预紧力增大F_3),如图4-23c所示,那么进排液口3的开启面积和传动液流量就会减小,相应地就会增大进排液口2处传动液的流量,使进排液口2处传动液的压力升高,从而起到"升压"作用。

同理,如果将进排液口5与具有一定压力的油路接通,使滑阀顶增加一个向下的推力F_3,如图4-23d所示,那么进排液口3的开启面积和传动液流量就会增大,相应地就会减小进排液口2处传动液的流量,使进排液口2处传动液的压力降低,从而起到"降压"作用。

5. 调压阀的应用

在自动变速器中,一般都设有主调压阀和副调压阀(又称为第二调压阀)两只调压阀。丰田A140E型ECT液压控制系统的主调压阀与副调压阀的结构如图4-24所示。

主调压阀功用是:根据节气门开度和选挡操纵手柄的位置,将油泵输入到管路的油压调节到规定数值。管路油压是操纵换挡离合器、制动器以及液压控制装置的动力源。如果主调压阀工作异常,就会导致管路油压不定。管路油压过高会导致换挡产生冲击现象和发动机功率损失;管路油压过低会导致离合器、制动器打滑磨损或烧蚀而缩短变速器使用寿命。

副调压阀的功用是:调节供给液力变矩器和各摩擦副的润滑油压,并在发动机停止转动时关闭液力变矩器的油路,保证再次起动时变矩器具有足够的传动液传递动力。

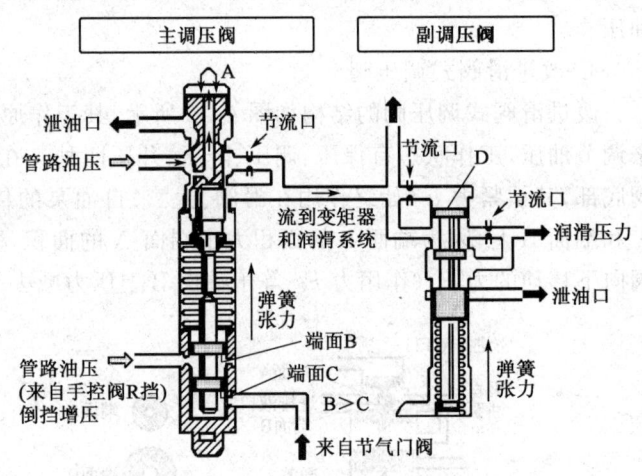

图4-24 丰田A140E型ECT调压阀的结构原理

(1)主调压阀工作情况。主调压阀阀芯上部端面A受管路油压作用(油泵油液从主调压阀入口经阀芯内部油道作用到阀芯上部端面A);阀芯下部受三个力作用:一个是弹簧张力、另一个是来自节气门阀并作用于端面C的液体压力、第三个是来自手控阀并作用于端面B的液体压力。主调压阀阀芯的位置取决于上述四个力的平衡结果。

当油泵压力升高时,管路油压升高,阀芯上部作用力增大,推动阀芯下移,使泄油口开大增大,传动液泄流量增大,从而使管路油压稳定在规定值。

当踩下加速踏板时,节气门开度增大使发动机负荷以及输出转矩增大。此时来自节气门阀的传动液压力升高,阀芯端面C上的作用力增大,阀芯就会向上移动使泄油口开度减小,从而使管路油压升高,变矩器可传递的额定转矩增大,用以满足传递发动机输出转矩的要求。

当选挡操纵手柄拨到R位置时,来自手控阀的传动液压力作用于阀芯端面B。因为端面B的面积大于端面C,所以在阀芯上将增加一个向上的推力(该推力等于管路油压对端面B的作用力减去对端面C的作用力),使阀芯向上移动,管路油压进一步升高,从而使管路油压在R挡位时比其他任何挡位都高,具体数值如前述表4-2所示。这是因为倒挡传动比较大,需要换挡元件(换挡离合器、换挡制动器)传递更大的力矩。

(2)副调压阀工作情况。副调压阀实际上是一个限压阀。其阀芯受到两个力的作用：一个是弹簧向上的张力；另一个是来自主调压阀并流到液力变矩器和润滑系统的传动液压力，作用力方向向下。当供给液力变矩器的传动液压力升高时，阀芯上端面 D 受到向下的液体作用力增大，阀芯将向下移动，部分传动液从泄油口泄流，使供给液力变矩器的液体压力保持不变。由此可见，液力变矩器和润滑系统的传动液压力是由副调压阀弹簧预紧力决定。

（二）控制阀

控制阀的功用是转换通向各换挡执行元件（换挡离合器、换挡制动器）的油路，以便实现挡位变换。控制阀分为手动控制阀（手控阀）、液压控制阀（液压阀）和电磁控制阀（简称电磁阀）三种类型。

1. 手控阀

手控阀是一种由人工手动操作选挡元件控制的换向阀，基本结构如图 4-25 所示，滑阀（阀芯）通过连杆机构或缆索与操纵手柄连接。当操纵手柄处于不同位置时，滑阀随阀杆移动至相应位置，从而接通相应的控制油路。

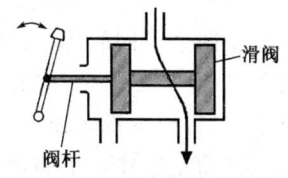

图 4-25 手控阀

(1)选挡元件。选挡元件有手柄式和按钮式两种，手柄式选挡元件如图 4-26 所示。选挡手柄（即选挡操作手柄或变速杆）既可布置在驾驶室地板上，也可布置在转向柱管或仪表台上。按钮式选挡元件一般布置在仪表台上，通过操纵按钮来选择挡位。

(2)手控阀的功用。手控阀的功用是根据选挡手柄或操作按钮位置的不同，接通主调压阀与不同挡位（R、D、2 和 L）之间的油路。

各型汽车自动变速系统中的选挡阀就是一只多路手控阀。该手控阀通过连杆机构与驾驶室内的选挡元件连接，并由选挡元件选择挡位，其控制油路如图 4-27 所示。当驾驶人操纵选挡手柄时，连杆机构便带动选挡阀的阀芯移动，从而接通不同的油路。与此同时，还要接通点火开关至换挡位置指示灯和 ECT ECU 之间的电路（见电控系统的空挡起动开关）。

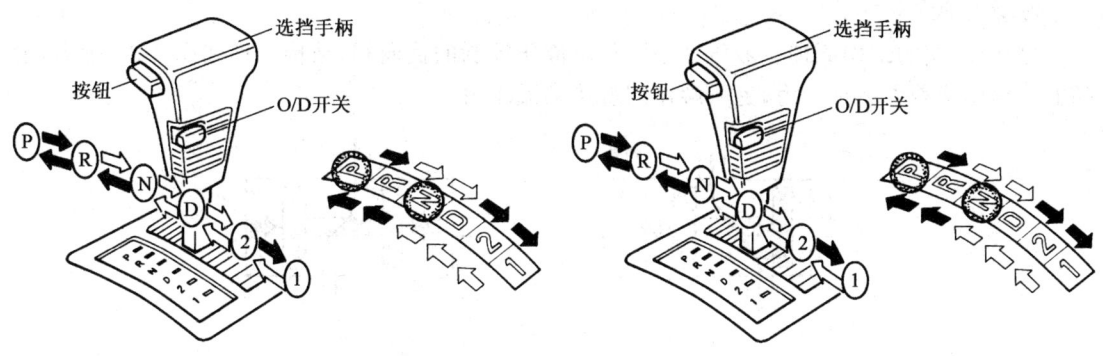

图 4-26 手柄式选挡元件的布置　　图 4-27 选挡阀结构及控制油路

(3)挡位代号的含义。对自动变速器而言，选挡操纵手柄所处的挡位（位置）与变速器所处的挡位是两个完全不同的概念。实际上，选挡操纵手柄只改变自动变速器阀体总成中手控阀的位置，而变速器所处的挡位是由手控阀和换挡执行元件（离合器、制动器等）的工作状态决定，即不仅取决于手控阀的位置，而且还与汽车车速、发动机节气门开度等因素有关。选挡操纵手柄一般都有 P、R、N、D、2、L（或 1）六个挡位供驾驶人选择，各挡位代号的含义如下：

1)代号 P 位置("停车挡"位置)。当选挡操纵手柄拨到 P 位置时,自动变速器中的停车锁止机构(机械机构)将变速器的输出轴锁止,使驱动轮不能转动,从而防止汽车移动。与此同时,换挡执行机构使自动变速器处于空挡状态。

2)代号 R 位置("倒车挡"位置)。选挡手柄拨到 R 位置时,换挡执行机构将接通自动变速器倒挡传动的油路,使倒挡的动力传递路线接通,汽车驱动轮反转而实现倒退行驶。

3)代号 N 位置("空挡"位置)。选挡操纵手柄拨到 N 位置时,换挡执行机构使自动变速器处于空挡状态,发动机的动力虽然能够经过输入轴输入变速器,但各齿轮只是空转,变速器输出轴不能输出动力。在使用过程中,只有当选挡操纵手柄处于 N 或 P 位置,发动机才能起动(此功能由空挡起动开关控制)。

4)代号 D 位置("前进挡"位置)。选挡操纵手柄拨到 D 位置时,大部分轿车的自动变速器可以获得四个不同的传动比传递动力,即一挡、二挡、三挡和超速(O/D:Over-Drive)挡。在汽车行驶过程中,如果选挡操纵手柄位于 D 位置,自动变速器的控制系统(液压控制系统或电子控制系统)将根据汽车速度、节气门开度等电信号(电子控制式自动变速器)或液压信号(液压控制式自动变速器),按照预先设定的换挡规律自动变换挡位,使汽车以不同车速行驶。在道路条件良好的情况下行驶时,选挡操纵手柄应当拨到 D 位置。

5)代号 2 位置("高速发动机制动挡"位置)。选挡操纵手柄拨到 2 位置时,自动变速器的控制系统(液压控制系统或电子控制系统)将限制前进挡的变化范围,只能接通一、二挡的油路,自动变速器只能在一、二挡之间变换挡位,无法升入更高挡位,从而使汽车具有足够的驱动力稳定地上坡,下坡时又可利用发动机制动,故称为"高速发动机制动挡"。

6)代号 L(或 1)位置("低速发动机制动挡"位置)。选挡操纵手柄拨到 L(或 1)位置时,自动变速器的控制系统(液压控制系统或电子控制系统)只能接通一挡油路,自动变速器只能在一挡行驶,无法升入高挡。因此,当选挡操纵手柄拨到 L(或 1)位置时,可以获得比选挡操纵手柄拨到 2 位置更强的发动机制动效果,故又称为"低速发动机制动挡"。此挡位适用于汽车在山区、上坡或下坡行驶,使汽车具有足够的驱动力稳定地上坡,下坡时又可利用发动机制动。

2. 液压阀

(1)液压阀的结构原理。液压阀是一种由液压控制的换向阀,结构原理如图 4-28 所示,滑阀的一端作用着弹簧预紧力,另一端作用着传动液压力。

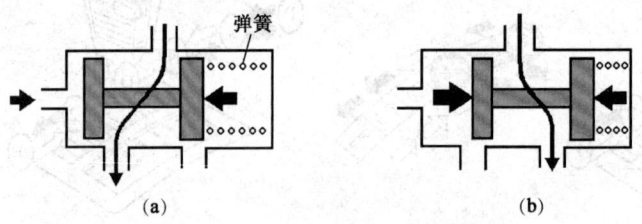

图 4-28 液压控制阀的结构原理

当传动液对滑阀的作用力低于弹簧预紧力时,弹簧伸长,滑阀左移,使控制阀左边油路接通、右边油路关闭,如图 4-28a 所示;当传动液压力高于弹簧预紧力时,滑阀压缩弹簧右移,使控制阀右边油路接通、左边油路关闭,如图 4-28b 所示,从而实现油路转换。

改进型液压阀滑阀(阀芯)的两端都可施加传动液压力,如图 4-29 所示。当传动液从进排液口 1 流入控制阀时,液体对阀芯的作用力 F_1 克服弹簧预紧力 F_2 推动滑阀右移,使控制阀右边的油路 A 接通,如图 4-29a 所示。如果在进排液口 1 和 2 处都施加相同压力的传动液压力 F_1 时,如图 4-29b 所示,此时滑阀两端的液体压力相等,在弹簧预紧力 F_2 作用下,滑阀就会向左移动,使控制阀左边的油路 B 接通,从而实现油路转换。电控自动变速器常用的液压阀有节气门阀、节气门油压修正阀、锁止信号阀、锁止继动阀和换挡阀等。

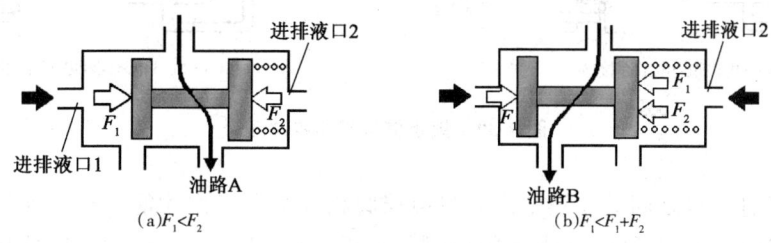

图 4-29 改进型液压控制阀的结构原理

节气门阀的功用是:根据节气门开度大小建立一个控制管路油压(主油路油压)的节气门油压,使主调压阀调节的管路油压随节气门开度增大而升高或随节气门开度减小而降低,用以满足发动机负荷变化时换挡元件工作和零部件润滑对主油路油压的要求。

节气门油压修正阀的功用是:将作用于主调压阀的节气门油压转换成随节气门开度变化而成非线性变换的油压。其目的是在节气门开度较大时,使主调压阀调节的管路油压增长幅度减小,以满足传递发动机动力的需要,防止主油路油压过高而导致换挡冲击。

锁止信号阀的功用是:控制二挡制动器至锁止继动阀之间液压油路的接通与关闭。锁止信号阀受控于锁止电磁阀(No.3 电磁阀),No.3 电磁阀又受控于 ECT ECU。

锁止继动阀的功用是:根据锁止信号阀的锁定信号,通过改变传送到液力变矩器的传动液的流向,使液力变矩器内部的锁止离合器接合与分离。锁止继动阀受控于锁止信号阀。

换挡阀的功用是:控制换挡元件(离合器、制动器)油路的接通与关闭。换挡阀受控于换挡电磁阀(No.1、No.2 电磁阀),No.1、No.2 电磁阀又受控于 ECT ECU。

下面以锁止信号阀和 1-2 换挡阀的工作情况说明上述液压控制阀的控制原理。

(2)锁止信号阀。液力变矩器的锁定与分离受锁止离合器控制,锁止离合器的接合与分离受锁止继动阀控制,锁止继动阀受锁止信号阀控制,锁止信号阀受锁止电磁阀 No.3 控制,No.3 电磁阀又受控于 ECT ECU。

锁止信号阀的结构原理如图 4-30 所示,阀芯受到两个力作用,上端面 A 与管路油压和 No.3 电磁阀阀门相通,受到的作用力随管路油压变化而变化,下端面受弹簧预紧力作用。

当 No.3 电磁阀接收到 ECT ECU 发出的接通指令时,电磁线圈电流接通,产生电磁吸力使阀芯向上移动,电磁阀阀门开启泄压,如图 4-30a 所示,使管路油压对信号阀阀芯上端面 A 的作用力减小。信号阀阀芯在弹簧预紧力推动下向上移动,将二挡制动器 B_2 至锁定继动阀之间的液压管路接通。此时锁定继动阀接通液力变矩器的锁止离合器油路,锁止离合器接合,将液力变矩器锁定而直接传递发动机动力。

当 ECT ECU 发出指令切断 No.3 电磁阀线圈电流时,电磁阀的电磁吸力消失,其阀芯在复位弹簧弹力作用下复位,电磁阀阀门关闭,如图 4-30b 所示。电磁阀阀门一旦关闭,管路油压就会升高,信号阀阀芯上端面 A 上的作用力增大,端面 A 上的作用力克服弹簧预紧力使阀芯向下移动,将二挡制动器 B_2 至锁定继动阀之间的液压管路关闭。

(3)换挡阀。自动变速器一般设有 3 只换挡阀用于换挡控制,分别用 1-2、2-3 和 3-4

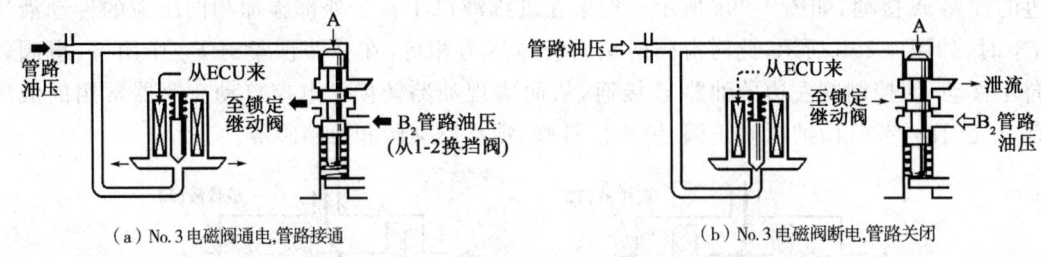

(a) No.3 电磁阀通电,管路接通　　　　　(b) No.3 电磁阀断电,管路关闭

图 4-30　锁止信号阀结构原理

换挡阀表示,各种挡位之间的变换依靠 3 只换挡阀相互配合工作才能实现。换挡阀的工作状态受换挡电磁阀(即 No.1 和 No.2 电磁阀)控制,丰田 A140E 型电控自动变速器换挡电磁阀以及换挡执行元件的工作情况如表 4-4 所示,表中各换挡执行元件代号的含义分别为:C_0—超速离合器;F_0—超速单向离合器;B_0—超速制动器;C_1—前进离合器;C_2—直接挡离合器;B_1—二挡滑行制动器;B_2—二挡制动器;B_3—低、倒挡制动器;F_1—No1 单向离合器;F_2—No2 单向离合器。3 只换挡阀的工作原理相同,下面以图 4-31 所示 1—2 换挡阀的工作情况为例说明。

表 4-4　丰田 A140E 型辛普森式四速自动变速器换挡电磁阀及执行元件工作情况

挡位	传动挡位	1号电磁阀	2号电磁阀	换挡执行元件								
				C_0	F_0	B_0	C_1	C_2	B_1	B_2	B_3	F_1	F_2
P	停车挡	通电	断电	●									
R	倒挡	通电	断电	●	●			●			●		
N	空挡	通电	断电	●									
D	一挡	通电	断电	●	●		●						●
	二挡	通电	通电	●	●		●			●		●	
	三挡	断电	通电	●			●	●					
	O/D 挡	断电	断电			●	●	●					
2	一挡	通电	断电	●	●		●						●
	二挡	通电	通电	●	●		●			●		●	
	三挡*	断电	通电	●			●	●	●	●			
L	一挡	通电	断电	●	●		●				●		●
	二挡*	通电	通电	●	●		●			●	●		

注:(1)符号"●"表示该元件投入工作。
　　(2)符号"*"表示仅下行换挡到 2 或 L 位时才能换入该挡,在 2 或 L 位时不能换入该挡。

(4)1—2 换挡阀工作情况。当变速器挂入一挡时,由表 4-4 可知,ECT ECU 将控制 No.2 电磁阀断电,其阀门关闭将泄流回路关闭。此时,主调压阀调节的管路油压作用到 1—2 换挡阀阀芯上部 A 处,管路油压对阀芯上端面的作用力克服弹簧张力使阀芯向下移动,1—2 换挡阀此时工作状态如图 4-31a 所示。

当变速器挂入二挡或三挡时,由表 4-4 可知,ECT ECU 向 No.2 电磁阀发出通电指令,No.2 电磁阀线圈通电,阀门开启泄流降压,1—2 换挡阀阀芯上部 A 处的管路油压降低。在换挡阀下部 B 处来自 2—3 换挡阀的管路油压以及弹簧张力作用下,1—2 换挡阀阀芯向上移动,从而接通二挡制动器 B_2 油路,此时 1-2 换挡阀工作状态如图 4-31b 所示。

当变速器挂入超速挡(O/D 挡)时,由表 4-4 可知,ECT ECU 将向 No.2 电磁阀发出断电指令。虽然 No.2 电磁阀断电时阀门关闭,管路油压将作用在 1-2 换挡阀上部 A 处,但是,由于来自 2-3 换挡阀的管路油压和弹簧张力一直作用在 1-2 换挡阀阀芯下部 B 处,因此 1-2 换挡阀阀芯保持在上述二挡或三挡时所处位置不变,二挡制动器 B_2 油路保持接通,此时 1-2 换挡阀工作状态如图 4-31c 所示。

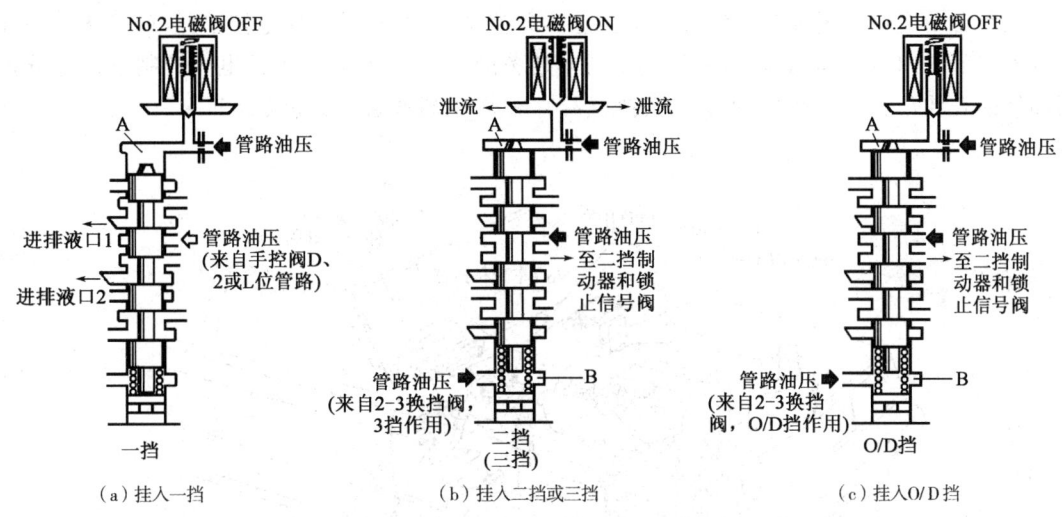

图 4-31 1-2 换挡阀工作情况

3. 电磁阀

电磁阀是一种用电磁力控制其阀门打开或关闭的机电一体阀。电磁阀一般安装在变速器阀体内部,有的安装在阀体外面,结构如图 4-32 所示,由电磁铁机构、阀芯和复位弹簧组成。阀芯受控于电磁铁机构,从而控制传动液油路的接通与关闭。

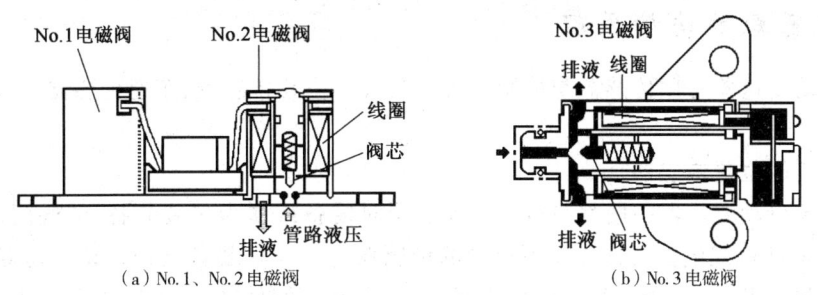

图 4-32 电磁阀的结构原理

当电磁线圈断电时,阀芯在弹簧弹力作用下将阀门关闭,油路切断。当电磁线圈接通电流时,阀芯在电磁吸力作用下,克服弹簧张力离开阀座将阀门打开,接通换挡执行元件或锁止离合器油路,从而实现挡位变换或离合器锁定。

电磁阀既是电子控制系统的执行元件,也是液压控制系统的始控元件。电控自动变速器一般设有 3 只(No1、No2、No3)电磁阀。在高性能变速器上,设有 4 只或更多电磁阀。No1、No2

电磁阀控制挡位变换，No3电磁阀控制液力变矩器的锁止（锁定）离合器，No4或其他电磁阀用于提高换挡品质，使换挡离合器和制动器接合柔和。电磁阀越多，换挡品质越高，变速器性能越好。

第五节　电子控制系统的结构原理

汽车自动变速电子控制系统都是由传感器与控制开关、自动变速电控单元(ECT ECU)和执行器三部分组成。丰田凯美瑞、赛利卡轿车装备的A140E型自动变速电子控制系统部分控制部件的安装位置如图4-33所示。其执行器有No.1电磁阀、No.2电磁阀和No.3电磁阀。

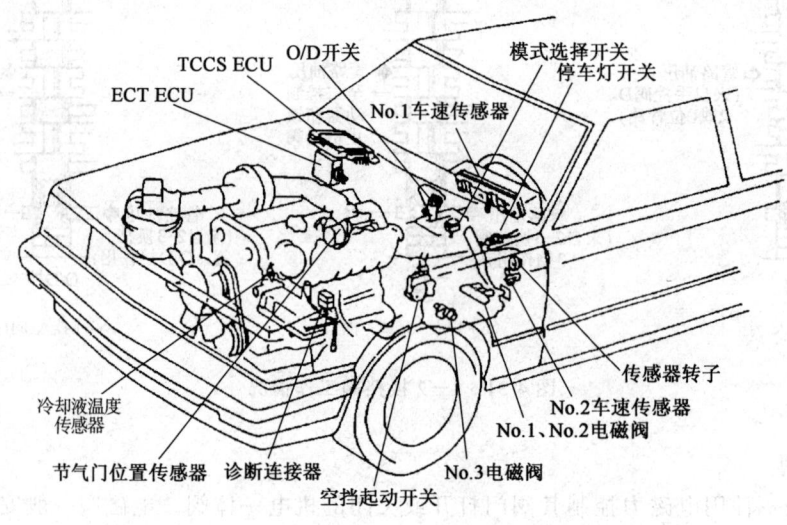

图 4-33　丰田 A140E 型 ECT 控制部件安装位置

一、传感器的结构原理

电控自动变速器常用传感器与控制开关有节气门位置传感器、车速传感器、冷却液温度传感器等。

(一)节气门位置传感器

汽车电控自动变速器一般都与电控发动机同时装备或作为选装装备，节气门位置传感器TPS是电控发动机或电控变速器必不可少的传感器之一。在装备电控自动变速器的汽车上，TPS将发动机负荷(对应于节气门开启角度)转换为电压信号之后，除输入发动机ECU之外，还要输入自动变速器电控单元(ECT ECU)作为确定变速器换挡时机(换挡点)和变矩器锁止时机的主要信号之一。

1. 传感器的结构特点

在装备或选装自动变速器的汽车上，电控发动机和电控变速器一般都共用一只TPS。为了较为精确的反映发动机负荷大小，以便精确控制变速器的换挡时机和变矩器的锁止时机，当选用触点式TPS时，其结构要复杂一些(即触点较多)，图4-34所示为丰田车系用TPS的结构。其安装在节气门轴的一端,内部设有一个凸轮,套装在节气门轴上,随节气门开度变化而转动。传感器有 8 个输出端子,分别与传感器内部触点连接,端子 IDL、ACC_1、ACC_2、PSW 提供发动机控制信号;端子 L_1、L_2、L_3 提供自动变速器控制信号,E_2 为搭铁端子。

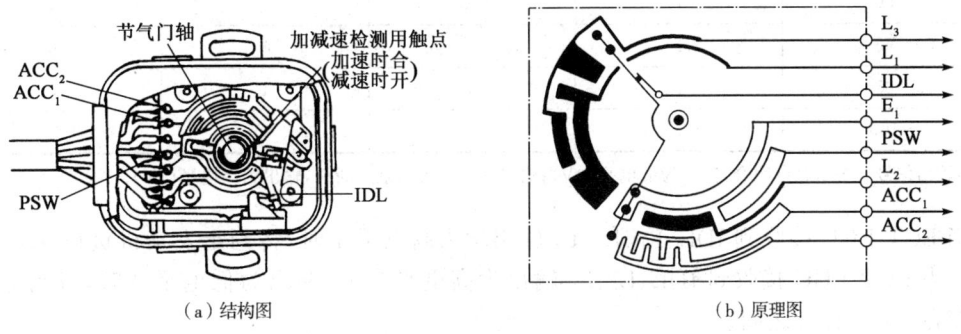

图 4-34 丰田车系用开关量输出型 TPS

2. 传感器的输出特性

传感器的输出特性如图 4-35 所示,当节气门完全关闭,凸轮使怠速 IDL 触点接通时,IDL 端子输出低电平 0,ECT ECU 接收到 IDL 端子输出的低电平信号时,将判定发动机处于怠速状态,输出信号与节气门开度之间的关系见表 4-5。

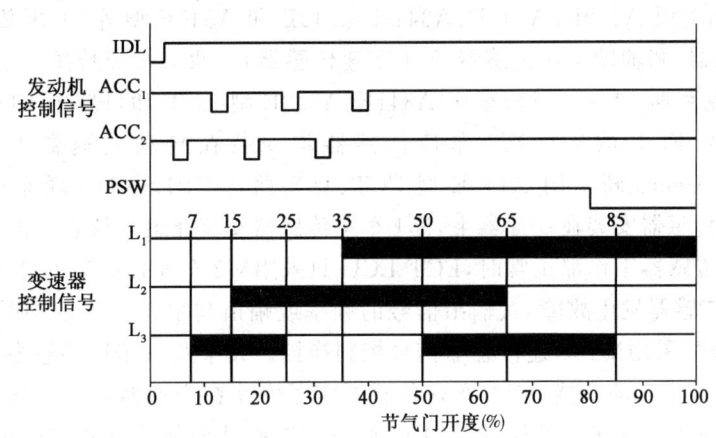

图 4-35 丰田车系用开关量输出型 TPS 输出特性

表 4-5 丰田 TOYOTA 开关输出型节气门位置传感器的输出特性

节气门开度 (%)	传感器输出信号			
	IDL	L_1	L2	L3
0	0	1	1	1
0~7	1	1	1	1
7~15	1	1	1	0
15~25	1	1	0	0
25~35	1	1	0	1

续表

节气门开度(%)	传感器输出信号			
	IDL	L₁	L2	L3
35~50	1	0	0	1
50~65	1	0	0	0
65~85	1	0	1	0
85~100	1	0	1	1

注:输出信号0表示触点闭合,输出为低电平(0V);输出信号1表示触点断开,输出为高电平(5V)。

当 ECT ECU 接收到 IDL、L_1、L_2、L_3 输出均为高电平1时,将判定发动机负荷在 0~7% 之间。当 ECT ECU 接收到 IDL、L_1、L_2 输出为高电平1,L_3 输出为低电平0时,将判定发动机负荷在 7%~15% 之间。

当 ECT ECU 接收到 IDL、L_1 输出为高电平1,L_2、L_3 输出为低电平0时,将判定发动机负荷在 15%~25% 之间。节气门在其他开度时,传感器输出信号依此类推。

(二)车速传感器

在汽车自动变速电子控制系统中,车速传感器 VSS 的功用是产生频率与车速成正比的信号电压,并输入 ECT ECU 作为确定变速器换挡时机和变矩器锁止时机的主要信号之一。

车速传感器一般都采用磁感应式和舌簧开关式。为了实现车速传感器失效保护功能,电控自动变速器(如丰田 A140E、A340E、A341E、A342E 和 A540E 型等)上配装有主车速传感器(No2 车速传感器)和辅助车速传感器(No1 车速传感器)。两只车速传感器的安装位置依车型而异,丰田雷克萨斯 LS400 型轿车用 A341E、A342E 型 ECT 和科罗纳 CORONA 轿车用 A240E、A241E 型 ECT 的 No1、No2 车速传感器均安装在自动变速器上。丰田凯美瑞 CAMRY、赛利卡 Celica 轿车用 A140E 型 ECT、克雷西达 CRESSIDA 轿车用 A43DE 型等 ECT 的 No2 车速传感器安装在变速器上,No1 车速传感器安装在组合仪表盘内。

当两只车速传感器工作都正常时,ECT ECU 只采用 No2 车速传感器的脉冲信号来控制换挡。当 No2 车速传感器发生故障,其输出信号的频率或幅值超出正常值范围时,ECT ECU 将自动切换运行程序,采用 No1 车速传感器信号控制换挡。如果两只车速传感器都发生故障,那么,ECT ECU 将停止自动换挡。No2 车速传感器定子安装在变速器延伸壳体上,信号转子安装在变速器输出轴上。转子上的磁铁随输出轴一同转动,从而使传感器定子中的舌簧开关产生频率与车速成正比的脉冲信号并输送到 ECT ECU。

二、控制开关

电控自动变速器常用控制开关有换挡规律选择开关(驱动模式选择开关)、超速 O/D 开关、空挡起动开关、制动灯开关等。

1. 换挡规律(驱动模式)选择开关

换挡规律(或驱动模式)选择开关用于选择换挡规律,安装在仪表台或选挡手柄上,如图 4-36 所示。换挡规律有普通型 NORM、动力型 PWR 和经济型 ECON 三种。在汽车行驶过程中,驾驶人可根据行驶条件来选择不同的换挡规律。

2. 超速(O/D)开关

超速(Over-Drive)开关通常称为 O/D 开关,其功用是控制自动变速器能否升到超速挡行驶。

O/D 开关一般都为按钮式开关,设在选挡操纵手柄上。同时在组合仪表盘上设有相应的指示灯,称为超速切断(O/D OFF)指示灯,该指示灯受 O/D 开关控制,控制电路如图 4-37 所示。

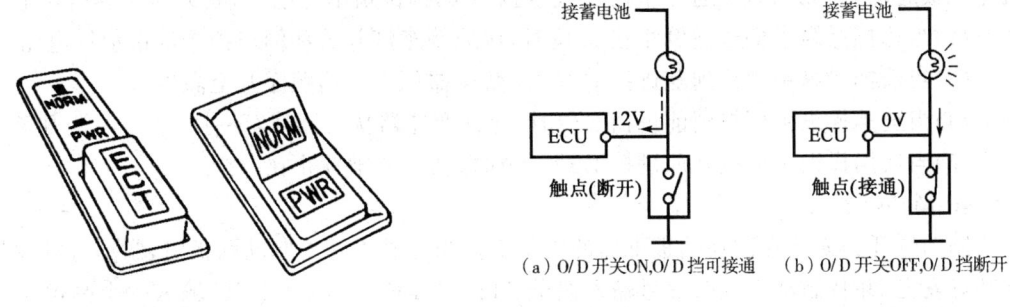

图 4-36　换挡规律选择开关　　　　图 4-37　O/D 开关及其指示灯电路

当按下 O/D 开关按钮使其处于 ON 位置时,开关触点断开,超速切断指示灯电路不通而熄灭,如图 4-37a 所示。电源电压(12V)经超速切断指示灯加到 ECT ECU 上,此时如选挡操纵手柄处于 D 位,ECT ECU 控制变速器升挡时,最高可以升到超速挡(相当于四挡)。

当再按一下 O/D 开关按钮开关处于 OFF 位置时,开关触点接通,超速切断指示灯通而发亮,如图 4-37b 所示。此时 ECT ECU 接收到的信号电压为 0V,无论汽车在什么条件下行驶,变速器都不能升入超速挡,最高只能升到三挡。

当 O/D 开关按钮处于 ON 位置时,如果变速控制系统发生故障,自诊断系统将控制超速切断(O/D OFF)指示灯闪亮报警。

3. 空挡起动开关 NSW

空挡起动开关(NSW,Neutral Start Switch)是一个由选挡操纵手柄控制的多位多功能开关,结构与电路连接如图 4-38 所示。

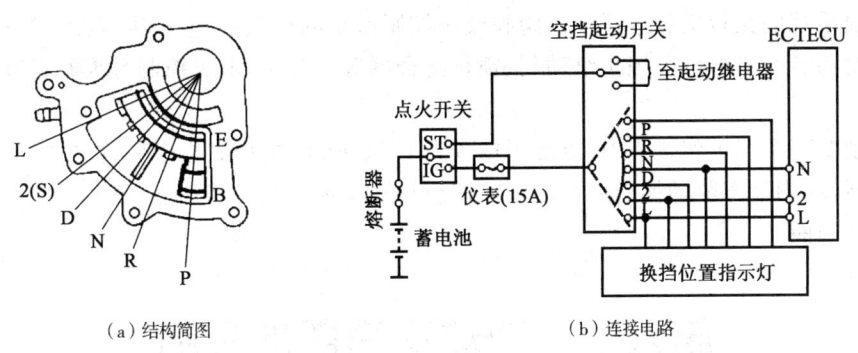

(a)结构简图　　　　　　　　(b)连接电路

图 4-38　空挡起动开关及其电路连接

当选挡操纵手柄拨到某一位置时,选挡手柄使开关上相应的触点闭合,从而接通点火开关至 ECT ECU 和挡位指示灯之间的相应电路。与此同时,选挡手柄的连杆机构带动选挡阀的阀芯移动,接通选挡阀的不同控制油路。

ECT ECU 根据空挡起动开关输入的 N、2、L 三个(或 N、2、L、R 四个)位置信号(高电平信号)来判断选挡操纵手柄所处位置。如果 N、2、L 三个(或 N、2、L、R 四个)端子都无信号输入，ECT ECU 则判定选挡操纵手柄处于 D 位。空挡起动开关的具体功用如下：

（1）当选挡操纵手柄拨到停车挡 P 位或空挡 N 位时，起动继电器线圈电路才能接通，发动机才能被起动，与此同时接通停车挡 P 或空挡 N 的挡位指示灯电路，故又称为空挡安全开关。

（2）当选挡操纵手柄拨到倒车挡 R 位时，接通倒车灯开关和倒车挡挡位指示灯电路。

（3）当选挡操纵手柄拨到前进挡 D 位时，变速器可由一挡顺序升至高挡。

（4）当选挡操纵手柄拨到前进挡 2 位时，允许变速器从三挡降至一挡，或由一挡升至二挡。

（5）当选挡操纵手柄拨到前进挡 L 或 1 位时，变速器被锁止在一挡。

4. 制动灯开关

制动灯开关安装在制动踏板下面的支架上。当驾驶人踩下制动踏板时，制动灯开关接通，制动灯发亮，并从制动灯开关信号输入端子 STP（或 BK）向 ECT ECU 输入一个高电平（电源电压）信号。ECT ECU 接收到该高电平信号时，便知已经使用制动，立即发出解除液力变矩器锁止指令，使锁止离合器分离。其目的是在车轮抱死制动时，防止发动机突然熄火。

当驾驶人未踩下制动踏板时，STP（或 BK）端没有信号输入，ECT ECU 将按正常控制程序控制液力变矩器锁止与分离。

5. 驻车制动灯开关

驻车制动灯开关又称为停车制动灯开关，受驻车制动手柄（手制动）控制。当驻车制动手柄放松时，停车制动开关断开，制动报警灯熄灭，电源电压经制动报警灯从驻车制动灯开关信号输入端子 PKB 向 ECT ECU 输入一个高电平（12V）信号。ECT ECU 接收到这一信号后，在起步和换挡时，将控制减少车尾的下坐量。当驾驶人拉紧驻车制动手柄制动时，停车制动开关接通，制动报警灯发亮，ECT ECU 的 PKB 端将接收到一个低电平（0V）信号，此信号告知 ECT ECU 驻车制动手柄已经拉紧。

三、执行机构

执行器的功用是根据 ECT ECU 的控制指令，完成自动换挡和变矩器锁止动作。电子控制自动变速系统的执行机构包括电磁阀和液压控制系统的换挡阀、换挡离合器与换挡制动器、变速齿轮机构、锁止信号阀、锁止继动阀、锁止离合器等。其中，电子控制系统的直接执行器是电磁阀。

在自动变速系统工作过程中，电磁阀接收到 ECT ECU 的控制指令后，再控制液压控制系统各执行器，利用液压驱动换挡离合器和换挡制动器实现自动换挡功能、驱动锁止离合器实现变矩器锁止功能。

第六节 自动变速器的控制

自动变速器型号不同，其控制电路不尽相同。下面以丰田凯美瑞 CAMRY 和赛利卡等轿车用 A140E 型自动变速器的电控系统为例进行说明。

一、自动变速器的控制电路

丰田 A140E 型电控自动变速器的控制电路如图 4-39 所示，ECT ECU 各接线端子的代号及其含义如下。

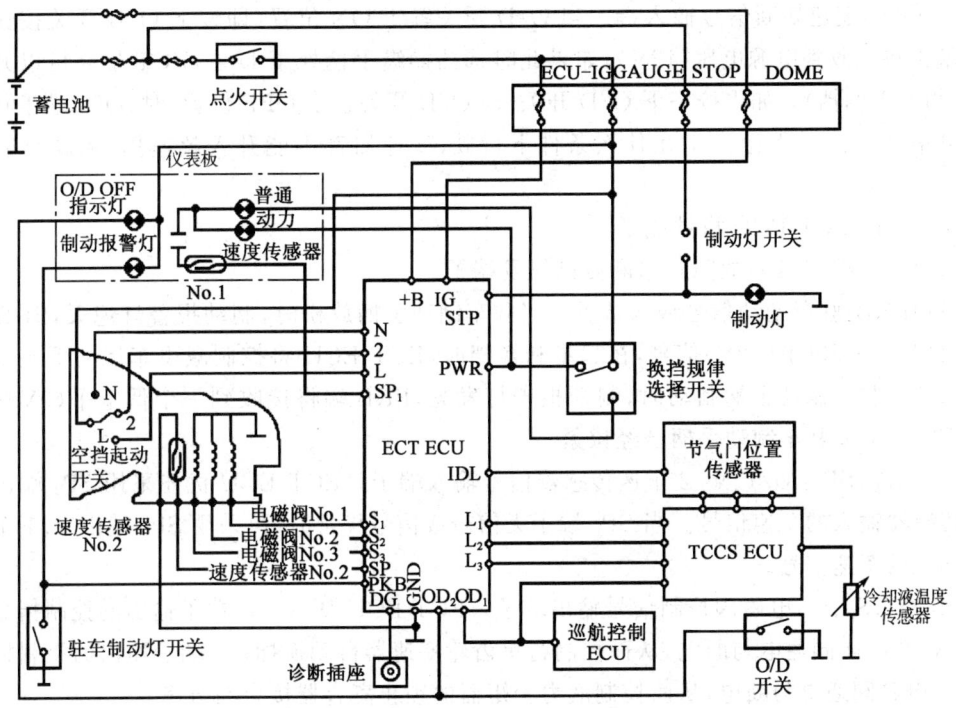

图 4-39 丰田 A140E 型自动变速器 ECT 控制电路

(1)+B：ECT ECU 备用电源端子。该端子为随机存储器 RAM 等提供电源。

(2)IG：ECT ECU 电源端子。受点火开关控制，开关接通时 ECT ECU 接通 12V 电源。

(3)STP(或 BR)：制动信号输入端子。当踩下制动踏板时，从制动灯开关向 ECT ECU 输入高电平(12V)信号，ECT ECU 立即发出解除液力变矩器锁止指令，防止发动机在车轮抱死制动时突然熄火。

(4)PWR：换挡规律(驱动模式)选择开关信号输入端子。PWR 端有信号电压(电源电压)输入时，ECT ECU 选用 PWR 型换挡规律控制换挡，组合仪表盘上的 PWR 指示灯发亮；PWR 端无信号电压输入时，ECT ECU 选用 NORM 型换挡规律控制换挡，组合仪表盘上的 PWR 指示灯熄灭，NORM 指示灯发亮。

(5)IDL：TPS 怠速触点闭合信号输入端子。当发动机怠速或汽车急减速行驶时，节气门将关闭，TPS 怠速触点闭合，IDL 端子将向 ECT ECU 输入一个高电平信号。此时，ECT ECU 将向 No.3 电磁阀发出解除变矩器锁止状态指令，防止发动机在怠速或驱动轮抱死时突然熄火。

(6)L_1、L_2、L_3：节气门开度信号输入端子。分别输入节气门不同开度时的信号电压。

(7)OD1：超速与锁止解除信号输入端子。当发动机冷却液温度低于 60℃时，发动机电控单元(TCCS ECU)将向 ECT ECU 发出一个解除超速行驶信号，防止 ECT 自动升入超速挡行驶。此外，当使用巡航控制功能使汽车在超速挡行驶时，若因行驶条件或其他原因使实际车速降低到低于巡航控制系统预先设定的车速 4 km/h 以上时，巡航控制 ECU 将向 ECT ECU 发出一个解除超速行驶信号，ECT ECU 将控制变速器换入超速挡以外的挡位行驶；在实际车速达到巡航控制系统预先设定的车速以前,ECT ECU 也不会控制 ECT 换回超速挡。

(8)OD_2:超速切断信号输入端。当 O/D 开关置于 ON 位置(即按下 O/D 开关按钮)时,OD_2 端子将接收到电源电压(12V),如果此时选挡操纵手柄处于 D 位,ECT 最高可以升到超速挡(相当于四挡)。如再按一下 O/D 开关(即 O/D 开关置于 OFF 位置)时,OD_2 端子将接收到低电平 0V,此时无论汽车在什么条件下行驶,变速器都不能升入超速挡,最高只能升到三挡。

(9)GND:ECT ECU 搭铁端子。

(10)DG(或 ECT):故障自诊断测试触发端子。

(11)PKB:驻车制动信号输入端子。当驻车制动手柄放松时,制动报警灯熄灭,PKB 端子将接收到一个高电平(12V)信号,在起步和换挡时,ECT ECU 将控制减少车尾的下坐量。当驾驶人拉紧驻车制动手柄制动时,制动报警灯发亮,PKB 端将接收到一个低电平(0V)信号,通知 ECT ECU 驻车制动手柄已经拉紧

(12)SP_1、SP_2:No.1、No.2 车速传感器信号输入端子。ECT ECU 优先采用 SP_2 端由 No.2 车速传感器输入的车速信号。当 SP_2 端子无信号或信号异常时,再采用 SP_1 端由 No.1 车速传感器输入的车速信号。

(13)S_1、S_2、S_3:电磁阀控制信号输出端子。ECT ECU 从 S_1、S_2 端子输出的控制指令控制 No.1、No.2 电磁阀通电与断电,从而控制行星齿轮变速器自动换挡;S_3 端子输出的控制指令控制 No.3 电磁阀通电与断电,从而控制液力变矩器的锁止离合器接合与分离。

(14)L、2、N:空挡起动开关输入信号端子。当 L、2、N 端子分别输入信号电压(电源电压)时,ECT ECU 判定变速器分别处于 L、2、N 挡位;如 L、2、N 端子无信号输入,ECT ECU 判定变速器处于 D 挡位。

二、自动变速器的换挡规律

各种电控自动变速系统的硬件结构大同小异,但软件程序千差万别。变速器的换挡规律不同,其换挡时机亦不相同。丰田 A140E 型电控自动变速器的换挡规律见表 4-6。

表 4-6 丰田 A140E 型电控自动变速器 ECT 换挡规律   (车速单位:km/h)

挡位	模式选择开关	节气门全开(或全关)							
		1→2	2→3	3→O/D	(3→O/D)	(O/D→3)	O/D→3	3→2	2→1
D 挡	NORM	53—61	104—115	164—176	(35—40)	(21—25)	159—171	97—107	43—48
	PWR	53—61	104—115	164—176	(35—40)	(21—25)	159—171	97—107	43—48
2 挡	NORM PWR	53—61	—	—	—	—	—	97—107	43—48
L 挡	NORM PWR	—	—	—	—	—	—	—	54—59

注:括号内数字表示节气门全关(即减速)时的车速。

1. 普通型(NORM)换挡规律

普通型换挡规律是指动力性和燃油经济性介于经济型与动力型之间的换挡规律,曲线如图 4-40 所示。普通型换挡规律适用于一般驾驶条件下选用,以便兼顾汽车的动力性和经

济性。

汽车在行驶过程中,车速升高时升挡,车速降低时降挡。由换挡规律可见,在节气门开度相同的情况下,相同挡位的升挡车速(如 2 挡升到 3 挡时的车速)比降挡车速(3 挡降到 2 挡时的车速)要高,即降挡曲线均处在升挡曲线左侧,其目的是充分利用发动机动力和提高燃油经济性。

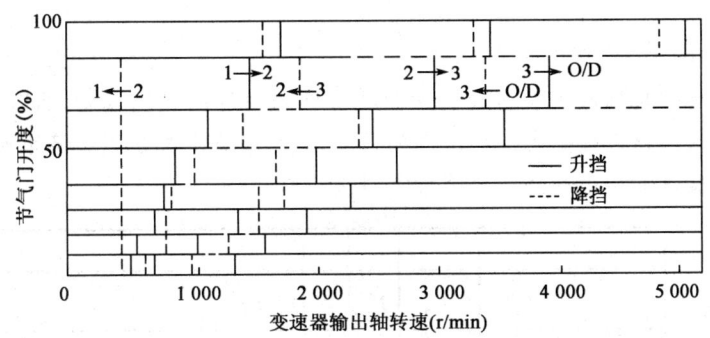

图 4-40 普通型 NORM 换挡规律曲线

2. 动力型(PWR)换挡规律

动力型换挡规律是指汽车获得最大动力为目的的换挡规律,曲线如图 4-41 所示。动力型换挡规律适用于坡道和山区驾驶,能够通过改变变速器换挡时机和变矩器锁止时机,充分利用液力变矩器增加转矩的功能来提高汽车的动力性。

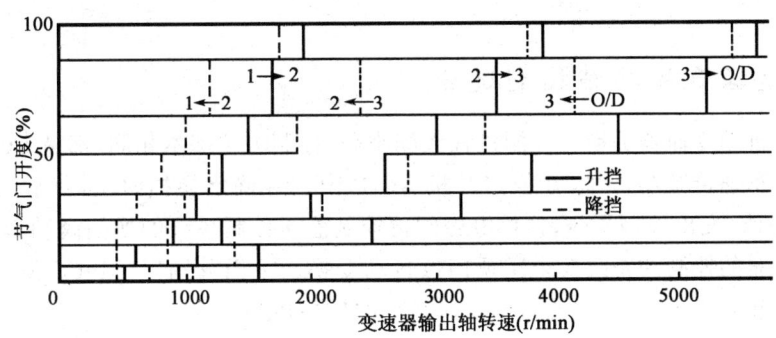

图 4-41 动力型 PWR 换挡规律曲线

由图 4-40 和图 4-41 所示曲线可见,节气门开度在 65%～85%之间的换挡参数见表 4-7。在节气门开度(即发动机负荷)相同的情况下,当变速器换入相同挡位时,动力型换挡规律的变速器输出轴转速(或车速)比普通型要高得多。这是因为在节气门开度相同的情况下,车速越高动力性就越好,所以动力型换挡规律的动力性比普通型换挡规律的动力性要好。反之,升挡车速(或降挡车速)越低,则燃油经济性越好。换句话说,动力型换挡规律则是牺牲一定的经济性来提高动力性,而普通型换挡规律是牺牲一定的动力性来提高燃油经济性。由于二者的目的各不相同,因此在使用中,应当根据行驶条件(如坡度大小、风阻大小、路面好坏等)选择适当的换挡规律。

表 4-7　PWR 型与 NORM 型换挡规律比较

挡位	模式选择开关	节气门开度 65%~85%（变速器输出轴转速，单位：r/min）					
		1→2	2→3	3→O/D	O/D→3	3→2	2→1
D挡	NORM	1500	3000	3900	3400	1900	400
	PWR	1700	3600	5100	4100	2400	1200

3. 经济型（ECON）换挡规律

经济型换挡规律是指汽车获得最佳燃油经济性为目的的换挡规律，曲线如图 4-42 所示。因为经济型换挡规律是以提高燃油经济性为目的，汽车基本上都是以经济车速行驶，所以特别适用于道路条件良好的城市和高速公路行驶时选用。

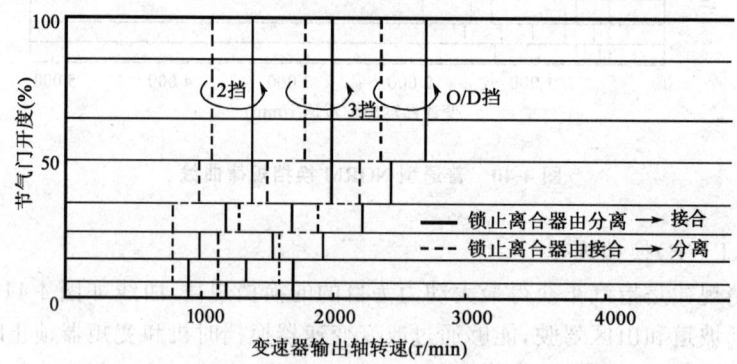

图 4-42　经济型 ECON 换挡规律曲线

三、变速器自动换挡控制过程

各种电控自动变速器的换挡控制过程大同小异，控制方法基本相同，都是 ECT ECU 根据节气门开度和车速传感器信号，在换挡时机 MAP 中查寻确定换挡时机，然后向换挡电磁阀（No1、No2 电磁阀）发出控制指令，换挡电磁阀再控制液压控制系统的换挡阀动作，使换挡离合器和换挡制动器的控制油路改变来实现挡位自动变换。下面分别以 A140E 型电控自动变速器挂入二挡和挂入三挡为例，说明自动变速系统的换挡控制过程。

（一）自动挂入二挡

丰田 A140E 型电控自动变速器换挡规律见表 4-6，这些数据预先以数据地图的形式存储在 ECT ECU 的 ROM 中，称为换挡时机 MAP 或换挡时机图谱。

1. 电子控制系统工作情况

当驾驶人将选挡操纵手柄拨到 D（或2）位置、换挡规律选择开关置于 NORM（或 PWR）位置、节气门传感器信号表示节气门全开、车速传感器信号表示车速为 53~61km/h 时，ECT ECU 根据这些信号从换挡时机 MAP（表 4-6）中查寻确定结果为从一挡挂入二挡。

由表 4-4 所示自动变速器换挡电磁阀及执行元件工作情况可知，此时 ECT ECU 将向换挡电磁阀 No.1、No.2 发出通电指令，控制换挡阀接通前进离合器 C_1、超速离合器 C_0 和二挡制动器 B_2 油路。

2. 液压控制系统工作情况

由 1—2、2—3 和 3—4 换挡阀工作情况可知，当 No.2 电磁阀通电、变速器挂入二挡时，超速离

合器 C_0、前进离合器 C_1 和二挡制动器 B_2 油路接通而接合,使行星齿轮变速器自动挂入二挡。

超速离合器 C_0 油路由 3—4 换挡阀接通,由图 4-17 可见,其控制油路为:油泵→3—4 换挡阀→超速离合器 C_0;

二挡制动器 B_2 油路由 1—2 换挡阀接通,如图 4-17 和图 4-31b 所示,其控制油路为:油泵→手控阀→1—2 换挡阀→二挡制动器 B_2;

前进离合器 C_1 油路由手控阀接通,由图 4-17 可见,其控制油路为:油泵→手控阀→滤清器→前进离合器 C_1。

当 No.1 电磁阀通电、变速器挂入二挡时,2—3 换挡阀将 3—4 换挡阀下部油路接通,保证 3—4 换挡阀向上移动接通 C_0 油路。

(二)自动挂入三挡

1. 电子控制系统工作情况

当汽车在上述条件下行驶时,如果选挡操纵手柄在 D 位置,那么,当车速升高到 104~115km/h 时,ECT ECU 根据节气门传感器全开信号和车速传感器信号从换挡时机 MAP 中查寻确定结果将为从二挡挂入三挡。

由表 4-4 可知,此时 ECT ECU 将发出 No.1 电磁阀断电、No.2 电磁阀通电指令,控制换挡阀接通超速离合器 C_0、前进离合器 C_1、直接挡离合器 C_2 和二挡制动器 B_2 油路。

2. 液压控制系统工作情况

由 1—2、2—3 和 3—4 换挡阀工作情况可知,当 No.1 电磁阀断电时,2—3 换挡阀将接通直接挡离合器 C_2 油路;No.2 电磁阀通电时,3—4 换挡阀将接通超速离合器 C_0 油路;1—2 换挡阀将接通二挡制动器 B_2 油路;前进离合器 C_1 油路由手控阀接通。C_1、C_2、C_0 和 B_2 油路接通而接合,使变速器自动挂入三挡。各控制油路由图 4-17 可见,分别如下:

直接挡离合器 C_2 油路为:油泵→手控阀→2—3 换挡阀→直接挡离合器 C_2。

超速离合器 C_0 油路为:油泵→3—4 换挡阀→超速离合器 C_0。

二挡制动器 B_2 油路为:油泵→手控阀→1—2 换挡阀→二挡制动器 B_2。

前进离合器 C_1 油路为:油泵→手控阀→滤清器→前进离合器 C_1。

四、变矩器自动锁止控制过程

液力变矩器的控制分为锁止时机控制和解除锁止状态两种情况。下面以丰田 A140E 型 ECT 液力变矩器的控制为例,说明锁止时机的控制过程。A140E 型 ECT 变矩器的锁止时机见表 4-8。这些数据预先以数据地图的形式存储在 ECT ECU 的 ROM 中,称为锁止时机 MAP 或锁止数据地图。

表 4-8 丰田 A140E 型 ECT 变矩器的锁止时机

挡位	模式选择开关	节气门开度 5%(车速单位:km/h)					
		变矩器锁定			变矩器不锁定		
		二挡	三挡*	O/D 挡	二挡	三挡*	O/D 挡
D 挡	NORM	—	59~65	55~61	—	54~58	54~59
	PWR	—	59~65	55~61	—	54~58	54~59

注:"*"号表示 O/D 开关处于 OFF 位置。

(一)电子控制系统工作情况

在汽车行驶过程时,当驾驶人将换挡规律开关置于 NORM 或 PWR 位置、O/D 开关置于 ON 位置时,如果节气门传感器信号表示节气门开度为5%、车速传感器信号表示车速为55~61 km/h 时,ECT ECU 根据这些信号从锁止时机 MAP 中查寻确定结果就为变矩器锁止。当 ECT ECU 判定为锁止变矩器时,立即向 No.3 电磁阀发出通电指令,控制锁止信号阀和锁止继动阀的控制油路接通。

(二)液压控制系统工作情况

No.3 电磁阀通电时,线圈产生电磁吸力使阀门开启泄压,如图 4-30a 所示,使管路油压对锁止信号阀阀芯上端面 A 的作用力减小,锁止信号阀阀芯在弹簧预紧力推动下向上移动,将二挡制动器 B_2 至锁定继动阀之间的液压管路接通,油压信号传送到锁止继动阀阀芯(参见图 4-17 所示,传送到继动阀阀芯下端面处,油压对阀芯下端面的作用力将克服油压对上端面的作用力与复位弹簧弹力之和,使阀芯向上移动),此时锁止继动阀阀芯将向上移动,将副调压阀输出油压经继动阀阀芯传送到液力变矩器,使变矩器的锁止离合器接合,变矩器锁定而直接传递发动机动力,从而提高车速和燃油经济性。由图 4-17 可见,各控制元件的油路如下:

锁止继动阀阀芯下端面油路为:油泵→手控阀→1-2换挡阀→锁止信号阀→锁止继动阀阀芯下端面。

液力变矩器油路为:油泵→主调压阀→副调压阀→锁止继动阀→液力变矩器。油路接通使变矩器锁止离合器的锁止压盘压在壳体前盖上(参见图 4-6b),锁止离合器接合,将涡轮与泵轮接合成一体,发动机输入动力由变矩器壳体前盖、锁止压盘和涡轮毂直接传递到变速器输入轴,传动效率为100%。

五、变矩器解除锁止控制过程

在行星齿轮变速器升挡或降挡时,ECT ECU 将发出暂时解除变矩器锁止状态指令,使换挡离合器或制动器接合柔和,防止或减轻换挡冲击。

(一)液力变矩器解除锁止状态的条件

在出现下列情况之一时,ECT ECU 将向锁止电磁阀 No.3 发出断电(OFF)指令,并通过锁止信号阀和锁止继动阀切换锁止离合器油路,强制解除液力变矩器的锁止状态。

(1)当制动灯开关接通时。当踩下制动踏板时,ECT ECU 的 STP(或 BK)端子将输入一个高电平(电源电压)信号,ECT ECU 接收到该信号时,立即发出解除液力变矩器锁止状态指令,以便制动器制动将车速降低,并防止发动机在驱动轮抱死制动时突然熄火。

(2)当节气门位置传感器 TPS 怠速触点闭合表示节气门完全关闭时。当发动机怠速或汽车急减速行驶时,TPS 怠速触点接通,IDL 端子将向 ECT ECU 输入一个高电平信号。此时, ECT ECU 将向 No.3 电磁阀发出解除变矩器锁止状态指令,防止在驱动轮不转或抱死时导致发动机突然熄火。

(3)当巡航控制 ECU 向 ECT ECU 发出解除锁止信号时。当使用巡航控制功能使汽车巡航行驶时,若因行驶条件(如坡道阻力、迎风阻力、路面阻力等)使实际车速降低到低于巡航控制系统设定的车速4km/h 以上时,巡航控制 ECU 将向 ECT ECU 发出一个解除锁止信号,以便解除巡航控制状态。

(4)当发动机冷却液温度低于 60℃ 时。当冷却液温度低于60℃时,发动机 ECU 将向 ECT ECU 发出一个解除锁止信号,ECT ECU 将强制解除变矩器锁止状态,以便发动机加速预热达到正常工作温度。

(二)液力变矩器解除锁止状态的控制

当自动变速器升挡或降挡以及在其他条件下需要解除液力变矩器锁止状态时,ECT ECU将向电磁阀No.3发出断电指令,并通过锁止信号阀和锁止继动阀切换锁止离合器油路,使液力变矩器解除锁止状态。

解除液力变矩器锁止状态时,ECT ECU向No.3电磁阀发出断电指令,电磁阀线圈电流切断,电磁吸力消失,其阀芯在复位弹簧弹力作用下复位,电磁阀阀门关闭,如图4-30b所示。电磁阀阀门关闭后,管路油压升高,锁止信号阀阀芯上端面A上的作用力增大,克服弹簧预紧力使阀芯向下移动,将二挡制动器B_2至锁定继动阀之间的液压管路关闭,锁止继动阀阀芯在油泵输出的管路油压和复位弹簧张力作用下迅速(向下)移动,使液力变矩器传动液的流动方向迅速改变,锁止离合器迅速分离,从而解除变矩器锁止状态。由图4-17可见,此时液力变矩器油路为:油泵→主调压阀→副调压阀→锁止继动阀→液力变矩器。由图4-6a可见,锁止压盘在油压作用下向后移动,使锁止离合器分离,变矩器解除锁止状态。

六、控制部件失效的保护控制

车速传感器和电磁阀是ECT电控系统的重要部件。当电磁阀或车速传感器及其电路出现故障时,ECT ECU将利用其备用功能,配合选挡操纵手柄和手控阀工作,以便汽车继续行驶回家或驾驶到维修站维修,这一功能称为电控自动变速系统的失效保护功能。其中,电磁阀失效保护功能见表4-9。

表4-9 ECT换挡电磁阀No.1、No.2失效保护功能表

挡位		正常状态		No.1电磁阀故障			No.2电磁阀故障			No.1、No.2电磁阀故障
	传动挡位	电磁阀		电磁阀		传动挡位	电磁阀		传动挡位	手动操纵时换挡执行元件的排挡
		No.1	No.2	No.1	No.2		No.1	No.2		
D	一挡	通电	断电	×	通电	三挡	通电	×	一挡	O/D挡
D	二挡	通电	通电	×	通电	三挡	断电	×	O/D挡	O/D挡
D	三挡	断电	通电	×	通电	三挡	断电	×	O/D挡	O/D挡
D	O/D挡	断电	断电	×	断电	O/D挡	断电	×	O/D挡	O/D挡
2或S	一挡	通电	断电	×	通电	三挡	通电	×	一挡	三挡
2或S	二挡	通电	通电	×	通电	三挡	断电	×	三挡	三挡
2或S	三挡	断电	通电	×	通电	三挡	断电	×	三挡	三挡
L	一挡	通电	断电	×	断电	二挡	通电	×	一挡	一挡
L	二挡	通电	通电	×	通电	二挡	通电	×	一挡	一挡

注:"×"号表示失效。

(一)电磁阀及其电路失效保护控制

当No.1、No.2电磁阀正常时,在汽车行驶过程中,ECT ECU通过控制No.1和No.2电磁阀通电或断电,即可控制换挡阀切换挡元件油路,使变速器从一挡升挡到O/D挡或从O/D挡降挡到一挡。

当No.1、No.2电磁阀中的某一只电磁阀电路发生故障(短路、断路或搭铁)而失去油路控制作用时，ECT ECU 仍能继续控制另一只电磁阀通电或断电，使变速器进行部分挡位变换。

如果 No.1 电磁阀电路发生故障，ECT ECU 将继续控制 No.2 电磁阀通电或断电，使变速器按表 4-9 中"No.1 电磁阀故障"时所示的挡位换挡。

如果 No.2 电磁阀电路发生故障，ECT ECU 将继续控制 No.1 电磁阀通电或断电，使变速器按表 4-9 中"No.2 电磁阀故障"时所示的挡位换挡。

如果 No.1 和 No.2 电磁阀都发生故障，则电子控制系统不能控制换挡，此时只能由手动操纵换挡。手动换挡时，选挡操纵手柄将操纵手控阀按表 4-9 中"No.1、No.2 电磁阀故障"时所示的挡位换挡。

由表 4-9 可见，当电磁阀或其电路故障时，多数排挡都比电磁阀正常时偏高。例如，当两只电磁阀都发生故障时，如果选挡操纵手柄拨到 D 位，则排挡都为 O/D 挡；如果拨到 2（或 S）位，挡位则为三挡。因为排挡越高，传动比越小，车速越快，所以在使用中，必须根据行驶条件（平坦路面、坡道弯道、城市道路或野外公路等）慎重选择选挡操纵手柄位置，以免车速过高而发生交通事故。

（二）车速传感器及其电路失效保护控制

在 No.1 和 No.2 车速传感器中，No.1 车速传感器为备用传感器。当 No.1、No.2 车速传感器正常时，ECT ECU 只利用 No.2 车速传感器信号控制换挡；当 No.2 车速传感器或其电路发生故障时，ECT ECU 将利用 No.1 车速传感器信号控制变速器换挡和变矩器锁止；当 No.1 和 No.2 车速传感器都发生故障时，ECT ECU 将无法进行控制，汽车只能用一挡行驶而无其他挡位；ECT ECU 既不会使 O/D OFF 指示灯闪亮报警，也不会存储任何故障代码。

第七节　电控无级变速技术

经过研究人员的不懈努力，20 世纪 90 年代终于攻克了"V"形驱动带（即 V 带）无级变速传动技术，先后开发成功了汽车电控连续可变传动比自动变速系统（CVT，Electronic Controlled Continuously Variable Transmission System），又称为电子控制无级自动变速系统或电子控制无级自动变速器，简称电控无级变速系统或电控无级变速器（CVT）。国产奥迪 A4、A6、A8 等轿车都已采用电控无级变系统。

一、电控无级变速器的优点

电控无级变速系统（CVT）应用了 V 带无级变速传动技术，与电控自动变速系统（ECT）和手动变速器相比，具有以下显著优点。

（1）汽车经济性和排放性好。这是因为电控无级变速系统（CVT）能将汽车行驶条件与发动机负荷协调到最佳状态，使发动机总是工作在较高的效率区域。汽车装备 CVT 与装备 5 挡手动变速器进行道路对比试验表明，装有 CVT 汽车的燃油消耗要少 11.5%，碳氢化合物 HC 排放量少 33%，一氧化碳 CO 排放量少 20%。

（2）汽车动力性好。装备 CVT 后，因为传动比连续可变，没有动力间断，所以在变速过程中没有动力损失。与装备电控 4 挡自动变速器 ECT 的汽车相比，从 0～100km/h 的加速时间缩短约 10%。

（3）传递效率高。电控无级变速系统 CVT 采用 V 带传动技术，其传动比变化非常平滑，传动比曲线为光滑的曲线。因此,传动效率不仅优于电控液力自动变速系统 ECT,而且接近于手动变速器。此外,还有动力传递无间断,对动力传动系统冲击小等优点。其操作方便性和乘坐舒适性均可与电控液力自动变速系统相媲美。

二、电控无级变速系统的组成

电控无级变速系统 CVT 的组成与电控逐级变速系统 ECT 基本相同,也是由变速系统、液压控制系统和无级变速电控系统三大部分组成,国产奥迪轿车电控无级变速系统 CVT 的结构简图如图 4-43 所示。其中,液压控制系统和无级变速电控系统的功能、组成和结构原理与 ECT 大同小异,但变速系统的结构组成和变速原理却大不相同。

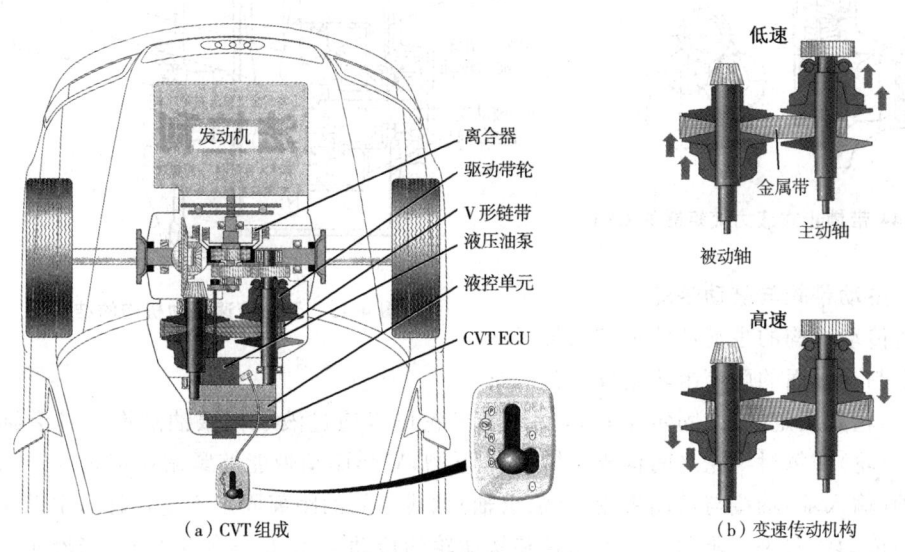

图 4-43 奥迪轿车电控无级变速系统 CVT 结构组成简图

三、变速系统的结构原理

电控无级变速器 CVT 的变速系统主要由动力传递装置、齿轮传动机构、换挡执行机构和变速传动机构四部分组成。

动力传递装置的功用是将发动机输出的动力直接传递到齿轮传动机构。该装置既可采用电磁离合器,也可采用液力变矩器。因为是直接传递动力,所以必须采用锁止式液力变矩器,如图 4-44 所示。电磁离合器的结构原理与空调系统的电磁离合器基本相同,具有结构简单、控制方便等优点。因此,电控无级变速器 CVT 大都采用电磁离合器。

齿轮传动机构的功用是将发动机输出的动力由电磁离合器传递到机械变速机构,并在液压控制系统和电子控制系统的控制下,配合换挡执行机构(换挡离合器和换挡制动器)实现汽车前进和倒车的挡位变换。

换挡执行机构由换挡离合器和换挡制动器等换挡控制元件组成,其功用和结构原理与电控逐级变速系统的换挡执行机构基本相同。

变速传动机构由主动带轮、被动带轮和 V 形驱动带组成,如图 4-45 所示。

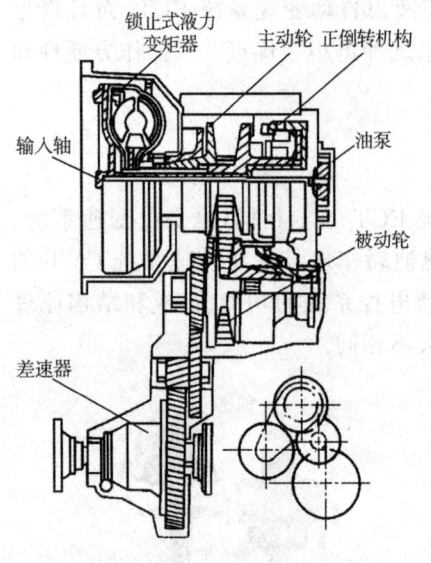

图 4-44 带锁止式液力变矩器的 CVT

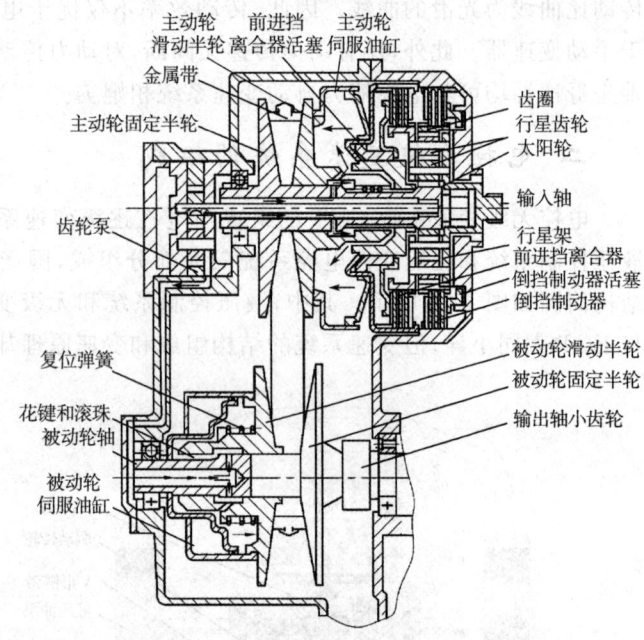

图 4-45 无级变速传动机构的结构

(一)主动带轮与被动带轮

变速传动机构的主动带轮和被动带轮都是由制有锥面的两个半轮组成。其中,一个半轮是固定的(即固定半轮),另一个半轮可以通过液压伺服油缸推动其沿轴向移动(即滑动半轮)。每对半轮之间构成的槽为 V 形槽,V 形驱动带能够紧贴在带轮的锥面上。主动带轮轴(输入轴)轴线与被动带轮轴(输出轴)轴线之间的距离固定不变,因此,主动轮与被动轮之间的传动比取决于驱动带与主动轮和从动轮的传动半径(即接触半径)。当液压控制机构推动滑动半轮轴向移动时,滑动半轮与固定半轮之间的轴向相对位置发生改变,主动轮与从动轮的传动半径发生变化,从而改变主动轮与被动轮之间的传动比。

(二)V 形驱动带

V 形驱动带是无级变速器 CVT 的关键部件。V 形驱动带简称 V 带,主要由多条柔性钢带和多块金属片组成,结构与连接关系如图 4-46 所示。

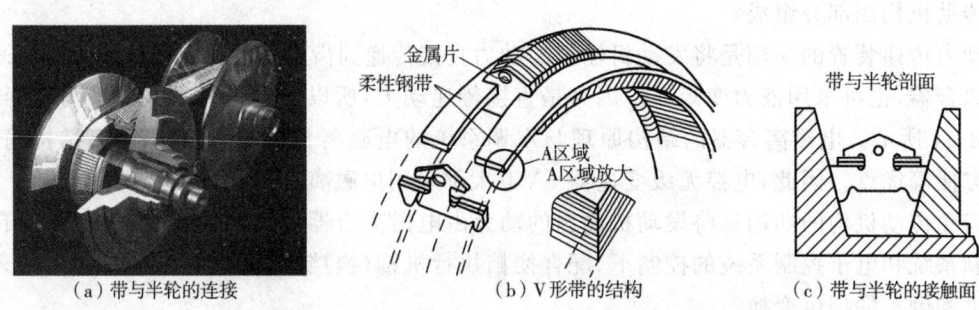

(a)带与半轮的连接　　(b)V 形带的结构　　(c)带与半轮的接触面

图 4-46 无级变速器 V 形驱动带的结构与连接

一条 V 带由 2~11 条柔性钢带和 300 片左右金属块组成,总长约 600mm。其中,每条柔性钢带厚约 0.18mm;每块金属片厚约 2mm,宽约 25mm,高约 12mm。

金属片为工字形,夹紧在两侧钢带之间,如图 4-46b 所示。工字下横部分(钢带下面)的金属片侧面为斜面,该斜面与带轮的锥面相接触,如图 4-46c 所示。金属片加在滑动半轮与固定半轮之间,并利用金属片斜面与带轮锥面之间的摩擦力传递动力。柔性钢带起到连接与保持作用。

四、变速传动机构无级变速原理

汽车电控无级变速器 CVT 的传动比是连续变化的,传动比变化曲线为连续平滑的曲线,其无级变速原理如图 4-47 所示,电控系统的执行元件(控制传动比的电磁阀),通过逐渐改变 V 带滑动半轮液压伺服油缸的压力,使滑动半轮移动的位移量逐渐改变,从而使主动带轮和被动带轮的传动半径逐渐改变来实现无级变速。

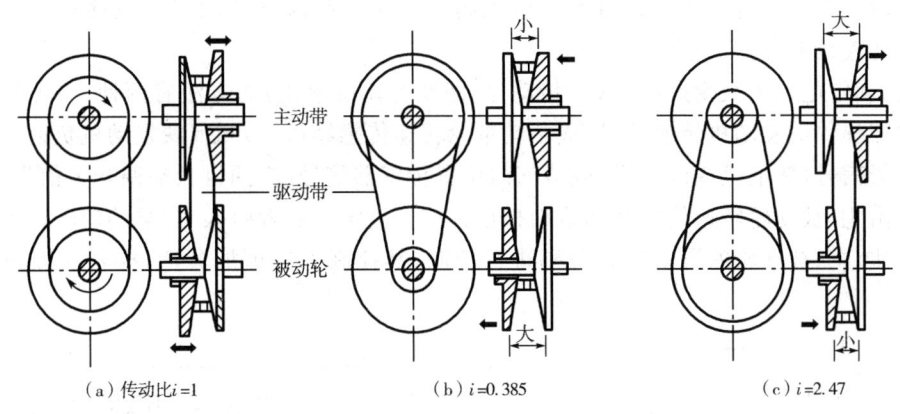

图 4-47 无级变速传动原理

当 CVT ECU 根据各种传感器信号从传动比数据 MAP 中查寻确定的传动比 $i=1$ 时,CVT ECU 分别向主动轮滑动半轮的传动比控制电磁阀和被动轮滑动半轮的传动比控制电磁阀发出占空比控制指令,电磁阀再控制液压阀调节两个滑动半轮液压伺服油缸的压力,液压油缸同时推动两个滑动半轮位移至主、被动轮传动半径相等的位置,如图 4-47a 所示,从而使传动比 $i=1$。CVT ECU 还可根据变速器输出轴转速传感器信号(即车速传感器信号)对传动比进行反馈控制,通过调节电磁阀控制信号的占空比,修正滑动半轮的位移量,使传动比精确控制在 CVT ECU 查寻确定的数值。

当 CVT ECU 根据各种传感器信号从传动比数据 MAP 中查寻确定的传动比 $i<1$ 时,CVT ECU 将控制主、被动轮的滑动半轮向左滑移,如图 4-47b 所示,使主动半轮之间的距离减小、传动半径增大;同时也使被动半轮之间的距离增大、传动半径减小,从而使汽车行驶速度升高。在 CVT ECU 改变占空比大小控制电磁阀时,电磁阀电流连续变化,电磁阀控制液压伺服油缸的压力也连续变化,使滑动半轮连续向左滑移,主动轮和被动轮的传动半径亦连续变化。当主动轮传动半径逐渐增大,因为主动轮轴(输入轴)轴线与被动轮轴(输出轴)轴线之间的距离固定不变,所以被动轮传动半径逐渐减小,使传动比逐渐减小。由于主、被动轮半径连续变化,因次,所形成的传动比也连续无级的减小,直到主动轮半径达到最大而从动轮半径达到最小为止,相当于汽车处于高挡加速行驶。

同理可知,当 CVT ECU 根据各种传感器信号从传动比数据 MAP 中查寻确定的传动比 i

>1，CVT ECU 将控制主、被动轮的滑动半轮向右滑移，如图 4-47c 所示，使主动半轮之间的距离逐渐增大、传动半径逐渐减小；同时也使被动半轮之间的距离逐渐减小、传动半径逐渐增大，传动比也连续增大，从而使汽车行驶速度逐渐降低，直到主动轮半径达到最小而从动轮半径达到最大为止，相当于汽车处于抵挡减速行驶。

汽车起步时，主动轮的传动半径较小，变速器可以获得较大的传动比，保证驱动桥具有足够大的驱动转矩，从而保证汽车稳定起步。随着车速的增加，主动轮的传动半径逐渐增大，被动轮的传动半径逐渐减小，CVT 的传动比减小，汽车能够稳步加速行驶。

五、电控无级变速系统控制原理

汽车电控无级变速系统（CVT）的控制项目主要有控制电磁离合器、带轮油压和传动比。传动比控制流程：传感器→CVT ECU→电磁阀→液压控制阀→滑动半轮位移→传动半径改变→传动比连续变化。

目前，确定电控无级变速器 CVT 传动比（即变速比或速比）的方法有两种，一种是由曲轴位置传感器提供的发动机转速信号（或主动带轮转速传感器信号）和反映发动机负荷大小的加速踏板位置信号（柴油机或汽油机）或节气门位置传感器信号（汽油机）、空调开关信号等决定；另一种是由主、被动轮转速信号和加速踏板位置信号决定。后者引入主、被动轮转速信号直接控制传动比，主、被动轮的滑动半轮分别进行控制，其控制方法更加灵活，控制原理如图 4-48 所示。

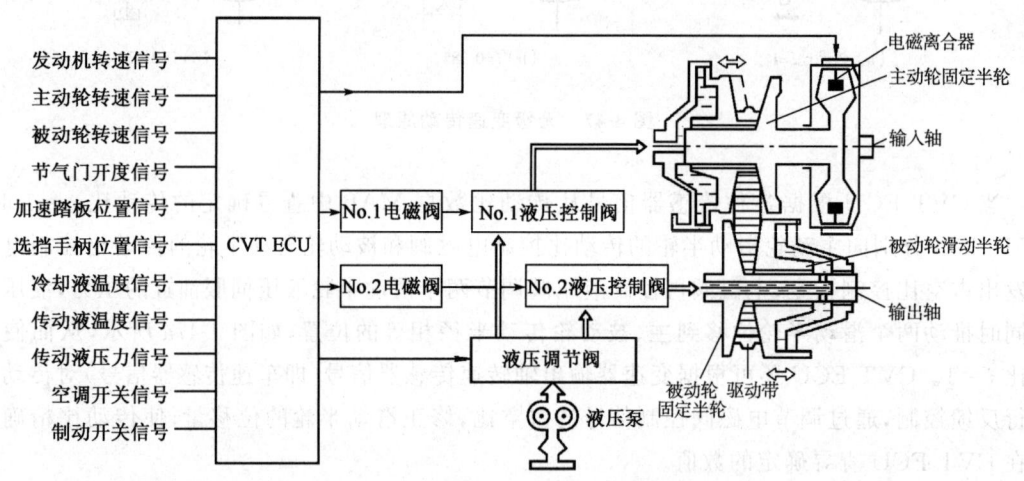

图 4-48 电控无级变速系统 CVT 的控制原理

在电控无级变速系统 CVT 中，传动比数据 MAP 预先试验测定并存储在 CVT ECU 的 ROM 之中。发动机起动后，CVT ECU 首先根据变速杆位置（一般 CVT 只设有 P、R、N、D 四个位置）信号判定是否控制变速。

当 CVT ECU 接收到变速杆 D 和 R 位置信号时，立即控制电磁离合器接合，然后根据各种传感器信号从传动比数据 MAP 中查寻确定传动比，再向电磁阀发出占空比控制指令，电磁阀控制液压控制阀动作，通过调节滑动半轮液压伺服油缸的压力，改变滑动半轮移动的位移量，使主动带轮和被动带轮的传动半径改变，将传动比控制在最佳数值。

思考题与参考答案

一、单选题

1. 当变速杆处于下列位置时,电控自动变速系统才能起动发动机( )。
   A. N 位　　　　　B. 2 位　　　　　C. 3 位　　　　　D. D 位
2. 如果自动变速系统没有提供经济型换挡规律,那么下面这一种就相当于经济型( )。
   A. KOEO　　　　B. NORM　　　　C. PWR　　　　D. KOER
3. 在装备电控自动变速系统的汽车上,控制液力变矩器锁止的电磁阀是( )。
   A. 1 号电磁阀　　B. 2 号电磁阀　　C. 3 号电磁阀　　D. 1、2 号电磁阀
4. 当电控自动变速系统的液力变矩器锁止时,其传动效率为( )。
   A. 65%　　　　　B. 80%　　　　　C. 95%　　　　　D. 100%
5. 汽车电控自动变速系统设有不同的换挡规律。其中,动力型换挡规律适用于( )。
   A. 山区驾驶　　　B. 越野驾驶　　　C. 一般道路驾驶　D. 高速公路驾驶
6. 汽车电控自动变速系统设有不同的换挡规律。其中,普通型换挡规律适用于( )。
   A. 山区驾驶　　　B. 越野驾驶　　　C. 一般道路驾驶　D. 高速公路驾驶
7. 汽车电控自动变速系统设有不同的换挡规律。其中,经济型换挡规律适用于( )。
   A. 山区驾驶　　　B. 越野驾驶　　　C. 一般道路驾驶　D. 高速公路驾驶

二、多选题

1. 当变速杆处于下列位置时,电控自动变速系统不能起动发动机( )。
   A. L　　　　　　B. 2 位　　　　　C. R 位　　　　　D. D 位
2. 当变速杆处于下列位置时,电控自动变速系统才能自动换挡( )。
   A. N 位　　　　　B. 2 位　　　　　C. 3 位　　　　　D. D 位
3. 汽车电控自动变速系统的执行器包括( )。
   A. 换挡电磁阀　　B. 锁止电磁阀　　C. 换挡离合器　　D. 换挡制动器
4. 汽车电控自动变速系统常用的换挡规律有( )。
   A. NORM　　　　B. PWR　　　　　C. ECON　　　　D. 舒适型

三、判断题

1. 当变速杆处于 D、L、3 等位置时,电控自动变速器汽车不能起动( )。
2. 当电控自动变速系统的 1 号电磁阀发生故障时,汽车就不能前行( )。
3. 汽车电控自动变速系统控制液力变矩器锁止的电磁阀是有 No.2 电磁阀( )。
4. 汽车电控系统的故障代码通常都存储在 ECU 的只读存储器 ROM 中( )。
5. 当变速杆处于"3"位置时,电控自动变速系统最高能够换入 3 挡( )。
6. 电控无级变速器 CVT 能够提高汽车的动力性,不能提高经济性( )。
7. 汽车电控无级变速器 CVT 传动比的变化曲线为连续平滑的曲线( )。
8. 在汽车电控无级变速器 CVT 中,一旦 V 形驱动带折断,就不能实现无级变速( )。

四、问答题

1. 电控自动变速系统 ECT 有哪些子系统组成?

2. 电控自动变速系统 ECT 的换挡执行机构有哪些？
3. 液压控制式自动变速系统和电子控制式自动变速系统有何异同？
4. 汽车电控自动变速系统控制换挡的基本原理是什么？
5. 当所有车速传感器都发生故障时，ECT ECU 能否继续进行自动换挡控制？为什么？
6. 电控无级变速器 CVT 的变速传动机构怎样实现无级变速？

参考答案

一、单选题：1. A 2. B 3. C 4. D 5. A 6. C 7. D
二、多选题：1. ABCD 2. BCD 3. ABCD 4. ABC
三、判断题：1. √ 2. × 3. × 4. × 5. √ 6. × 7. √ 8. √

第五章 柴油机电控喷油技术

柴油机为压燃式发动机,电控柴油机的喷油压力高达160~200MPa。因此,研究柴油机电控喷油技术主要是研究喷油压力电控技术和燃油喷射电控技术。

第一节 柴油机喷油技术基础

柴油机电子控制燃油喷射系统又称为电子控制柴油机系统(ECD,Electronic Control Diesel Engine System,日本电装公司)、电子式柴油机控制系统(EDC,Electronic Diesel Engine Control System,德国博世公司)和计算机控制柴油喷射系统(CDI,Computed Diesel Injection System,奔驰公司)。为了区别于汽油机电控燃油喷射系统,通常称为柴油机电控喷油系统、电控柴油喷射系统或柴油机电控燃油喷射系统。

一、柴油机电控喷油系统的分类

柴油机燃油喷射系统可分为机械式燃油喷射系统和电子控制式燃油喷射系统两大类。由于柴油机产品的多样性(在机械控制时代就已开发应用直列泵、分配泵、单体泵和泵喷嘴等结构形式、适用范围和自身特点完全不同的燃油系统),因此,在其基础上开发研制的电控燃油喷射系统种类繁多、形式各异。准确分类十分困难,大致可按下述情况进行分类。

按控制方式不同,柴油机电控燃油喷射系统可分为位置控制式柴油喷射系统、时间控制式柴油喷射系统和高压共轨式电控燃油(柴油)喷射系统三种类型。

按控制对象不同,柴油机电控燃油喷射系统可分为电控喷油泵系统和共轨(公共油轨)式电控喷油系统两大类。对于前者,ECU的控制对象是喷油泵;对于后者,则直接控制喷油器和共轨压力。

按喷油泵供油机构的结构形式不同,电控喷油泵系统可分为直列泵式、分配泵式、泵喷嘴式和单体泵式等4种电控喷油系统。

共轨式喷油系统可分为高压共轨式和中压共轨式喷油系统两种类型。当今柴油车普遍使用高压共轨式喷油系统。

高压共轨式喷油系统的基本原理与汽油喷射技术相似,电动燃油泵(即输油泵)将燃油箱内的柴油输送到高压油泵,高压油泵在发动机驱动下将柴油加压到160~200MPa后供入公共油轨CR(即Common Rail,俗称"共轨",相当于电控汽油喷射系统的燃油分配管或燃油总管)内,在电控单元ECU的控制下,高压燃油经电控喷油器喷射到相应的气缸内燃烧做功。

中压共轨式喷油系统的基本原理是:输油泵输出的燃油为中、低压燃油,压力为10~

30MPa,中低压燃油由燃油泵输送到共轨后再送入喷油器。在中压共轨式喷油系统的喷油器中,设置有液压放大机构(即增压器或增压机构),中低压燃油的压力由液压放大机构增大到120MPa以上后再喷入气缸。因此,在中压共轨式喷油系统中,高压区域仅局限在喷油器中。

高压共轨式喷油系统与传统的喷油泵供油系统以及电控喷油泵系统的显著区别在于:燃油高压的产生和喷油量的控制是由 ECU 分别独立控制,即燃油压力的产生与柴油机转速和负荷无关,是由 ECU 控制压力控制阀调节高压油泵的供油量来控制燃油压力;喷油量则由 ECU 控制电控喷油器进行控制。因此,高压共轨式喷油系统能够自由改变喷油压力、喷油量、喷油定时(即何时开始喷油)和喷油特性(即实现引导喷射、预喷射、主喷射、后喷射和次后喷射等多段喷射,目前已可实现 3 次、5 次或更多次喷射)。通过预喷射,可降低柴油机噪声;通过后喷射,可减小发动机氮氧化物 NOx 和颗粒物(PM,Particulate Matter,即炭烟微粒或浮游微粒)的排放量。因此,柴油机采用高压共轨式电控喷油技术,能使柴油良好雾化,提高燃烧效率,从而达到降低油耗、减少排放、降低噪声和减小振动之目的。

在上述电控柴油喷射系统中,只有高压共轨式电控喷油系统是一种新型的电子控制柴油喷射系统,其他系统都是在罗伯特·博世(Robert Bosch)公司 1926 年开发成功的喷油泵的基础上增设电子控制系统而构成,在技术上没有实质性的进步。

在柴油机喷油系统中,各种传感器的功用、组成及其结构原理与汽油机喷油系统使用的传感器基本相同。鉴于执行器是柴油机喷油系统的关键技术以及柴油机技术发展的必然趋势是采用高压共轨式柴油喷射技术,所以本书重点介绍高压共轨式柴油喷射系统的执行器技术、喷油压力控制技术和喷油量控制技术。

二、柴油机喷油系统的控制策略

20 世纪 70 年代以来,在满足柴油机排放法规和提高燃油经济性等要求的背景下,柴油机电控喷油技术先后被各汽车生产厂家用来控制喷油量和喷油定时等控制参数,经历了位置控制、时间控制和高压共轨控制等三代控制技术的变化。典型控制系统的控制策略和主要技术特征见表 5-1 所示。

表 5-1 柴油机电控燃油喷射系统的控制策略与技术特征

技术类别	控制策略	柴油喷射系统名称	控制项目				技术特征
			喷油量	喷油定时	喷油压力	喷油特性	
第一代	凸轮压油+位置控制	COVEC-F	●	●	○	○	喷油量由 ECU 控制油量调节齿杆或滑套的位移量进行控制;喷油定时由定时控制阀 TCV 通过控制液压提前器活塞高压腔与低压腔之间的压差来控制。
		ECD-V1	●	●	○	○	
		TICS	●	●	○	○	
第二代	凸轮压油+电磁阀时间控制	ECD-V3	●	●	○	○	喷油量由 ECU 控制电磁阀进行控制;喷油定时控制方法与第一代相同,但反馈控制信号不同。
		VP	●	●	○	○	

续表

技术类别	控制策略	柴油喷射系统名称	控制项目				技术特征
			喷油量	喷油定时	喷油压力	喷油特性	
第三代	燃油蓄压＋喷油器时间控制	ECD-U2 ECD-U2P UNIJET CRS	●	●	●	●	喷油量和喷油定时均由 ECU 通过控制各缸喷油器的电磁机构来控制；喷油压力由 ECU 通过控制压力控制阀 PCV 来控制，燃油压力的产生与发动机转速和负荷无关。

注：符号"●"表示具有该项控制功能；符号"○"表示没有该项控制功能。

三、柴油机喷油量的计算方法

喷油量是柴油机工作过程中最重要的参数之一。柴油机设计师们的最大理想就是根据柴油机的实际工况，自由控制每循环的喷油量。随着高压共轨式电控柴油喷射技术的应用，设计师们的梦想已经现实。

柴油机每循环的基本喷油量可用下述公式进行计算。

$$Q_J = \frac{98 p_e v_h g_e}{27 \gamma_m} = \frac{50 N_e g_e}{3 n_t \gamma_m} (mm^3/冲程)$$

式中：Q_j——基本（标定工况）喷油量，mm^3；

p_e——平均有效压力，kPa；

v_h——每缸排量，L；

g_e——比油耗，g/(kW·h)；

γ_m——燃油密度（轻质柴油：$\gamma_m = 0.82 \sim 0.89 g/cm^3$）；

N_e——每缸标定功率，kW；

n_t——标定工况凸轮转速，r/min。

标定工况的喷油量是柴油机工作过程中最基本的喷油量。上式说明，基本喷油量 Q_j 与凸轮转速 n_t 成反比。因为发动机转速 n_e 与凸轮转速 n_t 为一定比值关系，所以基本喷油量 Q_j 与发动机转速 n_e 也成反比关系。当转速升高时，发动机在一个工作循环内所占的时间缩短，其进气量将减小，所以基本喷油量 Q_j 减小。柴油机在各种工况下工作时，每循环喷油量的变化范围是 $(1.0 \sim 1.5) Q_j$。其他工况下的喷油量与基本喷油量之间的关系如下：

起动喷油量为：

$$Q_q = (1.3 \sim 1.5) Q_j$$

怠速喷油量为：

$$Q_d = (1.3 \sim 1.5) Q_j$$

上述公式都是经验公式，用其计算的喷油量具有一定的精度，曾广泛应用于机械式供油系统喷油量的计算。由于柴油机各具特点，因此需要在此基础上，根据具体发动机进行试验修正后，才能得到较为理想实用的喷油量数据。

第二节 高压共轨式柴油喷射系统

高压共轨式柴油喷射技术是一种全新的电子控制柴油喷射技术,其基本原理与汽油喷射技术相似。输油泵(电动燃油泵)将柴油从燃油箱输送到高压泵(高压油泵)内,高压泵在发动机的驱动下将柴油压缩成高压燃油(油压高达160~200MPa)后供入公共油轨(俗称"共轨"),在ECU控制下,共轨中的适量高压燃油经各缸喷油器直接喷射到气缸内燃烧做功。

一、高压共轨式柴油喷射系统的组成

高压共轨式柴油喷射系统(CRS,Common Rail System)的组成如图5-1所示,控制部件在四缸柴油机上的安装位置如图5-2所示。

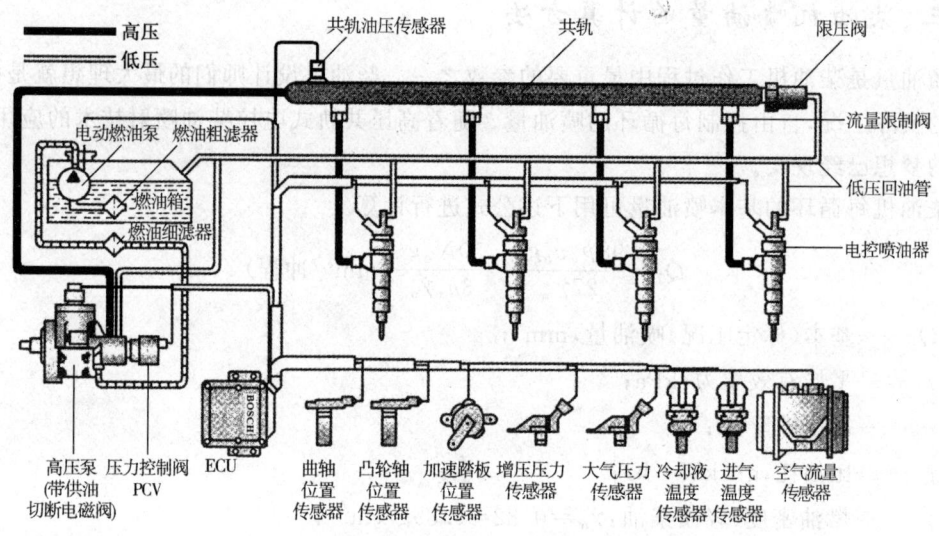

图5-1 博世公司高压共轨式柴油喷射系统的组成

高压共轨式柴油喷射系统采用的控制策略是:喷油量和喷油定时均由ECU通过控制各缸喷油器的电磁机构进行控制;喷油压力(即共轨中的燃油压力)由ECU通过控制压力控制阀(PCV,Pressure Control Valve)进行控制。在电控汽油喷射系统中,电动燃油泵供给到公共油轨(燃油总管)中的汽油压力较低(250~350kPa),燃油压力(即喷油压力)可用机械式油压调节器进行调节。在高压共轨式电控柴油喷射系统中,高压燃油泵供给到公共油轨(共轨)中的柴油压力(即喷油压力)高达160~200MPa,用机械式油压调节器难以实现精确调节,因此,喷油压力采用了压力控制阀(PCV)进行控制。同电控汽油喷射系统一样,燃油压力的产生同样与发动机转速和负荷无关。

高压共轨式电控柴油喷射系统的组成与电控汽油喷射系统相同,也是由空气供给系统、燃油供给系统和电子控制系统等三大系统组成。其中,电子控制系统主要有电子控制喷油系统和电子控制油压系统两个子系统。

空气供给系统(供气系统)的功用及组成与电控汽油喷射系统基本相同,主要是向发动机提供燃油燃烧所需空气并检测出进入气缸的空气量。供气系统配装的传感器主要有空气流量传感器(即空气流量计)、进气温度传感器、大气压力传感器和增压压力传感器。

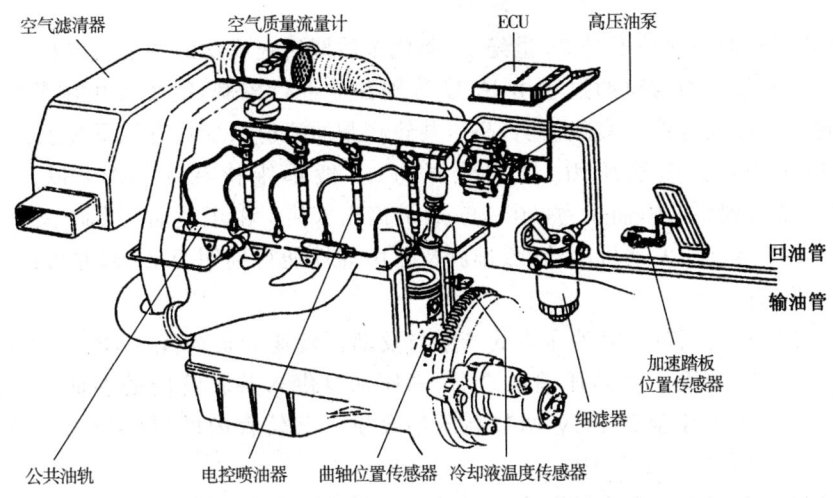

图 5-2 博世公司高压共轨式柴油喷射系统控制部件的安装位置

空气流量传感器安装在进气管道上,用于检测增压器增压后的空气量。进气温度传感器一般都安装在空气流量传感器内,用于检测进入气缸的空气温度;大气压力传感器一般都安装在 ECU 内部的印刷电路板上,用于检测海拔高度不同时的大气压力;增压压力传感器安装在进气管道上,用于检测增压器增压后的空气压力。进气温度、大气压力和增压压力三种传感器信号都是用于对空气量进行修正计算,以便得到进入气缸空气量的精确数值。因为柴油机的理想空燃比为 14.3,所以 ECU 根据空气量的精确数值,即可在每个燃烧循环调整每只喷油器的喷油量,从而大大减小有害物质的排放量。

燃油供给系统的功用是向公共油轨供给压力足够高和油量足够大的燃油。燃油的实际压力值和供油量取决于发动机转速高低与负荷大小,由系统设计与试验确定。最高油压可达 200MPa 甚至更高,供油量可达 $1600\text{mm}^3/\text{r}$。燃油供给系统可分为低压通道与高压通道两个部分。低压通道部分由燃油箱、输油泵(电动燃油泵)、柴油滤清器(粗滤器和细滤器)、低压输油管以及低压回油管等部件组成。高压通道部分由高压泵(供油泵或高压油泵)、高压油管、公共油轨(共轨)、限压阀、流量限制阀(流量限制器)和电控喷油器等部件组成。其中,限压阀和流量限制阀为安全装置。

电子控制油压系统又称为喷油压力电控系统或共轨压力电控系统,其功用是实时控制公共油轨中的燃油压力(即喷油压力),实现高压喷射,使柴油良好雾化,提高燃烧效率,从而达到降低油耗、减少排放、降低噪声和减小振动之目的。电子控制油压系统主要由共轨油压传感器(即喷油压力传感器)、电控单元 ECU 和共轨油压控制阀 PCV 等部件组成。压力控制阀 PCV 是电控油压系统的执行器。

电子控制喷油系统的功用是根据各种传感器信号提供的柴油机转速、负荷等工况信息,自由改变喷油量、喷油定时和喷油特性(喷油量与喷油时间之间的关系)等参数,实现预喷射、主喷射、后喷射和多段喷射(已可实现 5 次或更多次喷射),提高柴油机的动力性、经济性和排放性能。电子控制喷油系统主要由曲轴位置传感器、凸轮轴位置传感器、加速踏板位置传感器、冷却液温度传感器、电控单元 ECU 和电控喷油器等部件组成。电控喷油器是电控喷油系统的执行器。

二、高压共轨式柴油喷射系统的优点

高压共轨式柴油喷射技术是20世纪90年代中后期研究成功的柴油机电控技术。该技术的显著特点是:喷油压力与喷油过程由ECU分别独立进行控制,能够自由调节喷油压力、喷油量、喷油定时和喷油特性。实践证明,高压共轨式柴油喷射系统具有以下优点:

(1)喷油压力高。喷油压力(即共轨压力)一般都维持在160MPa以上,最高可达200MPa,比一般直列泵的喷油压力(60~95MPa)高出1倍。由于喷油压力高、燃油雾化好、燃烧过程得以改善。因此,发动机的油耗、排放及噪声等性能得到明显改善,并可改善发动机转矩特性,提高发动机的动力性。

(2)喷油压力自由调节。喷油压力的产生与发动机转速和负荷无关,电动燃油泵(即输油泵)将燃油箱内的柴油输送到高压油泵之后,高压油泵供入共轨管内的燃油压力(即喷油压力),由ECU控制压力控制阀PCV调节高压油泵供入共轨管内的燃油量来调节喷油压力。喷油压力调节范围为20~200MPa。

(3)喷油量自由调节。喷油量和喷油定时的数据图谱在电控喷油系统设计制作后通过台架试验测试确定,并预先编程存储在ROM中,发动机ECU根据发动机转速和加速踏板位置等传感器信号,从数据图谱中查询得到最佳参数直接控制各缸喷油器的电控机构(电磁线圈或压电元件)实现精确控制。喷油量的大小由ECU控制喷油器电磁线圈或压电元件的通电时间决定。通电时间越长,喷油量越大;通电时间越短,喷油量越小。

(4)喷油特性满足排放要求。在发动机的一个工作循环内,能够实现引导喷射、预喷射、主喷射、后喷射和次后喷射以及更多次喷油控制,柴油雾化良好、混合均匀,燃烧效率提高,能够减少氮氧化物NOx和颗粒物PM(炭烟或浮游微粒)排放、降低噪声和节约燃油。

(5)适用于旧柴油机升级改造。应用实践证明,共轨式电控柴油喷射系统代表着柴油机燃油喷射技术的发展方向。与分配泵只能用于小型发动机或泵喷嘴、单体泵需要改动发动机不同,共轨式电控柴油喷射系统既能与小型、中型和重型柴油机匹配使用,也适用于现有柴油机的升级改造。共轨沿发动机纵向布置,高压泵、共轨和喷油器各自的安装位置相互独立,便于在发动机上安装和布置。对旧柴油机进行改造时,对缸体和缸盖的改动很小。

三、高压共轨式柴油喷射的关键技术

在高压共轨式柴油喷射系统中,各种传感器和供气系统部件的功用、结构原理与汽油机燃油喷射系统基本相同,仅因柴油喷射压力高而技术性能要求更高而已,故不一一赘述。下面主要介绍特殊部件的功用、结构与原理。

在燃油供给子系统中,燃油箱、粗滤器、细滤器、低压油管、低压回油管和高压油管等部件的结构原理及功用与机械式柴油系统基本相同,不同之处有:用高压泵取代了原来的喷油泵;新增了输油泵(电动燃油泵)以及储存高压燃油的共轨组件;用电控喷油器取代了原来的机械式喷油器;高压油管的直径略有加大。如电装公司的ECD-U2型电控高压共轨式系统各缸高压油管的外径由6.35mm增大到了8mm,内径由2mm增大到了4mm。

(一)输油泵

在高压共轨式电控柴油喷射系统中,输油泵为电动燃油泵,其结构原理与电控汽油喷射系统基本相同。在安装方式上,电动燃油泵既可安装在柴油箱内部,也可安装在柴油箱外面的低压油路上。安装在油箱内部易于散热,故普遍采用内装式。

输油泵的功用是向高压泵提供具有一定压力(一般为 250kPa)和数量(最大供油量为 3L/min)的燃油。输油泵受 ECU 控制,点火开关一旦接通,ECU 便控制油泵继电器接通输油泵电路,输油泵就开始供油。如果在规定时间内(9s 左右)仍未接通起动开关来起动发动机,ECU 将自动切断输油泵电源电路,输油泵将停止运转。

(二)高压泵

高压泵又称为供油泵或高压油泵,是燃油供给系统低压通道与高压通道之间的接口部件。高压泵的功用是:在柴油机各种工况下,将低压柴油加压压缩,向共轨管内供入压力足够高、油量足够大的高压燃油。

高压泵与普通喷油泵一样安装在柴油机缸体上,由发动机通过离合器、齿轮、链条或齿带由发动机驱动。但安装高压泵时,只需考虑供油功能,无须考虑定时位置。

1. 高压泵的结构特点

高压泵种类繁多、形式各异,结构原理大同小异,都是利用凸轮转子驱动柱塞运动将低压柴油加压压缩成为高压燃油。其主要由偏心轮、柱塞组件、进油阀、出油阀、壳体和油道等组成,其轴向剖面结构如图 5-3 所示。

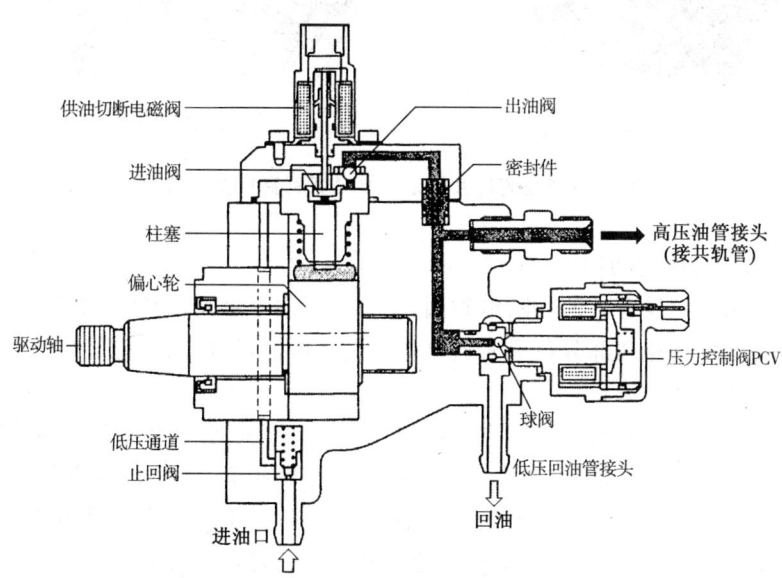

图 5-3 博世高压共轨系统 CP3 系列高压泵的轴向结构

高压泵由偏心轮驱动,在泵内径向设有三套柱塞组件,柱塞相互间隔 120°排列,如图 5-4b 所示。偏心轮驱动平面与柱塞垫块之间的接触形式为面接触,比传统的凸轮与滚轮之间为线接触形式的接触应力要小得多,有利于燃油升压和延长使用寿命。由于高压泵每旋转一转有三个供油行程,故驱动装置受载均匀,驱动峰值转矩小(博世高压泵为 16N·m),仅为分配泵驱动转矩的 1/9 左右。因此,高压共轨式燃油喷射系统对高压泵端驱动装置的要求远远低于机械式燃油系统。泵端驱动装置所需功率随共轨压力和高压泵转速的增加而成正比增加。

对一台排量为 2L 的发动机而言,当设定转速下的共轨压力为 135MPa 时,高压泵(机械效率约为 90%)消耗功率仅为 3.8kW。如果考虑喷油器的喷油量和低压回油量以及压力控制阀的回油量等,高压泵的消耗功率应更高一些。高压泵转速较高(最高转速为 3000~4000r/min),因此采用了柴油润滑与散热。

2. 高压泵的工作原理

输油泵（电动燃油泵）运转时，将燃油箱内的柴油经低压油管、高压泵进油口、止回阀和低压通道输送到进油阀处。当柴油机转动时，高压泵按一定速比随柴油机一同旋转。高压泵转动时，偏心轮便使柱塞径向移动。当柱塞下行时，如图 5-4b 所示，柱塞腔容积增大，压力降低使进油阀打开，低压燃油由进油阀进入柱塞腔，对高压泵进行充油。

当柱塞上行时，柱塞腔容积减小，压力增大使进油阀阀门关闭，如图 5-3 所示，燃油被压缩而压力升高。当柱塞上行行程增大使柱塞腔内压力高于共轨中的燃油压力时，出油阀阀门打开，柱塞腔内的高压燃油便在压力控制阀 PCV 的控制下，经高压油管供入共轨管中。

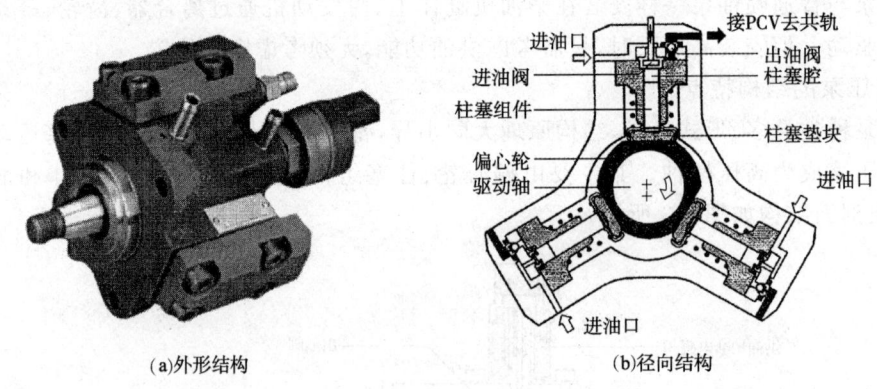

图 5-4 博世高压共轨系统 CP3 系列高压泵的结构

3. 供油切断电磁阀的功用

高压泵在柱塞腔上设有供油切断电磁阀，又称为断油电磁阀，如图 5-3 上部所示。该电磁阀的功用是当发动机怠速和部分负荷时通电切断高压供油，使供油量适应喷油量变化的需要，减少高压泵的功率消耗。

高压泵的供油量是按最大供油量进行设计。在发动机怠速和部分负荷时，柱塞压缩的燃油量将超过喷油器所需的喷油量，多余的燃油经压力控制阀 PCV 和共轨管上的限压阀等流回燃油箱。由于已被压缩的燃油又流回到燃油箱并再次降压，不仅损失压缩能量，而且会使燃油升温。设置供油切断电磁阀后，当发动机怠速和部分负荷时，电磁阀适时通电使进油阀处于打开状态，使供油行程吸入的燃油不受压缩又流回低压通道，柱塞腔内不会建立高压。

当供油切断电磁阀工作时，柱塞不再连续压油，高压泵处于间歇供油状态，从而减少功率损失。可见，高压泵传动比的设计一方面要满足发动机全负荷工作时需要的燃油量，另一方面要使多余供油量不要太多。

高压泵的供油量与其转速成正比，高压泵的转速取决于发动机转速，高压泵与发动机之间可选取的传动比为 2∶1 或 5∶2，具体数值视曲轴最高转速而定。

4. 止回阀的功用

在高压泵的低压通道上设有一只止回阀，如图 5-3 左下方所示。该止回阀的功用是在高压泵停止转动时，关闭燃油回流通道，使低压通道内保留一定压力的燃油（止回阀量孔直径约 2.3mm，保持油压在 50kPa 以上），保证发动机再次起动时能可靠起动。

（三）压力控制阀 PCV

压力控制阀（PCV，Pressure Control Valve）又称为调压阀、共轨压力控制阀或供油泵控制阀 PCV(Pump Control Valve)，其功用是根据发动机转速和负荷变化，自动调节供入共轨管内的燃油压力（包括压力升高、降低或保持不变）。

(1) 压力控制阀 PCV 的结构特点。各型压力控制阀 PCV 的结构原理大同小异，博世公司 CRS 采用 PCV 的结构如图 5-5 所示，主要由电磁线圈（电阻值为 3.2Ω）、衔铁、球阀和复位弹簧等组成。球阀焊接在衔铁一端，衔铁周围有燃油流过，保证衔铁润滑和线圈散热。

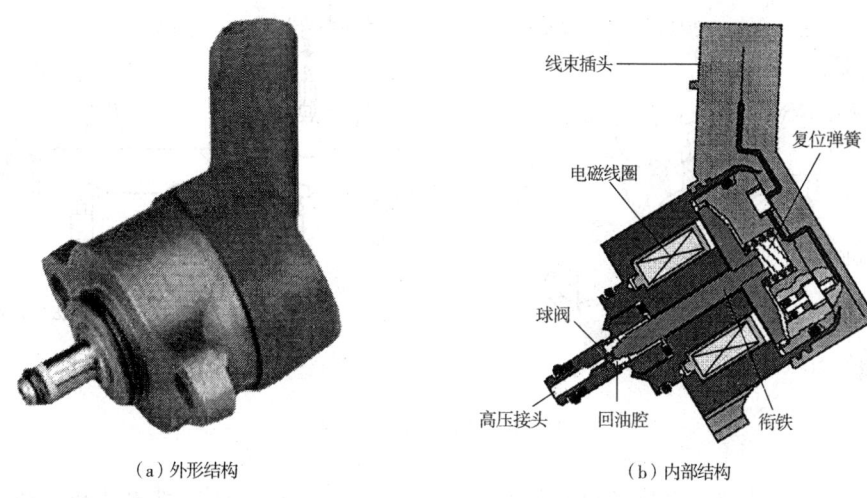

图 5-5　博世压力控制阀 PCV 的结构

(2) 压力控制阀 PCV 的工作原理。PCV 调节油压的原理是调节高压泵供入共轨管内的燃油量。供油量越大，燃油压力越高；反之，供油量越小，燃油压力越低。如果不计高压管路的油压损失（实际压降也很小），则共轨管内的燃油压力以及喷油器的喷油压力就等于高压泵高压接头出口处的燃油压力。

在 PCV 中，球阀是控制共轨燃油压力（即喷油压力）的关键部件。球阀一侧承受高压泵供给共轨的燃油压力，另一侧连接衔铁并与回油腔相通，回油腔与低压回油管连接。球阀受共轨的燃油压力、复位弹簧的预紧力以及电磁线圈在衔铁中产生的电磁力三个力的作用。

当电磁线圈断电时，复位弹簧的预紧力（张力）使球阀紧压在阀座上。当电磁线圈通电时，共轨燃油压力超过弹簧预紧力（弹簧设计负荷一般为 10MPa）与衔铁电磁力之和时，球阀打开溢流，燃油从回油腔经低压回油管路流回燃油箱；反之，当共轨油压低于电磁力与弹簧力之和时，球阀保持关闭。

对结构一定的 PCV 而言，其复位弹簧的预紧力是常量，所以，共轨燃油压力高低取决于电磁线圈产生的电磁力的大小。PCV 的电磁线圈受 ECU 控制，线圈产生电磁力的大小与流过线圈平均电流的大小成正比，所以 ECU 通过控制占空比的大小，即可控制线圈平均电流的大小，从而控制共轨燃油压力（即喷油压力）的高低。

当占空比增大时，线圈平均电流增大，衔铁产生的电磁力增大使其一端的球阀对阀座的压力增大，共轨燃油压力随油量增大而升高。

当占空比减小时，线圈平均电流减小，衔铁产生的电磁力减小使球阀对阀座的压力减小，共轨燃油压力降低；

同理，当占空比不变时，共轨燃油压力则保持不变。试验证明：当占空比控制信号的频率为 1kHz 时，可以避免衔铁脉动和共轨管内的燃油压力波动。

(四)共轨组件

共轨是公共油轨的简称,相当于电控汽油喷射系统的燃油分配管、燃油总管或油架。在共轨上连接有高压燃油入口接头、共轨油压(高压)传感器、限压阀和流量限制阀等,这些部件与公共油轨一起组成的总成称为共轨组件,如图5-6所示。其中,限压阀和流量限制阀为安全装置,防止供油系统部件发生故障导致共轨燃油压力过高而损坏机件或高压燃油泄漏。

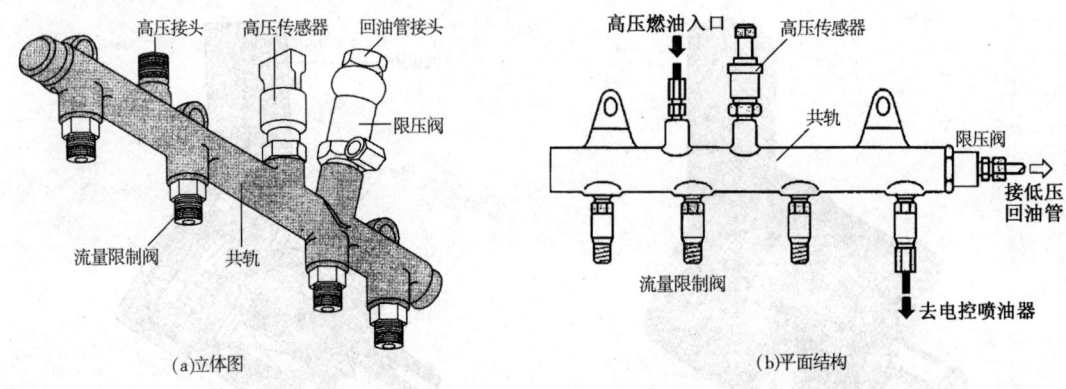

图 5-6 共轨组件的结构

共轨的功用是储存一定数量和一定压力的燃油,一方面保证柴油机起动和怠速时燃油迅速升压,满足起动和怠速工况对燃油压力的需求;另一方面是利用燃油液体的可压缩性,减小电控喷油器阀门开闭以及高压泵工作时引起的油压波动。

(五)限压阀

限压阀又称为压力限制阀或压力限制器。限压阀相当于一只安全阀,连接在共轨与低压回油管之间,其功用是限制共轨管内燃油的最高压力。当共轨中的燃油压力超过限压阀设定的最高压力值时,限压阀阀门打开溢流卸压,防止燃油供油系统损坏。博世公司限压阀的结构原理如图 5-7 所示,主要由阀体、锥形活塞、复位弹簧和限位套等组成。

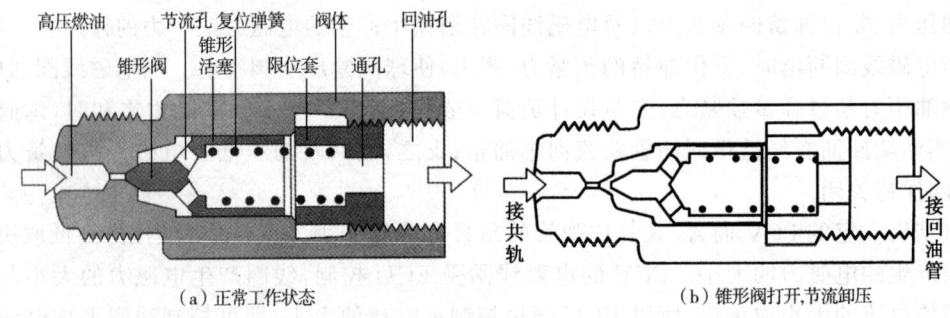

图 5-7 博世限压阀的结构原理

限压阀阀体的一端设有外螺纹,用其将阀安装在共轨管上,另一端设有内螺纹,用以连接限位套和通往油箱的低压回油管接头。调节限位套拧入阀体的位置,即可调节复位弹簧的预紧力,从而调节限压阀限定的最高压力。

锥形活塞相当于阀芯,其头部设有锥形阀,锥面上设有节流孔。当锥形阀打开时,共轨中的高压燃油从该节流孔溢流卸压。

阀体通往共轨的连接端相当于阀座,阀座轴向中心设有一个节流小孔。在正常工作压力下,弹簧预紧力使锥形阀压在阀座上,节流小孔被关闭,如图 5-7a 所示。此时,共轨压力随供油压力升高而升高。

当共轨中的燃油压力超过规定的最高压力时,锥形活塞在高压燃油压力作用下压缩复位弹簧并向右移,如图 5-7b 所示,高压燃油从共轨中经节流小孔和锥面节流孔节流卸压后流回燃油箱,使共轨中的燃油压力降低,从而限定最高压力,防止供油系统部件或发动机损坏。燃油流经通道为:共轨→阀座节流小孔→活塞锥面节流孔→活塞内腔→限位套内腔→通孔→低压回油管接头→回油管→燃油箱。

(六)流量限制阀

流量限制阀又称为流量限制器,连接在共轨与喷油器高压油管之间,其功用是在喷油器及其高压油管泄漏燃油时,使高压油路关闭、供油停止,防止燃油持续泄漏。

1. 流量限制阀的结构特点

流量限制阀的结构原理如图 5-8 所示,主要由阀体(壳体)、阀芯(柱塞)和复位弹簧等组成。

阀体由金属壳体制成,两端制作有外螺纹,其中,一端拧在共轨上,另一端与各缸喷油器的高压油管连接。阀体内腔为中空结构,与共轨内腔和喷油器高压油管一起构成高压通道。阀体连接喷油器高压油管一端的内腔孔径较小而形成阀座。

阀芯是一个截面直径不同的活塞,密封安放在阀体腔内。阀芯轴向设有直径不同的内孔,孔径较大一端(图中上部)为进油孔,连接共轨内腔;孔径缩小一端(图中下部)的径向设有节流孔(出油孔)。在静止状态下,复位弹簧将阀芯压向共轨方向的密封限位件一端。

2. 正常喷油时流量限制阀的工作原理

在正常工作状态下,阀芯(活塞)处于静止位置,上端靠在共轨方向的密封限位件上,高压燃油经节流孔(出油孔)流出。燃油通道为共轨油腔→流量限制阀进油口→阀芯内孔→节流孔→流量限制阀出油口→各缸高压油管→各缸喷油器。当喷油器喷射一次燃油后,流量限制阀出口油压略有下降,阀芯向喷油器方向略有位移,如图 5-8a 所示,阀芯(活塞)下移压出的容积等于喷油器喷出燃油的容积。此时,阀芯并未移到阀座上,燃油通道仍然畅通。

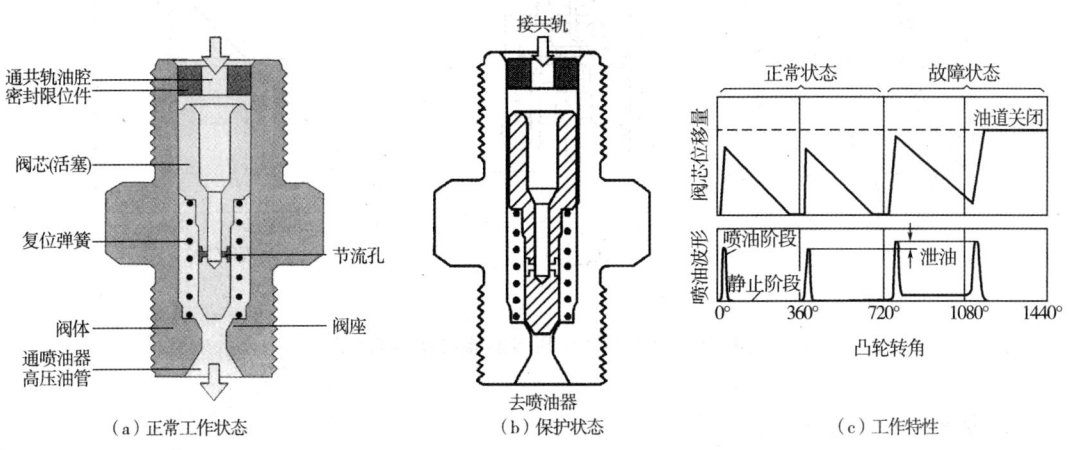

图 5-8 流量限制阀的结构与工作特性

当喷油终了时,阀芯停止移动,复位弹簧将阀芯压回到静止位置,并保持到下一次喷油。

复位弹簧和节流孔尺寸的设计原则是:在最大喷油量(包括安全储备量)时,阀芯既不位移到阀座上关闭出油通道,还能复位到共轨端的密封限位体上。

3. 高压燃油泄漏时流量限制阀的保护原理

当从共轨流向某只喷油器的燃油量超过最大流量时,流量限制阀将自动关闭流向该喷油器燃油通道,使该喷油器停止喷油,防止高压油管泄漏燃油而发生火灾。

当某只喷油器泄漏油量过大或其高压油管发生漏油故障、导致流过流量限制阀的燃油流量远远超过最大流量时,由于阀芯(活塞)下移量过大,因此,阀芯将从静止位置移动到出油端的阀座上关闭油道停止供油,如图5-8b所示,并一直保持到发动机停机为止。

当某只喷油器泄漏油量不大或其高压油管发生漏油故障、导致流过流量限制阀的燃油流量超过最大流量不多时,泄漏燃油使流量增大,阀芯位移量增大,如图5-8c所示。因此,阀芯不能复位到静止位置。经过几次喷油后,阀芯便移动到阀座上关闭出油通道停止供油,直到发动机停机时为止。

(七)共轨油压传感器

共轨油压传感器又称为共轨压力传感器、喷油压力传感器和高压传感器,该传感器安装在共轨上,其功用是检测共轨管内的燃油压力。因为喷油器内部的油压与共轨管内的油压相等,所以共轨油压传感器检测的燃油压力即为喷油器的喷油压力。

1. 共轨油压传感器的结构特点

共轨油压传感器普遍采用电阻应变计式压力传感器。博世公司共轨油压传感器的结构如图5-9所示,主要由弹性传感元件、信号处理电路、线束插头和安装接头组成。弹性传感元件由金属膜片和电阻应变片组成。金属膜片焊接在安装接头上,并与高压燃油通道相通,直接承受共轨管内高压燃油的压力,电阻应变片紧贴在金属膜片上,并连接成惠斯顿电桥电路,然后再与信号处理电路连接。

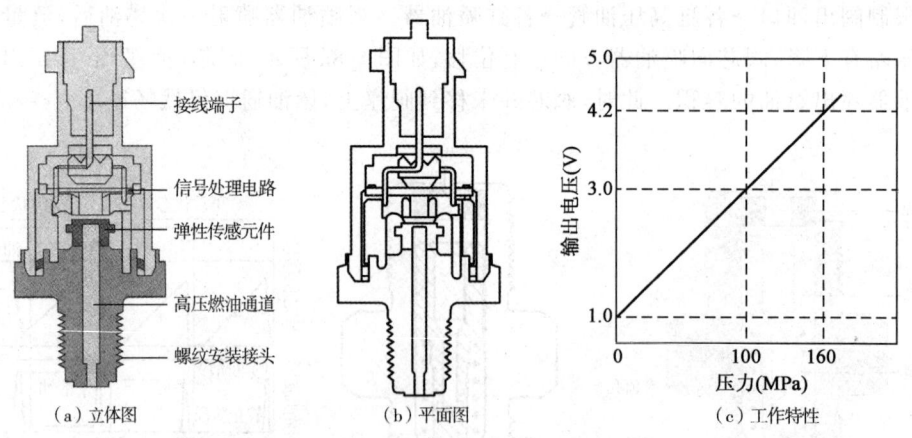

图 5-9 博世共轨油压传感器的结构与特性

2. 共轨油压传感器的工作原理

当共轨管内油压经传感器的高压燃油通道作用到传感元件时,传感元件的金属膜片和电阻应变片一同产生变形(油压150MPa时,变形量约1mm),应变片上的应变电阻阻值随之发生变化,电桥电路的电压改变(电源电压为5V时,电压在0~70mV之间变化,具体数值由压力决定),经信号处理电路放大处理后可得传感器的输出电压(0.5~4.5V),实测高压传感器的输出特性如图5-9c所示。当油压为0时,传感器输出电压为1.0V;当油压为100MPa时,输出电压为3.0V;当油压为160MPa时,输出电压为4.2V。

精确测量共轨管内的燃油压力是电控共轨系统正常工作的必要条件。为此,要求压力传感器测量压力的允许偏差很小,在柴油机工作范围内,测量精度约为最大值的2%。当共轨压力传感器失效时,PCV以固定的预设值控制油压,使发动机处于应急状态运行。

(八)电控喷油器

电控喷油器又称为电动喷油器,其功用是将燃油以雾状形式喷射到气缸内燃烧,并计量燃油喷射量。

在高压共轨式柴油喷射系统中,设计和工艺难度最大的部件就是电控喷油器。世界主要公司电控喷油器的基本参数见表5-2。虽然电控喷油器种类繁多、形式各异,但其结构原理基本相同,仅外形有所不同。

表5-2 高压共轨式柴油喷射系统用电控喷油器的技术参数

生产公司名称		德国博世		日本电装		英国卢卡斯	西门子	TEMIC
电控机构形式		电磁线圈	压电晶体	电磁线圈	电磁线圈	电磁线圈	压电晶体	电磁线圈
喷油压力	最高喷油压力/MPa	180	160	160	200	160	150	180
	最低喷油压力/MPa	20	20	20	20	20	20	25
引导喷射	喷油量/(mm³/行程)	1.0	1.0	1.5~2.5	1.5~2.5	0.6	0.6	4~6
	时间间隔/ms	0.3	0.2	0.4	0.4	0.3	0.1	0.4
允许喷油次数/次		5	5	3	5	—	—	—
电控机构外形尺寸	最大外径/mm	33	17	26.5	28.5	17	28	26
	高度/mm	45	45	45	68	45	35	70
喷油机构外径/mm		17、18、19		17、18、19	18、19	17	17	14、17

电控喷油器是由电控机构、液压伺服机构和孔式喷油器(俗称喷油嘴)三部分组成。电控机构分为电磁控制机构和压电晶体两种结构。因此,电控喷油器可分为电磁控制式喷油器和压电晶体式喷油器两种。液压伺服机构和孔式喷油器与柴油机用普通喷油器基本相同。

(一)电磁控制式喷油器

电磁控制式喷油器简称电磁喷油器,是电控柴油喷射系统使用的第一代喷油器。

1.电磁控制式喷油器的结构特点

电磁控制式喷油器主要由电磁控制机构、液压伺服机构和孔式喷油器组成,如图5-10所示。值得注意的是,电控柴油喷射系统电磁喷油器的结构原理与汽油喷射系统电磁喷油器的结构原理大不相同,这是因为柴油喷射系统的燃油压力高、控制难度大,即电磁执行机构难以直接产生迅速打开针阀所需的电磁力,必须增设具有液力放大作用的液压伺服机构。

电磁控制机构实际上是一只高速电磁阀,该电磁阀安装在喷油器的顶部,主要由电磁线圈、铁芯、复位弹簧和球阀等部件组成。球阀焊接在铁芯下端,当电磁线圈无电流流过时,在复位弹簧张力作用下,铁芯向下移动到极限位置,球阀处于关闭状态。

液压伺服机构由控制柱塞、柱塞控制腔、进油节流孔、回油节流孔、针阀锥面以及针阀复位弹簧组成。

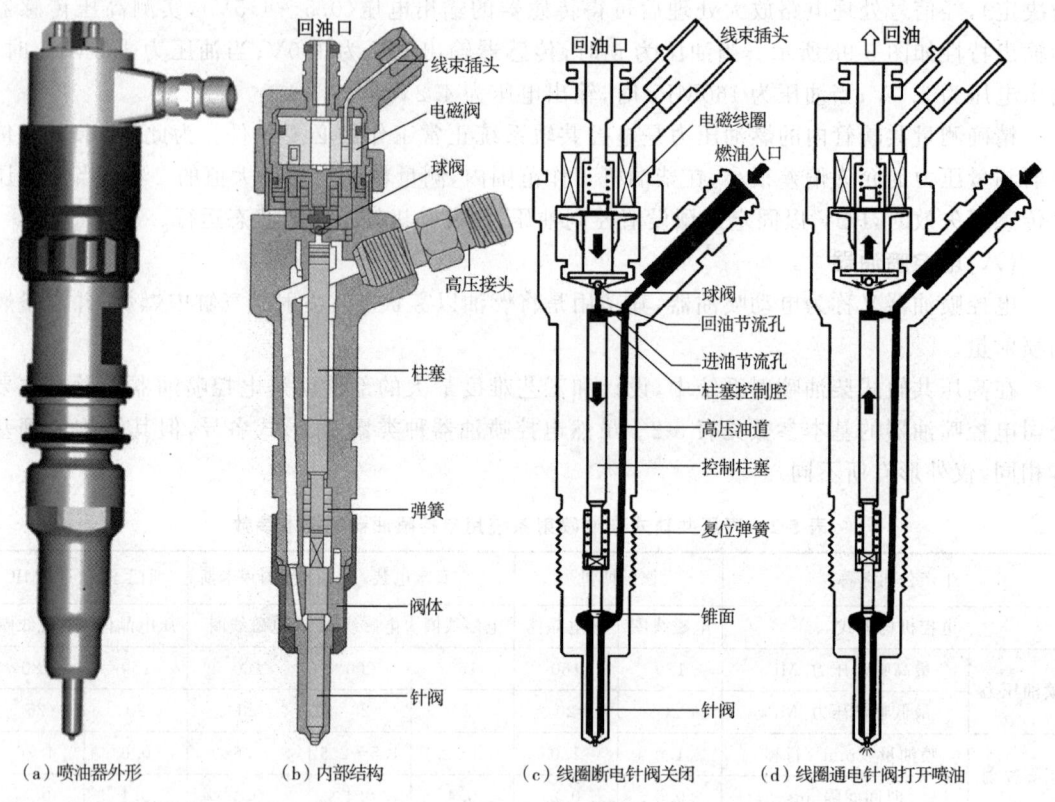

图 5-10 博世电磁控制式喷油器的结构原理

孔式喷油器俗称喷油嘴或喷嘴,由针阀和阀体组成。

喷油器的高压接头为燃油入口,经高压油管与共轨连接。共轨管内的高压燃油经进油节流孔送入柱塞控制腔内,并经高压油道送入喷油器针阀锥面及阀座盛油槽内。控制腔经回油节流孔和球阀与回油口连接。回油口为低压燃油回流口,用低压油管与燃油箱连接。

2.电磁控制式喷油器的工作原理

电磁控制式喷油器的基本原理是:利用电磁阀控制针阀偶件的背压来间接控制针阀的开启。即高速电磁阀使球阀打开接通回油通道,燃油回流使柱塞控制腔压力降低,针阀锥面燃油压力使针阀上升将阀门打开喷油。

(1)当电磁阀断电时,喷油器不喷油。当电磁阀线圈断电时,球阀在弹簧张力作用下紧压在阀座上,球阀阀门关闭使低压回油通道关闭,如图 5-10c 所示。此时,共轨管内的高压燃油经各缸高压油管、喷油器高压接头、进油节流孔、柱塞控制腔作用于柱塞顶部,使控制腔内建立起共轨高压,同样的共轨高压也作用于针阀盛油槽之中。柱塞顶部压力和针阀复位弹簧张力之和克服针阀盛油槽内高压燃油作用在针阀锥面(承压面)的向上分力,使柱塞和针阀向下移动到极限位置,针阀紧压在阀座上将阀门关闭,喷油器不喷油。

针阀关闭速度取决于进油节流孔的流量。进油节流孔流量越大,针阀关闭时间越短,关闭速度就越快;反之,流量越小,关闭速度就越慢。

(2)当电磁阀通电时,喷油器喷射燃油。当电磁阀线圈通电时,铁芯在极短时间(120μs)内产生电磁力并克服弹簧预紧力迅速向上移动,使球阀阀门立即打开将回油通道接通,部分高压燃油经回油通道流回燃油箱。回油通道为:共轨→高压油管→喷油器高压接头→进油节流孔→柱塞控制腔→回油节流孔→球阀→回油口→低压回油管→燃油箱。在球阀打开使高压燃油流回油箱时,柱塞控制腔压力随之下降。当作用在控制柱塞顶部的压力与针阀复位弹簧张力之和小于针阀盛油槽内高压燃油作用在针阀锥面(承压面)的向上分力时,柱塞与针阀迅速上移,针阀阀门立即打开,高压燃油从喷油孔喷入燃烧室,如图5-10d所示。

针阀开启速度取决于回油节流孔与进油节流孔之间的流量差。流量差越大,回油量越大,柱塞控制腔压力降低越快,针阀开启速度就越快;反之,流量差越小,针阀开启速度就越慢。当柱塞到达上限位置处于进、回油节流孔之间时,针阀全开,喷油压力接近于共轨压力,燃油得到良好雾化喷入燃烧室燃烧,有利于减少排放、提高经济性和动力性。

综上所述,电磁阀通电时间等于喷油持续时间,电磁阀断电时间等于停止喷油时间。当燃油压力一定时,通电时间越长,喷油量越大;通电时间越短,喷油量越小。控制电磁阀线圈通电时间的长短,即可控制喷油器喷油量的大小。

上述分析可见,由于电磁阀不能产生足够的电磁力来克服高压燃油作用力使针阀向上移动将阀门开启,因此,巧妙地采用了液力放大机构(控制柱塞、针阀承压面、复位弹簧、进油节流孔和回油节流孔等),利用电控机构(电磁阀)控制针阀偶件的背压来间接控制针阀的开启,即利用进油节流孔和回油节流孔使共轨燃油节流降压,通过电磁阀控制少量燃油回流,从而实现高压燃油喷射。尽管如此,电磁阀线圈的控制电流也高达30A左右。如博世公司CRIN2型电磁控制式喷油器的控制参数为:针阀开启电流为30A,保持电流为12A;针阀开启时间为$(110\pm10)\mu s$,针阀关闭时间为$(30\pm5)\mu s$;电磁阀线圈静态电阻值为0.23Ω。

(二)压电控制式喷油器

压电是指由机械压力引起电介质晶体放电,或应用电压而使电介质晶体产生压力。

压电控制式喷油器又称为压电晶体(PZT,Piezoelectric Crystal)式喷油器或压电跃变(PZT,Piezoelectric Transition)式喷油器,是电控柴油喷射系统使用的第二代喷油器。

在压电晶体式喷油器(简称PZT喷油器)的研究方面,德国西门子公司和博世公司一直处于领先地位,分别于1996年和2003年开始批量生产。实际上电磁控制式喷油器是在柴油机用普通喷油器的基础上增设电磁控制机构(电磁阀)而制成,PZT喷油器则是用压电晶体替代电磁阀而制成。三种喷油器的本质区别在于控制方式不同:普通喷油器由液压伺服机构控制,电磁式喷油器由电磁阀控制,PZT喷油器则由压电晶体控制。

1.PZT喷油器结构特点

PZT喷油器由压电控制机构、液压伺服机构和孔式喷油器组成。液压伺服机构和孔式喷油器的结构原理与上述电磁控制式喷油器相同。压电控制机构主要由压电晶体、大活塞、小活塞、球阀、止回阀和线束插头组成,如图5-11所示。

压电晶体采用多层陶瓷(每层厚度$20\sim200\mu m$)烧结成压电晶体堆芯,结构如图5-11b所示,层与层之间设有电极,生产技术与多层电容器相似。因为压电晶体具有受电压作用而伸长的特性,所以将其集成化制作成晶体堆芯作为喷油器的执行元件,是一种十分理想的结构。汽车高压共轨式电控喷油系统对压电晶体的基本要求是环境温度在$-40℃\sim+150℃$、工作电压为$100\sim200V$、压电晶体作用升程为其厚度的1/1000、开关迅速(全升程动作时间约$30\mu s$)、耐久性好(大于10亿个循环)和强度高等。

小活塞下端设有一根顶杆,用于顶开球阀,以便燃油回流。回油口为低压燃油回流口,用低压油管与燃油箱连接。

共轨管内的高压燃油进入喷油器后分成两路:一路经进油节流孔送入柱塞控制腔、回油节流孔和球阀腔室;另一路经高压油道送入喷油器针阀锥面及阀座盛油槽。

2. PZT 喷油器工作原理

压电晶体式喷油器的基本原理是:利用压电晶体控制针阀偶件的背压来间接控制针阀的开启。压电晶体受电压作用而伸长,并推动大活塞向下移动使球阀打开接通回油通道,燃油回流使柱塞控制腔压力降低,针阀锥面燃油压力使针阀上升将其阀门打开喷油。可见,其原理与电磁控制式大同小异,仅仅是将球阀打开的控制方式不同。

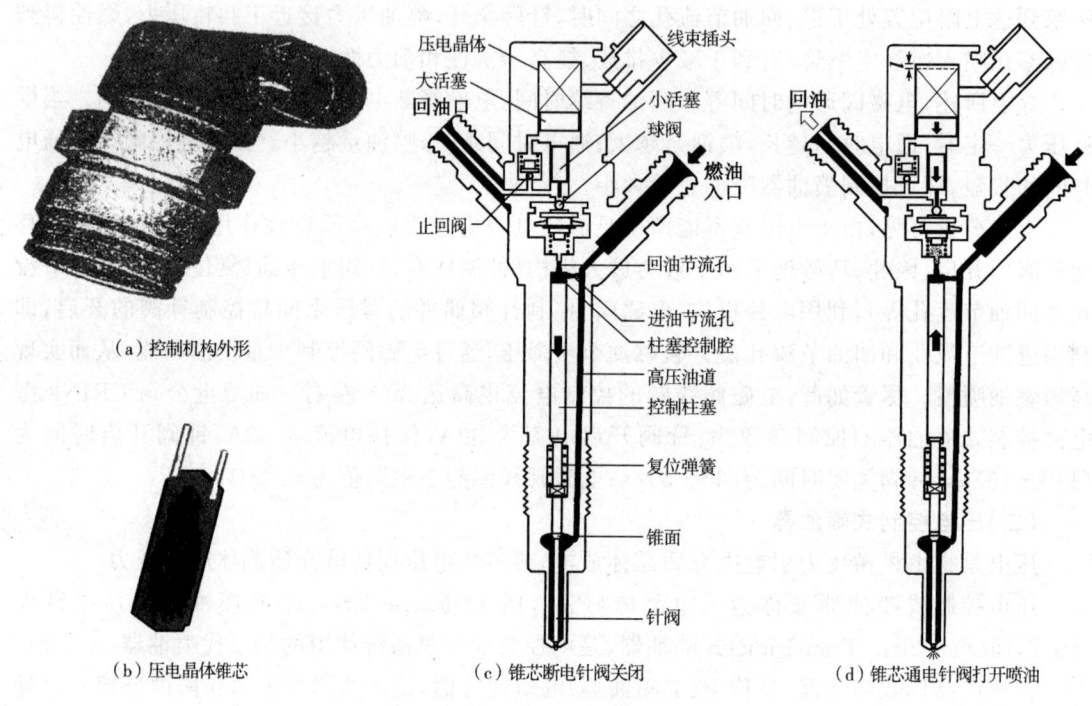

图 5-11 压电晶体式喷油器的结构原理

(1)当压电晶体断电时,喷油器不喷油。当压电晶体断电时,球阀在弹簧力作用下紧压在阀座上,球阀阀门关闭使低压回油通道关闭,如图 5-11c 所示。此时,共轨管内的高压燃油经各缸高压油管、喷油器高压接头、进油节流孔、柱塞控制腔作用于柱塞顶部,使控制腔内建立起共轨高压,相同的共轨油压也作用于针阀阀座盛油槽中。柱塞顶部压力和针阀复位弹簧张力之和克服针阀阀座盛油槽内高压燃油作用在针阀锥面的向上分力,使柱塞和针阀向下移动到极限位置,针阀紧压在阀座上将阀门关闭,喷油器不喷油。

(2)当压电晶体通电时,喷油器喷射燃油。当压电晶体通电时,晶体堆芯伸长(图中 l 表示),推动大活塞压缩油腔中的燃油,再推动小活塞向下移动,小活塞顶杆将球阀(钢球)推离座面并接通回油通道,部分高压燃油流回燃油箱。回油通道为:共轨→高压油管→喷油器高压接头→进油节流孔→柱塞控制腔→回油节流孔→球阀→小活塞油腔→回油口→低压回油管→燃油箱。在球阀打开燃油流回油箱时,柱塞控制腔压力随之下降。当作用在控制柱塞顶部的压力与针阀复位弹簧张力之和小于针阀阀座盛油槽内高压燃油作用在针阀锥面的向上分力时,控制柱塞与针阀迅速上移,针阀阀门立即开启,高压燃油从喷油孔喷入燃烧室,如图 5-11d 所示。

止回阀用于补充大活塞压缩燃油时油腔中泄漏的燃油,保证喷油嘴可靠工作。

综上所述,压电晶体通电时间等于喷油持续时间,断电时间等于停止喷油时间。当燃油压力一定时,通电时间越长,喷油量越大;通电时间越短,喷油量越小。控制压电晶体通电时间的长短,即可控制喷油器喷油量的大小。

PZT 喷油器的显著优点是响应速度快(开关动作时间约 $30\mu s$)、喷油时间间隔小(喷油间隔角度越大,喷油控制越容易实现)、每行程喷油量小。喷射时间间隔与引导喷射喷油量:西门子 PZT 喷油器分别为 $100\mu s$ 和 $0.6mm^3$/行程;博世 PZT 喷油器分别为 $200\mu s$ 和 $1.0mm^3$/行程。因此,能够实现多段喷射(引导喷射、预喷射、主喷射、后喷射和次后喷射),从而减少有害物质的排放和降低燃烧噪声(引导喷射可通过预混合燃烧来减少颗粒物排放;预喷射可缩短主喷射的着火延迟时间,从而降低 NOx 排放和燃烧噪声;后喷射可促进扩散燃烧来降低颗粒排放;次后喷射可使排气温度升高,增加催化剂的活性)。PZT 喷油器还有重复性好、消耗能量小和耐久性好等优点。因为喷油时间间隔小,所以控制脉冲周期短、各缸喷油始点和喷油量变动很小,重复控制精度高,发动机运转平稳。

第三节 高压共轨式柴油喷射系统的控制

高压共轨式柴油喷射系统的控制包括喷油量控制、喷油压力控制、多段喷射(引导喷射、预喷射、后喷射和次后喷射)控制和柴油机起动喷油量控制。

一、喷油量的控制

在高压共轨式柴油喷射系统中,喷油量主要由喷油压力(共轨压力)和喷油器电控机构(电磁线圈或压电晶体)的通电时间决定。因为喷油压力和喷油器都是由电控单元 ECU 独立进行控制,所以在喷油压力一定的情况下,喷油量取决于喷油器电磁线圈或压电晶体的通电时间。因此,高压共轨式电控柴油喷射系统又称为"时间—压力调节系统"。

(一)喷油量的控制原理

在高压共轨式电控柴油喷射系统中,电动燃油泵将燃油箱内的燃油输送到高压泵,发动机驱动高压泵将燃油加压后供入共轨管内,喷油器在 ECU 的独立控制下,将高压燃油直接喷射到相应的气缸内燃烧做功。喷油量的大小由 ECU 控制喷油器电磁线圈或压电晶体通电时间的长短决定,即喷油器喷油量的控制实际上是喷油时间的控制,控制原理如图 5-12 所示。

当柴油机工作时,电控单元 ECU 根据加速踏板位置传感器信号(齿杆位置信号)Ac 和发动机转速传感器信号 ne,从三维数据 MAP 中查寻得到相应的最佳基本喷油量数值 Qj;再根据冷却液温度信号 tw、进气温度和电源电压等信号,计算确定喷油修正量、最佳喷油量以及预喷射、主喷射和后喷射的喷油量,并根据凸轮轴位置传感器提供的上止点 TDC 位置信号计算确定喷油定时,并向执行器(电控喷油器)发出控制指令;喷油器在 ECU 输出回路的驱动下按最佳喷油量和喷油时刻喷射柴油,从而完成一次喷油过程。

(二)喷油时间(喷油量)的控制过程

在高压共轨式电控柴油喷射系统中,喷油器电磁线圈或压电晶体通电时间的控制过程与电控汽油喷射系统喷油时间的控制过程完全相同,也是由 ECU 喷油脉冲控制信号(占空比信号)的高电平宽度决定(或低电平宽度决定。视喷油器驱动电路而定,因为喷油器一般都采用

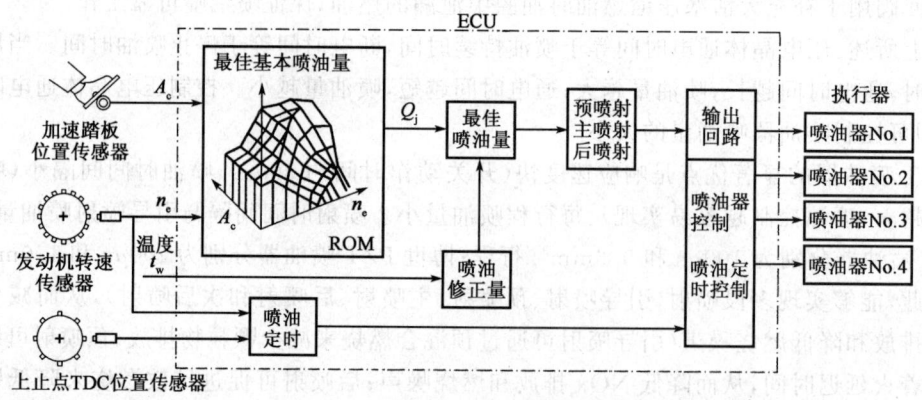

图 5-12　高压共轨式电控系统喷油量的控制原理

NPN 型晶体管驱动,所以大都由高电平宽度决定)。因此,改变占空比信号高电平的宽度(即喷油脉宽或喷油时间),即可控制喷油量的大小,且由 ECU 中预先编制的软件进行控制。

当发动机转速一定时,喷油脉宽(即喷油时间)对应于曲轴转过的一定转角。因此,喷油时间(喷油量)的控制事实上转变为喷油角度的控制。当四缸发动机转速 n＝4000r/min、喷油提前角 θ＝18°、喷油时间 t＝1ms[对应的喷油角度 α＝(4000×360°)×1ms÷60000ms＝24°]时,喷油时间 t(或喷油角度 α)的控制过程如图 5-13 所示。

图中,气缸识别信号由凸轮轴位置传感器 CIS 提供,曲轴转角信号由曲轴位置传感器 CPS 提供,1°计数信号由 ECU 内部晶振产生,用于对曲轴转角信号进行计数运算,以便控制喷油提前角 θ 和喷油角度 α。凸轮轴位置传感器 CIS 信号转子每转一转(相当于曲轴旋转 720°)提供一个低电平信号,该低电平信号的下降沿对应于第 1 缸活塞压缩上止点前 88°(即 BTDC88°);曲轴位置传感器 CPS 信号转子每转一转提供 58 个高电平信号(每个信号占曲轴转角均为 3°)、57 个低电平信号(每个信号占曲轴转角也为 3°)和一个较宽的低电平信号(占曲轴转角 15°,相当于 2 个高电平和 3 个低电平信号所占曲轴转角)。宽低电平信号后的第一个高电平信号对应于 1 缸或 4 缸活塞上止点前 81°。这些条件均为已知条件,由设计和安装保证,控制过程如下。

在发动机工作过程中,ECU 根据曲轴位置传感器 CPS、加速踏板位置传感器和其他传感器信号确定最终喷油量的同时,还要从三维数据 MAP 中查寻确定最佳喷油提前角 θ(本例 θ＝18°)、根据油压控制系统控制的喷油压力和喷油器流量参数计算喷油持续时间 t(本例 t＝1ms),再根据曲轴位置传感器 CPS 提供的转速信号计算喷油角度 α(本例 α＝24°)。

当 ECU 接收到凸轮轴位置传感器 CIS 输入的低电平信号下降沿时,说明 1 缸活塞即将到达压缩上止点(处于 BTDC88°),ECU 开始监测曲轴位置传感器 CPS 提供的信号,当 CPS 输入宽低电平信号后的上升沿时,ECU 内部的 1°计数信号开始对 CPS 信号进行计数;因为喷油提前角 θ＝18°,所以计数到 63(81°－18°＝63°)次结束,从第 64 次开始接通喷油器电路并对曲轴转角(喷油角度)进行计数,喷油器电路通喷开始喷油;因为喷油角度 α＝24°,所以 ECU 计数到第 24 次时切断喷油器电路,喷油器停止喷油。

从 ECU 对第 1 缸喷油角度进行计数开始,到计数 180 次后,从第 181 次(即 CPS 第 41 个脉冲信号下降沿)开始接通下一缸(第 3 缸)喷油器电路,并对喷油角度进行计数控制,从而实现喷油角度 24°(喷油时间 1ms)、喷油提前角 18°的实时控制。

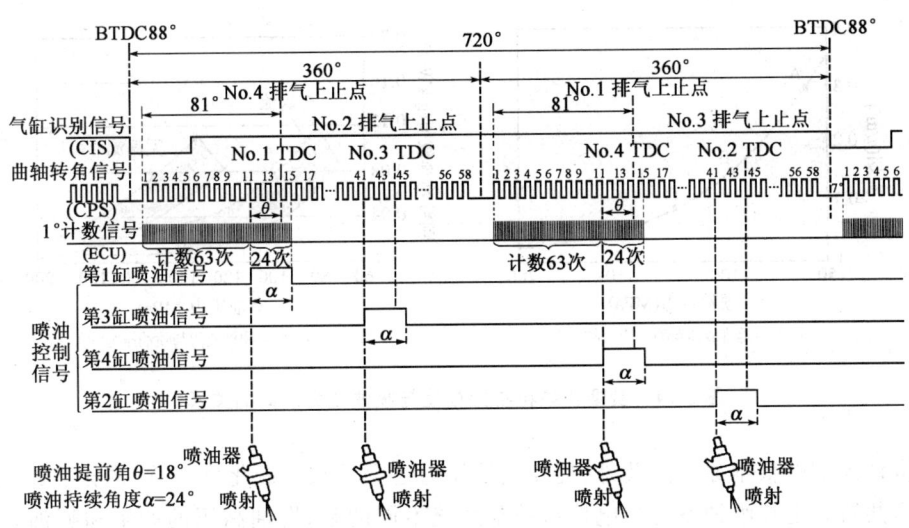

图 5-13 共轨式电控喷油系统喷油时间 1ms(喷油角度 24°)的控制过程

由此可见,高压共轨式柴油喷射系统喷油时间的控制方法与汽油机电控喷油系统喷油时间的控制方法相同,也是根据曲轴位置传感器和凸轮轴位置传感器等信号之间的相位关系进行控制。但是,由于柴油喷射还有引导喷射、预喷射、后喷射和次后喷射等,因此,喷油时间的控制过程比汽油喷油要复杂得多。

二、喷油压力控制

众所周知,从地下开采出来的石油称为原油,车用汽油和柴油都是炼油厂使用炼油塔将原油加热蒸馏得来。车用轻柴油的沸点较高(300℃～365℃,车用汽油为75℃～200℃),所以很难得到均匀的混合气。在燃油浓度高的区域(一般是大负荷工况),由于局部高温缺氧,燃油被裂解成炭烟,因此,柴油机会产生炭烟(俗称"冒黑烟")。

(一)喷油压力控制的目的

控制柴油机喷油压力的目的是:使柴油良好雾化,提高燃烧效率、降低油耗和减少排放。

在实施排放法规之前,追求高喷油压力的目的是提高燃油的雾化质量。实施排放法规以后,追求高喷油压力的目的在于减少炭烟和颗粒物的排放量。炭烟和颗粒物的排放值与喷油压力之间的关系如图 5-14 所示。可见,喷油压力升高时,炭烟和颗粒物的排放值均可降低。

柴油机燃烧的关键技术就是使燃油均匀地雾化,在气缸内形成均匀的喷雾。也就是做到喷入气缸中的燃油一边不停地雾化,一边使之燃烧。这就要求燃油喷射装置始终具有足够高的喷油压力。随着柴油机排放要求的不断提高,改善缸内混合气的燃烧条件,提高混合气的燃烧质量,除了改进空气运动方式和燃烧室几何形状之外,提高喷油压力是改善柴油机排放的有效措施之一。

(二)喷油压力的控制过程

试验研究表明:当燃烧系统的结构一定时,最佳的喷油压力随柴油机工况不同而发生变化。因此,喷油压力应随柴油机的工况变化而实时进行控制。

在机械式燃油系统和电控喷油泵系统中,喷油压力随发动机转速变化而升高或降低。特别是在低转速、大负荷工况时,难以产生较高的喷油压力,这正是柴油机起动时柴油燃烧不完

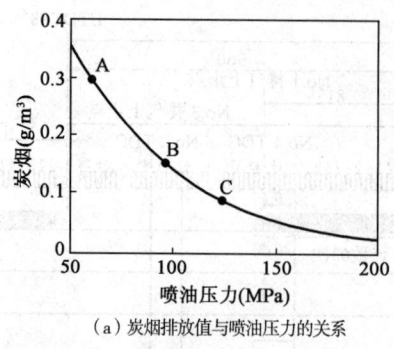
(a) 炭烟排放值与喷油压力的关系

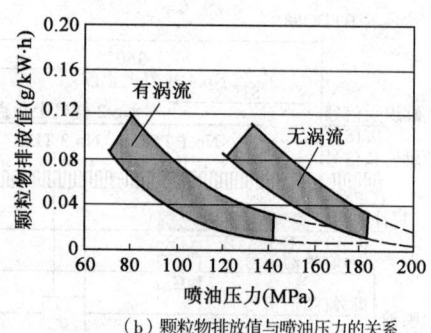
(b) 颗粒物排放值与喷油压力的关系

图 5-14 炭烟和颗粒物排放值与喷油压力之间的关系

全而大量冒黑烟的根本原因。此外,提高喷油压力还会导致氮氧化物 NOx 的排放量增加。

高压共轨式电控喷油系统与电控喷油泵系统不同的是,燃油高压的产生和喷油量的控制是由 ECU 分别且独立进行。因此,可据发动机转速与负荷等不同工况,在一定油压(20～200MPa)范围内,改变喷油压力,实现多段喷射(引导喷射、预喷射、主喷射、后喷射和次后喷射),从而提高燃烧效率,改善柴油机的经济性与排放性能。

在高压共轨式电控喷油系统中,配有共轨油压传感器、压力控制阀 PCV、限压阀和流量限制阀等组成的独立控制喷油压力的控制系统,喷油压力的控制过程如图 5-15 所示。

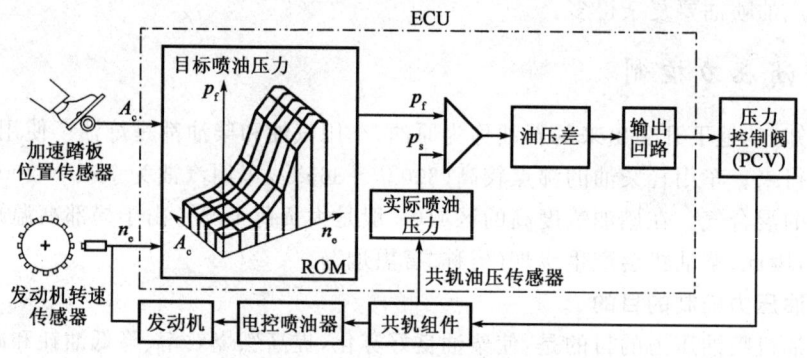

图 5-15 高压共轨式电控系统喷油压力的控制过程

当柴油机工作时,电控单元 ECU 根据加速踏板位置传感器信号(齿杆位置信号)A_c 和发动机转速传感器信号 n_e,利用计算机的查询功能,从三维数据 MAP 中查询得到相应工况的目标喷油压力值 p_f,再根据共轨油压传感器信号计算出共轨管内燃油的实际喷油压力值 p_s;再将目标喷油压力值 p_f 与实际喷油压力值 p_s 进行比较运算并求出压力差值,然后向压力控制阀 PCV 的驱动电路发出控制信号,将实际喷油压力值 p_s 控制在目标喷油压力值 p_f。

当实际喷油压力值 p_s 小于目标喷油压力值 p_f 时,ECU 向压力控制阀 PCV 发出占空比增大的控制信号,使 PCV 线圈的平均电流增大,共轨燃油压力随供油量增大而升高。当实际喷油压力值 p_s 升高到目标喷油压力值 p_f 时,ECU 向压力控制阀 PCV 发出占空比保持不变的控制信号,从而使共轨燃油压力保持在目标喷油压力值 p_f。

当实际喷油压力值 p_s 大于目标喷油压力值 p_f 时,ECU 将向压力控制阀 PCV 发出占空比减小的控制信号,使 PCV 线圈的平均电流减小,线圈的电磁力减小,当电磁力与复位弹簧张力之和小于燃油压力时,PCV 球阀阀门打开泄油,使共轨燃油压力(喷油压力)降低。当实际喷油压力值 p_s 降低到目标喷油压力值 p_f 时,ECU 再向 PCV 发出占空比保持不变的控制信号,使共轨燃油压力保持目标喷油压力值 p_f。

综上所述,当柴油机负荷和转速变化时,ECU 通过调节控制信号的占空比,改变压力控制阀 PCV 的开度和高压泵的供油量大小,从而实现喷油压力的控制。

三、多段喷油控制

在高压共轨式电控柴油喷射系统中,高压泵提供的高压燃油存储在共轨管内,共轨油压(喷油压力)与发动机转速和负荷无关,由 ECU 调节压力控制阀 PCV 阀门的开度进行控制;喷油量的大小由 ECU 调节喷油器电控机构(电磁阀或压电晶体)的通电与断电时间的长短进行控制。因此,高压共轨式电控系统不仅能够独立地、自由地控制喷油压力和喷油量,而且具有良好的喷油特性。

喷油特性是指喷油量与喷油时间之间的关系。高压共轨式电控系统实现引导喷射、预喷射、主喷射、后喷射和次后喷射等多段喷油的喷油特性曲线如图 5-16 所示。

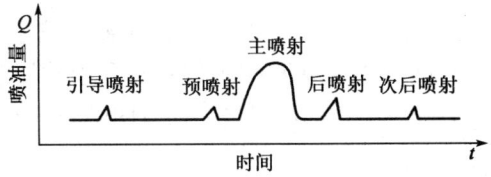

图 5-16 五段喷油特性示意图

多段喷油又称为多段喷射,是指将一个工作循环中的喷油过程分成若干阶段进行喷射。多段喷油理论是 1994 年美国威斯康辛大学瑞兹(Reiz)教授研究提出的,目的是控制燃烧速率,减小有害物质(颗粒物 PM 和氮氧化物 NO_x)的排放量和降低燃烧噪声。

在多段喷油过程中,依次进行的引导喷射、预喷射、主喷射、后喷射和次后喷射等各个阶段是相互联系且又各自独立的喷油阶段,各段喷油的作用与目的各不相同。当发动机转速为 100r/min、喷油压力为 160MPa 的条件下,喷油器在各阶段的驱动电流、针阀升程和喷油特性试验结果如图 5-17 所示。

(1)引导喷射。引导喷射是在主喷射开始之前,进行一次提前角度较大、喷油量较小的喷射。通过引导喷射使柴油预混合燃烧,能够明显减小颗粒物 PM 的排放量和降低燃烧噪声。引导喷射越提前,烟度和噪声越低。

(2)预喷射。预喷射是在紧靠主喷射之前进行一次喷油量较小的喷射。通过预喷射来缩短主喷射的着火延迟期,当预喷射与主喷射之间的时间间隔约 1ms 时,能够明显减小氮氧化物 NO_x 的排放量和降低燃烧噪声,但颗粒物 PM 的排放量会有所增加。因此,应当尽可能缩短预喷射与主喷射之间的时间间隔(≤0.4ms),以便减小颗粒物 PM 的排放量。

(3)主喷射。主喷射是紧接着预喷射后的一次喷射,其喷油量较大,目的是保证柴油机的动力性。

(4)后喷射。后喷射是在紧靠主喷射之后进行一次喷油量稍大一点的喷射。后喷射的作用是加快扩散燃烧,减小颗粒物 PM 的排放量。在发动机中速、中等负荷时,当后喷射紧靠主喷射(时间间隔≤0.7ms)时,能够减小颗粒物 PM 的排放量,但是氮氧化物 NO_x 的排放量会

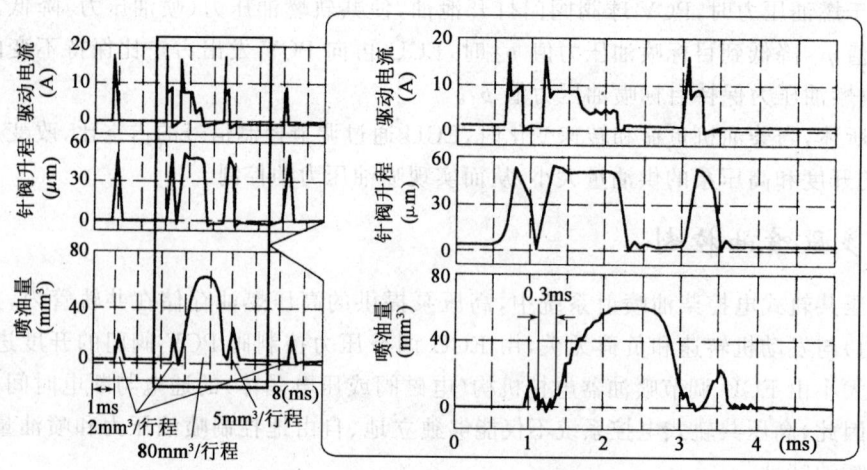

图 5-17 五段喷油特性试验结果

稍有增加。

(5)次后喷射。次后喷射是在后喷射之后进行一次喷油量较小的喷射。次后喷射可使排气温度升高,通过供给还原剂,则可增加催化剂的活性,有利于排气净化。次后喷射不能过迟,以免燃油附着在气缸壁上。后喷射与次后喷射之间的时间间隔一般控制在 2ms 左右。

四、起动喷油控制

无论电控汽油机汽车还是电控柴油机汽车,它们起动时的喷油量都是由 ECU 依据发动机冷却液温度等信号进行调节,起动困难的现象十分罕见。其喷油量控制过程如图 5-18 所示。

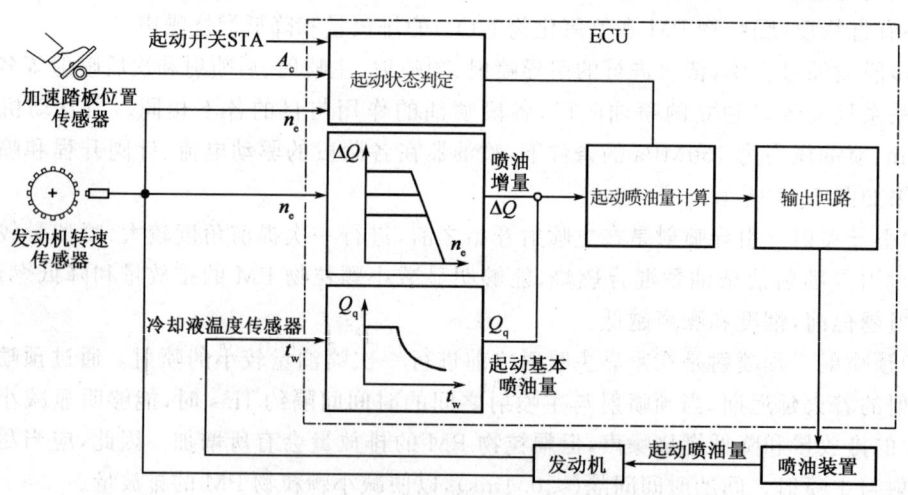

图 5-18 电控柴油机起动时喷油量的控制过程

柴油机的起动过程由初始发火、完全发火、转速上升到起动完成等几个阶段组成。从开始起动到完全发火之间的时间越短,则起动性能越好。从发动机开始起动到速度开始上升经历的时间越短,则起动响应特性越好,即反应速度越快。在低温起动时,由于发动机机件摩擦产生的阻力矩大,起动性能和响应特性都会变差。所以,起动时必须增大喷油量,使发动机产生的驱动转矩大于发动机自身的阻力转矩。

在柴油机电控喷油系统中,起动喷油量的控制过程与汽油机基本相同。ECU首先根据起动开关信号、发动机转速传感器和加速踏板位置(齿杆位置)传感器等信号判断发动机是否处于起动状态。

当判定为起动状态时,ECU首先根据冷却液温度传感器信号在数据MAP中查询得到起动基本喷油量,然后根据发动机转速传感器信号在数据MAP中查询确定喷油增量(补偿油量)ΔQ,基本喷油量与喷油增量二者之和即为起动喷油量,最后向喷油器发出控制指令。执行器在ECU输出回路的驱动下,按起动喷油量进行喷油。因为起动喷油量相对较大(起动喷油量为基本喷油量的1.3～1.5倍),且以发动机温度为基准,并辅之以喷油增量进行控制,所以电控发动机都能顺利起动。

思考题与参考答案

一、单选题

1. 车用柴油机控制技术发展的必然趋势是采用下述形式的喷油技术( )。
   A. 位置控制式　　B. 时间控制式　　C. 高压共轨式　　D. 喷油泵式
2. 柴油机起动时的喷油量,是其每循环基本喷油量的( )。
   A. 0.2～0.25倍　B. 1.0～1.5倍　　C. 1.3～1.5倍　　D. 2.0～2.5倍
3. 高压共轨式电控柴油喷射系统的喷油压力可达( )。
   A. 100kPa　　　B. 200kPa　　　C. 100MPa　　　D. 200MPa
4. 在高压共轨式柴油喷射系统中,压力控制阀PCV调节的喷油压力范围为( )。
   A. 10～200kPa　B. 10～200MPa　C. 250～300kPa　D. 20～300MPa
5. 高压共轨式电控喷油系统要求压电晶体式喷油器的工作环境温度在( )。
   A. 10℃～100℃　B. -40℃～150℃　C. -10℃～150℃　D. 0℃～150℃

二、多选题

1. 高压共轨式电控柴油喷射系统采用的电控喷油器是由下述哪几部分组成( )。
   A. 电控机构　　B. 单向阀　　　C. 孔式喷油器　　D. 液压伺服机构
2. 高压共轨式柴油喷射系统的关键部件包括下述哪几种部件( )。
   A. 油压调节器　B. 压力控制阀　C. 电控喷油器　　D. 喷油压力传感器

三、判断题

1. 高压共轨式柴油喷射系统喷油压力的产生与发动机转速和负荷无关( )。
2. 高压共轨式柴油喷射系统的喷油压力由ECU控制油压调节器进行调节( )。
3. 在高压共轨式喷油系统中,ECU控制喷油量的方法是控制喷油持续时间( )。
4. 高压共轨系统限压阀的功用是限制输油泵的最高压力,防止损坏供油部件( )。
5. 柴油机"冒黑烟"的根本原因是局部高温缺氧,燃油被裂解生成炭烟。( )

四、问答题

1. 压力控制阀PCV的工作原理是什么?怎样调节喷油压力?
2. 高压共轨式电控柴油喷射系统具有哪些优点?

3. 电控柴油喷射系统采用的电控喷油器有何特点？
4. 分析说明高压共轨式电控柴油喷射系统喷油量的控制过程。
5. 为什么高压共轨式电控柴油喷射系统要采用多段喷油？各段喷油的目的是什么？

参考答案

一、单选题：1. C   2. C   3. D   4. B   5. B

二、多选题：1. ACD   2. BCD

三、判断题：1. √   2. ×   3. √   4. ×   5. √

第六章 汽车行驶安全电控技术

汽车装备的安全系统分为主动安全系统与被动安全系统两大类。防抱死制动、制动力分配、制动辅助、驱动轮防滑转调节和车身稳定性控制等系统均为主动安全系统,其功用是避免发生交通事故;安全气囊和座椅安全带控制等系统均为被动安全系统,其功用是减轻交通事故导致的伤害程度。

第一节 防抱死制动技术

汽车防抱死制动系统的英文名称是 Anti-lock Braking System(防锁死制动系统)或 Anti-skid Braking System(防滑移制动系统),缩写均为 ABS。

一、防抱死制动系统的功用

在汽车制动过程中,当车轮制动器制动力(即轮胎周缘为了克服制动器摩擦力矩所需施加的力)小于或等于轮胎—道路附着力(即地面阻止车轮滑动所能提供的切向反作用力的极限值,通常简称为附着力,附着力取决于地面对轮胎的法向反作用力与轮胎—道路附着系数)时,车轮将滚动运动,如图 6-1a 所示。当制动器制动力大于附着力时,车轮就会抱死滑移,如图 6-1b 所示。

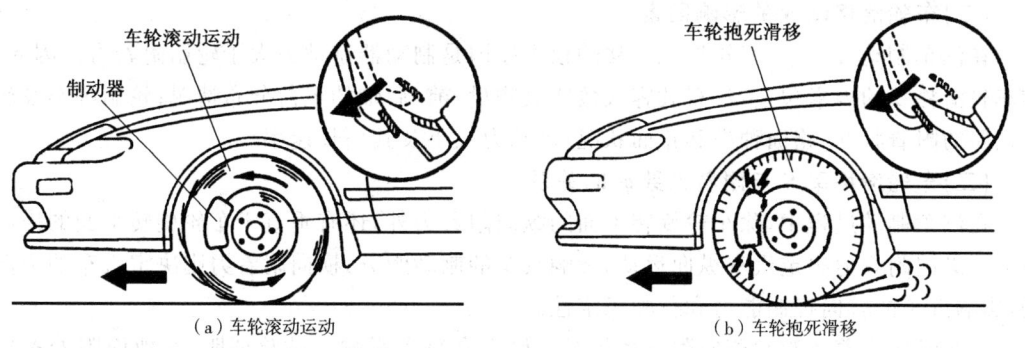

图 6-1 制动车轮的运动状态

当车轮抱死时,汽车就会失去转向控制能力和行驶稳定性,其危害程度极大。因为如果前轮抱死,虽然汽车能沿直线向前行驶,但是失去转向控制能力。由于维持前轮转弯运动能力的横向附着力丧失,因此,汽车仍将按原行驶方向滑行,可能冲入其他车道与迎面车辆相撞或冲出路面与障碍物相撞而发生恶性交通事故。如果后轮抱死,汽车的制动稳定性就会变差,抵抗横向外力的能力很弱,后轮稍有外力(如侧向风力或地面障碍物阻力)作用就会发生侧滑(甩尾),甚至出现调头(即突然出现180°转弯)等危险现象。

电子控制防抱死制动系统 ABS 的功用是:在汽车制动过程中,自动调节车轮的制动力,防止车轮抱死滑移,从而获得最佳制动性能(缩短制动距离、增强转向控制能力、提高行驶稳定性),减少交通事故。

二、防抱死制动的基本原理

当汽车匀速行驶时,实际车速 v(即车轮中心的纵向速度)与车轮速度 v_w(即车轮滚动的圆周速度)相等,车轮在路面上的运动为纯滚动运动。然而,在汽车实际运行过程中,当驾驶人踩下制动踏板后,在制动器摩擦力矩的作用下,车轮的角速度减小,实际车速与车轮速度之间就会产生一个速度差,轮胎与地面之间就会产生相对滑移。

(一)车轮滑移率 S

轮胎滑移的程度用滑移率 S 来表示。车轮滑移率是指:实际车速 v 与车轮速度 v_w 之差同实际车速 v 的比率,其表达式为:

$$S=(\frac{v-v_w}{v})\times 100\%=(1-\frac{v_w}{v})\times 100\%=(1-\frac{r\omega}{v})\times 100\%$$

式中:S——车轮滑移率。

v——车速(车轮中心纵向速度),m/s。

v_w——车轮速度(车轮瞬时圆周速度,$v_w=r\omega$),m/s。

r——车轮半径,m。

ω——车轮转动角速度($\omega=2\pi n$),rad/s。

n——车轮转速,r/min。

当 $v=v_w$ 时,滑移率 $S=0$,车轮自由滚动;当 $v_w=0$ 时,滑移率 $S=100\%$,车轮完全抱死滑移;当 $v>v_w$ 时,滑移率 $0<S<100\%$,车轮既滚动又滑移。滑移率越大,车轮滑移程度越大。

(二)车轮滑移率 S 的影响因素

在汽车制动过程中,车轮抱死滑移的根本原因是制动器制动力大于轮胎附着力。因此,影响车轮滑移率的因素包括:汽车载客人数或载物量;前、后轴的载荷分布情况;轮胎种类及轮胎与道路的附着状况;路面种类和路面状况;制动力大小及其增长速率。

(三)车轮滑移率 S 与附着系数 φ 的关系

在汽车制动过程中,除车轮旋转平面的纵向附着力外,还有垂直于车轮旋转平面的横向附着力。纵向附着力决定汽车纵向运动,影响汽车的制动距离;横向附着力则决定汽车的横向运动,影响汽车的转向控制能力和行驶稳定性。

汽车纵向附着系数和侧向附着系数对滑移率有很大影响。试验证明,在地面附着条件差(如在冰雪路面上制动)的情况下,由于道路附着力很小,使可以得到的最大地面制动力减小。因此,在制动踏板力(或制动轮缸压力)很小时,地面制动力就会达到最大附着力,车轮就会抱死滑移。在不同路面上附着系数与滑移率之间的关系如图6-2a所示(图中虚线与实线标注的上下顺序一一对应)。

(1)附着系数取决于路面性质。一般说来,干燥路面附着系数大,潮湿路面附着系数小,冰

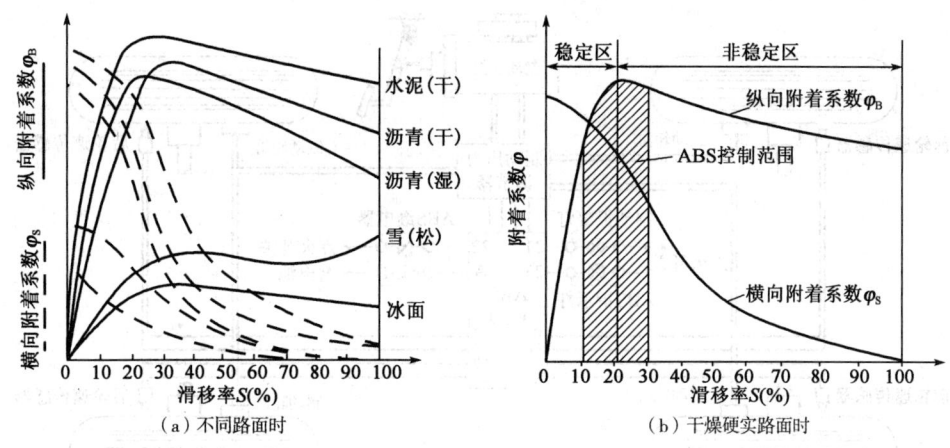

图 6-2 附着系数与滑移率的关系

雪路面附着系数更小。

(2) 在各种路面上,附着系数都随滑移率的变化而变化。

(3) 在各种路面上,当滑移率为 20% 左右时,纵向附着系数最大,制动效果最好。

纵向附着系数最大时的滑移率称为理想滑移率或最佳滑移率。当滑移率超过理想滑移率时,纵向附着系数减小,产生的地面制动力随之下降,制动距离将增长。滑移率大于理想滑移率后的区域称为非稳定制动区域或非稳定区,如图 6-2b 所示。

横向附着系数是研究汽车行驶稳定性的重要指标之一。横向附着系数越大,汽车制动时的行驶稳定性和保持转向控制的能力越强。当滑移率为零时,横向附着系数最大;随着滑移率的增加,横向附着系数逐渐减小。

综上所述,为了获得最佳的制动性能,应将车轮滑移率控制在 10%~30% 范围内,采用电子控制防抱死制动系统 ABS 即可达到这一目的。电子控制防抱死制动系统防止前轮抱死制动的效果如图 6-3 所示。在装备 ABS 的

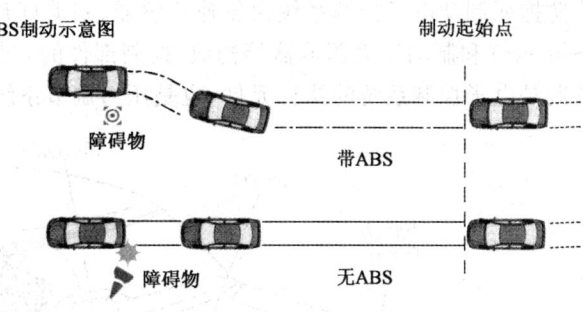

图 6-3 防抱死制动效果示意图

情况下,因为前轮不会抱死,所以汽车具有转向控制能力,能够躲避前方的障碍物。在无 ABS 的情况下,由于汽车失去转向控制能力,维持前轮转弯运动能力的横向附着力丧失,因此,汽车仍按原行驶方向滑行而将前方障碍物撞倒。

三、防抱死制动系统的组成

尽管各型汽车防抱死制动系统的结构形式各不相同,但都是在常规制动系统(液压制动系统或气压制动系统)的基础上,增设一套电子控制系统而构成。可见,防抱死制动系统是由压力调节系统和防抱死制动电子控制系统两个子系统组成,如图 6-4 所示。

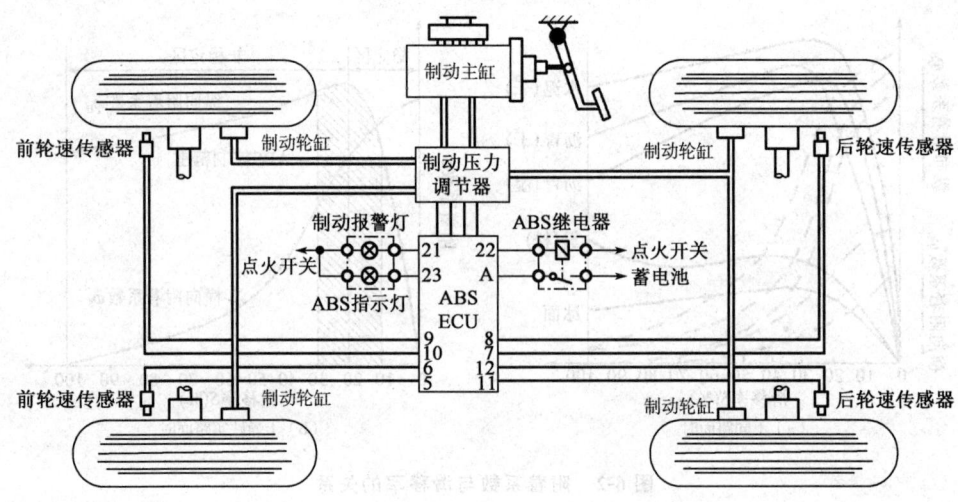

图 6-4 防抱死制动系统 ABS 组成简图

(一)压力调节系统

压力调节系统由常规制动系统和制动压力调节器组成。常规制动系统主要由制动主缸、制动助力器、制动轮缸、制动管路和制动器(盘式或鼓式制动器)等组成。因为汽车制动力源分为液压和气压两种,所以压力调节系统相应地有液压调节系统和气压调节系统。小轿车普遍采用液压调节系统,载货汽车普遍采用气压调节系统。本书仅介绍液压调节系统。

(二)电子控制系统

防抱死制动电子控制系统由轮速传感器、制动灯开关、防抱死制动电控单元(ABS ECU)、ABS 指示灯和制动压力调节器等构成,控制部件的安装位置如图 6-5 所示。其中,制动压力调节器既是电子控制系统的执行元件,也是压力调节系统的始控元件。

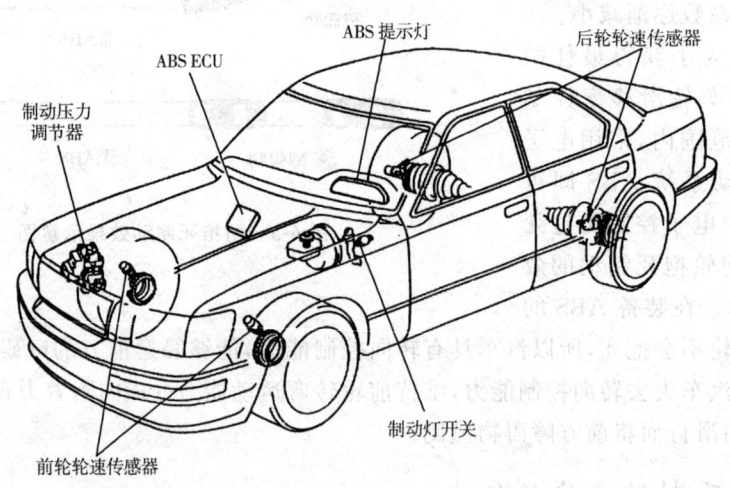

图 6-5 防抱死制动电子控制系统控制部件的安装位置

ABS 采用的传感器有车轮速度传感器和减速度传感器两种。车轮速度传感器又称为车轮转速传感器,简称轮速传感器。轮速传感器是 ABS 必需的传感器,其功用是检测车轮的运动状态,将车轮转速变换为电信号输入 ABS ECU,以便 ABS ECU 计算车轮速度。一个防抱死制动系统设有2~4只轮速传感器,轿车一般采用4只,载货汽车一般采用2只。减速度传感器仅在控制精度较高的ABS中采用,其功用是检测汽车车身的减速度,以供ABS ECU判别路面状况并采取相应地控制策略。减速度传感器又分为纵向和横向两种减速度传感器。

防抱死制动电控单元(ABS ECU)又称为防抱死制动电子控制器,主要功用是接收轮速传感器、减速度传感器和控制开关信号,计算汽车的轮速、车速、加减速度和滑移率,并输出控制指令控制制动压力调节器等执行元件工作。

ABS ECU具有失效保护和故障自诊断功能,一旦发现故障,ABS ECU就会终止电子控制系统工作,恢复到常规制动状态。与此同时,还将控制ABS故障指示灯(或Anti-Lock故障指示灯)发亮指示,警告驾驶人系统发生故障。

制动压力调节器的功用是根据ABS ECU的控制指令,驱动电磁阀和回液泵电动机等液压控制部件工作,使制动压力"升高"、"保持"和"降低",从而实现防抱死制动。

(三)防抱死制动与常规制动的关系

防抱死制动系统是在常规制动系统的基础上增设一套电控系统而构成,控制过程也是在常规制动过程的基础上进行。在制动过程中,当车轮尚未抱死时,制动过程与常规制动完全相同。只有当车轮趋于抱死时,ABS才对制动压力进行调节。因此,当防抱死制动系统发生故障时,如果常规制动装置正常,那么常规制动系统照样具有制动功能。但是,如果常规制动装置发生故障,那么防抱死制动系统ABS将随之失效。

(四)防抱死制动系统的优点

汽车在雨后、冰雪及泥泞等各种路面上制动时,防抱死制动系统ABS在车轮趋于抱死即滑移率进入非稳定区时能迅速调节制动压力,使滑移率恢复到靠近理想滑移率的稳定区域内。通过自动调节制动力,使车轮滑移率保持在理想滑移率附近的狭小范围内,每个车轮尽可能获得较大的地面制动力,防止车轮抱死滑移,从而获得最佳制动性能。ABS优点如下:

(1)缩短制动距离。
(2)保持汽车制动时的转向控制能力。
(3)保持汽车制动时的行驶稳定性。
(4)减少汽车制动时轮胎的磨损。在制动过程中,ABS能减轻轮胎与地面剧烈摩擦而产生沉重地拖痕,从而延长轮胎的使用寿命。
(5)减小驾驶人的疲劳强度,特别是制动时的紧张情绪。

四、防抱死制动系统的分类

ABS分为机械式ABS和电子式ABS两大类。纯机械式ABS早已淘汰,目前主要采用机电一体化控制的电子控制式ABS。电子控制式ABS的种类很多,分类方法大致如下。

(一)按结构形式分类

按ABS制动压力调节器与制动主缸的结构形式分为分离式和整体式两种。

分离式ABS的制动压力调节器为独立总成,通过制动管路与制动主缸和制动轮缸相连,其突出优点是零部件安装灵活,适合于ABS作为选装部件时采用。

整体式ABS的制动压力调节器与制动主缸以及制动助力器组合为一个整体,其优点是结构紧凑、节省安装空间,一般都作为汽车的标准装备配装汽车。整体式ABS结构复杂、成本较高,高级轿车采用较多。

(二)按车轮控制方式分类

按车轮控制方式不同,电子控制防抱死制动系统可分为"轮控式"与"轴控式"两种。轴控式又分为"低选控制(SL,Select Low)"和"高选控制(SH,Select High)"两种。

在制动系统中,制动压力能够独立进行调节的制动管路称为控制通道。每个车轮各占用一个控制通道的称为"轮控式"(又称为独立控制式或单轮控制式);两个车轮占用同一个控制通道的称为同时控制。当同时控制的两个车轮在同一轴上时,则称为"轴控式"。

在采用"轴控式"ABS的汽车上,当左、右车轮行驶在附着系数不同的路面上时,由于左、右车轮与路面之间的附着力不同,因此,左、右车轮在制动时抱死的时机就会不同,附着系数小的车轮先抱死,附着系数大的车轮后抱死。如果"以保证附着系数较小的车轮不发生抱死为原则来调节制动压力",这两个车轮就是"按低选原则进行控制",简称"低选控制(SL)";如果"以保证附着系数较大的车轮不发生抱死为原则来调节制动压力",这两个车轮就是"按高选原则进行控制",简称"高选控制(SH)"。

目前,部分小轿车(如奥迪轿车)采用了三通道 ABS,即对两前轮采用"独立控制",对两后轮采用"低选控制(SL)"。这是因为对两后轮采用"低选控制"可以保证汽车在各种条件下,左、右两个后轮的制动力相等。即使两侧车轮的附着力相差较大,两个车轮的制动力也能限制在附着力较小的水平,使两个后轮的制动力始终保持平衡,从而保证汽车在各种条件下制动时,都具有良好的行驶稳定性。虽然两后轮按低选原则控制存在后轮附着系数较大一侧的附着力不能充分利用、汽车的总制动力有所减小的问题,但是,在紧急制动时,由于汽车轴荷前移,在总制动力中,后轮的制动力所占比重较小,尤其是小轿车,前轮的附着力比后轮的附着力大得多,后轮制动力通常只占总制动力的30%左右。因此,后轮附着力未能充分利用对汽车的总制动力影响不大。

对两前轮进行独立控制,主要是考虑小轿车(特别是前轮驱动轿车)前轮的制动力占总制动力比例较大(可达70%左右),可以充分利用两前轮的附着力,一方面使汽车获得尽可能大的总制动力,有利于缩短制动距离;另一方面可使两前轮在制动过程中始终保持较大的横向附着力,使汽车保持良好的转向控制能力。尽管两前轮独立控制可能导致两前轮制动力不平衡,但是两前轮制动力不平衡对汽车的行驶稳定性影响相对较小,并可通过驾驶人操纵转向盘进行修正。

(三)按控制通道和传感器数量分类

根据控制通道和传感器数量不同,电子控制防抱死制动系统 ABS 可分为如图 6-6 所示的七种类型。即四通道四传感器 ABS(形式 1、2)、三通道四传感器 ABS(形式 3)、三通道三传感器 ABS(形式 4)、两通道三传感器 ABS(形式 5)、两通道两传感器 ABS(形式 6、7)、单通道一传感器 ABS(形式 8)、六通道六传感器 ABS(适用于带挂车的汽车,图中未画)。

(四)按控制车轮数量分类

按控制车轮的数量不同,可分为两轮 ABS 和四轮 ABS。两轮 ABS 只控制两个后轮,结构简单、价格低廉,适用于轻型载货汽车和客货两用汽车。四轮 ABS 又分为四通道 ABS 和三通道 ABS。四通道 ABS 的分布形式如图 6-6 中形式 1、2 所示,三通道 ABS 的分布形式如图 6-6 中形式 3、4 所示。

除此之外,按制动压力调节器的动力源可分为液压式和气压式;按制动压力调节器的调压方式可分为流通式和变容式等。

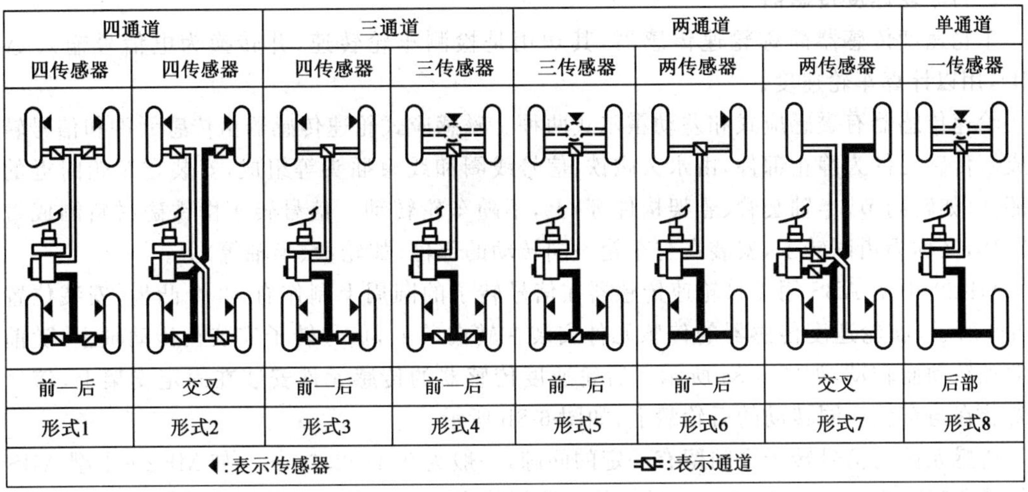

第六章　汽车行驶安全电控技术

四通道		三通道			两通道		单通道
四传感器	四传感器	四传感器	三传感器	三传感器	两传感器	两传感器	一传感器
前一后	交叉	前一后	前一后	前一后	前一后	交叉	后部
形式1	形式2	形式3	形式4	形式5	形式6	形式7	形式8

◀:表示传感器　　　　　　　　　　　　　　:表示通道

图 6-6　ABS 的类型与分布形式

五、防抱死制动装置的结构原理

大众 MK20-Ⅰ型 ABS 的控制电路如图 6-7 所示。其制动压力调节器称为 ABS/EBD 液压控制单元，由 8 只两位两通电磁阀和回液泵电动机组成，电子控制系统由 4 只轮速传感器、各种控制开关、防抱死制动电控单元 ABS ECU（称为 ABS/EBD 电子控制单元）、制动压力调节器和 ABS 指示灯等组成。其中，制动压力调节器的电磁阀和回液泵电动机既是电子控制系统的执行元件，也是液压力调节系统的始控元件。

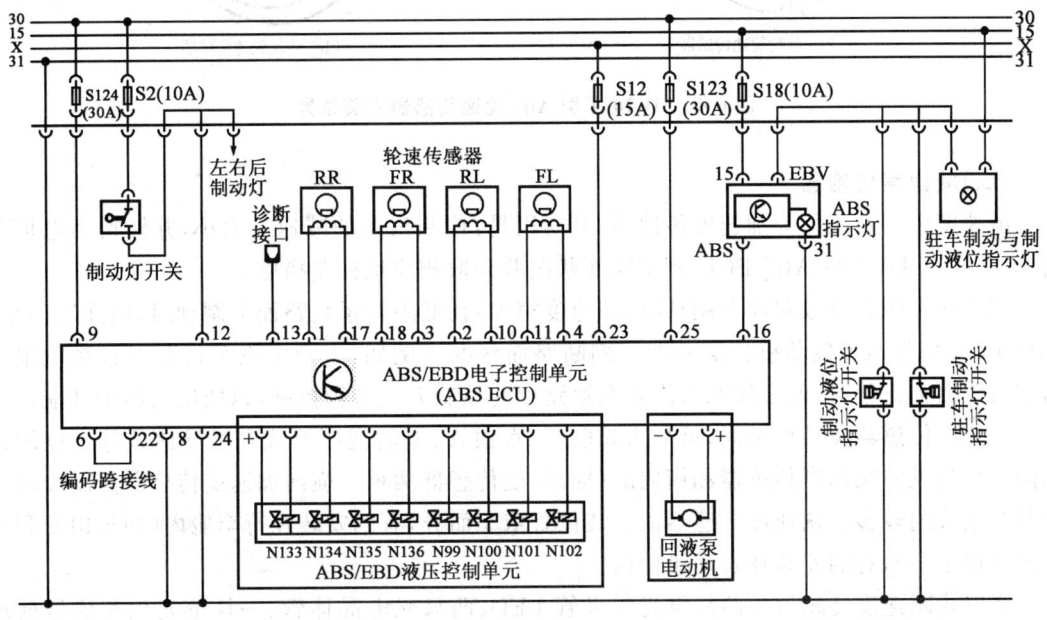

图 6-7　大众 MK20-Ⅰ型 ABS 控制电路

(一)车轮速度传感器

车轮速度传感器简称轮速传感器,其功用是检测车轮转速,并转换为电信号输入 ABS ECU,用以计算车轮速度。

轮速传感器有磁感应式和差动霍尔式两种。磁感应式轮速传感器由传感元件和信号转子组成。传感元件为静止部件,由永久磁铁、信号线圈和线束插头等组成,安装在车轮附近的静止部件(如转向节、半轴套管、悬架构件等)上,不随车轮转动。信号转子由铁磁材料制成带齿的圆环,又称为齿圈转子,安装在与车轮一同转动的部件(如轮毂、半轴等)上。

MK20-Ⅰ型 ABS 用 4 只轮速传感器在信号转子的圆周上制作有 43 个凸齿,安装位置如图 6-8 所示,前轮速度传感器的传感元件安装在转向节上,信号转子安装在传动轴上,随前轮传动轴转动而转动,如图 6-8a 所示。后轮速度传感器的传感元件安装在固定支架上,信号转子安装在与车轮一同转动的后轮毂上,如图 6-8b 所示。

传感元件与信号转子之间留有一定的间隙,一般为 0.4~2.0mm。如 MK20-Ⅰ型 ABS 前轮传感器间隙为 1.10~1.97mm,后轮传感器间隙为 0.42~0.80mm。传感器安装必须牢靠,否则就会影响传感器正常输出信号或在汽车行驶振动时受到损伤。为了避免灰尘和飞溅的水、泥等影响传感器工作,安装前应在传感器上涂敷防锈液。

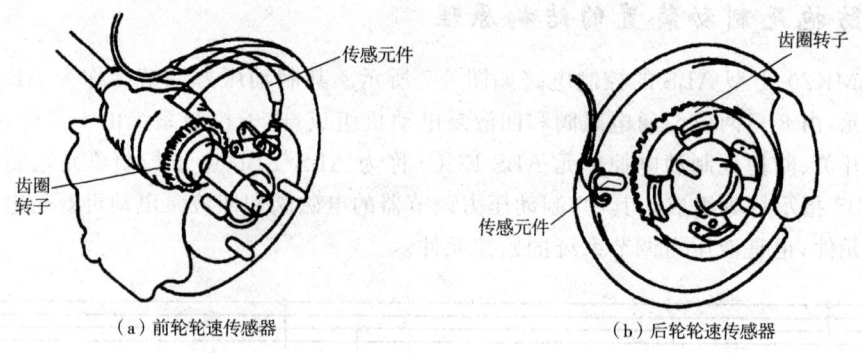

(a)前轮轮速传感器　　　　　　　　(b)后轮轮速传感器

图 6-8　MK20-Ⅰ型 ABS 轮速传感器安装位置

(二)减速度传感器

减速度传感器又称为加速度传感器,其功用是:检测汽车的减速度大小,并转换为电信号输入 ABS ECU,以便 ABS ECU 判别路面状况并采取相应地控制措施。

汽车在高附着系数路面上制动时,减速度很大;在低附着系数路面上制动时,减速度很小,ABS ECU 根据减速度传感器信号即可判断路面状况。例如,当判定汽车是在附着系数很小的冰雪路面上行驶时,就会按照低附着系数路面的控制方式进行控制,以便提高制动性能。

减速度传感器按结构不同,可分为光电式、水银式、差动变压器式和半导体式等。按用途不同可分为纵向减速度传感器和横向减(加)速度传感器两种。横向加速度传感器在高级轿车和赛车上采用较多。减速度传感器的安装位置依车而异,有的安装在行李舱内(如丰田赛利卡和凯美瑞轿车),有的安装在发动机舱内。

光电式减速度传感器由两只发光二极管 LED、两只光电晶体管、一块透光板和信号处理电路等组成,结构如图 6-9a 所示。

光电管是把光能变成电能的器件,内部装有能够产生光电效应的电极,受到光线照射就会向外发射电子。广泛用于无线电传真、自动控制和电影领域。光电效应是指某些物质因受到光的照射而发出电子的现象。光电管有光电二极管和光电晶体管两种。

　　光电式减速度传感器透光板的作用是透光或遮光。当透光板上的开口位于发光二极管与光电晶体管之间时,发光二极管发出的光线能够照射到光电晶体管上,使光电晶体管导通,如图 6-9b 所示。当透光板上的齿扇位于发光二极管与光电晶体管之间时,发光二极管发出的光线被透光板上的齿扇挡住而不能照射到光电晶体管上,光电晶体管处于截止状态,如图 6-9c 所示。

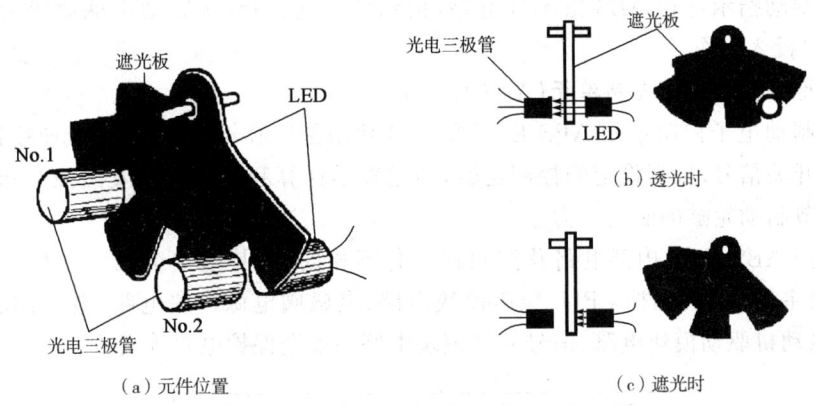

图 6-9　光电式减速度传感器结构原理

　　当汽车匀速行驶时,透光板静止不动,传感器无信号输出。当汽车减速时,透光板沿汽车纵向摆动,如图 6-10 所示。减速度大小不同,透光板摆动角度就不同,两只光电晶体管"导通"与"截止"状态也就不相同。减速度越大,透光板摆动角度越大。根据两只光电晶体管的输出信号,就可将汽车减速度区分为四个等级,见表 6-1。ABS ECU 接收到传感器信号后,就可判定出路面状况,从而采取相应地控制措施。

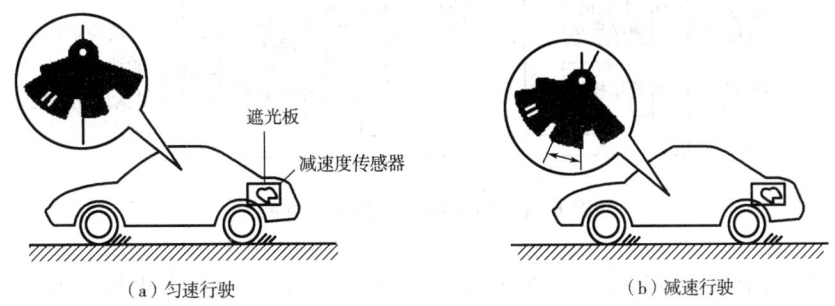

图 6-10　光电式减速度传感器工作情况

表 6-1　减速度速率的等级

减速度率等级	低减速率1	低减速率2	中等减速率	高减速率
No1 晶体管	导通	截止	截止	导通
No2 晶体管	导通	导通	截止	截止

(三)控制开关

(1)制动灯开关。制动灯开关安装在制动踏板旁边。当驾驶人踩下制动踏板时,制动灯开关接通,将制动信号输入 ABS ECU,同时接通汽车尾部的制动灯电路。

(2)制动液位指示灯开关。当制动液液面位置降低到一定时,制动液位指示灯开关接通,同时接通制动液位指示灯和 ABS 指示灯电路,指示灯发亮提醒驾驶人及时添加制动液。

(3)驻车制动指示灯开关。当驾驶人拉紧驻车制动手柄时,驻车制动指示灯开关接通,同时接通驻车制动指示灯和 ABS 指示灯电路,指示灯发亮;当驻车制动手柄放松时,指示灯熄灭,ABS 可以投入工作。

(四)防抱死制动电子控制单元(ABS ECU)

防抱死制动电子控制单元 ABS ECU 的主要功用是接收轮速传感器、减速度传感器信号和各种控制开关信号,根据设定的控制逻辑,通过数学计算和逻辑判断发出控制指令,控制液压调节器调节制动轮缸的制动压力。

各种车型 ABS ECU 内部电路及控制程序各不相同,但其基本组成大致相同,如图 6-11 所示,主要由主控 CPU、辅控 CPU、稳压模块电路、电磁阀电源模块电路、电磁阀驱动模块电路、回液泵电动机驱动模块电路、信号处理模块电路和安全保护电路等组成。

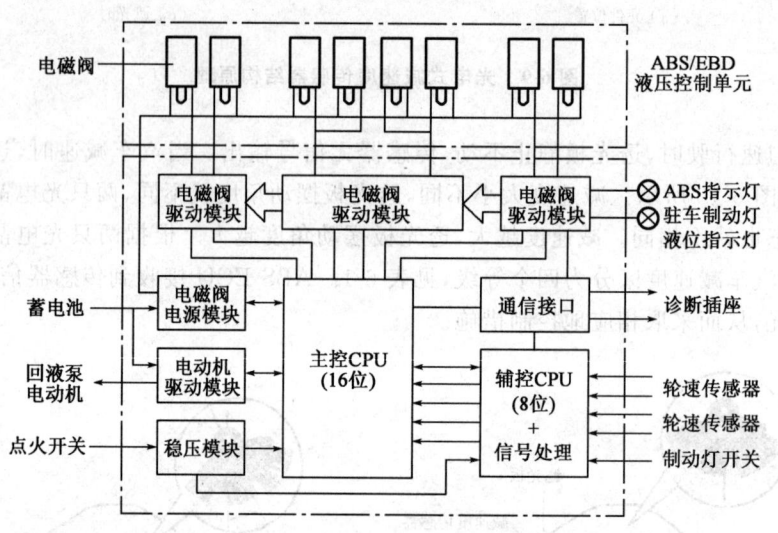

图 6-11 ABS ECU 电路组成框图

ABS ECU 的显著特点是采用了两个微处理器 CPU,其中一个为主控 CPU,另一个为辅控 CPU,主要目的是保证 ABS 的安全性。两个 CPU 接收同样的输入信号,在运算处理过程中,通过通讯对两个微处理器的处理结果进行比较。如果两个微处理器处理结果不一致,微处理器立即发出控制指令使 ABS 退出工作,防止系统发生逻辑错误。

(1)信号处理电路。信号处理模块电路由低通滤波电路和整形放大电路等组成,其功用是对轮速传感器输入的交变电压信号进行处理,并传送给主控 CPU 和辅控 CPU。与此同时,信号处理电路还要接收点火开关、制动灯开关、液位开关等外部信号。

(2)计算电路。计算电路是 ABS ECU 的核心,主要由微处理器构成。其功用是根据轮速传感器和控制开关信号,按照预先编制的程序进行数学计算和逻辑判断,形成相应的控制指令。计算电路按照设定的程序,根据轮速传感器输入的轮速信号,计算出车轮瞬时速度,然后得出加(减)速度、初始速度、参考车速和滑移率,最后根据加、减速度和滑移率形成相应的控制指令,再向电磁阀控制电路输出制动压力"降低"、"保持"或"升高"的控制信号。计算电路不仅能够监测自己内部的工作过程,而且还能监测系统控制部件的工作状况,如轮速传感器、回液泵电动机工作电路,电磁阀工作电路等,当监测到电路工作不正常时,立即向安全保护电路输出指令,使 ABS 停止工作。

(3)驱动电路。驱动模块电路的主要功用是将 CPU 输出的数字信号(如控制压力升高、保持、降低信号)进行功率放大并驱动执行元件(电磁阀、电动机)工作,实现制动压力"升高"、"保持"或"降低"的调节功能。

(4)安全保护电路。安全保护电路由电源监控、故障记忆和 ABS 指示灯驱动电路等组成。其主要功用是接收蓄电池(或发电机)的电压信号,监控电源电压是否在稳定范围内,同时将 12V 或 14V 电源电压变换为 ECU 工作需要的 5V 电压。

由于微处理器具有监测功能,该电路能根据微处理器输出的指令,对有关继电器电路、ABS 指示灯电路进行控制。当发现影响 ABS 工作的故障(如电源电压、轮速传感器信号、计算电路、电磁阀控制电路等出现异常)时,CPU 就会发出指令使 ABS 停止工作,恢复常规制动功能,起到失效保护作用。同时接通仪表板上的 ABS 指示灯电路使 ABS 指示灯发亮,提醒驾驶人及时检修。ABS ECU 具有故障记忆功能,当 ECU 监测到 ABS 出现故障时,除控制执行上述动作外,还要将故障信息编成代码存储在存储器中,以备自诊断时读取故障代码,供维修诊断参考。

(五)压力调节系统

压力调节系统由液压调节器和常规制动装置的制动主缸、制动轮缸、制动助力器、制动管路等组成,图 6-12 所示为 MK20-Ⅰ型 ABS 液压控制系统原理图,液压调节器由电磁阀、储液器、电动机与回液泵(即电动回液泵)组成。

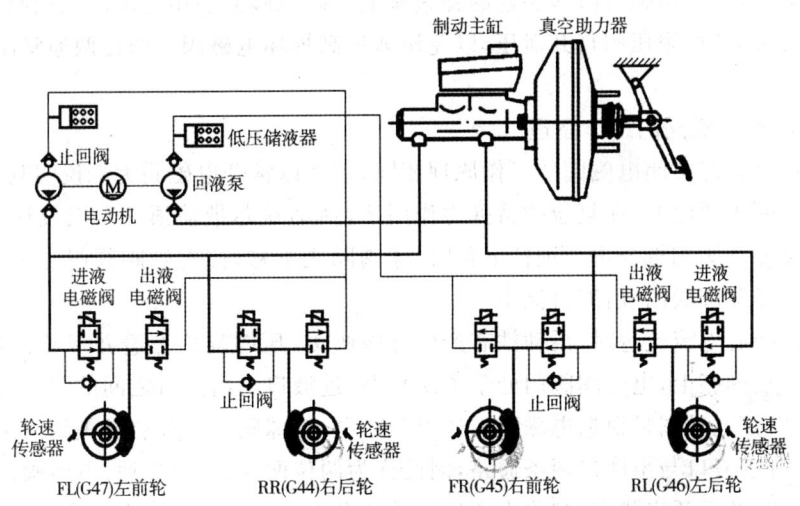

图 6-12　MK20-Ⅰ型 ABS 液压控制系统原理图

电磁阀是液压调节器的关键部件,通过电磁阀动作便可控制制动压力"升高"、"保持"和"降低"。ABS 常用的电磁阀有两位两通电磁阀和三位三通电磁阀两种。

1. 两位两通电磁阀的结构特点

MK20-Ⅰ型 ABS 的液压调节器具有 8 只两位两通电磁阀。在通向每一个制动轮缸的管路中,都设有一个进液阀和一个出液阀,4 只进液阀为常开电磁阀,4 只出液阀为常闭电磁阀。

两位两通常开电磁阀与常闭电磁阀的基本结构相同,如图 6-13 所示,主要由电磁铁机构、球阀、复位弹簧、顶杆、限压阀和阀体等组成。在电磁线圈未通电时,常开电磁阀的球阀与阀座处于分离状态,常闭电磁阀的球阀与阀座处于接触状态。

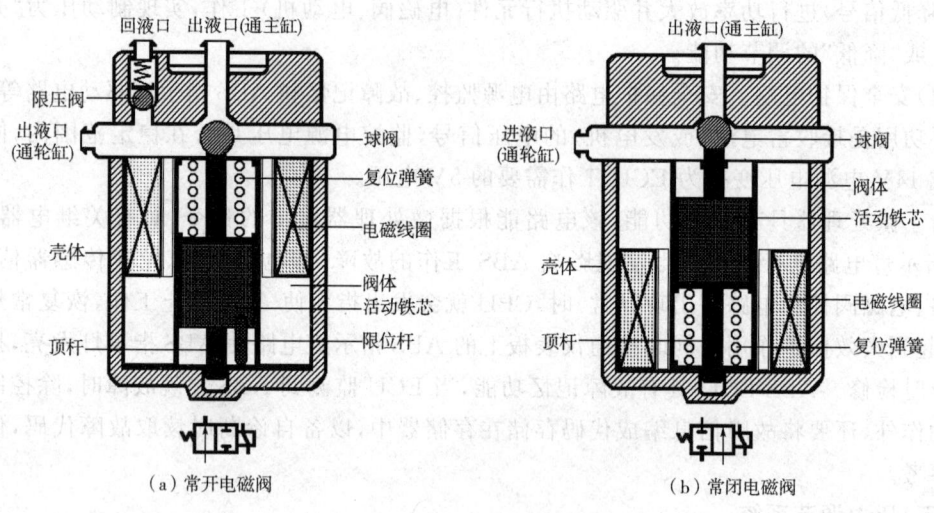

图 6-13 两位两通电磁阀的基本结构

在常开电磁阀中,设有一根顶杆,顶杆和限位杆与活动铁芯固定在一起,复位弹簧一端压在活动铁芯上,另一端压在与阀体相连的弹簧座上。限压阀的功用是限制电磁阀的最高压力。当制动液压力过高时,限压阀打开泄压,以免压力过高损坏电磁阀。两位两通常闭电磁阀一般不设限压阀。

2. 两位两通电磁阀的工作原理

两位两通常开与常闭电磁阀的工作原理相同,下面以常开电磁阀为例说明其工作过程。

当电磁线圈未通电时,在复位弹簧弹力作用下,活动铁芯带动顶杆和限位杆下移复位,直到限位杆与缓冲垫圈相抵为止。顶杆下移时,球阀随之下移,使电磁阀阀门处于开启状态,制动液从进液口经球阀阀门、出液口流出。

当电磁线圈有电流流过时,活动铁芯产生电磁吸力,压缩复位弹簧并带动顶杆一起上移,顶杆将球阀压在阀座上,电磁阀阀门处于关闭状态,进液口与出液口之间的制动液通道关闭。

由上可见,该电磁阀是根据电磁线圈通电和断电,使球阀处于开启和关闭两个位置或两种状态,同时又有进液口与出液口两条通路,因此称为两位两通(二位二通)电磁阀。如球阀在电磁线圈未通电时处于开启状态,则称为两位两通常开电磁阀;如果电磁线圈未通电时,球阀处于关闭状态,那就称为常闭电磁阀。

3. 储液器与电动回液泵的结构原理

储液器分为低压储液器和高压储液器两种,分别与不同形式的液压调节器配用。低压储液器主要用于储存 ABS 减压过程中从制动轮缸流回的制动液,同时衰减回流制动液的压力波动。高压储液器通常称为蓄压器,用于储存制动时所需的高压制动液。高压储液器大多为黑色气囊,它是制动系统的能源,故又称为蓄能器。

电动回液泵由永磁式直流电动机与柱塞泵组成,简称电动泵或回液泵。电动机根据 ABS ECU 的控制指令,通过其轴上的凸轮驱动柱塞泵的柱塞在泵套内上下运动,如图 6-14 所示。低压储液器内设有活塞和弹簧。

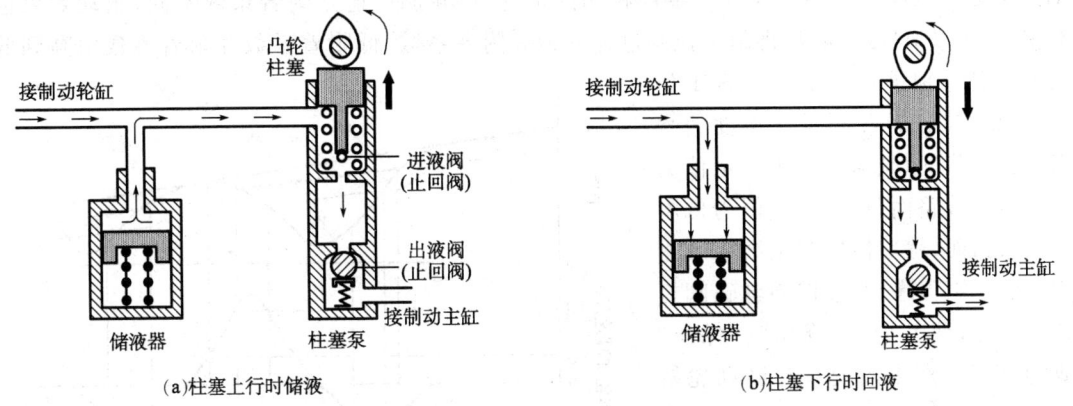

图 6-14 低压储液器与柱塞泵

在 ABS 工作过程中,当需要制动压力降低时,液压调节器的回液阀打开,具有一定压力的制动液就会从制动轮缸经液压调节器的回液阀流入储液器和柱塞泵。与此同时,ABS ECU 控制电动机转动,驱动柱塞泵上下运动。

当凸轮驱动柱塞上升时,柱塞泵的进液阀打开,泵腔内制动液压力降低,回液阀在弹簧弹力作用下关闭,制动轮缸和储液器内的制动液流入柱塞泵泵腔,如图 6-14a 所示。

当柱塞下行时,泵腔内制动液压力升高,克服出液阀弹簧弹力将出液阀打开,制动液压入制动主缸,如图 6-14b 所示。制动轮缸的制动液则流入储液器,并推动储液器活塞向下移动,使储液容积增大,暂时储存制动液,减小回流制动液的压力波动。因为电动机与柱塞泵的主要功用是将制动液泵回制动主缸,所以称为电动回液泵。

六、防抱死制动控制原理

汽车防抱死制动的控制原理是:根据车轮减速度和滑移率是否达到某一设定值,来判定车轮工作在附着系数—滑移率曲线[前述图 6-2b 所示]的稳定区域还是非稳定区域,并通过调节制动轮缸的压力,充分利用轮胎—道路附着力,将车轮滑移率控制在 10%～30% 的稳定区域范围内,从而获得最佳制动性能。

轮胎—道路接触面之间的附着系数和滑移率是影响制动效果的重要参数。现有 ABS 实用技术还不能直接测量轮胎—道路附着系数和滑移率,这是因为测量轮胎—道路附着系数需用五轮仪,测量汽车实际速度需用价格昂贵的多普勒雷达或加速度传感器。所以防抱死制动普遍采用自适应控制方式来实现近似理想的控制。控制方法是预先设定车轮加、减速度以及滑移率阈值,通过检测车轮的角速度来计算车轮速度和加、减速度,再利用车轮速度和存储器中制动开始时的汽车速度来计算车轮的参考滑移率。ABS 工作时,将这些控制参数与预先设定的阈值(又称为门限值)进行比较,根据比较结果控制电磁阀动作来改变制动压力的大小,同时存储前一控制周期(在制动过程中,从制动降压、保压到升压为一个控制周期)的各个控制参数,并将这些参数值作为下一个控制周期的控制条件。

在汽车行驶过程中,车轮速度传感器不断向 ABS ECU 输入车轮速度信号。ABS ECU 根据轮速信号计算车轮圆周速度,再对车轮圆周速度进行微分计算可得车轮加、减速度。

当踩下制动踏板时,制动灯开关接通,并向 ABS ECU 输入一个高电平(电源电压)信号,ABS 开始投入工作。因为在制动条件相同的情况下,轮胎—道路附着系数不同,制动效果也不相同,所以 ABS 一般都将制动控制过程分为高附着系数、低附着系数和附着系数由高到低三种情况分别进行控制。ABS 工作时,ABS ECU 首先根据减速度信号判定路面状况,减速度大于一定值为高附着系数路面,小于一定值为低附着系数路面,然后根据判定结果调用相应的控制程序,通过控制电磁阀打开与关闭,使其处于"降压"、"保压"或"升压"状态来改变车轮制动轮缸的压力,从而实现防抱死制动。现以图 6-15 所示高附着系数路面的制动控制原理为例说明。

在制动初始阶段,车轮制动轮缸的制动液压力随制动踏板力升高而升高,车轮滚动的圆周速度 vw 降低、减速度增加,如图 6-15 所示的第 1 阶段曲线所示。

当减速度增加到设定阈值 $-a$ 时,ABS ECU 发出指令使相应的电磁阀转换到"保持压力"状态,控制过程进入第 2 阶段,此时制动轮缸压力保持不变。因为减速度刚刚超过设

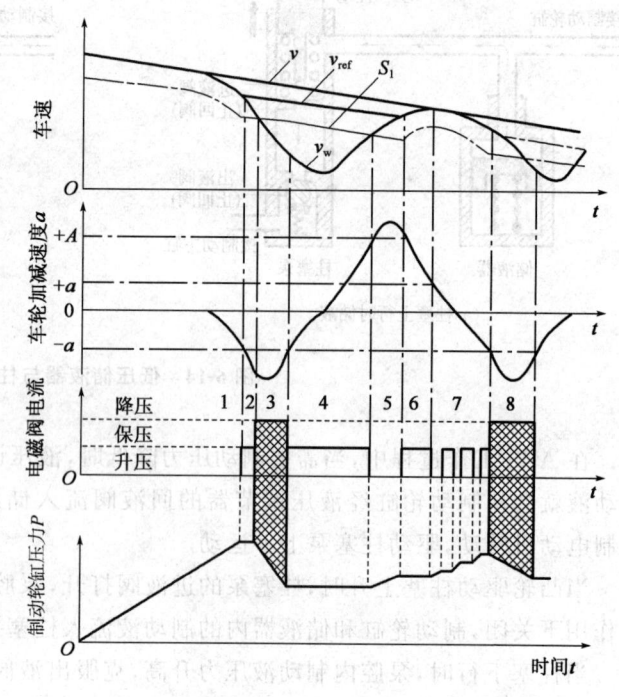

图 6-15 高附着系数路面的制动控制过程
v. 车速 S_1. 滑移率阈值 v_{ref}. 参考车速 v_w. 车轮圆周速度 $+A$、$+a$. 车轮加速度阈值 $-a$. 车轮减速度阈值

定阈值时,车轮还工作在 Φ_B-S 曲线的稳定区域,所以滑移率较小,且小于设定阈值(S_1)。滑移率利用参考车速 v_{ref} 计算求得,称为参考滑移率。参考车速由 ABS ECU 根据存储器中存储的制动开始时的车轮速度确定,并按设定的斜率(该斜率略大于纵向附着系数最大值所对应的汽车减速度值)下降。在制动过程中,任一时刻的参考滑移率可由参考车速计算求得。

在保压过程中,参考滑移率会增大,当参考滑移率大于滑移率阈值时,ABS ECU 发出指令使相应的电磁阀转换到"压力降低"状态,控制过程进入第 3 阶段。

制动压力降低后,在汽车惯性力作用下车轮减速度开始回升。当减速度回升到高于减速度阈值 $-a$ 时,ABS ECU 发出指令使相应的电磁阀转换到"压力保持"状态,控制过程进入第 4 阶段。在制动部件以及制动液的惯性作用下,车轮开始加速,减速度由负值迅速增大到正值,直到超过加速度阈值 $+a$。在压力保持过程中,加速度继续升高,当加速度超过阈值 $+A$ 时,ABS ECU 发出指令使相应的电磁阀转换到"压力升高"状态,控制过程进入第 5 阶段。

制动压力升高后,车轮加速度降低。当加速度降低到低于加速度阈值 $+A$ 时,ABS ECU 发出指令使相应的电磁阀转换到"压力保持"状态,控制过程进入第 6 阶段。因为此时车轮加

速度高于设定阈值$+a$,说明车轮工作在附着系数—滑移率曲线的稳定区域,且制动力不足,所以当加速度降低到加速度阈值$+a$时,ABS ECU 将发出指令使相应的电磁阀在"压力升高"和"压力保持"状态之间交替转换,使车轮速度降低,加速度减小,控制过程进入第 7 阶段。

当加速度降低到减速度阈值$-a$时,控制过程进入第 8 阶段,ABS 进入第二个控制周期,控制过程与上述相同。在车轮加速度从设定阈值$+A$减小到$-a$期间,即在第 6、7 控制阶段,因为制动压力已经降低,所以 ABS ECU 不再考虑滑移率的变化情况。

在防抱死制动过程中,ABS ECU 控制压力调节器以 2~10 次/s 的频率调节制动轮缸压力,将各车轮的滑移率控制在理想滑移率 20%附近,从而获得最佳制动性能。

七、防抱死制动控制过程

鉴于篇幅所限,下面以装备两位两通电磁阀式制动压力调节器的大众 MK20-Ⅰ型防抱死制动系统 ABS 为例,说明防抱死制动的控制过程。

当驾驶人在汽车行驶之前每次接通点火开关时,ABS 就会自动进入自检状态,并持续到汽车行驶过程中,因为某些已经存在的故障只有在行驶时才能被识别出来。在自检过程中,仪表板上的 ABS 指示灯发亮约 2s 后自动熄灭,同时能够听到继电器触点断开与闭合的响声以及回液泵电动机起动时的响声,在制动踏板上也能感觉到轻微的振动。

当 ABS 在汽车行驶过程中发生故障时,ABS 将自动关闭,同时控制仪表板上的 ABS 指示灯发亮,此时常规制动系统将继续保持正常工作状态。

当控制系统的电源电压低于允许的最低电压值(10.5V)时,ABS 将自动关闭,此时 ABS 指示灯将发亮指示。一旦电源电压恢复正常值时,控制系统将再次起动 ABS,指示灯自动熄灭。当驾驶人踩下制动踏板时,防抱死制动系统 ABS 将投入工作,制动压力调节器各执行元件的工作状态见表 6-2。

表 6-2 MK20-Ⅰ型 ABS 制动压力调节器工作状态

执行元件名称	常规制动时	保压时	降压时	升压时
进液阀	打开	关闭	关闭	间歇开闭
出液阀	关闭	关闭	间歇开闭	关闭
回液泵电动机	不转动	运转	运转	运转

(一)常规制动(ABS 不工作)时制动系统工作情况

在汽车进行常规制动(ABS 未投入工作)时,制动系统的工作状态如图 6-16 所示。电子控制系统未投入工作,进液阀、出液阀和回液泵电动机均不通电,两位两通电磁阀在复位弹簧弹力作用下,进液阀阀门打开、出液阀阀门关闭。进液阀阀门打开将制动主缸与制动轮缸之间的油液管路构成通路;出液阀阀门关闭将制动轮缸与储液器之间的油液管路关闭。

当踩下制动踏板时,制动主缸中制动液压力升高,制动液从制动主缸直接流入制动轮缸,制动液通道为:制动主缸→两位两通进液阀进液口→电磁阀阀门→进液阀出液口→制动轮缸。制动轮缸制动液的压力随制动主缸制动液的压力升高而升高。

当放松制动踏板时,制动轮缸中具有一定压力的制动液通过两条通道流回制动主缸。一条通道是:制动轮缸→两位两通进液阀出液口→电磁阀阀门→进液口→制动主缸;另一条通道是:制动轮缸→两位两通进液阀出液口→电磁阀腔室→No1 止回阀→制动主缸。

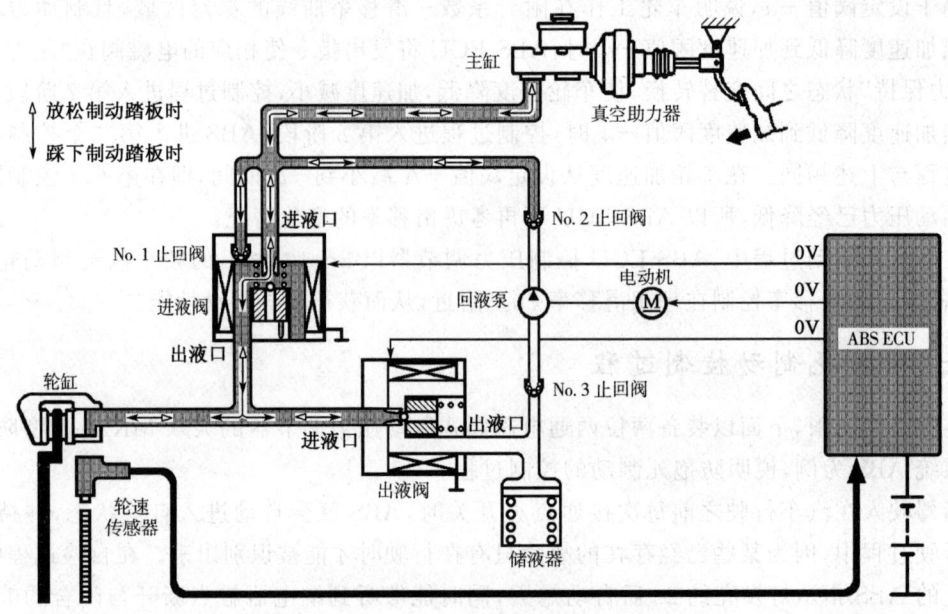

图 6-16 常规制动时 ABS 工作情况

在常规制动时,虽然 ABS 没有投入工作,其执行元件(制动压力调节器)处于初始状态(进液阀打开、出液阀关闭、回液泵不转动),但是 ABS 随时都在监测轮速传感器信号,判定是否进入防抱死制动状态。

(二)制动压力保持("保压")时制动系统工作情况

当四个车轮中的任意一个车轮趋于抱死时,制动压力调节器的电磁阀就会根据 ABS ECU 的控制指令,通过调节该车轮制动轮缸的制动液压力"保持(保压)"、"降低(降压)"或"升高(升压)",从而达到防抱死制动之目的。

当驾驶人踩下制动踏板的行程较大,使制动轮缸的制动力大于车轮与地面之间的附着力时,车轮就会抱死滑移,此时车轮减速度很大,并由轮速传感器将车轮即将抱死的信号输入电控单元 ABS ECU。当 ABS ECU 根据轮速传感器输入信号计算得到的车轮减速度达到设定阈值时,就会控制制动压力调节器进入"保压状态",如图 6-17 所示。

控制"保压"时,ABS ECU 向进液阀和回液泵电动机的驱动模块电路发出高电平控制指令、向出液阀的驱动模块电路发出低电平控制指令。进液阀(常开电磁阀)驱动模块电路接收到高电平控制指令时,便接通进液阀电磁线圈电流,进液阀阀芯产生电磁吸力并克服复位弹簧弹力而移动将其阀门关闭,从而使制动主缸与制动轮缸之间的液压油路关闭。控制出液阀的低电平指令使其阀门保持常闭状态。由于进液阀和出液阀均处于关闭状态,制动液在管路中不能流动,因此制动压力处于"保持"状态。回液泵电动机驱动模块电路接收到 ABS ECU 发出的高电平控制指令时,将使电动机接通电源,电动机运转的目的是将储液器中剩余的制动液泵回制动主缸。"保压"时各执行元件的工作状态如表 6-2 所示。

(三)制动压力降低("降压")时制动系统工作情况

在制动主缸与制动轮缸之间的液压油路关闭后,车轮滑移率将逐渐增大,并会超出 ABS 的控制范围(MK20-Ⅰ型 ABS 设定为 15%～30%),因此,需要降低制动轮缸内制动液的压力使滑移率减小。"降压"主要是通过将制动轮缸内的部分制动液泄流到低压储液器并利用电动回液泵将制动液泵回制动主缸来实现。

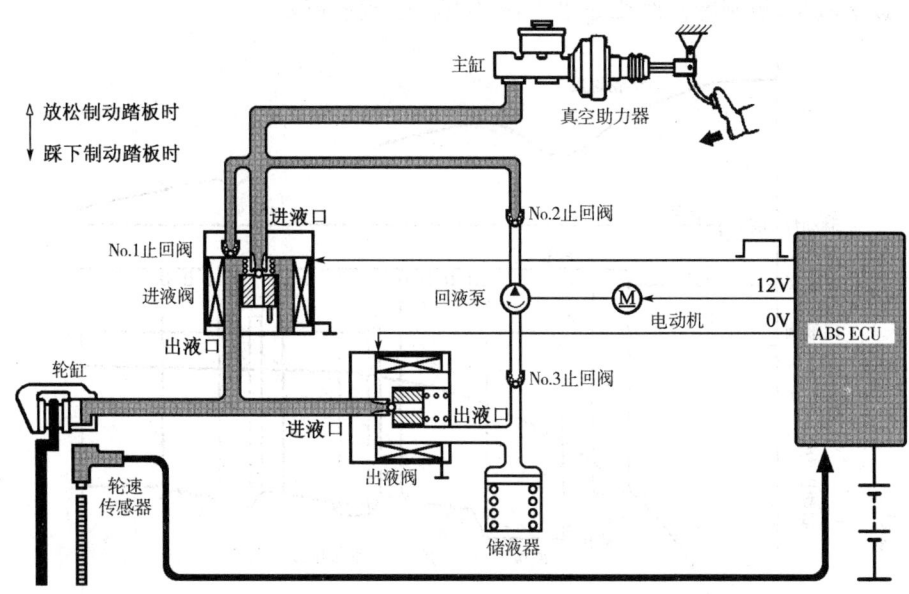

图 6-17 "保压"时 ABS 工作情况

在 ABS 进入"保压"控制状态后,当 ABS ECU 根据轮速传感器输入信号计算得到的车轮滑移率达到设定阈值时,就会控制制动压力调节器进入"降压状态",如图 6-18 所示。

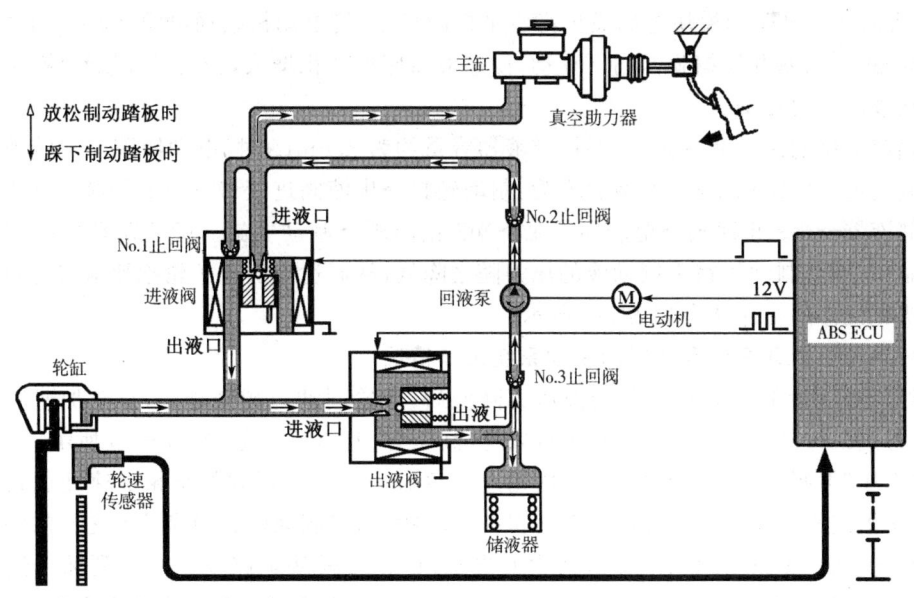

图 6-18 "降压"时 ABS 工作情况

在"降压"过程中,ABS ECU 继续向进液阀(常开电磁阀)的驱动模块电路发出高电平控制指令,使进液阀保持关闭。同时向出液阀(常闭电磁阀)驱动模块电路发出一系列脉冲控制信号使其阀门间歇打开与关闭,当脉冲信号为高电平时,出液阀打开使制动轮缸降压;当脉冲信号为低电平时,出液阀关闭使制动轮缸保压,从而使制动轮缸的制动液压力逐渐降低,车轮抱死滑移逐渐减少,控制特性曲线如图 6-19 中"降压"线段所示。

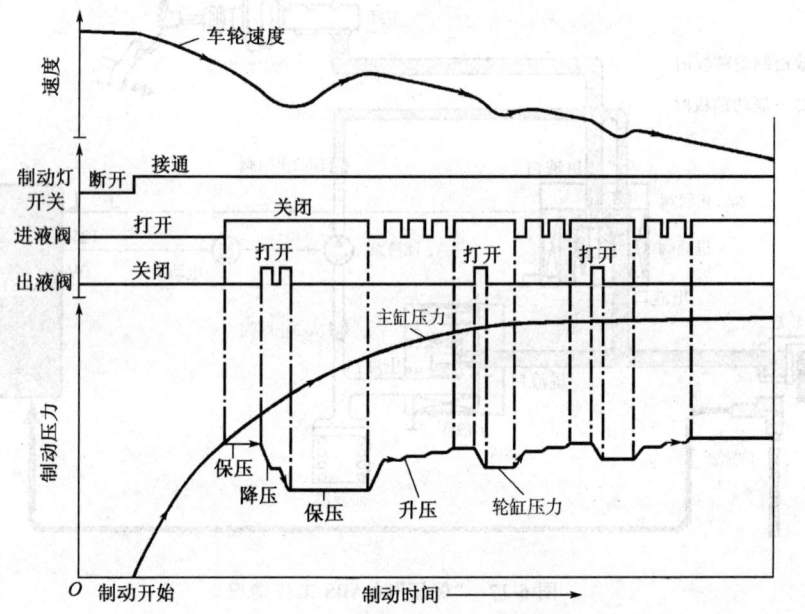

图 6-19　两位两通电磁阀式 ABS 控制特性曲线

当出液阀打开时,制动轮缸内的制动液便经出液阀泄流到低压储液器。与此同时,ABS ECU 还将向回液泵驱动模块电路发出高电平控制指令,使电动机接通电源运转。制动液流入储液器时,推动活塞并压缩弹簧向下移动,使储液器储液容积增大,暂时储存制动液,可以减小回流制动液的压力波动。

当储液器中的制动液达到一定量(储液器容量约为 3.6mL)时,电动回液泵运转便将储液器中的制动液泵回制动主缸,回液通道为:制动轮缸→出液阀进液口→出液阀阀门→出液阀出液口→储液器→No3 止回阀→电动回液泵→No2 止回阀→制动主缸。随着制动轮缸中的制动液流回制动主缸,制动管路中制动液的压力随之降低,从而达到防止车轮抱死滑移之目的。降压时各执行元件的工作状态如表 6-2 所示。

(四)制动压力升高("升压")时制动系统工作情况

"降压"控制使制动轮缸内制动液压力降低后,车轮制动力越来越小,车轮加速度越来越大,为了得到最佳制动效果,需要 ABS 进入"升高压力(升压)"状态,如图 6-20 所示。

在"降压"控制后,当 ABS ECU 根据轮速传感器信号计算得到的车轮加速度达到设定阈值时,将向出液阀发出低电平控制指令使保持常闭状态,将制动轮缸与储液器之间的油液管路关闭。与此同时,ABS ECU 向进液阀(常开电磁阀)驱动模块电路发出一系列脉冲控制信号使其阀门间歇打开与关闭,如图 6-19 中"升压"线段所示。当脉冲信号为低电平时,进液阀打开,将制动主缸与制动轮缸之间的管路构成通路,使制动轮缸的压力随制动主缸制动液压力升高而升高;当脉冲信号为高电平时,进液阀关闭,制动轮缸保压。制动轮缸内制动液压力将逐渐升高,以增强制动效果。

进液阀打开时制动液通道为:制动主缸→进液阀进液口→进液阀阀门→进液阀出液口→制动轮缸。此时回液泵电动机运转将储液器中剩余的制动液泵回进液管路。

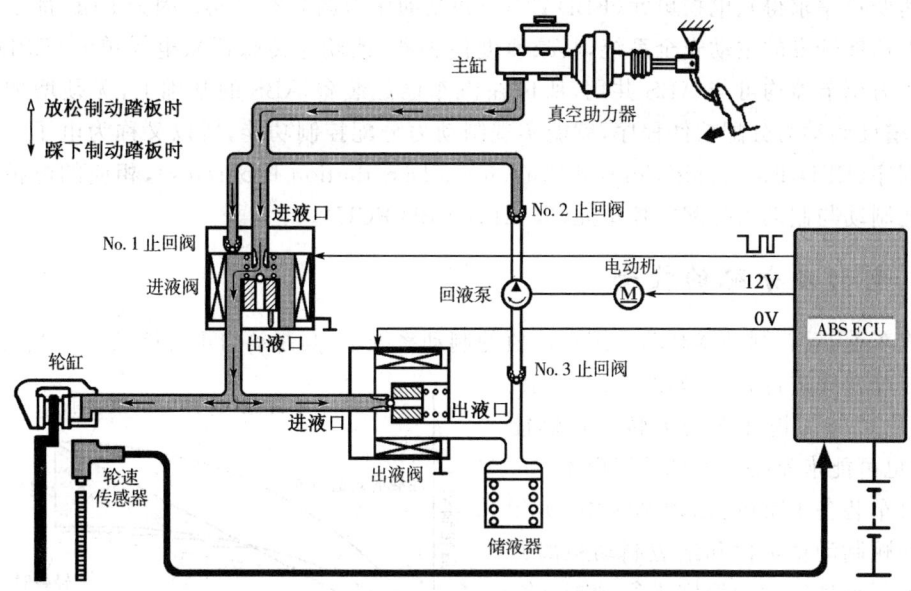

图 6-20 "升压"时 ABS 工作情况

当驾驶人踩下制动踏板后,ABS 不断重复上述"保压"、"降压"与"升压"过程,从而将车轮滑移率控制在设定阈值范围内,防止车轮抱死滑移,控制曲线如图 6-19 所示。

当制动液从制动主缸流入制动轮缸(升压)时,制动踏板将下沉;当制动液从制动轮缸泵回制动主缸(降压)时,制动踏板将回升,制动踏板振动作用在脚掌上会有抖动感觉,这种感觉在装备 MK20-Ⅰ型 ABS 的大众轿车上为 2～7 次/s。驾驶人可据此现象判断 ABS 工作是否正常。

第二节 制动力分配技术

缩短制动距离的前提条件是具有足够的制动器制动力,同时地面又能提供较大的附着力。制动距离长短不仅与制动力大小有关,而且还与制动力的分配比例有关。

一、制动力分配系统的功用

当汽车紧急制动时,整车轴荷前移,后轮制动力占总制动力的比重较小,特别是小轿车,其后轮制动力通常只占总制动力的 30% 左右。因此,后轮附着力未能充分利用。此外,当轴荷前移时,地面对前轮的法向反作用力增大,在道路附着系数不变的情况下,前轮附着力将增大。因此,也需要增大制动力来充分利用前轮的附着力。

电子控制制动力分配系统(EBD,Electronic Control Brakeforce Distribution System)的功用是:根据制动减速度和车轮载荷的变化,自动调节车轮制动器制动力的分配比例,从而提高制动性能。

二、制动力分配系统的组成

汽车电子控制制动力分配系统(EBD)由减速度传感器(制动减速度也可由轮速传感器提

供的轮速变化率求得)、电控单元(EBD ECU)和制动压力调节器组成。因为 EBD 都是在 ABS 的基础上拓展开发的主动安全系统,其减速度传感器(或轮速传感器)、电控单元(EBD ECU) 和制动压力调节器均可与 ABS 共用,所以在汽车已经装备 ABS 的基础上,无须增加任何硬件,只需增设制动力分配软件程序,就能实现制动力分配控制功能,所以又称为电子控制制动力分配程序(EBD,Electronic Control Brakeforce Distribution Programs),相应的电控单元称为防抱死制动与制动力分配电控单元(即 ABS/EBD ECU)。

三、制动力分配的控制

在汽车前、后轮制动器制动力固定比值的制动系统中,其制动力不可能按照轻载或承载时的理想分配曲线进行分配,如图 6-21 所示。因此,前轮可能因抱死而丧失转向控制能力,后轮也可能抱死而发生"甩尾"现象。

在汽车装备 EBD 的制动系统中,实际制动力兼顾制动稳定性和最短制动距离并优先考虑制动稳定性的原则进行分配,前、后车轮制动力的可调范围如图 6-21 中阴影范围所示。汽车不同制动减速度时的制动力数据预先试验测得,并以制动力数据 MAP 形式存储在 ROM 之中。当汽车制

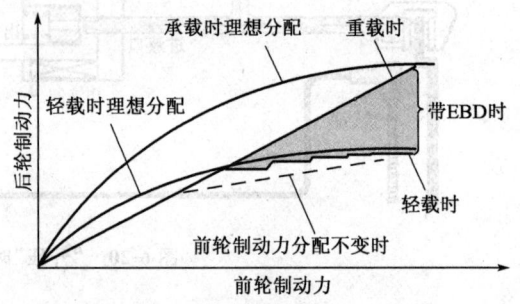

图 6-21　前后轮制动力数据 MAP

动时,ABS/EBD ECU 首先根据制动减速度信号,从 ROM 存储的制动力数据 MAP 中查寻得到前、后车轮制动力的分配数值,然后向 ABS 的制动压力调节器(电磁阀)发出"升压"或"保压"控制指令,从而实现前、后车轮制动力的最佳分配。

汽车制动力分配系统 EBD 和防抱死制动系统 ABS 等主动安全技术是一个控制功能相互融合、工作时机相互协调的有机整体。当 EBD 分配给车轮的制动力大于轮胎附着力时,车轮就会抱死滑移,此时防抱死制动系统 ABS 就会投入工作,通过调节(减小)车轮的制动力将滑移率控制在 10%～30%之间,从而提高制动性能。

当汽车在弯道制动时,整车轴荷外移,内侧车轮轴荷减小,外侧车轮轴荷增大。因此,内侧车轮附着力减小,外侧车轮也需要增大制动力来充分利用其附着力。为此,增设一只转向盘转角传感器(也可与车身稳定性控制系统共用),用其检测转向盘的转向方向与转动角速度,ABS/EBD ECU 即可分配给外侧车轮较大的制动力和内侧车轮较小的制动力,从而保证汽车沿弯道稳定行驶。

第三节　制动辅助技术

研究表明:当汽车紧急制动时,驾驶人操作制动踏板使车轮制动器产生足够制动力的分布情况如图 6-22 所示,在紧急制动时,由于驾驶技术水平和精神紧张程度等原因,约有 42%的驾驶人不能使车轮制动器产生足够的制动力,能使车轮制动器产生充足制动力的驾驶人比例为 53%,高度紧张而未踩制动踏板的比例为 5%。

一、制动辅助系统的功用

电子控制制动辅助系统（EBA 或 BAS 或 BA，Electronic Control Brake Assist System），的功用是：根据制动踏板传感器和制动压力传感器信号，判定作用于制动踏板的速度和力量，并自动增大紧急制动时的制动力，从而缩短制动距离（时间）。

二、制动辅助系统的组成

制动辅助系统 EBA 是在 ABS 的基础上，增设一只制动踏板行程传感器和制动压力传感器，并在 ABS ECU（称为 ABS/EBA ECU）中增设相应的制动力调节软件程序而构成。

制动踏板行程传感器用于检测驾驶人操作制动踏板的速度，制动压力传感器用于检测制动主缸的制动液压力，ABS/EBA ECU 根据制动踏板速度和制动液压力信号，计算判断本次制动属于常规制动还是紧急制动，并向 ABS 液压调节器发出控制制动力大小的控制指令。

三、制动辅助的控制过程

装备 EBA 后，ABS/EBA ECU 根据制动踏板行程传感器信号的变化率和制动压力传感器信号，计算驾驶人踩下制动踏板的速度和力量，并判定本次制动是常规制动还是紧急制动。

当判定为紧急制动时，即使驾驶人踩下制动踏板的力量不大，ABS/EBA ECU 也会自动控制制动压力调节器使车轮制动器产生较大的制动力，从而缩短制动距离，如图 6-23 所示。

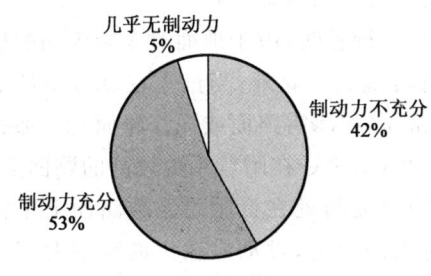

图 6-22 制动力充足程度分布

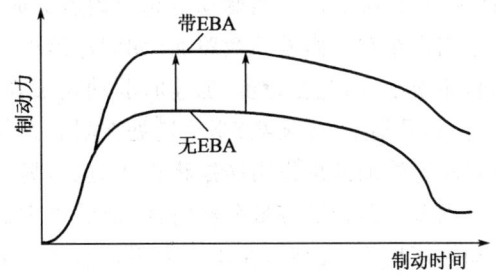

图 6-23 有无 EBA 时制动力比较

当 EBA 调节的制动力大于轮胎附着力时，车轮会抱死滑移，此时 ABS 投入工作，通过减小制动力将滑移率控制在 10%～30%之间。

四、制动辅助控制的效果

试验表明：以 50km/h 的制动初速度在干燥路面上紧急制动试验结果如图 6-24 所示。对驾驶技术熟练的驾驶人而言，有无制动辅助系统 EBA 时的制动距离均为 12.5m 左右，EBA 的作用并不明显。但是，对驾驶技术不熟练的驾驶人而言，无 EBA 时的制动距离约为 18m，有 EBA 时的制动距离仅为 14m，EBA 可使行驶安全性大大提高。

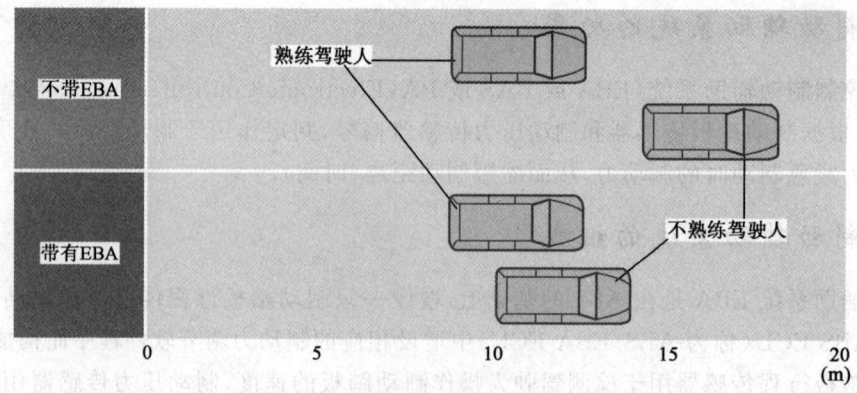

图 6-24 汽车紧急制动时制动距离对比

第四节 驱动轮防滑转调节技术

汽车在起步、加速或冰雪路面上行驶时,容易出现打滑现象。这是因为汽车发动机传递给车轮的最大驱动力是由轮胎与路面之间的附着系数和地面作用在驱动轮上的法向反力的乘积(即附着力)决定的。当驱动力超过附着力时,车轮就会打滑空转(即滑转)。

当汽车在低附着系数路面(如泥泞路面、冰雪路面)上行驶时,由于地面对车轮施加的反作用转矩很小,因此在起步、加速时驱动轮很容易发生滑转现象。此外,当汽车在越野条件下行驶时,如果某个(或某些)驱动轮处在附着系数极低的路面(如冰雪路面或泥泞路面)上,那么地面对车轮施加的反作用转矩将很小,虽然另一个(或一些)车轮处在附着系数较高的路面上,但是根据差速器转矩等量分配特性,能够提供的驱动转矩只能与处在低附着系数路面上车轮的驱动转矩相等。因此,在驱动力不足的情况下,汽车将无法前进,发动机输出的功率大部分消耗在车轮的滑转上,不仅浪费燃油、加速轮胎磨损,而且降低车辆的通过性能和机动能力。虽然安装防滑链,使用雪地轮胎和带防滑钉的防滑轮胎等能够起到防滑转作用,但是实践证明,最有效的办法还是采用电子控制防滑转调节系统。

一、驱动轮防滑转调节系统的功用

汽车防滑转调节系统(ASR,Anti-Slip Regulation System)又称为加速滑移调节系统(Acceleration Slip Regulation System),因为防止驱动轮滑转能够通过调节驱动轮的驱动力(牵引力)来实现,故又称为牵引力控制系统(TCS 或 TRC,Traction Force Control System)。

驱动轮防滑转调节系统 ASR 的功用是:在车轮开始滑转时,降低发动机的输出转矩来减小传递给驱动轮的驱动力,防止驱动力超过轮胎与路面之间的附着力(或通过增大滑转驱动轮的阻力来增大未滑转驱动轮的驱动力,使所有驱动轮的总驱动力增大),从而提高车辆的通过性。

ASR 与 ABS 密切相关,都是汽车的主动安全装置,两个系统通常同时采用。ABS 的作用是自动调节(增大或减小)制动力,防止车轮抱死滑移,提高汽车的制动性能;ASR 的作用是维持附着条件,增大总驱动力,防止车轮抱死滑转,提高汽车的通过性。

二、驱动轮防滑转的基本原理

当发动机输出转矩增大时,驱动力随之增大。但是,驱动力的增大受到附着力的限制,驱动力的最大值只能等于轮胎与路面之间的附着力。当驱动力超过附着力时,驱动轮将在路面上滑转。在日常生活和影视警匪片中,经常看到驾驶人想使汽车快速起步而用力踩下加速踏板时,尽管车轮快速打滑转动,然而汽车却原地不动,其原因就是发动机传递给车轮的驱动力超过了轮胎与路面之间的附着力。

(一)滑转率

汽车车轮"打滑"分为两种情况,一是汽车制动时车轮抱死"滑移",二是汽车驱动时车轮"滑转"。防抱死制动系统 ABS 是防止车轮在制动时抱死而滑移,防滑转调节系统 ASR 则是防止驱动轮原地不动地滑转。驱动轮的滑转程度用滑转率 S_d 表示,其表达式为:

$$S_d = \frac{v_w - v}{v_w} \times 100\%$$

式中:v_w——车轮速度,即车轮瞬时圆周速度,$v_w = r\omega$,m/s。

r——车轮半径,m。

ω——车轮转动角速度,$\omega = 2\pi n$,rad/s。

n——车轮转速,r/min。

v——车速(车轮中心纵向速度),m/s。

当 $v_w = v$ 时,滑转率 $S_d = 0$,车轮自由滚动;当 $v = 0$ 时,滑转率 $S_d = 100\%$,车轮完全处于滑转状态;当 $v_w > v$ 时,滑转率 $0 < S_d < 100\%$,车轮既滚动又滑转。滑转率越大,车轮滑转程度也就越大。

(二)滑转率 S_d 与附着系数的关系

车轮滑移率、滑转率与纵向附着系数的关系如图 6-25 所示,车轮制动时的滑移率分布在坐标系的第一象限,车轮滑转率分布在坐标系的第三象限。由图可见:

(1)附着系数随路面性质的不同而发生较大幅度地变化。

(2)在各种路面上,附着系数均随滑转率的变化而变化,且当滑转率为 20% 左右时,各种路面上的附着系数达到最大值。若滑转率继续增大,则附着系数逐渐减小。

防滑转调节系统 ASR 的基本原理是:将滑转率控制在最佳滑转率(10%～30%)范围内,从而获得较大的附着系数,使路面提供的附着力得到充分利用。

汽车装备 ASR 后,当起步、加速或在冰雪路面上行驶时,驾驶人踩加速踏板无须特别小心,因为 ASR 能

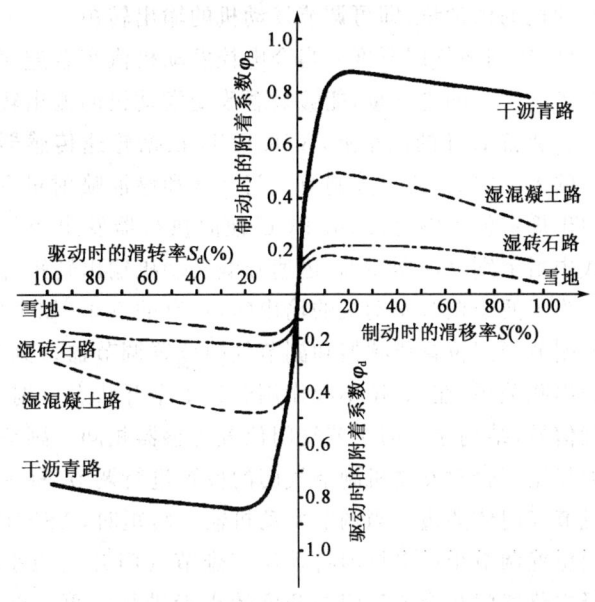

图 6-25 滑移率和滑转率与附着系数的关系

根据路面状况将驱动轮的驱动力调节到最大值。

三、驱动轮防滑转的控制方法

防止驱动轮滑转的控制方法主要有：控制发动机的输出转矩、控制驱动轮的制动力以及控制防滑转差速器的锁止程度三种。这些控制方法的最终目的都是调节驱动轮的驱动力，并将驱动轮的滑转率控制在最佳滑转率范围内。

(一)控制发动机的输出转矩

通过调节发动机的输出转矩来调节驱动轮的驱动力是实现防滑转调节的方法之一。这种控制方法能够保证发动机输出转矩与地面提供的驱动转矩达到匹配，因此可以改善燃油经济性，减少轮胎磨损，使汽车具有良好的行驶稳定性和乘坐舒适性；对于前轮驱动汽车，能够得到良好的转向操作性。在装备电控燃油喷射系统 EFI 的汽车上，普遍采用了这种控制发动机输出转矩的方法来实现防滑转调节。

控制发动机输出转矩的方法有：控制点火时间、控制燃油供给量、控制节气门开度等。

(1)控制点火时间。由内燃机原理可知：减小汽油机的点火提前角或切断个别气缸的点火电流，均可微量降低发动机的输出转矩。

在汽车行驶过程中，防滑转调节电控单元(ASR ECU)根据轮速传感器和车速传感器信号即可计算确定驱动轮滑转率的大小，通过减小点火提前角，即可微量降低发动机的输出转矩。当驱动轮滑转率较大，推迟点火时刻不能达到控制滑转率的目的时，则可中断个别气缸点火来进一步减小滑转率。

在中断个别气缸点火时，为了防止排放增加和三元催化转换器过热，中断点火必须同时中断燃油喷射。恢复点火时，点火时刻应缓慢提前，保证发动机输出转矩平稳增加。

(2)控制燃油供给量。短时间中断供油也可微量调节发动机的输出转矩，但响应速度没有减小点火提前角迅速。这种控制方法适用于电控汽油机或电控柴油机汽车，通过调节汽油机或柴油机的供油量，即可调节发动机的输出转矩。

(3)控制节气门开度。当今电控发动机汽车普遍了这种控制方法。控制节气门开度可以控制进入气缸的进气量，能够显著改变发动机的输出转矩。

在装备 EFI 的汽车上，ASR ECU 根据轮速传感器和车速传感器信号计算确定驱动轮滑转率的大小之后，通过控制节气门开度和燃油喷射量等即可调节发动机的输出转矩。当滑转率超出规定值范围时，ASR ECU 便向执行器发出控制指令，减小节气门的开度、缩短喷油时间或中断个别喷油器喷油，迅速降低发动机输出转矩，防止驱动力滑转。

为了便于调节发动机的输出转矩，有的汽车(如丰田车系)发动机设置有副节气门及其配套的副节气门位置传感器和副节气门位置调节器。副节气门也安装在节气门体上，与主节气门为串联关系，在 ASR 不起作用时处于全开状态。副节气门位置传感器用于检测副节气门的位置信号，结构原理与主节气门位置传感器相同。副节气门位置调节器一般采用步进电机，与扇形齿轮配合对发动机副节气门的位置进行调节，称为副节气门位置调节步进电机，安装在发动机节气门体旁边。当调节发动机输出转矩时，ASR ECU 首先向发动机 ECU 发送一个副节气门位置调节步进电机即将动作使副节气门开度减小的指令，通知发动机 ECU 进气量需要选择主节气门和副节气门中开度较小者进行计算。然后，ASR ECU 控制副节气门位置调节步进电机通电而步进转动，电机轴一端的驱动齿轮便驱动副节气门轴上的扇形齿轮转动，使副节气门开度减小，减少发动机的进气量，使其输出转矩减小。因为副节气门与主节气门为串联关系,所以,即使主节气门开度不变,发动机的进气量也会因副节气门开度减小而减小,使发动机输出转矩和驱动轮的驱动力减小。

(二)控制驱动轮的制动力

控制驱动轮的制动力实际上是利用差速器的差速作用(效能)来获得较大的驱动力,控制方法如图6-26所示。

右侧驱动轮处于高附着系数 φ_H 路面上,能够产生的驱动力为 F_H;左侧驱动轮处于低附着系数路面上,能够产生的驱动力为 F_L。根据差速器转矩等量分配特性,此时汽车的驱动力只取决于低附着系数路面上的驱动力 F_L。尽管右侧驱动轮能够产生的驱动力为 F_H,但是其获得的驱动力只能与左侧驱动轮能够产生的驱动力 F_L 相等($F_H=F_L$),即两只

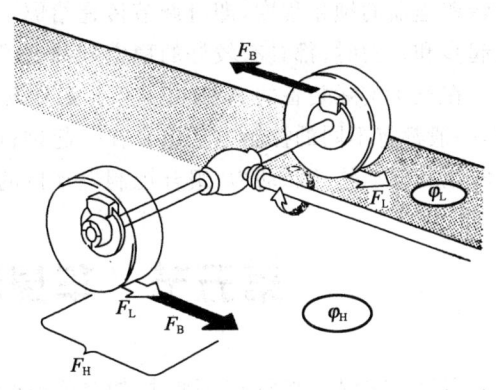

图 6-26 作用在驱动轮上的纵向力

驱动轮能够获得的驱动力为 $F_{tL}=F_H+F_L=2F_L$。为了阻止低附着系数路面上行驶的左侧驱动轮产生滑转,对其施加一个制动力 F_B,通过差速器的差速作用,在右侧驱动轮上也会产生作用力 $F_B(F_H=F_L+F_B)$,此时两只驱动轮能够获得的驱动力就为 $F_{tH}=F_H+F_L=2F_L+F_B$,即驱动力增大了制动力 F_B 值,发动机的输出转矩就可按增大后的驱动力进行调节。

控制驱动轮制动力是保持最佳滑转率且响应速度较快的控制方法,一般作为仅采用控制节气门开度来调节发动机输出转矩的补充控制。

驱动轮制动力控制又称为电子差速锁(EDL,Electronic differential Lock)控制,大众轿车采用了这种控制方法。EDL利用ABS的传感器来检测驱动轮的转速,根据左右驱动轮的转速差进行控制。当车速达到80km/h左右时,若一侧车轮的路面比较光滑(附着系数低),导致左右驱动轮之间产生的转速差约100r/min时,防抱死制动与电子差速锁电控单元(ABS/EDL ECU)就会通过对打滑车轮施加制动力,将大部分驱动力传递给另一侧车轮,使两侧车轮的转速达到平衡,从而增大两只驱动轮的总驱动力,便于汽车起步、加速和爬坡。

(三)控制差速器的锁止程度

控制差速器的锁止程度必须采用防滑转差速器进行控制。防滑转差速器是一种由电控单元控制的可锁止差速器,控制原理如图6-27所示。

在防滑转差速器向车轮输出驱动力的输出端设置有一个离合器。调节作用在离合片上的油液压力,即可调节差速器的锁止程度。油压逐渐降低时,差速器锁止程度逐渐减小,传递给驱动轮的驱动力就逐渐减小;反之油压升高时,驱动力将逐渐增大。油液压力来自储压器的高压油液,压力大小由防滑转

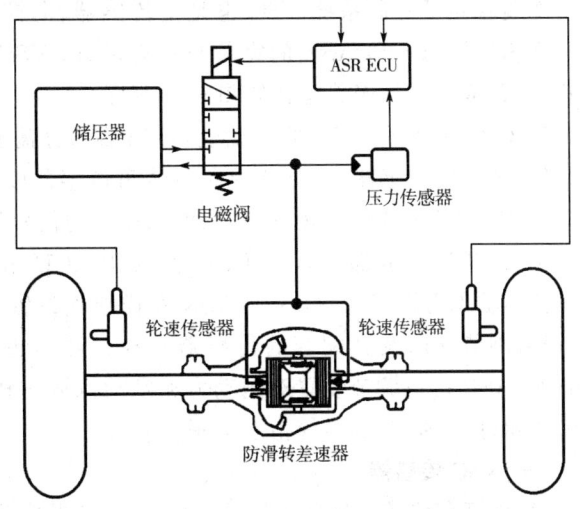

图 6-27 防滑转差速器锁止控制

调节系统的电控单元(ASR ECU)通过控制电磁阀使压力"升高"、"保持"、"降低"进行调节,并由压力传感器和驱动轮上的轮速传感器反馈给 ASR ECU,从而实现反馈控制。通过调节防滑转差速器的锁止程度,即可调节传递给驱动轮的驱动力。汽车在各种附着系数不同的路面上起步和行驶时,都具有较好的稳定性和通过性。

在汽车实际装备的 ASR 中,为了充分发挥电控系统的控制功能并有效地防止驱动轮滑转,一般都将不同的控制方法组合在一起进行控制。常用的组合方式有:组合控制发动机的输出转矩和驱动轮的制动力、组合控制发动机的输出转矩和控制差速器的锁止程度。

第五节 车身稳定性控制技术

当汽车在湿滑路面上行驶时,如果前轮受到侧向力的作用而发生侧滑时,就会失去路径跟踪能力(又称为循迹能力);如果后轮受到侧向力的作用而发生侧滑(如转动转向盘用力过猛即转向过度,后轮产生较大的侧偏角)时,后轮就会侧滑甩尾而失去稳定性。

一、车身稳定性控制系统的功用

车身稳定性控制系统(VSC,Vehicle Stability Control System)又称为车身动态稳定性控制系统(DSC,Dynamic Stability Control System),因为车身稳定性控制系统主要是在防抱死制动系统 ABS 和防滑转控制系统 ASR 的基础上,增设控制程序和个别传感器构成,所以又称为电子控制稳定性程序(ESP,Electronically Controlled Stability Program)。

车身稳定性控制系统 VSC 的功用是:当汽车在湿滑路面上行驶,其前轮或后轮发生侧滑时,自动调节各车轮的驱动力和制动力,确保车辆稳定行驶。VSC 是在 ABS 和 ASR 的基础上拓展而来的主动安全控制系统。

二、车身稳定性控制系统的组成

车身稳定性控制系统 VSC 也是由传感器、电控单元(VSC ECU)和执行器三部分组成。因为 VSC 是 ABS 和 ASR 的完善与补充,所以 VSC 的大部分控制部件都可与 ABS 和 ASR 共用,其组成与部件安装位置如图 6-28 所示。

VSC 在 ABS 和 ASR 的基础上,传感器部分需要增设用于检测汽车状态的横摆率传感器、横向加速度传感器、转向盘转向与转角传感器以及检测制动主缸压力的制动液压力传感器。VSC ECU 需要增强运算能力、增加相应的信号处理电路、驱动放大电路和软件程序等。

VSC ECU 一般都与 ABS ECU 和 ASR ECU 组合为一体,称为 ABS/ASR/VSC ECU。

执行器部分既可像 ABS 或 ASR 那样单独设置压力调节器和发动机输出转矩调节装置(如设置副节气门及其配套的传感器和执行器),也可对液压通道进行适当改进、直接利用 ABS 和 ASR 已有调节装置对制动力和发动机输出转矩进行调节。除此之外,还需设置 VSC 故障指示灯、VSC 蜂鸣器等指示与报警装置。

(一)VSC 传感器

(1)横摆率传感器又称为偏航率传感器,安装在汽车行李舱内、后轴上部中央位置,并与汽车车身中心垂直轴线平行,用于检测后轴绕车身中心垂直轴线旋转的角速度(横摆率)信号。横摆率传感器是反映后轮是否产生侧滑的关键部件。当横摆率传感器有信号输入 VSC ECU

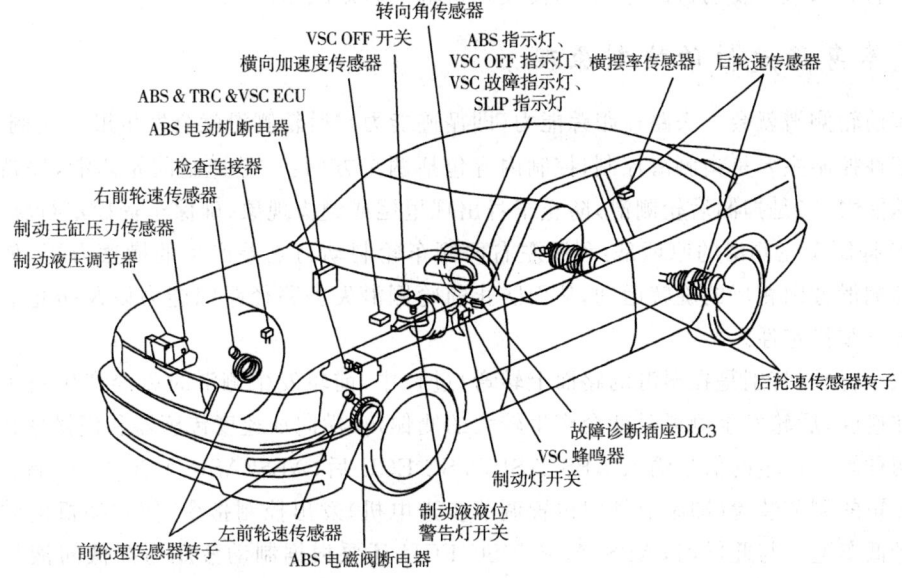

图 6-28 VSC 组成与控制部件安装位置

时,说明后轮有侧滑现象。如果后轮向右侧滑时的横摆率传感器信号为正,则横摆率传感器信号为负时表示后轮向左侧滑。

(2)横向加速度传感器简称加速度传感器或 G 传感器,功能与横摆率传感器相同。安装在汽车重心前方、前轴上部中央位置的地板下面,用于检测前轴的横向加速度信号,供 ABS/ASR/VSC ECU 判断车身状态以及前轮是否产生侧滑。

(3)转向盘转动方向与转动角度传感器简称转向与转角传感器,安装在转向轴上,用于检测转向盘(即转向轴)的转动方向与转动角度信号,供 ABS/ASR/VSC ECU 判断驾驶人操作转向盘的转向意图(向左转还是向右转)。

(4)制动液压力传感器安装在 VSC 液压调节器的上部,用于检测制动主缸内制动液的压力,ABS/ASR/VSC ECU 根据制动液压力高低向液压调节器的电磁阀发出不同占空比的控制脉冲,以便控制车轮制动力的大小。

(5)副节气门位置传感器安装在节气门体上,用于检测副节气门开度大小的信号。副节气门与主节气门为串联,ASR 和 VSC 不调节发动机输出转矩时,副节气门处于全开状态。

(二)VSC 执行器

(1)制动液压调节器。一般都直接利用 ABS 液压调节器来调节制动力。丰田系列将 ABS 液压调节器和 ASR 液压调节器组合制成一体,称为制动液压调节器,安装在发动机舱内右前侧。当汽车制动减速使车轮发生滑移时,液压调节器执行 ABS 功能;当车轮发生滑转时,液压调节器执行 ASR 功能;当车身发生侧滑时,液压调节器执行 VSC 功能,通过调节各车轮的制动力,实现 ABS、ASR 和 VSC 功能。

(2)副节气门位置调节器。一般采用步进电机与扇形齿轮配合对发动机副节气门的位置进行调节,称为副节气门位置调节步进电机,VSC 与 ASR 共用。当 VSC 调节发动机输出转矩时,VSC ECU 向步进电机发出控制指令,步进电机步进转动,电机轴一端的驱动齿轮就驱动副节气门轴上的扇形齿轮转动,使副节气门开度减小(ASR 和 VSC 不起作用时,副节气门处于全开状态),减少发动机的进气量,使发动机输出转矩减小。

三、车身稳定性的控制原理

汽车前轮侧滑就会失去路径跟踪能力(即循迹能力),后轮侧滑就会发生甩尾或调头现象。车身稳定性控制主要是指侧滑控制,控制内容包括两个方面:一是抑制前轮侧滑,保持汽车的路径跟踪能力;二是抑制后轮侧滑,防止车身出现甩尾或调头现象,确保车辆稳定行驶。

VSC抑制车轮侧滑的原理是:利用左右两侧车轮制动力之差产生的横摆力矩,使车身产生一个与侧滑方向相反的旋转运动,从而防止前轮侧滑失去路径跟踪能力以及防止后轮侧滑甩尾失去行驶稳定性。

在汽车行驶(特别是在湿滑的路面上转弯)过程中,前轮发生侧滑时就会产生较大的侧向(横向)加速度,后轮发生侧滑时就会产生较大的侧偏角,横向加速度传感器和横摆率传感器分别将这两种侧滑产生的信号输入 ABS/ASR/VSC ECU 后,ABS/ASR/VSC ECU 就会向发动机输出转矩的调节装置(即副节气门位置调节步进电机)发出控制指令,使发动机的输出转矩减小来降低车速。与此同时,ABS/ASR/VSC ECU 还要根据制动液压力高低向液压调节器的电磁阀发出不同占空比的控制脉冲,控制相应车轮的制动力,使车身产生一个与侧滑方向相反的旋转运动,从而防止前轮侧滑而失去路径跟踪能力或防止后轮侧滑甩尾而失去行驶稳定性,减少交通事故。

四、车身稳定性的控制过程

车身稳定性的控制过程分为前轮侧滑控制与后轮侧滑控制两种情况。

(一)前轮侧滑的控制过程

当前轮向右侧滑时,控制过程如图 6-29a 所示。ABS/ASR/VSC ECU 首先向发动机 ECU 发送一个副节气门位置调节步进电机即将动作使副节气门开度减小的指令,通知发动机 ECU 进气量需要选择主节气门和副节气门中开度较小者进行计算。然后向副节气门位置调节步进电机发出控制指令,步进电机通电而步进转动,电机轴一端的驱动齿轮便驱动副节气门轴上的扇形齿轮转动,使副节气门开度减小,减少发动机的进气量,使发动机输出转矩减小来降低车速。与此同时,ABS/ASR/VSC ECU 向制动液压调节器中左后轮液压通道的电磁阀发出占空比控制脉冲,向左后轮施加一个制动力,产生一个沿逆时针方向旋转的力矩使车身向内旋转微小角度,再对两前轮施加制动力,使车速降低并沿图 6-29a 中左下方曲线所示路径行驶,从而保持路径跟踪能力。如不进行调节,则车辆将按图 6-29a 中右上方曲线所示路径行驶将路锥撞倒。

同理可知,当前轮向左侧滑时,控制过程如图 6-29b 所示。ABS/ASR/VSC ECU 首先向发动机 ECU 发送一个副节气门位置调节步进电机即将动作使副节气门开度减小的指令,通知发动机 ECU 进气量需要选择主节气门和副节气门中开度较小者进行计算。然后向副节气门位置调节步进电机发出控制指令,使发动机输出转矩减小来降低车速。与此同时,向控制右后轮液压通道的电磁阀发出占空比控制脉冲,向右后轮施加一个制动力,以便产生一个沿顺时针方向旋转的力矩使车身向内旋转微小角度,再对两前轮施加制动力,使车速降低并沿图 6-29b 中右下方曲线所示路径行驶,从而保持路径跟踪能力。如不进行调节,则车辆将按图 6-29b 中左上方曲线所示路径行驶将路锥撞倒。

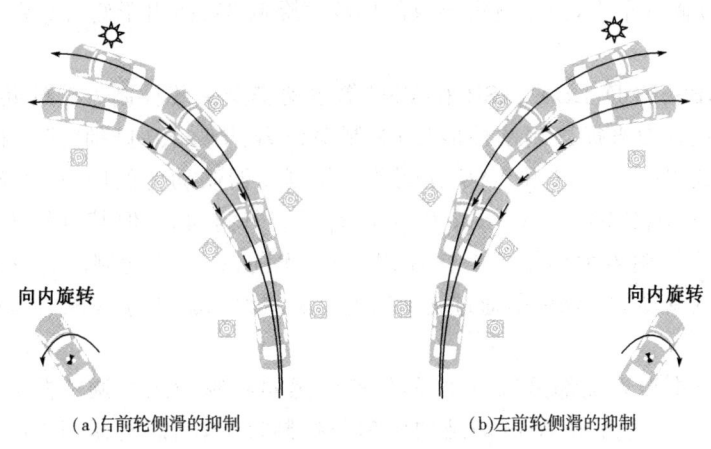

(a)右前轮侧滑的抑制　　　　　　　(b)左前轮侧滑的抑制

图 6-29　前轮侧滑抑制原理（图中箭头表示制动力）

(二)后轮侧滑的控制过程

当后轮向右侧滑时,控制过程如图 6-30a 所示。ABS/ASR/VSC ECU 首先向发动机 ECU 发送一个副节气门位置调节步进电机即将动作使副节气门开度减小的指令,通知发动机 ECU 进气量需要选择主节气门和副节气门中开度较小者进行计算。然后向副节气门位置调节步进电机发出控制指令,使发动机输出转矩减小来降低车速。与此同时,向制动液压调节器中控制右前轮液压通道的电磁阀发出占空比控制脉冲,向右前轮施加一个制动力,产生一个沿顺时针方向旋转的力矩来使车身向外旋转运动,防止发生甩尾或调头现象。

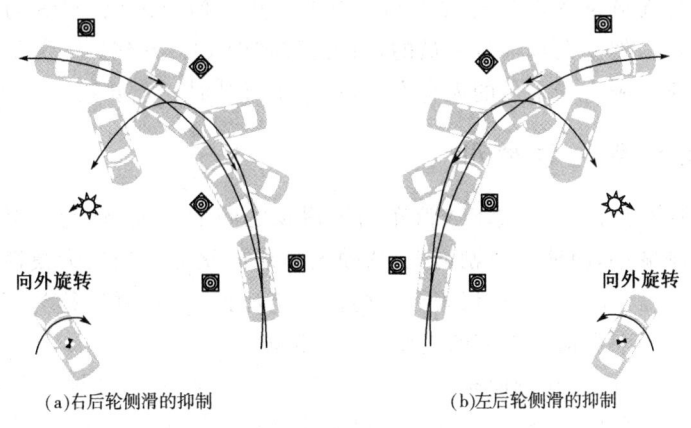

(a)右后轮侧滑的抑制　　　　　　　(b)左后轮侧滑的抑制

图 6-30　后轮侧滑抑制原理（图中箭头表示制动力）

同理,当后轮向左侧滑时,控制过程如图 6-30b 所示。ABS/ASR/VSC ECU 首先向发动机 ECU 发送一个副节气门位置调节步进电机即将动作使副节气门开度减小的指令,通知发动机 ECU 进气量需要选择主节气门和副节气门中开度较小者进行计算。然后向副节气门位置调节步进电机发出控制指令,使发动机输出转矩减小来降低车速。与此同时,向控制左前轮液压通道的电磁阀发出占空比控制脉冲,向左前轮施加一个制动力,产生一个沿逆时针方向旋转的力矩使车身向外旋转运动,防止发生甩尾或调头现象,从而保证汽车稳定行驶。

根据丰田汽车公司对三种丰田车型连续 5 年发生交通事故件数的统计结果表明:装备

VSC后，在每1万辆汽车中，由于侧滑导致的事故率降低35%，由于侧滑导致正面冲撞的事故率降低30%。

综上所述，ABS、EBD、EBA、ASR和VSC等主动安全系统控制方法的共同点是：通过调节车轮制动器的制动力来提高制动性能（缩短制动距离、增强转向控制能力和提高行驶稳定性），从而减少交通事故。ASR和VSC在调节车轮制动器制动力的同时，还要调节发动机的输出转矩。虽然ABS、EBD、EBA、ASR和VSC都可调节制动力，但其目的各不相同，ABS是防止车轮制动力大于附着力而抱死滑移，EBD是增大前、后车轮的制动力，EBA是增大紧急制动时各个车轮的制动力，ASR是通过施加制动力来增大总驱动力，VSC是防止前、后轮发生侧滑。

汽车主动安全电控系统都是以ABS的轮速传感器和制动压力调节器为基础进行设计。所示在学习过程中，首先理解ABS的结构原理与控制过程，然后再学习EBD、EBA、ASR和VSC等电控系统，能够收到事半功倍的效果。

第六节　安全气囊控制技术

汽车安全气囊系统的确切名称是辅助防护系统（SRS，Supplemental Restraint System）或辅助防护气囊系统（Supplemental Restraint Air Bag System，英文缩写为SRS）。因为辅助防护系统的气囊在汽车发生碰撞时能够起到安全防护作用，所以将其称为安全气囊系统。

安全气囊系统SRS既是被动安全装置，也是座椅安全带的辅助控制装置，只有在使用安全带的条件下，才能充分发挥保护驾驶人和乘员的作用。研究表明：SRS与安全带共同使用的保护效果最佳，可使驾驶人和前排乘员的伤亡人数减少43%~46%。为了充分发挥SRS的保护作用，确保汽车驾驶人和乘员的人身安全，在汽车行驶时一定要系好安全带。

一、安全气囊系统的功用

当汽车发生碰撞时，汽车与汽车或汽车与障碍物之间的碰撞，称为一次碰撞。一次碰撞后，汽车速度将急剧减小，减速度急剧增大，驾驶人和乘员就会受到较大惯性力的作用而向前移动，使人体与转向盘、风窗玻璃或仪表台等构件发生碰撞，这种碰撞称为二次碰撞。在车辆事故中，导致驾驶人和乘员遭受伤害的主要是二次碰撞。

汽车碰撞分为正面碰撞和侧面碰撞。当汽车发生正面碰撞时，在惯性力的作用下，驾驶人面部或胸部可能与转向盘和风窗玻璃发生二次碰撞，前排乘员可能与仪表台和风窗玻璃发生二次碰撞，后排乘员可能与前排座椅发生二次碰撞。当汽车遭受侧面碰撞时，驾驶人和乘员可能与车门、车门玻璃或车门立柱发生二次碰撞。车速越高，惯性力就越大，遭受伤害的程度也就越严重。

SRS的功用是：当汽车遭受碰撞导致驾驶人和乘员的惯性力急剧增大时，使气囊迅速膨胀，从而在驾驶人、乘员与车内构件之间铺垫一个气垫，利用气囊排气气流的阻尼作用来吸收人体惯性力产生的动能，从而减轻人体遭受伤害的程度。

正面气囊保护驾驶人和乘员的面部与胸部，如图6-31所示，侧面气囊保护驾驶人和乘员的颈部与腰部，护膝气囊（即护膝垫）保护驾驶人和前排乘员的膝部，气帘（即窗帘式气囊）保护驾驶人和乘员的头部。

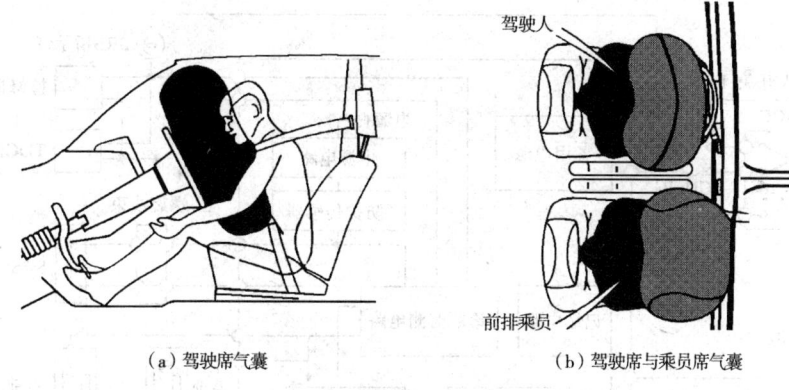

(a) 驾驶席气囊　　　　　　　　(b) 驾驶席与乘员席气囊

图 6-31　汽车遭受正面碰撞时 SRS 作用

二、安全气囊系统的组成

安全气囊系统 SRS 主要由碰撞传感器、防护传感器、安全气囊电控单元(SRS ECU)、气囊组件和 SRS 指示灯等组成。正面 SRS 配装有左前和右前碰撞传感器,侧面 SRS 配装有左侧和右侧碰撞传感器,防护传感器一般都安装在 SRS ECU 内部,SRS 指示灯安装在组合仪表板上。正面 SRS 控制部件的安装位置如图 6-32 所示,控制电路由备用电源电路、故障记忆电路、故障诊断与监测电路、点火引爆电路等组成,如图 6-33 所示。

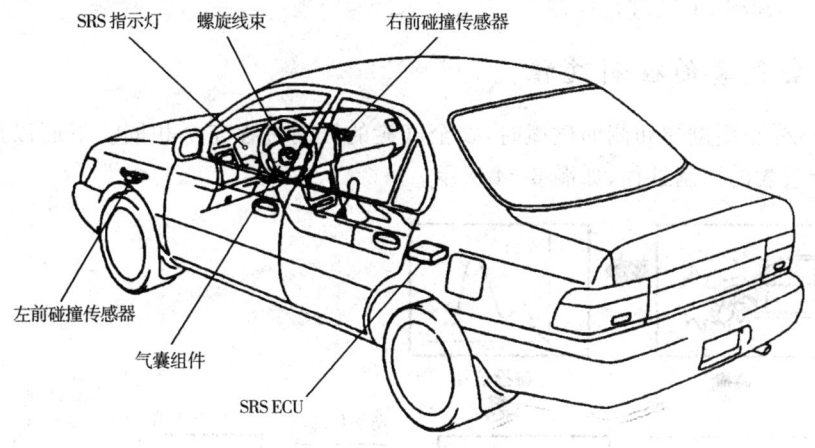

图 6-32　SRS 零部件安装位置

三、安全气囊系统的分类

按总体结构不同,SRS 可分为机械控制式 SRS 和电子控制式 SRS 两大类。机械控制式 SRS 早在 20 世纪 90 年代就已被淘汰,汽车目前装备的均为电子控制式 SRS。

按 SRS 功能不同,电子控制式 SRS 可分为正面 SRS(保护面部与胸部)、侧面 SRS(保护颈部与腰部)、护膝 SRS 和头部(气帘)SRS 四大类。

按气囊数量不同可分为单 SRS、双 SRS 和多 SRS。单 SRS 只装备驾驶席气囊。20 世纪 90 年代以前生产的汽车基本上都装备单 SRS。双 SRS 装备有驾驶席和前排乘员席两个气

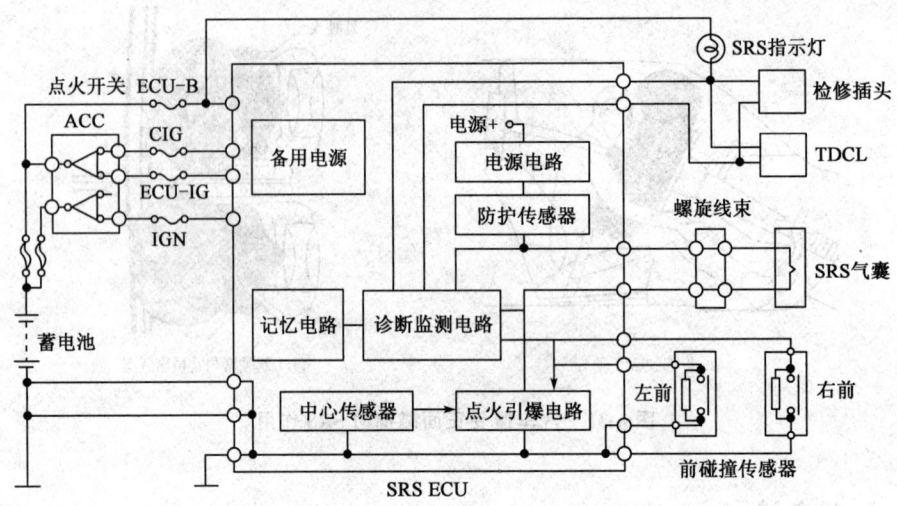

图 6-33 SRS 控制电路框图

囊,90 年代后生产的大多数轿车都装备了双 SRS。装备 3 个或 3 个以上气囊的 SRS 称为多 SRS。

在同一辆汽车上,无论气囊数量多少,既可集中进行控制,也可分别进行控制。一般来说,正面气囊和护膝气囊可用一个电控单元(SRS ECU)进行控制,侧面气囊和头部气帘(窗帘式气囊)可用一个 SRS ECU 进行控制。

四、安全气囊的控制过程

当汽车遭受正面碰撞和侧面碰撞时,安全气囊的控制过程完全相同。下面以正面碰撞为例,说明安全气囊的控制过程,如图 6-34 所示。

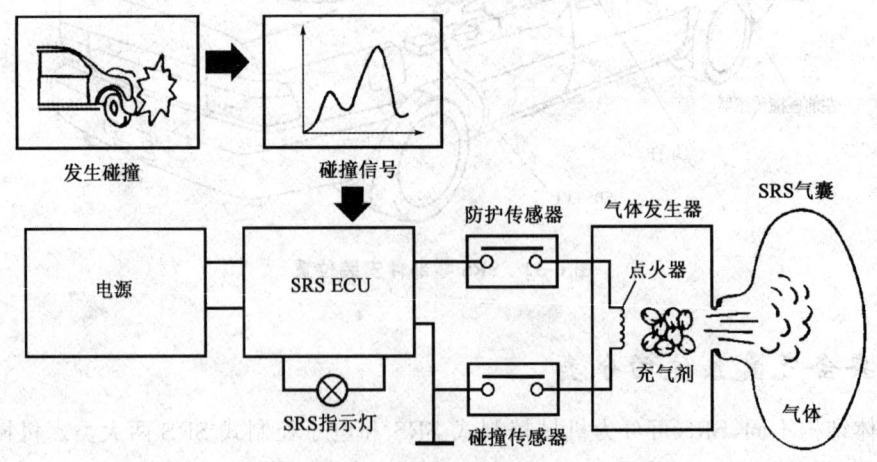

图 6-34 安全气囊的控制过程

当汽车遭受前方一定角度范围内的碰撞时,安装在汽车前部和 SRS ECU 内部的传感器都会检测到突然减速的信号,并将信号输入 SRS ECU,以便 SRS ECU 判断是否引爆气囊。

当汽车遭受碰撞且减速度达到设定阈值时,SRS ECU 发出控制指令,将气囊组件中的点火器(电雷管)电路接通,电雷管引爆使点火剂(引药)受热爆炸(即电热丝通电发热引爆炸药)。当点火剂引爆时,迅速产生大量热量,充气剂受热分解并释放出大量氮气(固态叠氮化钠受热 300℃时就会分解出氮气)充入气囊,使气囊冲开气囊组件上的装饰盖向驾驶人和乘员方向膨胀,在人体与车内构件之间铺垫一个气垫,驾驶人和乘员面部与胸部压靠在充满气体的气囊上,将人体与车内构件之间的碰撞变为弹性碰撞,通过气囊产生变形和排气节流来吸收人体碰撞产生的动能,从而达到保护人体的目的。

五、安全气囊的动作时序

根据德国博世公司在奥迪轿车上的试验研究表明:当汽车以车速 50km/h 与前方障碍物发生碰撞时,安全气囊的动作时序如图 6-35 所示。

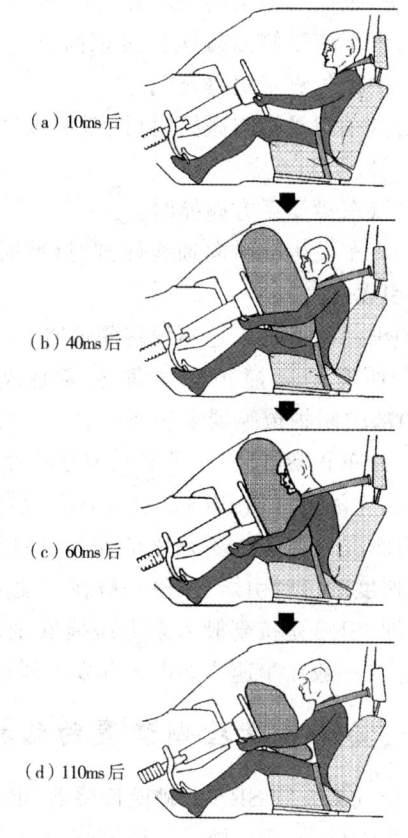

图 6-35 安全气囊动作时序

(1)发生碰撞约 10ms 后,气囊达到引爆极限,点火器使点火剂引爆并产生大量热量,使充气剂(固态叠氮化钠)受热分解,驾驶人身体尚未发生移动,如图 6-35a 所示。

(2)发生碰撞约 40ms 后,气囊完全充满、体积最大,驾驶人身体向前移动,安全带斜系在驾驶人身上并拉紧,部分冲击能量被吸收,如图 6-35b 所示。

(3)发生碰撞约 60ms 后,驾驶人头部与胸部压向气囊,气囊和气囊上的排气孔在气体和人体压力作用下排气节流吸收人体与气囊之间弹性碰撞产生的动能,如图 6-35c 所示。

(4)发生碰撞约 110ms 后,大部分气体已从气囊逸出,驾驶人身体回靠到座椅靠背上,汽车前方视野恢复,如图 6-35d 所示。

(5)发生碰撞约 120ms 后,碰撞危害解除,车速降低至零。

由此可见,气囊从开始充气到完全充满约需 30ms。从汽车遭受碰撞开始到气囊收缩为止,所用时间约为 120ms,而人们眨一下眼睛所用时间约为 200ms。可见,其动作时间极短,动作状态无法用肉眼确认。气囊动作过程与经历时间之间的关系见表 6-3。

表 6-3 安全气囊动作过程与经历时间的关系

碰撞后经历时间	0	10ms	40ms	60ms	110ms	120ms
安全气囊动作状态	遭受碰撞	点火引爆开始充气	气囊充满人体前移	排气节流吸收动能	人体复位恢复视野	危害解除车速降零

六、安全气囊的有效范围

汽车 SRS 并非在所有碰撞情况下都能起作用。正面 SRS 只有在汽车正前方±30°角（如图 6-36 所示）范围内发生碰撞、纵向减速度达到设定阈值且防护传感器和任意一只前碰撞传感器接通时，才能引爆气囊充气。在下列条件之一的情况下，正面气囊不会引爆充气。

(1) 汽车遭受侧面碰撞超过正前方±30°角时（此时侧面气囊将引爆充气）。

(2) 汽车遭受横向碰撞时（此时侧面气囊将引爆充气）。

(3) 汽车遭受后方碰撞时。

(4) 汽车发生绕纵向轴线侧翻时（此时侧面气囊将引爆充气）。

(5) 纵向减速度未达到设定阈值时。

(6) 所有前碰撞传感器都未接通或 SRS ECU 内部的防护传感器未接通时。

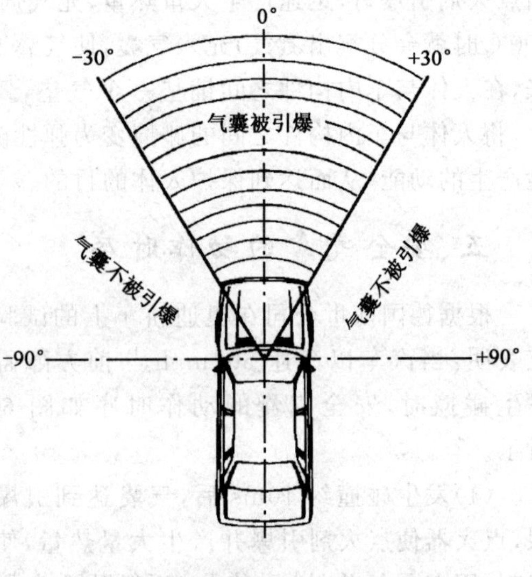

图 6-36　正面碰撞 SRS 的有效范围

(7) 汽车正常行驶、正常制动或在路面不平的道路条件下行驶时。

减速度阈值根据 SRS 的性能进行设定。不同车型装备 SRS 的减速度阈值各不相同。在美国，SRS 是按驾驶人不系座椅安全带进行设计，气囊体积大、充气时间长，所以气囊应在较低的减速度阈值时引爆充气（一般在车速为 25km/h 发生碰撞时，气囊就应引爆充气）。在日本和欧洲，SRS 是按驾驶人系上座椅安全带进行设计，气囊体积小、充气时间短，所以减速度阈值较大（一般在车速为 35km/h 发生碰撞时，气囊才引爆充气）。

七、安全气囊控制装置的结构原理

安全气囊系统 SRS 由碰撞传感器、电控单元 SRS ECU、气囊组件和 SRS 指示灯四部分组成。气囊组件和 SRS 指示灯是 SRS 的执行元件。

(一) 碰撞传感器

碰撞传感器实际上是一种减速度传感器，其功用是将碰撞信号输入 SRS 和座椅安全带收紧系统电控单元（SRS ECU），以便 SRS ECU 判定是否引爆气囊点火器和安全带收紧点火器。

1. 碰撞传感器分类

按用途不同，碰撞传感器可分为碰撞信号传感器和碰撞防护传感器两种类型。

碰撞信号传感器又称为碰撞烈度（激烈程度）传感器，其安装位置有：左前与右前翼子板内侧，两侧前照灯支架下面，发动机散热器支架左、右两侧，仪表台下左、右两侧等。

碰撞防护传感器又称为安全传感器或保险传感器，简称防护传感器，一般都安装在 SRS ECU 内部。

碰撞防护传感器和碰撞信号传感器的结构原理完全相同，唯一区别在于设定的减速度阈值略有不同。换句话说，一只碰撞传感器既可用作碰撞信号传感器，也可用作碰撞防护传感器，但是必须重新设定其减速度阈值。设定减速度阈值的原则是：碰撞防护传感器的减速度阈值比碰撞信号传感器的减速度阈值略小。在欧洲,当汽车以 35km/h 左右的速度撞到一辆静止或同样大小的汽车上或以 25km/h 左右的速度迎面撞到一个不可变形的障碍物上时,减速度就会达到碰撞信号传感器设定的阈值,传感器就会动作。

按结构不同,碰撞传感器可分为机电结合式、水银开关式和电子式三种类型。机电结合式碰撞传感器是一种利用机械机构运动(滚动或转动),使电器触点闭合(或断开)来接通(或切断)气囊点火器电路的装置。常用有滚球式、滚轴式和偏心锤式三种。水银开关式碰撞传感器是一种利用水银的良好导电特性,将气囊点火器电路直接接通或切断的装置。电子式碰撞传感器是一种将碰撞作用力转换为电信号,使电子电路导通(或截止)来接通(或切断)气囊点火器电路的装置,其工作原理与压力传感器基本相同。这些传感器结构简单,使用方便,下面以典型的滚球式碰撞传感为例说明其结构特点与工作原理。

2. 滚球式碰撞传感

滚球式碰撞传感器又称为偏压磁铁式碰撞传感器,结构如图 6-37 所示,主要由铁质滚球、永久磁铁、导缸、固定触点和壳体等组成。两个触点分别与传感器引线端子连接。滚球用来测量减速度大小,可在导缸内移动或滚动。壳体上印制有箭头标记,箭头方向与传感器结构有关,有的规定指向汽车前方(如雷克萨斯 LS400 型轿车),有的规定指向汽车后方。因此,在安装传感器时,箭头方向必须符合使用说明书规定。

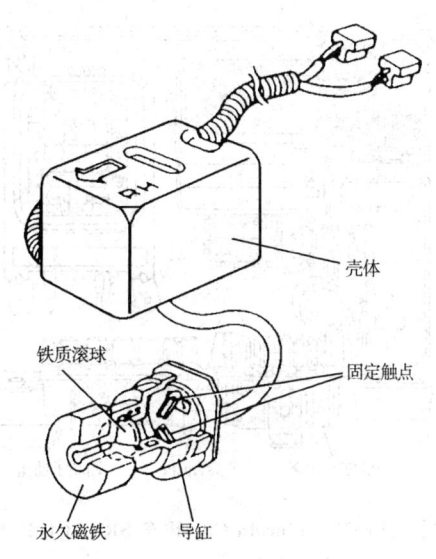

图 6-37 滚球式碰撞传感器

滚球式碰撞传感器工作原理如图 6-38 所示。当传感器处于静止状态时,在永久磁铁磁力作用下,导缸内的滚球被吸向磁铁,两个触点与滚球分离,如图 6-38a 所示,传感器电路处于断开状态。

当汽车遭受碰撞且减速度达到设定阈值时,滚球产生的惯性力将大于永久磁铁的电磁吸力。在惯性力的作用下,滚球就会克服磁力沿导缸向两个固定触点运动并将固定触点接通,如图 6-38b 所示。当传感器用作碰撞信号传感器时,固定触点接

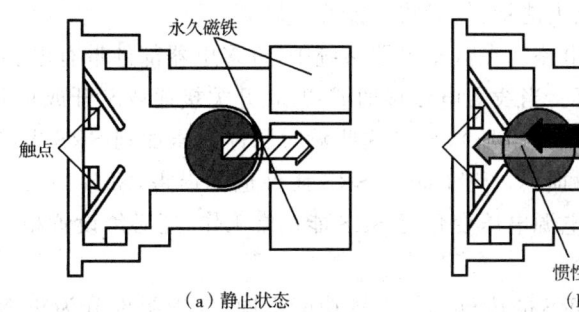

图 6-38 滚球式碰撞传感器工作原理

通则将碰撞信号输入 SRS ECU;当传感器用作碰撞防护传感器时,则将点火器电源电路接通。

(二)安全气囊电控单元 SRS ECU

安全气囊电控单元(SRS ECU)是安全气囊系统的核心部件,其安装位置依车而异。当防护传感器与 SRS ECU 组装在一起时,SRS ECU 必须安装在汽车纵向轴线上。不同车型 SRS ECU 的结构各有不同,福特林肯·城市(Lincoln City)轿车 SRS ECU 的内部结构如图 6-39 所示,主要由专用中央处理单元 CPU、备用电源电路、稳压电路、信号处理电路、保护电路、点火电路和监测电路等组成。

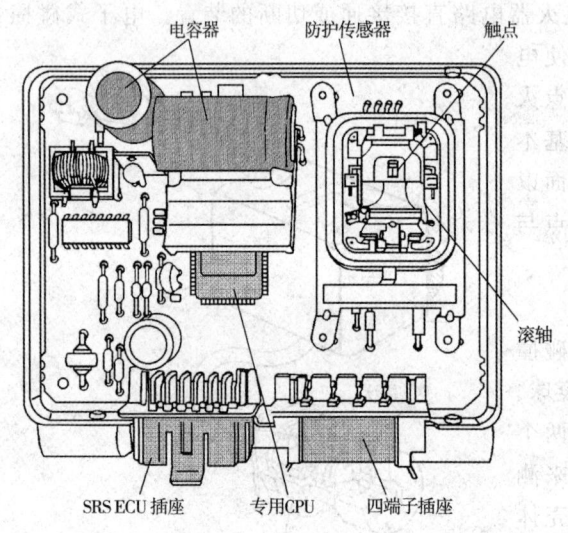

图 6-39 Lincoln City 轿车 SRS ECU 的结构

(1)专用中央处理器 CPU。专用中央处理器 CPU 由模/数(A/D)转换器、数/模(D/A)转换器、串行输入/输出(I/O)接口、只读存储器 ROM、随机存储器 RAM、电可擦除可编程只读存储器 EEPROM 和定时器等组成,其主要功用是监测汽车纵向和横向减速度是否达到设定阈值。

(2)信号处理电路。信号处理电路主要由放大器和滤波电路组成,其功用是对传感器检测的信号进行整形和滤波处理,以便 SRS ECU 能够接收与识别。

(3)备用电源电路。SRS 有两个电源:一个是汽车电源(蓄电池和交流发电机);另一个是备用电源。备用电源又称为后备电源或紧急备用电源,由电源控制电路和若干个电容器组成,其功用是当汽车电源与 SRS ECU 之间的电路被切断后,在一定时间(一般为 6s)内维持 SRS 供电,保持 SRS 的正常功能。当汽车遭受碰撞而导致蓄电池或交流发电机与 SRS ECU 之间的电路切断时,备用电源能在 6s 之内向电脑供给电能,保证 SRS ECU 测出碰撞、发出点火指令等正常功能。点火备用电源能在 6s 之内向点火器供给足够的点火能量引爆点火剂。当时间超过 6s 之后,备用电源供电能力降低,SRS ECU 备用电源不能保证电脑测出碰撞和发出点火指令,点火备用电源不能供给最小点火能量,气囊将不能充气膨开。

(4)稳压保护电路。在汽车电器系统中,许多电器部件带有电感线圈,电器开关琳琅满目,电器负载变化频繁。当线圈电流接通或切断、开关接通或断开或负载电流突然变化时,都会产生瞬时脉冲电压(即过电压),如果这些瞬时脉冲电压加到 SRS 电路上,系统中的电子元件就可能因电压过高而损坏。为了防止 SRS 元件遭受损害,SRS ECU 中必须设置保护电路。同时,为了保证汽车电源电压变化时 SRS 能正常工作,还必须设置稳压电路。

(三)气囊组件

气囊组件是 SRS 的执行元件。按功能不同,气囊组件分为正面(保护面部与胸部)、侧面 SRS(保护颈部与腰部)、护膝和头部(气帘)四种类型。其中,正面气囊组件分为驾驶席、前排乘员席(副驾驶席)和后排乘员席三种。各种气囊组件都是由气囊、点火器和气体发生器组成,原理也相同,仅外形尺寸和形状有所不同。下面以驾驶席气囊组件为例说明。

驾驶席气囊组件的结构如图 6-40 所示,主要由气囊饰盖、气囊、气体发生器和安装在气体发生器内部的点火器组成。

(1) 气囊。气囊一般采用聚酰胺织物(如尼龙)制成,内层涂有聚氯丁二烯,用以密闭气体。早期气囊的背面制作有2~4个通气小孔,用以排气节流吸收动能,目前普遍采用透气性较好的织物制作,因此没有制作通气孔。

气囊在静止状态时,像降落伞未打开时一样折叠成包,安放在气体发生器上部与气囊饰盖之间。气囊开口一侧固定在气囊安装支架上,先用金属垫圈与气囊支架座圈夹紧,然后用铆钉铆接。气囊饰盖表面模压有撕印,以便气囊充气时撕裂饰盖,减小冲出饰盖的阻力。驾驶席气囊充满氮气时的体积为35L左右。

(2) 气体发生器。气体发生器又称为充气器,用专用螺栓与螺母固定在转向盘上的气囊支架上,结构如图 6-41 所示,由气体发生器盖、金属滤网、充气剂、点火器和引爆炸药组成,其功用是在点火器引爆点火剂时,产生气体向气囊充气,使气囊膨开。

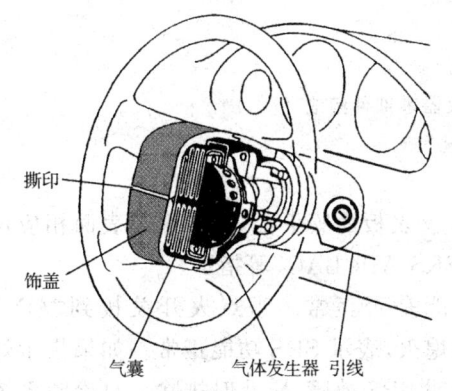

图 6-40 驾驶席气囊组件的结构

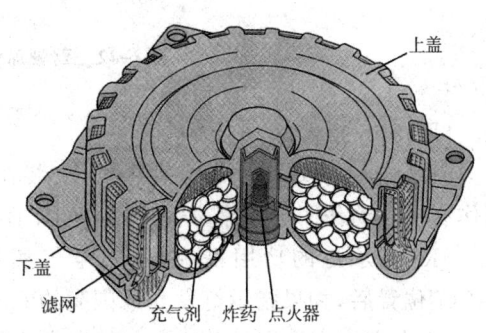

图 6-41 气囊气体发生器的结构

气体发生器壳体由上盖和下盖两部分组成。在上盖上制有若干个长方形或圆形充气孔。下盖上制有安装孔,以便将气体发生器安装到转向盘上的气囊支架上。上盖与下盖用冷压工艺压装成一体,壳体内装充气剂、滤网和点火器。金属滤网安放在气体发生器壳体的内表面,用以过滤充气剂和点火剂燃烧产生的渣粒。

充气剂普遍采用叠氮化钠(Sodium Azide)片状合剂。叠氮化钠的分子式为 NaN_3,是无色六方形晶体,有剧毒! 密度为 $1.846g/cm^3$,在温度约 300℃时分解出氮气。可由氨基钠与一氧化二氮作用制得。叠氮化钠与铅盐(如硝酸铅)作用可制备起爆药叠氮化铅 $Pb(N_3)_2$。目前,大多数气体发生器都是利用热效反应产生氮气而充入气囊。在点火器引爆点火剂瞬间,点火剂会产生大量热量,固态叠氮化钠受热立即分解释放氮气,并从充气孔充入气囊。虽然氮气是无毒气体,但是叠氮化钠的副产品有少量的氢氧化钠和碳酸氢钠(白色粉末)。这些物质是有害的,因此,在清洁气囊膨开后的车内空间时,应保证通风良好并采取防护措施。充气剂制作成片状合剂的目的是便于填装到气体发生器壳体内部。

(3) 点火器。气囊点火器外包铝箔,安装在气体发生器内部中央位置,结构如图 6-42 所示,主要由引爆炸药、药筒、引药、电热丝、电极和引出导线等组成。

点火器的功用是:当 SRS ECU 发出点火指令使电热丝电路接通时,电热丝迅速红热引爆引药,引药瞬间爆炸产生热量,药筒内温度和压力急剧升高并冲破药筒,使充气剂(叠氮化钠)受热分解释放氮气充入气囊。

点火器的所有部件均装在药筒内。点火剂包括引爆炸药和引药。引出导线与气囊连接器插头连接,连接器(一般都为黄色)中设有短路片(铜质弹簧片)。当连接器插头拔下或插头与插座未完全结合时,短路片将两根引线短接,防止静电或误通电将电热丝电路接通使点火剂引爆而造成气囊误膨开。

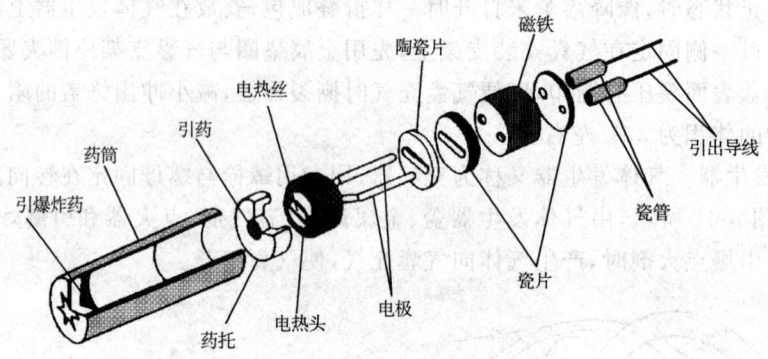

图6-42 驾驶席气囊点火器零部件组成

(四)SRS指示灯

SRS指示灯又称为SRS警告灯,安装在驾驶室仪表板面膜下面,并在面膜表面相应位置制作有气囊动作图形或字母"SRS"、"AIR BAG"、"SRS AIR BAG"等指示。

SRS指示灯的功用是:指示安全气囊系统功能是否正常。当点火开关拨到"ON"或"ACC"位置后,如果指示灯发亮或闪亮约6s后自动熄灭,表示SRS功能正常。如果指示灯不亮、一直发亮或在汽车行驶途中突然发亮或闪亮,说明SRS故障,应及时排除。自诊断系统在控制SRS指示灯发亮或闪亮的同时,还会将所发生的故障编成代码存储在存储器中。

八、安全气囊系统的保险机构

SRS工作可靠与否,直接关系到人身安全。为了便于检查排除故障,SRS的线束和连接器与其他电器系统都有区别。早期曾采用深蓝色,目前大都采用黄色、橘红色或红色。为了保证安全气囊系统可靠工作,其线束连接器采用了导电性、耐久性良好的镀金接线端子,并设计有防止气囊误爆机构、电路连接诊断机构、端子双重锁定机构、连接器双重锁定机构等保险装置。丰田花冠COROLLA轿车SRS线束连接器示意图如图6-43所示,连接器采用的各种保险机构见表6-4。

表6-4 丰田花冠COROLLA轿车SRS采用的保险机构

序 号	保险机构名称	采用该装置的连接器代号
1	防止气囊误爆机构	2、5、8
2	线路连接诊断机构	1、3、7、9
3	连接器双重锁定机构	5、8
4	端子双重锁定机构	1、2、3、4、5、7、8、9

(一)防止气囊误爆机构

防止误爆机构为一块铜质弹簧片(称为短路片),其功用是:当连接器拔开(插头拔下或插头与插座未完全结合)时,短路片(弹簧片)自动将靠近气囊点火器一侧插座上的两个引线端子短接,如图 6-44 所示,防止静电或误通电将点火器电路接通而造成气囊误膨开。图 6-43 所示的 SRS ECU 至气囊点火器之间的连接器 2、5、8 均采用了防止气囊误爆机构。

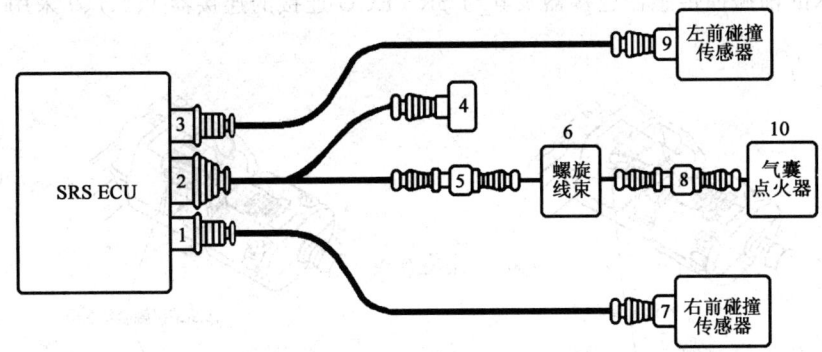

图 6-43　COROLLA 轿车 SRS 线束连接器位置示意图

1、2、3. SRS ECU 连接器　4. SRS 电源连接器　5. 螺旋线束与 SRS ECU 之间的中间线束连接器　6. 螺旋线束
7. 右碰撞传感器连接器　8. SRS 点火器与螺旋线束之间的连接器　9. 左碰撞传感器连接器　10. SRS 点火器

短路片一般设在连接器插座上,当插头与插座正常连接时,插头的绝缘壳体将短路片向上顶起,如图 6-44a 所示,短路片与连接器端子脱开,插头引线端子与插座引线端子接触良好,点火器电热丝电路处于正常连接状态。

当插头与插座脱开时,短路片将气囊点火器一侧插座上的引线端子短接,使点火器电热丝与短路片构成回路,如图 6-44b 所示,此时即使将电源加到点火器一侧连接器插座上,由于电源被短路片短路,因此点火器不会引爆气囊,从而达到防止气囊误爆之目的。

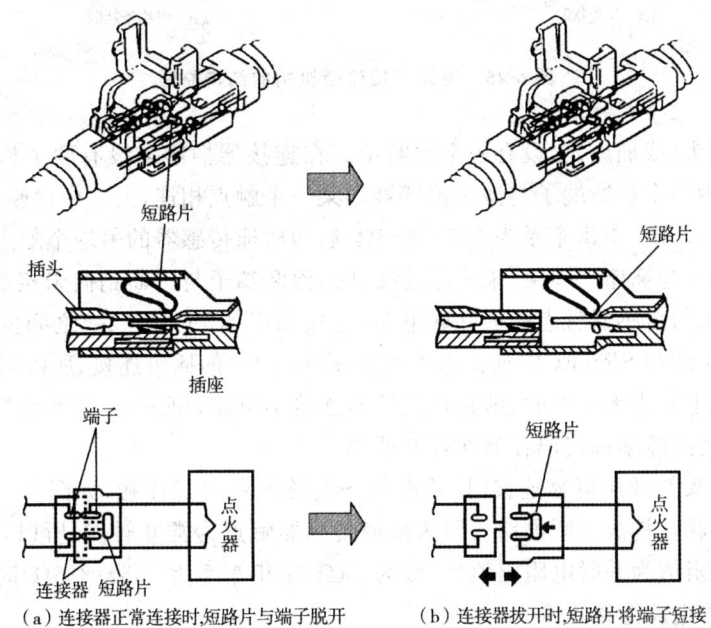

(a) 连接器正常连接时,短路片与端子脱开　　(b) 连接器拔开时,短路片将端子短接

图 6-44　防止气囊误爆机构的结构原理

(二)电路连接诊断机构

电路连接诊断机构的作用是监测连接器插头与插座是否可靠连接,结构如图 6-45 所示。图 6-43 所示的前碰撞传感器连接器及其与 SRS ECU 连接的连接器 1、3、7、9 采用了电路连接诊断机构。

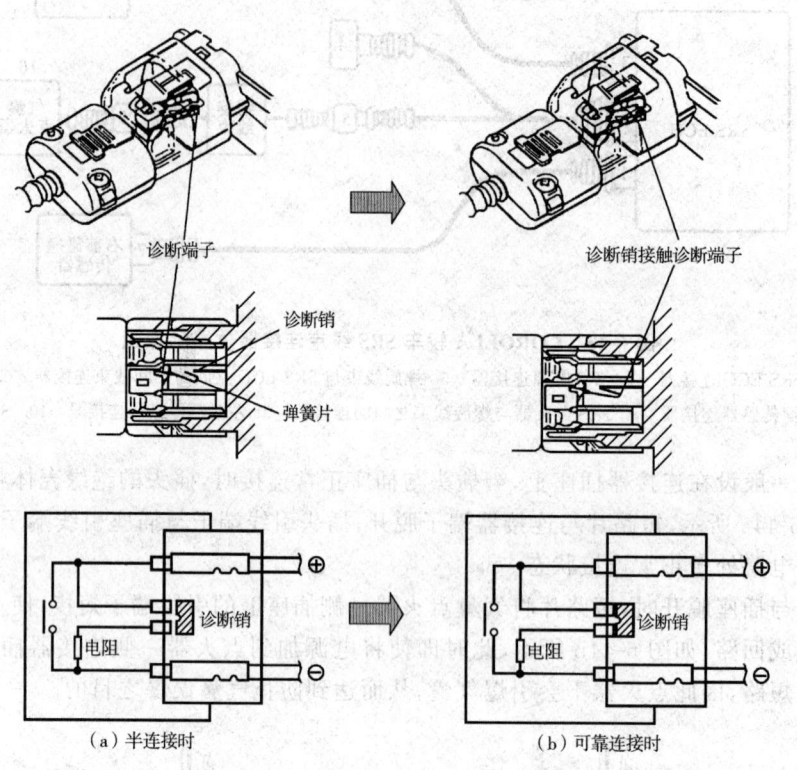

图 6-45 电路连接诊断机构的结构原理

在连接器插头(或插座)上设有一个诊断销。在连接器插座上设有两个诊断端子,端子上设有弹簧片,其中一个诊断端子与碰撞传感器的某一个触点相连,另一个诊断端子经过一个电阻(电阻值一般为 1kΩ,丰田车系为 755～885Ω)后与碰撞传感器的另一个触点相连。

当传感器插头与插座半连接(未可靠连接)时,诊断端子与诊断销尚未接触,如图 6-45a 所示,此时电阻尚未与传感器触点构成并联电路,连接器引线"+"与"-"之间的电阻为无穷大。因为"+"、"-"引线与 SRS ECU 连接器 1 或 3(见图 6-43)的插头连接,所以当 SRS ECU 监测到碰撞传感器的电阻为无穷大时,即判定连接器连接不可靠,SRS ECU 就会控制 SRS 指示灯闪亮报警,同时将故障编成代码存储在存储器中。

当传感器插头与插座可靠连接时,诊断端子与诊断销可靠接触,如图 6-45b 所示,此时电阻与碰撞传感器触点构成并联电路。因为碰撞传感器触点为常开触点,所以,当 SRS ECU 检测到传感器电路阻值为并联电阻阻值(一般为 1kΩ,丰田车系为 755～885Ω)时,即判定连接器可靠连接,传感器电路连接正常。

(三)连接器双重锁定机构

连接器双重锁定机构的功用是:锁定连接器插头与插座,防止连接器脱开,结构如图 6-46 所示。在 SRS 和座椅安全带收紧系统线束中,各种气囊组件和螺旋线束等重要连接部位的连接器(图 6-43 中连接器 5、8)都采用了双重锁定机构。

在连接器插头上,设有主锁和两个凸台。在连接器插座上,设有锁柄能够转动的副锁。当主锁未锁定时,插头上的两个凸台就会阻止副锁锁定,如图 6-46a 所示;当主锁完全锁定时,副锁锁柄方能转动并锁定,如图 6-46b 所示;当主锁与副锁双重锁定后,连接器插头与插座的连接状态如图 6-46c 所示,插头与插座可靠连接,从而防止连接器脱开。

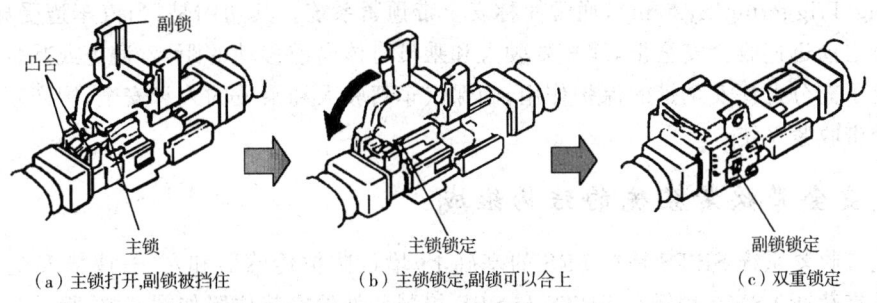

(a) 主锁打开,副锁被挡住　　(b) 主锁锁定,副锁可以合上　　(c) 双重锁定

图 6-46　连接器双重锁定机构

(四)接线端子双重锁定机构

在安全气囊系统的每一个连接器中,接线端子都设置有双重锁定机构,其作用是:防止接线端子滑动而导致接触不良。接线端子双重锁定机构如图 6-47 所示,由连接器壳体上的锁柄与分隔片组成。其中,锁柄为一次锁定机构,防止端子沿导线轴线方向滑动;分隔片为二次锁定机构,防止端子沿导线径向移动。

(五)螺旋线束

为了便于区分和检查排除故障,SRS 和座椅安全带收紧系统线束一般都套装在具有特殊颜色(一般为黄色或红色)的塑料波纹管内,并与发动机舱线束连成一体。为了保证转向盘具有足够的转动角度而又不致损伤驾驶席气囊组件线束,在转向盘与转向柱管之间采用了螺旋线束,即将线束安装在螺旋形弹簧内,再安放到弹簧壳体内,如图 6-48 所示。

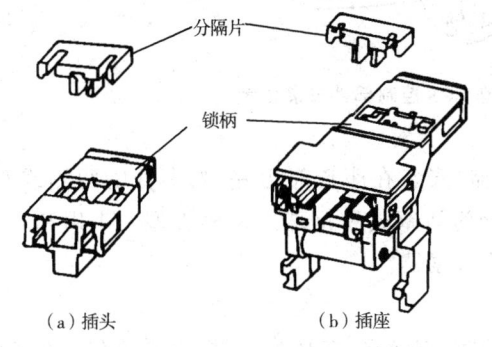

(a) 插头　　(b) 插座

图 6-47　端子双重锁定机构

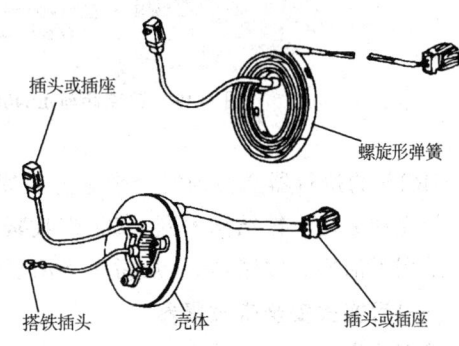

图 6-48　螺旋形弹簧与螺旋线束的结构

汽车的电喇叭线束也安装在螺旋形弹簧内。螺旋弹簧安装在转向盘与转向柱管之间,安装时应注意安装位置和螺旋方向,否则将会导致转向盘转动角度不足或转向沉重。在不同车型的汽车电路图中,螺旋线束的名称各不相同,有的称为螺旋弹簧,有的称为时钟弹簧、游丝弹簧或游丝等。

第七节 安全带收紧技术

安全带收紧系统的全称是座椅安全带紧急收缩触发系统（SRTS，Seat-Belt Emergency Retracting Triggering System），通常简称安全带预紧系统。其功用是：当汽车遭受碰撞时，在气囊膨开之前迅速收紧安全带，缩短驾驶人和乘员身体向前移动的距离，避免或减轻人体遭受伤害。为了充分发挥安全带的保护作用，确保汽车驾驶人和乘员的人身安全，国产轿车大都装备有安全带收紧系统。

一、安全带收紧系统的结构组成

安全带收紧系统 SRTS 是在 SRS 的基础上，增设防护传感器和左、右座椅安全带收紧器构成。雷克萨斯 LS400 型轿车 SRTS 与 SRS 控制部件的安装位置如图 6-49 所示。安全带收紧系统 SRTS 的前碰撞传感器和 ECU 一般都与 SRS 公用，仍然称为 SRS ECU，防护传感器设在 SRS ECU 内部，用于接通 SRTS 的电源电路。

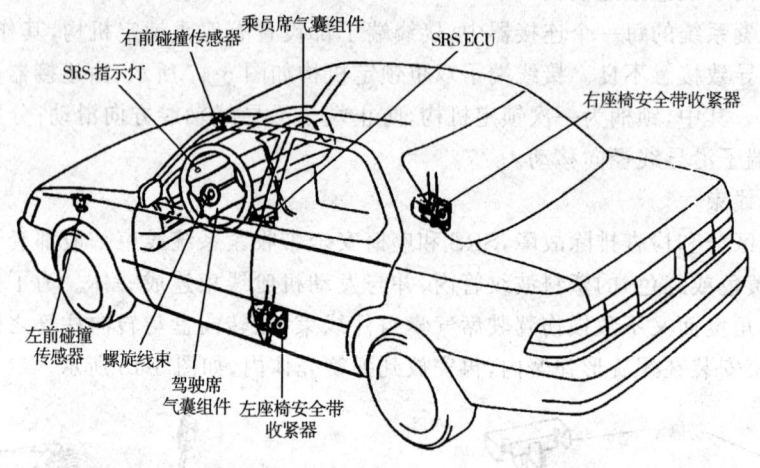

图 6-49 雷克萨斯 LS400 型轿车 SRS 控制部件安装位置

SRTS 的执行器又称为安全带紧急收紧收缩器，安装在座椅靠近左、右车身的两侧或左、右车门立柱旁边。按结构不同，安全带收紧器可分为活塞式和钢珠式两种类型。丰田和奔驰轿车采用了活塞式收紧器，大众轿车采用了钢珠式收紧器。

（一）活塞式安全带收紧器

活塞式安全带收紧器由导管（又称为气筒）、活塞、钢丝绳、气体发生器、点火器和安全带收缩棘轮组成，结构如图 6-50 所示。气体发生器和点火器的结构原理与 SRS 气体发生器和点火器基本相同，有所不同的是体积很小，因此，充气剂的用量很少。点火器安放在气体发生器内部。

活塞直径约 20mm，安装在导管（气筒）内。活塞上焊接有一根钢丝绳，钢丝绳的另一端固定在棘轮机构的一个棘爪上。

棘轮机构设在安全带伸缩卷筒的一端，由三个棘爪、一个外齿圈和时钟弹簧组成。外齿圈

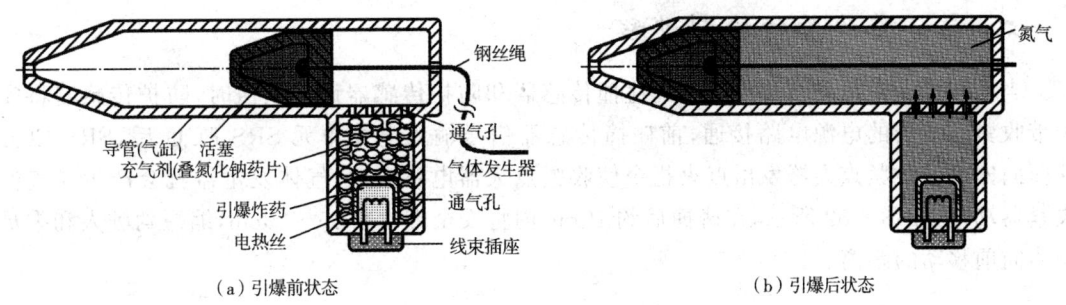

(a) 引爆前状态　　　　　　　　(b) 引爆后状态

图 6-50　安全带收紧器结构原理

固定在安全带伸缩卷筒的转轴上,可与转轴一同转动,棘爪安放在外齿圈周围的圆形固定架内。当钢丝绳不动时,棘爪在时钟弹簧作用下处于松弛状态,外齿圈可随安全带卷筒沿顺时针或逆时针方向转动;当拉动钢丝绳时,拉力力矩克服时钟弹簧弹力力矩使棘爪抱紧在外齿圈上,并带动安全带伸缩卷筒转动,从而便可使安全带收紧。

当点火器电路接通时,电热丝通电红热并引爆引药,引爆炸药释放大量热量使充气剂受热分解并释放出大量无毒氮气充入收紧器导管。活塞在膨胀气体的推力作用下带动钢丝绳迅速移动,如图 6-50b 所示。与此同时,钢丝绳通过棘轮机构带动安全带卷筒转动将安全带收紧,使驾驶人和乘员身体向前移动距离缩短,避免或减轻面部、胸部与转向盘、风窗玻璃或仪表台发生碰撞而遭受伤害。

(二) 钢珠式安全带收紧器

大众轿车采用的钢珠式安全带收紧器结构如图 6-51 所示,主要由气体发生器、点火器、钢珠、带齿转子、安全带卷筒和钢珠回收盒组成。

气体发生器和点火器的结构原理与 SRS 的气体发生器和点火器基本相同,但体积很小。点火器安放在气体发生器内部,钢珠安放在气体发生器前面的滚道内。带齿转子固定在安全带卷筒的一端,如图 6-51a 所示。

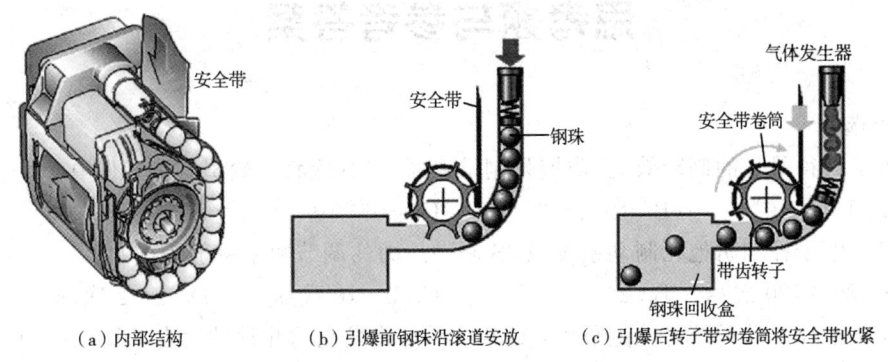

(a) 内部结构　　(b) 引爆前钢珠沿滚道安放　　(c) 引爆后转子带动卷筒将安全带收紧

图 6-51　大众轿车用钢珠式安全带收紧器的结构原理

当点火器电路接通时,电热丝通电红热并引爆引药,引爆炸药释放大量热量使充气剂受热分解并迅速释放出大量氮气冲击钢球。滚道内的钢珠在膨胀气体地推力作用下连续射向转子齿槽,从而驱动转子带动卷筒转动将安全带收紧,如图 6-51b 和图 6-51c 所示。

二、安全带收紧的控制过程

当汽车遭受碰撞且减速度达到前碰撞传感器和防护传感器设定阈值时，防护传感器将安全带收紧点火器的电源电路接通，前碰撞传感器信号输入电控单元 SRS ECU 后，SRS ECU 立即向安全带收紧点火器发出点火指令使收紧点火器电路接通，气体发生器就会产生氮气使收紧器动作，如图 6-52 所示，在碰撞后约 10ms 内将安全带收紧 15～20cm，缩短驾驶人和乘员身体向前移动的距离。

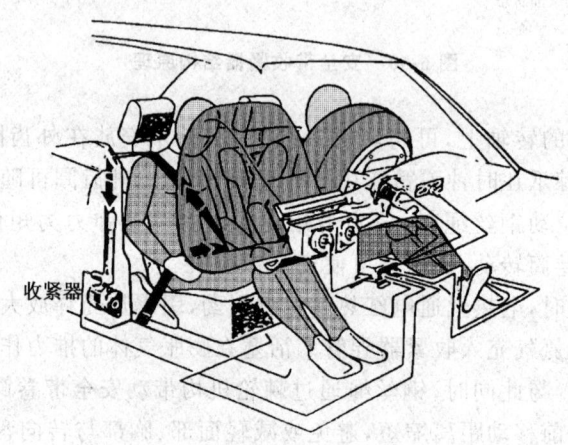

图 6-52　安全带与气囊的动作情况

在电控单元 SRS ECU 向安全带收紧点火器发出点火指令的同时，还要向气囊点火器发出点火指令，使气囊膨胀吸收碰撞产生的动能，达到保护驾驶人和乘员之目的。因为气囊在发生碰撞约 40ms 后才能完全充气到最大体积，所以在座椅安全带收紧后，驾驶席和乘员席的气囊（包括正面、侧面、护膝以及气帘等气囊）才会同时膨开。

思考题与参考答案

一、单选题

1. 为了获得最佳的制动效能，防抱死制动系统 ABS 应将车轮滑移率控制在（　　）。
   A. 1%～10%　　　B. 10%～30%　　　C. 30%～60%　　　D. 60%～100%
2. 汽车电子控制防抱死制动系统 ABS 制动压力的调节频率一般为（　　）。
   A. 80～120 次/s　　B. 20～50 次/s　　C. 2～10 次/s　　D. 1～2 次/s
3. 在防抱死制动系统自检过程中，ABS 指示灯将发亮约几秒钟后自动熄灭（　　）。
   A. 120s　　　　　B. 60s　　　　　　C. 10s　　　　　　D. 2s
4. 当 ABS 进行"升压"控制时，阀门处于间歇打开与关闭状态的电磁阀是（　　）。
   A. 进液阀　　　　B. 出液阀　　　　C. 止回阀　　　　D. 单向阀
5. 电子控制防抱死制动系统 ABS 允许的最低工作电压值是（　　）。
   A. 6V　　　　　　B. 10.5V　　　　　C. 12V　　　　　　D. 14V
6. 在 ABS 基础上，不增加硬件，只增设软件程序就能实现的控制功能是（　　）。

A. 防滑转控制　　B. 制动辅助　　C. 制动力分配　　D. 车身稳定性
7. 电子控制制动辅助系统 EBA 控制的实质是自动增大紧急制动时的（　　）。
   A. 制动力　　B. 附着力　　C. 驱动力　　D. 摩擦力
8. 防滑转调节系统 ASR 能够提高汽车的下述哪一种性能（　　）。
   A. 动力性　　B. 经济性　　C. 操作性　　D. 通过性
9. 为了获得较大的附着力，防滑转调节系统 ASR 应将车轮滑转率控制在（　　）。
   A. 60%～100%　　B. 30%～60%　　C. 10%～30%　　D. 1%～10%
10. 在 ABS 和 ASR 基础上，增设控制程序和个别传感器，就能实现的控制功能是（　　）。
    A. 防抱死制动　　B. 制动辅助　　C. 制动力分配　　D. 车身稳定性
11. 汽车安全气囊从开始充气到完全充满所需时间约为（　　）。
    A. 10ms　　B. 30ms　　C. 60ms　　D. 120ms
12. 从汽车遭受碰撞开始到安全气囊收缩为止，所用时间约为（　　）。
    A. 10ms　　B. 30ms　　C. 60ms　　D. 120ms
13. 在汽车正前方下列角度范围内发生碰撞时，汽车正面气囊才能引爆充气（　　）。
    A. ±30°　　B. ±40°　　C. ±50°　　D. ±60°
14. 汽车安全带收紧系统控制的安全带收紧长度为（　　）。
    A. 1～5cm　　B. 5～10cm　　C. 10～15cm　　D. 15～20cm

二、多选题

1. 汽车主动安全系统包括下述哪几个控制系统（　　）。
   A. 防抱死制动　　B. 制动力分配　　C. 制动辅助　　D. 安全气囊
2. 汽车防抱死制动电子控制系统是由下述哪些装置构成（　　）。
   A. 轮速传感器　　B. ABS ECU　　C. ABS 指示灯　　D. 制动压力调节器
3. 汽车防抱死制动时，电磁阀将处于下述几种状态来调节制动轮缸的压力（　　）。
   A. 泄压　　B. 保压　　C. 降压　　D. 升压
4. 发动机的输出转矩可以通过下属哪些方法进行控制（　　）。
   A. 控制点火时间　　B. 控制供油量　　C. 控制制动力　　D. 控制节气门开度
5. 安全气囊系统 SRS 主要由下述哪些装置组成（　　）。
   A. 碰撞传感器　　B. 防护传感器　　C. SRS ECU　　D. 气囊组件

三、判断题

1. 当制动器制动力大于附着力时，车轮就会抱死滑移（　　）。
2. 车轮滑移率是实际车速 v 与车轮速度 vw 之和同实际车速 v 的比率（　　）。
3. 在汽车制动时，如果后轮抱死，就会发生侧滑（甩尾），甚至出现调头现象（　　）。
4. 影响汽车转向控制能力和行驶稳定性的附着力是纵向附着力（　　）。
5. 防抱死制动系统是在常规制动系统的基础上，增设电子控制系统而构成（　　）。
6. 当常规制动装置发生故障，防抱死制动系统仍能起作用（　　）。
7. 在电磁线圈未通电时，常开电磁阀的球阀与座处于接触状态（　　）。
8. 汽车安全气囊的充气剂普遍采用叠氮化钠片状合剂（　　）。
9. 汽车电控制动力分配系统 EBD 的执行器是 ABS 的电磁阀。（　　）
10. 当发动机传递给车轮的驱动力超过路面提供的附着力时，车轮就会滑转（　　）。

四、问答题

1. 汽车防抱死制动系统 ABS 具有哪些优点？
2. 影响车轮滑移率 S 的因素有哪些？
3. 在汽车防抱死制动系统 ABS 中，制动压力调节器常用的电磁阀有哪些？
4. 分析说明两位两通电磁阀式 ABS 在制动压力升高（"升压"）时的控制过程。
5. 当汽车起步、加速或在冰雪路面上行驶时，为什么车轮容易出现滑转现象？
6. 驱动轮防滑转调节系统 ASR 防止驱动轮滑转的调节方法主要有哪些？
7. 汽车主动安全系统 ABS、EBD、EBA、ASR 和 VSC 的控制方法有何异同？

参考答案

一、单选题：1. B 2. C 3. D 4. A 5. B 6. C 7. A 8. D 9. C 10. D 11. B 12. D 13. A 14. D

二、多选题：1. ABC 2. ABCD 3. BCD 4. ABD 5. ABCD

三、判断题：1. √ 2. × 3. √ 4. × 5. √ 6. × 7. × 8. √ 9. √ 10. √

第七章　汽车电控悬架与辅助驾驶技术

近年来,机动车驾驶人疲劳驾驶、不礼让行人、闯红灯、随意接通前照灯等导致的道路交通事故时有发生,严重威胁着人们的生命与财产安全。为了提高汽车的行驶安全性和操作稳定性,各汽车公司相继开发了汽车电子控制巡航系统、电子控制动力转向系统、车道偏离预警系统、自动制动系统、汽车轮胎压力和温度监测系统、自动刮水系统和前照灯光束自动调节等辅助驾驶系统。

第一节　电子控制悬架系统

汽车悬架是车身与车轮之间所有传力装置的总称。悬架的功用是将路面作用于车轮的垂直反力(支承力)、纵向反力(牵引力、制动力)、侧向反力以及由这些反力形成的力矩传递到车身上,保证汽车正常行驶。

汽车电子控制悬架系统又称为电子调节悬架系统(EMS,Electronic Modulated Suspension System)。汽车装备电子调节悬架系统 EMS 后,其悬架称为电控悬架。汽车装备电控悬架后,在急转弯、急加速或紧急制动时,乘坐人员能够感到悬架较为"坚硬",而在正常行驶时又能感到悬架比较"柔软"。EMS 还能平衡地面反力,使其对车身的影响减小到最低程度。因此,大多数中高档轿车、大客车及越野汽车都装备了电子控制悬架系统。

一、电子控制悬架系统的功用

人体习惯的垂直振动频率是步行时身体上下运动的频率,约为 $1.0\sim1.6Hz$。汽车悬架刚度和悬架弹簧支承的质量(即悬架簧载质量)所决定的车身自然振动频率(即振动系统的固有频率),应当尽可能地处于或接近这一频率范围。

电子控制悬架系统 EMS 的功用是:在汽车行驶过程中,当载荷和速度变化时,自动调节车身高度、悬架刚度和减振器阻尼的大小,提高汽车的通过性和平顺性(即乘坐舒适性)。

二、电子控制悬架系统的组成

汽车电子控制悬架系统 EMS 的组成各不相同,丰田车系 EMS 的组成如图 7-1 所示,主要由前后车身高度传感器、转向盘转向与转角传感器、高度调节开关、高度调节自动切断开关、驾驶模式选择开关、制动灯开关、EMS ECU、前后悬架调节执行器、前后高度调节继电器、前后高度调节阀、储气筒与调节阀、高度调节空气压缩机、干燥器与排气阀总成等组成。

高度调节开关设有"High(车身高)"和"Normal(车身高度正常)"两个挡位,操纵高度调节开关能使车身的目标高度变为"正常"状态或"高"状态。但是由于高速行驶时车身过高会降低稳定性,因此,当高度调节开关处于"High"位置且车速达到一定值时,高度调节系统能自动将车身高度降低到"Normal"状态,保证汽车行驶稳定性和减小行驶阻力。

当点火开关断开后,如果车身高度因载荷量或乘员数变化而高于"Normal"高度时,高度调节系统能自动将车身降低到"Normal"高度,使汽车保持正常姿态。

高度调节自动切断开关能使空气弹簧悬架系统关闭,防止车身过高或拖车时产生意外。

驾驶模式选择开关用于选择减振器阻尼的工作模式,一般设有"自动"、"坚硬"和"柔软"等工作模式。

当驾驶人踩下制动踏板时,制动灯开关信号将输入EMS ECU,EMS ECU将控制前部空气弹簧刚度和减振器阻尼变成"坚硬"状态,以便抑制汽车制动时的点头现象。

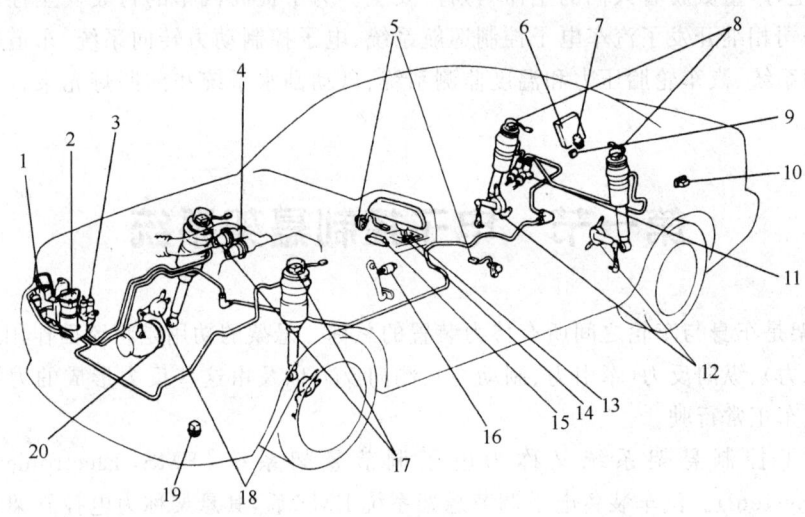

图7-1 丰田汽车电子控制悬架系统EMS的组成

1.干燥器与排气阀总成 2.高度调节空气压缩机 3.No1高度调节阀 4.主节气门位置传感器 5.门控开关 6.EMS ECU 7.No2高度调节继电器 8.后悬架调节执行器 9.高度调节连接器 10.高度调节自动切断开关 11.No2高度调节阀与溢流阀 12.后高度传感器 13.驾驶模式选择开关 14.高度调节开关 15.转向盘转向与转角传感器 16.制动灯开关 17.前悬架调节执行器 18.前高度传感器 19.No1高度调节继电器 20.储气筒与调节阀

三、电子控制悬架系统的分类

电子控制悬架系统EMS的控制方式有调节车身高度、调节空气弹簧刚度和调节减振器阻尼。根据EMS的功能及其组合形式不同,EMS主要分为以下几种类型。

(1)电子控制车身高度调节系统,即变高度空气弹簧悬架系统。

(2)电子控制悬架刚度调节系统,即变刚度空气弹簧悬架系统。

(3)电子控制减振器阻尼调节系统,即变阻尼减振器悬架系统。

(4)电子控制车身高度与悬架刚度调节系统,即变高度与变刚度空气弹簧悬架系统。

(5)电子控制车身高度、悬架刚度与减振器阻尼调节系统,即变高度、变刚度空气弹簧与变阻尼减振器悬架系统。

由此可见,上述丰田汽车电子控制悬架系统EMS是一个变高度、变刚度空气弹簧与变阻尼减振器悬架系统,具有车身高度、悬架刚度与减振器阻尼调节功能的组合系统。

第二节 车身高度调节系统

电子控制车身高度调节系统又称为变高度空气弹簧悬架系统,主要功用是汽车载荷量或乘员数变化时,自动调节车身高度,使汽车行驶姿态稳定,提高汽车的平顺性和通过性。

车身高度调节系统分为两类,一类是仅对两个后轮悬架进行高度调节;另一类是对全部车轮的悬架进行高度调节。其调节原理完全相同。

一、车身高度调节系统的组成

车身高度调节系统的组成简图如图7-2所示,由4只高度传感器(每个减振器下面各设1只)、控制开关、EMS ECU、高度调节执行器(包括4个气压缸、两只高度控制电磁阀、空气压缩机、干燥器和空气管路)等组成。

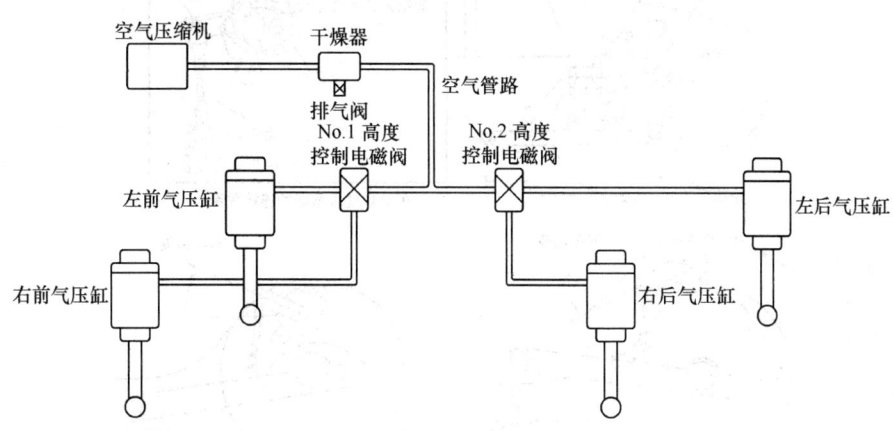

图 7-2 车身高度调节系统组成简图

二、车身高度传感器

在汽车行驶过程中,当车辆载荷量或乘员数增减时,车身高度就会发生变化。为了保证汽车的通过性和平顺性,需要将车身高度调节在合理范围内。

车身高度传感器又称为车身位置传感器,其功用是将车身高度变化的信号输入EMS ECU,以便调节车身高度。小轿车装备EMS较多,车身高度的调节范围一般为10~30mm。

(一)车身高度传感器的结构特点

车身高度一般都采用光电式传感器进行检测,结构如图7-3所示,主要由光电耦合元件、遮光盘、壳体和防护盖等组成。

光电耦合元件由发光二极管和光电三极管组成。遮光盘固定在传感器轴上,圆盘圆周上制作有弧度不等的透光槽。传感器轴通过连杆和拉紧螺栓与悬架臂连接,如图7-4所示。

(二)车身高度的检测原理

光电耦合元件固定在传感器壳体上,传感器壳体固定在车架上。因此,当车身高度变化

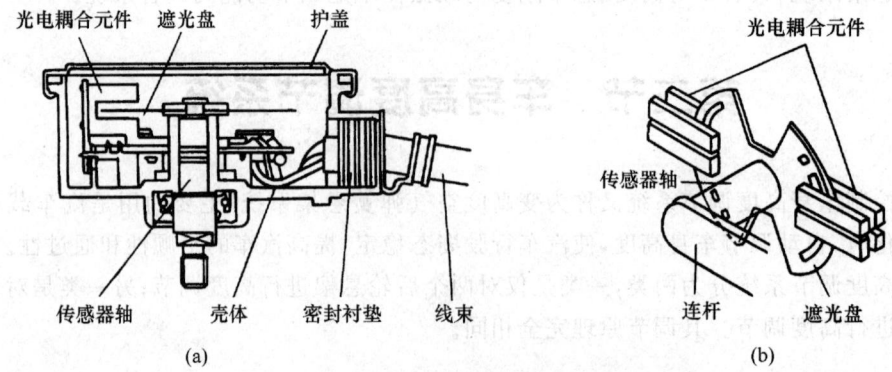

图 7-3 车身高度传感器的结构
(a)传感器结构 (b)信号发生器结构

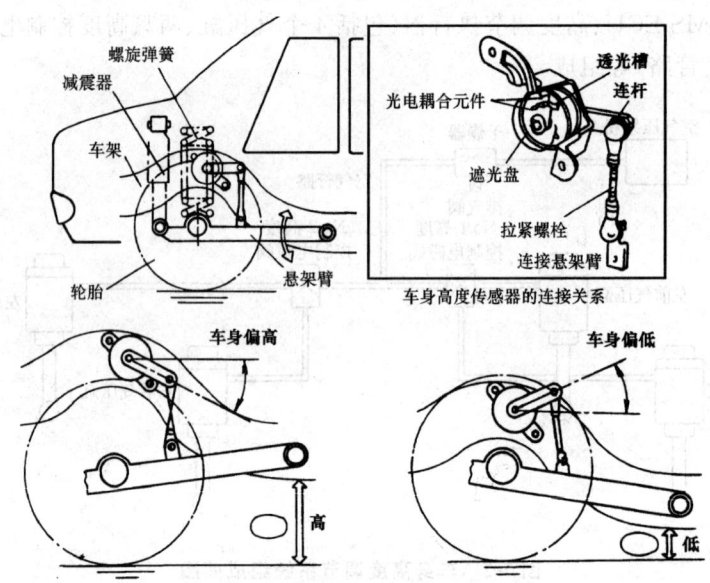

图 7-4 车身高度传感器的连接关系

时,光电耦合元件仅随车身上下移动,遮光盘将随悬架臂的摆动而转动。

当车身升高时,悬架臂右端离地间隙增大,并通过拉紧螺栓和连杆带动传感器轴沿顺时针方向转动一定角度。反之,当车身高度降低时,悬架臂右端离地间隙减小,安装在车架上的传感器壳体向轮轴靠近,因为拉紧螺栓的长度不变,所以悬架臂将通过拉紧螺栓和连杆带动传感器轴沿逆时针方向转动一定角度。

当传感器轴转动时,就会带动固定在轴上的遮光盘一同转动。当遮光盘上的透光槽处于发光二极管与光电三极管之间时,光电三极管受到光线照射而导通,耦合元件输出端(SH)输出为低电平"0"(0~0.3V);当遮光盘上的透光槽不在发光二极管与光电三极管之间时,光电三极管不受光线照射而截止,耦合元件输出端(SH)输出为高电平"1"(4.7~5.0V)。

根据光电耦合元件输出的信号,即可判定车身高度的高低。为了将车身高度变化转换成电信号,在遮光盘的两侧装有四组或两组光电耦合元件,电路如图7-5所示。EMS ECU根据各组光电耦合元件的输出信号,可以判定车身高度和车高区间,判定结果见表7-1。

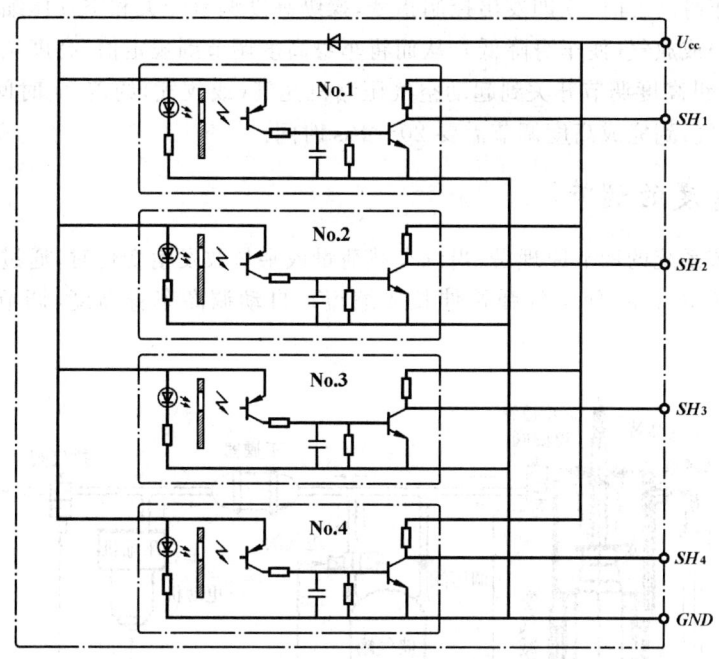

图 7-5 车身高度传感器的电路

表 7-1 车身高度与四组耦合元件输出信号的关系

光电耦合元件输出信号状态				车身高度	车身高度	备 注
No.1(SH1)	No.2(SH2)	No.3(SH3)	No.4(SH4)	区间/cm	判定结果	
1	1	0	1	15	过高	
1	1	0	0	14		
0	1	0	0	13		
0	1	0	1	12		
0	1	1	1	11	偏高	由上往下，车身降低
0	1	1	0	10		
0	0	1	0	9		
0	0	1	1	8	正常	
0	0	0	1	7		
0	0	0	0	6		
1	0	0	0	5	偏低	
1	0	0	1	4		
1	0	1	1	3		
1	0	1	0	2		
1	1	1	0	1	过低	
1	1	1	1	0		

在汽车行驶过程中，车身高度传感器一般每隔 8ms 测定一次车身高度。当 EMS ECU 判

定结果需要调节车身高度时,立即发出控制指令,操纵高度调节开关和空气压缩机给空气弹簧充气(使车身升高)或放气(使车身降低),从而将车身高度调节到规定值,高度调节范围一般为10～30mm。从操纵高度调节开关到起动空气压缩机充气(或放气)约需2s时间,从压缩机开始充气(或开始排气)到完成高度调节需要20～40s时间。

三、车身高度的调节

车身高度调节系统的调节原理是:当汽车载荷量或乘员数发生变化时,通过增加或减少空气弹簧气压缸内的空气量,使空气弹簧伸长或缩短来自动调高车身高度,调节过程如图7-6所示。

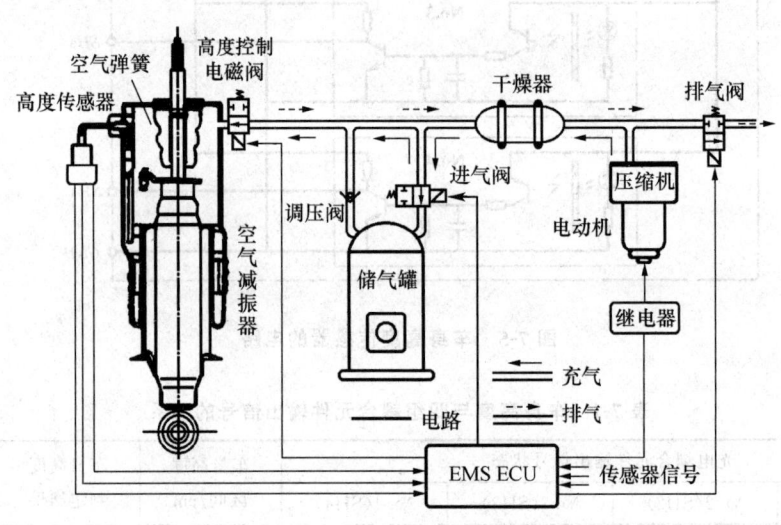

图7-6 车身高度的调节过程

1. 车身高度不变

当车身高度传感器输入EMS ECU的信号表示车身高度在正常值范围内时,EMS ECU将发出指令使空气压缩机停止转动,空气弹簧气压缸内的空气量不变,因此车身高度保持不变。

2. 车身高度升高

当汽车载荷量或乘员数增加使车身"偏低"或"过低"时,高度传感器将向EMS ECU输入车身"偏低"或"过低"的信号。EMS ECU接收到该信号时,立即向压缩机继电器和高度控制电磁阀发出电路接通指令,在空气压缩机运转的同时,高度控制电磁阀打开,压缩空气进入空气弹簧的气压缸,气压缸内空气量增加使车身升高。

当空气压缩机继电器触点接通时,直流电动机带动空气压缩机运转,从压缩机输出的压缩空气经干燥器干燥后进入储气罐,储气罐的气体压力由调压阀调节。

3. 车身高度降低

当载荷量或乘员数减少使车身"偏高"或"过高"时,高度传感器将向EMS ECU输入车身"偏高"或"过高"的信号。EMS ECU接收到该信号时,立即向空气压缩机继电器发出电路切断指令,并向排气阀和高度控制电磁阀发出电路接通指令,压缩机继电器触点迅速断开使电动机电路切断而停止运转,排气阀和高度控制电磁阀线圈电路接通使电磁阀打开,空气从空气弹簧的气压缸、高度控制电磁阀、干燥器、排气阀排出,气压缸内空气量减少使车身降低。

4. 系统保护措施

从空气弹簧气压缸放出的空气经过干燥器时,带走了干燥剂中的湿气。这样,干燥剂经过一段时间使用后不会被湿气浸透。干燥器中空气的最低压力保持在55~165kPa,从而保证系统中有一定量的空气。这样在载荷量或乘员数减少而使空气弹簧伸长时,气压缸不致凹瘪。

在高度传感器输入车身高度变化信号7~13s后,EMS ECU才会向执行元件发出控制信号。在这段时间内,如果高度传感器信号没有变化,EMS ECU就不会改变车身高度,防止悬架正常运动时EMS ECU使车身升高或降低。

除此之外,EMS ECU控制空气压缩机连续运转时间最长不超过2min,排气电磁阀打开最长时间不超过1min。这样可以防止系统泄漏时压缩机不停地工作和防止排气孔不停地放气。

在行李舱中设有一个高度调节自动切断开关。当车身高度上升到极限值时,该开关将切断系统控制电路电源使高度调节系统停止工作,防止车身过高或在拖车时产生意外。

第三节 悬架刚度调节系统

悬架刚度是指车轮中心相对于车架和车身向上移动单位距离所需加于悬架上的垂直载荷。换言之,悬架刚度是使悬架产生单位垂直压缩变形所需加于悬架上的垂直载荷。由此可见,当悬架所受垂直载荷一定时,悬架刚度愈小,则车身自然振动频率愈低,悬架垂直变形就愈大;反之,悬架刚度愈大,车身自然振动频率愈高,悬架垂直变形就愈小。

电子控制悬架刚度调节系统又称为变刚度空气弹簧悬架系统,主要功用是当汽车载荷变化时,自动调节悬架刚度,提高汽车的平顺性(即乘坐舒适性)。

一、悬架刚度调节系统的组成

电子控制悬架刚度调节系统也是由高度传感器、控制开关、EMS ECU、刚度调节执行器(气压缸、高度控制电磁阀、空气压缩机、干燥器和空气管路)等组成,如前述图7-1和图7-2所示。可见,变刚度与变高度空气弹簧悬架系统的组成基本相同,主要区别在于空气弹簧气压缸的内部结构及其调节机构有所不同。

变刚度空气弹簧悬架内部结构如图7-7所示,空气弹簧的气压缸内部分为主气压腔和辅气压腔两个腔室,并在主、辅气压腔之间设有一个由步进电机驱动的空气调节阀(空气阀)。气压缸的主、辅气压腔设计为一体,不仅节省空间,而且质量减轻。

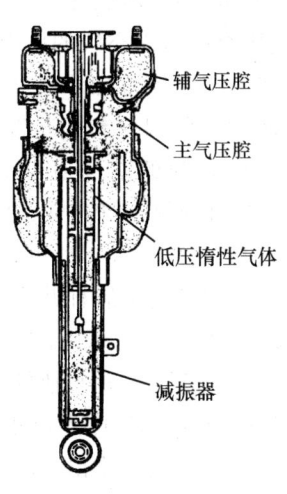

图7-7 空气弹簧悬架

二、空气调节阀的结构原理

空气调节阀简称空气阀,由阀体 6 和阀芯 8 组成,内部结构如图 7-8 所示。在主气压腔 5 与辅气压腔 4 之间的阀体 6 上,设有小通道 7 和大通道 9 两个空气通道。空气阀控制杆 2 由步进电机驱动,步进电机由 EMS ECU 控制。当步进电机驱动控制杆 2 转动时,阀芯 8 随控制杆 2 一同转动。当阀芯转动一定角度时,可以接通阀体 6 上空气通道的大通道 9 或小通道 7,使主、辅气压腔之间的空气流量改变,从而改变空气弹簧悬架的刚度。

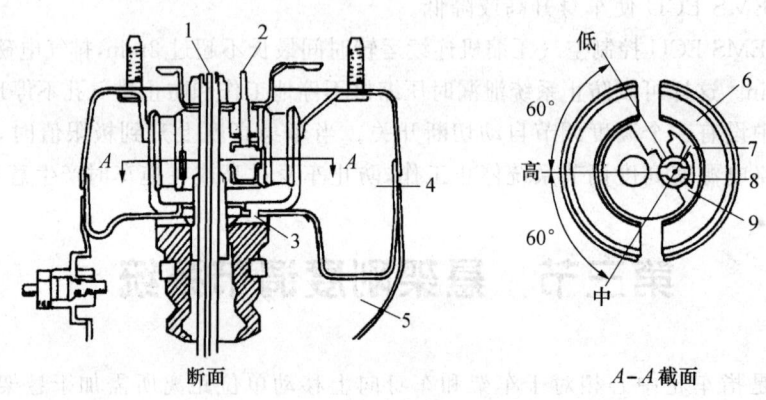

图 7-8 空气阀的结构
1. 阻尼调节杆 2. 空气阀控制杆 3. 主辅气压腔通道 4. 辅气压腔 5. 主气压腔
6. 阀体 7. 小通道 8. 阀芯 9. 大通道

三、悬架刚度的调节

在悬架振动过程中,缓冲任务主要由主气压腔承担。悬架刚度的调节原理是:通过改变空气弹簧主气压腔内压缩空气量的大小,使压缩空气的压力和密度改变来调节空气弹簧悬架的刚度。同理,如果使主、辅气压腔之间的压缩空气流动,那么改变主、辅气压腔之间压缩空气通路的大小,使主气压腔内压缩空气的压力和密度改变,就可改变空气弹簧悬架的刚度。

空气弹簧悬架的刚度分为"低"、"中"、"高"三种状态。

当步进电机驱动空气阀控制杆并带动阀芯旋转到图 7-8 所示的"高"位置时,阀芯的开口被封闭,主、辅气压腔之间的空气通道被切断,两气压腔之间的空气不能流动。与此同时,EMS ECU 发出指令,控制高度控制电磁阀和压缩机继电器电路接通,压缩空气继续充入主气压腔使空气压力升高、密度增大。所以悬架刚度处于"高"状态。

当步进电机驱动空气阀控制杆并带动阀芯在图 7-8 所示位置的基础上沿顺时针方向旋转 60°,使阀芯开口转到对准图中"低"位置时,空气大通道构成通路,主气压腔内的压缩空气经阀芯中央的气孔和阀体侧面的气孔与辅气压腔构成通路并流入辅气压腔,两气压腔之间的空气流量较大。与此同时,EMS ECU 发出指令,控制高度控制电磁阀和排气阀电路接通,辅气压腔内的部分压缩空气从排气阀排出。因此,主气压腔的压缩空气减少、压力降低、密度减小,使悬架刚度处于"低"状态。

当步进电机驱动空气阀控制杆并带动阀芯在图 7-8 所示位置的基础上沿逆时针方向旋转 60°,使阀芯开口对准图中"中"位置时,空气小通道构成通路,主、辅气压腔之间的空气流量很小。与此同时，EMS ECU 发出指令，控制高度控制电磁阀和压缩机继电器电路断电，因此主气压腔内压缩空气量变化很小，从而使悬架刚度处于"中"状态。

1. 抑制点头控制

当汽车紧急制动时，制动灯开关接通，EMS ECU 接收到该信号后，将根据车速传感器信号的变化率计算确定汽车减速度大小，向驱动前空气阀控制杆的步进电机发出指令，使阀芯旋转到主、辅气压腔之间压缩空气不能流通的位置，EMS ECU 同时向前高度控制电磁阀和压缩机继电器发出电路接通指令，压缩空气充入前空气弹簧的主气压腔，使前空气弹簧刚度升高。与此同时，EMS ECU 向后空气弹簧的高度控制电磁阀和排气阀发出电路接通指令，后空气弹簧放气，其空气压力和密度减小，使后空气弹簧的刚度降低。

由此可见，在紧急制动时，EMS 抑制汽车点头的方法是：控制前空气弹簧充气来升高其刚度，控制后空气弹簧放气来降低其刚度。

当 EMS ECU 计算确定的减速度表明无须抑制点头时，便通过步进电机驱动空气阀控制杆带动阀芯转动，使前后空气弹簧的刚度恢复到"中"状态。

在调节空气弹簧刚度的同时，为了提高乘坐舒适性，EMS ECU 还要控制减振器阻尼的状态，使汽车姿态变化减小到最低程度。在紧急制动时，EMS ECU 将控制前减振器的阻尼变成"坚硬"状态，控制后减振器的阻尼变成"柔软"状态。

2. 抑制侧倾控制

在汽车急转弯时，由于汽车重心外移和离心力作用，车身会出现侧倾现象。EMS ECU 根据转向盘转向与转角（转动方向与转动角度）传感器以及侧向加速度（惯性力）传感器信号，即可判定车身侧倾情况。当这些传感器输入 EMS ECU 的信号表明汽车急转弯时，EMS ECU 将向空气弹簧和减振器阻尼调节元件发出控制指令，调节空气弹簧的刚度和减振器的阻尼，从而减小车身侧倾的程度，改善操纵性和乘坐舒适性。

调节空气弹簧刚度时，EMS ECU 将控制转向外侧的空气弹簧充气使其空气压力升高、密度增大，刚度升高；EMS ECU 同时还控制转向内侧的空气弹簧放气使其空气压力降低、密度减小，刚度降低。

刚度和阻尼调节到一定程度后将保持不变，直到传感器信号表示转向完毕为止。当转向完后，EMS ECU 将使充满气的空气弹簧缓慢放气，并使已放气的空气弹簧充气，使车身水平而不至于产生相反的倾斜现象。

第四节 减振器阻尼调节系统

阻尼指的是当振动物体或振荡电路的能量逐渐减少时，振幅相应减小的现象。

电子控制减振器阻尼调节系统又称为变阻尼减振器悬架系统，相对于空气弹簧悬架系统而言，减振器阻尼调节系统的突出优点是质量轻，因为空气弹簧悬架系统需要空气压缩机和干燥器等装置，整车质量将大大增加，而变阻尼减振器悬架系统只需增加电子控制元件和改变减振器阻尼的执行元件。

一、减振器阻尼调节系统的组成

电子控制减振器阻尼调节系统的组成如图 7-9 所示，由车速传感器、转向与转角传感器、节气门位置传感器、减振器工作模式选择开关(仪表板上)、制动灯开关、空挡起动开关(自动变速汽车)、EMS ECU 和阻尼调节元件等组成。节气门位置传感器的信号由发动机 ECU 传递给 EMS ECU。

变阻尼悬架系统采用的控制方式分为以下三种：

(1) 根据汽车行驶状况进行控制；

(2) 根据驾驶人选择的运行模式进行控制；

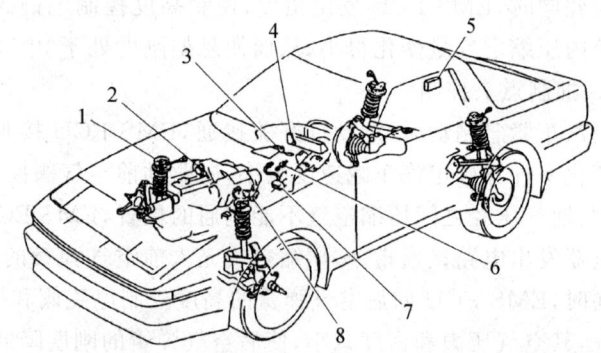

图 7-9 丰田汽车变阻尼悬架系统
1. 阻尼调节元件 2. 节气门位置传感器 3. 工作模式选择开关 4. 车速传感器
5. EMS ECU 6. 制动灯开关 7. 转向与转角传感器 8. 空挡起动开关

(3) 根据汽车行驶状况和驾驶人选择的运行模式进行控制。

二、减振器阻尼调节元件的结构原理

电子控制减振器阻尼调节系统的调节减振器阻尼的部件主要有转向与转角传感器。

1. 转向与转角传感器

转向盘转动方向与转动角度传感器简称转向与转角传感器，又称为转向盘位置传感器，其功用是检测转向盘(或转向轴)的转动方向与转动角度。

转向与转角传感器一般都为光电式传感器，安装在转向轴上，结构如图 7-10 所示，主要由光电耦合元件、信号圆盘、传感器壳体等组成。信号圆盘压装在转向轴上，在信号圆盘的圆周上制作有间隔距离相等、均匀排列的透光孔(窄缝)。两组光电耦合元件№1 和№2 均由发光二极管和光敏三极管组成，套装在信号圆盘两侧，并与透光孔(窄缝)配合工作。

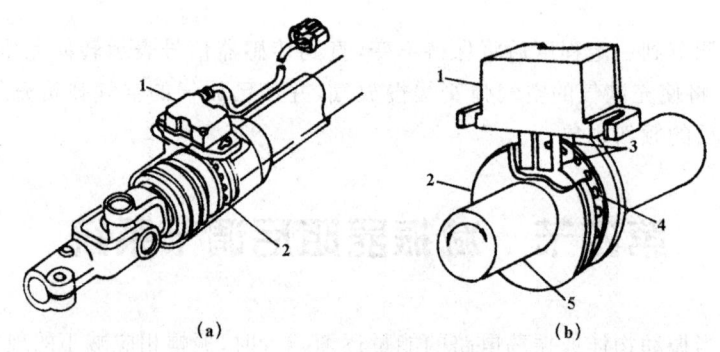

图 7-10 光电式转向与转角传感器结构
(a)安装位置 (b)传感器结构
1. 传感器壳体 2. 信号圆盘 3. 光电耦合元件 4. 透光孔 5. 转向轴

光电耦合元件电路如图 7-11a 所示，当信号圆盘随转向轴转动时，圆盘上的透光孔便在两组光电耦合元件之间转过，耦合元件输出端即可输出高低电平信号，如图 7-11b 所示。

当透光孔转到光电耦合元件的发光二极管与光电三极管之间时，光电三极管导通(ON)，耦合元件输出端输出低电平;反之,当透光孔离开发光二极管与光电三极管时,光电三极管截止(OFF),耦合元件输出高电平。因为No1和No2两组光电耦合元件ON、OFF变换的相位(相差)90°,所以EMS ECU根据哪一组耦合元件首先转变为ON状态,即可判定出转向盘的转动方向。当No2耦合元件输入EMS ECU的ON信号领先于No1耦合元件的ON信号时,EMS ECU则判定为转向盘向左转动时;反之,当No1耦合元件输入EMS ECU的ON信号领先于No2时,EMS ECU则判定为转向盘向右转动。

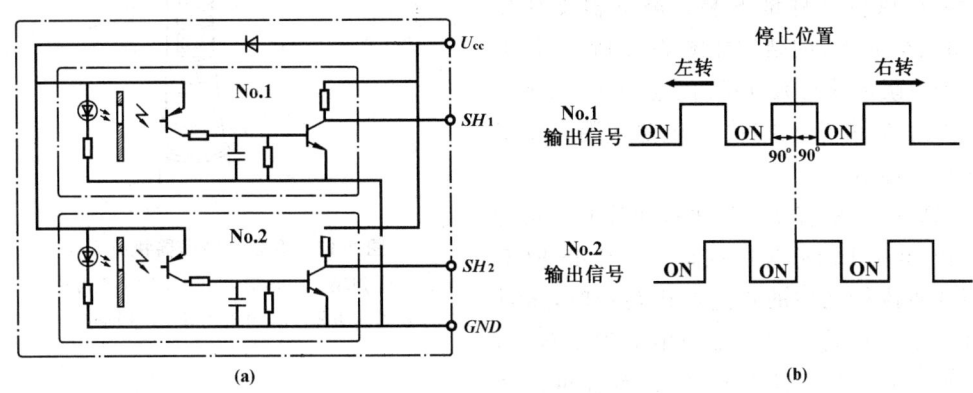

图7-11 光电式转向与转角传感器工作原理
(a)耦合元件电路 (b)输出信号波形

EMS ECU根据两组耦合元件No1和No2输出信号ON与OFF变换的频率,即可计算出转向盘的转动速度和角度。

2. 工作模式选择开关

减振器阻尼调节系统的工作模式选择开关又称为运行模式选择开关,用于选择减振器阻尼的工作模式。驾驶人选择的工作模式不同,减振器阻尼的状态也不相同。

减振器阻尼的状态一般设有"标准"、"中等硬度"和"坚硬"三种。丰田汽车电控减振器阻尼调节系统的工作模式有"NORM(标准)"和"SPORT(运动)"两种,驾驶人可以根据汽车运行条件,操作仪表盘上的工作模式选择开关进行选择。

当模式选择开关处于"NORM"位置时,EMS ECU将使减振器保持"柔软"状态工作。但是,当汽车速度超过120km/h,如果模式选择开关处于"NORM"位置,那么,EMS ECU将自动控制减振器变为"中等硬度"状态工作。当车速下降到100km/h时,EMS ECU再控制减振器变为"柔软"状态工作。

当驾驶人选择"SPORT"模式时,EMS ECU将控制减振器处于"中等硬度"状态工作。

在下列条件时,EMS ECU将控制减振器从"柔软"或"中等硬度"变为"坚硬"状态工作。

(1)转向盘转向与转角传感器显示汽车急转弯时;
(2)车速传感器和节气门位置传感器显示汽车在低于20km/h的速度下急加速时;
(3)车速传感器和制动灯开关显示汽车在高于60km/h的速度下制动时;
(4)车速传感器和空挡起动开关显示汽车在低于10km/h的速度下,自动变速器从空挡或停车挡换入任何其他挡位时。

在下列条件下,EMS ECU将控制减振器从"坚硬"变为"中等硬度"或"柔软"状态工作:
①根据转向盘转动程度,转弯行驶2s或2s以上时间时;

②加速时间达到 3s 或汽车速度达到 50km/h 时；

③制动灯开关断开 2s 时间之后时；

④自动变速器从空挡或停车挡位置换入其他挡位达到 3s 或汽车速度达到 15km/h 时。

3. 变阻尼执行元件

变阻尼执行元件都安装在减振器支柱顶部，丰田汽车 EMS 的结构如图 7-12 所示，每个减振器的变阻尼执行元件都由步进电机 4、驱动小齿轮 3、扇形齿轮 2、挡块 1、电磁线圈 5 及阻尼控制杆 6 等组成。

在 EMS 中，所有变阻尼执行元件的电路均并联连接，并由 EMS ECU 控制。当 EMS ECU 发出指令使执行元件的步进电机转动时，步进电机轴下端的驱动小齿轮带动扇形齿轮转动，扇形齿轮带动阻尼控制杆转动，控制杆再带动减振器筒内部的阻尼调节回转阀转动。

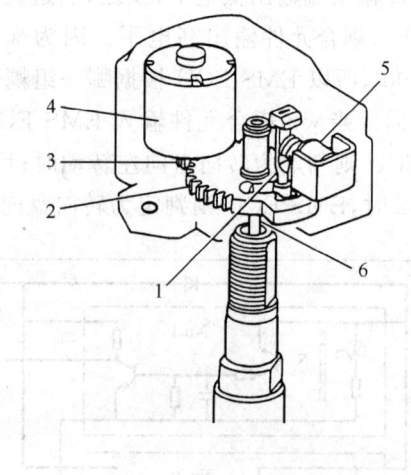

图 7-12 变阻尼减振器执行元件
1. 挡块 2. 扇形齿轮 3. 驱动小齿轮
4. 步进电机 5. 电磁线圈 6. 阻尼控制杆

回转阀为管状结构，与减振器的阻尼控制杆（又称为回转阀控制杆）连接，如图 7-13 所示。在回转阀的不同截面上设有阻尼孔，分别与减振器活塞杆上的减振油液孔处于同一个截面上。控制这些阻尼孔的开闭状态，即可控制减振器油液的流量，从而调节阻尼的大小。

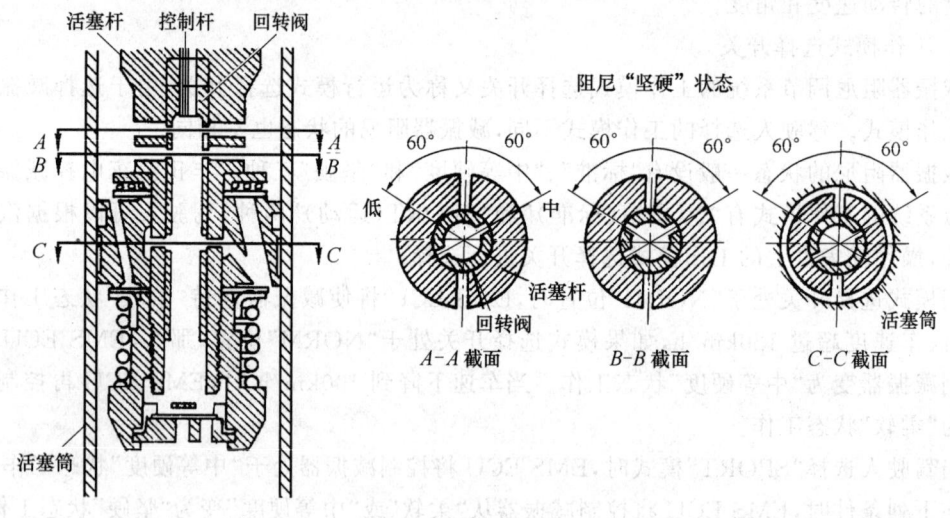

图 7-13 回转阀的结构

挡块位于扇形齿轮的凹槽中，其功用是决定扇形齿轮停止运动的位置，从而决定回转阀的位置和减振器阻尼的状态。

三、减振器阻尼的调节

减振器阻尼调节系统调节的阻尼分为"柔软"、"中等"和"坚硬"三种状态。减振器阻尼调节系统调节阻尼的原理是:调节减振器油液的流量来调节阻尼的大小。

1. 阻尼"柔软"

当 EMS ECU 根据传感器和控制开关信号确定阻尼为"柔软"状态时,EMS ECU 便向步进电机发出控制指令使其沿顺时针方向旋转,如图 7-14a 所示,因此,小齿轮驱动扇形齿轮沿逆时针方向转动,直到扇形齿轮一边(图 7-14a 为左边)的凹槽靠在挡块上为止。

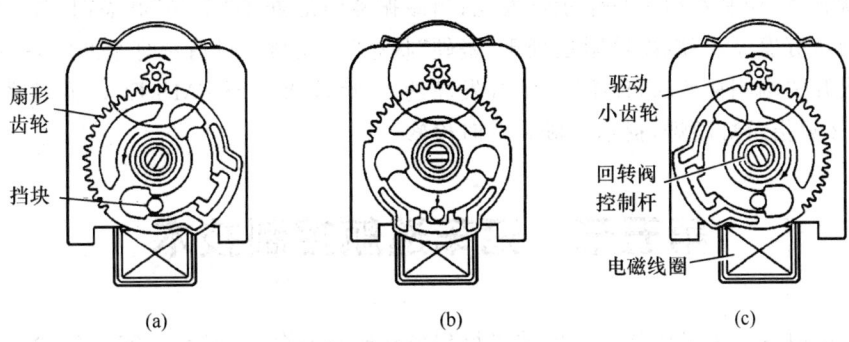

图 7-14 扇形齿轮旋转方向与位置
(a)阻尼"柔软" (b)阻尼"坚硬" (c)阻尼"中等"

当扇形齿轮转动时,便带动回转阀控制杆和回转阀转动。回转阀上阻尼孔与活塞杆上减振油液孔的相对位置如图 7-15 所示,由于 A－A、B－B 和 C－C 截面上的三个阻尼孔全部打开,允许减振油液以很快的速度流过活塞,因此,减振器能很快伸缩,使阻尼处于"柔软"状态。

2. 阻尼"中等"

当 EMS ECU 根据传感器和控制开关信号确定阻尼为"中等"状态时,EMS ECU 向步进电机发出控制指令使其沿逆时针方向旋转,如图 7-14c 所示。小齿轮便驱动扇形齿轮沿顺时针方向转动,直到扇形齿轮凹槽的另一边靠在挡块上为止(从"柔软"的极限位置起算,其转角约为 120°)。与此同时,扇形齿轮带动阻尼控制杆和回转阀旋转,回转阀上的阻尼孔与活塞杆上的减振油液孔的相对位置如图 7-15 所示。由于只有 B－B 截面上的阻尼孔接通,允许减振油液流过活塞的流动速度适中,因此减振器能以缓慢速度伸缩,使阻尼处于"中等"状态。

3. 阻尼"坚硬"

当 EMS ECU 根据传感器和控制开关信号确定阻尼为"坚硬"状态时,EMS ECU 将同时向步进电机和电磁线圈发出控制指令,使步进电机和扇形齿轮从阻尼"柔软"或"中等"的极限位置旋转约 60°(从"柔软"的极限位置顺时针旋转 60°,从"中等"的极限位置逆时针旋转 60°),电磁线圈电流接通时,其电磁吸力将挡块吸出,使挡块进入扇形齿轮凹槽中部的凹坑内,如图 7-14b 所示。与此同时,扇形齿轮带动回转阀控制杆和回转阀旋转,回转阀上的阻尼孔与活塞杆上的减振油液孔的相对位置如图 7-15 所示。由于 A－A、B－B 和 C－

阻尼孔位置\阻尼	A－A截面阻尼孔	B－B截面阻尼孔	C－C截面阻尼孔
坚硬			
中等			
柔软			

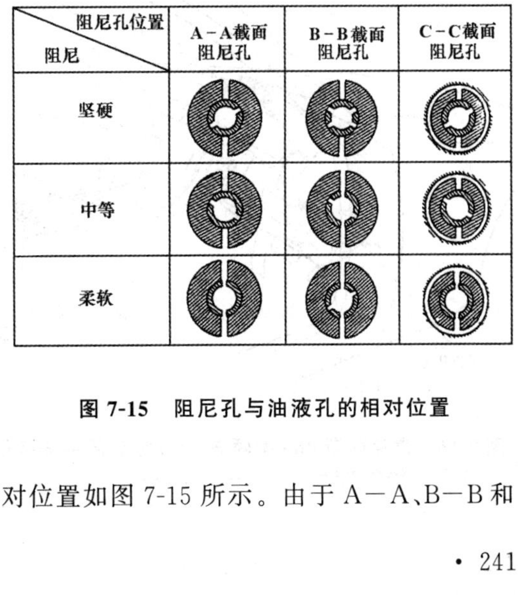

图 7-15 阻尼孔与油液孔的相对位置

C截面上的三个阻尼孔全部封闭,减振油液不能流动,因此减振器伸缩非常缓慢,使阻尼处于"坚硬"状态。

4. 指示灯的控制

变阻尼调节系统在仪表盘上设有3只指示灯。汽车行驶过程中,当EMS ECU向步进电机发出控制指令时,还向仪表盘上EMS的3只指示灯控制电路发出指令。当减振器阻尼处于"柔软"状态时,控制左边一只指示灯发亮;当减振器阻尼处于"中等"状态时,控制左边和中间共两只指示灯发亮;当减振器阻尼处于"坚硬"状态时,控制3只指示灯全部发亮。

当点火开关刚刚接通时,EMS指示灯发亮约2s后熄灭。当EMS ECU发现系统有故障时,将控制3只指示灯闪烁,提示驾驶人及时检修。

第五节 汽车巡航控制技术

巡航一词原意是指飞机从某一航站飞行到另一航站的巡逻航行。1968年,德国奔驰公司开发成功了由分立电子元件组成的巡航控制系统,并装备在莫克利汽车上使用。到20世纪70年代中期,汽车普遍采用了模拟计算机控制的巡航系统。1981年,汽车开始采用数字计算机控制的巡航系统。目前,国产中高档轿车已普遍采用数字计算机控制的电子控制巡航系统。

一、汽车巡航的控制原理

汽车巡航控制系统(CCS,Cruise Control System)又称为恒速控制系统。其功用是:根据汽车行驶阻力变化,自动调节发动机节气门(或油门)开度的大小,使汽车保持恒速行驶。

(一)巡航控制系统组成

汽车巡航控制系统CCS主要由车速传感器、节气门位置传感器或加速踏板位置传感器(柴油机)、控制开关、巡航控制电控单元(CCS ECU)和执行机构等部件组成,控制部件的安装位置如图7-16所示。

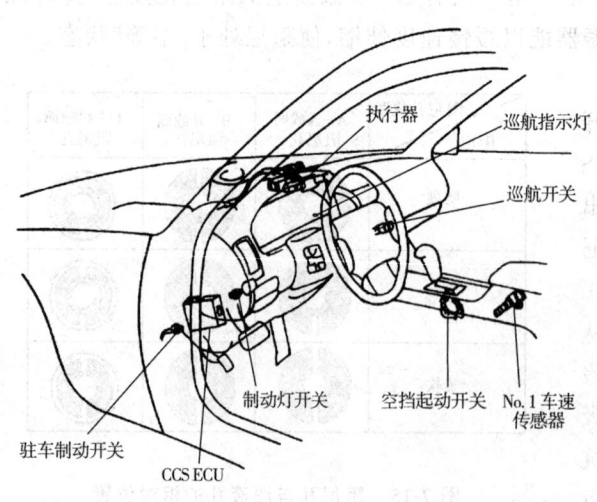

图7-16 雷克萨斯400型轿车CCS控制部件安装位置

巡航控制系统CCS的车速传感器VSS、节气门位置传感器TPS或加速踏板位置传感器既可与发动机电控系统或自动变速电控系统共用,也可独立设置。在CCS中,其功用分别是向CCS ECU提供汽车行驶速度信号和发动机负荷信号,以便CCS ECU根据车速变化量调节节气门或供油拉杆(柴油机)开度的大小,使汽车行驶速度保持恒定。

控制开关主要有巡航开关、制动灯开关、驻车制动开关、点火开关、空挡安全开关(自动变速器汽车)或离合器开关(手动变速器汽车)等。巡航开关的功用是将恒速、加速或减速、恢复原速以及取消巡航等指令信号输入CCS ECU,其他开关的功用是将各种状态信息输入CCS ECU,以便CCS ECU确定是否进行恒速控制。

巡航控制电控单元(CCS ECU)是巡航控制系统的控制核心,由分立电子元件、专用集成电路IC和8位、16位或32位单片机组成。CCS ECU具有数学计算、逻辑判断、记忆存储、故障自诊断等功能。

执行机构的功用是根据CCS ECU控制指令,通过节气门拉索(钢索)或电子式节气门控制器调节发动机节气门的开度,使车速保持恒定。执行机构分为气动式和电动式两种。气动式主要由速度伺服装置和电磁阀组成;电动式主要由电动机(永磁式或步进电机)、减速机构和电磁离合器组成。

(二)巡航控制基本原理

巡航控制系统是一个典型的闭环控制系统,控制原理如图7-17所示。输入CCS ECU的信号有两个:一个是驾驶人根据行驶条件,通过巡航开关设定的巡航车速指令信号,另一个是车速传感器反馈输入的实际车速信号。

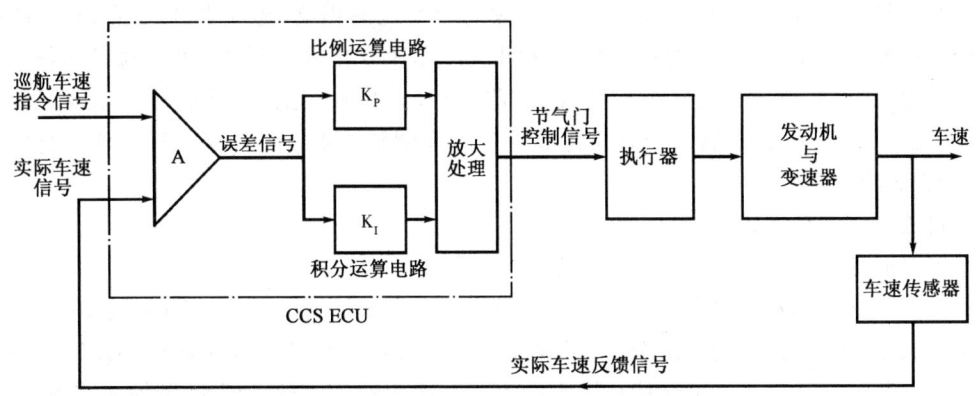

图 7-17 巡航控制系统的基本控制原理

当巡航车速指令信号和实际车速信号输入CCS ECU后,CCS ECU的比较器A经过比较运算便可得到两个信号之差,称之为误差信号。误差信号经过比例运算和积分运算后,再经放大处理就可得到控制节气门开度大小的控制信号,CCS ECU将控制指令发送给执行机构,执行机构就可驱动节气门拉索(或电子式节气门控制器)调节节气门开度的大小,将实际车速迅速调节到驾驶人设定的车速值,从而实现恒速控制(即巡航控制)。

在控制过程中,当实际车速低于驾驶人设定的巡航车速值时,CCS ECU将向执行机构发出增大节气门开度的指令,使实际车速升高到巡航车速。反之,当实际车速高于驾驶人设定的巡航车速值时,CCS ECU将向执行机构发出减小节气门开度的指令,使实际车速降低到巡航车速,从而使实际车速基本保持在驾驶人设定的巡航车速值不变。

(三)巡航车速控制方式

巡航车速一般都采用"比例－积分算法(PI,Proportion and Integral Calculus)"进行控制,又称为"PI"控制方式。比较器A运算得到的误差信号经过比例运算电路K_P线性放大后,输出的信号将正比于误差信号;积分运算放大电路K_I设置有一条斜率可调的输出控制线,用以在短时间内将车速误差调节到趋近于零的很小范围,根据控制线控制的巡航车速与节气门开度之间的关系如图7-18所示。节气门控制信号则由内部电路K_P和K_I的输出信号叠加而成。

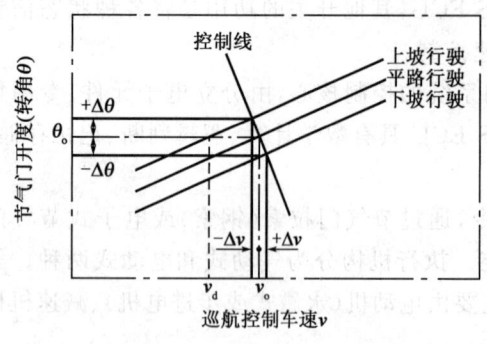

图 7-18 巡航车速控制方式

当汽车在平坦路面上以设定的巡航车速 v_o 行驶时,设节气门开度为 θ_o。如果此时 CCS ECU 向执行机构发出指令使节气门开度保持不变,则汽车将以设定的巡航车速 v_o 行驶。当车辆遇到坡道上坡行驶或遇到刮风逆风行驶时,由于坡道阻力或风阻增加将使车速降低到 v_d,不能以设定的巡航车速 v_o 行驶。因此,CCS ECU 必须向执行机构发出指令使节气门开度增大(即节气门旋转角度增大 $+\Delta\theta$),才能使车速接近于设定的巡航车速 v_o(即实际车速比巡航车速 v_o 低 Δv 值)行驶。同理,当车辆下坡或顺风行驶时,节气门旋转角度将减小 $\Delta\theta$,实际车速将比巡航车速 v_o 高 $+\Delta v$ 值。

由此可见,为使汽车巡航车速 v_o 不受行驶阻力变化的影响,巡航电控单元 CCS ECU 内部积分运算放大电路 K_1 控制的控制线应尽可能使车速变化范围减小,即控制线的斜率应尽可能小。由于 P_1 控制方式设置了控制线,因此,当汽车行驶在上坡、下坡道路以及风阻等因素导致行驶阻力变化时,控制系统只要将节气门开度调整 $\pm\Delta\theta$ 转角,就可将车速变化幅度限制在 $\pm\Delta v$ 值的微小范围内。

(四)巡航控制系统的优点

汽车巡航控制系统主要具有以下优点:

(1)减轻驾驶人的劳动强度,提高行驶安全性。在汽车行驶过程中,当车速达到一定值(超过 40km/h)后,只要驾驶人操作巡航开关设定一个想要恒速行驶的车速,CCS ECU 就能自动控制发动机节气门开度使汽车保持在设定的速度恒速行驶,不需驾驶人踩踏加速踏板,使劳动强度大大减轻。当汽车在高速公路或高等级公路上长时间行驶时,更能充分发挥 CCS 的优点,行驶安全性将大大提高。

(2)行驶速度稳定,提高乘坐舒适性。在巡航行驶过程中,无论汽车在上坡或下坡路面上行驶,还是在平坦路面上行驶或在风速变化的情况下行驶,只要是在发动机功率允许范围之内,汽车行驶速度都将保持设定的巡航车速不变,乘坐舒适性大大提高。

(3)节省燃料消耗,提高燃油经济性和排放性能。实践证明:汽车在相同行驶条件下,利用巡航行驶可以节省 15% 左右的燃料。这是因为 CCS 与 EFI 和 ECT 是相互配合工作的,巡航车速被控制在经济车速范围内,巡航行驶时的燃料供给与发动机功率之间处于最佳配合状态,与此同时,有害气体的排放量也将大大减小。

二、汽车巡航控制系统的结构原理

汽车 CCS 采用的车速传感器、节气门位置传感器、制动灯开关、驻车制动开关、点火开关、空挡安全开关(自动变速器汽车)等一般都与 EFI 和 ECT 共用。本章主要介绍巡航控制系统 CCS 的控制开关、巡航控制电控单元(CCS ECU)和巡航执行机构的有关内容。

(一)控制开关

巡航控制系统 CCS 的控制开关主要有巡航开关、制动灯开关、驻车制动开关、空挡安全开关(自动变速器汽车)或离合器开关(手动变速器汽车)。

1.巡航开关

巡航开关是巡航控制系统的主要控制开关,其功用是将恒速、加速或减速、恢复巡航车速以及取消巡航行驶等指令信号输入CCS ECU,以便CCS ECU确定是否进行恒速控制。

巡航开关是一个类似于风窗玻璃刮水与洗涤开关的组合手柄开关,一般都由"MAIN"(主开关)、"SET/COAST"(设置/巡航)、"RES/ACC"(恢复/加速)和"CANCEL"(取消)四个功能开关组成。

巡航开关一般都安装在转向盘右下侧偏上位置,并随转向盘一同转动,以便于驾驶人操作。在驾驶人转动转向盘的同时,即可用右手手指拨动组合手柄开关进行巡航控制的有关操作。在每项功能开关的旁边,标注有实现相应功能时开关手柄的操纵方向。

各型汽车用巡航开关的工作原理基本相同。但是,巡航开关的外形结构各不相同,在设定巡航功能时,操纵手柄开关的方向也不尽相同。下面以图7-19所示丰田雷克萨斯400型轿车用巡航开关的外形结构与内部电路为例进行说明。

(1)主开关(MAIN)。MAIN为按钮式开关,设在开关操纵手柄的端部,是巡航控制系统的总开关。当单击一下操纵手柄端部的MAIN按钮时,MAIN触点接通,组合仪表板上的巡航指示灯将发亮指示,此时巡航控制系统处于待命状态,可以进行恒速控制。再次单击MAIN按钮时,按钮将弹起,MAIN触点断开,巡航指示灯将熄灭,指示巡航控制系统处于关闭状态,不能进行恒速控制。由图7-19b所示电路可见,当MAIN触点接通时,CCS ECU的巡航主开关端子CMS(即CCS ECU线束插座上第4号端子)通过主开关触点搭铁,CCS ECU得到一个低电平(0V)信号。此时CCS ECU便控制巡航执行机构处于待命状态。与此同时,CCS ECU还要控制巡航指示灯电路接通,使巡航指示灯发亮指示系统所处状态。如果按下主开关(MAIN)按钮时巡航指示灯不亮,则说明巡航控制系统有故障。

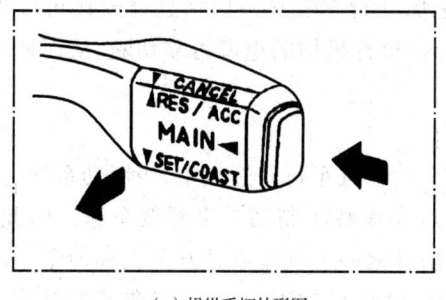
(a)操纵手柄外形图

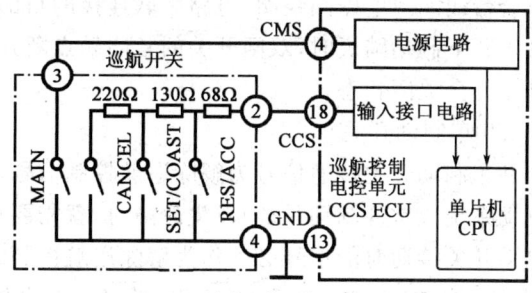
(b)巡航开关电路图

图7-19 巡航开关操纵手柄的外形结构与内部电路

(2)设定/巡航(SET/COAST)。即巡航速度设定开关。将巡航开关操纵手柄向下拨动并保持在向下位置时,巡航速度设定开关即可接通。当"设定/巡航"开关处于接通位置时,只要按住操纵手柄不动,汽车就会不断加速。当车速达到驾驶人想要巡航行驶的车速(注:车速应在40km/h以上,低于40km/h不能进行巡航行驶)时松开操纵手柄,手柄将自动复位,此时巡航控制系统就会使汽车以松开操纵手柄时的车速保持恒速行驶。

(3)恢复/加速(RES/ACC)。即恢复(RESUME)巡航速度开关。向上拨动操纵手柄时,巡航速度"恢复/加速"开关即可接通。在汽车以设定的巡航速度行驶过程中,当驾驶人踩下加速踏板超车或踩下制动踏板制动,或将自动变速器的变速杆拨到前进挡D以外的位置导致车速降低时,若要恢复到原来设定的巡航车速,则只需将巡航开关操纵手柄向上抬起并保持在该位置使"恢复/加速"开关保持接通,汽车即可迅速加速并恢复到原来设定的巡航车速行驶。但是注意:如果行驶车速已经低于40km/h,则巡航车速不能恢复。

(4)取消(CANCEL)。即取消巡航的操纵开关。将巡航开关操纵手柄向驾驶人方向拨动时,即可接通巡航速度"取消"开关来解除巡航行驶。由图7-19b所示电路可见,"SET/COAST"(设定/巡航)、"RES/ACC"(恢复/加速)和"CANCEL"(取消巡航)三只开关的信号均从同一个端子(即端子CCS或端子18)输入CCS ECU。三只开关中的任一一只接通时,都是接通搭铁回路。但是,由于各开关之间连接有不同阻值的电阻,因此,当接口电路以恒流源供给恒定电流时,不同开关接通时输入CCS ECU的信号电压并不相同,CCS ECU根据信号电压高低即可判定是哪一只开关接通。

2.制动灯开关

制动灯开关接通信号为解除巡航控制信号之一。制动灯开关接通信号的功用是:在驾驶人踩下制动踏板接通制动灯电路使制动灯发亮的同时,向CCS ECU输入一个表示制动的信号,CCS ECU接收到该信号后将立即解除巡航控制状态,以便制动器制动将车速降低。

在装备巡航控制系统的汽车上,制动灯开关是一个双闸开关,即制动灯开关是在原有常开触点的两端,并联一个常闭触点构成。常开触点连接在CCS ECU与制动灯之间的电路中,常闭触点连接在CCS ECU与巡航执行机构(电磁离合器线圈或电磁阀线圈)之间的电路中。当驾驶人踩下制动踏板时,双闸开关的常开触点闭合接通制动灯电路,同时向CCS ECU输入一个表示制动的信号,CCS ECU立即关闭巡航控制程序并控制仪表板上的巡航指示灯发亮,指示巡航控制状态解除。与此同时,双闸开关的常闭触点断开,切断巡航执行机构电路,使巡航执行机构动力传递路线切断。将双闸开关的常闭触点与控制节气门开度的巡航执行机构(电磁离合器线圈或电磁阀线圈)电路串联连接的目的是保证行车安全。因为这样连接可以保证驾驶人踩下制动踏板时,双闸开关的常闭触点断开能将执行机构的电源可靠切断,从而使节气门处于完全关闭状态。

3.驻车制动开关

驻车制动开关接通信号为解除巡航控制信号之一。在汽车行驶过程中,当制动系统(防抱死制动系统或常规制动系统)发生故障时,就需要通过操作驻车制动器来降低车速。因此,驻车制动开关接通时的信号必须作为解除巡航控制的信号之一。驻车制动开关又称为手制动或手制动开关,其功用是:向CCS ECU输送一个电信号,以便CCS ECU解除巡航行驶状态。

当拉紧驻车制动器时,驻车制动开关触点闭合,在接通制动警告灯电路的同时,还向CCS ECU输送一个表示驻车制动器处于制动状态的信号(一般为低电平信号),CCS ECU接收到该信号后将解除巡航行驶状态。

4.空挡起动开关

空挡起动开关接通信号为解除巡航控制信号之一。在装备自动变速器的汽车上配装有空挡起动开关(又称为空挡安全开关),安装在自动变速器的一侧,由变速杆通过杠杆机构操纵。当变速杆置于空挡(N位)时,空挡起动开关触点闭合,如果此时点火开关接通起动(START)挡位,则空挡起动开关将向发动机ECU输入一个低电平信号。

在汽车巡航行驶过程中接通空挡(N位)时,说明驾驶人要减速停车。因此,在装备巡航控制系统的汽车上,空挡起动开关还有一个功用就是:向CCS ECU输入一个低电平信号,以便CCS ECU解除巡航行驶状态。

5. 离合器开关

离合器开关接通信号为解除巡航控制信号之一。在装备手动变速器而不是自动变速器的汽车上,当驾驶人踩下离合器踏板换挡时车速就会降低,巡航控制系统(CCS)就会发出指令使发动机转速升高,因此可能导致发动机超速运转而损坏。为了确保安全,在离合器踏板下面设置有一个离合器开关,开关触点在驾驶人踩下离合器踏板时就会闭合。

离合器开关其功用是:当汽车处于巡航状态行驶时,如果驾驶人踩踏离合器踏板(以便变换变速器挡位等),离合器开关触点就会闭合,并向 CCS ECU 输入一个低电平信号,CCS ECU 立即解除巡航控制状态,便于驾驶人变换变速器挡位。

(二)巡航电控单元(CCS ECU)

巡航控制系统的电控单元(CCS ECU)又称为巡航电子控制器,其功用是接收车速传感器、巡航开关、制动灯开关、驻车制动开关、空挡开关或离合器开关、发动机 ECU 和 ECT ECU 的信号,经过信号处理与数学计算(比例-积分运算)等,向巡航执行机构发出控制指令,驱动执行机构动作,实现恒速控制或解除巡航行驶状态。CCS ECU 电路框图如图 7-20 所示。

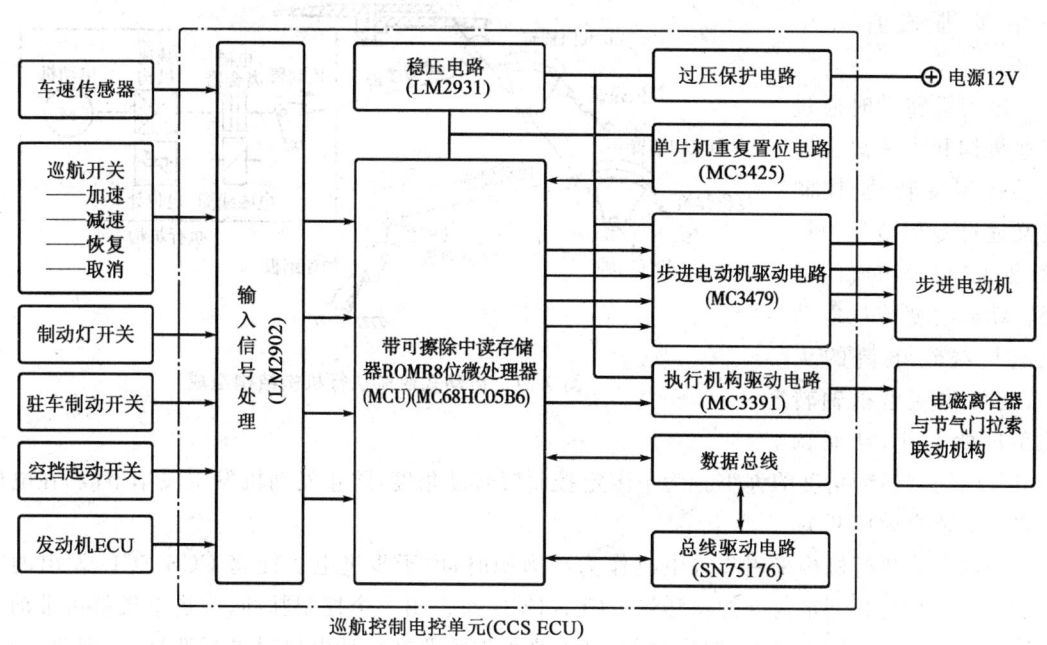

图 7-20 数字式 CCS ECU 电路框图

CCS ECU 根据驾驶人操作"设定/巡航"("SET/COAST")开关输入的设定车速信号、车速传感器输入的实际车速信号、各种开关输入信号以及发动机电控单元 ECU 和自动变速电控单元 ECT ECU 输入的信号,按照只读存储器 ROM 中预先编制的程序进行计算处理之后,向执行机构驱动电路发出指令,驱动执行器(步进电机或直流电动机、电磁阀等)动作,执行器通过节气门联动机构和节气门拉索等改变节气门开度,使实际车速达到设定的巡航车速。

汽车 CCS ECU 普遍采用大规模或超大规模专用集成电路与单片机组合而成。当汽车上已经装备发动机电子控制系统或自动变速控制系统时,许多传感器(如节气门位置传感器、车速传感器)和控制开关(如制动灯开关、空挡起动开关等)的信号可以共享,只需编制控制程序调用该信号即可,因此,可以大大降低系统的硬件成本。

(三)巡航执行机构

汽车巡航控制系统的执行机构又称为速度伺服装置,其功用是根据 CCS ECU 的控制指令,通过操纵节气门拉索或供油拉杆(柴油机)来改变发动机节气门开度或供油拉杆位置(柴油机),使汽车加速、减速或保持恒速行驶。

根据结构形式不同,巡航执行机构可分为电动式和气动式两种。电动式采用直流电动机或步进电机驱动,气动式采用真空装置驱动。

1. 电动式巡航执行机构

电动式巡航执行机构主要由驱动电动机、安全电磁离合器、减速机构和电位计等组成,结构如图 7-21 所示。

(1) 驱动电动机。驱动电动机是执行机构的动力源,既可采用永磁式直流电动机,也可采用步进式直流电动机。

电动机转动时通过减速机构和电磁离合器带动控制臂转动,控制臂又通过专用节气门拉索(钢索)拉动节气门摇臂转动。改变流过电动机电枢绕组电流的大小,就可改变电枢轴转动角度的大小,从而调

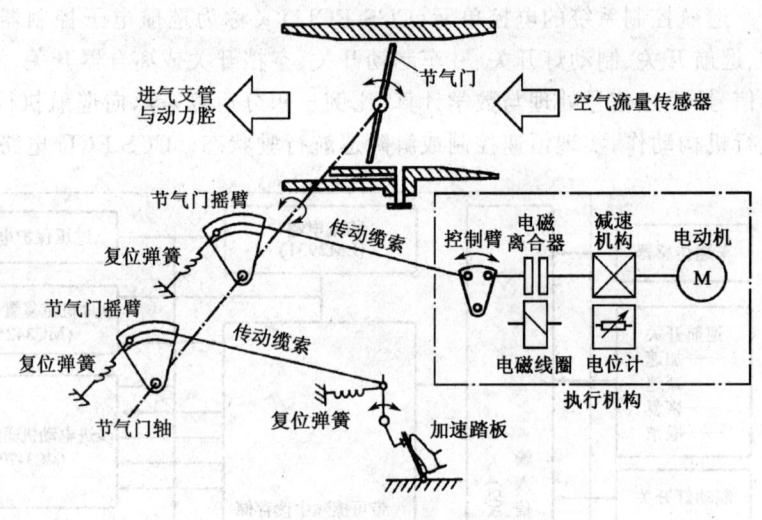

图 7-21 电动式巡航执行机构结构组成

节节气门摇臂转动角度的大小。为了限定控制臂转动角度,防止发动机发生飞车事故,在电机电路中安装有限位开关。

当电动式执行机构采用步进电机作为动力源时,由于步进电机能将 CCS ECU 发出的数字信号指令转变为一定角度的位移量。CCS ECU 每发出一个控制脉冲,步进电机就可带动节气门摇臂转过一个微小角度(即步进角,其大小可据需要在设计电机时进行选择)。因此,步进电机能够保证节气门开度平稳准确的进行调节。节气门摇臂转过的角度与步进电机转过的角度成正比,步进电机转过的角度与 CCS ECU 发出的控制脉冲频率成正比。节气门摇臂的转动方向由步进电机步进方向决定,步进方向由 CCS ECU 控制脉冲的相序决定。

(2) 电磁离合器。电磁离合器安装在驱动电动机与控制臂之间。在巡航行驶过程中,当驾驶人踩下制动踏板或实际车速超过设定巡航车速一定值(一般为 15km/h 左右)或车速传感器发生故障时,CCS ECU 将立即发出控制指令使离合器分离,防止发生事故,故又称为安全电磁离合器。由于只有在电磁离合器接合的情况下驱动电机转动才能改变节气门开度进入巡航控制,因此,当未进入巡航控制状态时,将电磁离合器线圈电路设计为接通状态,使离合器初始状态为接合状态。如此设计的目的是:提高巡航执行机构的响应速度,防止车速突然变化而发生"游车(即车速时快时慢)"现象。

如果将电磁离合器的初始状态设计为分离状态,由于离合器接合的机械惯性动作滞后于

CCS ECU 驱动电动机的电驱动动作,因此,待离合器接合时,电动机将突然拉动节气门摇臂转动较大一个角度,使车速突然升高甚至超过设定车速;当超过设定的巡航车速时,CCS ECU 又会发出指令使车速降低,这就会导致"游车"现象。将离合器初始状态设计为接合状态时,节气门摇臂将随驱动电动机转动而转动,不仅能够保证巡航执行机构迅速响应,而且能够防止发生"游车"现象,从而提高巡航行驶稳定性和乘坐舒适性。

(3)电位计。在电动式执行机构中,一般都设装有一只由滑片电阻器构成的电位计(即转角或位移传感器),其功用是检测执行机构中控制臂转动的角度或拉索的位移量,并将信号输入 CCS ECU。该信号主要用于 CCS ECU 诊断执行机构是否发生故障。当 CCS ECU 向执行机构发出控制指令后,如果电位计信号没有变化或超过设计值,则将判定执行机构有故障。

2. 气动式巡航执行机构

气动式巡航执行机构主要由三只电磁阀(真空电磁阀、通风电磁阀和安全电磁阀)、膜片、复位弹簧和密封壳体等组成,结构如图 7-22 所示。

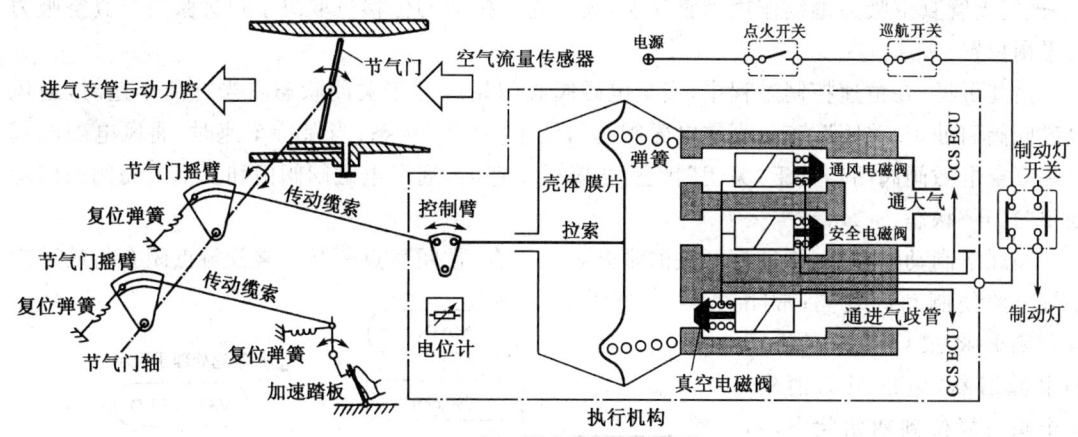

图 7-22 气动式巡航执行机构结构组成

三只电磁阀的初始状态如图 7-22 所示,真空电磁阀为常闭电磁阀,阀门用橡皮管与发动机进气支管连接;通风电磁阀和安全电磁阀均为常开电磁阀,其阀门与大气相通。三只电磁阀电磁线圈的一端均与制动灯开关常闭触点连接,真空电磁阀线圈和通风电磁阀线圈的另一端分别与巡航电控单元 CCS ECU 的控制端连接;安全电磁阀线圈的另一端直接搭铁。

膜片将壳体内空间分隔为两个腔室,左腔室与大气相通,右腔室与三只电磁阀阀门相通。膜片上连接有一根拉索,拉索与控制臂和节气门摇臂连接。

气动式巡航执行机构的工作原理是:利用发动机进气支管的真空吸力吸引膜片,膜片再通过拉索拉动节气门摇臂使节气门开度改变来调节车速。

(1)升高车速。当点火开关和巡航"主开关(MAIN)"接通时,三只电磁阀线圈电路便通过制动灯开关常闭触点接通电源。因为安全电磁阀线圈一端直接搭铁,所以安全电磁阀线圈电流接通,产生电磁吸力克复其复位弹簧弹力将阀门吸闭,使巡航控制系统处于待命状态。

当 CCS ECU 根据车速传感器和巡航开关等信号判定需要提高车速时,CCS ECU 将向驱动电路发出接通通风电磁阀线圈电路和真空电磁阀线圈电路的指令,通风电磁阀线圈电流产生的电磁吸力克复其复位弹簧弹力将通风电磁阀阀门吸闭,从而切断右腔室与大气的通路;真空电磁阀线圈电流产生的电磁吸力克复其复位弹簧弹力将真空阀阀门吸开,使右腔室与进气支管之间的气路接通。由于此时真空电磁阀和安全电磁阀阀门均处于关闭状态,使右腔室与大气隔绝,因此,真空阀阀门打开将使右腔室形成真空状态,膜片在进气支管真空吸力作用下,通过控制臂和拉索带动节气门摇臂转动使节气门开度增大,汽车将加速行驶。

(2)保持车速。当 CCS ECU 根据车速传感器信号判定汽车实际行驶速度与设定巡航车速一致时,为了保持该车速行驶,CCS ECU 将向驱动电路发出接通通风电磁阀线圈电流和切断真空电磁阀线圈电流指令,使通风电磁阀和真空电磁阀阀门关闭。由于此时三只电磁阀阀门均关闭,膜片右腔室的真空度保持不变,因此,节气门摇臂保持在通风电磁阀和真空电磁阀阀门关闭时的位置,从而使车速保持在设定车速恒速行驶。

(3)降低车速。当 CCS ECU 根据车速传感器信号判定汽车实际行驶速度高于设定巡航车速时,CCS ECU 将向驱动电路发出切断通风电磁阀线圈电流(使阀门保持常开)和接通真空电磁阀线圈电流(使阀门打开)指令。通风电磁阀阀门打开时,部分大气进入右腔室,膜片在弹簧张力作用下向左拱曲复位,使节气门摇臂放松、开度减小,车速降低。真空电磁阀阀门打开时,进气支管真空吸力继续作用到膜片上,膜片向左拱曲的位移量取决于弹簧张力与真空吸力的平衡位置。

由此可见,在恒速控制过程中,安全电磁阀阀门始终处于关闭状态。当升高车速时,通风电磁阀阀门处于"关闭"状态、真空电磁阀阀门处于"打开"状态;当保持车速时,通风电磁阀阀门和真空电磁阀阀门均处于"关闭"状态;当降低车速时,通风电磁阀阀门和真空电磁阀阀门均处于"打开"状态。

当踩下制动踏板时,制动灯开关的常开触点闭合、常闭触点断开。常开触点闭合将接通制动灯电路使制动灯发亮;常闭触点断开将三只电磁阀线圈的电源切断,电磁吸力消失,三个阀门复位到初始状态,右腔室无真空吸力作用,节气门拉索处于放松位置。当安全电磁阀线圈电源切断时,其阀门打开并引入大气,可以加速膜片左移复位,防止制动时车速来不及降低而发生危险,故称之为安全电磁阀。

三、汽车巡航控制系统的控制过程

汽车巡航电子控制系统普遍采用闭环控制方式进行控制,控制流程如图 7-23 所示。

汽车巡航车速对闭环控制系统的要求是稳态误差小、

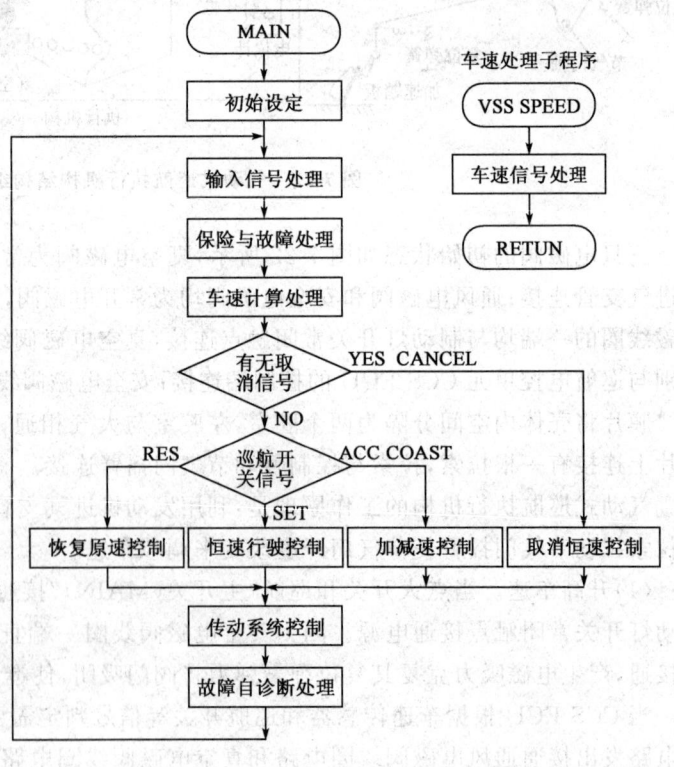

图 7-23 巡航控制流程图

响应速度快、系统稳定性好。实践证明,只要选择合适的比例运算放大系数 K_p 和积分运算放大系数 K_I,就能保证系统具有较高的控制精度、较快的响应速度和稳定地工作状态。可见,设计 CCS ECU 的关键是确定合适的放大倍数。与模拟控制系统相比,数字控制系统的突出优点是各种输入信号以数字量表示,受工作环境、温度和湿度变化的影响较小,因此,数字控制具有更高的稳定性。

各型汽车巡航控制系统的结构组成与控制电路虽然各有不同,但其控制过程大同小异。下面以图 7-24 所示丰田皇冠 3.0 型轿车电动式巡航控制系统控制电路为例说明。

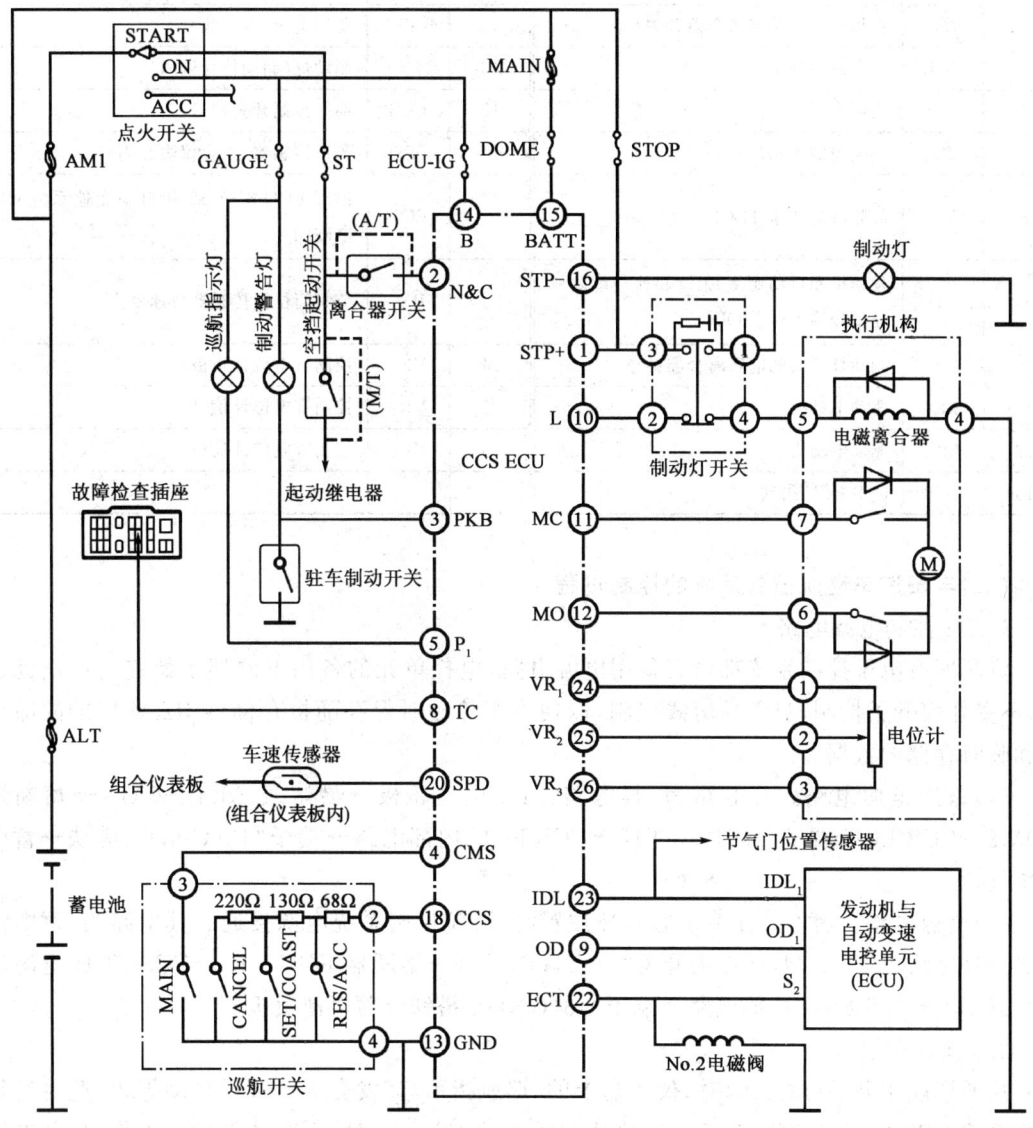

图 7-24 丰田皇冠 3.0 型轿车巡航控制系统控制电路

(一)丰田汽车巡航控制系统的组成

丰田皇冠 3.0 型轿车电动式巡航控制系统的控制部件主要有传感器(节气门位置传感器、No1 车速传感器)、控制开关(巡航开关、驻车制动开关、双闸制动灯开关、自动变速系统的空挡安全开关或手动变速器的离合器开关等)、巡航电控单元 CCS ECU、执行机构(电磁离合器、驱动电动机与电位计等)。CCS ECU 线束插座上各接线端子的编号、代号以及连接部件的名称见表 7-2。

表 7-2 丰田皇冠 3.0 型轿车 CCS ECU 接线端子编号、代号与连接部件名称

端子编号	端子代号	连接部件的名称	端子编号	端子代号	连接部件的名称
1	STP+	制动灯开关	14	B	电源(受点火开关控制)
2	N&C	空挡起动开关或离合器开关	15	BATT	备用电源(常火线)
3	PKB	驻车制动开关	16	STP−	制动灯(制动信号输入)
4	CMS	巡航主开关	18	CCS	巡航控制开关信号
5	P_1	巡航控制指示灯	20	SPD	车速传感器(组合仪表盘内)
8	TC	故障诊断插座 TDCL	22	ECT	ECT ECU 端子 S2 和自动变速系统 No2 电磁阀
9	OD	发动机和自动变速 ECU 超速与解除锁止信号输入端子 OD1	23	IDL	节气门位置传感器怠速触点
10	L	制动灯开关的电磁离合器触点	24	VR_1	控制臂电位计正极
11	MC	驱动电动机	25	VR_2	控制臂电位计信号
12	MO	驱动电动机	26	VR_3	控制臂电位计负极
13	GND	CCS ECU 搭铁			

(二)丰田汽车巡航控制系统的控制过程

1.巡航控制电源电路

汽车所有电子控制系统都设有备用电源电路,电控单元的备用电源端子始终与蓄电池连接,不受任何开关控制,只受易熔线控制,以便汽车停驶时保存随机存储器 RAM 中的故障代码和临时存储的数据。

(1)备用电源电路。其电路为:其电路为:蓄电池正极→易熔线 ALT、MAIN→熔断器 DOME→CCS ECU 端子"15(BATT)"→CCS ECU 内部电路→端子"13(GND)"搭铁→蓄电池负极。

(2)电源电路。当点火开关接通 ON 位置时,巡航控制系统电源接通。其电路为:蓄电池正极→易熔线 ALT、AM1→点火开关"点火(ON)"挡→熔断器 ECU−IG→CCS ECU 电源端子"14(B)"→CCS ECU 内部电路→端子"13(GND)"搭铁→蓄电池负极。

2.巡航控制过程

接通巡航主开关(MAIN)时,仪表盘上的"巡航指示灯"发亮 3～5s 后自动熄灭,此时巡航控制系统 CCS 处于待命状态,仅当车速达到或超过 40km/h 时,CCS 才能投入工作,控制电路与工作情况如下:

(1)巡航主开关(MAIN)电路为:蓄电池正极→点火开关"点火(ON)"挡→熔断器 ECU−IG→CCS ECU 电源端子"14(B)"→CCS ECU 内部电路→端子"4(CMS)"→巡航开关端子"3"→主开关"MAIN"触点→巡航开关端子"4"→搭铁→蓄电池负极。

(2)巡航指示灯电路为:蓄电池正极→点火开关"点火(ON)"挡→熔断器 GAUGE→巡航

指示灯→CCS ECU 端子"5(P_1)"→CCS ECU 内部电路→端子"13(GND)"搭铁→蓄电池负极。

(3)"SET/COAST"(设置/巡航)开关电路。巡航开关具有"MAIN"(主开关)、"SET/COAST"(设置/巡航)、"RES/ACC"(恢复/加速)和"CANCEL"(取消)等四种控制功能。在车速达到或超过 40km/h 的情况下,当"SET/COAST"(设置/巡航)开关接通时,电磁离合器线圈电路接通,执行机构投入工作,汽车将不断加速。"SET/COAST"(设置/巡航)开关电路为:蓄电池正极→点火开关"ON"挡→熔断器 ECU-IG→CCS ECU 电源端子"14(B)"→CCS ECU 内部电路→端子"18(CCS)"→"SET/COAST"(设置/巡航)开关→搭铁→蓄电池负极。

(4)电磁离合器线圈电路为:蓄电池正极→点火开关"ON"挡→CCS ECU 电源端子"14(B)"→CCS ECU 内部电路→CCS ECU 端子"10(L)"→制动灯开关常闭触点→电磁离合器线圈→搭铁→蓄电池负极。电磁离合器接合将驱动电动机动力传递路线接通。

(5)驱动电动机电路为:蓄电池正极→点火开关"ON"挡→CCS ECU 电源端子"14(B)"→CCS ECU 内部电路→端子"11(MC)"→电动机→端子"12(MO)"→CCS ECU 内部电路→端子"13(GND)"搭铁→蓄电池负极。

电动机电流接通转动一定角度,并通过减速机构和电磁离合器拉动控制臂以及节气门摇臂转动,使节气门开度增大,车速升高。与此同时,电位计滑臂随减速机构和控制臂移动,将执行机构动作情况从端子"25(VR_2)"反馈给 CCS ECU,CCS ECU 根据反馈信号电压高低即可诊断执行机构是否发生故障。并将故障编成代码存储在随机存储器中(电动机电流过大用代码"11"表示,电动机电路断路或电磁离合器线圈电路断路用代码"13"表示等),以便维修时查询;同时 CCS ECU 还将发出指令驱动巡航指示灯发亮指示。

(6)电位计电路为:蓄电池正极→点火开关"ON"挡→CCS ECU 电源端子"14(B)"→CCS ECU 内部电路→端子"24(VR_1)"→电位计→端子"26(VR_3)"→CCS ECU 内部电路→端子"13(GND)"搭铁→蓄电池负极。

在车速达到或超过 40km/h 的情况下,当驾驶人向下拨动巡航开关手柄使"SET/COAST"(设置/巡航)开关保持接通时,车速将持续升高。当实际车速升高到想要设定的巡航行驶车速时放松开关手柄和加速踏板,设定的车速将被记忆在存储器中,CCS ECU 将控制执行机构保持节气门开度不变,使汽车恒速行驶。

当汽车行驶阻力减小使实际车速高于设定车速时,CCS ECU 将控制驱动电动机电流减小并回转微小角度,使节气门开度减小来降低车速。

在汽车以设定的巡航速度行驶过程中,如果驾驶人踩下加速踏板超车或踩下制动踏板制动或将自动变速器变速杆拨到前进挡 D 以外的位置等导致车速升高或降低而需要恢复到原来设定的巡航车速时,将"RES/ACC"(恢复/加速)开关接通短暂时间,汽车即可迅速减速或加速并恢复到原来设定的巡航车速恒速行驶。但是,当实际车速已经低于 40km/h 时,巡航车速则不能恢复。

四、取消巡航控制的条件

在汽车以设定的巡航速度行驶过程中,当遇到下列情况之一时,CCS ECU 将发出控制指令使巡航执行机构停止工作,立即解除巡航状态。

(1)接通巡航"CANCEL"(取消)开关时。当接通巡航开关的"CANCEL"(取消)开关时,将从 CCS ECU 端子"18(CCS)"输入一个表示解除巡航行驶的信号。CCS ECU 接收到该信号时,将立即解除巡航控制状态,同时驱动仪表盘上的巡航指示灯发亮指示。

(2)接通制动灯开关(即踩制动)时。当驾驶人踩下制动踏板时,双闸制动灯开关的常开触点闭合、常闭触点断开。常开触点闭合时,一方面使制动灯电路接通发亮报警,另一方面从端子"16(STP—)"向 CCS ECU 输入一个高电平信号,CCS ECU 接收到该信号时,将立即控制巡航指示灯发亮指示。与此同时,常闭触点断开将电磁离合器线圈电路切断,离合器分离使驱动电动机动力传递路线切断,巡航控制状态被解除。

(3)接通驻车制动开关(即拉制动)时。当驻车制动(手制动)手柄拉紧时,驻车制动开关接通,使制动警告灯电路接通而发亮指示,同时从端子"3(PKB)"向 CCS ECU 输入一个低电平信号,CCS ECU 接收到该信号时立即解除巡航状态并控制巡航指示灯发亮指示。

(4)接通空挡起动开关(即挂空挡)时。在自动变速器汽车上,当变速杆拨到"空挡(N位)"时,空挡起动开关接通,并从端子"2(N&C)"向 CCS ECU 输入一个低电平信号,CCS ECU 接收到该信号时,将立即解除巡航状态并控制巡航指示灯发亮指示。

(5)接通离合器开关(即踩离合器踏板)时。在手动变速器汽车上,当踩下离合器踏板时,离合器开关触点闭合,并从端子"2(N&C)"向 CCS ECU 输入一个低电平信号,CCS ECU 接收到该信号时,将立即解除巡航状态并控制巡航指示灯发亮指示。

第六节 汽车动力转向电控技术

汽车转向系统是指用于改变或保持汽车行驶方向的一套专设机构。其作用是:使汽车按照驾驶人的操纵意图,适时地改变行驶方向和路线,并在汽车受到路面传来的偶然冲击或意外地偏离行驶方向时,能与行驶系统配合而保持汽车稳定行驶,提高汽车的操纵稳定性。转向控制主要包括动力转向(即助力转向)控制和四轮转向控制。

汽车转向技术的发展大致经历了机械转向、机械液压助力转向和电子控制助力转向三个阶段。汽车助力转向通常称动力转向。汽车电子控制助力转向系统又称为电子控制动力转向系统(EPS,Electronic Power Steering)。

一、电子控制动力转向系统的功用

汽车转向时,既要求操纵轻便(即以较小的转向盘操纵力获得较大的转向转矩),又要求转向灵敏(即以较小的转向盘转角获得较大的转向角)。由于传统的转向系统无法同时满足这两方面的要求,因此电子控制动力转向系统(EPS)在当今汽车上得到了广泛的应用。

1. 电子控制动力转向系统(EPS)的功用

电子控制动力转向系统 EPS 的功用是:当汽车低速行驶时,减少驾驶人作用于转向盘上的转向力;当汽车高速行驶时,通过转向盘向驾驶人反馈适度的路面作用力。为了实现这些功能,EPS 必须满足以下要求:

(1)提供可变的转向助力(即车速快时转向重、俗称有"路感",车速慢时转向轻)。

(2)在转向结束时,转向盘能平顺地自动回正,使车轮回到直线行驶的位置上。

(3)当 EPS 发生故障时,转向系统仍能依靠人力进行转向。

(4)在保证转向性能的前提下,尽可能降低转向的动力消耗。

2. 电子控制动力转向系统的类型

根据转向动力形式不同,分为液压式电子控制动力转向系统(液压式 EPS)、电液混合式电子控制动力转向系统(电液混合式 EPS)和电动式电子控制动力转向系统(电动式 EPS)。

液压式 EPS 是在传统的液压动力转向系统的基础上增设控制液体流量的电磁阀、车速传感器和电子控制单元等构成,其原理是电子控制单元根据车速信号,通过控制电磁阀使转向动力放大倍数连续可调,从而满足汽车高速和低速行驶时的转向助力要求。

电动式 EPS 是利用直流电动机产生的电磁转矩作为动力源,电磁转矩由电磁离合器经减速机构减速增扭后,再加到转向机构上。电子控制单元根据转向参数和车速等信号,通过控制电动机电磁转矩的大小和方向,从而满足汽车低速和高速行驶时的转向助力要求。

二、液压式电子控制动力转向系统

根据控制方式不同,液压式电子控制动力转向系统可分为流量控制式、阀灵敏度控制式和反力控制式三种类型。

(一)流量控制式液压动力转向系统

流量控制式液压动力转向系统是根据车速传感器信号,通过调节液压动力转向装置中油液的输入、输出流量和压力来控制液压助力的大小,一般是在液压动力转向系统的基础上,增设流量控制电磁阀、车速传感器、电子控制单元和控制开关等构成,如图 7-25 所示。

电磁阀安装在转向油泵和转向机体(转向动力缸)之间的油路中,电控单元根据车速传感器和控制开关等信号,向电磁阀发出控制指令,通过改变电磁阀的开度,从而调节通向转向动力缸的油液流量。当汽车原地转向时,电磁阀开度最大,进入动力缸的油液流量最大,以减少驾驶人的体力消耗。当高速转向时,电控单元使电磁阀开度减小,进入动力缸的油液流量较小,转向助力较小,保证驾驶人有较好的路感,使转向灵敏度和轻便性得到兼顾。

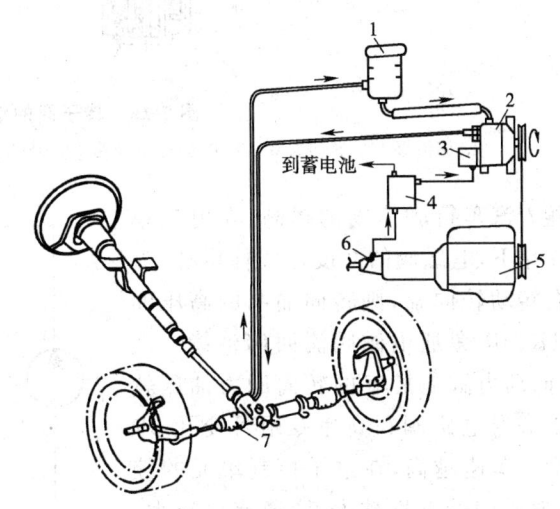

图 7-25 流量控制式液压动力转向系统
1. 储液罐 2. 转向油泵 3. 流量控制电磁阀 4. 电控单元
5. 发动机 6. 车速传感器 7. 齿轮齿条转向器与动力缸

(二)阀灵敏度控制式液压动力转向系统

阀灵敏度控制式液压动力转向系统的转子阀结构如图 7-26 所示。转子阀中带有可变小孔,分为低速专用小孔(1R、1L、2R、2L)和高速专用小孔(3R、3L)两种。在高速专用可变孔的下边设有旁通电磁阀回路,其等效液压回路如图 7-27 所示。

当汽车原地转向时,电磁阀完全关闭。若向右转,则高灵敏度低速专用小孔 1L 和 2L 在较小的转向转矩作用下即可关闭,高压油液由转向油泵经 1R 流向转向动力缸的右腔室,其左腔室的油液经 3L、2R 流回储油罐,如图 7-26 中的箭头方向所示,此时具有较为轻便的转向特性。施加在转向盘上的转向转矩越大,可变小孔 1R、2R 的开口面积越大,节流作用就越小,转向助力就越大。若汽车向左转,油液流动方向如图 7-27 所示。

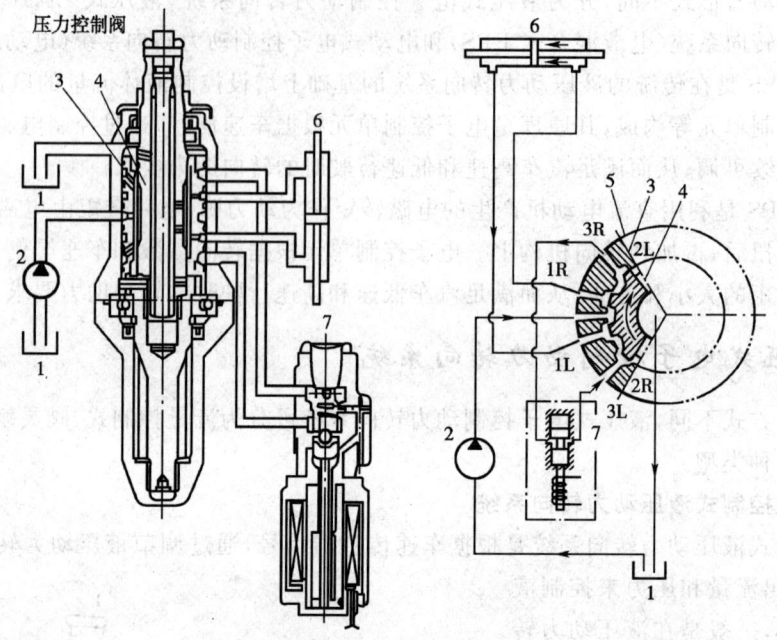

图 7-26 转子阀的结构
1. 储液罐 2. 转向油泵 3. 阀套 4. 阀芯 5. 压力控制阀 6. 转向动力缸 7. 电磁阀

随着汽车行驶速度的提高,在电控单元的作用下,电磁阀的开度也线性增加,如果向右转动转向盘,则转向油泵的高压油液经 1R、3R 旁通电磁阀流回储油罐。此时,转向动力缸右腔室的转向助力油压就取决于旁通电磁阀和高速专用可变孔 3R 的开度。车速越高,在电子控制单元的控制下,电磁阀的开度越大,旁通流量越大,转向助力作用越小;在车速不变的情况下,施加在转向盘上的转向力越小,高速专用小孔 3R 的开度越大,转向助力作用也越小,当转向力增大时,3R 的开度逐渐减小,转向助力作用也随之增大。由此可见,阀灵敏度控制式动力转向系统可使驾驶人获得非常自然的转向路感和良好的速度转向特性。

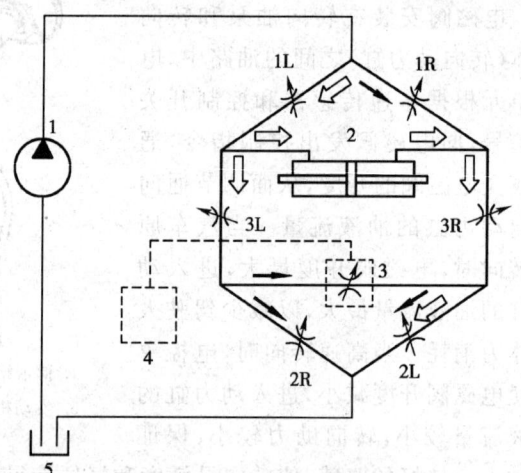

图 7-27 等效液压回路
1. 转向油泵 2. 转向动力缸 3. 电磁阀
4. 电控单元 5. 储液罐

(三)反力控制式液压动力转向系统

在反力控制式液压动力转向系统中,设有转向反力调节机构,汽车转向时的速度越高,电控单元使反力机构的刚度越大,汽车的转向反力越大,使驾驶人高速行驶时获得较强的路感。由于增加转向反力与进入动力缸的油液流量无关,所以设置转向反力不会对转向灵敏度产生影响,但系统结构较为复杂,成本较高。

三、电液混合式电子控制动力转向系统

电液混合式电子控制动力转向系统是利用电动机驱动液压泵来取代发动机驱动的液压泵,电动机由电控单元(ECU)控制。因此,电液混合式电子控制动力转向系统能根据汽车行驶状态,在需要助力时,才使液压泵工作;同时能够根据车速和转向角度的变化,使驾驶人感知转向力的变化(即增强其路感)。由于仅在转向时,ECU 才控制电动机运转,消除了转向油泵的无效运转,与普通液压动力转向相比,能够减少发动机的功率消耗。

电液混合式电子控制动力转向系统如图 7-28 所示,主要由电控单元 ECU、车速传感器、转向传感器、电动机转向油泵总成和动力转向执行机构(即转向动力缸)组成。

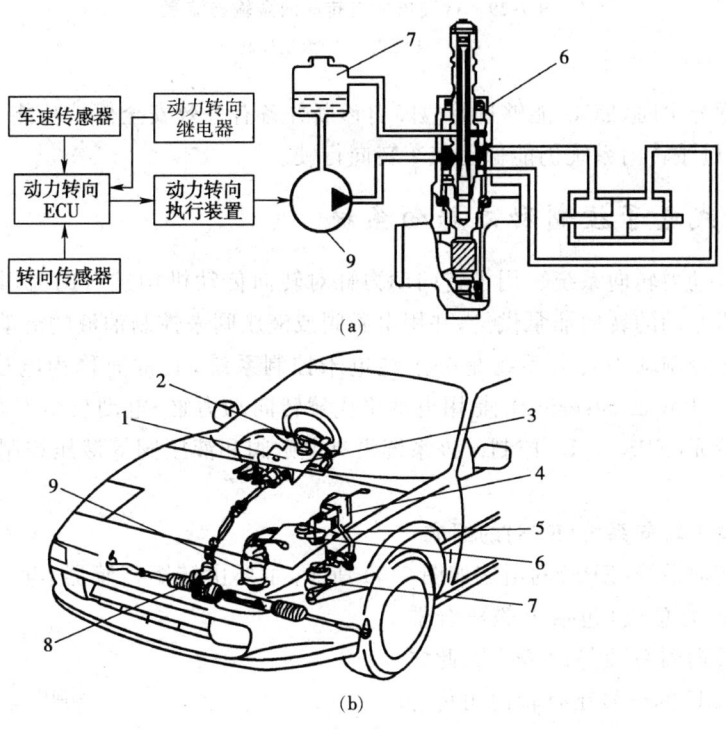

图 7-28 电液混合式电子控制动力转向系统的结构组成
(a)结构组成 (b)零部件布置
1. 车速传感器 2. 转向传感器 3. 报警灯 4. 动力转向 ECU 5. 动力转向继电器
6. 动力转向执行装置 7. 储液罐 8. 转向齿轮机构 9. 液压泵和电动机总成

根据响应方式不同,电液混合式电子控制动力转向系统可分为行驶模式响应型和转向盘速度响应型两类。汽车行驶模式响应型是根据车速区间和转向盘角速度区间判定汽车的行驶模式,市区道路、乡村公路、山区公路和高速公路等行驶模式的车速区间和转向盘角速度区间如图 7-29a 所示。ECU 根据判定的汽车行驶模式对电动机转速进行控制,使转向油泵的输出流量与汽车的行驶模式相适应。行驶模式与转向油泵输出流量的关系如图 7-29b 所示。

转向盘速度响应型是根据转向盘转向传感器和车速传感器输入的信号控制电动机转速,使转向油泵的输出流量得到控制。随着汽车转向时车速的提高,ECU 使电动机转速降低,以

减少转向油泵的输出流量,降低车轮的偏转速度;随着转向盘角速度的增加,ECU使电动机转速提高,以增大转向油泵的输出流量,满足快速转向的要求。

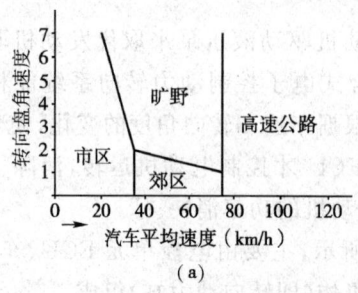 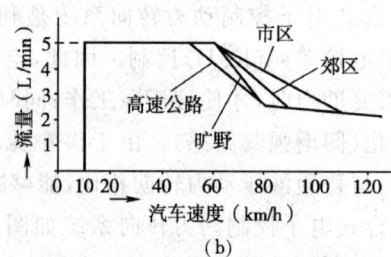

图 7-29 行驶模式与转向油泵输出流量
(a)行驶模式 (b)流量控制

当系统出现异常时,ECU 能够进行故障自诊断并备有失效安全保护功能。一旦控制系统出现故障,手动机械转向系统仍能保证汽车转向行驶。

四、电动式电子控制动力转向系统

前述液压式动力转向系统采用了转向动力缸对转向传动机构进行助力,其助力的动力由发动机或电动机驱动的转向油泵供给,并用电磁阀或液压阀来控制油液的流动方向和流量。

电动式电子控制动力转向系统是一个纯电子控制系统,通常简称为电控动力转向系统(EPS,Electronic Power Steering),是用电动机代替转向动力缸,电动机由汽车电源供电并受动力转向电控单元(EPS ECU)控制。该系统没有电磁阀和液压阀等液压控制机构,不受发动机运转的影响。

(一)电控动力转向系统(EPS)的组成

电控动力转向系统(EPS)的组成如图 7-30 所示,主要由转矩传感器、电子控制单元(EPS ECU)、电动机助力总成(包括电磁离合器和驱动齿轮)、转向器总成等组成。除此之外,输入 EPS ECU 的信号还有转向角传感器和车速传感器等信号。

EPS ECU 够根据传感器(转矩传感器、转向角传感器和车速传感器)信号,经过计算与判断向电动机助力总成发出控制指令,使电动机产生足够的电磁转矩带动转向轮做适当的偏转。在停车时,驾驶人可获得最大的转向动力;在汽车行驶过程中,EPS ECU 可调节电动机的助力大小来提高驾驶人的路感。

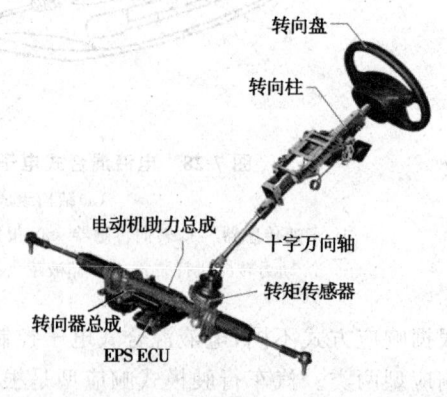

图 7-30 电动式电子控制动力转向系统组成

电控动力转向系统(EPS)具有零部件少、结构紧凑、体积小、质量轻(比液压式转向助力系统轻约 25%)等优点;EPS 与汽车上的其他电器设备相连接,有助于实现四轮转向控制,故其应用前景广阔。

(二)电控动力转向系统(EPS)的结构原理

电控动力转向系统(EPS)主要由转矩传感器、转向角传感器、车速传感器、电子控制单元(EPS ECU)、电动机和电磁离合器等组成,控制部件的布置如图 7-31 所示。

电动机助力的动力源,通过电磁离合器与转向器的小齿轮联结,安装在转向轴上的转矩传感器检测转向轴的转矩信号,该信号与车速信号、转向角信号同时输入到电子控制单元(EPS ECU)。EPS ECU 根据这些输入信号,计算确定助力转矩的大小和方向(即确定电动机电流的大小和方向)。电动机的转矩由电磁离合器通过减速机构减速增扭后,传递给转向器的齿条(或小齿轮),由此向转器提供助推转矩。

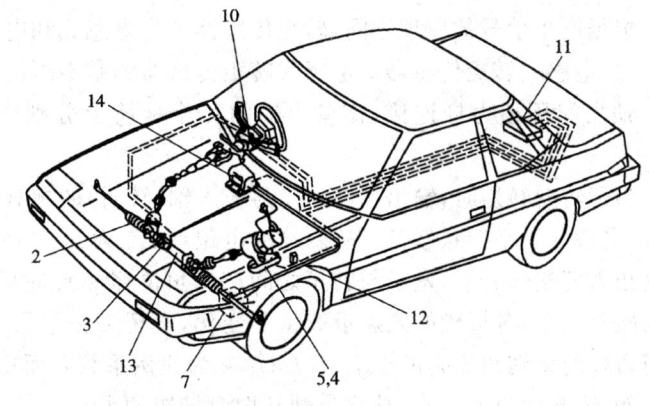

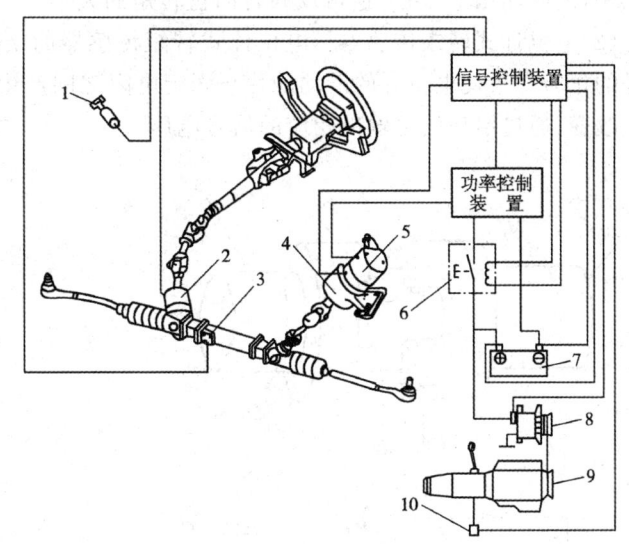

根据转向助力机构作用的位置不同,EPS 可分为转向轴助力式、转向器小齿轮助力式和齿条助力式三种。

转向轴助力式的助力机构安装在转向轴上,电动机的动力经电磁离合器、电动机输出轴齿轮传递给转向轴的齿轮,再经万向节及中间轴传递给转向器。

图 7-31 电控动力转向系统部件的布置
1. 点火开关 2. 转矩传感器 3. 转向角传感器 4. 电磁离合器 5. 电动机 6. 继电器 7. 蓄电池 8. 发电机 9. 发动机 10. 车速传感器 11. 电控单元(EPS ECU) 12. 电动机继电器 13. 转向器 14. 功率控制装置

转向器小齿轮助力式的助力机构安装在转向器小齿轮处,电动机的动力经电磁离合器、电动机输出轴齿轮传递给转向器小齿轮。与转向轴助力式相比,可以提供较大的转向力,适用于中型汽车,但其助力控制特性相对而言比较复杂。

齿条助力式的助力机构安装在转向齿条处,电动机动力通过减速传动机构直接驱动转向齿条。与转向器小齿轮助力式相比,可以提供更大的转向力,适用于大型汽车。这种助力形式对原有的转向传动机构要做较大改进。

1.传感器

电控动力转向系统(EPS)采用的传感器主要有转矩传感器、转向角传感器、车速传感器,这里仅介绍转矩传感器

转矩传感器是转向盘转矩传感器的简称,其功用是检测驾驶人作用于转向盘与转向器之间的转向转矩,并将其转变为电信号输入 EPS ECU,以便 EPS ECU 判定驾驶人施加于转向盘上的作用力(转矩)大小来调节助力的大小。

根据产生信号的原理不同,转矩传感器分为电感式和电位计式两种。

(1)电感式转矩传感器。电感式转矩传感器的基本组成与原理如图 7-32 所示。输入轴与输出轴之间用扭力杆连接,在输出轴的 4 个极靴上分别绕有相同的线圈,并连接成电感式电桥。

当无转向转矩时,输出轴(定子)与输入轴(转子)的相对转角为 0,每个极靴上的磁通量均相等,电桥处于平衡状态,V、W 两端的电位差 U_o 为 0。当转向时,驾驶人作用于转向盘的转矩使扭力杆扭转变形,定子与转子之间产生角位移 θ,此时极靴 A、D 之间的磁阻增大,B、C 之间的磁阻减小,各极靴的磁通量产生了变化,电桥失去平衡而输出电压。电桥的输出电压 U_o 与扭力杆的扭转角 θ 成正比($U_o = k\theta U_i$,k 为比例系数),而扭转角 θ 与作用于扭力杆的转矩也成比例,因此输出电压 U_o 值可反映转向盘转矩的大小。

(2)电位计式转矩传感器。电位计式转矩传感器的结构如图 7-33 所示。汽车转向时,扭力杆的扭转变形使电位计的滑动触片与固定电阻之间产生相对转动,电位计输出端的电阻值发生改变,通过滑环便可输出相应的信号电压。

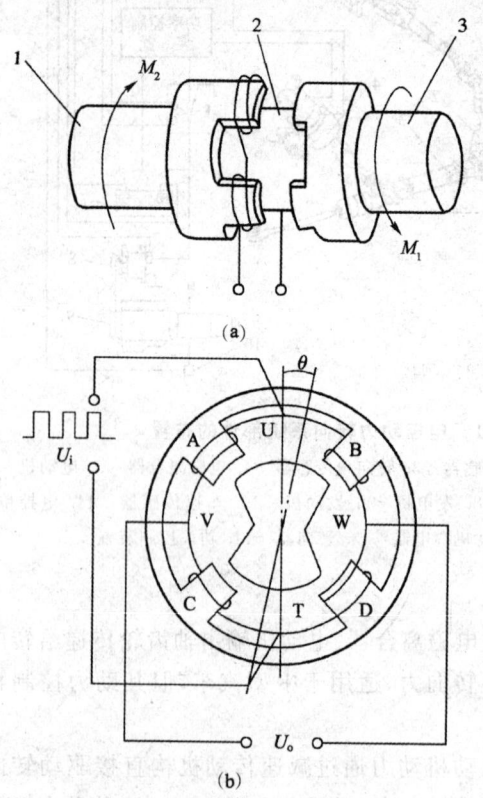

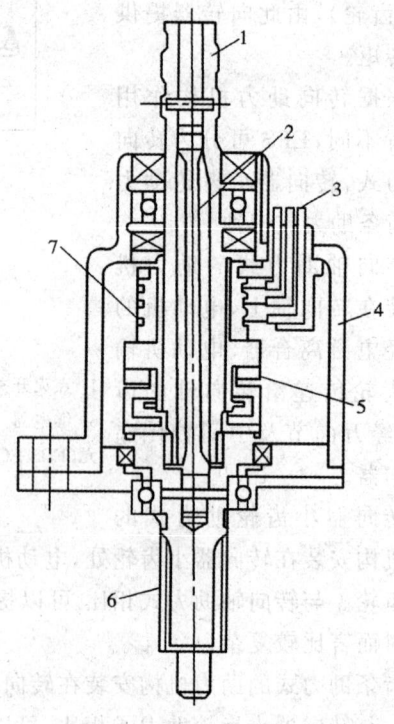

图 7-32 电感式转矩传感器
1. 输出轴 2. 扭力杆 3. 输入轴
M_1. 转向盘转矩 M_2. 转向器阻转矩

图 7-33 电位计式转矩传感器
1. 转向轴 2. 扭力杆 3. 输出轴 4. 壳体
5. 电位计 6. 转向器主动小齿轮;滑环

(3)转向角传感器。转向角传感器安装在转向器内,其功用是检测转向盘(或转向轴)的转动方向与转动角度。分为光电式和霍尔效应式两种类型。光电式转向角传感器的结构原理见本书前述。

2.助力电动机驱动电路

助力电动机功率不大,一般都采用小型永磁式直流电动机,通过驱动电路控制其电枢电流的方向,从而实现正反转功能。其驱动电路如图7-34所示,a_1、a_2为控制端,电控单元(EPS ECU)输出的控制信号由这两个控制端输入,再由驱动电路控制电动机输出助力转矩的大小和方向。

当a_1端接收到控制信号时,晶体管V_3和V_2导通,电动机电流由VD_2端流入、VD_1端流出,电动机 M 通电正转并输出助力转矩。

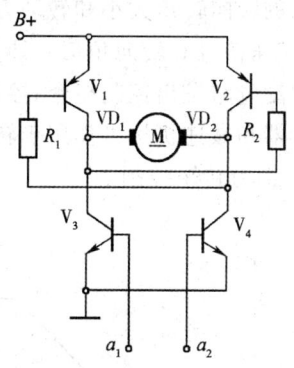

图 7-34 电动机控制电路

当a_2端接收到控制信号时,晶体管V_4和V_1导通,电动机电流由电动机XD_1端流入、VD_2端流出,电动机 M 通电反转并输出助力转矩。

电动机输出转矩的大小由 EPS ECU 发出的控制信号的占空比决定。当汽车慢速转向时需要较大的助力转矩,EPS ECU 发出占空比增大的控制信号,使晶体管V_3或V_4导通的时间增长,电动机流过的平均电流增大,从而增大输出的助力转矩;反之,当控制信号的占空比减小时,电动机输出的助力转矩则减小。

3.电磁离合器

电磁离合器作用是按照 EPS ECU 的控制指令,接通和切断助力电动机传递的驱动转矩。单片式电磁离合器的结构原理如图7-35所示。

主动轮随电动机轴一起转动。当需要助力转向时,EPS ECU 发出控制指令,使电磁离合器线圈电流经滑环接通,主动轮中产生电磁吸力,吸引带花键的压板与主动轮压紧,电动机的动力经电动机轴、主动轮、压板、花键、从动轴传递给减速机构。

当不需要助力转向时,EPS ECU 发出控制指令使电磁离合器线圈电流切断,电磁吸力消失,主动轮与压板分离。与此同时,EPS ECU 不再向电动机驱动电路发送触发信号,电动机停止转动,从而降低转向的动力消耗。

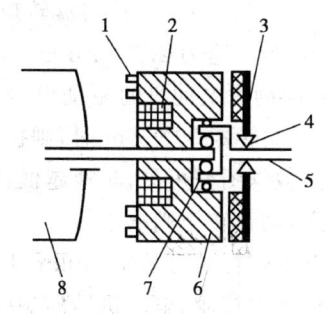

图 7-35 电磁离合器结构原理
1.滑环 2.线圈 3.压板 4.花键 5.从动轴
6.主动轮 7.滚珠轴承 8.电动机

当电动机发生故障时,EPS ECU 根据转向角传感器等信号能够检测到,并控制电磁离合器处于分离状态。在此情况下,仍可利用手动操纵转向。

4.减速机构

减速机构的作用是减速增扭。减速机构有多种组合方式,通常采用蜗轮蜗杆与转向轴驱动组合式,有的采用两级行星齿轮与传动齿轮组合式。为了抑制噪声和提高耐久性,减速机构中的齿轮一般都采用由树脂材料制成的特殊齿轮。

（三）电控动力转向系统的控制原理

当驾驶人操纵转向盘时，安装在转向轴上的转矩传感器和转向角传感器将检测出作用于转向轴的转向转矩大小和转动方向，并将其转换为电信号输入 EPS ECU，EPS ECU 根据转矩信号、车速信号和转向角信号计算确定助力转矩的大小和方向，并向电磁离合器线圈和助力电动机驱动电路发出控制指令，控制电磁离合器结合和电动机旋转，电动机输出的助力转矩经电磁离合器和减速机构再作用于转向机构（转向轴、齿轮齿条等），从而实现助力转向。

1. 助力转矩控制

由电动机的工作特性可知，电动机产生的电磁转矩与其流过的电流成正比。所以，通过控制助力电动机流过电流的大小，即可控制助力转矩的大小。电控动力转向系统（EPS）通常根据车速信号和转向盘转矩信号，对助力电动机的电流进行控制。某型轿车 EPS 在不同车速时，助力电动机的控制电流与转向盘转矩的关系如图 7-36 所示，这种关系曲线称为助力电动机控制电流数据图谱（即数据 MAP 或数据地图），并将其预先存储在 EPS ECU 的只读存储器 ROM 中，以便 EPS ECU 调用。

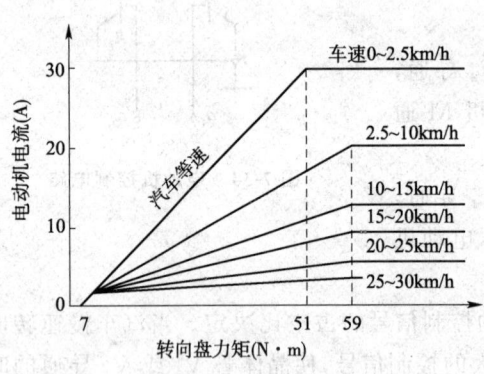

图 7-36 电动机控制电流数据图谱

当点火开关接通时，EPS ECU 首先根据车速传感器信号和转向盘转矩传感器信号与 ROM 中的数据进行比较和判断，然后根据判断结果向助力电动机的驱动电路发出占空比控制指令，将电动机电流控制在数据图谱中的相应数值。例如，当传感器输入 EPS ECU 的信号表示车速为 0～2.5km/h、转向盘转矩为 51N·m 时，EPS ECU 判断的结果将是电动机控制电流为 30A（当车速为 2.5～10km/h、转向盘转矩为 59N·m 时，EPS ECU 判断控制电流为 20A），然后向助力电动机的驱动电路发出占空比控制指令，将电动机电流控制在 30A（车速 2.5～10km/h、转矩 59N·m 时，则控制在 20A）。其他车速和转矩时，依此类推。由助力电动机控制电流数据图谱可见，车速越低、转向盘转矩越大，则控制电流越大，电动机的助力转矩也越大。反之，助力转矩则越小。

汽车在低速行驶过程中（40km/h 以下）进行转向时，EPS ECU 按助力电动机控制电流数据图谱进行助力控制，电动机转向响应较快，可使转向操纵灵敏轻便。

2. 转向盘回正与阻尼控制

在汽车转向或转向盘转动后的回位过程中，EPS ECU 根据车速传感器、转向角传感器和转矩传感器信号能够检测到车速和转向盘位的信息。当汽车低速行驶时，EPS ECU 将向助力电动机驱动电路发出占空比减小指令，使电动机电流迅速减小，转向车轮迅速回正，汽车具有良好的回正特性。当汽车高速行驶时，EPS ECU 将发出占空比逐渐减小指令使电动机电流逐渐减小，对转向车轮产生回正阻尼，使汽车具有稳定的转向特性。进行回正控制后，转向系统的回正滞后较大，控制效果如图 7-37 所示。

当转向过程中将转向盘释放时，EPS ECU 将对电动机进行回正阻尼控制，控制原理如图 7-38a 所示。EPS ECU 将向驱动电路发出占空比为零的控制指令，使电动机电流迅速切断，但在电枢转动的惯性力作用下，电动机不能立即停转，而是以发电机运行形式而发电，电枢绕组产生的电动势（或电流 i）方向与外加电源电压的方向相反，并产生一个大小与其转速成正比的反向转矩，对转向盘产生回正阻尼，从而使驾驶人获得适度的路感。

回正阻尼控制可以衰减或消除汽车高速行驶时出现的转向盘抖动现象和路面引起的转向车轮摆振现象。当

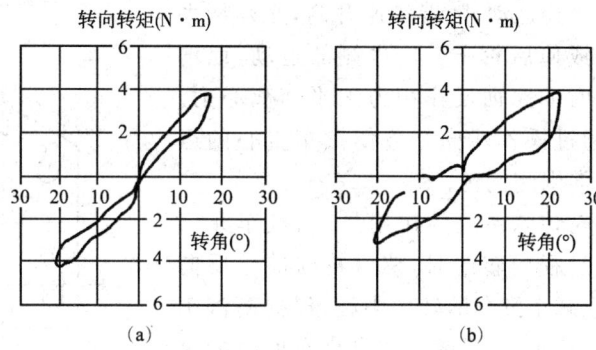

图 7-37 转向盘回正特性比较
(a) 未实施回正控制　(b) 实施回正控制

汽车以 120km/h 行驶时，有无阻尼控制得到的转向盘抖动试验结果如图 7-38 所示。可见，实施阻尼控制时，转向盘抖动频率明显降低，如图 7-38b 所示，使抖动现象得以明显减轻。

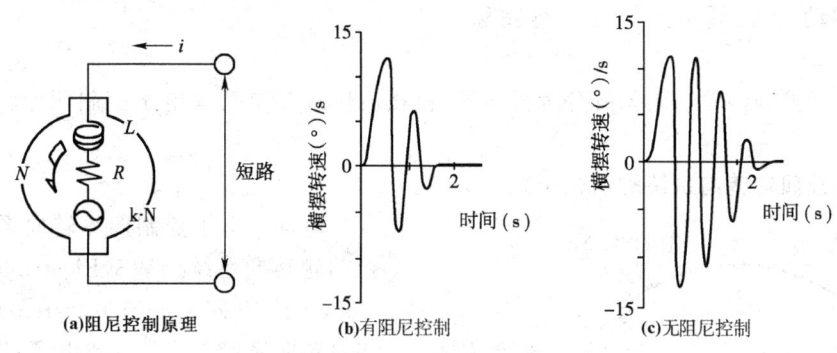

图 7-38 转向盘回正阻尼控制

五、电动式电子控制四轮转向系统

所谓四轮转向汽车就是四个车轮都能起到转向作用的汽车。当汽车转向时，除车速极低的情况之外，汽车行进方向与其车轮平面并不一致。

(一) 四轮转向系统的功用

汽车行进方向与其车轮平面之间的夹角称为侧偏角，如图 7-39a 所示。汽车转弯时，由于离心力的作用，在垂直于车轮平面的车轮中心上有侧向力，相应地在路面上产生反作用力，称为侧偏力。由于车轮侧向产生弹性变形，变形车轮的滚动方向与车轮平面方向并不一致，侧偏力又分解为与车轮行进方向平行的滚动阻力和与行进方向垂直的向心力（即转弯力）。在轮胎与道路附着极限内，转向时路面反作用力的大小与方向随侧偏角的大小而发生变化，向心力（转弯力）随之发生变化，因此，汽车的转向半径（或直径）也随之变化。

在通常情况下，汽车转向时各车轮向心力的合力应与汽车圆周运动的离心力相平衡。正在转弯的汽车一旦车速提高，其离心力随之增大，重心位置的侧偏角必然增大而出现不足转

向,如图7-39b所示。为了保证汽车按一定的转向半径运动,随着车速升高,必须增大转向角或使后轮产生向内侧的运动,以增加转向时的路面反作用力来平衡离心力。总之,通过操作转向轮应使汽车重心的运动方向向内侧偏转。

四轮转向系统的作用是:当汽车在低速行驶过程中转向时,使后轮与前轮反向偏转,以减小汽车的转向半径,以提高汽车急转弯、掉头、躲避障碍或进出车库时的机动能力。当汽车在中高速行驶过程中转向时,使后轮与前轮同向偏转。四轮转向可使具有侧偏角的后轮的行进方向与转向圆一致,如图7-40所示,以使重心位置的侧偏角(汽车重心的速度方向与汽车纵向轴线之间的夹角)为零,这样就可减少转向过程中的横摆运动,提高转向灵敏度和行驶稳定性。

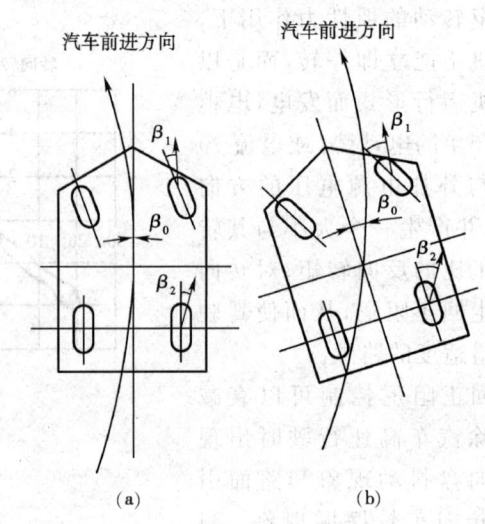

图 7-39 汽车转向时的侧偏角

β_1. 前轮侧偏角　β_2. 后轮侧偏角
β_0. 汽车重心位置的侧偏角

汽车电子控制四轮转向系统分为液压式、机械液压式和电动式电子控制四轮转向系统三种类型。

(二)电控四轮转向系统的结构组成

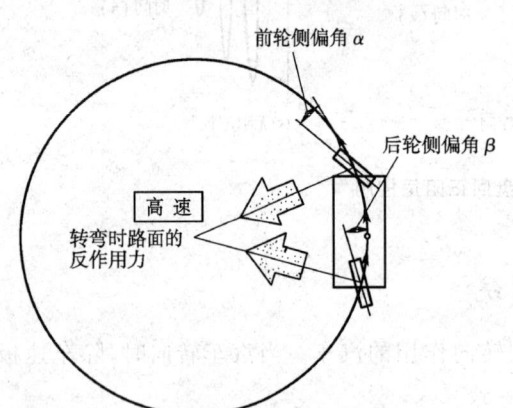

图 7-40 高速转向时侧偏角的变化

电动式电子控制四轮转向系统简称电控四轮转向系统(4WS,Electronically controlled 4-wheel steering system)或电动式四轮转向系统,同其他纯电子控制系统一样,该系统也是由传感器、电控单元(4WS ECU)和执行器三部分组成,如图7-41所示。

在具有电控四轮转向系统(4WS)的汽车上,其转向控制系统一般都具有前述助力转向(助力转矩控制、转向盘回正与阻尼控制)功能。因此,在其转向控制系统的结构组成上,除了具有图7-41所示用于侧偏角控制的部件之外,还包括前述图7-30所示电动式电控动力转向系统(EPS)的控制部件,即也设有转矩传感器、转向器转向角传感器、电控单元 EPS ECU、电动机助力总成(包括助力电动机、电磁离合器和驱动齿轮齿条)等部件。

在控制侧偏角方面,电控四轮转向系统采用的传感器主要有:主前轮偏转角传感器(输出为数字信号)、副前轮偏转角传感器(输出为模拟信号)、主后轮偏转角传感器(输出为数字信号)、副后轮偏转角传感器(输出为模拟信号)、转向盘转向与转角传感器和车速传感器等。主

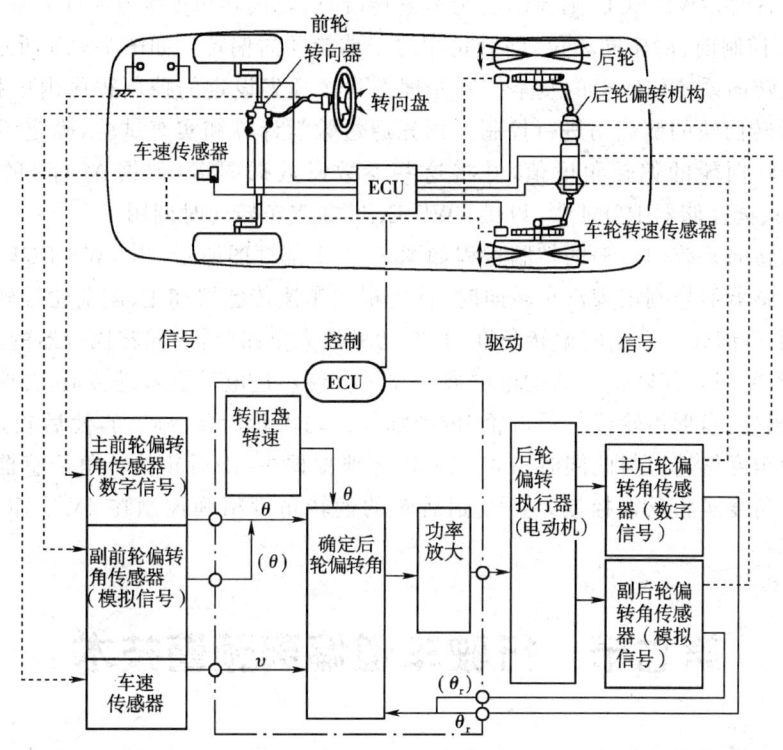

图 7-41 电控四轮转向系统(4WS)结构组成与控制原理框图

前轮和主后轮分别是指前轮转向器和后轮偏转机构直接驱动的转向轮。电控四轮转向系统的电控单元称为四轮转向电控单元(4WS ECU),执行器主要有转向器总成(包括步进电动机、电磁离合器、传动齿轮、传动轴、转向齿轮齿条等)和后轮偏转机构(步进电动机、电磁离合器、相位控制机构等)。

在后轮偏转机构中设有步进电动机和相位控制机构。相位控制机构又称为相位控制器,由蜗轮、蜗杆、扇形齿轮或行星齿轮、传动轴与传动齿轮齿条等组成。4WS ECU 通过控制步进电动机和相位控制机构,使后轮相位(即后轮相对于前轮偏转的位置)作相应的变化。

(三)电控四轮转向系统的控制原理

四轮转向控制的实质是控制前、后转向轮的侧偏角,即低速时控制后轮与前轮反向偏转,中高速时控制后轮与前轮同向偏转。一般来说,当车速在 0～35km/h 范围内转向时,4WS ECU 对前、后转向轮实施逆相位控制(即控制后轮相对于前轮反向偏转,如图 7-42a 所示,且后轮的偏转角相对于前轮的偏转角度是随车速逐渐升高而减小);当车速

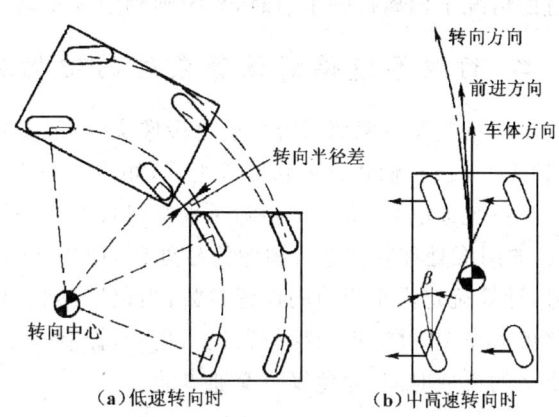

图 7-42 四轮转向系统的转向特性

在 35km/h 左右时,4WS ECU 则控制后轮不偏转(即后轮偏转角度为 0);当车速超过 35km/h 时,4WS ECU 控制前、后轮同相位(即后轮相对于前轮同向偏转),如图 7-42b 所示。

电控四轮转向系统(4WS)的基本控制原理都是按预先设定的控制程序由电控单元(4WS ECU)对前、后转向轮的侧偏角进行控制。预先通过数学计算和实车试验,确定不同车速和行驶方向时四个转向轮的偏转角度值,并将这些参数以数据图谱(数据 MAP)的形式存储于 4WS ECU 的只读存储器 ROM 中,以供 4WS ECU 在汽车转向时调用。

电控四轮转向系统(4WS)的控制过程如图 7-41 下部框图所示,当 4WS ECU 根据转向盘转向与转角传感器信号判定为汽车转向时,首先根据车速传感器和主、副前轮偏转角传感器信号,在 ROM 中查询确定后轮的偏转角度,并向功率放大电路(后轮偏转执行器的驱动电路)发出控制指令,控制后轮偏转执行器的电磁离合器结合使步进电动机步进转动,并驱动相位控制机构的蜗轮、蜗杆、扇形齿轮或行星齿轮、传动轴与传动齿轮齿条等转动,使后轮按 4WS ECU 确定的方向和角度偏转。与此同时,4WS ECU 还要根据主、副后轮偏转角传感器信号,对主、副后轮的偏转角度实施反馈控制,将主、副后轮的偏转角度精确控制在 4WS ECU 确定的角度值。

第七节 行驶车道偏离预警技术

汽车行驶车道偏离预警系统(LDWS,Lane Departure Warning System)是一种通过报警来提醒驾驶人,预防汽车偏离车道而发生交通事故的系统。

一、行驶车道偏离预警系统的功能

汽车行驶车道偏离预警系统(LDWS)的功能是:预防驾驶人过度疲劳或长时间单调驾驶,以致注意力不集中等情况而引发交通事故。

在接通行驶车道偏离预警系统电源的情况下,当汽车在未接通转向灯的情况下偏离行驶车道时,系统能在偏离车道 0.5s 时间内,控制安装在转向盘中的微型电动机振动转向盘或控制仪表盘上的声光报警装置发出报警信号,提醒驾驶人保持在车道线内行车;当汽车在接通转向灯的情况下偏离行驶车道时,系统则判定为车辆正常变道行驶而不会报警。

二、行驶车道偏离预警系统的结构原理

汽车行驶车道偏离预警系统由摄像头(一般安置在车身两侧或车内后视镜位置)、电控单元(ECU)以及车辆状态传感器等组成,如图 7-43 所示。

当系统通电时,摄像头会随时采集格式道路(行驶车道)的标志线和标识等信息,并输送到 ECU 的图像处理软件进行图像信号处理,ECU 根据图像处理结果和车辆状态传感器采集的信号,计算确定汽车当前的位置参数,当位置参数超过设定的阈值时,ECU 则判定汽车已经或即将偏离车道,并立即向执行器发出指令,控制转向盘振动和发出声光警报信号,为驾驶人提供更多的反应时间,避免发生交通事故。

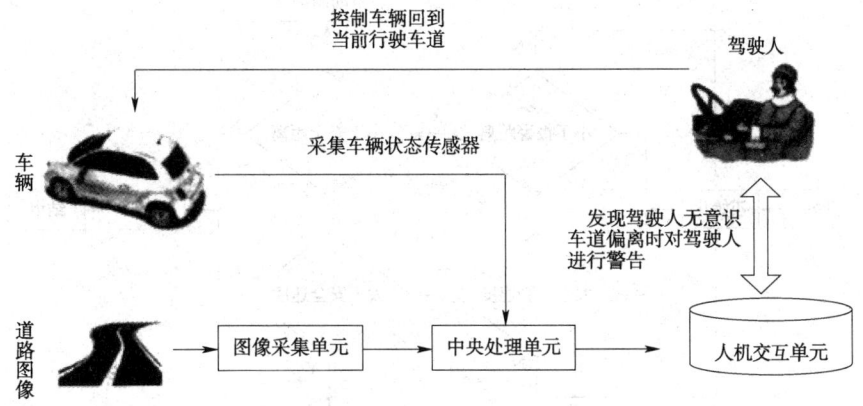

图 7-43 汽车行驶车道偏离预警系统的工作原理

第八节 汽车自动制动技术

汽车自动制动系统(AEB,Autonomous Emergency Braking)是指汽车在非自适应巡航的情况下正常行驶过程中,当遇到突发危险情况时自动制动减速直至停车,从而提高行驶安全性的系统。AEB 是一种主动安全系统。本田公司称为碰撞缓解制动系统(CMBS,Collision Mitigation Brake System),沃尔沃公司称为碰撞警告与自动制动系统(CWB,Collision Warning with Brake Assist)。

一、汽车自动制动系统的组成

汽车自动制动系统由测距装置、车速传感器、数据分析与处理单元(AEB ECU)、自动制动(辅助驾驶)执行器和报警装置等组成。其中,测距装置一般采用微波雷达、激光雷达或视频系统构成,其功用是提供前方车辆、行人或障碍物的实时信息;(AEB ECU)的功用是对传感器和测距装置采集的信息进行计算处理,判定本车与前方目标(前车、行人或障碍物)的实际距离和相对车速等;自动制动执行器一般利用原车已有的电子控制制动装置(包括 ABS ECU、ABS 执行机构等);报警装置一般利用液晶显示屏和语音报警系统发出声光报警信号。

二、汽车自动制动系统的控制原理

汽车自动制动系统(AEB)的控制分为安全距离控制和安全速度控制两个方面,控制逻辑如图 7-44 所示,控制过程如下。

在汽车行驶过程中,AEB ECU 首先根据测距装置(雷达或摄像头)和车速传感器检测得到与前方目标(前车、行人或障碍物)之间的距离和相对速度,然后将实际距离和相对速度与预先设定的报警距离和报警速度进行比较判断。当 AEB ECU 发现本车与前方目标的距离正在缩小且逐渐接近警报距离时,或相对速度大于报警速度时,立即向报警装置发出控制指令,驱动报警装置发出声光报警信号,提醒驾驶人已有追尾危险,必须采取必要措施。

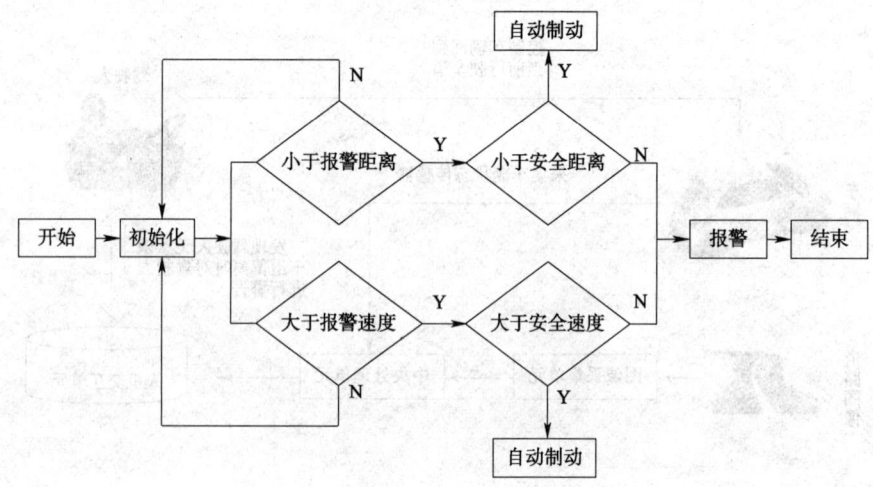

图 7-44 汽车自动制动系统的控制逻辑

当 AEB ECU 判定本车与前方目标的实际距离小于安全距离,或相对速度高于安全速度时,就会采取自动制动或减速控制,立即向 ABS ECU 或发动机 ECU 发出指令,ABS 立即紧急制动缩短车距直至停车、发动机 ECU 则立即进行断油控制降低车速直至停机,从而防止发生追尾(碰撞)事故。

2018 款奥迪(Audi)轿车就装备了这种自动制动系统,当前方道路上有行人时,该型轿车能自动制动并停止在距离行人约 1m 的位置。可见,当汽车行驶到交通路口接近斑马线时,自动制动系统能够起到辅助驾驶人礼让行人、文明驾驶的作用。

由上述汽车安全辅助驾驶技术可见,车道偏离预警系统(LDWS)和自动制动系统(AEB)都采用了摄像技术或雷达技术,这就为汽车无人驾驶技术奠定了基础。应用摄像技术能够自动识别格式道路,为行驶方向的控制奠定基础。应用雷达技术能够测量本车与前方目标(前车、行人或障碍物)的距离,为行车安全控制奠定基础。如果将发动机电子控制系统、底盘电子控制系统、车身电子控制系统和辅助驾驶系统组合成一个综合控制系统,就基本能够实现对汽车无人驾驶的控制。

思考题与参考答案

一、单选题

1. 装备电控悬架系统 EMS 的汽车在急转弯时,乘坐人员能够感到悬架较为:( )
   A. 柔软　　　　　B. 坚硬　　　　　C. 仰头　　　　　D. 点头
2. 装备电控悬架系统 EMS 的汽车正常行驶时,乘坐人员能够感到悬架较为:( )
   A. 柔软　　　　　B. 坚硬　　　　　C. 仰头　　　　　D. 点头
3. 电控悬架系统 EMS 的车身高度调节系统调节车身高度的范围为:( )
   A. 1~3mm　　　B. 3~10mm　　　C. 1~3cm　　　D. 3~10cm
4. 车身高度调节系统从开始充气到完成一次高度调节所需时间约为:( )
   A. 1~2s　　　　B. 1~2min　　　C. 7~13s　　　　D. 20~40s

第七章 汽车电控悬架与辅助驾驶技术

5. 汽车巡航控制系统实施巡航控制的最低车速一般不低于( )。
   A. 80km/h   B. 60km/h   C. 40km/h   D. 20km/h
6. 实践证明:汽车在相同行驶条件下,利用巡航行驶可以节省燃料为:( )
   A. 5%   B. 10%   C. 15%   D. 20%
7. 当接通巡航主开关(MAIN)时,仪表盘上"巡航指示灯"的状态如下。( )
   A. 闪亮   B. 亮3~5s后灭   C. 常亮   D. 常灭
8. 汽车电控动力转向系统(EPS)助力电动机输出转矩的大小由下述因素决定。( )
   A. ECU的占空比   B. 电流大小   C. 电流方向   D. 电机功率
9. 汽车电控动力转向系统(EPS)除转向助力控制外,还能实现下述控制。( )
   A. 四轮转向   B. 辅助制动   C. 行驶车速   D. 转向盘回正
10. 电控动力转向系统(EPS)助力机构作用的位置不含下述哪一种机构( )。
    A. 转向盘   B. 转向轴   C. 转向齿条   D. 转向器小齿轮

二、多选题

1. 汽车悬架的功用是将路面作用于车轮的下述哪些作用力传递到车身上( )。
   A. 支承力   B. 牵引力   C. 制动力   D. 侧向反力
2. 电控悬架系统能够调节下述哪些指标来提高汽车的通过性和平顺性( )。
   A. 车身高度   B. 悬架刚度   C. 减振器阻尼   D. 车身载荷
3. 汽车巡航控制系统能够提高汽车的下述哪些性能( )。
   A. 安全性   B. 舒适性   C. 通过性   D. 排放性
4. 气动式巡航执行机构设置的三只电磁阀分别是( )。
   A. 真空电磁阀   B. 通风电磁阀   C. 安全电磁阀   D. 锁止电磁阀
5. 自动变速汽车巡航控制系统的控制开关主要有下述几种( )。
   A. 巡航开关   B. 制动灯开关   C. 离合器开关   D. 空挡安全开关
6. 巡航开关是一个组合手柄开关,一般都是由下述几个功能开关组成( )。
   A. MAIN   B. SET/COAST   C. RES/ACC   D. CANCEL
7. 电动式巡航执行机构主要由下述机构组成( )。
   A. 驱动电动机   B. 电磁离合器   C. 减速机构   D. 电位计
8. 根据转向动力形式不同,电子控制动力转向系统可分为下述几种类型( )。
   A. 液压式EPS   B. 电动式EPS   C. 组合式EPS   D. 电液混合式EPS
9. 汽车电控动力转向系统(EPS)主要由下述控制部件组成( )。
   A. 各种传感器   B. EPS ECU   C. 助力电动机   D. 电磁离合器
10. 汽车电控动力转向系统(EPS)采用的传感器主要有下述几种( )。
    A. 转矩传感器   B. 节气门传感器   C. 转向角传感器   D. 车速传感器

三、判断题

1. 改变空气弹簧气压缸内的空气量,能够调节空气弹簧悬架的刚度。( )
2. 改变空气弹簧气主、辅气压腔之间压缩空气通路的大小,即可调节悬架的刚度。( )
3. 减振器阻尼调节系统的调节原理是调节减振器油液的流量来调节阻尼的大小。( )
4. 汽车巡航控制系统是一个开环控制系统。( )
5. 巡航车速一般都采用"比例—积分算法(PI)"控制方式进行控制。( )
6. 为了防止巡航行驶期间换挡时,发动机出现超速运转现象,装备巡航控制系统的手动

变速汽车,必需设置离合器开关。(　)

7. 电控动力转向系统能够满足汽车转向既操纵轻便,又转向灵敏的要求。(　)

8. 当汽车巡航行驶时的阻力减小时,CCS ECU 将控制节气门开度增大。(　)

9. 车速传感器信号也是解除巡航控制信号。(　)

10. 汽车电动力转向系统(EPS)转向助力的动力源是发动机。(　)

11. 转向盘转矩传感器的功用是检测驾驶人作用于转向盘与转向器之间的转矩。(　)

12. 转向角传感器只能检测转向盘的转动方向,不能检测转向盘的转动角度。(　)

13. 当电控动力转向系统(EPS)的电动机发生故障时,仍可手动操纵转向。(　)

14. 电控动力转向系统电磁离合器的作用是接通和切断助力电动机传递的转矩。(　)

15. 汽车车速越低、转向盘转矩越大,则助力电动机的助力转矩越小。(　)

四、简答题

1. 电子控制变高度空气弹簧悬架系统的主要功用是什么?主要控制部件有哪些?

2. 电子控制悬架系统 EMS 调节空气弹簧悬架高度的方法是什么?怎样调节车身高度?

3. 在汽车紧急制动时,电子控制悬架系统 EMS 怎样抑制汽车点头?

4. 汽车巡航控制系统采用的控制开关和执行机构有哪些?各有什么功用?

5. 汽车巡航控制系统的优点主要有哪些?

6. 解除巡航状态的条件有哪些?分析说明汽车巡航控制的基本原理。

7. 汽车电子控制动力转向系统 EPS 必须满足哪些要求?

8. 分析说明汽车电子控制动力转向系统 EPS 助力转向的控制原理。

参考答案

一、单选题:1. B　2. A　3. C　4. D　5. C　6. C　7. B　8. A　9. A　10. A

二、多选题:1. ABCD　2. ABC　3. ABD　4. ABC　5. ABD　6. ABCD　7. ABCD　8. ABD　9. ABCD　10. ACD

三、判断题:1. ×　2. √　3. √　4. ×　5. √　6. √　7. √　8. ×　9. ×　10. ×　11. √　12. ×　13. √　14. √　15. ×

第八章 汽车电控系统故障自诊断技术

汽车使用条件恶劣，运行环境复杂，发生故障难以预料。为了及时发现故障，汽车电子控制系统都应用了故障自诊断技术，一旦系统发生故障，就能迅速报警提醒使用人员采取相应措施，还能保持基本的运行能力，以便将汽车驾驶回家或送修理站修理。

第一节 故障自诊断系统的组成与功能

故障自诊断是指汽车电控系统监测自身的运行情况，诊断有无故障，并采取相应的控制措施。汽车每一个电子控制系统都配置有相应地故障自诊断子系统（OBD），当今又称为第二代车载故障自诊断系统（OBD-Ⅱ，On Board Diagnosis System-Ⅱ），简称自诊断系统。

一、故障自诊断系统的组成

汽车故障自诊断系统（OBD）主要由传感器监测电路、执行器监测电路、故障代码存储器、软件程序、故障诊断通信接口（TDCL，Trouble Diagnostic Communication Link）以及各种故障指示灯等组成。

传感器与执行器监测电路一般都与各种电控单元制在同一块印刷电路板上，软件程序存储在各种电控单元内部的专用存储器中。图 8-1 所示为典型的发动机冷却液温度传感器自诊断电路示意图。

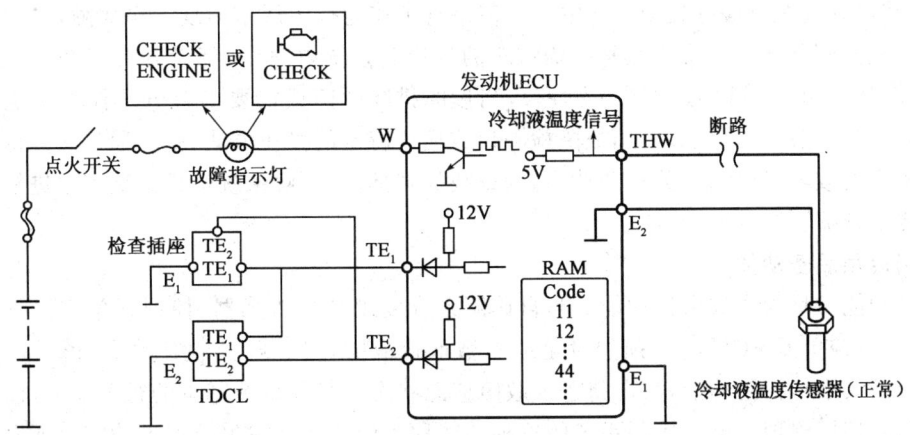

图 8-1 冷却液温度传感器自诊断电路示意图

故障诊断通信接口（TDCL）通常称为故障诊断插座，一般安装在熔断器盒上、仪表板下方或发动机舱内。为了便于检修人员在发动机舱盖开启状态下测试发动机电子控制系统有无故障，一般在发动机舱内还设有一个故障检查插座，其功用与故障诊断插座相同。如果没有检查插座，检修人员就必须进入驾驶室利用故障诊断插座（TDCL）进行诊断测试。

二、故障自诊断系统的功能

在汽车运行过程中，各种电控单元（ECU）根据不同传感器和控制开关输入的信号，按照预先设定的控制程序进行数学计算和逻辑判断，并向各种执行器发出相应的控制指令完成不同的控制功能。如果某只传感器或控制开关发生故障，就不能向ECU正常输送信号，汽车性能就会变坏甚至无法运行。当执行机构发生故障，其监测电路反馈给ECU的信号就会出现异常，汽车性能也会变坏甚至无法运行。因此，在使用汽车时，一旦接通点火开关，自诊断电路就会投入工作，实时监测各种传感器、控制开关和执行器的工作状态。一旦发现某只传感器或控制开关信号异常，或执行机构监测电路反馈的信号异常，就会立即采取三个方面的措施：一是发现某只传感器或执行器参数异常时，立即发出报警信号；二是将故障内容编成代码（称为故障代码）存储在随机存储器（RAM）中，以便维修时调用或供设计参考；三是启用相应的后备功能（又称为"回家"功能），使控制系统处于应急状态运行。

（一）发出报警信号

在电子控制系统运转过程中，当某只传感器、控制开关或执行器发生故障时，电控单元（ECU）将立即接通仪表板上的故障指示灯电路，使指示灯发亮或闪亮。目的是提醒驾驶人控制系统出现故障，应立即检修或送修理厂修理，以免故障范围扩大。

各种电子控制系统的故障指示灯都设置在组合仪表板的透明面膜下面，并在面膜上印制有不同的图形符号或英文缩写字母。如发动机电子控制系统的故障指示灯用发动机图形符号或字母"CHECK ENGINE（检查发动机）"、"SERVICE ENGINE SOON（立即维修发动机）"表示，防抱死制动系统用字母"ABS"表示，安全气囊系统用字母"SRS"或"AIR BAG"表示等。

（二）存储故障代码

当自诊断系统发现某只传感器、控制开关或执行器发生故障时，其电控单元（ECU）会将监测到的故障内容以故障代码的形式存储在随机存储器RAM中。只要存储器电源不被切断，故障代码就会一直保存在RAM中。即使是汽车在运行中偶尔出现一次故障，自诊断电路也会及时检测到并记录下来。在每一辆汽车的自诊断系统电路中，都设置有一个专用的故障诊断插座（1994年以后均为16端子插座），当诊断排除故障或需要了解电子控制系统的运行参数时，使用制造厂商提供的专用故障检测仪或通过特定的操作方法，就可通过故障诊断插座将存储器中的故障代码和有关参数读出，为查找故障部位、了解系统运行情况和改进控制系统的设计提供依据。

（三）启用后备功能

后备功能又称为失效保护功能。当自诊断系统发现某只传感器、控制开关或执行器发生故障时，其电控单元ECU将以预先设定的参数取代故障传感器、控制开关或执行器工作，使控制系统继续维持控制功能，汽车将进入故障应急状态运行并维持基本的行驶能力，以便将汽车行驶到修理厂修理。电子控制系统的这种功能称为后备功能或失效保护功能。下面分别以发动机电子控制系统以下几个方面的后备功能为例说明。

（1）冷却液温度传感器电路断路或短路时，ECU按固定温度值控制喷油器喷油。当冷却液温度传感器工作正常时,冷却液温度一般设定在-30℃~120℃,其输出信号电压在0.3~4.7V范围内变化,如图8-2所示。

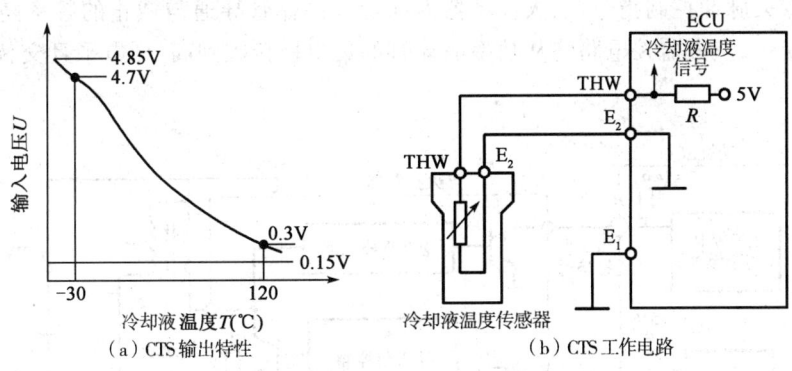

图 8-2　冷却液温度传感器CTS自诊断电路

当冷却液温度传感器电路发生短路或断路故障时,其输出的信号电压就会低于0.3V或高于4.7V。当ECU接收到低于0.3V或高于4.7V的冷却液温度信号时,自诊断系统就会判定冷却液温度传感器及其电路有短路或断路故障,并立即启用后备功能,按固定温度值(断路时按80℃、短路时按19.5℃)的工作状态控制喷油器喷油,并将故障编成代码存储在随机存储器(RAM)中,以便检测维修时调用。

(2)当进气温度传感器或其电路断路或短路时,发动机ECU将按进气温度为20℃的工作状态控制喷油器喷油。

(3)当空气流量传感器或支管压力传感器电路断路或短路时,ECU将按节气门位置传感器信号以三种固定的喷油量控制喷油器喷油。当节气门位置传感器的怠速触点闭合时,以固定的怠速喷油量控制喷油;当怠速触点断开、节气门尚未全开时,以固定的小负荷喷油量控制喷油;当节气门全开或接近全开时,以固定的大负荷喷油量控制喷油。对于多点燃油顺序喷射系统,喷油频率则由发动机每转两转顺序喷油一次改为每转一转同时喷油一次。

(4)当节气门位置传感器电路断路或短路时,ECU将根据发动机转速信号和空气流量传感器信号计算出一个替代值来控制喷油器喷油。

(5)当大气压力传感器电路断路或短路时,ECU将按101kPa(1个标准大气压力)控制喷油器喷油。

(6)当氧传感器电路断路、短路或输出信号电压保持不变或每1min变化低于10次时,ECU将取消空燃比反馈控制,并以开环控制方式控制喷油器喷油。

(7)当曲轴位置和凸轮轴位置传感器中的一种传感器电路断路或短路时,ECU则根据另一种传感器信号控制喷油和点火,点火提前角根据工况不同按预先设定的固定值(起动和怠速工况一般为上止点前10°左右,其他工况一般为上止点前20°左右)进行控制,喷油量根据节气门位置传感器信号按预先设定的固定值控制喷油。对于多点燃油顺序喷射系统,喷油频率则由发动机每转两转顺序喷油一次改为每转一转同时喷油一次。

(8)当执行器(如喷油器、点火控制器、怠速控制阀等)出现故障时,有的故障能被ECU检测出来,有的则不能检测,具体情况依车型的控制软件和硬件设计而异。例如,当大众公司汽车节气门控制组件内的怠速节气门位置传感器信号中断时,控制组件将利用应急弹簧将节气门拉开到规定开度,使急速转速升高而进入应急状态运行。监控执行器故障一般都设有专用监测电路,监测点火器的自诊断电路如图8-3所示。当发动机转速变化时,ECU发出与转速同步变化的点火脉冲控制指令,点火控制器内部功率晶体管导通与截止的频率随发动机转速变化而同步变化,点火监控电路将从功率晶体管的集电极接收到高、低电平且交替变化的同步信号。

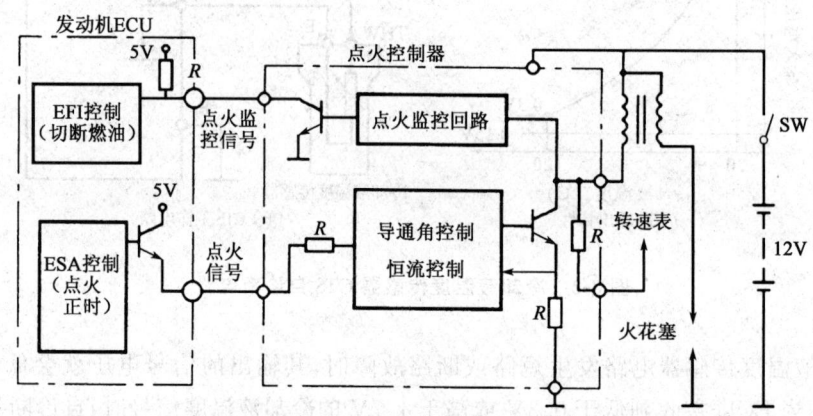

图 8-3 点火器故障自诊断电路

当发动机运转而点火线圈初级电路一直接通或一直断开时,监控电路就接收不到交替变化的信号,反馈到ECU的监控信号将保持高电平或低电平不变。当ECU连续发出与气缸数相同个数的点火脉冲控制指令而点火监控反馈信号仍保持不变时,ECU就会判定点火系统发生故障,立即进入应急状态运行,并将故障内容编成代码存储在随机存储器(RAM)中,以便检测维修时调用。

当发动机电子控制系统在后备功能工作状态下,由于发动机的性能将受到不同程度的影响。因此某些车型的发动机自诊断系统还将自动切断空调、音响等辅助电器系统电路,以便减小发动机的工作负荷。

第二节 汽车电控系统故障自诊断监测原理

在汽车电子控制系统工作过程中,自诊断电路随时都在监测各种传感器、控制开关和执行器的工作状况,诊断它们是否发生故障。

在一般情况下,自诊断系统能够识别出故障类型,如无信号(断路)、对地短路(搭铁)、对正极短路等。但是,由于控制部件的结构、线路连接以及故障原因各有不同,所以某些类型的故障自诊断系统难以区分出来。下面分别以自诊断监测点位于被监测部件正极和监测点位于被监测部件负极的故障自诊断原理为例说明。

一、监测点位于被监测部件正极的自诊断原理

在汽车电子控制系统中,各种传感器的故障自诊断监测点一般都位于传感器的正极。

(一)搭铁和对负极短路的自诊断

当监测点位于被监测部件正极时,传感器搭铁或对负极短路故障的自诊断电路如图 8-4 所示。当传感器及控制系统正常时,自诊断电路从自诊断监测点测得传感器输入中央处理单元 CPU 的信号电压为 $0.3\sim4.7\text{V}$,表示该传感器工作正常,自诊断结果为无故障记录。

如果传感器与电控单元 ECU 之间的信号线、连接器插头或传感器部件本身"搭铁",如图 8-4a 所示,则自诊断监测点输入 CPU 的监测值将始终为 0V。

如果传感器信号线与负极导线短接,即"对负极短路",如图 8-4b 所示,则自诊断监测点输入 CPU 的监测值也将始终为 0V。

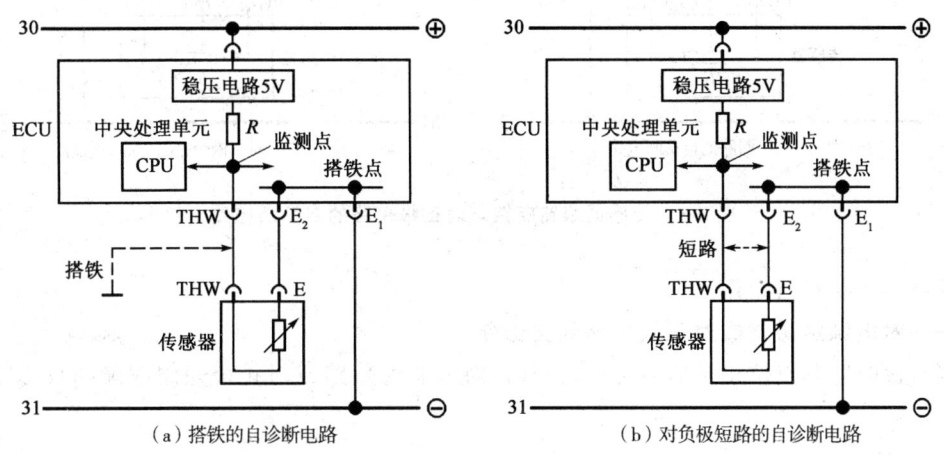

图 8-4 传感器线路搭铁或对负极短路故障的自诊断电路

综上所述,在监测点位于被监测部件正极的情况下,当控制部件的信号线、连接器插头或部件本身"搭铁"或"对负极短路"时,CPU 的监测值均为 0V。因为 CPU 难以区分其故障类型,所以 CPU 记录的故障为:"搭铁或对地短路"。

(二)断路与对正极短路的自诊断

当监测点位于被监测部件正极时,断路与对正极短路故障的自诊断电路如图 8-5 所示。

当传感器与 ECU 之间的信号线、连接器插头或传感器部件本身"断路"时,如图 8-5a 所示,自诊断监测点输入 CPU 的监测值将始终为 5V。

某些传感器(如节气门位置传感器)需要提供电源,其电源线、信号线及搭铁线等均通过线束插头或插座与电控单元 ECU 的线束插座连接。当传感器与 ECU 之间的信号线、线束插头或部件本身"对正极短路"时,如图 8-5b 所示,自诊断监测点输入 CPU 的电压也将始终保持 5V 不变。

由此可见,当传感器发生"断路"和"对正极短路"两种类型的故障时,因为自诊断监测点输入 CPU 的监测值始终都为 5V,所以 CPU 难以区分其故障类型。因此,在监测点位于被监控部件正极的情况下,当出现"断路"和"对正极短路"两种故障之一时,CPU 自诊断记录的结论将是:"断路或对正极短路"。

二、监测点位于被监测部件负极的自诊断原理

在汽车电子控制系统中,各种执行器的故障自诊断监测点一般都设在执行器的负极,以便

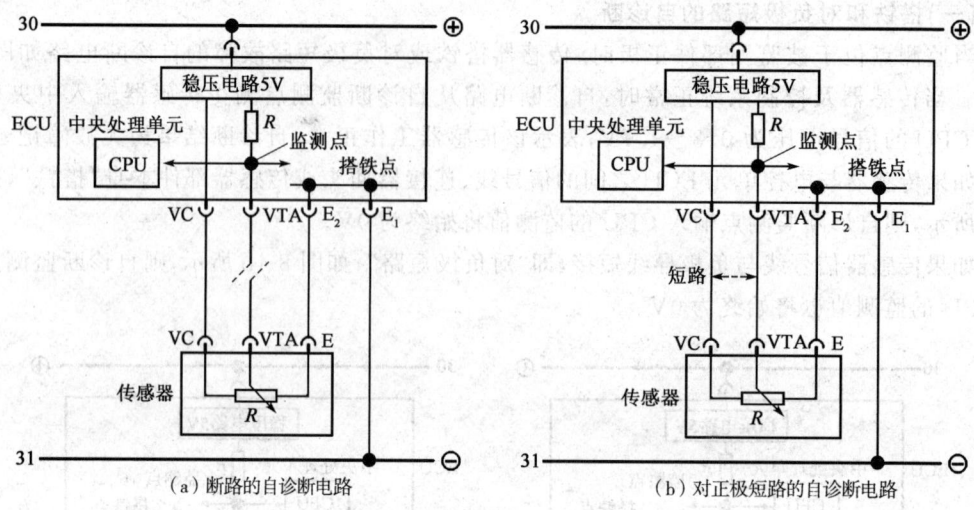

图 8-5 传感器线路断路与对正极短路的自诊断电路

驱动回路驱动执行器动作。

(一)对电源线短路或对正极短路的自诊断

当自诊断监测点位于被监测部件负极时,对电源线短路或对正极短路故障的自诊断电路如图 8-6 所示。

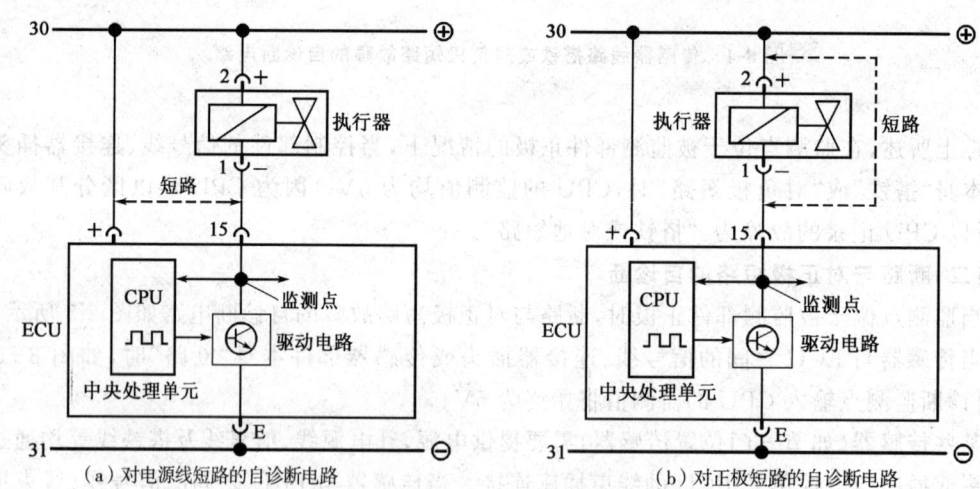

图 8-6 执行器对正极短路的自诊断电路

当执行器及控制系统正常时,中央处理单元(CPU)向输出回路(即驱动电路)发出一定频率的脉冲控制信号驱动执行器动作,自诊断电路从自诊断监测点可以测得交替变化的脉冲信号并反馈到 CPU,从而说明控制系统工作正常,此时 CPU 无故障记录。

当执行器负极导线、连接器插头或部件本身对电源线短路或对部件正极导线短路时,如图 8-6 所示,自诊断监测点反馈输入到 CPU 的监测值将始终等于电源电压。因此,CPU 自诊断记录的结论将是:"对正极短路"。

(二)断路与搭铁故障的自诊断

当自诊断监测点位于被监测部件负极时,断路与搭铁(又称为对地短路)故障的自诊断电路如图 8-7 所示。

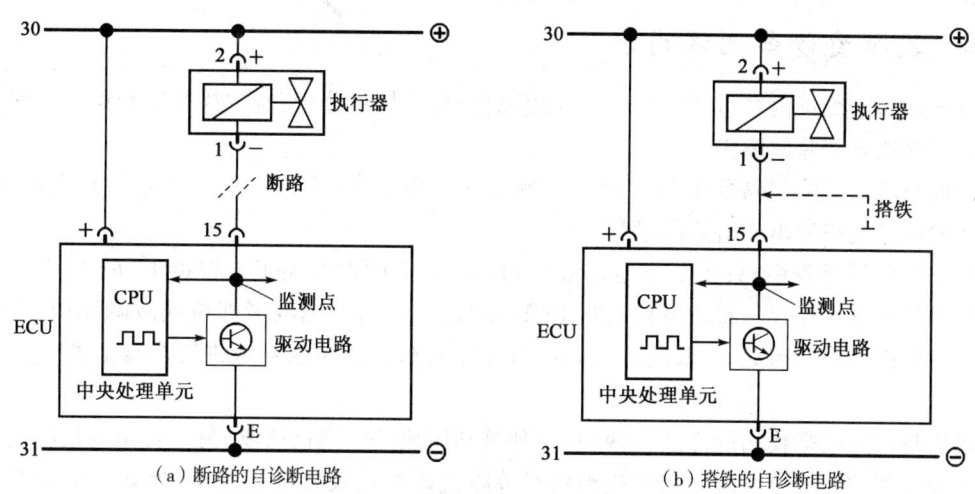

图 8-7 执行器断路与搭铁的自诊断电路

当执行器负极导线、连接器插头或部件本身与电控单元(ECU)之间的导线发生断路故障时,如图 8-7a 所示,自诊断监测点反馈输入 CPU 的监测值将始终等于 0V。

当执行器负极导线、插头或部件本身搭铁时,如图 8-7b 所示,自诊断监测点反馈输入 CPU 的监测值也将始终等于 0V。

由此可见,当执行器发生断路和搭铁两种类型的故障时,自诊断监测点反馈输入 CPU 的监测值相同,CPU 难以区分故障类型。因此,在自诊断监测点位于被监测部件负极的情况下,当出现断路和搭铁故障之一时,CPU 自诊断记录的结论将是:"断路/对地短路"。

第三节 电控系统故障自诊断测试

汽车电子控制系统都具有故障自诊断测试功能,利用专用仪器或专用工具,通过自诊断测试,根据测试过程中显示的故障代码来检查排除各种电子控制系统的故障,是排除汽车电子控制系统故障最有效、最方便和最快捷的方法。

一、故障自诊断测试方式

故障自诊断测试是指利用专用故障检测仪与车载电控单元 ECU 进行通信,或按特定的操作方式触发车载 ECU 的控制程序运行,以便读取故障代码、清除故障代码、读取车载 ECU 内部的控制参数、检测各种传感器和执行器的工作状态及其控制电路是否正常等。根据发动机工作状态不同,自诊断测试方式分为静态测试(KOEO,Key ON Engine OFF)和动态测试(KOER,Key ON Engine Run)两种。

静态测试方式(KOEO)是指:在点火开关接通(ON)、发动机不运转(OFF)的情况下进行诊断测试,主要用于读取或清除故障代码。

动态测试方式(KOER)是指：在点火开关接通(ON)、发动机运转(Run)的情况下进行诊断测试，主要用于读取或清除故障代码、检测传感器或执行器工作情况及其控制电路是否良好以及与车载 ECU 进行数据通信(即数据流分析)等。

二、故障自诊断测试内容

故障自诊断测试内容包括读取与清除故障代码、数据流分析、监控执行器和编程匹配等。

(一)读取与清除故障代码

读取与清除故障代码是指利用故障检测仪或专用工具，将汽车电子控制系统各种 ECU 中存储的故障代码读出或清除的过程。

汽车在使用过程中，只要蓄电池正极柱和负极柱上的电缆端子未曾拆下，ECU 中存储的故障代码就能长期保存。将故障代码从 ECU 中读出，即可知道故障部位或故障原因，为诊断排除故障提供依据。因此，读取故障代码是对各种汽车电子控制系统进行自诊断测试的主要工作。

读取与清除故障代码的方法有两种：一种是利用故障检测仪读取，另一种是利用特定的操作方法和操作顺序进行读取。汽车检测仪对故障代码有比较详细的说明，比如是历史性故障代码还是当前的故障代码，故障代码出现几次。历史性故障代码表示故障曾经出现过(如线路接触不良)，现在已不出现，但在 ECU 中已有存储记忆。当前故障代码表示最近出现的故障且该故障仍然存在。

清除故障代码必须在汽车运行一段时间、并确认故障已经排除之后才能进行。确认故障是否排除时，非常关键的一步是根据使用手册或相关资料，查明出现故障代码的运行条件。如果运行条件不满足要求，故障就可能仍然存在。以发动机控制系统的空气流量传感器信号频率低(故障代码为 DTC P0102)为例，产生该故障的设定条件是空气流量传感器信号频率低于 1200Hz 并超过 0.5s。出现故障代码 DTC P0102 的运行条件是：起动发动机运行；点火电压高于 8.0V；节气门开度低于 50%。如上述运行条件不满足，即使空气流量传感器存在故障，发动机 ECU 也不会发出指令使故障指示灯发亮指示，从而导致维修人员误认为故障已经排除。

(二)数据流分析

当发动机运转时，利用故障检测仪将车载 ECU 内部的控制参数和计算结果等数值以数据表和串行输出方式在检测仪屏幕上一一显示出来的过程，称为数据流分析，又称为"数据通信"、"数据传输"或"读取数据块"。

数据流显示的数据主要包括氧传感器、发动机转速、喷油脉宽、空气流量、节气门开度、怠速转速、蓄电池电压、点火提前角、冷却液温度、进气温度等信号参数。汽车电控系统传感器和执行器的工作参数具有一定的标准和范围，通过数据流分析，各种传感器输出信号电压的瞬时值、ECU 内部的计算与判断结果、各种执行器的控制信号都能一目了然的显示在检测仪屏幕上。根据发动机运转状态和传输数据的变化情况，即可判断控制系统工作是否正常，将特定工况下的传输数据与标准数据进行比较，就能准确判断故障类型和故障部位。

(三)监控执行器

监控执行器是指利用汽车检测仪对执行器(如喷油器、怠速电动机、继电器、电磁阀、冷却风扇电动机等)进行人工控制，向其发出强制驱动或强制停止指令来监测其动作情况，用以判定执行器及其控制电路的工作状况是否良好。

在发动机怠速状态下对怠速电动机进行动作测试时,可以控制其开度的大小,随着怠速电动机控制节气门(或旁通空气道)开度大小的变化,发动机怠速转速应当相应地升高或降低,通过测试就可判定怠速电动机及其控制线路是否正常。同理,可在发动机运转时对燃油泵继电器进行监控,当发出断开燃油泵继电器控制指令时,发动机应很快就停止运转。

在发动机运转状态下,如果发出控制某只喷油器停止喷油的指令后,用手触摸该喷油器仍有振动感或发动机转速不降低,说明其控制电路有故障;当控制模式设定为闭环控制模式时,系统将对空燃比 A/F 实施闭环控制,氧传感器信号将发挥作用,如果检测仪屏幕上表示发动机混合气浓度的红色指示灯(混合气浓)与绿色指示灯(混合气稀)交替闪亮,说明闭环控制系统正常,如果红色指示灯常亮不闪或绿色指示灯常亮不闪,则说明氧传感器失效。

在发动机熄火状态下,可控制电动燃油泵运转、控制某只电磁阀或继电器(如冷却风扇继电器、空调压缩机继电器等)工作、控制某只喷油器喷油等。当发出相应的控制指令后,如燃油泵不转(听不到运转声音)、电磁阀不工作(用手触摸时没有振动感)、冷却风扇或空调压缩机不转动,则说明该执行器或其控制电路有故障。

不同汽车检测仪所能支持的执行器动作测试项目不尽相同,有的支持测试项目多,有的支持测试项目少,主要取决于检测仪和汽车电控单元的软件程序与匹配关系。

(四)编程匹配

编程匹配是指电控系统工作参数发生变化或更换新的控制部件之后,利用汽车检测仪与电控系统的 ECU 进行数据通信,通过设定工作参数使系统或新换部件与控制系统匹配工作的过程,又称为初始设定。

编程匹配必须具有详细的技术资料才能进行操作,主要用于怠速设定、电子节气门设定、更换各种电控单元后的编码设定、防盗功能设定、自动灯光设定、自动变速器维修后的设定等。随着汽车电控技术的发展和控制精度的提高,编程匹配工作越来越多,特别是大众系列汽车在更换新的控制部件之后,大都需要进行编程匹配。

三、故障自诊断测试工具

汽车电控系统常用的故障自诊断测试工具有跨接线、调码器和故障检测仪三种类型。汽车故障检测仪功能齐全、使用方便,但价格昂贵。为了便于没有故障检测仪的用户通过读取故障代码来诊断故障,有的汽车厂商在汽车 ECU 中设有利用跨接线或调码器来读取故障代码的软件程序,将跨接线或调码器与诊断插座上相应的接线端子连接之后,即可根据组合仪表板上或调码器上故障指示灯的闪烁情况来读出故障代码。1994 年开始统一采用第二代车载故障诊断系统(OBD-Ⅱ)之后,因为全球汽车厂商统一了故障诊断插座形式(即规定为标准的 16 端子诊断插座)和故障测试软件通用标准(即规定各种车型的故障测试软件在不同故障检测仪中可以通用),所以 1994 年后生产的汽车,一般都需要使用故障检测仪进行自诊断测试。

(一)跨接线

跨接线是一根普通的单芯导线或两端带有鳄鱼夹的导线,如图 8-8 所示。将跨接线与诊断插座上相应的接线端子连接之后,接通点火开关即可触发读取故障代码的软件程序运行,同时根据组合仪表板上故障指示灯的闪烁情况就可读出故障代码。

(二)调码器

调码器是由发光二极管(LED)与一定阻值的电阻 R 串联组成的显示器,如图 8-9 所示,串联电阻 R 为限流电阻,防止电流过大而烧坏 LED;两只 LED 并联的目的是:无论调码器输出端子 T1、T2 与诊断插座输出信号的正负极怎样连接,都有一只 LED 导通工作。将调码器与诊断插座上的相应端子连接,接通点火开关即可触发读取故障代码的软件程序运行,根据调码器上发光二极管的闪烁情况就可读出故障代码。

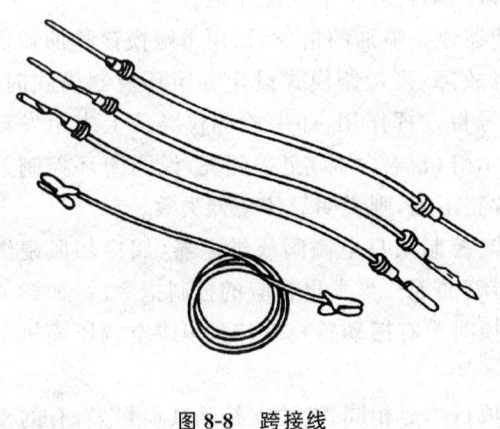

图 8-8　跨接线

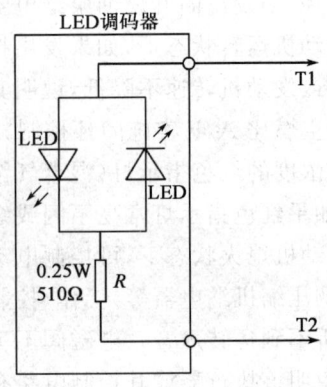

图 8-9　调码器电路

(三)故障检测仪

汽车故障检测仪是一种利用配套的连接线束与汽车上的故障诊断插座(TDCL)相连,并与各种电子控制系统的电控单元(ECU)进行数据交流的专用仪器。为了便于维修人员诊断测试汽车电子控制系统故障,汽车制造公司或厂家都为自己生产的汽车设计有专用故障检测仪。汽车故障检测仪又称为故障诊断测试仪、故障阅读仪和解码器等。

汽车故障检测仪通常分为专用检测仪和综合检测仪两种。专用检测仪是指由汽车制造厂家提供或指定的汽车故障检测仪,如奔驰汽车用 HHT、宝马汽车用 MONIC3、大众(奥迪)汽车用 V.A.G1551(图 8-10)、V.A.G1552(图 8-11)、V.A.G5051、V.A.G5052(V.A.G5051、V.A.G5052 分别是 V.A.G1551、V.A.G1552 的换代升级产品,其功能更齐全,但体积有所增大)、通用汽车用 TECH-2、克莱斯勒汽车用 DRB-2、DRB-3、福特汽车用 WDS 和 NGS、日产汽车用 CONSULT-Ⅰ、CONSULT-Ⅱ等。一般来说,每个汽车制造厂家(公司)都针对自己生产的各种车系研制有专用的检测仪器,以便为自己生产的汽车提供良好的维修服务。

综合检测仪是指非汽车制造厂家(公司)提供或指定,由仪器设备厂商生产的汽车故障检测仪,如德国博世汽车故障检测仪、美国的红盒子 MT2500,国内生产的 X-431、金奔腾彩圣、

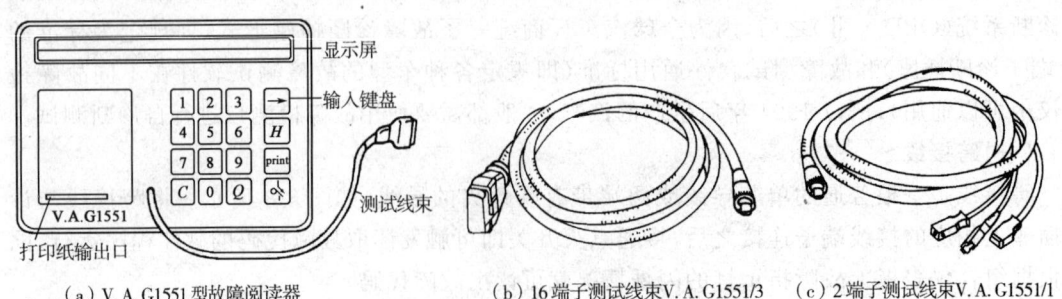

(a) V.A.G1551 型故障阅读器　　(b) 16 端子测试线束 V.A.G1551/3　　(c) 2 端子测试线束 V.A.G1551/1

图 8-10　故障阅读器 V.A.G1551 与测试线束

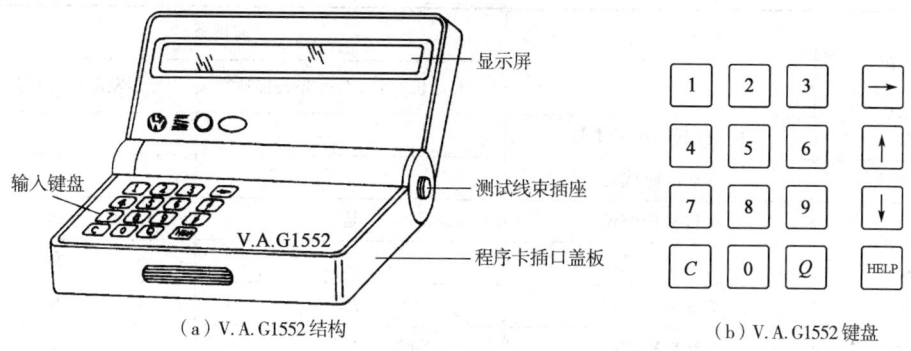

图 8-11 汽车系统测试仪 V.A.G1552 结构与键盘

车博士、电眼睛和修车王等。所有品牌的检测仪器都具有读取与清除故障代码、分析数据流、执行器功能测试、编程匹配、用作示波器和万用表的功能。同一种故障检测仪配备有多种车型的自诊断软件,购买检测仪时可据需要选购。由于不同车型的自诊断软件不尽相同,因此某一种测试软件仅适用于指定车型的诊断测试,对其他厂家或公司的车型不能使用。

国产汽车常用故障测试仪 V.A.G1551、V.A.G1552 的功能和使用方法完全相同,唯一区别在于 V.A.G1552 没有打印功能。故障测试仪主要由仪器硬件与软件、显示屏、键盘、打印机、测试线束插孔、程序卡安装槽(位于仪器后上部)和交叉线束连接插孔(位于仪器背面)组成。其中,16 端子测试线束适用于具有 16 端子诊断插座的汽车,2 端子测试线束适用于具有 2 端子诊断插座的汽车。不同年份生产的车型,配有不同的磁卡,将其插入相应的故障测试仪,即可对不同的车型进行诊断测试。

汽车故障检测仪不仅可以检测诊断燃油喷射系统(EFI)故障,而且还能检测诊断防抱死制动系统(ABS)、安全气囊系统(SRS)、自动变速系统(ECT)等各种电子控制系统的故障。故障测试仪型号不同,使用方法也不相同。因此,使用故障测试仪时,必须按照不同测试仪的使用说明进行操作。

四、故障自诊断测试方法

将故障检测仪、调码器或跨接线等自诊断测试工具与汽车上的诊断插座连接后,接通点火开关,即可触发自诊断系统进行自诊断测试。利用故障检测仪进行自诊断测试时,其显示屏能够直接显示故障内容与故障原因。各种故障检测仪的使用方法各有不同,下面以国产汽车普遍使用的 V.A.G1551 和 V.A.G1552 型故障测试仪测试大众轿车多点喷射系统为例,说明利用故障测试仪进行自诊断测试的过程。

测试仪 V.A.G1551 或 V.A.G1552 可供选择的功能有 10 项,见表 8-1。中文版本的测试仪可直接识读,使用操作十分方便,维修人员将其称为"傻瓜机"。为了便于读者掌握不同版本测试仪的使用方法,下面以英文版本测试仪并附译文进行说明。

表 8-1 测试仪 V.A.G1551 或 V.A.G1552 可供选择的功能

代码	功能	前提条件	
		发动机停转,点火开关接通	发动机怠速运转
01	显示控制系统版本号	—	—
02	读取故障代码	是	是
03	执行机构测试	是	否
04	进入基本设定	是	是
05	清除故障代码	是	是
06	结束输出	是	是
07	控制模块编号	—	—
08	读取测量数据块	是	是
09	读取单个测量数据	×	×
10	自适应测试	×	

注:(1)发动机停转,点火开关接通进行基本设定时,必须在更换电控单元 J220、节气门控制组件 J338、发动机或拆下蓄电池电缆后,才能选择代码"04"进行基本设定。

(2)发动机怠速运转进行基本设定时,冷却液温度高于 80℃才能进行,如果冷却液温度低于 80℃,基本设定功能将被锁止。

(3)自适应测试目前仅用于厂内检查。

(一)读取故障代码

使用故障诊断仪进行诊断测试时,蓄电池电压必须高于 11.5V;燃油喷射熔断丝正常;发动机和变速器上的搭铁线连接必须可靠。读取故障代码的操作程序如下:

(1)起动发动机进行至少 220s 试车。试车中应当满足的条件有:必须在发动机冷却液温度高于 70℃的情况下至少运转 174s;发动机至少高速运行 6s;发动机运转 210s 后至少再怠速运转 10s;发动机转速至少有一次超过 2200r/min。对于发动机不能起动的车辆,首先应当排除机械故障,然后反复接通起动开关,使发动机转动数次。

(2)连接故障测试仪。大众轿车电控系统设有一个标准的 OBD-Ⅱ插座(16 端子故障诊断插座),安装在变速杆下端皮质护套下面,如图 8-12 所示。诊断电控系统故障时,断开点火开关,用测试线束 V.A.G1551/3 将故障阅读仪 V.A.G1551 或汽车系统测试仪 V.A.G1552 与诊断插座连接,即可进行诊断测试。

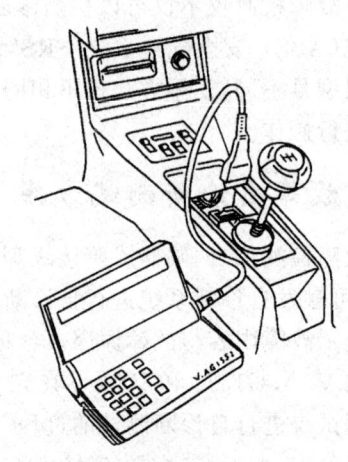

图 8-12 大众轿车诊断插座位置

(3)接通电源进入诊断测试程序。首先接通点火开关或起动发动机怠速运行(如故障导致发动机不能起动,则接通点火开关即可),然后接通故障诊断仪电源开关。此时故障诊断仪进入"车辆系统测试"模式,显示如图 8-13 所示。

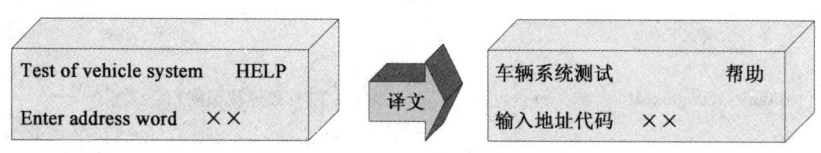

图 8-13　进入车辆系统测试模式时显示的信息

（4）输入"发动机控制系统"的地址指令"01"，并单击 Q 键确认，地址指令代表的系统名称就会出现在屏幕上（单击 C 键可以改变输入指令）。电控单元确认后将显示如图 8-14 所示的电控单元信息（注意：只有在点火开关接通或发动机运转时，才能显示控制器的编号和代码）。需要特别指出的是：由于汽车使用的电控单元以及诊断仪使用的程序卡型号不同，各项功能所显示和打印的内容可能有所不同。

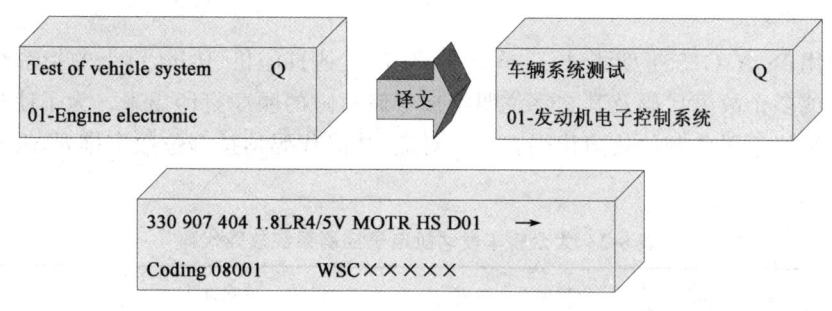

图 8-14　输入电控单元地址代码"01"后显示的信息

330 907 404．电控单元零件编号（实际编号参见配件目录）　1.8L．发动机排量（1.8 升）　R4/5V．直列 4 缸 5 气门发动机　MOTR．燃油喷射系统（MOTRONIC）名称　HS．手动变速器　D01．电控单元软件代码（程序编号）　Coding 08001．电控单元编码　WSC×××××．服务站代码

（5）单击→键，直到诊断仪屏幕上显示输入"功能选择代码"，如图 8-15 所示。

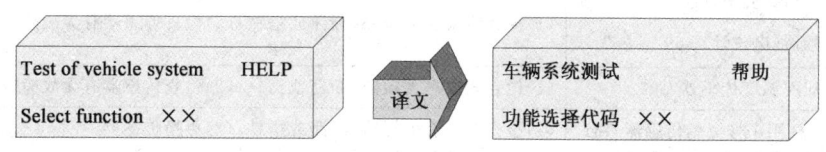

图 8-15　单击→键后显示的功能选择信息

（6）输入读取故障代码的功能选择代码"02"，并单击 Q 键确认，屏幕上将首先显示存储故障的数量（图 8-16）或显示"没有故障被识别"（图 8-17）。

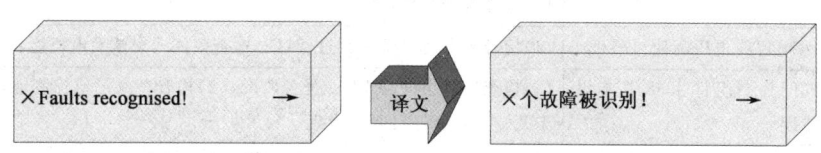

图 8-16　输入功能选择代码"02"且有故障代码时显示的信息

（7）单击→键继续运行，每个故障的文字说明将单独显示在屏幕上，如图 8-18 所示。

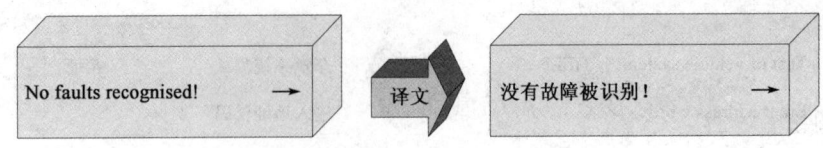

图 8-17 输入功能选择代码"02"但无故障代码时显示的信息

图 8-18 显示每个故障的文字说明信息

如果使用 V.A.G1551 型测试仪,单击 Print 键接通打印机(Print 键上的指示灯将发亮),存储的一个或多个故障代码及其文字说明将按存储故障的顺序打印出来。为了使打印输出的故障代码与维修手册印制的故障代码表一一对应,故障代码均按 5 位数字排列,大众轿车的故障代码见表 8-2。

表 8-2 大众轿车发动机电子控制系统故障代码

打印码	故障部位	排除方法
00000	无故障	如果汽车有故障,说明故障没有被控制系统识别
00513	发动机转速传感器 G28	(1)检查曲轴位置传感器有无松动;(2)检查线束有无短路、断路或搭铁;(3)检查传感器有无故障或更换传感器
00515	霍尔式凸轮轴位置传感器 G40	(1)检查霍尔传感器转子的安装位置是否准确;(2)检查线束有无短路、断路或搭铁;(3)检查传感器有无故障或更换传感器。
00518	节气门控制组件的节气门位置传感器(电位计)G69	(1)检查线束有无短路、断路或搭铁;(2)检查传感器有无故障或更换传感器
00522	冷却液温度传感器 G62	(1)检查线束有无短路、断路或搭铁;(2)检查传感器有无故障或更换传感器
00524	1、2 缸用 1 号爆燃传感器 G61	(1)检查线束有无短路、断路或搭铁;(2)更换传感器
00527	进气温度传感器 G72	(1)检查线束有无短路、断路或搭铁;(2)检查传感器有无故障或更换传感器
00530	节气门怠速位置传感器 G88	(1)检查线束有无短路、断路或搭铁;(2)检查传感器有无故障或更换传感器
00540	3、4 缸用 2 号爆燃传感器 G66	(1)检查线束有无短路、断路或搭铁;(2)更换传感器
00553	空气流量传感器 G70	(1)检查线束有无短路、断路或搭铁;(2)检查传感器至发动机之间是否漏气;(3)检查传感器是否脏污
00668	30 号电源线电压高低	(1)检查蓄电池电压是否过低;(2)检查整体式交流发电机能否发电
01165	节气门控制组件 J338 基本设定错误	(1)检查控制组件与 ECU 是否匹配;(2)检查节气门或控制电动机 V60 是否卡死;(3)重新进行基本设定
01247	活性炭罐电磁阀 N80	(1)检查电磁阀线圈电阻(20℃时标准值 40~80Ω);(2)检查线束有无短路、断路或搭铁
01249	第 1 缸喷油器 N30	(1)检查线束有无短路、断路或搭铁;(2)检查喷油器线圈电阻(20℃时标准值 13~18Ω)

续表

打印码	故障部位	排除方法
01250	第2缸喷油器 N31	(1)检查线束有无短路、断路或搭铁;(2)检查喷油器线圈电阻(20℃时标准值13～18Ω)
01251	第3缸喷油器 N32	(1)检查线束有无短路、断路或搭铁;(2)检查喷油器线圈电阻(20℃时标准值13～18Ω)
01252	第4缸喷油器 N33	(1)检查线束有无短路、断路或搭铁;(2)检查喷油器线圈电阻(20℃时标准值13～18Ω)

在显示屏上,下面一行显示的是故障类型。如果故障类型后面显示有"/SP"字样,表明该故障为偶然性故障。故障代码及其类型显示完毕,显示屏将显示输入"功能选择代码"。此时输入"功能选择代码"01、02、03……10等,可继续进行其他诊断测试。

(二)清除故障代码

故障排除后应及时清除故障代码,否则再次读取故障代码时,存储器中所有的故障代码都会一并调出,影响工作效率。

如果 ECU 电源被切断(如控制器插头被拔下)或蓄电池极柱上的电缆端子被拆下,则随机存储器中存储的故障信息将被清除。

利用故障测试仪 V.A.G1551 或 V.A.G1552 清除大众轿车发动机电控系统故障代码的操作程序如下:

(1)按读取故障代码的操作程序 1)～5)进入诊断测试"功能选择"。当诊断仪屏幕上显示输入"功能选择代码"时,如图 8-19 所示,输入"读取故障代码"的功能选择代码"02",并单击 Q 键确认;

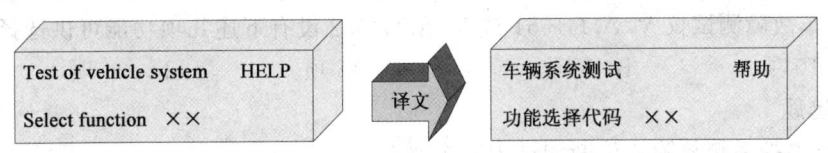

图 8-19　单击→键后显示的功能选择信息

(2)单击→键,直到显示出所有的故障代码,并在屏幕上显示输入"功能选择代码"时,输入"清除故障代码"的功能选择代码"05",并单击 Q 键确认,显示如图 8-20 所示。

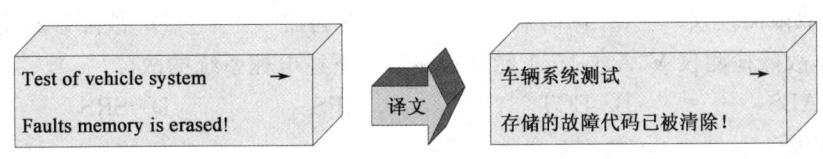

图 8-20　输入功能选择代码"05"时显示的信息

(3)单击→键,直到故障代码被清除,并在屏幕上显示输入"功能选择代码"时,输入"结束输出"功能选择代码"06",并单击 Q 键确认。

(4)重新试车并再次读取故障代码,此时应当没有故障代码显示。

思考题与参考答案

一、单选题

1. 当今汽车车载故障自诊断系统通常称为（　）。
   A. TDCL　　　　B. OBD　　　　C. OBD-Ⅱ　　　　D. BCD
2. 当今汽车都设置有故障诊断插座，该插座上的接线端子数目规定为（　）。
   A. 2个　　　　B. 16个　　　　C. 20个　　　　D. 32个
3. 当空气流量传感器发生故障时，故障自诊断系统就会自动故障代码存储在（　）。
   A. RAM中　　　B. ROM中　　　C. ECU中　　　D. TDCL中
4. 当冷却液温度传感器"断路"时，发动机ECU按下列温度控制喷油（　）。
   A. 10℃　　　　B. 19.5℃　　　C. 20℃　　　　D. 80℃
5. 10. 当进气温度传感器"断路"时，发动机ECU按下列温度控制喷油（　）。
   A. 10℃　　　　B. 19.5℃　　　C. 20℃　　　　D. 80℃
6. 当冷却液温度传感器"短路"时，发动机ECU按下列温度控制喷油（　）。
   A. 10℃　　　　B. 19.5℃　　　C. 20℃　　　　D. 80℃
7. 当进气温度传感器"短路"时，发动机ECU按下列温度控制喷油（　）。
   A. 10℃　　　　B. 19.5℃　　　C. 20℃　　　　D. 80℃
8. 在使用故障检测仪对汽油机电控系统进行诊断测试时，蓄电池电压必须高于（　）。
   A. 9.5V　　　　B. 11.5V　　　C. 16.5V　　　D. 28.5V
9. 汽车故障测试仪V.A.G1551与V.A.G1552的唯一区别是V.A.G1552（　）。
   A. 功能更多　　B. 使用方便　　C. 性能更优　　D. 无打印功能
10. 汽车故障测试仪V.A.G1551或V.A.G1552设有下述几项功能可供选择（　）。
    A. 10项　　　　B. 5项　　　　C. 15项　　　　D. 20项

二、多选题

1. 汽车电控系统故障自诊断测试内容主要有（　）。
   A. 读取故障代码　B. 数据流分析　C. 监控执行器　D. 编程匹配
2. 汽车电子控制系统常用的故障自诊断测试工具有（　）。
   A. 万用表　　　B. 跨接线　　　C. 调码器　　　D. 故障检测仪
3. 汽车故障检测仪又称为（　）。
   A. 故障阅读仪　B. 调码器　　　C. 解码器　　　D. 故障诊断测试仪
4. 汽车故障检测仪V.A.G1551能够检测诊断下述电控系统的故障（　）。
   A. ABS　　　　B. ECT　　　　C. EPS　　　　D. SRS

三、判断题

1. 当冷却液温度传感器短路时，发动机ECU将按80℃的工作状态控制喷油。（　）
2. 当进气温度传感器短路时，发动机ECU将按20℃的工作状态控制喷油。（　）
3. 用故障检测仪测试发动机电控系统时，蓄电池电压必须高于11.5V。（　）
4. 当氧传感器电路短路时，ECU仍将进行空燃比反馈控制。（　）
5. 汽车电控系统的故障代码通常都存储在只读存储器ROM中。（　）

第八章 汽车电控系统故障自诊断技术

四、问答题

1. 在当今汽车上,为什么不能轻易断开蓄电池极柱上的电缆接头?
2. 汽车故障自诊断系统(OBD)主要由哪些部件组成?
3. 汽车故障自诊断系统能够监测各种传感器、控制开关和执行器的工作状况。试分析说明传感器正极搭铁和对负极短路故障的自诊断原理。
4. 汽车故障自诊断系统能够监测各种传感器、控制开关和执行器的工作状况。试分析说明执行器负极断路与搭铁故障的自诊断原理。

参考答案

一、单选题:1. C 2. B 3. A 4. D 5. C 6. B 7. C 8. B 9. D 10. A

二、多选题:1. ABCD 2. BCD 3. ACD 4. ABCD

三、判断题:1. × 2. √ 3. √ 4. × 5. ×

第九章 汽车电控系统故障诊断与维修技术

在汽车运行过程中,故障自诊断系统就会实时监测各种电子控制系统的运行情况。当某只传感器、控制开关、电控单元 ECU 或执行器发生故障时,ECU 将立即接通其控制系统设在仪表盘上的故障指示灯电路,使相应的指示灯发亮或闪亮,提醒驾驶人控制系统发生故障,需要立即检修或送修理厂修理,以免故障范围扩大影响车辆使用。

第一节 电控系统故障诊断程序与检修方法

汽车各种电子控制系统故障的诊断与检修方法大同小异,下面主要以发动机电子控制系统为例说明电子控制系统故障的诊断程序与检修方法。

一、汽车电控系统故障诊断与检查程序

实践证明,电控系统故障诊断与检查程序一般都包括询问用户、直观检查、基本功能检查、读取故障代码和用故障征兆表进行诊断检查。

(1)询问用户有关情况。如故障产生时间、产生条件(括天气、气温、道路情况以及发动机工况等);故障现象或症状;故障发生频率;是否进行过检修以及检修过哪些部位等。

(2)进行直观检查。即检查电子控制系统的控制部件是否正常;电气线路连接器或接头有无松动、脱接;导线有无断路、搭铁、错接以及烧焦痕迹;管路有无折断、错接或凹瘪等。部分传感器与执行器对发动机性能的影响见表9-1。熟悉传感器与执行器对发动机以及车辆运行状态的影响,对迅速诊断与排除故障极为重要。

表 9-1 汽车电子控制系统控制部件对发动机工作性能的影响

序号	部件名称	故障现象
1	电控单元 ECU	(1)发动机不能起动;(2)发动机工作失常
2	点火线圈	(1)发动机不能起动;(2)无高压火花跳火;(3)次级电压过低
3	燃油泵继电器	(1)发动机不能起动;(2)燃油泵不工作;(3)喷油器不喷油
4	继电器盒熔断丝	(1)发动机不能起动
5	曲轴与凸轮轴位置传感器	(1)发动机不能起动;(2)发动机工作不稳定;(3)急速不稳;(4)中途熄火
6	空气流量或支管压力传感器	(1)发动机起动困难;(2)发动机工作失常;(3)急速不稳;(4)油耗增加

续表

序　号	部件名称	故障现象
7	进气温度传感器	(1)发动机工作不良;(2)急速不稳或急速熄火;(3)油耗与排放增加;(4)混合气过浓
8	节气门位置传感器	(1)发动机起动困难;(2)急速不稳;(3)发动机工作不良;(4)容易熄火
9	爆燃传感器	(1)发动机工作不稳;(2)加速时爆燃;(3)点火正时不准
10	氧传感器	(1)发动机工作不良;(2)急速不稳;(3)油耗与排放增加;(4)混合气过浓
11	冷却液温度传感器	(1)发动机起动困难;(2)发动机工作不良;(3)急速不稳;(4)容易熄火
12	喷油器	(1)发动机不能起动或起动困难;(2)油耗增加;(3)急速不稳;(4)发动机工作不良
13	急速控制阀	(1)发动机起动困难;(2)急速不稳或急速过高;(3)容易熄火
14	曲轴箱通风阀(PVC阀)	(1)发动机不能起动或起动困难;(2)急速不稳或急速过高;(3)加速困难;(4)油耗增加
15	活性炭罐电磁阀	(1)发动机工作不良;(2)发动机急速不稳
16	空调(A/C)开关	(1)发动机不能起动;(2)发动机急速不稳;(3)急速熄火
18	电动燃油泵	(1)发动机不能起动或起动困难;(2)发动机工作不良;(3)急速不稳或急速熄火;(4)发动机回火

(3)进行基本功能检查。在诊断电子控制系统故障时,为了尽快确定故障性质与部位,尽可能少走弯路,在直观检查后,可对控制系统进行基本功能检查。汽车发动机基本功能检查可按图9-1所示程序进行,包括急速检查调整和点火正时的检查调整。

(4)读取故障代码。如有故障代码,则按故障代码表指示的故障原因和部位逐一排除故障。

(5)按故障征兆表进行诊断检查。如无故障代码但故障症状依然存在,则通过故障征兆模拟试验来判断试验线路或部件工作是否正常,同时参照汽车厂商提供的"故障征兆表"进行诊断检查,以便缩小故障范围。如按上述程序检查仍不能排除故障,说明发动机可能有机械故障和其他故障,可按汽车厂商提供的"发动机机械故障与其他故障征兆表"进行诊断与排除。

二、发动机电子控制系统故障诊断与检修方法

诊断检修发动机电子控制系统故障时,常用以下几种故障征兆模拟试验方法进行。

(一)振动试验法

当振动可能是导致产生故障的主要原因时,就可利用振动试验法进行检验。试验方法主要包括:在水平和垂直方向轻轻摆动连接器、线束、导线接头;用手轻轻拍打传感器、执行器、继电器和开关等控制部件(注意继电器不能用力拍打,以免产生误动作)。

(二)加热试验法

当汽车故障是在热机出现或是由某些传感器与零部件受热所致时,可用电加热吹风机等加热工具对可能引起故障的零部件或传感器进行适当加热,以检查其是否有此故障(注意加热温度不得超过60℃,且不能对电控单元ECU进行加热)。

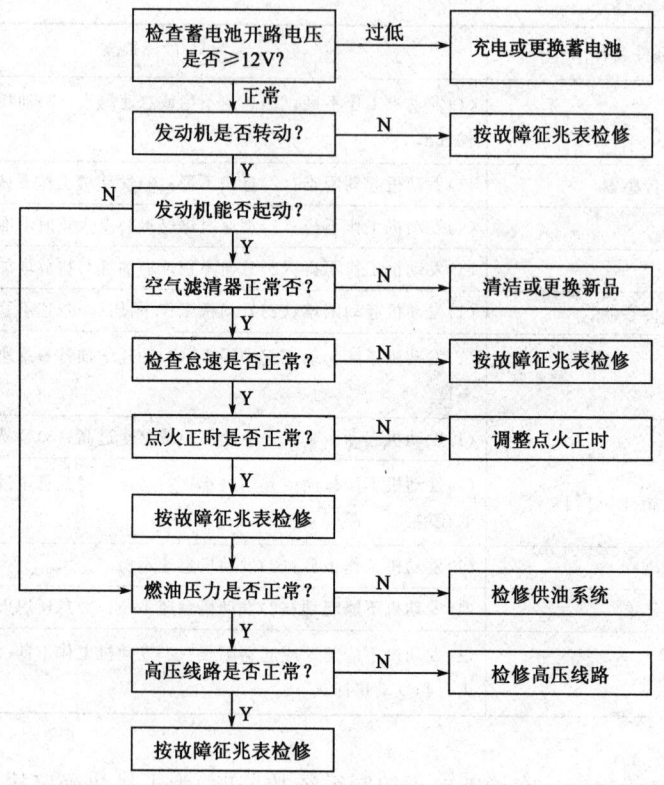

图 9-1 发动机电子控制系统故障的基本检查程序

(三)水淋试验法

当故障在雨天或湿度较大的条件下产生时,可通过喷淋试验检查诊断故障。试验时,将水喷洒在散热器前面和汽车顶部,间接改变温度和湿度检查其是否发生故障(注意不能将水直接喷洒在电器与电子控制系统零部件上,以免造成短路和其他故障)。

三、汽车电子控制系统故障征兆表

汽车电子控制系统的故障征兆表是一种根据汽车故障征兆(如起动困难、不能起动或怠速失常等)和零部件(各种传感器、控制开关及油气管路等)名称,按各种零部件导致产生该故障的可能性大小,用阿拉伯数字由小到大列出的表格。丰田车系 D 型(压力型)燃油喷射系统 EFI 的故障征兆表见表 9-2,L 型(流量型)燃油喷射系统 EFI 的故障征兆表见表 9-3、机械故障和其他故障的故障征兆表见表 9-4。

在诊断与排除汽车电控系统故障时,如果经过故障自诊断测试并按测试得到的故障代码不能排除故障,则可根据该车型《维修手册》提供的电控系统故障征兆表、并按所列编号由小到大的顺序检查与排除故障,然后按发动机机械故障及其他故障的故障征兆表检查与排除故障。虽然不同车型电控系统的组成与故障征兆表等不尽相同。但是,由于汽车电控系统的控制原理、控制功能基本相同,因此,在没有该车型《维修手册》的情况下,可参照上述故障征兆表检查与排除故障。

表 9-2 丰田车系 D 型燃油喷射系统(EFI)故障征兆表

故障征兆		开关信号电路	点火信号电路	水温传感器	进气温度传感器	支管压力传感器	节气门位置传感器	起动信号电路	爆燃传感器	空挡起动开关	空调信号电路	燃油泵调节器	油压调节器	喷油器	怠速控制阀	EFI主继电器	节气门缓冲器	燃油切断系统	发动机与变速器ECU	燃油品质	氧传感器	机械或其他故障	机油泄漏	空挡起动开关	起动继电器	起动机	火花塞	分电器	节气门拉线	制动系统	冷却风扇系统	离合器	气缸压缩不良
不能起动	发动机不能转动																								1	3	2						
	起动机不转																										1						
	无起动征兆	9	2			4		5				7	3			10	6										1						8
	有起动征兆			4	1			3		6	2			7																			5
起动困难	发动机转动缓慢							2																		1							
	常温起动困难	9	10	4	11			6	5	7	13	3				14	1									2	12						8
	冷机起动困难			1	5		2			6		7	8	4		9	3																
	热机起动困难			1	4			6	5	7	8	3				9	2																
怠速失常	刚起动后怠速不正常		2									3		4	5												1						
	怠速转速过高		2	5		6				8	7			9	3		4		10								1						
	怠速转速过低			1		3								4	2				5														
	怠速不稳	12	2		10			6	5	7	11	8				13	1									3	4						9
	怠速缺火		3	5		7					8			9	1											2	4						6
性能不良	加速发抖			9	10	8	7			12	11	13	14			15	3									4	5	2		1		6	
	回火			1	4	3	2			6	5	7	8			9																	
	消声器放炮		2	6	4	5				3		7		1		8																	
	发动机喘振							1		4				5												2	3						
	发动机爆燃					1								5													3		4				
发动机失速	刚刚起动后就失速			7			6			3	2	4	8	5																			
	踩下加速踏板后失速				1	2				4	5	6		7												3							
	松开加速踏板后失速				2									1		3																	
	空调器工作时失速						1					2		3																			
	从N位拨到D位失速						1					2		3																			
其他	燃油消耗量过大			11	16	13	12		14	15			10			6		2	1	17				7	8	3	5			4	9		
	发动机过热					3								4							2			1									
	机油压力过高或过低															2	1																
	起动机运转不停止																			1	2												

表 9-3　丰田车系 L 型燃油喷射系统 EFI 故障征兆表

故障征兆		开关信号电路	点火信号电路	主氧传感器	水温传感器	进气温度传感器	副氧传感器	空气流量传感器	节气门位置传感器	起动信号电路	爆燃传感器	空挡起动开关	EFI主继电器	备用电源电路	喷油器	冷起动喷油器	急速控制阀	燃油泵电路	真空控制阀	EGR系统	可变电阻器
不能起动	发动机不能转动												3								
	起动机不转																				
	无起动征兆		2										1		5			3			
	有起动征兆		1		9										6	11	7	10			
起动困难	发动机转动缓慢																				
	常温起动困难		13		11	14			1						8	12	2	3			10
	冷机起动困难				9	10			1						4	8	2	3			
	热机起动困难				10	11			1						5	7	2	4		3	12
急速失常	刚起动后急速不正常	1														2					
	急速转速过高	1										5	4	6		2					
	急速转速过低	3			9				7			4			8	6	1	5		10	
	急速不稳	1	7	17					3					13	4	16	2	9		5	6
	急速缺火	1			6									3	2	4					
性能不良	加速发抖	1	6						2						3			4			5
	回火				4	5		7	6			11			9		8			2	3
	消声器放炮	1			6	7		9	8						4	10					5
	发动机喘振	1			8	9									6	2					3
	发动机爆燃										2				4					5	
发动机失速	刚刚起动后就失速				6			2								3	1				
	踩下加速踏板后失速	1						2													
	松开加速踏板后失速																1	2			
	空调器工作时失速																1				
	从N位拨到D位失速	1															2				
	起动或停机时失速																				
其他	燃油消耗量过大				18	6	7	19	8					17	13	15	16	12		14	
	发动机过热																				
	起动机运转不停止																				

续表

故障可能产生部位 \ 故障征兆		空调信号电路	燃油品质	燃油泄漏	冷却液泄漏	机油泄漏	真空管漏气	起动机及继电器	空挡起动开关	点火线圈	火花塞	分电器	油门拉线	冷却风扇系统	气缸压缩不良	制动系统	自动变速器ECT	防盗与门锁控制系统	发动机与变速器ECU	发动机机械和其他故障
不能起动	发动机不能转动							1	4								2			
	起动机不转							1	2											3
	无起动征兆									4										6
	有起动征兆						5			2	4	3			8				13	12
起动困难	发动机转动缓慢	2						1												3
	常温起动困难		9							4	6	5		7					16	15
	冷机起动困难									5	7	6							11	
	热机起动困难		13				14			6	9	8								15
怠速失常	刚起动后怠速不正常																		3	
	怠速转速过高	3																	7	
	怠速转速过低	2																	11	
	怠速不稳		15				14				10	12	11		8				19	18
	怠速缺火		5				7												9	8
性能不良	加速发抖						11			7	9	8	12				13	10	15	14
	回火						1													10
	消声器放炮									2		3							12	11
	发动机喘振						7				5	4							11	10
	发动机爆燃		1									3							7	6
发动机失速	刚刚起动后就失速		5				4													
	踩下加速踏板后失速																			
	松开加速踏板后失速	3																	4	
	空调器工作时失速	2																	3	
	从N位拨到D位失速																			
	起动或停机时失速																	1		
其他	燃油消耗量过大		2	1							9	10	4	5	11	3	20		22	21
	发动机过热					1									2					3
	起动机运转不停止							1												

293

表 9-4 丰田车发动机机械故障及其他故障的故障征兆表

故障征兆	气门间隙	配气正时	正时带	水泵	气门导管	机油泵	主轴承或连杆轴承	气缸盖	活塞环	散热器	节温器	传动带	液力偶合器	水温开关	机油压力开关	机油滤清器溢流阀
不能起动																
发动机不能转动																
起动机不转																
无起动征兆		1														
有起动征兆	1	2	3						4							
起动困难																
发动机转动缓慢							1									
常温起动困难		1	2													
冷机起动困难																
热机起动困难																
怠速失常																
刚起动后怠速不正常																
怠速转速过高																
怠速转速过低																
怠速不稳	1	2	3						5	4						
怠速缺火	1	2	3													
性能不良																
加速发抖			1	2					3							
回火			1													
消声器放炮			1	2												
发动机喘振			1													
发动机爆燃																
发动机失速																
刚刚起动后就失速																
踩下加速踏板后失速																
松开加速踏板后失速																
空调器工作时失速																
从 N 位拨到 D 位失速																
起动或停机时失速																
其他故障																
燃油消耗量过大			1	2					3							
发动机过热		6	7	8		9		10		2	3	1	4	5		
发动机水温过低										1	2			3		
机油消耗量过大					1			2								
机油压力过高							2	3							1	
机油压力过低															1	2
起动机运转不停止																

第二节 发动机控制系统传感器的检修

掌握汽车电子控制系统的检修方法,不仅能够排除系统故障,而且还能为系统的改进设计提供参考。

一、涡流式空气流量传感器的检修

空气流量传感器既是一种精密部件,也是供气系统最重要的部件。当其出现故障时,ECU 就接收不到正确的进气量信号来控制喷油量,混合气就会过浓或过稀,从而导致发动机运转失常。检修或拆卸空气流量传感器时,应细心操作、切忌碰撞,以免损伤其零部件。

各型涡流式流量传感器的检修方法基本相同,下面以丰田雷克萨斯 LS400 轿车 1UZ-FE 型发动机和皇冠 3.0 轿车 7M-GE 型发动机配装的光电检测涡流式空气流量传感器为例说明。该传感器的原理电路如图 9-2 所示,检修方法如下:

(1)静态检测。拔下空气流量传感器线束插头,用万用表电阻挡测量传感器插座上端子 "THA" 与 "E_2" 之间进气温度传感器的阻值,如图 9-3 所示,检测结果应当符合表 9-5 规定。如阻值不符,则须更换传感器。

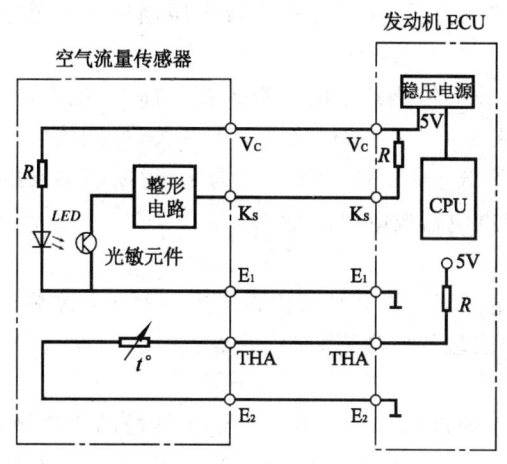

图 9-2 丰田轿车涡流式 AFS 原理电路

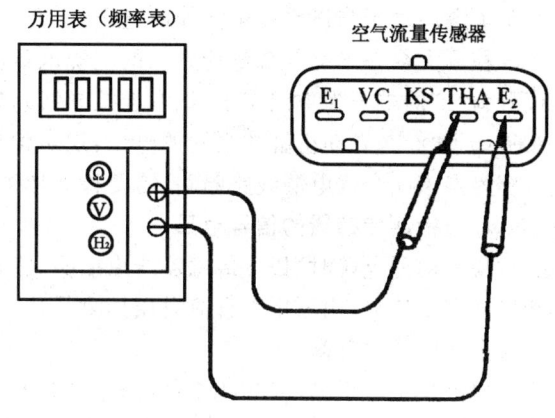

图 9-3 丰田轿车涡流式 AFS 的检测

表 9-5 丰田雷克萨斯 LS400 型和皇冠 3.0 型轿车用涡流式 AFS 检修参数

检测对象	端子名称	检测条件	标准参数	备 注
进气温度传感器	THA-E_2	-20℃	10000~20000Ω	测量电阻值
		0℃	4000~7000Ω	
		+20℃	2000~3000Ω	
		+40℃	900~1300Ω	
		+60℃	400~700Ω	
进气温度传感器	THA-E_2	怠速进气温度20℃	0.5~3.4V	检测信号电压

续表

检测对象	端子名称	检测条件	标准参数	备注
空气流量传感器	VC-E1	点火开关接通	4.5～5.5V	检测电源电压
	KS-E1	点火开关接通	4.5～5.5V	检测信号电压
		怠速	2.0～4.0V(脉冲形式)	信号电压跳跃变化

(2)动态检测。将传感器线束插头与插座插好,用万用表直流电压挡测量传感器连接器端子"THA"与"E2"、"VC"与"E1"和"KS"与"E1"之间的电压应当符合表 9-5 规定。

如检测结果与标准电压值不符,则应检查传感器与 ECU 之间的线束是否断路;如线束良好,则拔下传感器插头并接通点火开关,检测电源端子"VC"与"E1"和信号输入端子"KS"与"E1"之间的电压,如均为 4.5～5.5V,说明 ECU 工作正常,应当更换流量传感器,如电压不为 4.5～5.5V,说明 ECU 故障,应检修或更换 ECU。

二、热丝式与热膜式流量传感器的检修

各型热丝式与热膜式空气流量传感器的检修方法基本相同,现以大众轿车用热膜式空气流量传感器和日产千里马轿车用热丝式空气流量传感器为例,说明其检修方法。

(一)检测传感器电源电压

检测电源电压时,拔下传感器线束插头,接通点火开关,用万用表直流电压挡检测传感器插头上电源端子与搭铁端子之间的电压。

检测大众轿车空气流量传感器的电源电压时,拔下传感器上的 5 端子线束插头(编者注:代号为"1"的端子为备用端子,没有连接导线),如图 9-4 所示,然后接通点火开关,检测线束插头上端子"2"与发动机缸体之间的电压;规定值应不低于 11.5V。如电压为零,说明燃油泵继电器触点未闭合或电源线路断路,需要检修燃油泵继电器或电源线路。

(二)检测传感器的信号电压

检查信号电压时,拔下传感器线束插头,将蓄电池正负极分别与传感器插座上的电源端子和搭铁端子连接,用万用表直流电压挡测量信号输出端的电压;当向传感器空气入口吹气时,信号电压应随之升高。

检测日产千里马(MAXIMA)轿车 VG30E 型发动机用热丝式空气流量传感器的方法是:将蓄电池正极与插座上电源端子 E 连接,蓄电池负极与插座上搭铁端子 D 连接,如图 9-5 所示,此时用万用表测量信号输出端子 B 与 D 端子之间的信号电压应为 $1.6V±0.5V$;用嘴或 450W 电吹风机(冷风挡)向传感器空气入口吹气时,B 与 D 端子之间的信号电压应升高到 2.0～4.0V。如信号电压不变,说明传感器失效,应予更换应新品。

(三)就车检查热丝式流量传感器的自洁功能

先将空气流量传感器的线束插头与插座插好,然后起动发动机并将转速升高到 2500r/min 以上,再使发动机怠速运转。拆下空气流量传感器空气入口一端的进气管,断开点火开关,与此同时从传感器空气入口处观察热丝能否在发动机熄火 5s 后红热并持续 1s 时间(注:热膜式以及保持温度高于 200℃的热丝式流量传感器无此功能)。

三、磁感应式曲轴与凸轮轴位置传感器的检修

各型汽车用磁感应式传感器的检测方法基本相同,丰田汽车发动机计算机控制系统

(TCCS)采用的磁感应式曲轴与凸轮轴位置传感器的检修方法如下。

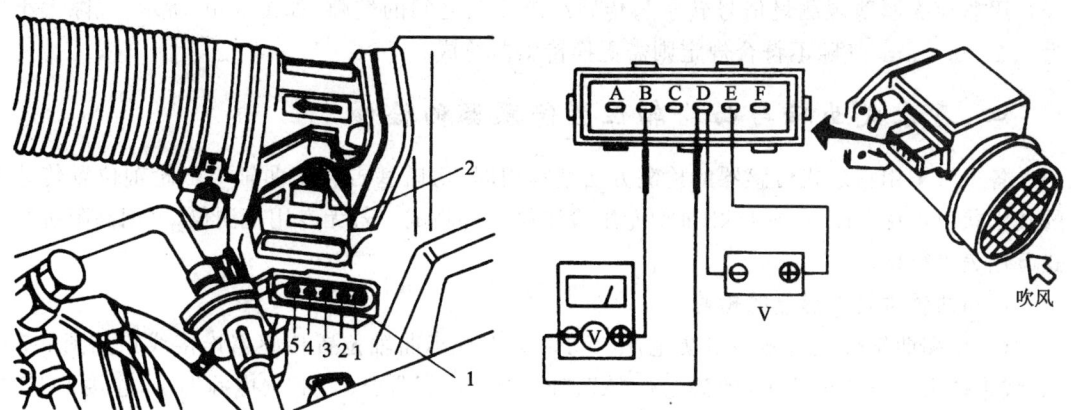

图 9-4　大众轿车 AFS 的检测
1. 线束插头　2. 传感器插座

图 9-5　日产千里马轿车 AFS 的检测

(一)检测传感线圈电阻值

拔下传感器线束插头,其插座上各端子排列位置如图 9-6a 所示。用万用表电阻 OHM× 200Ω 挡检测各端子间的阻值应当符合表 9-6 规定,阻值不符则需更换传感器总成。

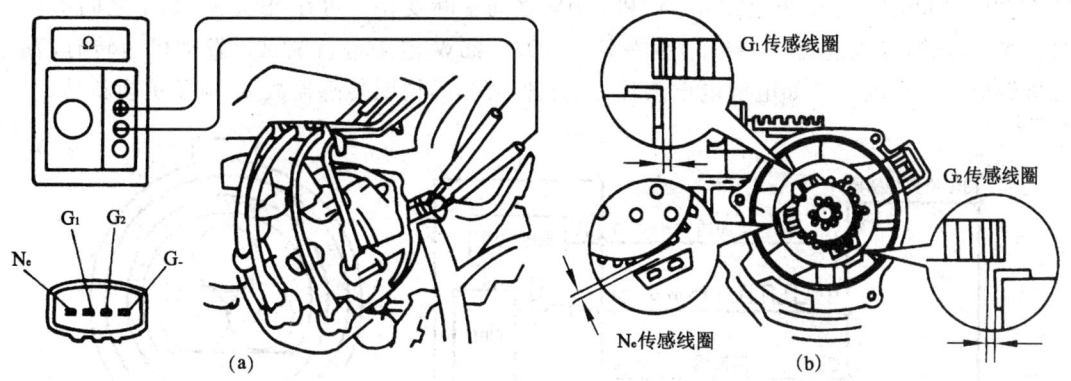

图 9-6　TCCS 系统曲轴与凸轮轴位置传感器的检修
(a)检测线圈电阻　(b)检测信号发生器气隙

表 9-6　曲轴位置传感器传感线圈的阻值

端子名称	检测状态	电阻值(Ω)
Ne-G-	冷态	155~250
	热态	190~290
G_1-G-	冷态	125~200
	热态	160~235
G_2-G-	冷态	125~200
	热态	160~235

(二)检测传感器磁路气隙

用非导磁厚薄规测量信号转子与传感线圈磁头之间的气隙,如图9-6b所示,气隙大小应为0.2~0.4mm,气隙不符合规定则需更换传感器总成。

四、霍尔式曲轴与凸轮轴位置传感器的检修

各型汽车用霍尔式传感器的检测方法基本相同,切诺基吉普车曲轴与凸轮轴位置传感器的技术状况可用DRBⅡ或DRBⅢ型专用检测仪进行测试。若无专用检测仪,可用高阻抗数字式万用表进行检测。

(一)曲轴位置传感器的检修

(1)检测曲轴位置传感器电源电压。切诺基吉普车曲轴位置传感器连接线路如图9-7所示,线束插头为三端子插头,插头上有"A"、"B"、"C"三个端子。"A"为电源端子,连接ECU插座端子"7";"B"为信号输出端子,连接ECU插座端子"24";"C"为搭铁端子,连接ECU插座端子"4"。

接通点火开关时,用万用表直流电压挡检测插头上端子"A"与"C"之间的电源电压应为8V。如电源电压为0,则断开点火开关,用万用表电阻OHM×200Ω挡检测端子"A"与ECU插头上端子"7"之间的电阻,阻值应当小于0.5Ω;如阻值为无穷大,说明电源线断路,检修或更换导线即可;如电源电压为0V,电源线路也良好,说明ECU故障,应予更换新品。

(2)检测曲轴位置传感器信号电压。接通点火起动开关起动发动机运转时,传感器端子"B"与"C"之间的信号电压应在0.3V和5.0V之间不断变化。可在"B"、"C"端子之间串接一只发光二极管(正极连接"B"端子)和一只510Ω/0.25W电阻进行测试。发动机运转时,发光二极管应当间歇闪亮。如电源电压正常,二极管不闪亮,说明传感器故障,应予更换新品。

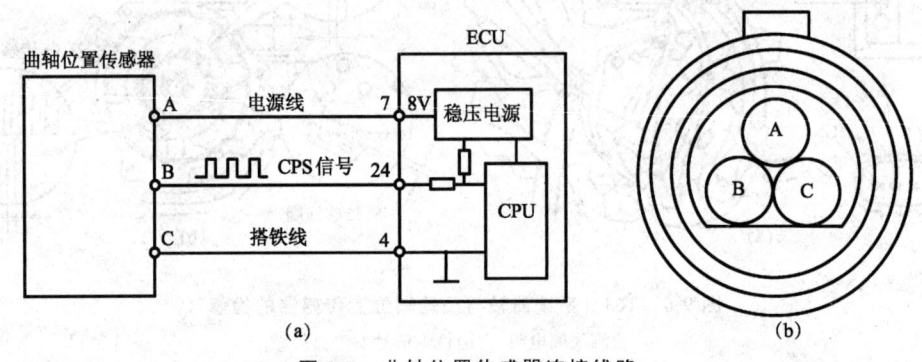

图9-7 曲轴位置传感器连接线路
(a)连接线路 (b)线束插头

(二)凸轮轴位置传感器的检修

(1)检测凸轮轴位置传感器电源电压。切诺基吉普车凸轮轴位置传感器连接线路如图9-8所示,线束插头为三端子插头,插头上有"A"、"B"、"C"三个端子。"A"为电源端子,连接ECU插座端子"7";"B"为信号输出端子,连接ECU插座端子"44";"C"为搭铁端子,连接ECU插座端子"4"。电源电压的检测方法与曲轴位置传感器相同。

(2)检测凸轮轴位置传感器信号电压。接通点火开关,起动发动机并运转时,传感器端子"B"与"C"之间的信号电压应在0.3V和5.0V之间不断变化。检测传感器输出电压时,拆下配电器盖,接通点火开关,转动曲轴,当脉冲环的叶片进入信号发生器时,"B"、"C"端子之间的

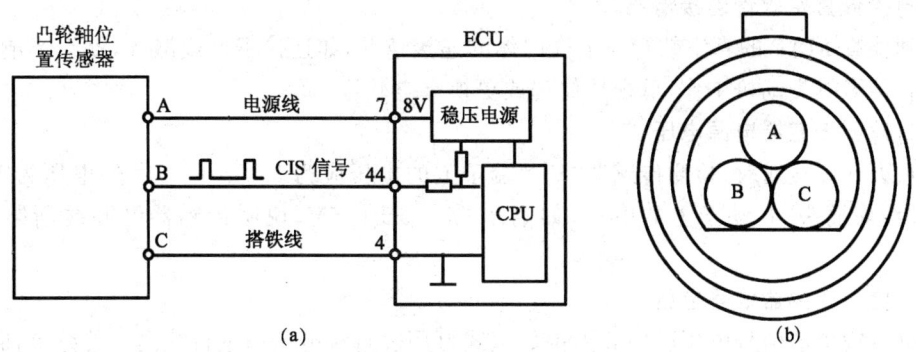

图 9-8 凸轮轴位置传感器连接线路
(a)连接线路 (b)线束插头

电压应为 5V;当叶片离开信号发生器时,"B"、"C"端子之间的信号电压应低于 0.3V。如电压不符合规定,说明传感器故障,应予更换新品。

检测传感器输出电压时,也可在"B"、"C"端子之间串接一只发光二极管(正极连接"B"端子)和一只 510Ω/0.25W 电阻进行测试。发动机运转时,发光二极管应当闪亮。如电源电压正常,二极管不闪亮,说明传感器故障,应予更换新品。

五、支管压力传感器的检修

各型汽车用支管压力传感器的检修方法大同小异,下面以切诺基吉普车用支管压力传感器的检修方法为例说明。该支管压力传感器的安装位置及电路连接如图 9-9 所示。

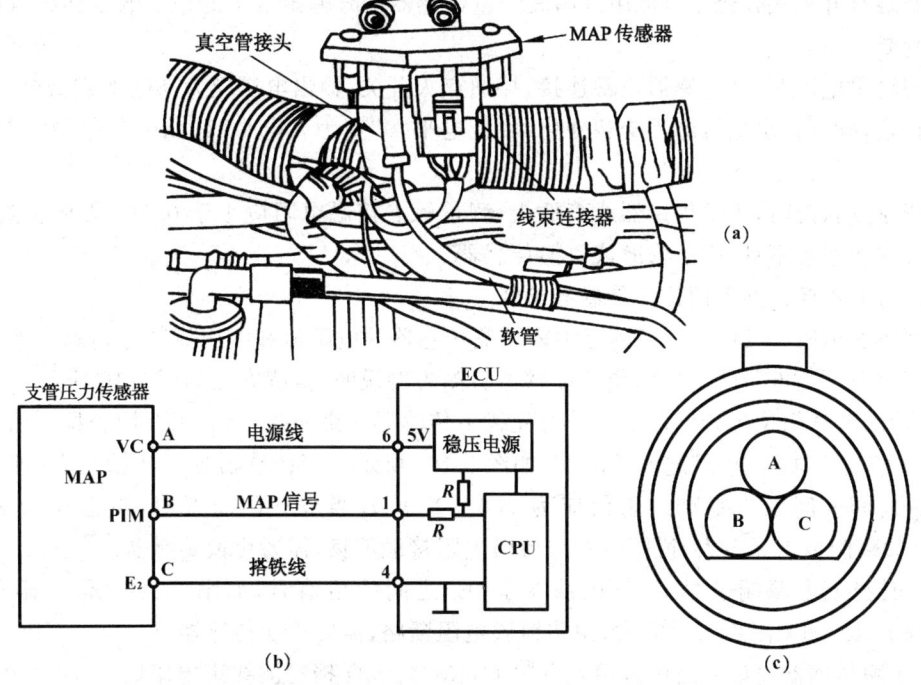

图 9-9 切诺基 MAP 传感器安装位置与电路连接
(a)安装位置 (b)电路连接 (c)线束插头

(一)检查真空软管连接情况

仔细检查 MAP 的真空软管与节气门体的连接情况,如连接不良或漏气,就会影响传感器性能并直接影响发动机工作,可视情修理或更换真空软管。

(二)检测传感器电源电压

当点火开关接通时,检测传感器"VC"端子上的电压应为 $5.0\pm0.5V$。如电压为零,再检测 ECU 线束插头"6"端子上的电压,如电压为 $5.0\pm0.5V$,说明传感器电源线断路或插头松动。

(三)检测传感器信号电压

传感器输出的信号电压可用高阻抗数字式万用表直流电压挡进行检测。传感器插座上有"A"、"B"、"C"三个端子,当点火开关接通、发动机未起动时,检测输出端子"B"上的电压应为 $4\sim5V$;当发动机热机怠速运转时,"B"端子电压应下降到 $1.5\sim2.1V$;当节气门开度增大时,"B"端子电压应逐渐升高。如检测 ECU 线束插头"1"端子上的电压,则应与"B"端子电压相同。如检测结果不符规定,说明传感器信号线断路、插头松动或传感器内部有故障。

(四)检测传感器负极导线连接情况

用万用表电阻 $OHM\times200\Omega$ 挡检测传感器"C"端子与发动机缸体之间的电阻值应当小于 0.5Ω。如阻值过大,说明传感器负极导线断路或 ECU 插头连接不良。

六、节气门位置传感器的检修

当节气门位置传感器 TPS 发生故障时,发动机 ECU 都能够检测到,并能使发动机进入故障应急状态运行,利用故障阅读仪通过诊断插座可以读取此故障的有关信息。

(一)触点式节气门位置传感器的检修

检修触点开关式 TPS 时,可用万用表测量传感器信号输出端子的输出电压和触点接触电阻进行判断。

检测输出电压时,将传感器正常连接,接通点火开关,输出电压应为高电平或低电平,且当节气门轴转动时,输出电压应当交替变化(由低电平"0"变为高电平"1"或由高电平"1"变为低电平"0")。

检测触点状态时,拔下传感器线束插头,测量触点接触电阻应小于 0.5Ω,如阻值过大,说明触点烧蚀而接触不良,应予修磨或更换传感器。

(二)可变电阻式节气门位置传感器检修

检修可变电阻式 TPS 时,可用万用表检测传感器的电阻值和电压值进行判断。下面以丰田和夏利轿车可变电阻式节气门位置传感器检测为例说明,检测方法如图 9-10 所示。

(1)检测节气门位置传感器电阻。首先拔下传感器线束插头,然后用万用表检测信号输出端子"VTA"与搭铁端子"E"之间的阻值,如图 9-10a 所示。当传感器处于初始状态(即止动螺钉与挡杆之间的间隙为零)时,阻值应为 $700\sim1400\Omega$;当节气门全开时,阻值应为 $2100\sim4000\Omega$。如果阻值为无穷大,说明滑臂与镀膜电阻接触不良,需要更换传感器。

检测传感器电源端子"VC"与搭铁端子"E"之间的阻值时,如图 9-10b 所示,阻值应为 $1600\sim2400\Omega$。如果阻值为无穷大,说明镀膜电阻断路,需要更换传感器。

(2)检测传感器线束。当用万用表电阻 $OHM\times200\Omega$ 挡检测线束电阻时,断开点火开关,拔下电控单元和传感器线束插头,检测两插头上相应端子之间的导线电阻值应当小于 0.5Ω。如阻值过大或为无穷大,说明线束与端子接触不良或断路,应予修理。

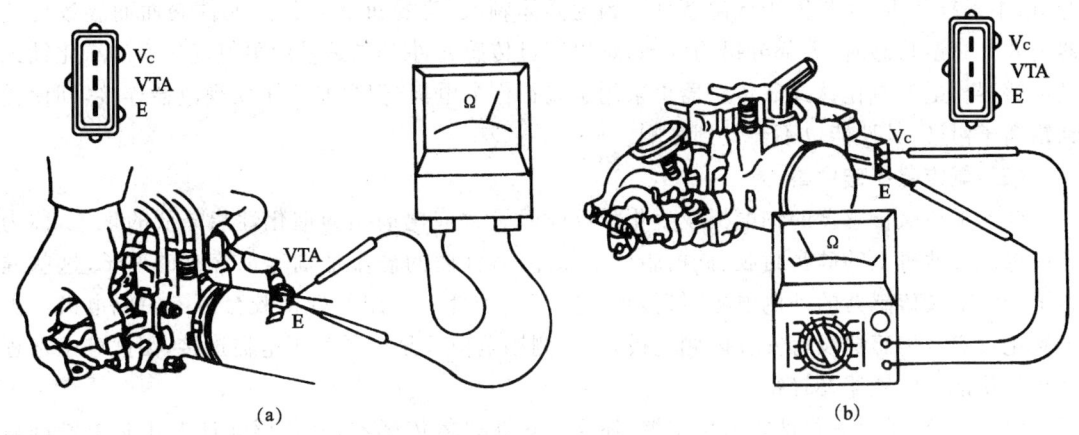

图 9-10 节气门位置传感器检修方法
(a)检测输出端子输出电阻 (b)检测传感器电阻

(3)检测电源电压和信号电压。检测时,接通点火开关,用万用表直流电压挡检测传感器的电源电压应为 5.0V。当节气门关闭时,检测传感器的信号电压应为 0.5~1.0V;当节气门开度逐渐增大时,信号电压应随之升高;当节气门全开时,信号电压应为 4.0~4.8V。如检测结果与此不符,则需更换传感器。

七、氧传感器的使用与检修

氧传感器的使用寿命与自身结构和使用条件密切相关。当传感元件老化和中毒,氧传感器就会逐渐失效。20 世纪 90 年代以前,要求汽车每行驶 8 万公里更换氧传感器,随着氧传感器技术水平和燃油品质提高,目前其使用寿命可达 16 万公里。氧传感器失效后,有害气体排放量和燃油消耗量都会显著增大。

(一)氧传感器老化

氧传感器老化的主要原因是传感元件局部表面温度过高。在发动机利用氧传感器进行闭环控制过程中,混合气的空燃比总是控制在理论空燃比(14.7)附近,排气中几乎没有过剩的燃油,但是在发动机刚刚起动(特别是冷起动)之后(或大负荷状态工作时),为了快速预热发动机(或增大发动机输出功率),需要供给足够的燃油,排气中过剩的燃油就会在氧传感器的表面产生燃烧反应,一方面是形成碳粒而造成氧传感器表面的保护层剥落,另一方面是使传感元件局部表面温度过高(超过 1000℃)而加速传感器老化。

(二)氧传感器铅中毒

氧传感器的传感元件受到污染而失效的现象称为中毒,主要是指铅(Pb)中毒、硅(Si)中毒和磷(P)中毒。燃油或润滑油添加剂中的铅离子与氧传感器的铂电极发生化学反应,导致催化剂铂的催化性能降低的现象,称为铅中毒。试验证明:氧化锆式氧传感器在每升汽油中含有 1.8g 铅的情况下行驶 480km 或每升汽油中含有 0.15g 铅的情况下行驶 1000km 之后,就会出现严重中毒现象。由于含铅汽油中添加有四乙基铅来提高汽油的辛烷值和抗爆燃性能,因此配装氧化锆式氧传感器以及三元催化器的汽车禁止使用含铅汽油。此外,由于燃油或润滑油的添加剂中含有多种铅化合物,因此铅中毒也是不可避免的。

提高氧传感器耐铅能力的方法:一是采用加热型氧化锆式氧传感器。试验证明,温度越低,铅中毒越严重,这是因为低温条件下铅为固体颗粒,容易沉淀在传感元件表面而导致传感器失效。高温状态时,大部分铅为气态,难以穿过传感元件。二是采用阻值变化型的氧化钛式氧传感器。虽然氧化钛式氧传感器也采用金属铂作为电极,但只是为了实现电器连接,即使受到铅离子污染,其性能也不会受到影响。

(三)氧传感器硅中毒

硅离子与氧传感器的铂电极发生化学反应而导致催化剂铂的催化性能降低的现象,称为硅中毒。发动机上的硅密封胶、硅树脂成型部件、铸件内的硅添加剂等都含有硅离子,这些硅离子会污染氧传感器的外侧电极,氧传感器内部端子处密封用的硅橡胶会污染内侧电极。由于氧化钛式氧传感器没有安装内侧电极,且外侧铂电极只是为了实现电器连接,因此硅中毒程度比氧化锆式传感器要轻得多。

由此可见,无论氧化锆式氧传感器,还是氧化钛式氧传感器,其传感元件老化和中毒都是不可避免的。因此,每当汽车行驶一定里程(一般为 16 万公里)后,就应更换氧传感器。更换新品时,一定要用专用防粘胶液刷涂氧传感器安装螺纹,否则下次检修时很难拆卸。刷涂防粘胶液时,切勿涂到氧传感器的透气孔中。就氧传感器的抗污染能力和抗老化而言,氧化钛式优于加热型氧化锆式,加热型氧化锆式优于非加热型氧化锆式,因此,氧化钛式氧传感器发展前景非常广阔。

检修氧传感器主要是检查加热元件和信号电压变化频率是否正常。检测氧传感器信号电压变化的频率时,高、低电平之间变化不低于 10 次/min。

(四)氧传感器的检修

大众轿车氧传感器连接器插头与插座上各端子的位置如图 9-11 所示。

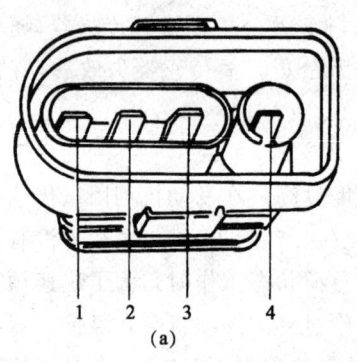 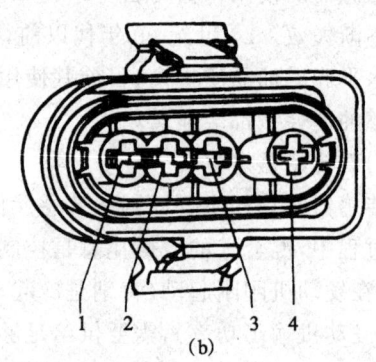

图 9-11 大众轿车氧传感器插头与插座
(a)插头(传感器一侧)　(b)插座(ECU 一侧)
1. 加热元件正极　2. 加热元件负极　3. 信号电压负极　4. 信号电压正极

(1)检测加热元件电阻。加热元件的电阻值在常温条件下为 $1\sim5\Omega$,温度上升很少时,阻值就会显著增大。因此,在室温下,可用万用表进行检测。检测时,拔下氧传感器线束插头,检测插头上端子"1"、"2"之间的阻值常温下应为 $1\sim5\Omega$。如常温下阻值为无穷大,说明加热元件断路,应予更换氧传感器。

(2)检测氧传感器电源电压。氧传感器加热元件的电压为整车电源电压,当点火开关接通使燃油泵继电器触点接通时,加热元件的电源即被接通。检测加热元件的电压时,拔下氧传感器插头,起动发动机,检测连接器插座上端子"1"、"2"之间的电压应不低于 11V。如电压为零,说明熔断器(上海大众车系的附加熔断器,30A;一汽大众车系的18号熔断器,20A)断路或燃油泵继电器触点接触不良,分别检修即可。

检测氧传感器信号电压时,插头与插座连接,将数字式万用表连接到氧传感器端子"3"、"4"连接的导线上,接通点火开关时,电压应为0.45~0.55V;当供给发动机浓混合气(节气门踩到底)时,信号电压应为0.7~1.0V;当供给发动机稀混合气(拔下空气流量传感器至发动机之间的真空管)时,信号电压应为0.1~0.3V,否则说明氧传感器失效,应予更换新品。

检测氧传感器的信号电压可将调码器连接在传感器"3"、"4"端子连接的导线之间进行测试。发动机怠速或部分负荷运转时,发光二极管应当闪亮。如电源电压正常,二极管不闪亮,说明传感器故障,应予更换新品。发光二极管闪亮频率应不低于10次/min。如二极管不闪或闪亮频率过低,说明氧传感器加热元件失效、氧传感器壳体上的透气孔堵塞、氧传感器热负荷过重或长期使用含铅汽油导致氧传感器失效,需要更换传感器。

八、温度传感器的检修

温度传感器是许多控制功能的修正信号,如冷却液温度传感器信号用于喷油量修正、点火提前角修正、活性炭罐电磁阀控制等。如果冷却液温度传感器信号中断,就会导致发动机冷起动困难、油耗增加、怠速稳定性降低、废气排放量增大等等。虽然各型汽车采用的温度传感器的阻值各不相同,但是其检修方法基本相同。

(一)检测电源电压与信号电压

检修冷却液温度传感器时,可用高阻抗数字式万用表就车检测传感器的电源电压和信号电压。检测电源电压时,拔下冷却液温度传感器插头,接通点火开关,检测传感器线束插头上两端子间的电源电压应为5V左右。

检测信号电压时,插上传感器插头,接通点火开关,检测信号电压应当符合标准值。当发动机温度高时信号电压低;温度低时信号电压高。如电压偏离标准值过多,则应更换传感器新品。

(二)检测热敏电阻阻值

检测温度传感器阻值时,断开点火开关,拔下温度传感器插头,拆下温度传感器,将传感器和温度表放入烧杯或加热容器中,如图9-12所示。在不同温度下,用万用表电阻挡检

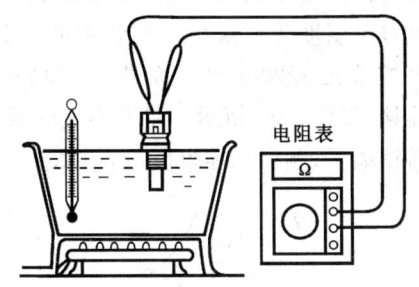

图9-12 温度传感器检修方法

测传感器插座上两端子间的电阻值,然后再与标准阻值进行比较。不同车型温度传感器的标准阻值各不相同,丰田汽车温度传感器的标准阻值见表9-7。如阻值偏差过大、过小或为无穷大,说明传感器失效,应予更换新品。

表9-7 丰田车系冷却液温度与进气温度传感器阻值与温度的关系

温度(℃)	阻值(Ω)	温度(℃)	阻值(Ω)
-20	10000~20000	40	900~1300
0	4000~7000	60	400~700
20	2000~3000	80	200~400

(三)大众轿车冷却液温度传感器的检修

大众轿车电控系统用冷却液温度传感器 G62 与仪表系统的冷却液温度传感器 G2 一起组装在一个壳体内,安装在气缸盖后端的出水管上,如图 9-13 所示。传感器插座上有四个接线端子,G62 连接"1"、"3"端子,G2 连接"2"、"4"端子。信号输出端子"3"与电控单元 J220 插座上的端子"53"连接,传感器负极端子"1"与电控单元 J220 插座上的传感器搭铁端子"67"连接。检测电阻值时,将万用表的两只表笔分别连接传感器插座上的信号输出端子与传感器搭铁端子。当温度为 30℃时,阻值应为 1500～2000Ω;当温度为 80℃时,阻值应为 275～375Ω。如阻值偏差过大、过小或为无穷大,说明传感器失效,应予更换新品。

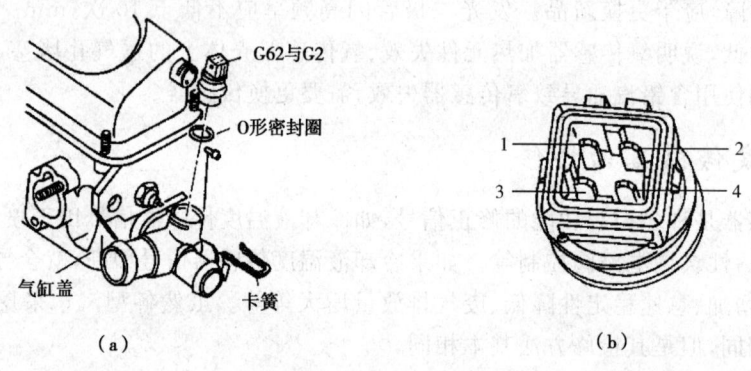

图 9-13　大众轿车冷却液温度传感器 G62 安装位置与线束插头
(a)安装位置　(b)线束插头端子排列
1. G62 信号负极　2. G2 信号负极　3. G62 信号正极　4. G2 信号正极

(四)大众轿车进气温度传感器的检修

其进气温度传感器 G72 安装在进气支管上。传感器插座上有两个接线端子,信号输出端子与电控单元 J220 插座上的端子"54"连接,传感器负极与 J220 插座上的传感器搭铁端子"67"连接,如图 9-14 所示。将万用表的两只表笔分别连接传感器插座上的信号输出端子与传感器搭铁端子,测得标准阻值见表 9-8。

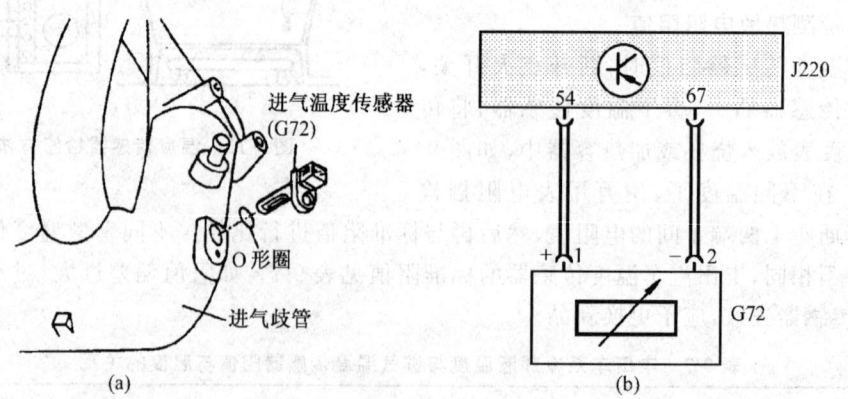

图 9-14　上海大众轿车进气温度传感器 G72 安装位置与电路连接
(a)安装位置　(b)电路连接

表 9-8　大众轿车进气温度传感器的阻值与温度的关系

温度(℃)	阻值(Ω)	温度(℃)	阻值(Ω)
-20	14000~20000	50	720~1000
0	5000~6500	60	530~650
10	3300~4200	70	380~480
20	2200~2700	80	280~350
30	1400~1900	90	210~280
40	1000~1400	100	170~200

第三节　发动机控制系统执行器的检修

执行器是各种电子控制系统的执行机构，一旦发生故障就无法执行正常动作，控制系统机会丧失正常的控制功能。

一、电动燃油泵的使用与检修

各种燃油喷射系统燃油泵的检修方法基本相同。当电控系统的电动燃油泵发生故障时，发动机 ECU 检测不到故障信息，利用 V.A.G1552 或 V.A.G1551 故障阅读仪也读取不到故障信息。当蓄电池电压正常，燃油泵熔断丝也正常时，接通点火开关，在汽车尾部燃油箱附近应能听到燃油泵起动并工作 1~2s 的声音。

大众轿车电控系统的燃油泵、热膜式空气流量传感器、活性炭罐电磁阀、氧传感器加热元件均受燃油泵继电器控制。接通点火开关时，如听不到燃油泵运转声，则断开点火开关，检查中央继电器盒 2 号位置上的燃油泵继电器以及燃油泵熔断丝 S5(熔断丝盒 5 号位置,10A)是否良好。如燃油泵熔断丝良好，则插好燃油泵熔断丝，再从中央线路板上拔下燃油泵继电器，用万用表检测继电器插座上端子"4/86"与搭铁端子"31"之间的低压，标准电压应当等于蓄电池电压(12V 左右)。

检查燃油泵的输油量时，断开点火开关，从燃油分配管上卸下进油管，将油压表连接到进油管一端，油压表出油管伸入量瓶，接通油泵电路(将蓄电池正极加到燃油泵继电器"4"端子上)30s，泵油量与电源电压的关系如图 9-15b 所示，单位为 ml/30s(每 30 秒毫升)。

当蓄电池电压为 10~12V、油压为 300kPa 时，泵油量应为 490~670mL。可见，系统油压越高，泵油量越大；油泵电源电压越高，油泵转速就越高，泵油量也就越大。如油压过高，应更换油压调节器；如油压过低，则应检查油管是否弯折、油路或汽油滤清器是否堵塞。

电动燃油泵在使用中，必须注意以下两点：

(1)旧油泵不能干试。当油泵拆下后，由于泵壳内剩余有汽油，因此在通电试验时，一旦电刷与换向器接触不良，就会产生火花引燃泵壳内汽油而引起爆炸，其后果不堪设想。

(2)新油泵也不能干试。由于油泵电机密封在泵壳内，干试时通电产生的热量无法散发，电枢过热就会烧坏电动机，因此必须将油泵浸泡于汽油中进行试验。

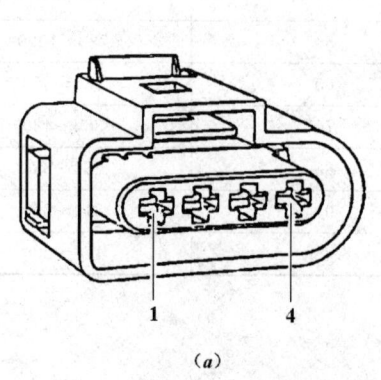 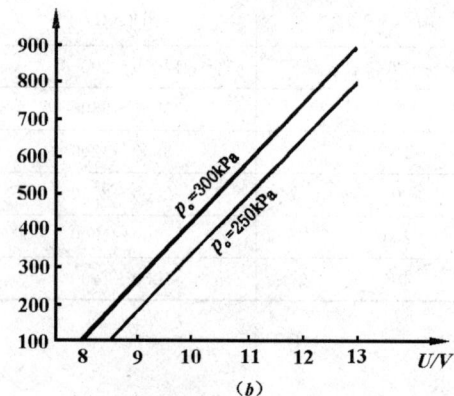

图 9-15　油泵插头端子位置及油泵输出特性
(a)端子排列位置　(b)油泵输出特性

二、电磁喷油器的检修

当喷油器发生堵塞、滴漏等故障时,发动机 ECU 检测不到,使用故障阅读仪也读取不到喷油器的故障信息。检修喷油器可以检测其电阻和电压进行判断。

(1)检测电磁喷油器的电阻。用万用表 OHM×200W 挡检测喷油器电磁线圈的阻值。检测时,拔下每只喷油器上的两端子线束插头,检测喷油器插座上两端子之间电磁线圈的标准阻值应当符合《使用说明书》的规定,低阻型喷油器为 1~3Ω;高阻型为 13~18Ω。如阻值为无穷大,说明电磁线圈断路,应予更换喷油器。

(2)检测电磁喷油器的电源电压。喷油器电源电压可用数字式万用表检测。检测时,分别拔下各喷油器上的两端子插头,接通点火开关,发动机不起动,检测插头上两个端子与发动机缸体间的电压,高电平应为 12V 左右(喷油器电源电压为整车电源电压),低电平为零。如电压均为零,说明电源电路不通,应当检修燃油泵继电器和燃油喷射熔断丝。

(3)检测电磁喷油器的控制脉冲。检测喷油器喷油脉冲电压时,分别拔下喷油器线束插头,并在该插头的两个端子之间串接调码器。起动发动机时,调码器的发光二极管应当闪烁。如二极管不闪烁或不发光,说明喷油器电源线路、燃油泵继电器或控制 ECU 故障,必要时更换 ECU。

三、怠速控制阀的检修

汽油机怠速控制阀的种类很多,可通过就车检查其工作情况或将其拆下进行静态检测与模拟工况检测进行检修。

(一)脉冲电磁阀式怠速控制阀的检修

各种脉冲电磁阀式怠速控制阀的检修方法大同小异,在此以上海大众轿车怠速控制阀为例说明。其怠速控制阀上设有两个接线端子,分别与电控单元 ECU 的端子"4"和"26"连接。当怠速控制阀出现故障时,怠速控制阀便处于一个固定的位置,使发动机怠速转速上升到 1100r/min 左右,用 V.A.G1551 或 V.A.G1552 故障阅读仪读取不到此故障的有关信息。但可以通过故障阅读仪的"执行元件诊断测试功能",帮助诊断怠速控制阀是否有故障。也可利用万用表检测控制阀线圈的电阻来判断电磁阀有无故障。

(1)车上检查。当发动机怠速运转时,用手触摸怠速控制阀应当具有明显地振动感。如无振动感或怠速转速过高过低,说明怠速控制阀失效,应予更换新品。

(2)检测电磁线圈电阻。断开点火开关,拔下怠速控制阀连接器插头,用万用表电阻挡检测插座上两个端子之间的线圈电阻值应当符合规定。脉冲电磁阀式怠速控制阀只有一组线圈,阻值应为 15～20Ω 左右。如阻值为无穷大,说明电磁线圈断路,应予更换新品。

(3)检查怠速控制阀工作情况。从节气门体上拆下怠速控制阀,用导线将其一个端子连接蓄电池正极,另一个端子连接蓄电池负极时,阀心应当移动。如阀心不能移动,说明怠速控制阀失效,应予更换新品。当断开一根导线时,阀心应当迅速复位,如阀心卡滞或不能迅速复位,说明控制阀故障或复位弹簧失效,应予更换新品。

(二)步进电机式怠速控制阀的检修

各型汽车用永磁转子步进电动机式怠速控制阀的检修方法基本相同,下面以丰田轿车怠速控制阀的检修方法为例说明。

(1)车上检查。当发动机熄火时,怠速控制阀会发出"咔嗒"的响声,使阀门开度退到最大位置。如听不到复位时的"咔嗒"响声,应对怠速控制阀进行检查。

(2)检查步进电机的工作情况。从节气门体上拆下怠速控制阀,用导线将端子 B1、B2 连接蓄电池正极,然后依次将 S1-S2-S3-S4 与蓄电池负极连接,阀心应当逐渐向外伸出,如图 9-16a 所示。如果依次将 S4-S3-S2-S1 与蓄电池负极连接,阀心应当逐渐收缩,如图 9-16b 所示。如阀心不能移动,说明步进电动机失效,应予更换新品。

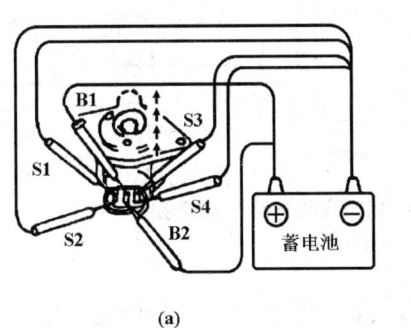 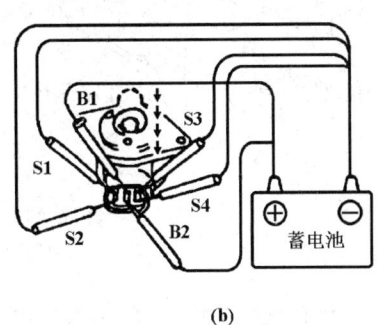

(a)　　　　　　　　　　　　　　(b)

图 9-16　检查步进电动机工作情况
(a)阀门逐渐关小　(b)阀门逐渐开大

(3)检测步进电机的工作电压。将怠速控制阀安装到节气门体上,插好连接器插头。当点火开关接通"ON"位置时,检测 ECU 的端子"IS1"、"IS2"、"IS3"、"IS4"与"E1"之间(或检测怠速控制阀连接器端子"S1"、"S2"、"S3"、"S4"与搭铁之间)应有 9～16V 的脉冲电压。如无电压,再检查电源电压和主继电器是否正常。

(4)检测定子绕组的电阻值。拔下连接器插头,用万用表检测插座上定子绕组电阻值应当符合规定。永磁转子步进电动机式怠速控制阀有 2 组或 4 组线圈,各组线圈的阻值约 30～60Ω。如阻值不符规定,应予更换新品。丰田轿车步进电动机定子绕组有 4 组线圈,其阻值均为 30Ω(奥迪轿车用永磁转子式步进电动机设有两个线圈,每个线圈的电阻值均为 45～60Ω)。

四、节气门控制组件 J338 的检修

到目前为止,大多数汽车燃油喷射系统控制怠速转速的都是设置一个旁通空气道,用旁通空气阀来调节怠速转速,使怠速稳定。其缺点是结构设计复杂、占用空间大、故障率较高。大众与红旗(桑塔纳 2000GSi、3000、捷达 AT、GTX、红旗 CA7220E 型)等轿车怠速转速的控制方式为节气门直动式,取消了通向节气门的旁通空气道,由节气门控制组件 J338 对发动机的怠速转速进行综合控制。

(一)节气门控制组件 J338 的结构特点

节气门控制组件 J338 由怠速开关 F60、怠速节气门位置传感器(怠速节气门电位计)G88、怠速控制电机 V60 和节气门位置传感器(节气门电位计)G69 等组成,结构与电路连接如图 9-17 所示。节气门位置传感器 G69 和怠速节气门位置传感器 G88 均为线性电位器,怠速开关为触点开关。

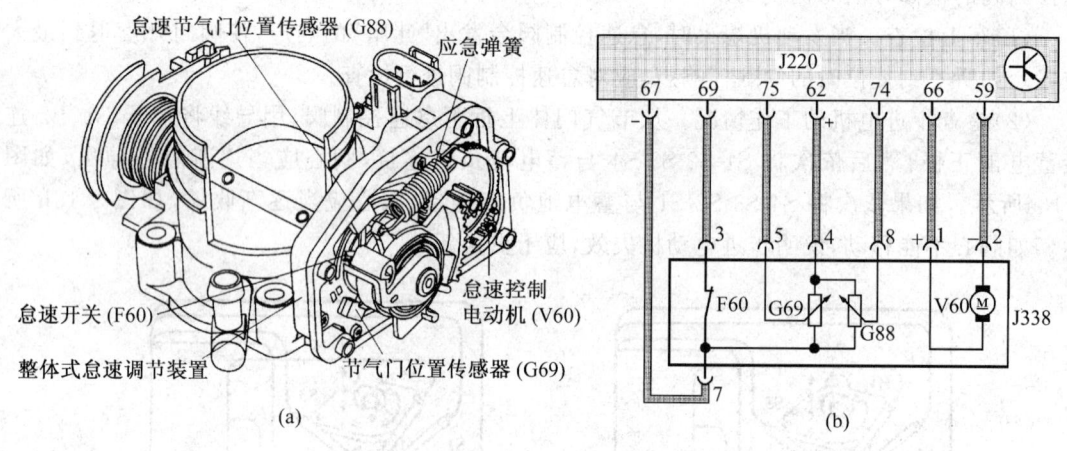

图 9-17 节气门控制组件 J338 的结构与电路连接关系
(a)结构图 (b)电路连接

节气门位置传感器 G69 和怠速节气门位置传感器 G88 都起着节气门位置传感器的作用。怠速控制电机 V60 起着控制怠速的作用,能适当开大或关小节气门开度,所以,采用节气门控制组件 J338 的轿车没有配置怠速控制阀。

怠速开关、怠速节气门位置传感器以及节气门位置传感器的功用是向电控单元 J220 提供节气门当前位置信息。在怠速范围内,电控单元 J220 根据这些信息通过控制怠速电动机来调节怠速时的节气门开度。

1. 节气门电位计(节气门位置传感器)G69

节气门电位计(节气门位置传感器)G69 直接连接在节气门轴上,与驾驶员操纵的加速踏板联动。通过安装在节气门轴一端的滑臂在电位计电阻上滑动,将节气门开度转换为电信号输送给电控单元,在发动机工作转速范围内,向电控单元提供当时的节气门位置信号,作为电控单元判断发动机运转工况的依据。在配装自动变速器的汽车上,电控单元还要利用这个信号来控制自动变速器。如果电控单元没有接收到节气门电位计传输的信号,那么电控单元将根据发动机转速信号和空气流量传感器信号计算确定一个替代值。

2. 怠速节气门电位计（节气门怠速位置传感器）G88

怠速节气门电位计（节气门怠速位置传感器）G88 安装在节气门体内，与怠速控制电机连接在一起，可将节气门的开度、怠速控制电机的位置信号输送给电控单元，当怠速节气门电位计（节气门怠速位置传感器）到达调节范围极限时，电位计 G88 不再移动，节气门仍可继续开启。当怠速节气门电位计（节气门怠速位置传感器）的信号中断时，节气门控制组件将利用应急弹簧进入应急状态工作，将节气门拉到固定位置，使怠速转速升高。

3. 怠速开关 F60

怠速开关 F60 与节气门电位计（节气门位置传感器 G69）一起安装在节气门轴上，向电控单元提供怠速状态信息。当节气门关闭时，怠速开关触点闭合，电控单元判定发动机处于怠速状态，从而按怠速工况要求控制喷油量；当节气门打开时，怠速开关触点断开，电控单元根据这一信号控制从怠速到小负荷的过渡工况的喷油量。怠速开关信号还可作为电控单元判断是否进行怠速自动控制和急减速断油控制的依据。当怠速开关信号中断时，电控单元将把节气门电位计 G69 的信号与怠速节气门电位计（节气门怠速位置传感器）G88 的信号进行比较，根据两个电位计的相互位置来判别出节气门的怠速位置。

4. 怠速控制电机 V60

怠速控制电机 V60 在怠速调节范围内，通过齿轮传动机构来操纵节气门，使其开度增大或减小。当发动机怠速工作时，怠速节气门位置传感器 G88 将其阻值变化转换为电信号输入电控单元 J220，J220 接收到该信号后，根据信号电压高低确定节气门的位置，再控制怠速控制电机 V60，通过怠速电机 V60 微量调节节气门开度来调节发动机的怠速转速。

当怠速控制电机 V60 发生故障或电控单元对怠速电机的控制失灵时，应急弹簧将把节气门拉到一个特定的应急位置，使怠速处于应急状态运转，怠速转速将升高。

（二）节气门控制组件 J338 的检修

节气门控制组件 J338 连接器各端子与电控单元 J220 连接情况如图 9-17b 所示，连接器插头为 8 端子插头，端子排列位置如图 9-18 所示。

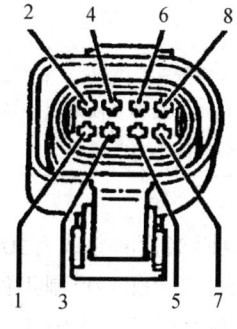

图 9-18　控制组件 J338 线束插头
1. 电动机正极端子　2. 电动机负极端子　3. 怠速开关信号输出端子　4. 节气门位置传感器 G69 和怠速节气门位置传感器 G88 电源端子　5. 节气门位置传感器 G69 信号端子　6. 备用端子　7. 搭铁端子　8. 怠速节气门位置传感器 G88 信号端子

1. 检修注意事项

检修节气门控制组件时，需要注意以下几点：

（1）节气门控制组件为一整体结构，壳体不允许打开；

（2）怠速参数的基本设定已由制造厂设定在电控单元中，不需要人工调整；

（3）拆装或更换节气门控制组件后，必须用专用检测仪 V.A.G1551 或 V.A.G1552 重新进行一次基本设定。

进行基本设定时，如有下列情况，则发动机怠速仍不能正常工作。

① 节气门轴因油泥沉积等原因而转动不灵活时；

② 节气门拉索调整不当时；

③蓄电池电压过低(低于11V)时；

④节气门控制组件线束或连接器不良时。

2. 怠速开关 F60 的检修

怠速开关 F60 的检测项目、检测方法和检修标准见表9-9。如检测结果不符合检修标准，则应更换节气门控制组件。检测时拔下节气门控制组件8端子插头，用万用表检测端子3与7之间怠速开关的电源电压，接通点火开关时，电源电压至少应为9.0V。将数字式万用表的两只表笔用导线连接到电控单元的67与69号插孔连接的导线上，检查怠速开关的电阻值。当节气门关闭时，怠速触点的接触电阻应当小于1.5Ω。然后慢慢打开节气门，电阻值应为无穷大。如电阻值不符合上述规定，拔下节气门控制组件上的8端子插头，检测各导线有无短路或断路故障。

表9-9 大众(桑塔纳 2000GSi、3000 型)轿车怠速开关 F60 检修标准

检测项目	检测条件	检测部位	标准值
电源电压	拔下节气门控制组件8端子插头，接通点火开关	节气门控制组件插头端子3与7	≥9.0V
怠速触点电阻	断开点火开关，节气门关闭	电控单元 ECU 插头 67 与 69 号插孔	<1.5Ω
怠速触点电阻	断开点火开关，节气门开启	电控单元 ECU 插头 67 与 69 号插孔	∞
导线有无断路	断开点火开关，拔下节气门控制组件 J338 连接器插头和电控单元 J220 连接器插头	控制组件插头3端子、ECU 插头 69 号插孔	<1.5Ω
		控制组件插头7端子、ECU 插头 67 号插孔	<1.5Ω
导线有无短路	断开点火开关，拔下节气门控制组件 J338 连接器插头和电控单元 J220 连接器插头	控制组件插头3端子、ECU 插头 67 号插孔	>1MΩ
		控制组件插头7端子、ECU 插头 69 号插孔	>1MΩ

用万用表电阻挡检测导线有无断路故障时，两只表笔分别连接控制组件插头上端子"3"与电控单元连接器插孔"69"、控制组件插头上端子"7"与电控单元连接器插孔"67"，导线电阻应当小于1.5Ω。如电阻值为无穷大，说明该导线断路，应予检修。

检测导线有无短路故障时，两只表笔分别连接控制组件插头上端子"3"与电控单元连接器插孔"67"或控制组件插头上端子"7"与电控单元连接器插孔"69"，电阻值应为无穷大。如阻值为零，说明导线短路，应予检修。

在上述检测中，如怠速触点接触电阻不正常而导线良好，说明怠速触点接触不良，应予更换节气门控制组件。

3. 怠速节气门电位计 G88 和节气门电位计 G69 的检修

怠速节气门电位计 G88 和节气门电位计 G69 的检测项目、检测方法和检修标准见表9-10，如检测结果不符合检修标准，则应更换节气门控制组件。

拔下节气门控制组件8端子插头，用万用表检测端子4与7之间怠速节气门电位计和节气门电位计的电源电压，接通点火开关时，电源电压至少应为4.5V。

断开点火开关，拔下节气门控制组件 J338 连接器插头和电控单元 J220 连接器插头，用万用表检测控制组件插头上各端子与电控单元插头上各插孔之间有无短路或断路故障，检测部

位见表 9-10。如有短路或断路,则应更换导线或线束。

表 9-10 大众(桑塔纳 2000GSi 型)轿车节气门控制组件检修标准

检测项目	检测条件	检测部位	标准值
G88 与 G69 电源电压	拔下节气门控制组件 8 端子插头,接通点火开关	节气门控制组件插头端子 4 与 7	≥4.5V
F60 电源电压	拔下节气门控制组件 8 端子插头,接通点火开关	节气门控制组件插头端子 3 与 7	≥9.0V
导线有无断路	断开点火开关,拔下节气门控制组件 J338 连接器插头和电控单元 J220 连接器插头	控制组件插头 1 端子、电控单元插头 66 号插孔	<1.5Ω
		控制组件插头 2 端子、电控单元插头 59 号插孔	<1.5Ω
		控制组件插头 3 端子、电控单元插头 69 号插孔	<1.5Ω
		控制组件插头 4 端子、电控单元插头 62 号插孔	<1.5Ω
		控制组件插头 5 端子、电控单元插头 75 号插孔	<1.5Ω
		控制组件插头 7 端子、电控单元插头 67 号插孔	<1.5Ω
		控制组件插头 8 端子、电控单元插头 74 号插孔	<1.5Ω
导线有无短路	断开点火开关,拔下节气门控制组件 J338 连接器插头和电控单元 J220 连接器插头	检测控制组件插头上各端子之间的电阻值	>1MΩ
		检测电控单元插头上各个插孔之间的阻值	>1MΩ

4. 怠速控制电机 V60 的检修

断开点火开关,拔下节气门控制组件线束插头,将万用表拨到电阻挡,两只表笔分别连接节气门控制组件插座上"1"、"2"端子,检测怠速控制电机绕组电阻值应为 3~200Ω。如阻值不符规定,说明电机故障,需要更换节气门控制组件。

第四节 发动机电控单元 ECU 的检修

实践证明,汽车电子控制系统故障绝大多数都发生在传感器、执行器、连接器和线束等部件上,ECU 出现故障的可能性很小,汽车行驶 10 万公里 ECU 故障约占总故障的千分之一。因此,只有确认所有零部件正常之后,才能判定 ECU 有故障。

在检查排除汽车各种电子控制系统故障时,检修电控单元 ECU 与传感器或执行器之间的线路连接是否良好,是一项必不可少工作。下面以大众(桑塔纳 2000GSi 型)轿车发动机 ECU 为例,说明电控单元连接线路的检修方法。

一、大众轿车发动机 ECU 的结构特点

大众(桑塔纳 2000GSi 型)轿车发动机电控单元 J220 的外形与接线端子排列如图 9-19 所示,电控单元 J220 的线束插座上有 80 个接线端子(有效端子 36 个,其余为备用端子),采用了

一个52端子线束插头和一个28端子线束插头与电源、传感器和执行器连接,如图9-20所示。电控单元各接线端子所连接的零部件名称及位置见表9-11。

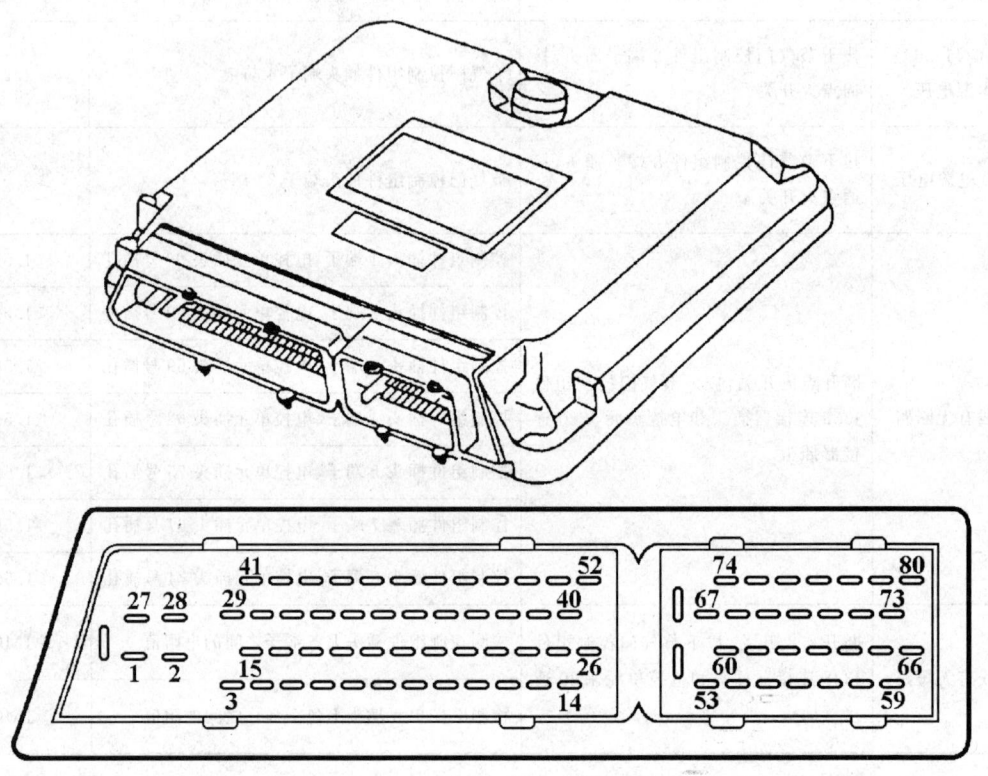

图9-19 大众(桑塔纳2000GSi型)轿车发动机电控单元J220接线端子排列

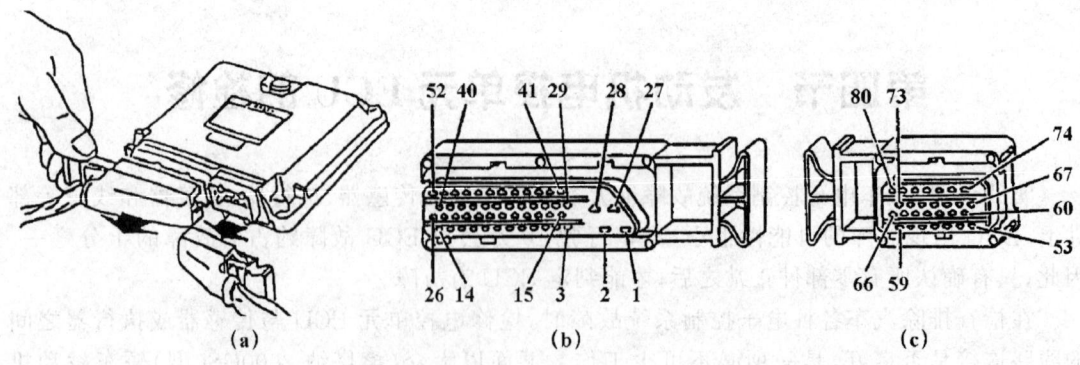

图9-20 大众(桑塔纳2000GSi型)轿车发动机电控单元J220线束插头
(a)线束插头位置 (b)52端子排列 (c)28端子排列

表 9-11　大众(桑塔纳 2000GSi 型)轿车发动机电控单元 J220 插座上各端子的连接

端子代号	连接部位	端子代号	连接部位
1	EFI 熔断丝,受点火开关"15"端子控制	56	曲轴位置传感器正极信号线
2	点火控制器搭铁线、爆燃与曲轴位置传感器屏蔽线搭铁(在 J220 旁边)	58	三缸喷油器控制线
3	ECU 常电源线(连接电源"30"端子)	59	急速控制电动机电源负极
4	电动燃油泵控制线	60	三四缸爆燃传感器 G66 信号线
6	发动机转速信号线	62	凸轮轴位置、节气门位置、急速节气门位置传感器电源线
8	空调压缩机信号	63	曲轴位置传感器负极信号线
10	空调开关信号	65	四缸喷油器控制线
11	空气流量传感器电源控制线	66	急速控制电动机电源正极
12	空气流量传感器信号负极	67	凸轮轴位置、冷却液温度、进气温度、急速开关、急速节气门位置、节气门位置与爆燃传感器负极信号线
13	空气流量传感器信号正极	68	一、二缸爆燃传感器 G61 信号线
15	活性炭罐电磁阀控制线	69	急速开关信号线
19	故障诊断触发信号线	71	二、三缸点火线圈初级电流控制线
20	车速信号线	73	一缸喷油器控制线
25	氧传感器负极信号线	74	急速节气门位置传感器信号线
26	氧传感器正极信号线	75	节气门位置传感器信号线
27	氧传感器加热电源控制线	76	凸轮轴位置传感器信号线
53	冷却液温度传感器信号线	78	一、四缸点火线圈初级电流控制线
54	进气温度传感器信号线	80	二缸喷油器控制线

二、大众轿车发动机 ECU 线路的检修

大众(桑塔纳 2000GSi 型)轿车 M3.8.2 型发动机电控系统线路故障可参考图 9-19、图 9-20、图 9-21、图 9-22 以及表 9-12 所示检测部位进行检测。

检测时,断开点火开关,拔下电控单元 J220 线束插头和被测传感器或执行元件线束插头,用万用表电阻 OHM×200Ω 挡测量导线电阻值,应当符合表 9-12 规定。表中 D26 中的字母"D"表示中央继电器盒上代号为 D 的线束插座,数字"26"表示第 26 号端子,其余类推。

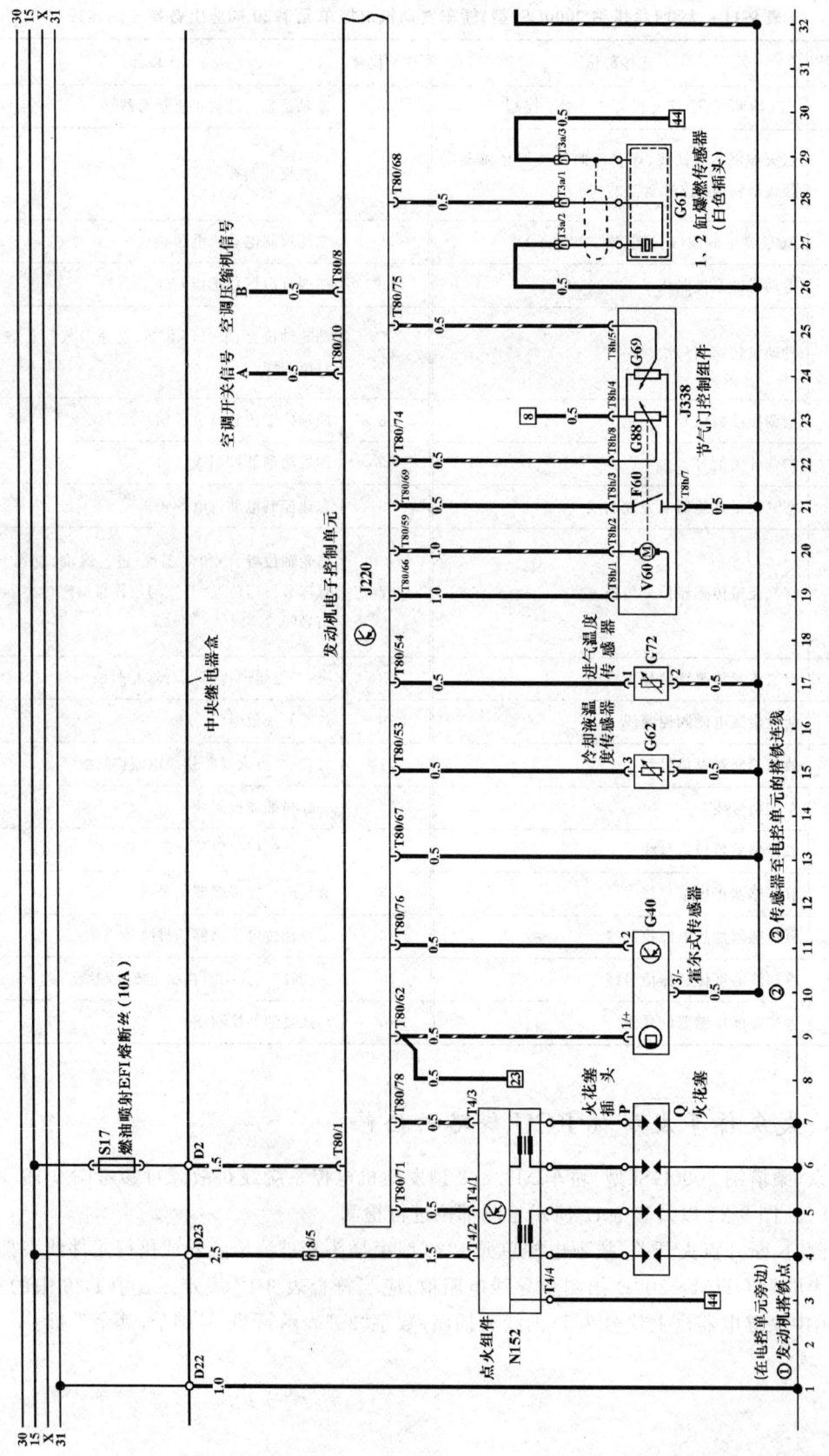

图9-21 大众(桑塔纳2000GSi型)轿车发动机控制系统线路之一

第九章 汽车电控系统故障诊断与维修技术

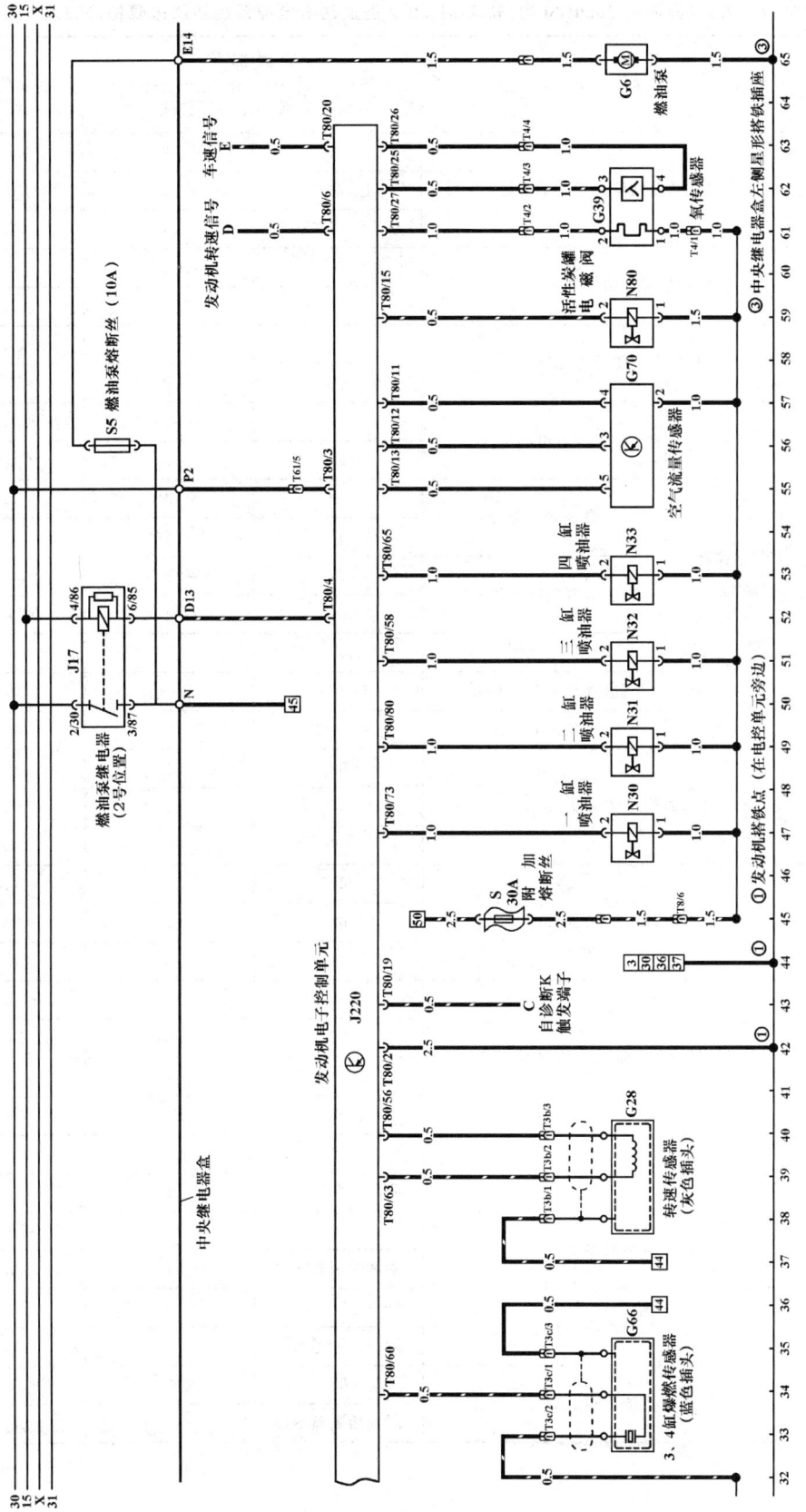

图9-22 大众（桑塔纳2000GSi型）轿车发动机控制系统线路之二

表 9-12　大众(桑塔纳 2000GSi 型)轿车 M3.8.2 型发动机电控系统线路故障检测方法

检测步骤	检测对象	检测部位		额定值/Ω
		ECU 线束插头端子	零部件线束插头	
1	霍尔式凸轮轴位置传感器 G40	62	1	<0.5
		76	2	<0.5
		67	3	<1.0
2	冷却液温度传感器 G62	53	3	<0.5
		67	1	<1.0
3	进气温度传感器 G72	54	1	<0.5
		67	2	<1.0
4	节气门控制组件 J338　怠速调节电动机 V60	59	2	<1.0
		66	1	<1.0
	怠速开关 F60	69	3	<0.5
		67	7	<1.0
	怠速节气门电位计 G88	74	8	<0.5
		62	4	<0.5
	节气门电位计 G69	75	5	<0.5
	怠速开关 F60 断开	67 与 69	—	∞
	怠速开关 F60 闭合	67 与 69	—	<0.5
5	1、2 缸爆燃传感器 G61	68	1	<0.5
		67	2	<1.0
		2	3	<0.5
6	3、4 缸爆燃传感器 G66	60	1	<0.5
		67	2	<1.0
		2	3	<0.5
7	发动机转速与曲轴转角传感器 G28	63	2	<0.5
		56	3	<0.5
		2	1	<0.5
		6	D26	<0.5
8	第 1 缸喷油器 N30	73	2	<1.0
		附加熔断丝 S30	1	<0.5
9	第 2 缸喷油器 N31	80	2	<1.0
		附加熔断丝 S30	1	<0.5
10	第 3 缸喷油器 N32	58	2	<1.0
		附加熔断丝 S30	1	<0.5
11	第 4 缸喷油器 N33	65	2	<1.0
		附加熔断丝 S30	1	<0.5

续表

检测步骤	检测对象	检测部位		额定值/Ω
		ECU 线束插头端子	零部件线束插头	
12	空气流量传感器 G70	11	4	<0.5
		12	3	<0.5
		13	5	<0.5
		附加熔断丝 S30	2	<0.5
13	活性炭罐电磁阀 N80	15	2	<0.5
		附加熔断丝 S30	1	<0.5
14	氧传感器 G39	25	3	<0.5
		26	4	<0.5
		27	2	<0.5
		附加熔断丝 S30	1	<0.5
15	点火线圈 N152	71	1	<0.5
		78	3	<0.5
		—	2 与 D23	<0.5
		2	4	<0.5
16	车速传感器	20	3	<0.5
17	空调压缩机	8	空调电磁离合器	<0.5
		10	空调开关	<0.5

第五节 电控发动机供油系统的检修

电控发动机供油系统的检修主要是检测供油系统的供油压力、密封性能、喷油器喷油量和喷雾形状。各型汽车供油系统的检修方法基本相同,下面以大众(桑塔纳 2000GSi、3000 型轿车 AJR 型)和天津一汽丰田(威驰 VIOS 轿车 8A-FE 型)轿车电控发动机供油系统检修为例说明。

一、供油系统的检测条件

电控发动机供油系统的检测条件如下:
(1)燃油泵继电器工作正常;
(2)电动燃油泵工作正常;
(3)蓄电池电压高于 11.5V(天津夏利 N3、威驰 VIOS 轿车 8A-FE 型发动机要求蓄电池电压在 11V 以上)。

二、供油压力和密封能力的检测

为了保证供油系统在发动机各种工况下都能供给足够数量的燃油,供油系统实际供给的燃油压力并非为一固定值,大众(桑塔纳2000GSi、3000型)轿车和天津一汽丰田(威驰 VIOS)轿车电子控制燃油喷射式发动机供油系统的技术要求见表9-13。燃油喷射式发动机供油压力的检测方法如下:

表 9-13　电子控制燃油喷射式发动机供油系统技术标准

项目名称	检测条件	技术标准	
		桑塔纳2000GSi、3000型轿车 AJR 型发动机	威驰 VIOS 轿车 8A-FE 型发动机
急速转速(r/min)	不能调整	800±50	700±50
断油转速(r/min)	—	6400(极限转速)	2500(断油)/1400(复供)
急速时燃油压力(kPa)	不拔下油压调节器真空管	250±20	206~255
	拔下油压调节器真空管	300±20	265~304
保持燃油压力不低于(kPa)	接回真空管、点火开关断开10min	200	147
电磁喷油器	室温条件下电阻(Ω)	14~15	14~15
	发动机工作时电阻增量(Ω)	4~6	4~6
	15s喷油量(mL)	40~50	40~50
	喷雾形状	小于35度圆锥雾状	小于35度圆锥雾状
	正常油压(300kPa)下漏油量	每分钟少于1滴	每分钟少于1滴

(1)拆开进油管接头,如图9-23a所示。拆下前,在燃油分配管附近铺垫一块棉布,以便吸收流出燃油;

(2)将燃油压力表V.A.G1318串接在进油管路中,如图9-23b所示;

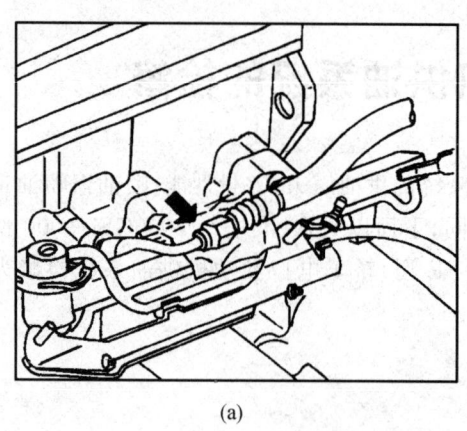 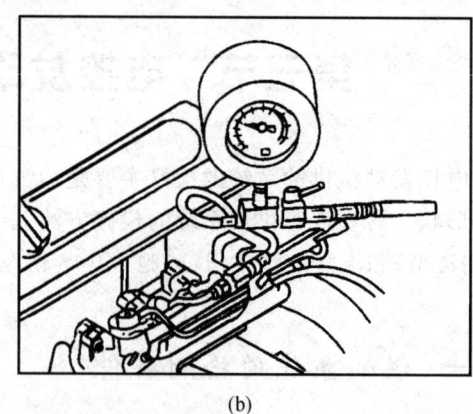

(a)　　　　　　　　　　　　　(b)

图 9-23　测量燃油供给系统的供油压力
(a)拆卸进油管　(b)测量供油压力

(3)打开燃油压力表开关,起动发动机并急速运转,燃油压力表显示的供油压力应为250kPa;

(4)踩一下加速踏板,燃油压力应在280~300kPa之间跳动;

(5)拔下压力调节器上的真空管,燃油表压力标准值应接近于300kPa;

(6)接上真空管,断开点火开关,利用压力表显示的压力降低值检查油路密封性和压力保持能力。点火开关断开10min后,燃油压力应当保持在200kPa以上。如果压力低于200kPa,则需检查燃油管路是否泄漏以及燃油分配管与喷油器的"O"形密封圈密封是否良好。如果管路无泄漏,密封圈也密封良好,则继续检查油压调节器;

(7)起动发动机怠速运转,待压力升高到300kPa左右后,断开点火开关,同时用钳子夹住回油管观察压力表读数。如果压力在10min后低于200kPa,说明油压调节器失效,需要更换新品。如果燃油压力保持在200kPa以上,说明燃油泵单向阀失效,需要更换电动燃油泵。

三、喷油器喷油量和喷雾形状的检测

测试喷油器喷油量和喷雾形状时,燃油压力必须正常。检测程序和方法如下:

(1)拔下燃油压力调节器上的真空管;

(2)拔下所有喷油器的线束插头以及霍尔式凸轮轴位置传感器线束插头;

(3)从进气支管上拆下燃油分配管和4只喷油器;

(4)将4只喷油器的喷嘴放入喷油器喷射速率测试仪 V.A.G1602 的 4 个量杯内;

(5)用专用线束 V.A.G1348/3-2 将遥控开关 V.A.G1348/3A 与喷油器接线插座上的一个端子连接,遥控开关另一端与蓄电池正极连接,如图9-24所示。用测试线束 V.A.G1594 连接喷油器的另一个接线端子,测试线束另一端搭铁;

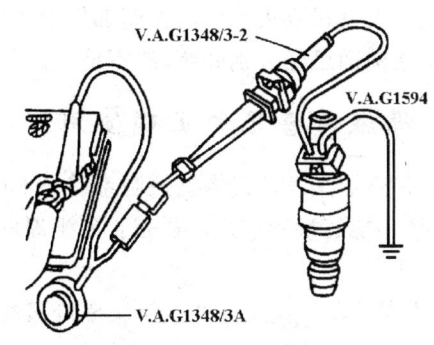

图 9-24 喷油器喷油量和喷雾形状的检测

(6)按读取故障代码的操作程序进入诊断测试"功能选择"。在诊断仪屏幕上显示输入"功能选择代码"时,输入"执行机构测试"的功能选择代码"03",并单击"Q"键确认。此时燃油泵应当运转,显示屏显示如图9-25所示。

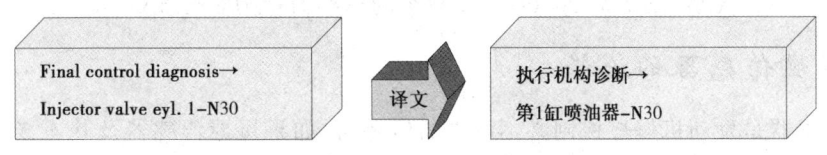

图 9-25 测试第 1 缸喷油器时显示的信息

(7)查看每只喷油器滴油情况。当燃油泵运转时,每只喷油器在1min内允许滴油1滴。如果滴油超过1滴,单击"→"键,结束诊断测试,并更换有故障的喷油器;

(8)如果喷油器均良好,按下遥控开关 V.A.G1348/3A 的按钮 30s,使燃油泵泵出的燃油直接泵入量杯中,然后将量杯中的燃油量与额定值比较。与此同时,注意观察喷油器喷出圆锥雾状燃油的喷雾形状;当燃油泵电压为9V(燃油泵电压比蓄电池电压约低2V)时,每30s的输油量应为100~220mL;当燃油泵电压为10V时,每30s的输油量应为280~400mL。如果实际输油量低于下限值,应当检查供油系统油压是否正常。压力过高应当更换油压调节器;压力过低应当检查油管(燃油滤清器)是否堵塞或弯曲压扁。如果某只喷油器的喷油量没有达到额定值,则更换该喷油器。

喷油器的喷雾形状应为圆锥雾状,喷雾的圆锥角度应当小于35度,且各只喷油器应当相同,否则应予更换有故障的喷油器。

(9)将燃油分配管和喷油器按拆卸时的相反顺序安装到进气支管上。注意更换喷油器的"O"形密封圈以及已经损坏的密封圈和密封垫。并在喷油器的"O"形密封圈上涂上润滑油,以便安装喷油器。

第六节 微机控制点火系统的检修

在电控发动机点火系统的控制部件中,除爆燃传感器和点火执行元件之外,其他控制部件的检修方法前面已经分别介绍,故不赘叙。

一、爆燃传感器的正确使用

爆燃传感器是发动机爆燃控制系统必不可少的传感器,一旦爆燃传感器信号异常,电控单元ECU就不能正确判定发动机是否发生爆燃,爆燃控制系统随之失效。因此,在使用中应当注意以下几点:

(1)不同发动机使用的共振型爆燃传感器不能互换使用。共振型爆燃传感器的显著特点是传感器的共振频率与发动机爆燃的固有频率相匹配,因此,共振型爆燃传感器只适用于特定的发动机,不能与其他发动机互换使用。

(2)非共振型爆燃传感器的拧紧力矩不得随意调整,必要时必须按《使用说明书》规定的数值进行调整。非共振型爆燃传感器虽然在理论上可用于所有的发动机,但其输出信号电压与传感器上作用力的大小有关,即与传感器固定螺栓的拧紧力矩有关,调整固定螺栓的拧紧力矩便可调整传感器输出的信号电压。因此,传感器的输出特性出厂时已调好,使用中拧紧力矩不得随意调整。当更换传感器需要调整固定螺栓的拧紧力矩时,必须按规定的数值进行调整。例如,捷达AT、GTX型、桑塔纳2000GSi型轿车的标准力矩为$25\pm5N\cdot m$。

二、爆燃传感器的检修

爆燃传感器是发动机爆燃控制必不可少的传感器,如果爆燃传感器及其连接线路发生故障,微机控制点火系统就不能将点火提前角控制在最佳值,发动机的动力性、经济性和排放性能都会降低。下面以桑塔纳系列轿车用爆燃传感器的检修为例,说明其检修方法。

爆燃极限提前角取决于燃油品质、发动机工况以及运行条件。大众(桑塔纳2000GSi、3000型)轿车采用了两只爆燃传感器,因此,电控单元J220能够将每一缸的点火提前角调节到爆燃极限提前角,从而提高动力性、降低油耗。为了避免爆燃传感器传输误爆燃信号,必须保证爆燃传感器固定螺栓的拧紧力矩准确无误(标准拧紧力矩为$25\pm5N\cdot m$)。

在大众(桑塔纳2000GSi、3000型)轿车的电子控制器(J220)内部存储有两个点火特性脉谱图。发动机启动与正常工作时各使用一个脉谱图。当使用低辛烷值汽油时,电控单元将控制每缸点火提前角推迟量平均大于8°。在发动机工作过程中,如果爆燃传感器信号中断,ECU就会将各缸的点火提前角推迟约15°,驾驶员会明显感到发动机动力不足。当爆燃传感器发生故障时,发动机 ECU 能够检测到,并将各缸点火提前角推迟约 15°运行,利用专用 V.A.G1551 或 V.A.G1552 故障阅读仪,通过诊断插座可以读取此故障的有关信息。

大众(桑塔纳 2000GSi、3000 型)轿车爆燃传感器电路连接及插头与插座上端子位置如图 9-26 所示,检修时用万用表电阻 OHM×100kΩ 挡检测传感器电阻。检测时,断开点火开关,拔下传感器线束插头,检测结果应当符合表 9-14 规定。

表 9-14 桑塔纳 2000GSi 型轿车爆燃传感器检修标准

检测项目	检测条件	检测部位	标准值
爆燃传感器的电阻	断开点火开关,拔下传感器插头	传感器插座上端子"1"与"2"	>1MΩ
爆燃传感器的电阻	断开点火开关,拔下传感器插头	传感器插座上端子"1"与"3"	>1MΩ
爆燃传感器的电阻	断开点火开关,拔下传感器插头	传感器插座上端子"2"与"3"	>1MΩ
传感器信号正极线	拔下控制器、传感器插头	控制器"60"端子至传感器插头"1"端子	<0.5Ω
传感器信号正极线	拔下控制器、传感器插头	控制器"68"端子至传感器插头"1"端子	<0.5Ω
传感器信号负极线	拔下控制器、传感器插头	控制器"67"端子至传感器插头"2"端子	<0.5Ω
传感器屏蔽线	拔下传感器插头	发动机搭铁点(控制器模块旁边)至传感器插头"3"端子	<0.5Ω

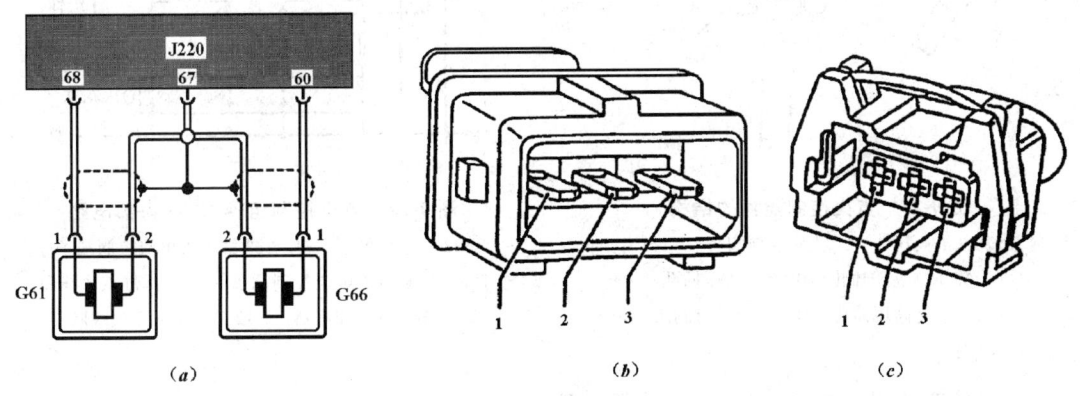

图 9-26 爆燃传感器插接器端子排列与电路连接
(a)电路连接 (b)传感器插座 (c)传感器插头

当用万用表电阻 OHM×200Ω 挡检测线束电阻时,断开点火开关,拔下控制器线束插头和传感器线束插头,检测两插头上各端子之间导线电阻应当符合表 9-14 规定。如阻值过大或为无穷大,说明线束与端子接触不良或断路,应予修理。

三、点火执行元件的检修

微机控制点火系统的执行元件是控制系统的功率输出级,任一一个点火执行元件发生故障,点火系统都无法正常点火,发动机就不能正常工作。

点火执行元件主要包括点火控制器、点火线圈和火花塞等。由于各型汽车点火执行元件的结构各不相同,因此,下面以大众轿车点火执行元件的检修为例说明其检修方法。

大众(桑塔纳 2000GSi、3000 型)轿车采用了直接点火系统,每两个气缸共用一只闭磁路式点火线圈,4个气缸共用两只点火线圈。两只点火线圈与点火控制器组装成一体,称为点火控制组件或点火动力组件,固定在发动机缸体上,整体结构如图9-27所示。在使用过程中,当任一一只点火线圈或点火控制器发生故障时,只能更换点火控制组件总成。

在点火控制组件N152壳体上标注有各缸高压插孔标记A、B、C、D,分别表示1、2、3、4缸高压插孔。点火控制组件N152的内部电路如图9-28所示,两个线圈初级电路的接通与切断由点火控制器N122根据电控单元J220发出的指令进行控制。1、4缸共用一个点火线圈N128,初级电流由电控单元J220的端子"78"发出的信号进行控制;2、3缸共用一个点火线圈N,初级电流由电控单元J220的端子"71"发出的信号进行控制。当每个线圈初级绕组的电流切断时,次级绕组中产生的高压电同时分配到两个气缸的火花塞跳火。

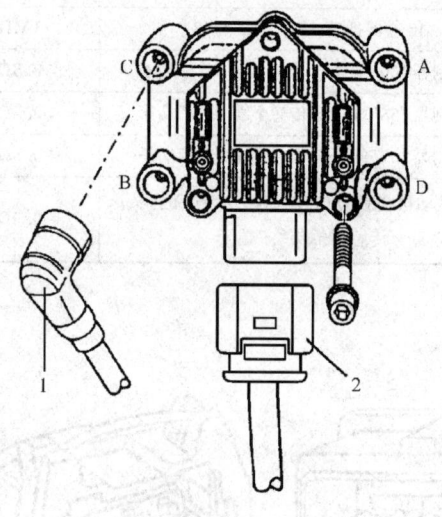

图9-27 点火控制组件的结构
1. 第3缸高压线 2. 点火控制组件线束插头
A. 1缸高压插孔 B. 2缸高压插孔
C. 3缸高压插孔 D. 4缸高压插孔

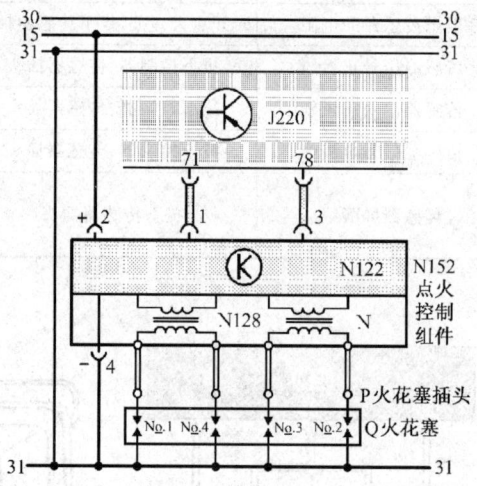

图9-28 点火控制组件N152内部电路
J220. 电控单元 71. 2、3缸点火电流控制端子
78. 1、4缸点火电流控制端子 N. 2、3缸点火线圈
N122. 点火控制器 N128. 1、4缸点火线圈

(一)检查点火控制组件N152的电源电压

点火控制组件的检测方法与其他点火系统不同,检测条件是:蓄电池电压必须高于11.5V,发动机转速传感器和凸轮轴位置传感器工作正常。

检测点火控制组件N152的电源电压时,从点火线圈组件上拔下四端子线束插头,如图9-29所示。将数字式万用表的两只表笔分别连接插头上的"2"端子与"4"端子,接通点火开关时,电源电压标准值应当大于或等于11.5V。如电源电压为零,说明点火控制组件至中央线路板(中央继电器盒)15号电源线之间的线路断路,应逐段进行检修。点火控制组件系插头上的端子"4"与中央线路板15号电源线之间的导线

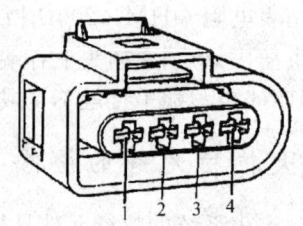

图9-29 点火控制组件插头
1. 2、3气缸点火控制信号端子 2. 点火控制器N152电源正极端子 3. 1、4气缸点火控制信号端子 4. 搭铁端子

电阻值应小于1.5Ω。

(二)检查电控单元J220对点火控制组件的控制功能

检测电控单元J220对点火控制组件N152的控制功能就是检查J220是否向N152发送控制脉冲信号。控制功能可用大众轿车专用检测仪器和工具检测,也可用发光二极管LED与串联510Ω/0.25W电阻组成的LED调码器检测,下面以简易的LED调码器检测为例说明检测方法。在检测过程中,不要触摸点火控制组件及检测导线。检测时,首先拔下中央线路板上的燃油泵熔断丝S5(桑塔纳2000GSi为10A熔断丝),使燃油泵停止转动(停止泵油)。然后拔下点火控制组件N152线束插头,将LED调码器分别连接线束插头"1"、"4"端子以及"3"、"4"端子,分别检测1、4缸和2、3缸点火线圈的控制信号。起动发动机时,如发光二极管闪亮,说明电控单元J220的点火控制功能正常。当点火系统发生故障时,如点火控制组件N152电源电压和电控单元J220的控制功能都正常,就说明点火控制组件N152有故障,需要更换新品。

在检测电控单元J220控制功能时,如发光二极管不闪亮,说明电控单元J220至点火控制组件之间的导线断路或电控单元故障。可用数字式万用表检测线束插头上端子"1"至电控单元"71"号插孔、端子"3"至电控单元"78"号插孔之间的电阻值,标准阻值应当小于1.5Ω。如阻值为无穷大,说明导线断路,检修即可。再检查插头上端子"1"至电控单元"78"号插孔或插头上端子"3"至电控单元"71"号插孔之间的导线有无短路故障,阻值为无穷大说明导线良好,阻值为零说明导线短路。

在检查电控单元的控制功能时,如果发光二极管不闪亮,检查导线又无断路或短路故障,说明电控单元J220故障,应予更换新品。

(三)检查点火线圈次级绕组电阻

检测次级绕组阻值时可参考图9-27进行,为了防止损坏点火控制器,检测必须使用高阻抗万用表(万用表内阻不小于10kΩ/V)。检测1、4缸线圈次级绕组的阻值时,万用表的两只表笔分别连接高压插孔A、D;检测2、3缸点火线圈次级绕组时,两只表笔分别连接高压插孔B、C。在室温(20℃)条件下,1、4缸或2、3缸点火线圈次级绕组的标准阻值均应为4000~6000Ω。如阻值不符规定,应予更换点火控制组件总成。

第七节 防抱死制动系统故障诊断与检修

汽车防抱死制动系统ABS无须进行维护。当车速超过20km/h行驶时,如果防抱死制动系统ABS工作正常,仪表盘上的ABS指示灯就不会发亮。如果ABS指示灯发亮,就说明防抱死制动系统有故障。

一、防抱死制动系统使用注意事项

汽车防抱死制动系统ABS在使用过程中,需要注意以下几点:
(1)拆卸液压调节器之前,必须断开蓄电池搭铁线。
(2)在汽车上使用电焊机作业时,必须拔下电控单元的线束插头。
(3)在汽车上进行喷漆作业时,注意电控单元不能过热。电控单元在短时间内能够承受的最高温度为90℃,在2h内可承受85℃。
(4)检修防抱死制动系统之前,应先读取故障代码,以便缩小故障范围。连接故障检测仪之后，汽车不得行驶。

(5)拆卸电气连接器插头之前，必须断开点火开关。拆卸防抱死制动系统零部件之前，应当使用清洁剂彻底清洁连接点和支承面，但不能使用汽油、稀释剂等清洁剂。拆下的零部件应当放置在干净的地方。

(6)当出现制动效果不佳，而 ABS 指示灯又未发亮报警时，可能是制动系统放气不净或常规制动系统有故障。

(7)当更换制动管路、制动压力调节器等总成部件时，必须使用故障检测仪测试整个系统的功能。由于某些故障只能在汽车行驶中发现，因此，在测试功能时要进行试车。试车时，应在 30s 内以不低于 60km/h 的车速行驶，并至少进行一次紧急制动。

(8)制动油液必须绝对清洁，绝对不能使用含有矿物油(如机油或油脂)的物质，应当使用 DOT4 制动液。

(9)更换防抱死制动系统的零部件时，必须使用原厂配件。

二、防抱死制动系统故障自诊断测试

汽车电子控制系统故障诊断与排除方法大同小异，下面以国产轿车使用较多的 MK20-Ⅰ 型防抱死制动系统 ABS 为例，说明防抱死制动系统故障诊断与排除方法。

(一)ABS 自诊断测试功能

MK20-Ⅰ 型 ABS 与 EFI 一样，具有故障监测与自诊断测试功能。每当接通点火开关时，ABS 将进入自检状态。在自检过程中，组合仪表盘上的 ABS 指示灯将发亮指示。如果 ABS 指示灯持续发亮约 2s 后熄灭，说明 ABS 正常；如果 ABS 指示灯一直发亮，说明 ABS 有故障。自检过程将一直持续到汽车行驶过程中，因为某些故障只能在行驶过程中才能识别出来。此外，在自检过程中，能够听到继电器动作声和电动回液泵的转动声，同时还能感觉到制动踏板有轻微的振动。

(二)ABS 自诊断测试注意事项

在汽车行驶过程中，当 ABS 发生故障时，ABS ECU 就会立即切断控制电路，中断 ABS 的防抱死制动功能，但仍然保持常规制动功能，并接通 ABS 指示灯电路，使 ABS 指示灯发亮指示。与此同时，控制系统还将故障编成代码存储在存储器(RAM)中，以供检测维修调用。MK20-Ⅰ 型 ABS 可用故障诊断仪 V.A.G1551 或 V.A.G1552 进行自诊断测试。在进行自诊断测试时，需要注意以下几点：

(1)自诊断测试只能在汽车静止并接通点火开关(或起动发动机运转)时进入。如果车速大于 2.5km/h，则无法进入自诊断测试状态。如果车速大于 20km/h，自诊断程序将自动中断运行。

(2)在进行自诊断测试过程中，ABS 不能调节制动压力，ABS 指示灯 K47 将发亮指示。

(3)自诊断功能不仅可以读取和清除存储器中的故障信息，还可以提供"电控单元识别"和"读取测量数据块"等功能。

(4)自诊断的第一个检测步骤必须是读取故障存储器中的故障信息。

(5)从防抱死制动系统电控单元 ABS ECU 上拔下线束插头时，切勿开动汽车。只有当点火开关断开时，才能拔下或插上防抱死制动系统控制部件的线束插头。

(6)只有在更换电动回液泵和电磁阀继电器时，才允许拧开液压调节器固定螺栓。

(7)防抱死制动系统中的故障是通过 ABS 指示灯 K47 发亮显示。因为某些故障只有在汽车行驶中才能被识别,所以在自诊断测试后要通过试车来检查系统的功能。试车时应在 30s 内以大于 60km/h 的车速行驶,并且至少进行一次紧急制动,以使 ABS 投入工作。

(三)ABS 自诊断测试条件

(1)所有轮胎的型号和规格必须相同,且轮胎气压符合标准规定;

(2)制动灯开关和制动灯技术状态良好;

(3)制动液压系统无泄漏(观察液压电控单元,制动泵等有无泄漏);

(4)轮速传感器安装位置正常;

(5)所有熔断器正常,并按"电路图"规定位置可靠连接;

(6)液压电控单元上回液泵电动机 V64 的搭铁线连接良好;

(7)ABS ECU 线束插头连接可靠并锁紧;

(8)当故障检测仪 V.A.G1551 工作时,测试盒 V.A.G1598 不应同防抱死制动系统的电控单元相连;

(9)供电电压正常(不低于 10.5V)。

(四)ABS 自诊断测试方法

1. 读取故障代码

(1)按发动机自诊断测试方法连接故障测试仪。

(2)接通电源进入诊断测试程序。首先接通点火开关或起动发动机怠速运行(如故障导致发动机不能启动,则接通点火开关),然后接通故障诊断仪电源开关。此时故障诊断仪进入"车辆系统测试"模式,显示如图 9-30 所示。

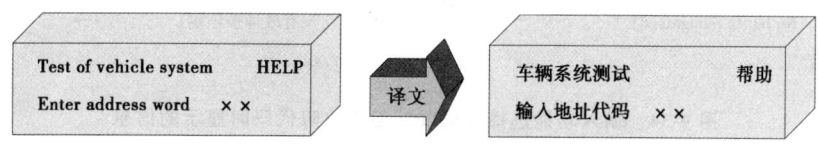

图 9-30 进入车辆系统测试模式时显示的信息

(3)输入"防抱死制动电子控制系统"的地址指令"03",并单击"Q"键确认,地址指令代表的系统名称就会出现在屏幕上(单击 C 键可以改变输入指令)。电控单元确认后将显示如图 9-31 所示的电控单元信息(注意:只有在点火开关接通或发动机运转时,才能显示电控单元的编号和代码。由于汽车使用的电控单元以及诊断仪使用的程序卡型号不同,显示和打印的内容会有所不同)。

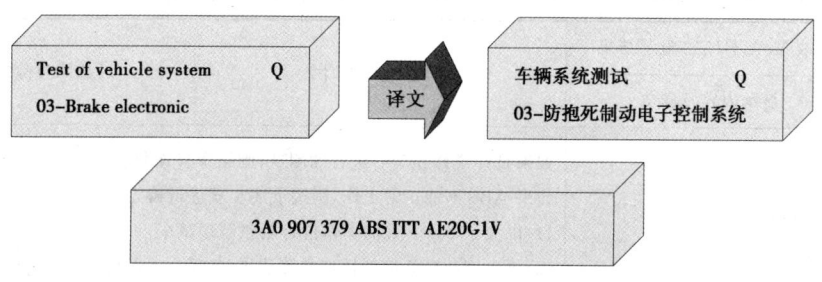

图 9-31 输入电控单元地址代码"03"后显示的信息

3A0907379. 电控单元零件编号 ABS. 防抱死制动系统 ITT. 公司名称 AE20G1V. 软件版本

(4) 单击"→"键,直到诊断仪屏幕上显示输入"功能选择代码",如图 9-32 所示。

图 9-32　单击"→"键后显示的功能选择信息

(5) 输入功能选择代码 01、02……08,并单击"Q"键确认,即可进入各项功能的测试。读取故障代码时,输入功能选择代码"02",并单击"Q"键确认,如果有故障代码,屏幕上将首先显示存储故障的数量,如图 9-33 所示。如果没有故障代码,显示屏将显示"没有故障被识别",如图 9-34 所示。

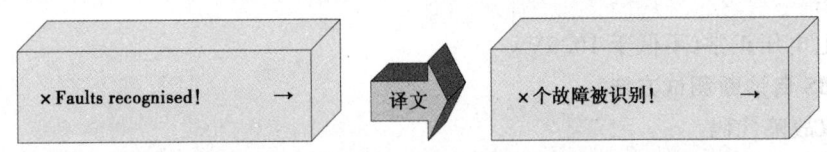

图 9-33　输入功能选择代码"02"且有故障代码时显示的信息

图 9-34　输入功能选择代码"02"但无故障代码时显示的信息

如果使用 V.A.G1551 型测试仪,单击"Print"键接通打印机("Print"键上的指示灯将发亮),存储的一个或多个故障代码及其文字说明将按存储故障的顺序打印出来。为了使打印输出的故障代码与维修手册印制的故障代码表一一对应,故障代码均按 5 位数字排列,MK20-Ⅰ型 ABS 的故障代码见表 9-15。在显示屏下面一行显示的是故障类型,如果故障类型后面显示有"/SP"字样,表明该故障为偶然性故障。故障代码及故障类型显示完毕,显示屏将显示输入"功能选择代码",此时输入其他"功能选择代码",可继续进行其他功能的诊断测试。

表 9-15　MK20-Ⅰ型防抱死制动系统 ABS 故障代码与故障排除方法

V.A.G1551 或 V.A.G1552 显示结果		可能的故障原因	故障排除方法
代码	显示内容及译文		
	No fault recognised 未发现故障	如果是在维修完毕后进行的测试,则结束自诊断 如果 ABS 不能正常工作,则按下述步骤进行检查 (1) 以大于 20km/h 的车速进行紧急制动试车 (2) 再次用故障诊断仪读取故障代码,如果仍无故障代码显示,则需对电气系统进行全面检查	

续表

\	V.A.G1551 或 V.A.G1552 显示结果	可能的故障原因	故障排除方法
代码	显示内容及译文		
00668	Vehicle voltage terminal 30 Signal outside tolerance 30号电源端子电压信号超差	电源线路、连接插头或熔断丝故障	检查 ABS 电源线路、熔断丝和连接器
00283	Speed sensor front left-G47 左前轮速传感器 G47 故障	(1)左前轮速传感器 G47 与 ABS ECU 之间的线路对正极或对地断路、短路 (2)信号转子受到污染或损坏 (3)车轮轴承间歇过大 (4)轮速传感器 G47 安装不正确 (5)轮速传感器 G47 损坏	(1)检查 G47 与 ABS ECU 之间的线束及连接器 (2)检查传感器 G47 与齿圈之间的间隙 (3)选择"读取测量数据块"代码 08 进行检查
00285	Speed sensor front right-G45 右前轮速传感器 G45 故障	(1)右前轮速传感器 G45 与 ABS ECU 之间的线路对正极或对地断路、短路 (2)信号转子受到污染或损坏 (3)车轮轴承间歇过大 (4)轮速传感器 G45 安装不正确 (5)轮速传感器 G45 损坏	(1)检查 G45 与 ABS ECU 之间的线束及连接器 (2)检查传感器 G45 与齿圈之间的间隙 (3)选择"读取测量数据块"代码 08 进行检查
00287	Speed sensor rear right-G44 右后轮速传感器 G44 故障	(1)右后轮速传感器 G44 与 ABS ECU 之间的线路对正极或对地断路、短路 (2)信号转子受到污染或损坏 (3)车轮轴承间歇过大 (4)轮速传感器 G44 安装不正确 (5)轮速传感器 G44 损坏	(1)检查 G44 与 ABS ECU 之间的线束及连接器 (2)检查传感器 G44 与齿圈之间的间隙 (3)选择"读取测量数据块"代码 08 进行检查
00290	Speed sensor rear left-G46 左后轮速传感器 G46 故障	(1)左后轮速传感器 G46 与 ABS ECU 之间的线路对正极或对地断路、短路 (2)信号转子受到污染或损坏 (3)车轮轴承间歇过大 (4)轮速传感器 G46 安装不正确 (5)轮速传感器 G46 损坏	(1)检查 G46 与 ABS ECU 之间的线束及连接器 (2)检查传感器 G46 与齿圈之间的间隙 (3)选择"读取测量数据块"代码 08 进行检查
01276	ABS hydraulic pump-V64 Signal outside tolerance ABS 电动回液泵 V64 信号超差	(1)电动回液泵 V64 与 ABS ECU 之间的线路对正极或对地断路、短路 (2)电动回液泵故障	(1)检查 V64 与 ABS ECU 之间的线束及连接器 (2)选择"执行元件测试"代码 03 进行检查
66535	Control unit 电控单元故障(如果同时显示电动回液泵 V64 有故障,则应先排除回液泵故障)	(1)ABS ECU 搭铁线断路或接触不良 (2)ABS ECU 故障	(1)检查 ABS ECU 搭铁线是否断路或接触不良 (2)更换 ABS ECU
01044	Control unit incorrectly coded 电控单元编码不正确	ABS ECU 的 25 端子线束插座上端子"6"与"22"连接的编码跨接线断路或搭铁	检查 ABS ECU 编码跨接线
01130	ABS operation Signal outside tolerance ABS 工作信号超差	有外界干扰信号(高频发射信号,如点火信号)干扰 ABS 工作	(1)检查 ABS 线路是否与点火线路搭接 (2)清除故障代码 (3)以大于 20km/h 的车速进行紧急制动试车; (4)再次读取故障代码

2. 清除故障代码

故障排除后应及时清除故障代码,否则再次读取故障代码时,此次故障代码会一并调出,影响工作效率。

如果电控单元电源切断(如控制器插头被拔下)或蓄电池极柱上的搭铁电缆端子被拆下,那么故障代码存储器中存储的故障信息将被清除。

利用故障诊断仪 V.A.G1551 或 V.A.G1552 清除 ABS 故障代码的操作程序如下:

(1)按读取故障代码的操作程序(1)～(4)进入诊断测试"功能选择"。当诊断仪屏幕上显示输入"功能选择代码"时,如图 9-35 所示,输入"读取故障代码"的功能选择代码"02",并单击"Q"键确认;

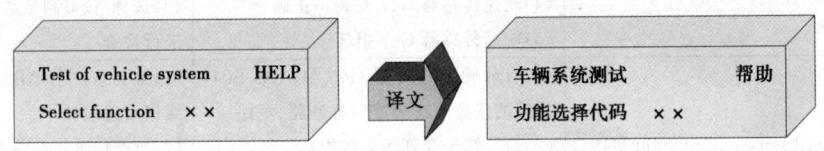

图 9-35　单击"→"键后显示的功能选择信息

(2)单击"→"键,直到显示出所有的故障代码,并在屏幕上显示输入"功能选择代码"时,输入"清除故障代码"的功能选择代码"05",并单击"Q"键确认,显示如图 9-36 所示。

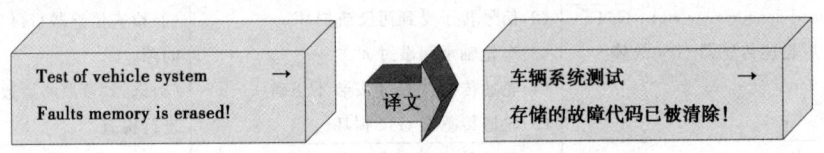

图 9-36　输入功能选择代码"05"时显示的信息

(3)单击"→"键,直到故障代码被清除,并在屏幕上显示输入"功能选择代码"时,输入"结束输出"功能选择代码"06",并单击"Q"键确认。

(4)重新试车并再次读取故障代码,不得有故障代码显示。

三、防抱死制动系统故障的排除

当 ABS 出现故障或感到 ABS 工作不正常时,可检查以下内容予以排除。

(1)手制动是否完全释放;

(2)制动液有无渗漏、制动液液面是否符合规定高度;

(3)ABS 熔断器、继电器是否完好、ABS ECU 连接器插接是否牢固;

(4)控制部件(轮速传感器、电磁阀、电动回液泵、压力指示开关和压力控制开关等)连接器插头与插座连接是否良好;

(5)ABS ECU、压力调节器的搭铁线是否可靠搭铁;

(6)电源(蓄电池和交流发电机)电压是否符合规定;

(7)读取故障代码并根据代码指示情况进行检修。对于故障诊断仪 V.A.G1551 或 V.A.G1552 能够检测到的故障,可根据故障代码表建议的检测项目有的放矢的进行检查;对于故障诊断仪检测不到的故障,必须对电气系统进行全面检查。

四、防抱死制动电子控制系统的检修

各型汽车防抱死制动系统的检修方法大同小异,下面以大众 MK20-Ⅰ型 ABS 为例,说明防抱死制动系统的检修方法。

检修防抱死制动系统时,可先拔下防抱死制动系统电控单元 ABS ECU 接线插座上的线束插头,再用检测仪器或仪表测量线束插头上各端子之间的电量参数值与标准值进行比较和判断。MK20-Ⅰ型 ABS 各端子之间的标准参数见表 9-16。

表 9-16　MK20-Ⅰ型 ABS ECU 线束插头上各端子之间的标准参数值

检查项目名称	点火开关位置	检查端子代号	标准值	备注
回液泵电动机电源电压	OFF	25 与 8	10.1～14.5V	
电磁阀电源电压	OFF	9 与 24	10.1～14.5V	
电源端子绝缘性能	OFF	8 与 23	0.00～0.50V	万用表电压挡检测
搭铁端子绝缘性能	OFF	8 与 24	0.00～0.50V	
电源电压	ON	8 与 23	10.0～14.5V	
ABS 指示灯	OFF	插头与 ECU 断开	ABS 指示灯熄灭	目测
ABS 指示灯	ON	插头与 ECU 断开	ABS 指示灯发亮	目测
ABS 指示灯	OFF	插头与 ECU 连接	ABS 指示灯熄灭	目测
ABS 指示灯	ON	插头与 ECU 连接	ABS 指示灯发亮约 1.7s 后熄灭	目测
制动灯开关功能（制动踏板未踩下时）	ON	8 与 12	0.00～0.50V	
制动灯开关功能（制动踏板踩下时）	ON	8 与 12	10.0～14.5V	
诊断插头	OFF	诊断插头 K 与 13	0.00～0.50V	万用表电阻挡检测
左前轮速传感器 G47 电阻值	OFF	11 与 4	1.0～1.3kΩ	
右前轮速传感器 G45 电阻值	OFF	18 与 3	1.0～1.3kΩ	
左后轮速传感器 G46 电阻值	OFF	10 与 2	1.0～1.3kΩ	
右后轮速传感器 G44 电阻值	OFF	17 与 1	1.0～1.3kΩ	
左前轮速传感器 G47 输出电压	OFF	11 与 4	3.4～14.8mV/Hz	用示波器检测
右前轮速传感器 G45 输出电压	OFF	18 与 3	3.4～14.8mV/Hz	
左后轮速传感器 G46 输出电压	OFF	10 与 2	＞12.2mV/Hz	
右后轮速传感器 G44 输出电压	OFF	17 与 1	＞12.2mV/Hz	
车型识别	OFF	15 与 21	0.0～1.0Ω	捷达 AT、GTX
车型识别	OFF	6 与 22	0.0～1.0Ω	桑塔纳 2000GSi

(一)轮速传感器的检修

防抱死制动系统轮速传感器的检修方法基本相同。MK20-Ⅰ型防抱死制动系统配装有四只磁感应式轮速传感器,检修时可先用万用表测量每只轮速传感器信号线圈的电阻值和信号电压值,再与标准阻值和标准电压值进行比较来判断其技术状态。

1. 检测轮速传感器的电阻值

测量磁感应式轮速传感器的电阻值可按下述方法和步骤进行：

(1)将点火开关拨到断开(OFF)位置。

(2)拔下防抱死制动系统电控单元 ABS ECU 的线束插头。MK20-Ⅰ型 ABS ECU 安装在发动机舱内，线束插头上有 25 个端子，排列位置如图 9-37 所示，各接线端子与零部件的连接情况见表 9-17。

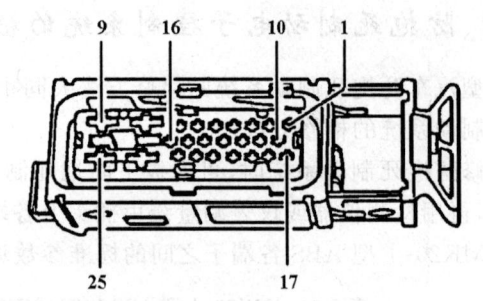

图 9-37 MK20-Ⅰ型 ABS ECU 线束插头及端子排列

表 9-17 MK20-Ⅰ型 ABS ECU 插座与零部件的连接情况

端子代号	连接部件的名称	端子代号	连接部件的名称
1	右后轮速传感器 G44	14	备用端子
2	左后轮速传感器 G46	15	桑塔纳 2000GSi 型轿车为备用端子(捷达轿车为车型识别端子，与 21 端子连接)
3	右前轮速传感器 G45	16	ABS 指示灯 K47
4	左前轮速传感器 G47	17	右后轮速传感器 G44
5	备用端子	18	右前轮速传感器 G45
6	捷达轿车为备用端子(桑塔纳 2000GSi 型轿车为车型识别端子，与 22 端子连接)	19	备用端子
7	备用端子	20	备用端子
8	蓄电池负极(一)	21	桑塔纳 2000GSi 型轿车为备用端子(捷达轿车为车型识别端子，与 15 端子连接)
9	蓄电池正极(+)	22	捷达轿车为备用端子(桑塔纳 2000GSi 型轿车为车型识别端子，与 6 端子连接)
10	左后轮速传感器 G46	23	中央继电器盒连接器 G 端子 G3
11	左前轮速传感器 G47	24	蓄电池负极(一)
12	制动灯开关 F	25	蓄电池正极(+)
13	诊断触发端子 K		

(3)将万用表拨到电阻(OHM×2kΩ)挡，分别检测 ABS ECU 线束插头上端子 11 与 4、端子 18 与 3、端子 10 与 2、端子 17 与 1 之间四只传感器线圈的电阻值。标准阻值应为 1.0～1.3kΩ。如电阻值偏差过大，应检查传感器导线是否断路或搭铁。

端子 11 与 4 之间连接左前轮速传感器 G47，端子 18 与 3 之间连接右前轮速传感器 G45，端子 10 与 2 之间连接左后轮速传感器 G46，端子 17 与 1 之间连接右后轮速传感器 G44。

2. 检测轮速传感器的信号电压

测量 MK20-Ⅰ型 ABS 四只轮速传感器的信号电压可按下述方法和步骤进行：

(1)将点火开关拨到断开(OFF)位置。

(2)拔下发动机舱内 ABS ECU 的线束插头。

(3)用千斤顶(或举升机)将安装被测传感器的车轮顶起,使车轮离开地面能够自由旋转,以便测量轮速传感器信号线圈产生的信号电压值。

(4)将万用表拨到交流电压(ACV×2V)挡。

(5)在使安装被测传感器的车轮以每秒钟约1转的速度旋转时,检测 ABS ECU 线束插头(参见图 9-37)上传感器线圈连接的两个端子之间的输出电压值。端子 11 与 4 之间连接左前轮速传感器 G47,端子 18 与 3 之间连接右前轮速传感器 G45。G47 和 G45 的输出电压应为 70~310mV 交流电压。

端子 10 与 2 之间连接左后轮速传感器 G46、端子 17 与 1 之间连接右后轮速传感器 G44。G46 和 G44 的输出电压应为 190~1140mV 交流电压。

如输出电压值偏差过大,应检查传感器导线是否断路或搭铁以及传感器磁头与齿圈转子之间的气隙是否符合标准值(前轮气隙标准值为 1.10~1.97mm;后轮气隙标准值为 0.42~0.80mm)。检查传感器气隙时,应在齿圈转子上取 4 个对称点进行检查,以防止齿圈变形造成误差。

(6)再用上述相同方法测量其他三只轮速传感器的输出电压值。

(二)制动压力调节器的检修

制动压力调节器的检修主要是回液泵电动机和电磁阀的检修。

1. 检测回液泵电动机的供电电压

MK20-Ⅰ型 ABS 液压调节器回液泵电动机的供电电压可按下述方法进行检测:

(1)点火开关拨到断开(OFF)位置。

(2)拔下发动机舱内 ABS ECU 的线束插头。

(3)将万用表拨到直流电压(DCV×20V)挡,检测 ABS ECU 线束插头(参见图 9-37)上端子 8 与 25 之间的供电电压值应当等于蓄电池电压(标准值为 10.0~14.5V)。如电压过低,说明 ABS ECU 搭铁线(8 号端子连线)搭铁不良,或蓄电池搭铁线搭铁不良,或蓄电池正、负极柱电缆接头接触不良,或蓄电池亏电,应分别进行检修。如电压为零,可能是 ABS ECU 的 25 号端子连接的熔断器 S123(30A)断路,或 25 号端子至蓄电池正极之间线路断路,或 ABS ECU 搭铁线(8 号端子连线)断路,应分别进行检修。

2. 检测液压调节器电磁阀的供电电压

MK20-Ⅰ型 ABS 液压调节器电磁阀线圈的供电电压可按下述方法进行检测:

(1)点火开关拨到断开(OFF)位置。

(2)拔下发动机舱内 ABS ECU 的线束插头。

(3)将万用表拨到直流电压(DCV×20V)挡,检测 ABS ECU 线束插头(参见图 9-37)上端子 9 与 24 之间的供电电压值应当等于蓄电池电压(标准值为 10.0~14.5V)。如电压过低,说明 ABS ECU 搭铁线(24 号端子连线)搭铁不良,或蓄电池搭铁线搭铁不良,或蓄电池正、负极柱电缆接头接触不良,或蓄电池亏电,应分别进行检修。如电压为零,可能是 ABS ECU 的 9 号端子连接的熔断器 S124(30A)断路,或 9 号端子至蓄电池正极之间线路断路,或 ABS ECU 搭铁线(24 号端子连线)断路,应分别进行检修。

(三)检测 ABS ECU 的供电电压

MK20-Ⅰ型 ABS ECU 的供电电压可按下述方法进行检测:

(1)点火开关拨到断开(OFF)位置。

(2)拔下发动机舱内 ABS ECU 的线束插头。

(3)接通点火开关(即将点火钥匙拨到 ON 位置)。

(4)将万用表拨到直流电压(DCV×20V)挡,检测 ABS ECU 线束插头(参见图 9-37)上端子 23 与 8 之间的供电电压值应当等于蓄电池电压(标准值为 10.0～14.5V)。如电压过低,说明 ABS ECU 搭铁线(8 号端子连线)搭铁不良,或蓄电池搭铁线搭铁不良,或蓄电池正、负极柱电缆接头接触不良,或蓄电池亏电,应分别进行检修。如电压为零,可能是 ABS ECU 电源端子(23 号端子)至中央继电器盒连接器 G 的 3 号端子 G3 之间的熔断器 S12(15A)断路,或 23 端子至蓄电池正极之间线路断路,或 ABS ECU 搭铁线(8 号端子连线)断路,应分别进行检修。

(四)检查制动灯开关 F 的功能

MK20-Ⅰ型 ABS 制动灯开关 F 的功能可按下述方法进行检查:

(1)点火开关拨到断开(OFF)位置。

(2)拔下发动机舱内 ABS ECU 的线束插头。

(3)将万用表拨到直流电压(DCV×20V)挡。

(4)在制动踏板未踩下时,检测 ABS ECU 线束插头(参见图 9-37)上端子 12 与 8 之间的电压值应为 0.0～0.5V。如电压等于电源电压(10.0～14.5V),说明制动灯开关短路,应予更换新品。

(5)在踩下制动踏板时,检测 ABS ECU 线束插头(参见图 9-37)上端子 12 与 8 之间的电压值应当等于电源电压(10.0～14.5V)。如电压过低,说明 ABS ECU 搭铁线(8 号端子连线)搭铁不良,或蓄电池搭铁线搭铁不良,或蓄电池正、负极柱电缆接头接触不良,或蓄电池亏电,应分别进行检修。如电压为零,可能是 ABS ECU 的制动灯开关端子(12 号端子)至中央继电器盒连接器 C 的 1 号端子 C1 之间的熔断器 S2(10A)断路或线路断路,或 ABS ECU 搭铁线(8 号端子连线)断路,应分别进行检修。

(五)检查 ABS ECU 的编码跨接线

MK20-Ⅰ型 ABS 设置有编码跨接线,又称为车型识别码跨线,桑塔纳 2000GSi、3000 型轿车跨接在 ABS ECU 的 6 与 22(捷达 AT、GTX 型轿车跨接在 ABS ECU 的 15 与 21)端子之间。检查编码跨接线时可按下述方法进行。

(1)点火开关拨到断开(OFF)位置。

(2)拔下发动机舱内 ABS ECU 的线束插头。

(3)将万用表拨到电阻(OHM×200Ω)挡,检测 ABS ECU 线束插头(参见图 9-37)上端子 6 与 22(捷达 AT、GTX 型轿车检测端子 15 与 21)之间的电阻值应当小于 1.0Ω。如电阻值为无穷大,说明编码跨接线断路,应予更换。

(六)检查 ABS 指示灯的功能

检查大众(桑塔纳 2000GSi、3000 型)轿车 ABS 指示灯(K47)的功能时,接通点火开关,仪表盘上的 ABS 指示灯应当发亮。如 ABS 指示灯不亮,其原因可能有以下几点,应分别进行检修。

(1)ABS 指示灯控制器插座上搭铁端子(31 端子)线路断路。

(2)ABS 指示灯控制器插座上 15 端子至中央继电器盒连接器 G 的 5 号端子 G5 之间的熔断器 S18(10A)断路或线路断路。

(3) ABS 指示灯控制器插座上"ABS"端子至电控单元 16 端子之间的线路断路。

(4) ABS 指示灯控制器插座上"EBV"端子至中央继电器盒连接器 C 的 11 号端子 C11 之间的线路断路。

第八节　安全气囊系统故障诊断与检修

汽车安全气囊系统 SRS 是一个可靠性要求极高的控制系统,为此专门设计有故障自诊断系统,在控制电路中还设有相应的监测机构。故障自诊断系统一旦发现故障,就会控制组合仪表盘上的 SRS 指示灯闪亮报警,同时将故障编成代码存入 SRS ECU 的存储器 RAM 中,以供检测维修时调用。利用专用测试仪器或跨接线,便可通过诊断插座进行自诊断测试,以便尽快查找到故障部位。

一、安全气囊系统自诊断测试

使用专用测试仪器测试汽车电子控制系统故障的操作方法简便、测试结果可靠,只要按照测试仪器使用手册的有关规定进行操作,即可检测到故障部位与故障性质。因此,在有条件(有测试仪器)的情况下,应当首选使用。在没有专用测试仪器的情况下,部分车型可用跨接线进行测试,下面介绍利用跨接线对 SRS 进行自诊断测试的方法。

各型汽车 SRS 的自诊断测试方法各有不同,丰田汽车 SRS 可用跨接线跨接诊断插座上的 TC、E1 两个端子,通过仪表盘上 SRS 指示灯的闪烁情况来读取与清除 SRS 的故障代码。

丰田车系设有两个诊断插座,发动机舱与驾驶室各设置一个。发动机舱内的检查连接器设在熔断器盒旁边,可用于读取与清除故障代码;驾驶室内的诊断插座设在仪表盘左下方或工具箱内,用于数据传输。通过诊断插座可以对发动机燃油喷射系统 EFI、变速器电子控制系统 ECT、防抱死制动系统 ABS、空调器系统 A/C、安全气囊系统 SRS、空气悬架系统、牵引力控制系统 TRC、巡航控制系统 CCS 等进行自诊断测试。

丰田车系采用的诊断插座有三种型式,如图 9-38 所示。诊断插座上设有防护盖,打开防护盖即可看到图中所示端子排列情况,各端子代号及功能见表 9-18。

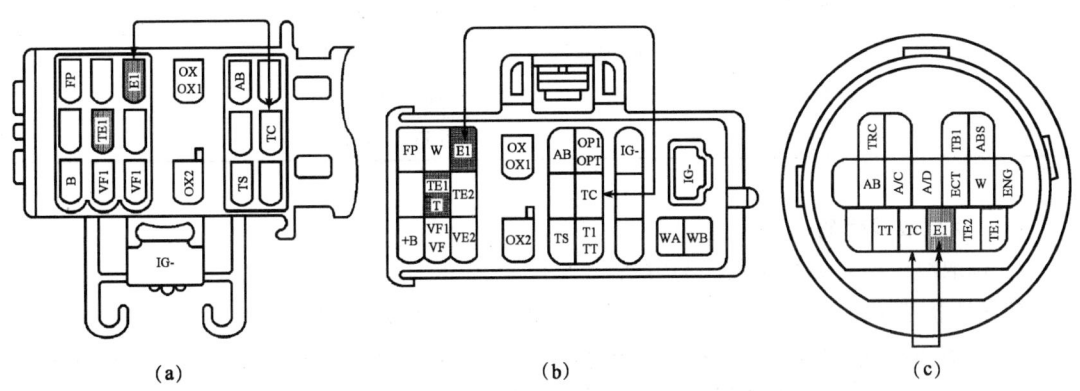

图 9-38　丰田车系诊断插座形式与诊断触发端子排列位置

表 9-18　丰田系列轿车诊断插座引线端子连接部位及其功能

端子代号	连接部位	功能
FP	与汽油泵"+"端子连接	将+B与FP连接时,汽油泵运转
W	仪表盘故障指示灯与发动机ECU控制端	当发动机ECU检测到故障时,使CHECK灯显示故障代码
E1	发动机ECU与车身搭铁线的引出端子	发动机ECU搭铁
OX(OX1)	No.1氧传感器信号输入发动机ECU的引线端子	检测氧传感器输出信号
AB	与SRS ECU LA端子连接,SRS指示灯控制端	当SRS ECU检测到故障时,控制LA端子搭铁,使SRS指示灯发亮
OP1(OPT)	与水温传感器至冷却风扇控制器TH+端子连接	冷却风扇控制器控制信号
TE1(T)	发动机ECU和ECT ECU故障代码诊断触发端子	读取发动机ECU和ECT ECU故障代码(读ECT ECU故障代码指发动机ECU和ECT ECU组合成一体的汽车)
TE2	发动机ECU开关动作触发端子	检查诊断开关动作
TC	与ABS/SRS/巡航控制ECU TC端子连接	调取ABS/SRS/巡航控制系统故障代码
+Bb	与主继电器输出端子连接	由主继电器控制蓄电池电源与ECU是否接通或切断
VF1(VF)(ENG)	与发动机ECU的VF或VF1端子连接,主氧传感器浓稀修正控制端	混合气浓稀测试
VF2	与发动机ECU的VF2端子连接,辅助氧传感器浓稀修正控制端	混合气浓稀测试
OX2	No.2氧传感器信号输入ECU的引线端子	检测氧传感器输出信号
TS	与ABS ECU的TS端子连接	ABS动作测试
T1(TT)	与电控自动变速器ECT ECU、发动机ECU的T1或TT端子连接	ECT动作测试
IG-	点火控制器转速信号输出RPM端	发动机转速脉冲信号输出
WA	ABS指示灯及ABS ECU	ABS故障指示
WB	ABS电磁阀继电器	ABS动作测试
ECT	与电控变速器O/D指示灯及开关连接	电控变速器O/D指示灯控制
A/D	与巡航控制指示灯及ECU的PI端子连接	巡航控制系统指示灯控制
ABS	与ABS ECU D/G端子连接	ABS ECU D/G信号
TB1(AS)	与空气悬架指示灯及ECU的AP端子连接	空气悬架指示灯控制
TRC	与ABS指示灯及ECU的B16端子连接	ABS故障指示灯控制
A/C	与空调器ECU的DOUT端子连接	空调器ECU诊断输出信号

(一)读取故障代码

1. 读取故障代码的操作程序与方法

使用跨接线读取丰田汽车SRS故障代码的操作程序与方法如下:

(1)检查SRS指示灯。将点火开关转到ON或ACC位置,如SRS指示灯亮6s(闪6下)后熄灭,说明SRS指示灯及其线路正常,可以读取故障代码。如SRS指示灯不亮,说明指示灯或其线路有故障,应在检修后才能读取故障代码。

(2)将点火开关转到ON或ACC位置,并等待20s以上时间。

第九章 汽车电控系统故障诊断与维修技术

(3)用跨接线将诊断插座上的TC、E1两个端子跨接。

(4)利用仪表盘上SRS指示灯闪烁规律读取故障代码。如果控制系统功能正常,则指示灯闪烁波形及时间如图9-39a所示,每0.52s闪烁一次,每次灯亮与灯灭时间均为0.26s,高电平时灯亮,低电平时灯灭。如果控制系统存储有故障代码,指示灯的闪烁波形及时间将如图9-39b所示。故障代码均为两位数字。故障指示灯先显示十位数字,后显示个位数字。同一数字灯亮与灯灭时间均为0.52s,十位数字与个位数字之间间隔1.5s。如有多个故障代码,则在故障代码与故障代码之间间隔为2.5s,并按故障代码的大小由小到大顺序显示。故障代码全部输出后,间隔4.5s再重复显示。只要诊断插座上端子TC与E1保持跨接,就会继续重复显示。故障代码检索表见表9-19。

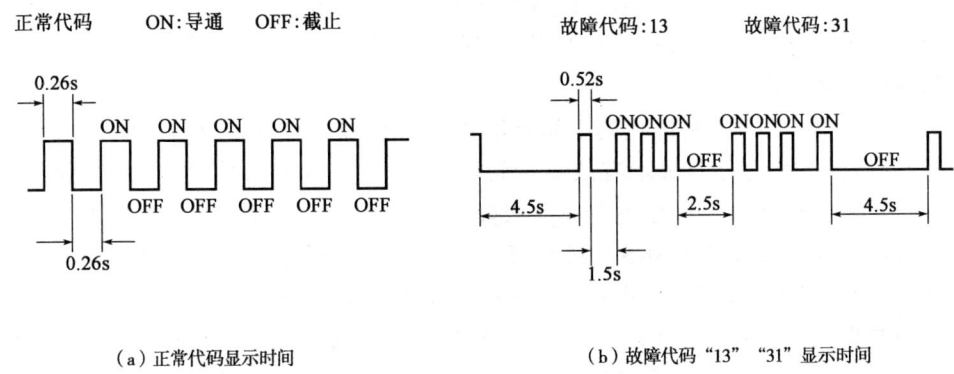

(a)正常代码显示时间　　　　　　　　(b)故障代码"13""31"显示时间

图9-39　故障代码显示时间

表9-19　丰田车系安全气囊系统SRS故障代码及故障部位

故障代码	代码含义	故障部位	指示灯状态
正常	安全气囊系统SRS正常	—	OFF
	安全气囊系统SRS电源电压过低	1. 蓄电池;2. SRS ECU	ON
11	1. SRS气囊点火器线路搭铁 2. 前碰撞传感器线路搭铁	1. 气囊组件;2. 螺旋线束;3. 前碰撞传感器; 4. SRS ECU	ON
12	1. SRS气囊点火器引线与电源线搭接 2. 前碰撞传感器引线与电源线搭接 3. 前碰撞传感器引线断路 4. 螺旋线束与电源线搭接	1. 气囊组件 2. 螺旋线束 3. 传感器线路 4. SRS ECU	ON
13	SRS气囊点火器线路短路	1. SRS气囊点火器;2. 螺旋线束;3. SRS ECU	ON
14	SRS气囊点火器线路断路	1. SRS气囊点火器;2. 螺旋线束;3. SRS ECU	ON
15	前碰撞传感器线路断路	1. 前碰撞传感器;2. SRS ECU;3. 气囊系统线束	ON
22	SRS指示灯线路断路	1. SRS指示灯;2. SRS ECU;3. 气囊系统线束	ON
31	1. SRS备用电源失效;2. SRS ECU故障	SRS ECU	ON
41	SRS ECU曾记忆过故障代码	SRS ECU	ON

(5)故障代码读取完毕,断开点火开关,拆下跨接线,盖好诊断插座护盖。

2. 读取故障代码的注意事项

使用跨接线读取丰田汽车SRS故障代码时,需要注意以下几点:

(1) 当点火开关接通 ON 或 ACC 位置后,如果 SRS 指示灯一直发亮,读取故障代码时显示代码又正常,说明蓄电池电源电压过低或 SRS ECU 的备用电源电压过低(丰田汽车在设计 SRS ECU 程序时,未将此故障编成代码存入存储器 RAM)。当电源电压恢复正常约 10s 后,SRS 指示灯将自动熄灭。

(2) 当 SRS 指示灯线路断路时,SRS ECU 便将故障编成代码 22 并存入存储器 RAM 中。因为 SRS 指示灯线路断路时不能显示故障代码,所以,在断路故障排除之前,SRS 指示灯无法显示故障代码(包括故障代码 22)。

(3) 当 SRS 发生故障时,SRS ECU 就会将故障编成 11 至 31 之间的代码存入存储器 RAM 中。如果 SRS 指示灯显示出 11 至 31 以外的代码,说明气囊电控单元 SRS ECU 有故障。

(4) 当排除故障代码 11 至 31 表示的故障并清除故障代码之后,SRS ECU 将把代码 41 存入存储器 RAM 中,SRS 指示灯将一直发亮,直到代码 41 清除为止。

(二)清除故障代码

只有在存储器中存储的故障代码全部清除之后,SRS 指示灯才能恢复正常显示状态。读取故障代码时,如 SRS 指示灯显示有故障代码,说明 SRS 发生过故障,但是无法显示故障发生在现在还是发生在过去。因此,每当排除故障之后,必须清除故障代码,并在清除故障代码之后,再次读取故障代码,确认 SRS 故障是否已经全部排除,这是检修 SRS 必须进行的工作。

丰田车系 SRS 故障代码的清除方法与其他电控系统有所不同。由于在故障代码 11 至 31 代表的故障被排除并清除故障代码之后,SRS ECU 将把代码 41 存入存储器中,使 SRS 指示灯一直发亮,直到代码 41 清除后,SRS 指示灯才能恢复正常显示状态。因此,清除 SRS 的故障代码需要分成两步进行,第一步清除代码 41 以外的故障代码,第二步再清除代码 41。

1. 清除故障代码的操作程序与方法

通过使用跨接线跨接诊断插座上的 TC、E1 端子来读取故障代码并排除故障之后,必须清除故障代码,清除故障代码的操作程序与方法如下:

(1) 将点火开关转到断开(OFF)位置。

(2) 拔下熔断器盒(№1 熔断器盒)内的 ECU-B 熔断器(15A)或拆下蓄电池负极电缆端子 10s 或更长时间后,存储器 RAM 中的故障代码即可被清除。

(3) 将点火开关转到锁止(LOCK)位置。

(4) 插上 ECU-B 熔断器或接上蓄电池负极电缆端子。

2. 清除故障代码的注意事项

清除丰田汽车 SRS 故障代码时,需要注意以下几点:

(1) 清除故障代码之后,在插上 ECU-B 熔断器或连接蓄电池负极电缆端子之前,必须将点火开关置于锁止 LOCK 位置。如果点火开关在 ON 或 ACC 位置时插上 ECU-B 熔断器或连接蓄电池负极电缆端子,就可能导致诊断系统工作失常。

(2) 上述方法只能清除代码 41 以外的故障代码,不能清除代码 41。

(3) 如果利用拆卸蓄电池负极电缆端子来清除故障代码,那么,在拆卸负极电缆端子之前,应先通知汽车用户将音响和防盗系统的密码记录下来。这是因为音响和防盗等系统存储的密码以及时钟显示的内容在断电时会立即丢失。当读取故障代码并排除故障之后,需要重新设定音响和防盗等系统的密码并调整时钟。

(三)清除代码 41

丰田车系 SRS 故障排除之后,在清除故障代码 11 至 31 时,SRS ECU 将把代码 41 存入存储器 RAM 中,表示 SRS 发生过故障。代码 41 将使 SRS 指示灯一直发亮,直到代码 41 清除后,SRS 指示灯才能恢复正常显示状态。代码 41 必须按照图 9-40 所示时间间隔和操作方法才能清除,否则就不能清除。具体操作方法和程序如下:

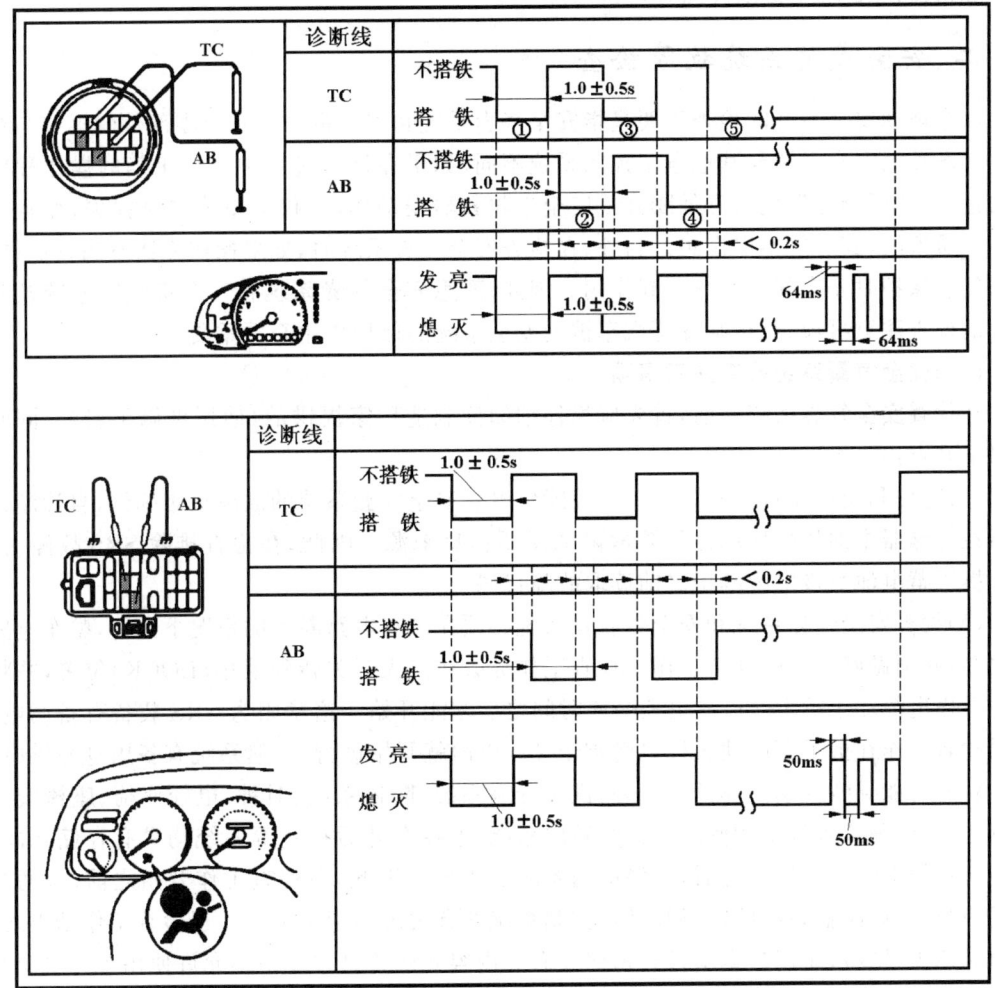

图 9-40　清除代码 41 的方法

(1)取两根跨接线,分别连接诊断插座 TC、AB 端子,分别称为 TC 端子诊断线和 AB 端子诊断线,如图 9-40 所示;

(2)将点火开关转到 ON 或 ACC 位置并等待 6s 以上时间;

(3)首先将 TC 端子诊断线搭铁 1.0±0.5s(图 9-40 中①所示),然后离开搭铁部位,并在 TC 端子诊断线离开搭铁部位后 0.2s 内,将 AB 端子诊断线搭铁 1.0±0.5s(图 9-40 中②所示);

(4)在将 AB 端子诊断线离开搭铁部位之前 0.2s 内,将 TC 端子诊断线第二次搭铁 1.0±0.5s(图 9-40 中③所示);

(5)在将 TC 端子诊断线第二次离开搭铁部位之后 0.2s 内,将 AB 端子诊断线第二次搭铁 1.0±0.5s(图 9-40 中④所示);

(6)在将 AB 端子第二次离开搭铁部位之前 0.2s 内,将 TC 端子诊断线第三次搭铁(图9-40

中⑤所示);

(7)将 TC 端子保持搭铁、AB 端子保持离开搭铁部位,直到数秒钟之后,SRS 指示灯以发亮 64ms、熄灭 64ms(丰田花冠轿车发亮 50ms、熄灭 50ms)的闪烁周期闪烁时,代码 41 即被清除,此时再将 TC 端子诊断线离开搭铁部位。

二、安全气囊系统故障检查

汽车被动安全系统的检查主要是指安全气囊系统和安全带收紧系统零部件的拆装与更换等。汽车被动安全系统与其他电子控制系统不同,如果在检查过程中不按正确的操作程序与方法进行,就可能导致气囊意外膨开或安全带收紧器误动作,不仅会造成经济损失,而且可能造成严重事故,其后果不堪设想。另外,在检查安全气囊系统时,如果操作方法不当,就可能在需要气囊保护时安全气囊系统不起作用。因此,熟悉安全气囊系统和安全带收紧系统及其零部件的检查注意事项,对正常发挥汽车被动安全系统的保护作用至关重要。

(一)安全气囊系统检查注意事项

在检查安全气囊系统之前,首先应当仔细阅读制造厂家提供的《使用维修手册》。同时注意以下几点:

(1)充分利用故障自诊断系统获得故障信息。安全气囊系统的故障很难确认,自诊断系统保留在存储器中的故障代码是排除故障的重要信息来源。因此,在检查排除 SRS 故障时,必须在拆下蓄电池负极电缆端子之前读取故障代码。

(2)检查安全气囊系统和安全带收紧系统必须在整车电路断电的情况下进行,整车电路断电之前,必须做好有关的准备工作。检查工作务必在点火开关转到锁止(LOCK)位置,并将蓄电池负极电缆端子拆下 20s 或更长一些时间之后才能开始。这是因为 SRS 装备有备用电源,如果检查工作在拆下蓄电池负极电缆端子 20s 以内就开始进行,气囊系统有备用电源供电,检查中就有可能导致气囊误膨开。另外,汽车音响系统、防盗系统、时钟、电控座椅、座椅安全带控制系统、驾驶位置设定的倾斜和伸缩转向系统、电控车外后视镜等系统均具有存储功能,当蓄电池负极电缆端子拆下之后,存储的内容将会丢失。因此,在检查工作开始之前,应通知汽车用户将音响、防盗系统的密码和其他控制系统的有关内容记录下来。当检查工作结束之后,再由维修人员或汽车用户重新设置密码和有关内容并调整时钟。绝不允许使用车外电源来避免各系统存储内容丢失,以免导致气囊误膨开。

(3)检查 SRS 时,即使只发生了轻微碰撞而气囊并未膨开,也应对前碰撞传感器、驾驶席气囊组件、乘员席气囊组件、座椅安全带收紧器进行检查。

(4)SRS 对零部件的工作可靠性要求极高,所有零部件均为一次性使用部件,绝不允许修复碰撞传感器、气囊组件、SRS ECU、座椅安全带收紧器等部件重复使用。如需更换零部件,则应使用新品,不允许使用不同型号车辆上的零部件。

(5)在检修汽车其他零部件时,如有可能对 SRS 的传感器产生冲击,则应在检修工作开始之前,先将碰撞传感器拆下,以防气囊误膨开。

(6)碰撞传感器或防护传感器采用有水银开关式传感器。由于水银蒸气有剧毒,因此,传感器更换之后,换下的旧传感器不能随意毁掉,应当作为有害废物处理。当车辆报废或更换装有水银开关式传感器的 SRS ECU 时,应当拆下水银开关式传感器总成并作为有害废物处理。

(7)当前碰撞传感器、SRS ECU 或气囊组件摔碰之后或其壳体、支架、连接器有裂纹、凹陷时,应予更换新品。

(8)前碰撞传感器、SRS ECU 或气囊组件不得暴晒或接近火源。

(9)绝对不能检测点火器的电阻值,否则就可能导致气囊引爆。检测 SRS 其他零部件或线路电阻值时,必须使用数字式万用表(阻抗大于 $10\text{k}\Omega/\text{V}$),并确认在电阻挡的最小量程时,其输出电流不得超过 10mA。如果输出电流超过 10mA,就有可能引爆气囊。如果使用指针式万用表,由于其阻抗小,表内电源电压加到气囊点火器上就可能引爆气囊。

(10)在 SRS 各个总成或零部件的表面上,均标有说明标牌或注意事项,使用与检查时必须照章行事。

(11)当安全气囊系统的检查工作完成之后,必须对 SRS 指示灯进行检查。当点火开关转到接通(ON)或辅助(ACC)位置时,SRS 指示灯亮 6s 左右后自动熄灭,说明安全气囊系统正常。

(12)碰撞传感器的动作具有方向性。安装前碰撞传感器和 SRS ECU 时,传感器和 SRS ECU 壳体上的箭头方向必须按使用说明书规定进行安装。

(13)拆卸或搬运气囊组件时,气囊装饰盖带有撕缝一面应当朝上。不得将气囊组件重叠堆放,以防万一气囊误膨开造成事故。

(14)气囊组件应当存放在环境温度低于 93℃、湿度不大、并远离电场干扰的地方。

(15)当需用电弧焊修理汽车车身时,应在进行电焊作业之前将气囊组件与螺旋线束之间的连接器拔开。

(二)前碰撞传感器检查注意事项

(1)当汽车遭受碰撞、气囊已经引爆后,前碰撞传感器不得继续使用,应同时更换左前和右前碰撞传感器。

(2)碰撞传感器的动作具有方向性。安装前碰撞传感器时,传感器壳体上箭头所指方向必须按《使用说明书》规定进行安装。

(3)前碰撞传感器的定位螺栓和螺母必须经过防锈处理。拆卸或更换前碰撞传感器时,必须同时更换定位螺栓和螺母。

(4)前碰撞传感器引出导线的连接器装备有电路连接诊断机构。安装连接器时,插头与插座应当插牢。当连接器插头与插座未插牢时,自诊断系统将会检测出来并将故障代码存入存储器中。

(三)气囊组件检查注意事项

(1)拆卸或搬运气囊组件时,气囊装饰盖一面应当朝上。在存放气囊组件时,不得将气囊组件重叠堆放,以防万一气囊误膨开造成严重事故;气囊组件连接器的双重锁定机构应当置于锁定位置,并将连接器的插头(或插座)卡放到气囊组件插头(或插座)的支架上,以免损坏。

(2)绝对不能检测气囊组件中点火器的电阻,否则就可能导致气囊引爆。

(3)既不能在气囊组件的任何部位涂抹润滑脂,也不能用任何类型的洗涤剂清洗。

(4)气囊组件应当存放在环境温度低于 93℃、湿度不大、并远离电场干扰的地方。

(5)当需用电弧焊修理汽车车身时,应在操作电焊之前将气囊组件与螺旋线束的连接器脱开。该连接器一般设在转向柱下面、组合开关连接器旁边。

(四)气囊电控单元 SRS ECU 检查注意事项

(1)汽车已发生过碰撞使气囊引爆膨开后,气囊电控单元 SRS ECU 就不能继续使用。

(2)在安装气囊电控单元 SRS ECU 时,应在固定 SRS ECU 之后,再连接 SRS ECU 连接器的插头与插座。因为防护传感器安装在 SRS ECU 内部,如果先连接插头与插座,防护传感器就起不到防护作用。同理,在拆下 SRS ECU 时,应先拔开 SRS ECU 连接器的插头与插座,然后再进行拆卸。

(3)在拆卸或更换 SRS ECU 过程中,不要使用冲击扳手或榔头等工具,以免气囊受到震动而意外引爆。在拆卸 SRS ECU 固定螺栓之前,必须将点火开关转到锁止"LOCK"位置,并在拆下蓄电池负极电缆端子 20s 之后再进行拆卸。

(4)SRS ECU 应当存放在阴凉(温度低于 40℃)、干燥(相对湿度小于 80%)的地方。

(5)当点火开关接通"ON"位置或断开时间不足 3min 时,切勿振动和撞击 SRS ECU。

(五)座椅安全带收紧器检查注意事项

(1)绝对不能检测安全带收紧器点火器的电阻值,否则就可能导致安全带收紧器引爆而导致意外伤害。

(2)安全带收紧器既不能沾水、沾油,也不能用任何类型的洗涤剂清洗。

(3)安全带收紧器应当存放在环境温度低于 80℃、湿度不大并远离电场干扰的地方。

(4)当需用电弧焊修理汽车车身时,应在操作电焊之前将安全带收紧器的连接器脱开。该连接器一般都设在左前和右前车门门框下地毯的下面。

(5)在报废汽车整车或报废安全带收紧器时,应在报废之前先用专用维修工具将收紧器的点火器引爆。引爆工作应在远离电场干扰的地方进行,以免电场过强而导致点火器误爆。引爆收紧器点火器的方法与引爆气囊点火器相同。

(6)在存放安全带收紧器过程中,其连接器上双重锁定机构的副锁应处于锁定位置,以防锁柄损坏。

(六)连接器与线束检查注意事项

(1)安装方向盘时,其安装位置必须正确,即必须安装在转向柱管上,并使螺旋弹簧处于中间位置,否则会造成螺旋线束的电缆脱落或发生故障。

(2)安全气囊系统和安全带收紧系统的线束套装在特殊颜色(一般为黄色)塑料波纹管内,并与发动机舱线束、车颈线束和地板线束连成一体,所有线束连接器均为特殊颜色(一般为黄色)以便区分。当发生交通事故导致安全气囊系统线束或安全带收紧系统线束折断或连接器破碎时,必须更换新线束和连接器新品,并对系统进行全面检查。

三、安全气囊系统故障排除

各型汽车安全气囊系统故障的检查与排除方法大同小异,下面以丰田轿车为例,说明安全气囊系统故障的检查与排除方法。

丰田系列轿车装备安全气囊系统和安全带收紧器系统,电控单元 SRS ECU 线束插座型式如图 9-41 所示,插座上各端子代号与名称见表 9-20 和表 9-21。

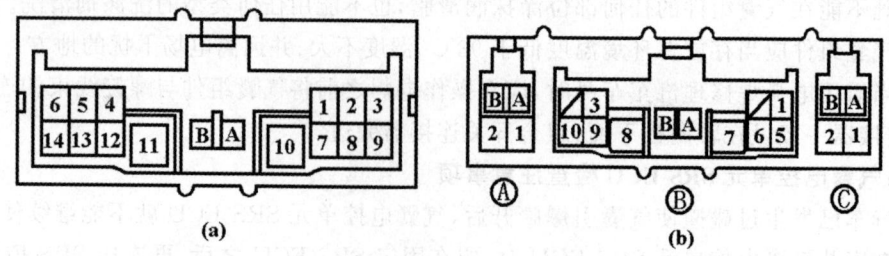

图 9-41 丰田汽车 SRS ECU 线束插座
(a)凌志 LEXUS 轿车 SRS ECU 插座 (b)花冠、大霸王 SRS ECU 插座

第九章　汽车电控系统故障诊断与维修技术

表 9-20　丰田凌志 LEXUS 轿车 SRS ECU 插座端子的代号与名称

图中代号	端子代号	SRS ECU 插座端子名称	电路参数
1	IG1	电源（ECU-IG 熔断器）	点火开关断开时为 0V；点火开关接通 ACC 时为 12V
2	−SR	右前（RH）碰撞传感器−	两端子间电阻为 755～885Ω
3	+SR	右前（RH）碰撞传感器+	
4	+SL	左前（LH）碰撞传感器+	
5	−SL	左前（LH）碰撞传感器−	
6	+B	蓄电池电源（ECU-B 熔断器）	12V
7	IG2	电源（IGN 熔断器）	点火开关断开时为 0V；点火开关接通 ON 时为 12V
8	E2	搭铁	0V
9	LA	SRS 指示灯	灯亮时为 0V；灯灭时为 12V
10	D−	气囊组件点火器−	—
11	D+	气囊组件点火器+	—
12	TC	SRS 诊断触发端子	12V
13	E1	搭铁	0V
14	ACC	电源（CIG 熔断器）	点火开关断开时为 0V；点火开关接通 ACC 时为 12V
A	—	电路连接诊断端子	—
B	—	电路连接诊断端子	—

表 9-21　丰田花冠、大霸王汽车 SRS ECU 插座端子的代号与名称

插座代号	图中代号	端子代号	SRS ECU 插座端子名称	电路参数
A （传感器插座）	1	−SR	右前碰撞传感器−	两端子间电阻为 755～885Ω
	2	+SR	右前碰撞传感器+	
B （电源、指示灯与 气囊组件插座）	1	IG2	电源（IGN 熔断器）	点火开关断开时为 0V；接通 ON 时为 12V
	3	ACC	电源（CIG 熔断器）	点火开关断开时为 0V；接通 ACC 时为 12V
	5	E2	搭铁	0V
	6	LA	SRS 指示灯	灯亮时为 0V；灯灭时为 12V
	7	D−	气囊组件点火器−	—
	8	D+	气囊组件点火器+	—
	9	TC	SRS 诊断触发端子	12V
	10	E1	搭铁	0V
C （传感器插座）	1	+SL	左前碰撞传感器+	两端子间电阻为 755～885Ω
	2	−SL	左前碰撞传感器−	
A、B、C	A	—	电路连接诊断端子	—
	B	—	电路连接诊断端子	—

（一）电源电压过低的诊断与检查

在 SRS ECU 备用电源电路中，设计有直流升压电路（一个 DC-DC 转换器）。当接通点火

开关,如蓄电池电压过低时,升压电路就会起作用,使安全气囊系统工作电压保持正常值,SRS 电源电路的连接如图 9-42 所示。

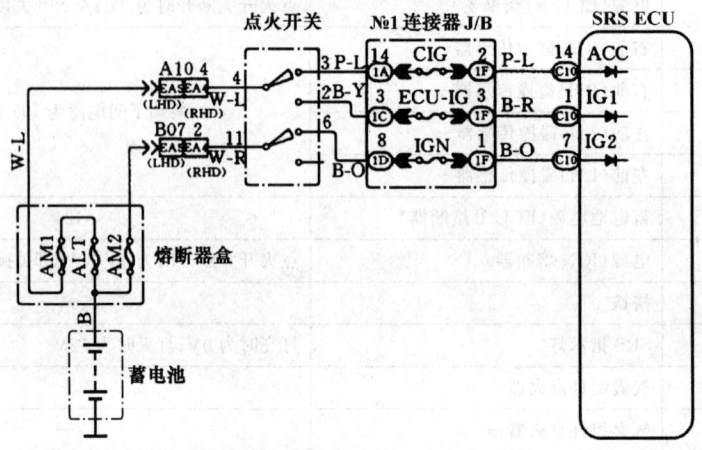

图 9-42　丰田车系 SRS 电源电路

1. 故障诊断

当 SRS 指示灯一直发亮且读取故障代码又为系统正常时,说明升压电路有故障。在电源电压恢复正常之后约 10s,SRS 指示灯将自动熄灭,故障诊断流程如图 9-43 所示。

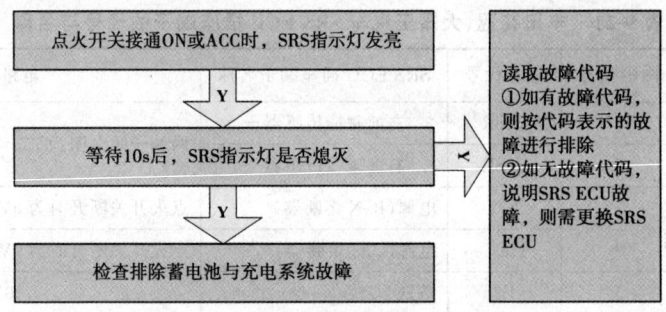

图 9-43　电源电压过低时的诊断流程图

2. 故障检查

(1)将点火开关转到 LOCK 位置;

(2)拔下 SRS ECU 电源连接器插头,如图 9-44 所示;

(3)将点火开关转到 ON 位置,但不要起动发动机。用万用表检测 SRS ECU 插头 IG1、IG2 或 ACC 端子电压,当接通除霜器、刮水器、前照灯和取暖器等电器设备电源时,电压应为 6.0~11.5V。如电压过低,说明蓄电池存电不足,需要充电或更换蓄电池。

(4)断开除霜器、刮水器、前照灯和取暖器等电源,将点火开关转到 LOCK 位置;

(5)如检测蓄电池电压正常,则先将点火开关转到 LOCK 位置,然后再将 SRS ECU 连接器插头插回;

(6)将点火开关转到 ON 位置。如 10s 后 SRS 指示灯仍然发亮,则读取故障代码。如有故障代码,则按故障代码指示的故障进行排除;如输出代码为正常代码,说明 SRS ECU 内部升压电路故障,需要更换电控单元 SRS ECU。

(二)故障代码 11 的诊断与检查

1. 故障诊断

安全气囊系统 SRS 点火器电路由 SRS ECU 中的安全传感器、气囊组件中的点火器、螺旋线束和前碰撞传感器组成,如图 9-45 所示。输出故障代码 11 的原因有:

(1)气囊点火器引线搭铁;
(2)气囊点火器失效;

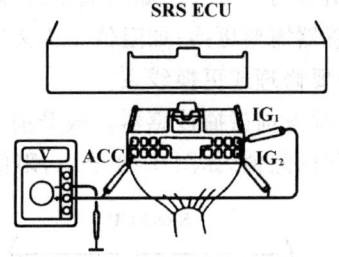

图 9-44 SRS ECU 连接器插头

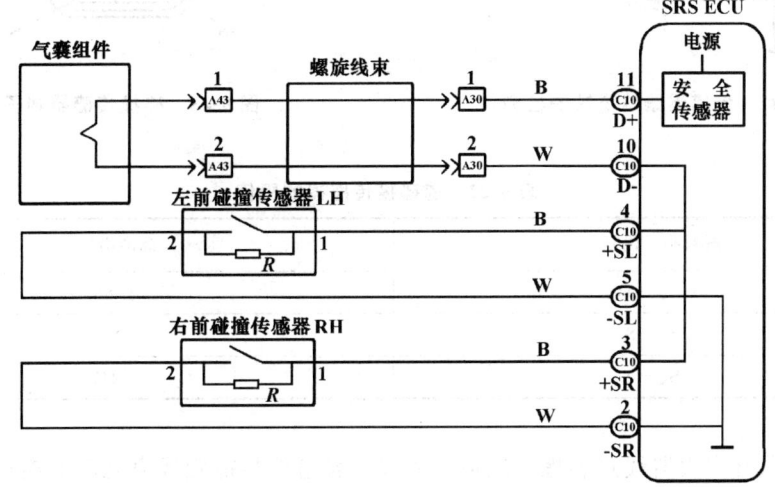

图 9-45 SRS 气囊点火器电路

(3)前碰撞传感器接线端子+SL 或+SR 端子引线搭铁;
(4)SRS ECU 至螺旋形线束连接器之间的线束搭铁;
(5)螺旋线束搭铁;
(6)SRS ECU 故障。

2. 故障检查

(1)检查准备。将点火开关转到 LOCK 位置,拆下蓄电池负极电缆端子。等待 20s 以上时间后,拆下气囊组件(注意:放置气囊组件时,装饰盖表面必须朝上)。

(2)检查前碰撞传感器电路。拔下 SRS ECU 线束插头,首先检测线束插头上+SR 与−SR 端子、+SL 与−SL 端子之间的电阻,如图 9-46 所示,正常阻值应为 755~885Ω。

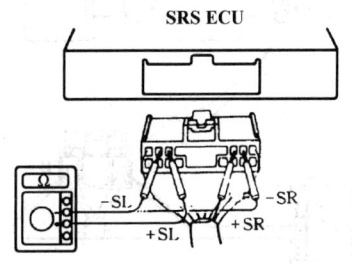

图 9-46 检测前碰撞传感器线路

如阻值不正常,说明端子+SR、-SR、+SL 或 -SL 至前碰撞传感器之间的线束搭铁或前碰撞传感器电路故障。再检测+SR、+SL 端子与车身(搭铁)之间的电阻,如图 9-47 所示,正常阻值应为无穷大。如阻值正常(阻值为无穷大),说明线束良好,故障发生在传感器,即前碰撞传感器需要更换;如阻值不为无穷大,说明端子+SR 或+SL 至前碰撞传感器之间的线束搭铁,需要修理或更换线束。

(3)检查前碰撞传感器。拔开前碰撞传感器连接器线束插头,用万用表检测传感器插头各端子之间的阻值,如图 9-48 所示,阻值应当符合表 9-22 数值。阻值不符应当更换传感器。

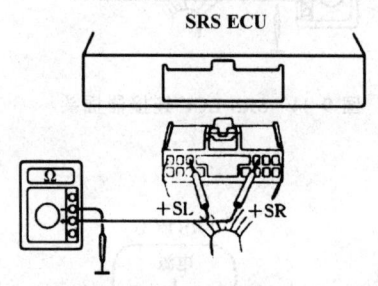
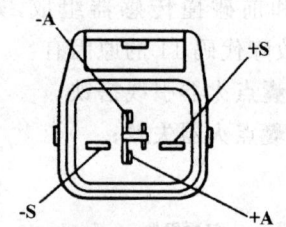

图 9-47 传感器线路搭铁的检测　　　　　　图 9-48 碰撞传感器端子位置

表 9-22 前碰撞传感器的阻值

被测端子代号	标准阻值
+S、+A	755～885Ω
+S、-S	∞
-S、-A	<1Ω

(4)检查气囊点火器线路和螺旋线束。拔开气囊组件与螺旋线束之间的连接器插头,如图 9-49 所示,用万用表检测螺旋形线束一侧插头上端子 D+、D- 之间的电阻,正常阻值为无穷大。

如阻值不正常,则将 SRS ECU 与螺旋线束之间的连接器拔开,如图 9-50 所示,再次检测螺旋形线束一侧插头上端子 D+、D- 之间的电阻,正常阻值为零(因为螺旋线束靠近 SRS ECU 一侧的插头上设有防误爆机构)。如阻值不为零,需要修理或更换螺旋形线束。

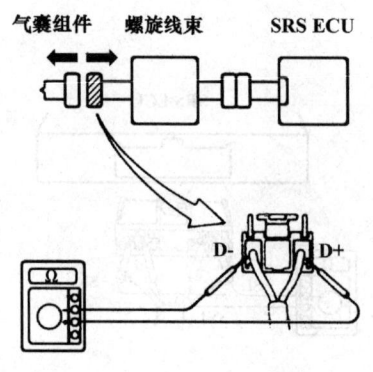
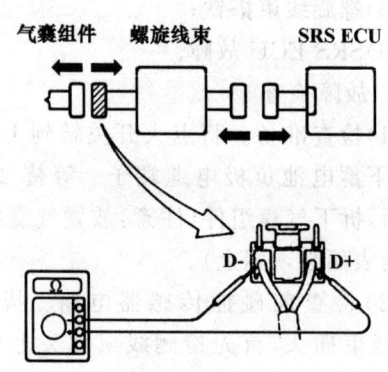

图 9-49 检测点火线路　　　　　　图 9-50 检测螺旋线束

(5)通过读取故障代码检查 SRS ECU。检查准备：先将 SRS ECU 线束插头插上，然后用导线将靠近气囊组件一侧的螺旋线束插头端子 D+、D- 连接起来，如图 9-51 所示；再将蓄电池负极电缆端子接上，等待 20s 以上时间后，将点火开关转到 ACC 或 ON 位置；再等待 20s 以上时间后，用跨接线将诊断插座上的端子 TC、E1 跨接，同时利用组合仪表盘上的 SRS 指示灯读取故障代码。如无故障代码输出或不输出 11 号故障代码，说明 SRS ECU 正常；如输出 11 号故障代码，说明安装在 SRS ECU 内部的防护碰撞传感器故障，需要更换 SRS ECU。当输出代码 11 以外的故障代码时，可按故障代码表示的故障进行检查。

(6)通过读取故障代码检查气囊点火器。检查准备：将点火开关转到 LOCK 位置，拆下蓄电池负极电缆端子，至少等待 20s 以上时间后将气囊组件与螺旋线束间的连接器插上，如图 9-52 所示，再将蓄电池负极电缆端子接上。等待 20s 以上时间后，将点火开关转到 ACC 或 ON 位置。再等待 20s 以上时间后，用跨接线将诊断插座 TDCL 上的端子 TC、E1 跨接，同时利用 SRS 指示灯读取故障代码。如无故障代码输出或不输出 11 号故障代码，说明气囊点火器正常；如输出 11 号故障代码，说明 SRS 气囊点火器故障，需要更换气囊组件。当输出代码 11 以外的故障代码时，可按故障代码表示的故障进行检查。

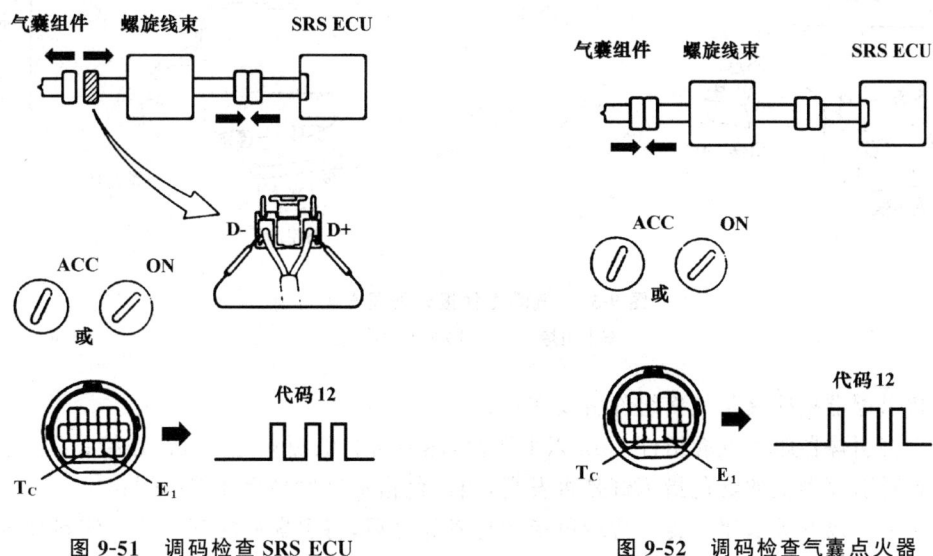

图 9-51 调码检查 SRS ECU　　　　图 9-52 调码检查气囊点火器

四、气囊组件报废处理方法

在报废汽车整车或报废气囊组件时，应在报废之前使用专用维修工具 SST（Special Service Toll）将气囊组件的气体发生器和气囊引爆。引爆工作应在远离电场干扰的地方进行，以免电场过强而导致气囊误爆。引爆气囊应按制造厂家规定的方法进行，有的厂家规定在汽车上引爆，有的厂家规定从汽车上拆下气囊组件后引爆。

气囊在车上引爆的方法如图 9-53a 所示，操作引爆器的工作人员与汽车之间的距离至少应在 10m 以上。气囊在车下引爆的方法如图 9-53b 所示，具体操作过程如下：

(1)拆下蓄电池负极电缆端子；
(2)拔开气囊组件与螺旋线束之间的连接器插头；
(3)剪断气囊组件线束，使插头与线束分离；

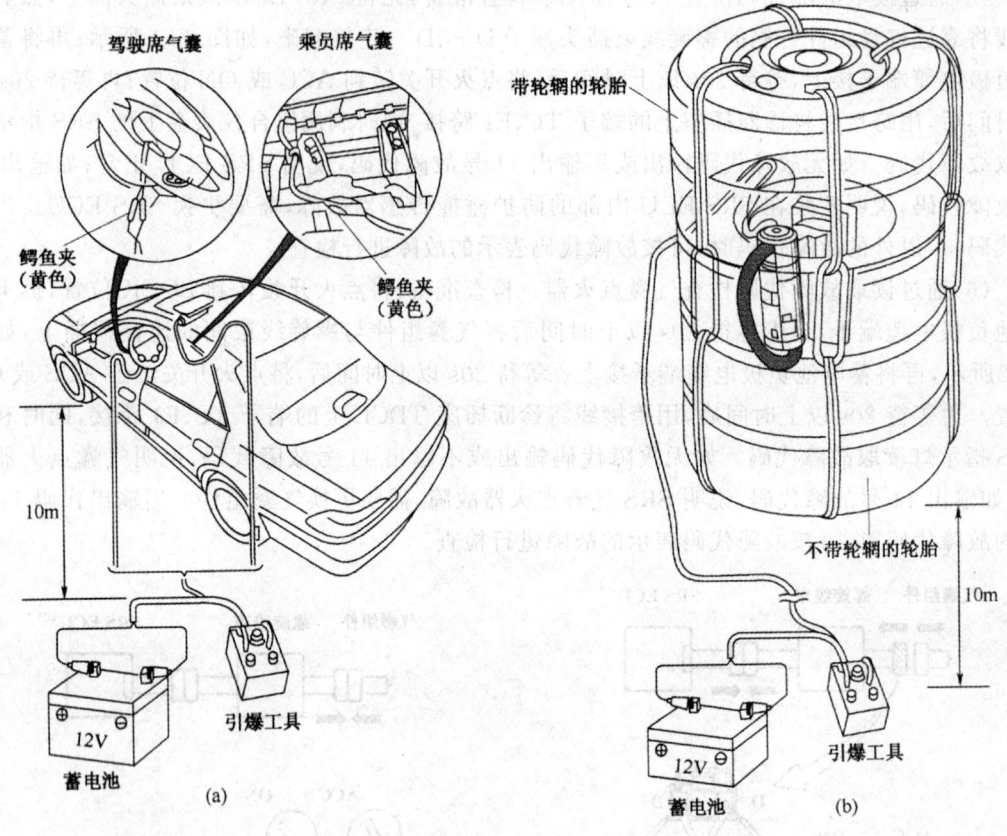

图 9-53 气囊组件报废处理方法
(a)车上引爆气囊 (b)车下引爆气囊

(4)将引爆器接线夹与气囊组件引线连接；

(5)先将引爆器距离气囊组件 10m 以上距离,然后再将电源夹与蓄电池连接；

(6)查看引爆器上的红色指示灯是否发亮,当红色指示灯发亮后才能引爆；

(7)按下引爆开关引爆气囊。待绿色指示灯发亮之后,将引爆后的气囊装入塑料袋内再作废物处理。

第九节 自动变速系统故障诊断与检修

各型汽车自动变速系统的控制原理基本相同、部件结构大同小异,故障检修与排除程序基本一致,如图 9-54 所示,主要内容包括故障自诊断测试、初步检查、手动换挡测试、机械系统测试、电控系统测试、按故障征兆表检查排除故障等等。当自动变速器发生故障时,就可按照检修程序进行诊断与排除。鉴于篇幅所限,关于手动换挡测试、机械系统测试和电控系统测试的方法和内容请参有关车型的《使用维修手册》。

一、自动变速系统故障自诊断测试

汽车电控自动变速系统与其他电控系统一样,都具有故障自诊断测试功能。当电控自动变速系统出现故障时,ECT ECU 自动将故障编成代码存储在存储器中,并控制组合仪表盘上的超速切断指示灯(O/D OFF 指示灯)闪亮向驾驶员报警。ECT ECU 存储器中的故障代码,可以通过诊断测试从读出。变速器型号不同,自诊断测试方法也不尽相同,有的只能用故障测试仪测试,有的也可用人工方进行自诊断测试。下面以丰田汽车自动变速控制系统的自诊断测试为例说明。

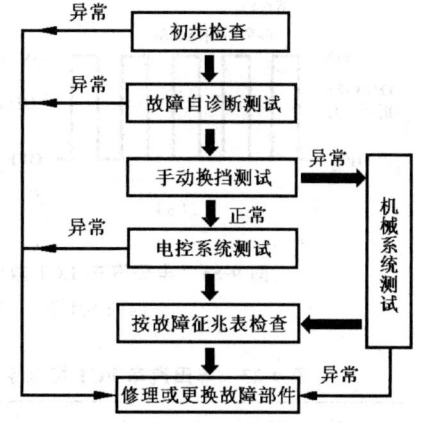

图 9-54 ECT 故障检修与排除程序框图

丰田汽车自动变速控制系统既可用故障测试仪检测,也可用人工方法进行诊断测试。利用人工操作读取故障代码的方法有诊断插座跨接式和按键屏幕式两种。诊断插座跨接式的自诊断测试方法是:跨接诊断插座上相应的接线端子,利用组合仪表盘上的 O/D OFF 指示灯闪烁来读取故障代码;按键屏幕式自诊断测试方法是:通过操纵仪表盘显示屏上的某些按键来读取故障代码。

(一)检查 O/D OFF 指示灯

在进行自诊断测试之前,为了防止出现错误结果,首先应当检查 O/D OFF 指示灯及其电路工作是否正常。检查方法是:接通点火开关(点火钥匙转到 ON 位置),当按下选挡操纵手柄上的 O/D 开关按钮(O/D 开关置于 ON 位置)时,O/D OFF 指示灯应当熄灭;再按一下 O/D 开关按钮(即 O/D 开关置于 OFF 位置)时,如果 O/D OFF 指示灯闪亮,说明 ECT ECU 存储器中存储有故障代码。如果 O/D OFF 指示灯不亮,说明 O/D OFF 指示灯、指示灯线路、O/D 开关或蓄电池有故障,应分别进行检查。

(二)读取故障代码

1. 利用诊断插座跨接式读取故障代码的具体方法

(1)接通点火开关(点火钥匙转到 ON 位置),但不起动发动机;

(2)将 O/D 开关按钮置于 ON 位置(注:仅当 O/D 开关按钮置于 ON 位置时,OD OFF 指示灯才能向驾驶员发出报警信号和显示故障代码);

(3)用跨接线将诊断插座(参见图 9-38 所示)上的诊断触发端子"TE1"与"E1"(或"ECT"与"E1")跨接;

(4)根据仪表盘上 O/D OFF 指示灯的闪烁规律读取故障代码。如果系统功能正常,则 O/D OFF 指示灯的闪烁波形及时间将如图 9-55a 所示,每秒钟将闪烁两次,每次灯亮与灯灭时间均为 0.25s,高电平时灯亮,低电平时灯灭。如果 ECT ECU 中存储有故障代码,O/D OFF 指示灯的闪烁波形及时间将如图 9-55b 所示。故障代码为两位数字,故障内容见表 9-23。O/D OFF 指示灯先显示十位数字,后显示个位数字。同一数字灯亮与灯灭时间均为 0.5s,十位数字与个位数字之间间隔 1.5s。如有多个故障代码,则按代码大小由小到大顺序显示,代码之间间隔时间为 2.5s。故障代码全部输出后,间隔 4.5s 再重复显示。

(5)故障代码读取完毕,拆下跨接线,盖好诊断插座护盖,断开点火开关。

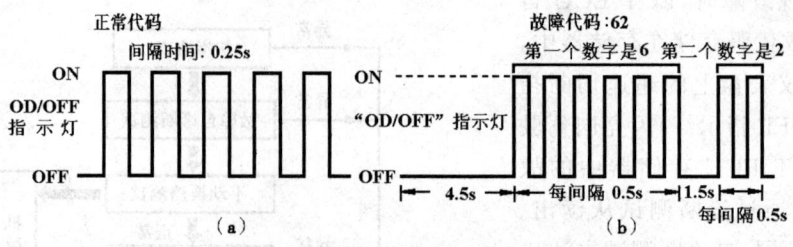

图 9-55 丰田汽车 ECT 故障代码显示波形(单位:秒)
(a)正常代码 (b)故障代码"62"

表 9-23 丰田汽车 ECT 控制系统故障代码的含义与故障原因

代码	故 障 内 容	故障原因及部位	备 注
42	No.1 车速传感器(组合仪表盘内)故障	① No.1 车速传感器故障或车速表故障;② No.1 车速传感器线路短路或断路;③ ECT ECU 故障	
44	后车速传感器(分动箱上)故障	①后车速传感器故障;② 后车速传感器线路短路或断路;③ ECT ECU 故障	四轮驱动汽车
46	No.4 电磁阀(阀体上)故障	① No.4 电磁阀故障;② No.4 电磁阀线路短路或断路;③ ECT ECU 故障	凌志 LS400 型轿车,蓄压器背压调节电磁阀
61	No.2 车速传感器(ECT 内)故障(磁感应式或舌簧开关式)	① No.2 车速传感器故障;② No.2 车速传感器线路短路或断路;③ ECT ECU 故障	四轮驱动汽车在差速器内
62	No.1 电磁阀(阀体上)故障	① No.1 电磁阀故障;② No.1 电磁阀线路短路或断路;③ ECT ECU 故障	换挡电磁阀
63	No.2 电磁阀(阀体上)故障	① No.2 电磁阀故障;② No.2 电磁阀线路短路或断路;③ ECT ECU 故障	换挡电磁阀
64	No.3 电磁阀(阀体上)故障	① No.3 电磁阀故障;② No.3 电磁阀线路短路或断路;③ ECT ECU 故障	锁止电磁阀出现此故障时,O/D OFF 灯不闪亮
65	No.4 电磁阀(阀体上)故障	① No.4 电磁阀故障;② No.4 电磁阀线路短路或断路;③ ECT ECU 故障	蓄压器背压调节电磁阀
67	O/D 离合器的转速传感器故障(磁感应式)	① O/D 离合器转速传感器故障;② O/D 离合器转速传感器线路短路或断路;③ ECT ECU 故障	凌志 LS400 型轿车
68	自动跳合开关(降挡开关)故障	① 自动跳合开关(降挡开关)故障;② 自动跳合开关线路短路或断路;③ ECT ECU 故障	凌志 LS400 轿车出现此故障时,O/D OFF 灯不闪亮报警
73	轴间差速器 No.1 电磁阀故障	① 轴间差速器 No.1 电磁阀故障;② 轴间差速器 No.1 电磁阀线路短路或断路;③ ECT ECU 故障	四轮驱动汽车
74	轴间差速器 No.2 电磁阀故障	① 轴间差速器 No.2 电磁阀故障;② 轴间差速器 No.2 电磁阀线路短路或断路;③ ECT ECU 故障	四轮驱动汽车

注:表中虽然列出了"ECT ECU 故障",但是其可能性很小,汽车行驶 10 万公里 ECT ECU 故障约占总故障的千分之一。

2. 利用按键屏幕式自诊断测试方法读取故障代码的程序

(1) 接通点火开关(点火钥匙转到 ON 位置),但不起动发动机;

(2) 同时按下显示屏上的"SELECT"和"INPUT M"按键 3~5s;

(3) 再按下"SET"按键 3s 以上时间,显示屏上就会显示出故障代码。

如果 ECT ECU 中存储有两个或两个以上故障代码,则代码之间将间隔 5s。采用按键屏幕式进行自诊断测试时,不要踩踏加速踏板,否则控制系统就会自动退出自诊断测试程序。

(三)清除故障代码

根据 O/D OFF 指示灯闪烁规律或屏幕显示的故障代码将故障排除后,故障代码仍将存储在 ECT ECU 的存储器中,并不能随故障的排除而自动消除。因此,为了便于以后检修,排除故障后应将故障代码清除。

丰田汽车清除故障代码的方法是:在断开点火开关时,将熔断器盒中的"EFI"熔断器(20A)拔下 10s 以上时间即可清除。另一种方法是将蓄电池搭铁线拆下 10s 以上时间,故障代码也可清除,这种方法会清除 RAM 中存储的所有信息(包括发动机 ECU 与 ABS ECU 的故障信息以及音响和防盗密码等),因此必须慎重使用。

二、自动变速系统的初步检查

初步检查主要包括检查发动机怠速转速、传动液 ATF 油位与质量、变速器节气门拉索位置和空挡启动开等。进行初步检查的目的是检查自动变速系统的工作条件是否正常。

(一)检查怠速转速

当选挡操纵手柄从"P"、"N"位拨到"D"、"2"、"L"或"R"位时,如果车身发生抖动现象,就说明怠速转速过低;当选挡操纵手柄从"P"、"N"位拨到"D"、"2"、"L"或"R"位时,如果不踩住制动踏板车辆就会移动,说明怠速转速过高。

检查发动机怠速时,将选挡操纵手柄拨到"N"位,断开所有用电设备(包括空调、冷却风扇),怠速转速应当符合被测车型《使用手册》规定。

(二)检查传动液 ATF 油位

传动液 ATF 油位高低直接影响自动变速器的工作性能。油位过低时,油泵吸入空气混入传动液后,会使油压降低,从而会导致液压阀工作失常、离合器和制动器打滑。摩擦片打滑会加速磨损和急剧升温,磨损颗粒又会污染传动液。油位过低还会加速传动液氧化,降低传动液的品质,使运动部件不能良好润滑和充分冷却,从而导致产生噪声和卡住现象。如油位过高,当汽车高速行驶时,变速器内部压力就会升高,容易造成变速器出现漏油现象。

影响传动液油位高低有油温和变速器工作情况两个因素。油温升高时,传动液膨胀,油位升高。因为汽车行驶时,传动液正常工作油温为 70~80℃。所以检查油位应在变速器达到正常工作温度时进行。当换油或发动机不运转时,检测的油位仅供粗略参考。变速器工作时,油泵将传动液泵入液力变矩器、换挡离合器、制动器等液压元件的油道中,油底壳内油位降低。发动机熄火后,部分传动液又会流回油底壳,使油位升高。检查 ATF 油位的方法如下:

(1) 将车辆停放在平坦地面上并拉紧驻车制动器;

(2) 起动发动机怠速运转;

(3) 踩下制动踏板,将选挡操纵手柄从"P"位拨到"L"位,使传动液油温达到正常工作温度(70~80℃),然后拨回到"P"位;

(4) 拉出变速器量油尺并将其擦拭干净,然后再将量油尺全部插入套管中;

(5)将量油尺拉出,检查油位是否处于量油尺上的"HOT"范围内,如图9-56所示。量油尺上有"COOL(冷)"、"HOT(热)"两个刻度范围。"COOL"刻度范围仅供粗略参考,"HOT"刻度范围才是标准范围;检查油位必须在传动液油温达到正常温度(70～80℃)时进行;油位降低应当添加规定品牌的传动液,加油切勿过量,油位不得超出"HOT"范围的最高刻度。

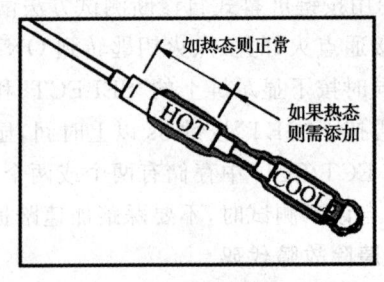

图9-56 检查传动液ATF油位

在检查油位的同时,还应检查传动液质量。如果传动液有焦味(烧焦的气味)或发黑,则应更换新品。

(三)检查调整节气门拉索位置

进行此项检查的目的是检查发动机负荷信号是否适当的传递到节气门阀。当加速踏板踩到底时,如果节气门不能全开,就会导致加速不良、车速达不到最高车速。

当变速器节气门拉索过松时,加速踏板控制的液压就会低于正常值,会导致换挡时机提前而造成发动机功率损失;反之,当拉索过紧时,加速踏板控制的液压就会高于正常值,会导致换挡时机推迟而造成换挡冲击。

在自动变速器节气门拉索上都设有调整标记,即在拉索上嵌有一个限位标记,如图9-57所示。

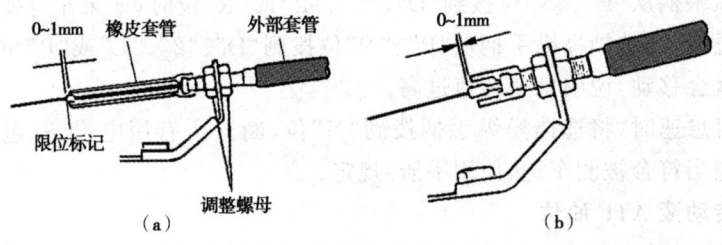

图9-57 ECT节气门拉索的调整
(a)带防尘套管 (b)无防尘套管

调整拉索位置时应当注意拉索的类型。如果拉索上有橡皮防尘套管,则将加速踏板踩到底(节气门全开)时,套管端面与限位标记之间有0～1mm间隙为正常,如图9-57a所示;否则需要转动调整螺母进行调整。

如果拉索上没有橡皮防尘套管,则需要在节气门全关时检查调整。使拉索罩套端面与限位标记之间有0～1mm间隙为正常,如图9-57b所示;否则需要转动调整螺母进行调整。

(四)检查空挡启动开关

自动变速系统空挡启动开关的功能是否正常,可按下述方法进行检查:

当选挡操纵手柄从"N"位换入其他位置时,检查变速器能否平稳而精确的换入相应的挡位,同时查看挡位指示灯能否正确指示选择位置。如果选挡操纵手柄在"P"或"N"位以外的位置时,发动机仍能启动,那么就必须检修或更换空挡启动开关。

三、利用自动变速系统的故障征兆表排除故障

故障征兆表又称为故障诊断表,利用故障诊断表能够比较容易的排除故障。

当变速器发生故障时,如在上述检查测试中仍未发现异常或根据检查测试结果很难判定故障部位,则为疑难故障。对于疑难故障的检查诊断,应当按照车型《维修手册》提供的故障诊断表进行。不同厂家编制的故障诊断表各有特色。如丰田、日产公司将可能产生故障的各种原因按可能性大小由小到大编成号码排列;也有些厂家没有排列,如原美国克莱斯勒公司。使用故障诊断表时,根据表中所列故障现象和产生故障的可能原因,按表中号码大小顺序以及有关说明查找故障部位即可,必要时再更换相应的零部件。

丰田公司将故障诊断表分成三部分,第一部分为电控系统控制部件及其线路的检修内容,见表9-24;第二部分为车上检修内容,见表9-25;第三部分为车外检修(即ECT分解检修)内容,见表9-26。使用时注意以下几点:

表9-24　丰田汽车自动变速系统控制部件及其线路故障诊断表

故障征兆 \ 可能部位	*No.1 No.2 电磁阀线圈电路	No.3 电磁阀线圈电路	No.4 电磁阀线圈电路	*No.1 车速传感器电路	*No.2 车速传感器电路	*O/D离合器转速传感器电路	*节气门位置传感器电路	空挡启动开关电路	自动跳合开关电路	停车灯开关电路	驱动模式选择开关电路	O/D开关O/D OFF指示灯电路	O/D解除信号电路	冷却液温度传感器电路	ECT ECU	见车上修理诊断表	见车外修理诊断表
车辆不能在任何前进挡或倒挡行驶																1	2
车辆不能在特定的一个挡位或几个挡位行驶																1	2
无升挡 一挡→二挡	1			3	3		2								6	4	5
无升挡 二挡→三挡	1			3	3		2							6	7	4	5
无升挡 三挡→O/D挡	2			4	4		3	5					1	6	7	10	8	9
无降挡 O/D挡→三挡	3			4	4		2		5				1		7	6	
无降挡 三挡→二挡	2			3	3		1		4						6	5	
无降挡 二挡→一挡	2			3	3		1		4						7	5	6
无锁定		1		4	4	2	5			3				6	9	7	8
无锁定解除		2		4	4	1				3					7	5	6
换挡时车速过高或过低				4	4	1	2				3				5		
在L位升挡至二挡或L位升挡至三挡									1						2		
O/D开关在OFF位置时由三挡升至O/D挡												1			2		

续表

故障征兆 \ 可能部位	*No.1 No.2 电磁阀线圈电路	*No.3 电磁阀线圈电路	*No.4 电磁阀线圈电路	*No.1 车速传感器电路	*No.2 车速传感器电路	O/D离合器转速传感器电路	*节气门位置传感器电路	空挡启动开关电路	自动跳合开关电路	停车灯开关电路	驱动模式选择开关电路	O/D开关 O/D OFF 指示灯电路	O/D解除信号电路	冷却液温度传感器电路	ECT ECU	见车上修理诊断表	见车外修理诊断表
发动机尚未预热时由三挡升至O/D挡													1	2	5	3	4
换挡冲击 N位→D位				2				1	3						6	4	5
换挡冲击 锁定		2			3		1								6	4	5
换挡冲击 任何挡位			2		3	4	1								7	5	6
打滑 前进挡和倒挡																1	2
打滑 特定挡位																1	2
无发动机制动																1	2
加速不良	1														3		2
无自动跳合	3							2	1						5	4	
无驱动模式选择											1				2		
起动后或停车时振动较大或发动机失速				2						1					4		3

表 9-25 丰田汽车自动变速系统车上修理故障诊断表

故障征兆 \ 可能部位	节气门拉索	选挡操纵手柄	油滤器	停车锁止机构	手动阀	倒挡控制阀	1~2挡换挡阀	2~3挡换挡阀	3~4挡换挡阀	锁定信号阀	锁定继动阀	蓄压器控制阀	电磁调节阀	C_1蓄压器	量孔控制阀	电磁继动阀	C_2蓄压器	低挡滑行调节阀	二挡滑行调节阀	B_2蓄压器	B_0蓄压器	C_0蓄压器	进油滤网	卸压阀	见车外修理表
车辆不能在任何前进挡或R挡行驶	1	2	4	3																					5
车辆不能在R挡行驶						1																			2
车辆不能在特定的一个挡位或几个挡位行驶(R挡除外)																									1
无升挡 一挡→二挡							1																		2
无升挡 二挡→三挡								1																	2
无升挡 三挡→O/D挡									1																2

续表

可能部位 / 故障征兆		节气门拉索	选挡操纵手柄	油滤器	停车锁止机构	倒挡控制阀	1~2挡换挡阀	2~3挡换挡阀	3~4挡换挡阀	锁定信号阀	锁定继动阀	蓄压器控制阀	电磁调节阀	C_1蓄压器	量孔控制阀	电磁继动阀	C_2蓄压器	低挡滑行调节阀	B_2蓄压器	二挡滑行调节阀	B_0蓄压器	C_0蓄压器	进油滤网	卸压阀	见车外修理表
无降挡	O/D挡→三挡								1																
	三挡→二挡							1																
	二挡→一挡						1																	
无锁定或锁定解除										1	2													3
换挡冲击	N位→D位											1	2	3	4									5
	锁定									1	2				3									4
	N位→R位									1	3					2								4
	N位→L位																1							2
	一挡→二挡(D位)											1	2					3						
	一挡→二挡(2位)											1	2						3					
	一挡→二挡→三挡→O/D挡											1	2											
	二挡→三挡											1	2				3							
	三挡→O/D挡											1	2							3				4
	O/D挡→三挡											1	2								3			4
打滑	前进挡和倒挡	1	2																			3		4
	特定挡位	1	2																			3	4	5	6
无发动机制动	一挡																	1						2
	二挡																			1					2
无自动跳合						1	2																		3

表 9-26 丰田汽车自动变速系统车外分解检修故障诊断表

可能部位 / 故障征兆	F_0	B_0	C_0	O/D行星排	液力变矩器	B_3	B_1	C_2	前后行星排	C_1	F_2	B_2	F_1
车辆不能在任何前进挡或R挡行驶	1	2	3	4	5								
车辆不能在任何前进挡行驶										1			
车辆不能在R挡行驶			5			4	1	3	2				

续表

故障征兆	可能部位	F_0	B_0	C_0	O/D行星排	液力变矩器	B_3	B_1	C_2	前后行星排	C_1	F_2	B_2	F_1
车辆不能行驶	D、2、L位										1			
	D、2位											1		
	2位				1									
	L位						2	3					1	
无升挡	一挡→二挡									3			1	2
	二挡→三挡							1						
	三挡→O/D挡			1										
无降挡	O/D挡→三挡							1						
	三挡→二挡												1	2
	二挡→一挡											1		
无锁定或锁定解除						1								
换挡冲击	N位→D位										1			
	N位→R位				2			1						
	二挡→三挡							1						
	三挡→O/D挡			2	1	3								
	O/D挡→三挡			1	2									
	锁定					1								
打滑	前进挡和倒挡(暖车后)	2		3	1									
	前进挡和倒挡(起动后就行驶)				1									
	R挡	2				3	1							
	一挡	2								1	3			
	二挡	3								1		2	4	
	三挡	5		1						3	2		4	
	O/D挡			1						3	2			
无发动机制动	一挡(L位)						1							
	二挡(2位)							1						
加速不良	所有挡位					1								
	O/D挡				1	2								
	O/D挡以外的所有挡位			1										
	一挡和二挡							1					2	
	一挡和R挡					1								
	R挡								1					
起动后或停车时发动机失速						1				2				

(1)表中带"＊"号的电路可用故障诊断测试仪进行检查；

(2)在进行自诊断测试时,如显示代码为正常代码而故障依然存在,则应根据故障诊断表按规定顺序进行检查；

(3)检查排除故障时,首先检查第一部分,如第一部分列出的控制部件及其线路全部正常,则进行第二或第三部分检查。如第一部分至第三部分列出的部件及其线路都正常,但故障依然存在,则需检查或更换 ECT ECU；

(4)检修完毕应进行道路试验或其他试验,确认系统工作良好。

四、自动变速系统控制部件的检修

各型汽车自动变速系统控制部件的检修标准不尽相同,但检修方法基本相同。下面以丰田汽车电控自动变速系统控制部件的检修为例说明其检修方法。鉴于篇幅所限,机械部件的检修本书不再介绍。检修电控系统控制部件时,必须使用阻抗大于 $10k\Omega/V$ 的万用表,最好使用数字式万用表,以免损坏电子元件。

(一) No.2 车速传感器的检修

丰田汽车电控自动变速系统采用了 No.1、No.2 两只车速传感器。No.1 传感器有舌簧开关式、磁感应式和霍尔效应式三种。No.2 传感器大多数采用磁感应式,也有个别变速器采用舌簧开关式。当自诊断测试结果出现 61 号故障代码时,应当检修 No.2 车速传感器。磁感应式车速传感器的检修方法如图 9-58 所示。

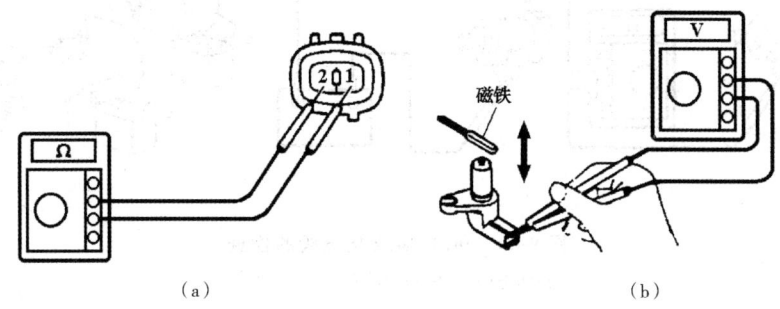

图 9-58 No.2 车速传感器的检查(磁感应式传感器)
(a)检测电阻 (b)检测功能

1. 检测断路和短路故障

传感器信号线圈有无断路或短路故障,可以检测其电阻值进行判断。检测方法是将万用表的两只表笔分别连接传感器插座上的"1"、"2"端子,如图 9-58a 所示,正常阻值约为 620Ω。如阻值为无穷大,说明信号线圈断路,应予更换传感器。如阻值过小,说明线圈短路,也应更换传感器。

2. 检测搭铁故障

检测传感器线圈有无搭铁故障时,将万用表的一只表笔连接传感器插座上任意一个端子,另一只表笔连接传感器壳体,正常阻值应为无穷大。如阻值为 0Ω,说明信号线圈搭铁,需要更换传感器。

3. 检查传感器功能

检查传感器功能时,将万用表挡位转换开关拨到交流电压挡,两只表笔分别连接传感器插座的"1"、"2"端子,如图9-58b所示。当用一块磁铁迅速靠近和离开传感器磁头时,万用表应当指示3~5V电压。如无电压指示或电压过低,说明传感器失效,应当更换新品。

(二) No.1车速传感器的检修

当自诊断测试结果出现42号故障代码时,应当检修No.1车速传感器。磁感应式和霍尔效应式No.1车速传感器的检修方法如图9-59所示。

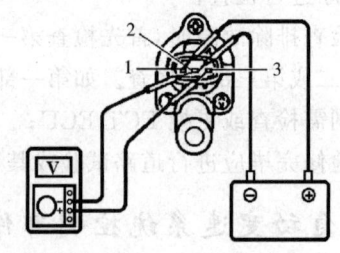

图9-59 No.1车速传感器的检查

将蓄电池正极连接传感器插座上的端子"1",蓄电池负极和万用表负极连接传感器端子"2",万用表正极连接传感器信号输出端子"3"。传感器轴每转动一圈,信号输出端子"3"将输出20个脉冲信号,万用表电压变化(从0V到11V以上)20次。如万用表指示电压保持不变或无电压指示,应予更换传感器。

(三) No.1、No.2电磁阀的检修

当自诊断测试结果出现62、63号故障代码时,应当检修No.1、No.2换挡电磁阀,检修方法如图9-60所示。

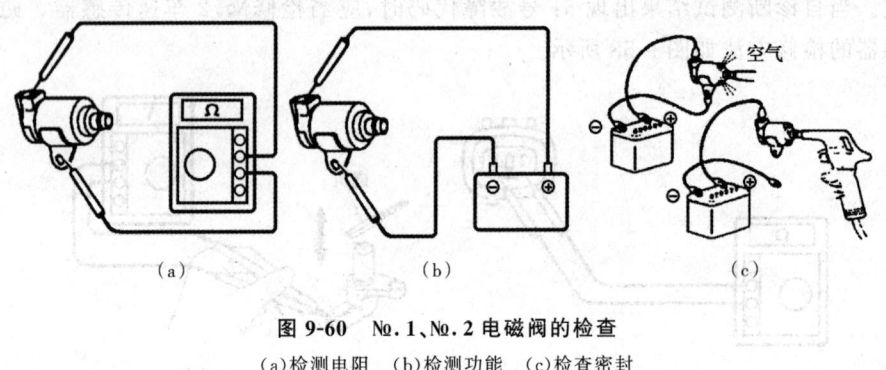

图9-60 No.1、No.2电磁阀的检查
(a)检测电阻 (b)检测功能 (c)检查密封

1. 检测No.1、No.2电磁阀断路和短路故障

电磁阀线圈断路与短路故障可用万用表电阻挡检测线圈阻值进行判断。将万用表的两只表笔分别连接电磁阀接线插座上的接线端子和电磁阀壳体,如图9-60a所示,线圈阻值应为11~15Ω。如阻值为无穷大,说明线圈断路;如阻值过小,说明线圈短路,无论断路还是短路,都应更换电磁阀。

2. 检查No.1、No.2电磁阀的功能

将蓄电池正极连接电磁阀接线端子,负极连接电磁阀壳体,如图9-60b所示,此时电磁阀阀心应当移动并发出"咔嗒"响声;当切断蓄电池电路时,阀芯应当迅速复位。如阀心不动或不能复位,说明电磁阀有故障,应予修理或更换新品。

3. 检查No.1、No.2电磁阀的密封性能

检查方法如图9-60c所示,对电磁阀施加压力约为490kPa的压缩空气,电磁阀阀门应不漏气。如果漏气,应予更换新品。当将蓄电池电压加到电磁阀接线端子与壳体上时,电磁阀阀门应当畅通,如果不通,应予更换新品。

(四) No.3、No.4 电磁阀的检修

当自诊断测试结果出现 64 号故障代码时,应当检修锁止电磁阀 No.3;出现 46 号故障代码时,应当检修蓄压器背压调节电磁阀 No.4(No.4 电磁阀只有部分自动变速器,如凌志 LS400 型轿车 A341E 型、A342E 型 ECT 装备。当变速器换挡时,No.4 电磁阀通过控制作用在换挡离合器和制动器上的油压使换挡平稳)。No.3、No.4 电磁阀线圈通过的电流都是线性连续变化的,由 ECT ECU 通过调节控制信号的占空比进行控制,两只电磁阀的检修方法完全相同,如图 9-61 所示。

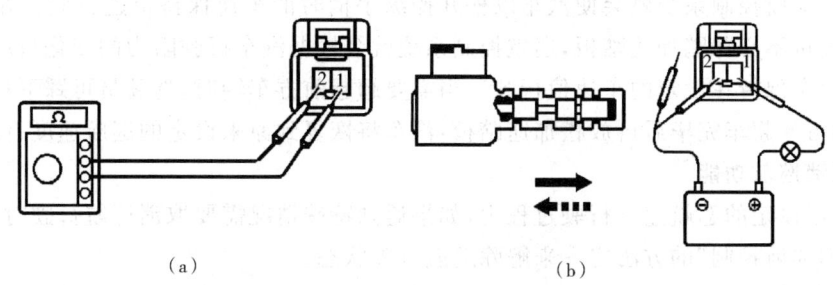

图 9-61　No.3 电磁阀的检查
(a)检测电阻　(b)检测功能

1. 检测 No.3、No.4 电磁阀断路和短路故障

用万用表电阻挡检测电磁阀线圈电阻进行判断。万用表的两只表笔分别连接电磁阀插座上的两个接线端子,如图 9-61a 所示,No.3 电磁阀电磁线圈阻值应为 3.6~4.0Ω,No.4 电磁阀电磁线圈阻值应为 5.1~5.5Ω。如阻值为无穷大,说明电磁线圈断路,应予更换新品。如阻值过小,说明电磁线圈短路,也应更换新品。

2. 检查 No.3、No.4 电磁阀的功能

将蓄电池正极串接一只 8~10W/12V 灯泡后连接到电磁阀端子"1"上,负极连接电磁阀接线端子"2",如图 9-61b 所示,此时电磁阀阀心应当向右移动(注意:通电电流不得超过 1A);当切断蓄电池电路时,阀心应当向左移动。如阀心不动,应予修理或更换。

第十节　汽车巡航控制系统故障诊断与检修

当今轿车已普遍采用电子控制式巡航控制系统,为缓解机动车驾驶人疲劳驾驶、提高汽车的行驶安全性奠定了基础。

一、巡航控制系统的正确使用

电子控制式巡航控制系统一般都用一个组合手柄开关进行控制。组合手柄开关由"MAIN"(主开关)、"SET/COAST"(设置/巡航)、"RES/ACC"(恢复/加速)和"CANCEL"(取消)四个功能开关组成。虽然各种车型巡航控制开关的操作方法或位置有所不同,但其功能基本相同。下面以丰田系列汽车巡航控制开关的操作方法为例,说明巡航控制系统的使用方法。

(一)设定巡航车速

丰田系列汽车巡航控制开关的操作方法和功能前面已述,为了确保行车安全,巡航控制车

速一般不低于40km/h,换句话说,车速低于40km/h时巡航控制系统将不会投入工作。设定巡航速度的方法如下:

(1)按一下巡航开关操作手柄端部的主开关"MAIN"按钮,使巡航控制系统的电源电路和指示灯电路接通。与此同时,组合仪表盘上的巡航指示灯发亮指示。

(2)将巡航开关操纵手柄向下拨动并保持在向下位置,使巡航速度设定"SET/COAST"开关接通。如果此时按住操纵手柄不动,汽车就会不断加速。当车速达到驾驶员想要巡航行驶的车速(注:车速应在40km/h以上,低于40km/h不能进行巡航行驶)时松开操纵手柄,手柄将自动复位,巡航控制系统就会使汽车以松开操纵手柄时的车速保持恒速行驶。在巡航行驶状态下,驾驶员不必踩踏加速踏板,巡航控制系统就会根据汽车行驶阻力的变化自动调节节气门开度,使汽车保持在设定的车速值行驶。当需要超越前方车辆时,驾驶员可踩下加速踏板使汽车加速即可。超车完毕后再放松加速踏板,汽车将恢复到原来设定的巡航速度行驶。

(二)取消巡航功能

在汽车以设定的巡航速度行驶过程中,如果遇到特殊情况需要取消巡航行驶时,可用第七章所述"取消巡航控制"的方法之一来解除巡航行驶状态。

(三)恢复巡航车速

在汽车以设定的巡航速度行驶过程中,当驾驶员踩下加速踏板超车或踩下制动踏板制动,或将自动变速器选挡手柄拨到前进挡"D"以外的位置时,就会导致车速升高或降低。如果此时想要恢复到原来设定的巡航车速,那么,将巡航开关操纵手柄向上抬起并保持在该位置使"恢复/加速"开关保持接通,汽车即可迅速加速或减速并恢复到原来设定的巡航车速行驶。但是,如果行驶车速已经低于40km/h或低于设定速度16km/h以上时,巡航控制系统将自动停止工作,巡航车速则不能恢复。

(四)巡航控制系统使用注意事项

汽车巡航控制系统在使用中必须注意以下几点:

(1)在交通拥堵场合,在雨、雪或大风天气行驶以及在冰、雪等湿滑路面上行驶时,不宜使用巡航控制系统。因为在上述情况下,不能保证巡航控制系统正常发挥效能。

(2)在不使用巡航控制功能时,巡航开关操纵手柄上的主开关"MAIN"按钮或"CRUISE ON-OFF"按钮应当置于断开状态,以免巡航控制系统产生误动作。

(3)汽车上、下陡坡时,不宜使用巡航控制系统。这是因为汽车在陡坡上行驶时,如果使用巡航控制系统,就会导致发动机转速和负荷发生很大变化,燃油经济性就会降低。汽车下坡行驶时,车速过高容易发生危险。因此,应将变速器换入低挡,利用发动机制动来控制车速。

(4)手动变速器汽车巡航行驶时,变速杆移置空挡之前必须先踩离合器踏板,即首先解除巡航控制状态,然后再将变速杆移置空挡,否则发动机转速会骤然升高,不仅影响发动机的使用寿命,而且浪费燃油。

(5)在汽车巡航行驶过程中,驾驶员随时都要注意观察仪表板上的巡航指示灯(CRUISE或CRUISE MAIN)的工作状态。如果指示灯闪烁发亮,表明巡航控制系统发生故障,应停止使用巡航控制系统,待排除故障后才能继续使用。

二、巡航控制系统自诊断测试

汽车电子控制巡航系统都具有故障自诊断功能。在进行故障自诊断测试时,首先应检查巡行指示灯(CRUISE或CRUISE MAIN)电路是否正常。巡行指示灯又称为巡行控制指示灯,设置在组合仪表盘上。

在汽车巡航行驶过程中,如果车速传感器或执行机构等部件发生故障,CCS ECU 就会自动解除巡航控制功能,并发出指令使巡行指示灯闪亮报警,提醒驾驶员巡航控制系统发生故障,应予及时检修。与此同时,CCS ECU 还将故障内容编成代码存入随机存储器 RAM 中,以便维修时通过读取故障代码了解故障类型,从而有的放矢地进行检修。

日本丰田 TOYOTA、马自达 MAZDA、本田 HONDA,美国通用 GENERAL、福特 FORD、克莱斯勒 CHRYSLER 以及欧洲各汽车公司生产的大部分轿车均可利用"跨接线"跨接诊断插座上某两个或某几个指定的接线端子,即可触发自诊断系统来读取故障代码。由于各型汽车诊断插座的形状、安装位置、端子分布、跨接端子的名称以及故障代码的显示方式各不相同,因此,自诊断测试方法各有不同。因此,下面以丰田凌志 LEXUS400 型轿车用电子控制巡航系统为例,说明利用跨接线进行诊断测试的方法。

(一)读取故障代码

读取丰田凌志轿车巡航控制系统 CCS 故障代码的操作方法如下:

(1)检查巡航指示灯(CRUISE MAIN)电路。当点火开关、巡航主开关(MAIN)接通时,巡航指示灯发亮 3~5s 后应当自动熄灭。如果巡行指示灯不亮或常亮不灭,说明指示灯或其电路有故障,应予检修后再进行诊断测试。

(2)将点火开关转到接通点火"ON"位置。

(3)用跨接线连接诊断插座(TDCL)的端子"TC"与"E1",如前述图 9-38 所示。

(4)利用仪表盘上的巡航指示灯(CRUISE MAIN)闪烁规律读取故障代码。闪烁规律与 SRS 指示灯相同,故障代码检索表见表 9-27。

(5)故障代码读取完毕,断开点火开关,拆下跨接线,盖好诊断插座护盖。

表 9-27 丰田凌志轿车巡航控制系统故障代码的含义

故障代码	故障内容	故障代码	故障内容
11	电动机电流过大或电路短路	23 *	实际车速低于设定车速 16km/h 以上
12	电磁离合器或其线圈电路故障	31	控制开关电路故障
13	电动机电路断路或电磁离合器线圈电路断路	32	控制开关电路故障
21	车速传感器或其线路故障	34	控制开关电路故障

注:表中"*"号表示:当汽车上坡行驶速度降低时不属于故障,可重新设定车速继续巡航行驶。

(二)清除故障代码

根据巡航指示灯(CRUISE MAIN)闪烁显示的故障代码查阅《维修手册》中表示的故障原因将故障排除后,故障代码仍将存储在 ECU 的存储器中,并不能随故障排除而自动消除。因此,为了便于以后检修,排除故障之后必须清除故障代码。

丰田轿车清除巡航控制系统故障代码的方法是:将熔断器盒中的"DOME"熔断器拔下 10s 以上时间,即可清除存储器中的故障代码。清除故障代码的另一种方法是将蓄电池搭铁线拆下 10s 以上时间,这种方法同时也会清除存储器 RAM 中存储的所有信息(包括时钟、音响和防盗系统的密码),因此必须慎重使用。

三、巡航控制系统的检修

汽车巡航控制系统的传感器大都与其他电子控制系统公用,所以检修巡航控制系统主要是检修执行器。下面以丰田轿车 CCS 执行器检修为例说明。

(一) 驱动电动机的检修

当丰田凌志轿车巡航控制系统出现故障代码"11"时,说明驱动电动机电路的电流过大。主要原因是 CCS ECU 发送给驱动电动机的信号电压占空比过大且不能调节或电动机电路有短路故障等。驱动电动机电路包括驱动电动机、节气门控制臂位置传感器以及连接线路等。检查方法如下:

(1) 拔开电动机与电控单元之间的线束连接器。

(2) 将蓄电池正极接到连接器端子"5"上、蓄电池负极接到连接器端子"4"上,使电磁离合器接通电源,如图 9-62 所示。

(3) 将蓄电池电压加到其余每两个端子之间时,电动机应平稳转动、控制臂应平稳摆动;

(4) 驱动电动机转动使控制臂摆动到加速或减速的限位点时,电动机应停止转动、控制臂应停止摆动。

如上述检查结果正常,说明电动机技术状态良好。否则说明电动机故障,应予修理或更换新品。

(二) 电磁离合器的检修

当丰田凌志轿车巡航控制系统出现故障代码"12"时,说明电磁离合器电路有故障,检修方法如下:

(1) 测量电磁离合器线圈的电阻值是否正常。拔开电动机与电控单元之间的线束连接器,将万用表拨到 OHM×200Ω 挡,测量接线端子"3"与搭铁之间的电阻值,正常阻值应为 40Ω。如果阻值为零或无穷大说明有短路或断路故障,应予修理或更换新品。

(2) 检查节气门控制臂的动作情况。拔开电动机与电控单元之间的线束连接器,当电磁离合器断电时,用手应能转动控制臂,如图 9-63 所示;当电磁离合器通电时,用手则不能转动控制臂。如果用手转动控制背的动作情况与此不符,说明电磁离合器有故障,应予修理或更换新品。

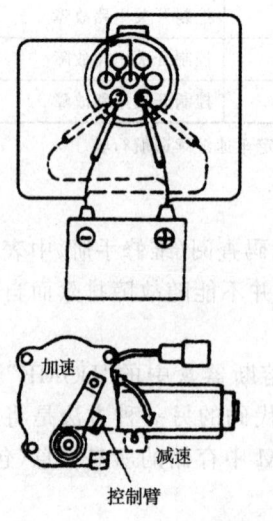

图 9-62 驱动电机的检查

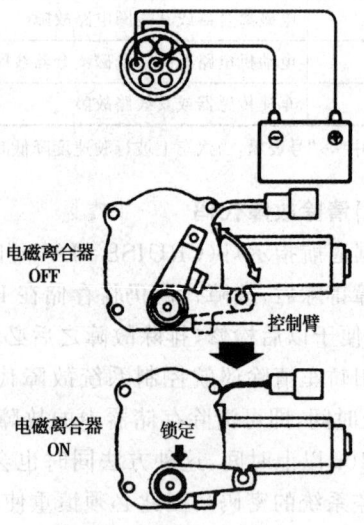

图 9-63 节气门控制臂的检查

思考题与参考答案

一、单选题

1. 在利用故障征兆模拟加热试验法诊断检修电控系统故障时,加热温度不能超过( )。
   A. 10℃　　　　　B. 19.5℃　　　　C. 20℃　　　　　D. 60℃

2. 热膜式空气流量传感器工作时,其电源电压应不低于( )。
   A. 4.5V　　　　　B. 5.5V　　　　　C. 11.5V　　　　D. 10.5V

3. 就车检修支管压力传感器时,其电源电压规定值为( )。
   A. 1.5~2.1V　　B. 4.5~5.5V　　C. 11.5V　　　　D. 12V

4. 当发动机热机怠速运转时,支管压力传感器输出的信号电压应为( )。
   A. 1.5~2.1V　　B. 4.5~5.5V　　C. 11.5V　　　　D. 12V

5. 检测传感器或执行器的状态时,测量其触点接触电阻值应小于( )。
   A. 0.5kΩ　　　　B. 1.0kΩ　　　　C. 0.5Ω　　　　　D. 0.5MΩ

6. 当可变电阻式节气门位置传感器的电源电压为5.0V时,其输出电压范围为( )。
   A. 0.5~4.8V　　B. 0~12V　　　　C. 0.5~1.0V　　D. 4.0~4.8V

7. 当今汽车行驶到下述里程时,就应更换氧传感器( )。
   A. 8万公里　　　B. 16万公里　　　C. 20万公里　　　D. 30万公里

8. 在常温条件下,氧传感器加热元件的电阻值为( )。
   A. 1~5MΩ　　　B. 1~5kΩ　　　　C. 1~5Ω　　　　　D. 0.1~0.5Ω

9. 当供给发动机浓混合气(节气门踩到底)时,氧传感器输出的信号电压应为( )。
   A. 1.5~2.1V　　B. 0.45~0.55V　C. 0.1~0.3V　　D. 0.7~1.0V

10. 大众轿车用脉冲电磁阀式怠速控制阀只有一组线圈,阻值为( )。
    A. 15~20Ω　　　B. 30kΩ　　　　C. 45~60Ω　　　D. 1.0~1.3kΩ

11. 丰田轿车用永磁转子式步进电动机定子绕组有4组线圈,其阻值均为( )。
    A. 15~20Ω　　　B. 30kΩ　　　　C. 45~60Ω　　　D. 1.0~1.3kΩ

12. 奥迪轿车用永磁转子式步进电动机设有两个线圈,每个线圈的电阻值均为( )。
    A. 15~20Ω　　　B. 30kΩ　　　　C. 45~60Ω　　　D. 1.0~1.3kΩ

13. 大众轿车用MK20-Ⅰ型防抱死制动系统ABS轮速传感器的电阻值均为( )。
    A. 15~20Ω　　　B. 30kΩ　　　　C. 45~60Ω　　　D. 1.0~1.3kΩ

14. 检查安全气囊系统时,必须在拆下蓄电池负极电缆多长时间之后才能进行( )。
    A. 20s　　　　　B. 15s　　　　　C. 10s　　　　　　D. 6s

15. 在安全气囊系统的电路连接诊断机构中,与碰撞传感器触点并联连接的电阻值一般为( )。
    A. 755~885Ω　　B. 1kΩ　　　　　C. 10kΩ　　　　　D. 100kΩ

二、多选题

1. 实践证明,汽车电控系统故障诊断与检查程序一般都包括下述几项内容( )。
   A. 询问用户　　　B. 直观检查　　　C. 读取故障代码　　D. 用故障征兆表

2. 对电控系统进行直观检查时,包括对导线进行有无下述情况的检查( )。

A. 断路　　　　B. 短路　　　　C. 搭铁　　　　D. 烧焦痕迹
3. 诊断检修发动机电子控制系统故障时,常用的故障征兆模拟试验方法有(　　)。
   A. 振动试验法　　B. 加热试验法　　C. 水淋试验法　　D. 带电作业法
4. 汽车电子控制系统传感器的检修项目一般包括检测下述几个参数(　　)。
   A. 电源电压　　B. 信号电压　　C. 电阻值　　D. 间隙大小
5. 汽油机用电磁喷油器的检修项目一般包括检测下述几个参数(　　)。
   A. 电源电压　　B. 信号电压　　C. 电阻值　　D. 控制脉冲
6. 车用氧传感器失效的原因,主要是传感元件受到下述几种因素的影响(　　)。
   A. 高温高压　　B. 老化　　C. 铅中毒　　D. 硅中毒

三、判断题
1. 热膜式空气流量传感器具有自洁功能。(　　)
2. 在检修汽油机的电动燃油泵时,可以进行干试。(　　)
3. 当温度升高时,负温度系数型热敏电阻式温度传感器的阻值将显著增大。(　　)
4. 大众轿车用MK20-Ⅰ型防抱死制动系统ABS的故障代码为6位代码。(　　)
5. 防抱死制动系统ABS的自诊断测试,只能在汽车静止状态时才能进行。(　　)
6. 绝对不能检测安全气囊组件点火器的电阻值,否则就可能导致气囊引爆。(　　)

四、问答题
1. 何谓汽车电子控制系统的故障征兆表?
2. 为什么汽油机用新、旧电动燃油泵都不能进行干试?
3. 怎样检修电磁喷油器?
4. 怎样检修脉冲电磁阀式怠速控制阀?
5. 怎样检修步进电机式怠速控制阀?
6. 燃油喷射式发动机供油系统的检测条件有哪些?
7. 微机控制点火系统点火控制组件的检测条件有哪些?
8. 怎样检修热膜式空气流量传感器?
9. 怎样检修支管压力传感器?
10. 怎样检修磁感应式曲轴位置传感器?
11. 怎样检修可变电阻式节气门位置传感器?
12. 怎样检修温度传感器?

参考答案
一、单选题:1. D　2. C　3. B　4. A　5. C　6. A　7. B　8. C　9. D　10. A　11. B
　　　　　12. C　13. D　14. A　15. B
二、多选题:1. ABCD　2. ACD　3. ABC　4. ABCD　5. ACD　6. BCD
三、判断题:1. ×　2. ×　3. ×　4. √　5. √　6. √

参考文献

[1] 史文库主编.汽车新技术[M].北京:人民交通出版社,2016.06

[2] 吴刚主编.汽车电子控制技术[M].北京:人民交通出版社,2014.08

[3] 徐家龙主编.柴油机电控喷油技术.北京:人民交通出版社,2004.06

[4] 王尚勇,杨青编著.柴油机电控技术.北京:机械工业出版社,2006.06

[5] 秦明华编著.汽车电器与电子技术.北京:北京理工大学出版社,2003.06

[6] 舒华主编.汽车电器与电子控制技术[M].北京:机械工业出版社,2012.01

[7] 周云山主编.汽车电器与电子控制技术[M].北京:人民交通出版社,2014.03

[8] 陈焕江主编.汽车检测与诊断技术(第二版)[M].北京:人民交通出版社,2015.07

[9] 蹇小平,麻友良主编.汽车电器与电子技术[M].北京:人民交通出版社,2015.05

[10] 张建俊主编.汽车诊断与检测技术(第四版)[M].北京:人民交通出版社,2016.05

[11] 刘仲国主编.现代汽车检测与故障诊断(第二版)[M].北京:人民交通出版社,2015.09

[12] 麻友良主编.汽车电器与电子控制系统(第2版)[M].北京:机械工业出版社,2010.01

[13] 周建平主编.汽车电气设备构造与维修(第三版)[M].北京:人民交通出版社,2016.04

[14] 解福泉主编.汽车典型电子控制系统构造与维修(第三版)[M].北京:人民交通出版社,2015.01

[15] 吴际璋、王林超主编.当代汽车电子控制系统结构原理与检修[M].北京:人民交通出版社,2016.01

[16] 舒华,姚国平主编.汽车电器设备与维修(第3版)[M].北京:北京理工大学出版社,2012.05

[17] 彭小红、陈清主编.汽车电路和电子系统检测诊断与修复[M].北京:人民交通出版社,2014.12

[18] 冯崇毅,鲁植雄,何丹娅主编.汽车电子控制技术(第二版)[M].北京:人民交通出版社,2016.07

[19] [德]Robert Bosch GmbH.汽车工程手册(中文第2版)[M].顾柏良等译.北京:北京理工大学出版社,2004.04